《中国文化》三十年精要选编 // 03 // 刘梦溪主编

经学和史学

北京时代华文书局

图书在版编目（CIP）数据

经学和史学 / 刘梦溪主编 . -- 北京 : 北京时代华文书局 , 2024.3
ISBN 978-7-5699-3304-8

Ⅰ . ①经… Ⅱ . ①刘… Ⅲ . ①经学－中国－文集②史学－中国－文集
Ⅳ . ① Z126.27-53 ② K207-53

中国版本图书馆 CIP 数据核字 (2019) 第 277149 号

JINGXUE HE SHIXUE

出 版 人：陈　涛
选题策划：余　玲
项目统筹：余　玲
责任编辑：薛　芊
文字校订：鲍康健
责任校对：陈冬梅
装帧设计：程　慧
责任印制：訾　敬

出版发行：北京时代华文书局 http://www.bjsdsj.com.cn
　　　　　北京市东城区安定门外大街 138 号皇城国际大厦 A 座 8 层
　　　　　邮编：100011　电话：010-64263661　64261528

印　　刷：北京盛通印刷股份有限公司
开　　本：787 mm×1092 mm　1/16　　成品尺寸：175 mm×260 mm
印　　张：48.25　　　　　　　　　　字　　数：883 千字
版　　次：2024 年 3 月第 1 版　　　　印　　次：2024 年 3 月第 1 次印刷
定　　价：328.00 元

目　录

前　记

　　《中国文化》是国内唯一的一家在北京、香港、台湾同时以繁体字印行的高端学术刊物，是为了回应二十世纪八十年代的"文化热"，于 1988 年筹办，1989年创刊。"深研中华文化，阐扬传统专学，探究学术真知，重视人文关怀"，是办刊的宗旨，以刊载名家名篇著称，是刊物的特色。三十年来，海内外华文世界的第一流的学术人物，鲜有不在《中国文化》刊载高文佳构者。了解此刊的行内专家将"它厚重，它学术，它名士，它低调，它性情"，视作《中国文化》的品格。

　　《中国文化》是经文化部会同国家新闻出版署核准的有正式期刊号的学术期刊，国内统一刊号为 CN11-2603/G2，国际标准刊号为 ISSN1003-0190，系定期出刊的连续出版物，每年推出春季号、秋季号两期。创刊以来已出版 54期，总字数逾 2000 万，为国内外学界人士一致所认可。本刊选篇衡文，着眼学术质素，以创获卓识、真才实学为依凭，既有老辈学者的不刊之说，也有学界新秀的出彩之论。杜绝门户成见，不专主一家，古典品格与现代意识兼具、修绠汲古和开源引流并行。提倡从现代看传统，从世界看中国，刻刻不忘本民族的历史地位。

　　《中国文化》怀有深切的文化关怀，1988 年 12 月撰写的《创刊词》写道："《中国文化》没有在我国近年兴起的文化热的高潮中与读者见面，而是当文化热开始冷却，一般读者对开口闭口大谈文化已感觉倦怠的情势下创刊，也许反而是恰逢其时。因为深入的学术研究不需要热,甚至需要冷,学者的创造力量和人格力量,不仅需要独立,而且常常以孤独为伴侣。"《创刊词》又说:"与学界一片走向世界的滔滔声不同,我们想,为了走向世界,首先还须回到中国。明白从哪里来,才知道向哪里去。文化危机的克服和文化重建是迫在眉睫的当务之急。如果世界同时也能够走向中国,则是我们的私心所愿,创办本刊的目的即在于此。"这些话,在当时的背景下,多少带有逆势惊世的味道。所以创刊座谈会上,李泽厚说:"金观涛要走向未来,刘梦溪要走向过去,我都支持。"

《中国文化》对中国经学、诸子学等四部之学的深入研究给予特别重视;对甲骨学、敦煌学、简帛学、考古学等世界性专学和显学给予特别重视;对宗教信仰与文化传播的整理与研究给予特别重视;对中国文化发生学和各种不同文化圈的参证比较给予特别重视。学术方法上提倡宏观与微观结合、思辨与实证结合、新学与朴学结合。

《中国文化》创刊以来开辟诸多学术专栏,主要有"文史新篇""专学研究""古典新义""旧学商量""文化与传统""经学与史学""文物与考古""学术史论衡""宗教信仰与文化传播""古代科技与文明""明清文化思潮""现代文化现象""文学的文化学阐释""中国艺术与中国文化""国学与汉学""域外学踪""学人寄语""学林人物志""文献辑存""旧京风物""人文风景""序跋与书评"等。丰富多样的栏目设置,可以涵纳众多领域的优秀成果,一期在手,即能见出刊物的整体面貌和当时国内外学界的最新景况。

《中国文化》由中国艺术研究院主办,文化部主管,《中国文化》杂志社编辑出版。中国文化研究所创所所长、文史学者刘梦溪担任主编,礼聘老辈硕学和海内外人文名家姜亮夫、缪钺、张舜徽、潘重规、季羡林、金克木、周一良、周策纵、饶宗颐、柳存仁、周有光、王元化、冯其庸、汤一介、庞朴、张光直、李亦园、李泽厚、李学勤、裘锡圭、傅璇琮、林毓生、金耀基、汪荣祖、杜维明、杨振宁、王蒙、范曾、龚育之等为学术顾问,形成阵容强大的学术支持力量。

现在,当《中国文化》创刊三十周年之际,为总结经验、汇聚成果、交流学术、留住历史,特编选"《中国文化》三十年精要选编",共分十二个专题,厘定为十二卷,分别是:

一　中国文化对人类未来可有的贡献

二　三教论衡

三　经学和史学

四　甲骨学、简帛学、敦煌学、考古学

五　学术史的视域

六　旧学商量

七　思想与人物

八　明清文化思潮

九　现代文化现象

十　信仰与民俗

十一　古代科技与文化传播

十二　艺文与审美

第一卷《中国文化对人类未来可有的贡献》，直接用的是国学大师钱穆先生最后一篇文章的原标题，该文首发于台湾《联合报》，经钱夫人胡美琦先生授权，大陆交由《中国文化》刊载。此文于 1991 年秋季号刊出后，引起学界热烈反响，季羡林、蔡尚思、杜维明等硕学纷纷著文予以回应，杜维明称钱穆先生的文章为"证道书"。第一卷即围绕此一题义展开，主要探讨中国文化的特质、价值取向和对人类的普世意义，包括总论、分论、与其他文化系统比较研究及对未来的展望。

第二卷《三教论衡》，是对中国文化的主干——儒、释、道三家思想的深入研究。

第三卷《经学和史学》，是对传统学术的经史之学的专题研究。

第四卷《甲骨学、简帛学、敦煌学、考古学》，是对学术史的专学和显学部分所做的研究，此一领域非专业学者很难置喙。

第五卷《学术史的视域》，是中国学术史研究的优选专集。

第六卷《旧学商量》，是就中国学术各题点的商榷讨论。

第七卷《思想与人物》，是对中国文化最活跃的部分思想和人物的专论。

第八卷《明清文化思潮》和第九卷《现代文化现象》，是研究中国历史两个关键转变期的文化的时代特征和思想走向。

第十卷《信仰与民俗》，集中研究中国文化的精神礼俗，很多文章堪称"绝活"。

第十一卷《古代科技与文化传播》，是《中国文化》杂志特别关注的学术领域，三十年来刊载的这方面的好文章，很多都精选在这里了。

第十二卷《艺文与审美》，是对古今艺术、文学，包括书法、绘画、艺文理论等审美现象的研究。

每一卷都是中国文化的一个重大研究专题。由于作者大都是大师级人物，或者声望显赫的国内外一流学者以及成就突出的中青年才俊，使得每个专题的研究都有相当的学术深度，学者们一个一个的个案研究，往往具有领先性和突破性。虽然，"《中国文化》三十年精要选编"是《中国文化》杂志三十年来优秀成果的选编，也可以视作近三十年我国学术界中国文化研究成果的一次汇总。

"《中国文化》三十年精要选编"是中国艺术研究院的资助课题，由主编刘梦溪和副研究员周瑾协同编选，经过无数次拟题、选目、筛选、调整，再拟题、再选目、再筛选、再调整，前后二十余稿，花去不知多少时间，直至 2021 年 9 月，终于形成十二卷的最后选目定篇。

最后，需要感谢北京时代华文书局和陈涛社长、宋启发总编辑对此书的看重，特别是余玲副总编的眼光和魄力，如果不是她的全力筹划，勇于任责，此书的出版不会如此顺利。美编程慧，编辑丁克霞、李唯靓也是要由衷感谢的，她们尽心得让人心疼，而十二卷大书的精心设计，使我这样一个不算外行的学界中人除了赞许已别无他语。真好。

刘梦溪

2022 年 4 月 28 日时在壬寅三月二十八识于京城之东塾

论经学三篇

蒙文通

甲　篇

　　盖至秦汉之间,而儒之宏深莫可与为伦也。惟晚周之学重于议政,多与君权不相容,而依托之书遂猥起战国之季。始之为托古以立言,名《太公》《伊尹》之类是也;继之为依古以傅义,则孔氏六经之事出焉。托古之事为伪书,依古之事多曲说。然以学术发展之迹寻之,曲说、伪书者,皆于时理想之所寄,而所谓微言大义者也。此儒家之发展造于极峰。至汉武立学校之官,利禄之路开,章句起而儒者之术一变而为经生之业。伏生、韩婴、贾谊、董子之徒,殆犹在儒生经师之间,《新序》《说苑》为书尚存儒生面目于十一。石渠、白虎以降,委曲枝派之事盛,破碎大道,孟、荀以来之绪殆几乎息矣。始之,传记之学尚存周末之风;终也,射策之科专以解说为事;自儒学渐变而为经学。洙泗之业,由发展变而为停滞,由哲学而进于宗教,由文明而进于文化。孟、荀之道熄,而梁丘、夏侯之说张。盖先汉之经说即据晚周之陈言以为典要,可贵在陈义而未必在释经。所谓六经师说者,即周秦儒生之绪论也,汇集战国百家之言,舍短取长而以一新儒道者也。经生之业不足贵,而儒者之坠绪犹赖以存,此今文学之犹有足取。至东京而古文之学兴,于经师旧说胥加摈斥,亦于邹鲁缙绅之传直以旧法世传之史视之,以旧法世传之史考论之。井研廖师以今文为哲学、古文为史学,诚不易之论。若以史言,则贾、马之俦固无大失;若以儒言,则今文已远于孟、荀之绪,又况于古文之学哉!自今文之学起而儒以微,至古文之学立而儒以丧。考之先秦学术之变,而知儒之日益精卓者,以其善取于诸子百家之言而大义以恢宏也;儒之日益僿陋者,以其不善取于旧法世传之史而以章句训诂蔀之也。自孔、孟以下,儒者也;今文章句之学,则经生也;古文训诂之事,则史学也;三变而儒道丧、微言绝、大义乖,皆汉师之罪也。井研廖师谓今古学之分,两汉先师已不能心知其意,岂不然哉!清世之学,由唐、宋而反之汉,由东汉而反于西汉,反于周秦,惟以经训为主,故益进而益微茫,若无迹之可寻者,以周秦以往固无所谓经学也。由《五经异义》《白虎通义》以辨今、古学之区分系于礼制,而以《王制》统今学、《周官》统古学,经生之业至是而蔑以加也。余于客秋重读董、贾、伏、韩、刘向、陆贾之书,始恍然于昔之求经说者犹隘,其事与经文无关而与西汉经说陈义相通者,皆儒家之绪论也。廖君次山谓余曰:若是则取义之途恢阔无际,不若昔人之枯索窘隘也。慨自龚、魏以来皆知上溯周秦以广今学,惟以限于经训,故犹未免枝细少宏旨。盖操经生之业以读诸子,固未若以诸子之学求儒者之旨而合之经生之业也。井研廖师自谓为哲学非经学,盖非哲学固不足以尚论儒家,此井研之所以为先觉也。今三十年来,诸子之学盛于一时,虽著作之林瑕瑜互见,而创通大义已十得四五,诚非毕、孙沾沾校勘训释者所可及也,而余固略知之也。时会之所与,昔之人未能有此助益也。然不以先汉经说为据,则漫衍而无归,况其精义奥旨毕汇于经!儒为经之先河,经为儒之后海,益后之论益精,惟于经说可以求之,舍经说而言诸子,殆犹仅涉其樊者也,岂足以言宗庙百官之美富哉!执诸子以窥六经师说,虽贾、郑犹多可取,又况于伏生、董、韩之俦哉!是则余生虽晚,犹幸得闻先德之绪余,略窥经学之户牖,则又今之喜而不寐者也。

乙　篇

晚周之儒学，入秦汉为经生，道相承而迹不相接。孟、荀之术若与伏生、申公之业迥殊。苟究明之，非学晦于炎汉、义逊于前哲，以道术发展之迹寻之，实周秦之思想集成于汉代，若百川之沸腾，放乎东海而波澜以息也。岂徒儒分为八同萃于兹。周季哲人皆具括囊众家之意，惟儒亦然。名、墨、道、法之精，毕集于六艺之门，盖儒者至是已足以倾倒百家而独尊，有诚非由于一时偶然之好恶者。前则《吕览》《淮南》之书，及《尸》《管》之俦，胥主于道家以综百氏，司马谈父子亦其流也；后则贾生、晁错、董生、刘向，亦莫不兼取法家道家之长以汇于儒术。穷源竟流，而后知西汉之儒家为直承晚周之绪，融合百氏而一新之，其事乃显。惟今文之学有其中心，至井研之学出，乃有论定。不知今文之中心者，不足以知周秦学脉之相毕注于此也。知其中心而不求之周秦，亦不足以见今文之恢宏。知周秦与汉统绪之相承，乃可由中心之根干以至于枝叶之扶苏，然后见今文之恢宏，非徒较量于琐琐异同之间。所谓经世致用者，汉与周秦无殊致，万壑争溪同注江海，纳异为同而事益深宏也。昔读晚周书，每惜其旨义多未竟而忽焉零落。于今观之，汉师之渊宏博大，正以诸子之发展萃于一途，鼓洪炉以镕铸三品，集长去短，粹然使毕出于正。刘、班以九流诸子为六艺之支与流裔；究其始末，非诸子之出于六经，实经说之能荟集诸子以为经术之中心。究诸子之义理，始觉千歧百异毕有统摄，毕有归宿。六经与百家，必循环反复，乃见相得而益彰。晚周与先汉，离之则两伤也；先秦以往之思想毕萃于汉，而岂特汇儒者一家之说使结晶于是哉！魏晋而下，亦毕源于汉，其或出入者，亦于儒略有修正阐明耳。

自儒者不得竟其用于汉，而王莽依之以改革，凡莽政之可言者，皆今文家之师说也，儒者亦发愤而归颂之，逮莽之纷更烦扰而天下不安，新室倾覆，儒者亦嗒焉丧其所主，宏义高论不为世重，而古文家因之以兴，刊落精要，反于索寞，惟以训诂考证为学，然后孔氏之学于以大晦。道之敝，东京以来之过也，贾、马、二郑之俦之责也。是东京之学不为放言高论，谨固之风起而恢宏之致衰，士趋于笃行而减于精思理想，党锢君子之行，斯其著者，而说经之家固其次也，故董、贾之书犹近孟、荀之迹，而东汉之学顿与晚周异术。

丙 篇

由秦汉至明清，经学为中华民族无上之法典，思想与行为、政治与风习，皆不能出其轨范。虽两千年学术屡有变化，派别因之亦多，然皆不过阐发之方面不同，而中心则莫之能异。其力量之宏伟、影响之深广，远非子、史、文艺可与抗衡。自清末改制以来，昔学校之经学一科遂分裂而入于数科，以《易》入哲学，《诗》入文学，《尚书》《春秋》《礼》入史学，原本宏伟独特之经学遂至若存若亡，殆妄以西方学术之分类衡量中国学术，而不顾经学在民族文化中之巨大力量、巨大成就之故也。其实，经学即是经学，本自为一整体，自有其对象，非史、非哲、非文，集古代文化之大成、为后来文化之先导者也。

六经原为邹、鲁所保存之古典，《庄子·天下篇》称："其在《诗》《书》《礼》《乐》《易》《春秋》，邹、鲁之士缙绅先生皆能明之。"周世各国诸侯，由文化传统之各异，所保存之古籍亦互不同。如《楚语》载申叔时教太子应读之书，及晋太康二年得魏安釐王冢中所藏之书，数量皆大，内容相差亦远。各国古籍，于此可见大概。惟齐国典籍与鲁国最近，《管子·山权数》称齐有五官技，为《诗》、《礼》、行时、《易》、《春秋》，是五技与六艺之名相近。《乐记》言《诗》有六：《颂》《大雅》《小雅》《风》《商》《齐》，应即齐人五技之《诗》，与鲁人六艺之《诗》只分为四者亦仅小有不同。周、秦诸子只儒、墨两家称道《诗》《书》，道、法各家皆无言《诗》《书》者，以儒、墨皆鲁人，故皆用鲁书，孔、墨两家授徒所用教典宜同此六艺也。

六经为古代之文献，为后贤之教典。周秦间学术思想最为发达，谓之胚胎孕育于此古文献则可，谓之悉萃于此古文献则非也。孔子、孟、荀之思想可谓与此古文献有关，而孔子、孟、荀之所成就实则非此古文献所能包罗含摄。儒术衰于战国，而六经之学固应衰。儒学复盛于汉代，而六经亦因之益尊。诚以其为儒学之根柢而尊之耳。汉代建学独尊六经，罢黜诸子，《孟子》《论语》皆不置博士。

实则六经之尊者以后来儒家思想之进步,唯以各家义不能同、互为矛盾,尊经则可以涵盖各家,尊儒则不易衷于一是。汉师经术,《诗》分为四、《春秋》分为五,即其明验。实则经徒为根据而传记乃始益进于精深。司马谈言:"六艺经传以千万数,累世不能通其学,当年不能究其礼。"足知为书之多,蕴义之富,为儒家后来学术之结集。儒之为百世所崇,端在于此,其价值侁益驾六经而上之也。

周秦间原为诸子学术最发达之时,至汉一变而经学最盛。罢黜百家,独尊孔氏,其事甚奇。及观传记间多存百家义,则知事之非偶,诚有自来。《韩非子》言儒分为八、墨离为三,试详究之,知儒之分为八者,正以儒与九流百家之学相荡相激,左右采获,或取之道,或取之法,或取之墨,故分裂而为八耳。先秦晚期各派,法家、道家皆与他派相出入,韩非、庄子尤为显著。儒家之事,正亦如此。汉代经师有法殷、法夏之说,继周损益,二代孰宜,于此不免自为矛盾。及究论之,法家自托于从殷,儒之言法殷者为《春秋》家,实取法家以为义也;墨家自托于法夏,儒之言法夏者为《礼》家,实取墨家以为义也。儒家原为从周,故孔、孟皆偏于世族政治;而法家始主于扩张君权,墨家欲选天子,庶人议政,入于民治思想。自儒兼取墨法之义,而理义之恢宏卓绝为不可企及;其人生哲学亦显有取于道家,而义亦益趋于精微。此皆求之传记而可见者。是知儒学之尊,其义皆系于传记。诚以六艺经传以千万数,殆八儒之汇归而百家之结论也。

周秦诸子为国史上最为灿烂之思想文化,而经术者此灿烂文化之结晶也。战国末期,百家之学渐趋于汇合,综百家之长而去其短者为杂家,《吕览》为之始,而《淮南》继之。惟杂家以道德为中心,故偏于玄言,不切世用。继杂家而起者为经术,为儒家,推明仁义之说,固视道家为精,其言政术亦视杂家为备,其取杂家而代之固宜。故先汉儒学一以制度为中心,石渠、白虎集五经诸儒讲论同异,端在是也。儒家制度本取之墨家,儒盛而墨衰者,墨偏于宗教之信仰,儒富于哲学之寻求。仁义之说本源于三古文字之始,其义已明,邹、鲁之间其说尤著。道家起于南方,偏于玄虚,以仁义为小;法家盛于北方,重视现实,以仁义为迂(大也);皆远于中华传统之文化。墨家虽言仁义而与儒家有殊,以墨翟为孤竹之裔(章太炎说),为东夷之族,其言仁,实为夷俗仁、徐偃之好行仁义之比,故终不同于儒家,取墨之儒盛而墨反衰者,非无由也。东周为旧社会之崩溃,而儒以衰者，以旧儒学之偏于旧社会也。汉初为新社会之长成，而儒反以大盛者，以新儒学之融合百家有以应新社会之需要也。又能笃守传统文化之核心，发挥仁义之说，因时制宜，集长去短，其能压倒百家，独尊千载，不亦宜乎。

儒墨本盛于战国之末，自韩非以儒墨对举而汉人颇沿之。儒为鲁人之学，言六经；墨亦鲁人，言六经。经术盛而墨亦颇合于儒，墨学之徒胡非、随巢之属，其著书佚文之可见者皆流于机祥。是犹墨子天志、明鬼之说。汉人传六艺，其流有纬书，经义之外，皆属机祥，殆墨学之徒为之也。墨学本为宗教，故纬书备言孔子能前知，受天命，号素王，孔子于此几一变而为教主。即汉之经师，亦多喜言灾异，赖儒生多排斥之，故孔子不入于宗教之列，此诚文化上之一大事。邹衍言阴阳，而归本于仁义节俭，同于墨子。后人多以纬书为邹衍之学，而未知其实墨学也。殆邹氏亦墨学之别子也。墨子言尧举舜于服泽之阳，群书无此说，惟《尚书中候》及《帝命验》与之同，此非纬书源于墨学之证乎！墨子非乐，而六经独缺乐经；墨家以孝视天下，而汉人独尊《孝经》：此皆儒、墨汇合之故也。以诸子称引六经言之，其初止于《诗》、《书》、《礼》、《乐》，至荀卿始引《易》，似《易》之列于六经较晚。周季引《易》者他亦仅见黄歇、蔡泽二家，皆南方之人。殆荀卿之楚得江东馯臂子弓之传，颇习于道家之说，故荀卿《解蔽》多道家之旨，其并称仲尼、子弓者以此。然则六经之删合为一，未必出于孔子。六经为古文献，而汉人所言者为理想之新制度，乃旧文献与此新制度无抵触者，此非六经成于新儒家之手乎！正以新理想新制度之产生而六经始必有待于删定也。是则晚周之诸子入汉一变而为经学，经学固百家言之结论，六经其根柢，而发展之精深卓绝乃在传记，经其表而传记为之里也。

【后 记】

上遗稿三篇，系先君弃养后，清理遗物时得之书案屉中者，三稿虽皆未竟之作，然先君长期存之屉中，盖重之也。稽之文字，验以楮墨，甲、乙二篇略作于1944年前后，丙篇略作于1949年。先君说经宗井研廖季平先生，特佩廖氏以礼制判今、古之论。谓"先生依许、郑《五经异议》以明今、古之辨在礼制,而归纳于《王制》《周官》。以《穀梁》《王制》为今文学正宗,而《周官》为古文学正宗,平分江河,若示指掌,千载之惑,一旦冰解"。而谓徒以文字、佚篇为今、古之别者为未知根本,尝言:"古文《尚书》出自壁中为古文,今文《尚书》亦出自壁中为古文。今文《尚书》以今文写定正经;孔安国以今文读之,亦以今文写定正经。今文家惟传二十九篇,古文亦惟传二十九篇。则今、古之异安在?"且以至王肃之伪《家语》、贤首之伪《起信论》,"必皆先有伪书之学,而后有伪学之书,而古文之起在先,古学之立在后",是所谓"新学伪经"者为"本末倒置"。至于张扬"伪经"之波而又自诩为"超今文"者,则更琐末不足道。先君之判今、古虽宗廖氏以礼制为本之说,而其推论今、古所以致异之故,则颇与廖氏不同。廖氏之说先后六变,先君皆以为未安。然先君之说前后亦三变,盖益变而益精。方 1927 年之作《经学抉原》也,值《古史甄微》既成,尚论东、北、南三方民族、文化互异之后,乃创鲁学、齐学、晋学、楚学之说,书中皆有专章;谓齐、鲁之学本自不同,鲁学为儒学之正宗,齐学则杂诸子百家言,而《王制》则或取齐或取鲁,左右采获以为书,则今文为糅合齐鲁两学以成者也。而古文之学源自梁赵,孔氏学而杂以旧法世传之史者也。为说虽异于廖氏,然以今、古皆传自孔门则犹同也。此先君之初说也。后又见今、古文所据周秦典籍,各书有各书之面目,各书有各书之旨意,以今、古之学乃汉师就此诸书不合理之强制组合。谓"《周官》为孔氏未见之书,丘明不在弟子之列,佚《书》、佚《礼》出自鲁壁,当删余之经,费《易》、毛《诗》出孔门为民间之学,其本非一途,说非一致,合群书为之说,建《周官》以为宗而古学立。《公羊》、辕固本于齐,《穀梁》、申公出于鲁,邹、夹、韩婴其源又异,刺六经为《王制》,合殊科为今文。古学为源异而流合,今学亦源异而流合,欲并胡越为一家,贮冰炭于同器,自扞格而不可通"。今、古之学固已自相矛盾,欲执今、古家法以明周秦之学,殆绝不可能。故主于破弃今、古家法,而"剖析今古家所据之典籍,分别研讨,以求其真,则晚周学派之实庶乎可见"。况于汉师所据者外之晚周典籍尚多,更非汉师家法所能概括,更何家法之足守?于是截然将汉代经学与周秦划分为二。与廖氏六变之皆归于孔氏者已大不侔,然与廖氏破弃今、古,上追周秦之旨则仍相合。此先君之二说也。详具《井研廖师与近代今文学》《井研廖师与汉代今古文学》(分载 1933 年《学衡》第 79 号、1933 年 6 月《新中华》第 1 卷 12 期），此不赘引。后又由高欢之语鲜卑与华人(《通鉴》卷一百五十七)，而悟及西周之处周人与殷人乃国、野异制，而田制、学制、兵制皆不相同，显为贵贱严格之等级制度，而今文家所讲之"一王大法"乃万民一律之平等制度，既与贵贱悬绝之周制不同，亦与尊奖兼并之秦制相异，而为当时儒生之理想制度，故今文师说所陈礼制多有精深大义，如井田以均贫富，辟雍以排世族，封禅以选天子，巡狩以黜诸侯，明堂以议国政，殆皆所谓"非常异议可怪之论"也。且谓持此诸制之学者为秦汉之际之新儒家，而与维护贵族世卿制度之孔孟旧儒家偶然有辨也。尝言："周秦之际，诸子之学皆互为采获以相融合。韩非集法家之成，更取道家言以为南面之术，而非固荀氏之徒也。荀之取于道法二家，事尤至显。《吕览》《管书》汇各派于一轨，《淮南子》沿之，其旨要皆宗道家；司马迁之先黄老而后六经，亦其流也。六艺经传之事，盖亦类此，汇各家之学而综其旨要于儒家。"此新儒家之所以形成也。此先君说经之又一变，其去廖氏之学益远，然今文改制、古文从周之旨犹与廖氏相承。于是撰《儒家政治思想之发展》，就汉师说礼制之荦荦大者咸揭橥其大义，皆发前人之所未发，然于儒家思想发展之迹，出入异家之故，六艺经传与诸子相承之源委，则犹未遑言及，盖拟另文专论之，然以世事扰扰，终未能着手。1959 年为《孔子和今文学》，亦仅就今文与墨、法之关系略示端绪而已。私心常以为憾，默既习经史有年，尝承闲请曰：可否在严指导下试为之。先君莞尔而笑曰："此非汝所能为也，虽季甫(从叔，尝从先君治经廿年，先君常称之)亦不能，我当自为之，然需集中半年时月，重读两汉先秦诸书，庶几可就。"三稿所论，皆此篇旨意，然乏具体论证。现研究传统文化之风渐兴，亦间有文论涉及经学者，故敢以先君未竟之作呈诸士林，幸大雅方家有以论之。

蒙　默　整理后记

1990.11

【蒙文通(1894—1968)　历史学家，四川大学教授】

原文刊于《中国文化》1991 年 01 期

《周官》故书之谜与汉今古文新探

金春峰

学术界多信《周官》为古文，徐复观《〈周官〉成立之时代及其思想性格》则从东汉经学家注《周官》仅称为"故书"而不称为《周官》古文，提出《周官》根本无古文，系王莽、刘歆伪作。那么《周官》"故书"与"今书"究竟是怎样一回事呢？本文拟加以探讨，并对汉代今古文及今古文的成书与今古文为对立学派之说，提出一些新的看法。

一、《周官》"故书"产生的时代与特点

《周官》版本在汉代有"故书"与今书。《天官·大宰》贾公彦疏说："言故书者，郑注《周礼》时有数本，刘向未校之前，或在山岩石室有古文，考校后为今文，与古文不同。"阮元《周礼注疏校勘记·序》谓："其云故书者，谓初献于秘府所藏之本也，其民间传写不同者则为今书。"杜子春、三郑等为《周官》作注时，看到了《周官》的这两种版本。如：

《春官·小宗伯》："小宗伯之职，掌建国之神位。"郑玄注："故书'位'

作'立'……古文《春秋经》公即'位'为公即'立'。"

《地官·载师》:"以廛里任国中之地……以宅田士田贾田任近郊之地……以家邑之田任稍地……"郑玄注:"故书'廛'作'坛','郊'或为'薅','稍'或作'削'。郑司农云:坛读为廛……杜子春云薅读为郊。"

由上文可以推见,"故书"有不同版本。这种"故书",贾公彦、孙诒让等认为即是《周官》古文,但杜子春、三郑等人仅称"故书"而不称为古文。由此,徐复观推论《周官》根本无古文①。但问题并不如此简单。在《周官》是古文还是今文的问题上,之所以形成上述两种完全对立的看法,原因在于学术界一向对今古文的看法太过简单了,在今古文之间画了一道明确而简单的区分界线:凡用汉代隶书书写的是今文,用先秦古文、六国古文或大篆书写的是古文,非此即彼,似乎不存在中间的过渡的形态。

以《尚书》而言,在先秦,它原为古文,"伏生求其书,亡数十篇,独得二十九篇,则以教于齐鲁之间,学者由是颇能言《尚书》。诸山东大师无不涉《尚书》以教矣"②。伏生所传授之《尚书》,在汉代为今文经,据说是伏生用通行的汉隶改写与讲授的。

《史记·儒林列传》说:"孔氏(安国)有古文《尚书》,而安国以今文读之,因以起其家。"《汉书·儒林传》也说:"孔氏有古文《尚书》,孔安国以今文读之,因以起其家,《逸书》得十余篇……遭巫蛊,未立于学官。安国为谏大夫,授都尉朝,而司马迁亦从安国问故。迁书载《尧典》《禹贡》《洪范》《微子》《金縢》诸篇,多古文说。"这就是说,《尚书》有伏生的今文与孔安国的古文两种版本,故《尚书》有今文学与古文学。金德建《经今古文字考》③据《史记·五帝本纪》等各篇所引《尚书》,证实《尚书》既有今文,又有古文。以《尧典》为例,两种《尚书》的文字异同如下表:

---

① 徐复观:《〈周官〉成立之时代及其思想性格》,台湾学生书局1980年版,第174页、第175页。
② 《史记·儒林列传》。
③ 金德建:《经今古文字考》,齐鲁书社1986年版。

《尚书》		《尚书》		《尚书》	
今文	古文	今文	古文	今文	古文
勋协中字衿谋台	勳叶仲孳鰥贯嗣	岳浚终率敷维茂	岳濬众帅布惟懋	信毋不方偏罪黜	信无弗旁辩皋绌

《春秋经左氏传》，汉代认为为古文，《公羊传》为今文。金德建统计两传文字异同如下表：

《左氏》古文	《公羊》今文	《左氏》古文	《公羊》今文
父荼术捷祥眚帅赐虢蚕黄於	甫舍遂接详省率锡潨众光于	享手鄆帛翟相声詹实肱掔	飨首微佰狄伯圣瞻寔弓牵

造成这种情况的原因不外两种：一种是先秦的《尚书》版本，本来就有文字不同，故"今读"以后仍然不同。如《毛诗》及三家《诗》，在汉初文字不同，这种不同是版本在流传过程中逐渐形成的，不一定是汉人整理所致④。不过如全用这种情况解释汉代今古文的区别，无异于取消问题。今古文之别，固有版本之不同，但今古文区别在文字上亦有某种规律性可寻，如古文'位'皆写为'立'等等。这种差别不能用版本不同解释，而当用今本与古本之整理不同来加以解释。这样，第二种形成古今经本的原因就成为真正值得研究的学术问题，这就是今古文的差别是由"今读"的不同造成的。

学术界有一种看法，认为"今读"只有一种情况，即将古文改为汉隶，隶定之

---

④　参见胡平生、韩自强：《阜阳汉简〈诗经〉简论》，《文物》1984 年第 8 期。

前为古文,隶定之后为今文。但睡虎地秦简出土使我们知道,秦昭襄王元年(前306年)时,隶书已成为秦人采用的文字⑤,这就使汉初所见的先秦经书版本有了复杂情况。(一)秦昭襄王以前书写的经书,此时隶书未使用,当为大篆字或东方六国古文字书写,如孔壁之古文也;(二)昭襄王到秦始皇统一前后,由于秦隶已广为流行,而同时有大篆、小篆并用,这时写的经书就可能全部是隶书,或部分是隶书,部分是大篆、小篆。所以仅仅用是否是隶书,无法把今古文区别开来。伏生为秦博士,伏生的《尚书》在秦朝就已可能是全部用隶书书写的,但使用的文字仍只能是秦时的文字与用语,所以在汉人看来,仍会是某种古文或今古文并存的过渡形态。只有到汉代,用汉人习用的文字用语并全部隶写了的书才可能是真正的今文。

《周官》"故书"看来正是属于第二种情况。因为如果《周官》为古文,为秦昭襄王以前或六国文字书写,则如徐复观所言,杜子春与三郑当明确指出其为《周官》古文而不当称之为"故书"。现杜子春等称其为"故书"而不称其为《周官》古文,可见它不属于第一种情况。然而它也不是全部用汉代隶书与习用语书写的"今书",因为"故书"保留了一些秦简一样的文字与用语,这些文字与用语在《周官》"今书"中,按照汉代文字语言规范化与流通方便的要求加以改写了,而"故书"则原封未动。由这些文字与用语,我们不仅可以知道《周官》"故书"不可能是王莽、刘歆伪造的,而且可以确切地指出它一定是与秦简年代比较接近的作品。正如化石标本一样,找到一些标本,可断定古生物的年代,找到"故书"的一些特定文字用语,可把它确切年代指示出来。《周官》"故书"与秦简相同的用语与某些文字如下:

(一)辨、辨书、辨券。这是秦人用语,见于秦简《金布律》。《周官》"故书"保留了"辨券"之用语,"今书"则按汉人的习用语改为判书、判券、别书。如《秋官·小司寇》:"凡以财狱讼者,正之以傅别约剂。"郑注:"傅别,中别手书也。约剂各所持卷也。故书别为辨。郑司农云:'辨读为风别之别。若今时市买,为券书以别之,得其一,讼则案券以正之。'"《秋官·朝士》:"凡有责者,有判书以治

---

⑤ 1979年四川青川县出土秦更修田律木牍,为秦昭襄王元年(前306年),其文字为"秦隶",属古隶书,参见于豪亮《释青川秦墓木牍》,《文物》1982年第1期。

则听。"郑注:"判,半分而合者,故书判为辨。郑司农云:'辨读为别,谓别券也。'""判书""别券"为汉代财货买卖中契约之名词,与秦律之"辨券"一脉相承,但两者名称在文字与语言中已有变化。辨与别、判,后世视为通假,如段玉裁所云:"古辨、判、别三字义同也。"⑥但由辨书到别书、判书,包含有社会历史的发展与古今语言的变迁,是不能忽略的。先秦金石资料中无判字,凡判之意皆由辨字表之。《周官》有判字,《地官·媒氏》:"掌万民之判。""凡娶判妻入子者皆书之。"郑注未说故书此处"判"为"辨"。这可能说明"辨券""判书"是特定名词,这特定名词的使用,反映了时代的变化。

(二)"故书"买卖未区分,与秦简同,"今书"则已区分为买与卖。因为秦简与"故书"的时代无卖字,卖字是以后有的,这是文字的孳乳现象。秦简《金布律》说:"买及买(卖)殴(也),各婴其价,皆有辠(罪)。"秦简《仓律》说:"猪鸡之息子不用者,买(卖)之,别计其钱。""故书"亦如此。如《地官·贾师》:"凡国之卖债,各帅其属,而嗣掌其月。"郑注:"價,买也。故书'卖'为'买'。"

(三)"故书"位写为立,与秦简同。《仪礼》《左传》等古文经亦皆如此。以后孳乳了位字,位与立区分开来,不再通假了。这亦是文字分化与规范化的表现,也是文字语言进步的表现。

类似的字还有仪与义。《周官》"故书"、秦简及其他古文经仪写为义。金石资料等亦无仪字。仪字是以后出现的。有了仪字,仪的意义就不再假义表达了。《周官》有仪字,但有些地方仍假义为仪。如《春官·小宗伯》:"凡王之会同、军旅、甸役之祷祠,肄仪为位。"郑注:"故书肄为肆,仪为义。杜子春云'义为仪'。"

"故书"之殿与敦,今书改为纯或屯。殿、敦、屯、纯都是先秦有的字,秦简中常用殿与敦字,通屯与纯。如《秦律杂抄》说:"徒食,敦(屯)长,仆射弗告,赀戍一岁。""殿"在秦简中为"在后"之意,如《厩苑律》:"以四月,七月,十月,正月肤田牛,卒岁,以正月大课之。……殿者,谇田啬夫……"《周官》"故书"亦如此。如《地官·乡师》:"巡其前后之屯。"郑注:"故书屯或为臀,郑大夫读屯为课殿。杜子春读在后曰殿。今书则多为屯。""故书"臀即殿,显与秦简接近。

---

⑥ 《说文解字注》。

"故书"漆写为桼。《地官·载师》:"惟其漆林之征二什有五。"郑注:"故书漆林为桼林。杜子春云当为桼林。"实际上,由桼到漆有文字规范化定型化的过程。

中国文字由甲骨文到籀书,大篆到小篆再到隶书,不仅字形与结构有变化,文字数量即孳乳字,大为增加[7],反映出文字的进步与规范化过程。从秦简看,假借与省写字甚多,如撤写为彻、皂写为皋、笞写为治、呵写为河、又写为有、谪写为适、在写为才、幅写为福等等,这当是假借。诱写为秀、瘫为雍、酒为酉、授为受、假为叚、价为贾、熟为孰、偿为赏、债为责、辆为两、藏为臧、嬸为姑、位写为立,此种情况,后世视为省写,实是文字尚不够发展与不规范的表现。《周官》"故书"之文字亦如此,如漆写为桼,倡写为昌、羁为寄、仍为乃、拊为付、纳为内、苹为平、倅为卒等,这也是它与秦简约略同时的证明。

由上可见,《周官》"故书"当是秦汉之际的作品。非今文,亦非古文。

有趣的是,《周官》"故书"虽经整理"汉化",却仍保留了不少古字,如歔、灋、栽、盦、皋、貍、觑、眚、畺、飌等等。这些古字徐复观称之为奇字,说是王莽、刘歆故意用上的。实际上,这些古字奇字亦可作为《周官》形成时代之标本。

顾实《重考古今伪书考》曾指出:

"《周官》最多有他书不同之古字,如觑,暴字;鼯,副字;灋,法字;歔,渔字;操,拜字;箸,筮字;飌,风字;邍,原字;卝,矿字;櫃,枢字;畺,疆字等。求诸《说文》,鼯,古文副;灋,古文法;邍,古文原;卝,古文矿;畺乃疆之本字……而觑、歔、飌三字则无有也。更求诸钟鼎文,觑见寅簋(博古图),畺见沇儿钟《古籀补》;邍见石鼓,歔见季加匜(薛氏),伯角父敦(《积古》),灋见盂鼎,操尤钟鼎中所习见。且殷契中有翻即飌字(罗振玉《殷墟书契考释》),此所发见,愈足令人狂喜不置……自非《周官》一书,早作于西周之世,乌得有此乎。"[8]

徐复观不同意顾实的说法。徐说:"若仅就此二字(觑邍)而论,当可为顾氏之说作证。"但若与顾氏所举其他各字关联考查,则上两字只能算"西汉时代的僻字"。以歔为渔,以飌为风,是(王、刘)因好奇而认错了字。"《周官》不用法而

---

⑦ 甲骨文四千字,《说文解字》九千三百五十三字,梁顾野王《玉篇》收一万六千九百一十七字。

⑧ 转引自徐复观《〈周官〉成立之时代及其思想性格·自序》,第3—4页。

用灋,许慎因以灋为本字……而不知灋乃古废字。……后人有的以灋为法,这是因为受到《说文》的影响,而《说文》则是许氏为《周官》所欺。"⑨

其实灋字,在秦简及帛书中既用为法字,亦用为废字,许慎以灋为法,正是言之有据。法者,去也,禁止之使之去掉也,与废义通。秦简《效律》:"禾、刍、稿积廥,有赢,不备,而匿弗谒;及者(诸)移赢以赏(偿)不备,群它物当负赏(偿)而伪出之以彼赏(偿),皆与盗同灋(法)。"徐的说法是没有看到秦简的材料所致。

《周官》以畺为疆,省弓,省号,也是秦简与帛书这一时期常省偏旁的写法。秦简中,侯为矦,藏为臧,菜为采等等。马王堆《帛书》亦如此,故写疆为畺,正可作为《周官》出于此种文字不规范时期之证。在文字不统一、不规范时期,鱼写为鱻、鱻、渔、歔等,是极正常的现象,后世人们以奇字、怪字论之是自然的,视其为写错了字,则属妄责古人了。

总之,《周官》故书在文字上与秦简较近或一致,更证明其为秦统一前夕的作品。

据金德建考证,《吕氏春秋·十二纪》中亦多有古文字,与《月令》《淮南子·时则训》等汉代今文本有别。如《十二纪·孟春纪》:"乘鸾籍。"《月令》为"乘鸾籕"。籍字为古文,籕字为今文。《孟春纪》"以迎春於东郊",《时则训》"以迎春于东郊"。於字为古文,于字为今文。《孟春纪》"无有不当"。"无有坏隳",《月令》为"毋有不当""毋有坏隳"。无字为古文,毋字为今文。《吕氏春秋》写于秦始皇八年,"十二纪"中出现部分古文字,说明它所据的底本可能是古文本《月令》,它在书写时,一仍其旧。也可能当时的书写状况就是如此。这种兼有古文字的《吕氏春秋·十二纪》,在汉人看来,也只能名之曰"故书",这也可作为《周官》"故书"成书时代之参证。

由《周官》"故书"到"今书"的文字整理与变化,我们对汉代今古文经可以得到几点新的看法:

1.今文经是把古文改成汉隶而产生的,对这一传统说法应做修正。因为变

---

⑨　转引自徐复观《〈周官〉成立之时代及其思想性格·自序》,第4页。

古文为今文,固然必须隶书化,但仅仅隶书并不就是今文。就是说隶书或汉隶是古文经变今文经的必要条件,但不是充分条件。无此条件,古文经不能成为今文经,但仅有此条件,却不一定是今文经。古文经成为今文经,犹如《周官》"故书"之被整理成今书,不仅是把"故书"之古字加以汉隶的结果,也是用汉时通行的习用语与新增、孳乳或规范化之字加以改写了的结果,因此它有用语的变化,有文字规范化与新发展的成果。《学林·古文条》说:"明皇不好隶古,天宝三载,诏集贤学士卫包改《古文尚书》从今文,故有《今文尚书》。今世所传《尚书》乃《今文尚书》也。《今文尚书》多用俗字,如改说为悦,改景为影之类,皆用后世俗书,皆因明皇不好隶古,故有司亦随俗卤莽而改定也。"⑩汉代古文经如《仪礼》《春秋》《尚书》改为今文经本,当亦如此。

2.因此,"今读"有三种情况,一种是完成上述第二项的要求,将古文经变成了今文经,一种是仅仅将古字隶书隶定而字不变,成为隶书之古文经。这种隶写的古文经在敦煌抄本的古文《孝经》中仍然可见。日本足利本(足利学校藏古抄本)即是如此。孔安国对《尚书》的"今读"一定也是如此。第三种则如同《周官》之"今书",仅将"故书"的部分古文字、用语改为汉代通行的规范化文字与习用语,而仍保留了部分的古文字,仅仅将其隶书化。

3.秦时用秦隶抄写的经本,因为是过渡时期的情况,与古文经比,它的文字不仅隶写了,而且也会有部分的改变,如将古文之无改为毋等,成了今文,但许多则仍是古文,如位写为立,仪写为义等等。因此,它既与古文经本有别,又与汉时定型了的今文经本有别。假设伏生的《尚书》是秦时的隶书本,则它必属于这种过渡形态。由此可以推断:古文经之演变为今文经,并非是一次完成的,它是一个不断汉化的过程,也就是说是一个不断用汉时的习用语与规范化之文字加以改写的过程。今天所见的所谓古文经从某字,今文作某字,或是据郑玄、高诱所见东汉今古文经本,或是据《说文解字》、《汉石经》、魏《三体石经》,都是经过不断整理的今古文书。究竟汉初的今文经本情况如何,恐怕已经不可考了。但可以肯定它必是与秦简文字类似而和郑玄所见今文经本有很

---

⑩ (宋)王观国:《学林》卷一《古文》。

大不同的。

4.由以上可见,古文经本改编为今文经本是可能的,也是自然的。但如果古文经已失,经学家是无法把一个今文本整理为古文本的,因为它虽可以参照其他经之古文本,把此经之某些字重新写为古文某字,但古代一些死灭了的用语、习惯语,已由今文的习用语、俗语取而代之,要重新改回,是十分困难的。古文经已失而重新把今文本改成古文本,纯粹是好古,实际上无此必要,经学家一般是不会去做的,故金德建所谓西汉古文《尚书》已佚失,东汉古文本《尚书》为杜林"改定",汉代古文《孝经》佚失,古文本《孝经》出于许慎新撰,西汉无古文《易经》,东汉本古文《易经》出于马融,马融把通行的今文本《易经》改成古文本《易经》云云,是难于成立的。[11]

二、汉代今古文学派学术观点对立说的新考察

由《周官》"故书"与今书,我们对汉代今古文经学对立的种种传统说法,亦觉有重新检讨的必要。

按传统说法《周官》为古文,《周官》"故书"为古周礼、古文经,故论述汉代今古文之为对立学派时,古文阵营常以《周官》《左传》《尚书》为支柱。但事实上,《周官》根本不是古文,且东汉诸多古文学家如杜子春、贾逵、马融、郑兴、郑众亦曾未明言其为古文,则所谓东汉古文学派以《周官》为支柱并由此而概括的种种今古文学派对立之说,就要受到动摇了。

关于汉代今古文学派对立的说法,可举皮锡瑞与周予同的看法作为代表。皮锡瑞《经学历史》说:"十四博士今文家说,远有师承。刘歆创通古文,卫宏、贾逵、马融、许慎等推衍其说,已与今学分门角立矣;然今学守今学门户,古学守古学门户。今学以古学为变乱师法,古学以今学为党同妒真,相攻若雠,不相混合。杜、郑、贾、马注《周礼》《左传》不用今说,何休注《公羊传》亦不引《周礼》一字。

---

⑪　金德建:《经今古文字考》,第264页、第374页、第382页。

许慎《五经异义》分今文说、古文说甚晰。若尽如此分别，则传至后世，今古文不杂厕，开卷可了然矣。"周予同《经今古文》说："自从刘歆这样地提出抗议以后——指刘歆《让太常博士书》，今古文的壁垒然后森严，今古文的旗帜然后鲜明，而今古文的争论也就从西汉末年一直延到东汉末年，竟达二百多年之久（东汉亡于公元219年）。直到郑玄遍注群经，混乱今古文的家法，这种热烈的争辩才暂时停止。"⑫按照这种说法，汉代今古文是门户森严的两大对立学派。党同伐异，相攻若仇，没有调和的余地，直至郑玄，才打破对立，使两者混合、融合。这是学术界对今古文对立的有代表性的看法。

但是，实际上杜子春等对《周官》的态度，已无今古文对立的门户之见。因为他们并不把《周官》当古文。按理，《周官》"故书"如果为古文，则对"故书"进行整理，"今读"，使之汉化与隶书的"今书"当为"今文"。但杜子春及先郑父子对《周官》"故书"与"今书"所持的态度是中立的，并不党同"故书"。至于皮锡瑞所谓刘歆、卫宏、贾逵、马融、先郑父子及许慎等皆坚守古学门户，不用今说，等等，实是不符事实的。

何耿镛《经学概说》曾列一表⑬，列举今文学与古文学在一系列学术观点上的对立（见下页表）。

但是，实际上这些对立只能说是《王制》《礼记》《周官》《左传》等诸说法的对立。如果像杜子春、贾逵、马融、卫宏、先郑父子等，根本以《周官》为古文，则在他们看来，或对他们而言，上述所谓今文说与古文说的对立，就要大为改变了。以官制言，表上将今古文说概括为两点，其中第一点，今文说是《礼记·王制》的说法，古文说是《周官》的说法。两"说"虽有不同，但郑玄并不认为是对周制的两种不同对立说法，而是夏礼、殷礼与周礼的区别。《礼记·王制》："天子三公、九卿、二十七大夫、八十一元士。"郑注："此夏制也。《明堂位》曰'夏后氏之官百'，举成数也。"孔疏："《王制》之文，郑皆以为殷法，此独立夏制者，以《明堂》'殷官二百'，与此百二十数不相当，故不得云殷制也。"然而郑玄本人又曾以三公、九卿、二十七大夫等为殷制。可见郑玄自己的看法也

⑫ 《周予同经学史论著选集》，上海人民出版社1983年版，第10页。
⑬ 何耿镛：《经学概说》，湖北人民出版社1984年版，第40页。

是有矛盾的。

制度	今文说	古文说
封建	(1)分五服,各五百里,合方五千里。 (2)分三等:公侯方百里,伯方七十里,子男方五十里。 (3)王畿内封国。 (4)天子五年一巡狩。	(1)地分九服,亦各五百里,并王畿千里,合方万里。 (2)分五等:公方五百里,侯方四百里,伯方三百里,子方二百里,男方一百里。 (3)王畿内不封国。 (4)天子十二年一巡狩。
官制	(1)天子立三公:司徒、司马、司空,以及九卿,二十七大夫,八十一元士,凡百二十。 (2)无世卿,有选举。	(1)天子立三公:太师、太傅、太保,无官属。又立三少为之副:少师、少傅、少保,谓之三孤。又立六卿:冢宰、司徒、宗伯、司马、司寇、司空。六卿之属大夫士庶人在官者凡万二千。 (2)有世卿,无选举。
宗庙	(1)社稷所奉享皆天神。 (2)天子有太庙,无明堂。	(1)社稷所奉享皆人鬼。 (2)天子无太庙,有明堂。
祭祀	(1)七庙皆时祭。 (2)禘为时祭,有祫祭。	(1)七庙祭有日月时之分。 (2)禘大于郊,无祫祭。
税制	(1)远近皆取十一。 (2)山泽无禁。 (3)十井出一车。	(1)以远近分等差。 (2)山泽皆入官。 (3)一甸出一车。

关于"三公""五官"是否有今古文的对立,吕思勉有一段话讲得很好。他说:"今文之三公曰司马、司徒、司空。此亦即五官,特仅举其三耳。"

又说:"三官所职,视他官为要,固考诸经文而可征,亦古文家所不违也。《立政》《梓材》,皆以三官并举。《酒诰》有圻父、农父、宏父,伪《孔传》亦以司马、司徒、司空释之。"⑭至于今文无四卿,有选举,古文有四卿,无选举,也是不确的。《周官》明确地提出于"射礼"中推荐贤者能者,出使"长之",大司马条明确指出:"凡邦国,大小相维,王设其牧制其职,各以其所能。"《周官》之三公六卿,不是世袭的。

以分封言,《周官》主爵分五等,公、侯、伯、子、男,《王制》亦是五等:"王者之制禄爵,公、侯、伯、子、男,凡五等。"封地大小虽有不同,《周官》大而《王制》小,但郑玄认为两者皆是周制,不过《王制》是周武王时的情况而已。郑玄的用意虽是在把《周官》与《王制》沟通,做成统一的解释,但在他的观念中,根本无"古文说"与"今文说"之对立,则是很显然的。

郑玄注《尚书·皋陶谟》"弼成五服,至于五千",引《周官》以为说,又引谶纬《河图括地象》为根据,他的观念并不是调和今古,而是根本无今古之分。至于王畿内封国与否,巡狩五年一次或十二年一次,这些不同说法,都不能认为是今古文说的对立。

《周官》及《王制》《史记》等皆主九州说,《尚书·尧典》主十二州说,王莽崇奉《尚书》,马融、郑玄为十二州说作解说。在他们的观念中亦无所谓今古文的对立。

《周官》《尚书·尧典》主五刑,《左传》主九刑。

"九族",学者大多认为古文学主"九世本亲属说",以九族为九世,"上自高祖,下至玄孙"。今文说主"父族四,母族三,妻族二"。前者是《尚书》孔传所主张,后者认为源于《尚书》欧阳生及大小夏侯说(《戴氏礼》同)。班固《白虎通》、许慎等古文学代表或今文学著作却都主欧阳说。孙星衍《尚书今古文注疏》云:

> 许氏从今文,郑氏从古文说也。……《汉书·高帝纪》:"七年,置宗正官以序九族。"是汉初俱以九族为同姓。夏侯、欧阳说为异姓者,盖因"尧德光被",自家及外族。郑不然者,以经文下云百姓,可该异姓也。

---

⑭ 吕思勉:《吕思勉读史札记》,上海古籍出版社 1982 年版,第 225 页、第 227 页。

就是说，欧、郑观点之所以不同，是在于他们对《尧典》的理解不同，并非基于今古文学派立场的不同。

汉初，以九族为九世，是流行的说法，《尚书》孔安国传采此种说法。《礼》："缌麻三月以上，恩之所及。"欧阳氏等认为为妻父母有服，明在九族中，故九族不得仅施于同姓。郑玄不同意欧阳氏等对《礼》的解说。郑说："《昏礼》请期辞曰：'唯是三族不虞。'欲及今三族未有不亿度之事而迎妇也。如此所云，三族不当有异姓。"又引《礼·杂记下》："缌麻之服，不禁嫁女取妇，是为异姓不在族中明矣。"又引《丧服小记》"亲亲以三为五，以五为九"，以证其说。可见两者的分歧都是在对《礼》的理解，没有今古文学的门户观念在作祟。许慎采欧阳氏的说法。《五经异义》云："礼，缌麻三月以上恩之所及，《礼》为妻父母有服，明在九族中。九族不得但施于同姓。"亦与今古文立场无关。

对"六宗"的解释，欧阳、夏侯说皆主"六宗者，上不及天，下不及地，傍不及四时，居中央，恍惚无有，神助阴阳变化，有益于人，故郊祭之"。古文《尚书》说主"六宗：天地神之尊者。谓天宗三，地宗三。天宗：日、月、星辰。地宗：岱山、河、海。日月为阴阳宗，北辰为星宗，岱为山宗，河为水宗，海为泽宗。祀天则天文从，祀地则地理从"。欧阳、夏侯说见《汉书·郊祀志》引。古《尚书》说见《周官·大宗伯》疏。刘昭注《后汉志》引贾逵曰："六宗谓日宗、月宗、星宗、岱宗、河宗、海宗也。"《仪礼经传通解续》解"因事之祭"，引《大传》郑注："马氏以为六宗谓日、月、星辰、泰山、河、海也。"《释文》引马氏则曰："六宗，天地四时也。"许氏《异义》同古文《尚书》说。众说纷纭，无所谓今文学与古文学派的对立。郑玄与马融对六宗的解释皆基于对《周官》思想的理解，两者皆以《周官》注《周官》。孙星衍说："六宗，史公无说，不知孔安国说与今文说同否？"可见所谓《古文尚书》说是否真是古文尚书说，也是没有根据可言的。

其他如对《尚书·微子》"父师、少师"的解释。《史记》"父师"作太师，以太师、少师为纣时乐师。崔适《史记探源》说此系今文说。孙星衍《尚书今古文注疏》据《汉书·儒林传》"司马迁亦从安国问故，迁书载《微子篇》多古文说"，认为"此即安国故也"，肯定为古文说。究竟是今文抑是古文？强调今古文对立的学者也弄不清楚。

　　许慎被公认为古文学门户观念极鲜明的学者,但分析《说文》,可以看出,许慎虽精通古学,在《说文》中多所引用,但他并不对今学持门户之见,故《说文》中凡宜于引今文之处,许慎皆引今文说,包括谶纬在内。如《说文》:"封,爵诸侯之土也。从土,从寸,守其制度也。公侯百里,伯七十里,子男五十里。"这是采《王制》之说,为今文。

　　《说文》:"王,天下所归往也。董仲舒曰:'古之造文者,三画而连其中,谓之王。'三者,天、地、人也,而参通之者,王也。"又引孔子曰:"一贯三为王。"董是今文,"天下所归往"出《春秋繁露·名号篇》。孔子说的话,王国维以为系出纬书。

　　《说文》:"士:事也,数始于一,终于十,从一,从十。"并引孔子曰:"推十合一为士。"这是以象数学解释字义,滥觞于纬书。所引孔子的话,亦来自纬书。许作《说文解字》是博采诸家,无今古文对立的观念作怪。马宗霍《〈说文解字〉引经考》说:"《说文》称礼者二十八字,有八字所引见《周官》,一字见《礼记》,两字则说《周官》之事,两字则称礼,兼称《周官》,其专属《仪礼》者七字,无一字在郑注所云'古文'之内,余则或出《毛诗传》,或出《礼说》,或出《礼纬》,或则不知所出,而亦以礼称之。"说明许慎"礼"的观念完全打破了今古的界线,是不分彼此、集诸家之说而成的统一的礼。

　　比较而言,《说文》言礼制以引"周礼"为多,计有九十五字,但所谓"周礼"包括《左传》《礼记》《仪礼》等在内,并非单指《周官》。如说"堋:丧葬下土也,从土,朋声。"《春秋传》曰"朝而堋",《礼》(指《礼记》)谓之封,《周官》谓之窆。《虞书》曰"堋淫于家"。许将《周官》与《虞书》《左传》《礼记》并列,统称为"周礼"。可见,许慎之"周礼"观念亦是综合各家而成的。至于《说文》引"周礼"确以《周官》为主,其原因:一是许慎误信《周官》为古周礼;二是许认为《周官》为古文,多存文字古义,引《周官》更能说明文字之原始义,并非基于排斥今文之狭隘的门户之见也。

　　许氏《五经异义》,皮锡瑞认为今古文泾渭分明,[15]强烈地表现了许之古文立

场。实际上，全书内容系列举《诗》《书》《礼》《易》《春秋》在礼制、文物上的不同说法而下以己意，一概从事实、义理的是非出发。有肯定古文者，亦有肯定今文者。如"田税"，许氏既肯定《公羊春秋说》，又指出汉制收租田有上中下，与《周礼》同义。关于天，许既批评欧阳《尚书》说，又批评《尔雅》，而肯定古文《尚书》天有五号之说。关于力役、兵役，许批评《周官》而同意《王制》及《易》孟氏与《韩诗》说。许说："谨案五经说皆不同，是无明文所据。汉承百王而制，二十三而役，五十六而免，六十五已老而周复征之，非用民意。"许氏名自己的书为《五经异义》，其意正以为今古文同为五经，各种五经之说的不同是"五经"之异义，而非今古文之对立。故郑玄驳《五经异义》亦据事实义理进行分析，也丝毫不存有今古文对立之观念。

那么《白虎通》是否在学术上排斥古文呢？传统的看法认为如此。因为《白虎通》各条的解释以今文为主。但这种看法忽略了今文本来是占统治地位的观点。《白虎通》的主要条目不仅是今文学的观点，亦是兼研古文的学者的观点，也就是说，它们是今、古文学者的共同观点。例如"五行""爵称""姓氏""王""分封"等，观点虽引自今文，但古文学者并没有与之不同的观点。一些能引用"古文"的地方，《白虎通》亦加以引用。如《爵篇》说："爵有五等，以法五行也，或三等者，法三光也……殷爵三等，周爵五等，各有宜也。"开郑玄打通今古文，以殷、周礼制解释爵三等、五等之先例。又说"冢者大也，宰者制也，大制事也。故《王度记》曰：天子冢宰一人，爵禄如天子之大夫，或曰冢宰视卿，《周官》所云也。"

此外，《嫁娶篇》引有《周官》"仲春之月，令会男女，令男三十娶，女二十嫁"之文。关于《尚书》，金德建《经今古文字考》有专章证明《白虎通》所引《尚书》大部分是古文，非今文。如果说白虎观会议的目的是"希望借皇权之力，把刘歆所提倡的古文经打倒……旨在否定古文之说"[16]，以上情况如何能够解释？

总之，无论是从古文学者方面还是从今文学者方面考察，所谓今古文门户森

---

⑯　刘起釪：《尚书学史·东汉今文经学与古文经学的较量》，中华书局 1989 年版。

严,不相调和,至郑玄始为打破的传统说法,是难于成立的。

三、汉今古文学派学风对立说考辨

上面所论学术观点上的对立,是比较传统的说法,清代经学家皮锡瑞等即持有此种看法。近人如周予同等则进一步从学风上概括两派的对立。1925年,周发表《经今古文学》,曾经制一简明表格,列举汉代今古文学在学风上的十三大对立,现将其摘要为九点,以进行讨论。周的这些说法,在学术界也是有代表性的,我在《汉代思想史》中也曾经采取这一看法。但是现在看来,它们都有加以重新检讨的必要。现将九点对立列表如下:

今文学	古文学
(1)尊重孔子。	(1)尊奉周公。
(2)尊孔子为"受命"的"素王"。	(2)尊孔子为先师。
(3)以孔子为政治家、教育家。	(3)以孔子为史学家。
(4)以孔子为"托古改制"。	(4)以孔子为"信而好古,述而不作"。
(5)以六经为孔子作。	(5)以六经为古代史料。
(6)以《公羊传》为主。	(6)以《周礼》为主。
(7)为经学派,六经排列以《诗》为首。	(7)为史学派,六经排列以《易》为首。
(8)斥古文经传是刘歆伪造。	(8)斥今文经传是秦火残缺之余。
(9)信纬书,以为孔子大义微言间有所存。	(9)斥纬书为诬妄。

周予同认为今古文家对于《六经》次序的排列,表示他们对于孔子的观念不同,古文家的排列次序是按《六经》产生时代的早晚,今文家却是按《六经》内容程度的浅深。古文家以《易经》的八卦是伏羲画的,所以《易》列第一;《书经》中最早的篇章是《尧典》,较伏羲为晚,所以列在第二;《诗经》中最早的是《商颂》,较尧舜又晚,所以列在第三;《礼》《乐》是周公制作的,在商以后,所以列在第四、第五;《春秋》是鲁史,经过孔子的修改,所以列在末了。而古文家之所以按《六

经》的时代早晚排列,是因为他们认为孔子是史学家,将孔子视为古代文化的保存者。今文家则认为孔子是政治家、哲学家、教育家,所以他们对于《六经》的排列,是含有教育家排列课程的意味。⑰

但实际情况完全不是如此。刘歆说:

> 伏羲氏继天而王,受河图,则而画之,《八卦》是也。禹治洪水,赐《洛书》,法而陈之,《洪范》是也。《河图》《洛书》相为经纬,八卦九章相为表里。昔殷道弛,文王演《周易》。周道敝,孔子述《春秋》,则乾坤之阴阳,效《洪范》之咎征,天人之道粲然著矣。⑱

这里刘歆列《易》第一,是因为《易》讲天道。列《尚书》第二,因为《书》效法"河图",为地道。《诗》《礼》《乐》《春秋》则为人道。由天而地而人,兼三才而两之,根本不是根据什么产生时间的先后。

另一被传统看法认为是古文学家的班固,据刘歆《七略》成《汉书·艺文志》,谈到六经次第时说:

> 六艺之文:《乐》以和神,仁之表也;《诗》以正言,义之用也;《礼》以明体,明者著见,故无训也;《书》以广听,知之术也;《春秋》以断事,信之符也。五者盖五常之道,相须而备,而《易》为之原。故曰"《易》不可见,则乾坤或几乎息矣",言与天地为终始也。至于五学,世有变改,犹五行之更用事焉。⑲

也很明白地指出,以《易》为首,是因为《易》为"五常"之原。其他五经的排列,则按仁、义、礼、智、信,这是五行相生秩序的体现。

《诗》《书》《易》《礼》《乐》《春秋》之排列,最早出于《庄子》之《天下篇》。荀

---

⑰ 徐复观:《〈周官〉成立之时代及其思想性格》,第9页。
⑱ 《汉书·五行志》。
⑲ 《汉书·艺文志》。

子及董仲舒、司马迁等汉初学者都承袭这一历史说法，它与今文学是没有内在联系的。

至于尊孔子还是尊周公？实际上今文学何尝不尊周公？今文《尚书》《礼记》等等大讲周公摄政。王莽做摄皇帝所引用周公故事，皆是今文《尚书》之说。"发得周礼"，也指《尚书》等书所述周公故事。王莽、刘歆之改祭祀、礼制，立辟雍、明堂，也多根据《礼记》（今文学），与《周官》无关。故尊周公是汉代经学的共同特点。

那么，在古文学者眼中，孔子是否不是素王而仅是一史学家呢？绝不如此。刘歆亦认为，孔子是述天人之道，"则乾坤之阴阳，效《洪范》之咎征"的圣人与素王。他与"继天而王"的伏羲，法《洛书》作《洪范》的夏禹及受命的文王是同样受有天命的。他作《春秋》，"述天人之道"，与《周易》《洪范》一样，是"天书""神书"，绝非一般的历史教科书。

东汉初年曾发生《左传》立学官的争论。经学家范升反对立《左传》。然而这场争论主要是争谁是孔子的嫡传、正统。范升说"《左氏》不祖孔子，而出于丘明，师徒相传，又无其人"，是尊孔子。陈元说"丘明至贤，亲受孔子，而《公羊》《穀梁》传闻于后世"，也是尊孔子。[20] 很显然，在两者眼中，孔子都不是教育家、史学家。郑玄更明言孔子是受命的素王。[21]

对谶纬的态度，汉代也并无今文学者与古文学者的对立。今文学者信谶纬灾异，然而古文学者同样如此。如刘向著《洪范五行传论》，大讲阴阳灾异。王莽信符命，大倡谶纬，至东汉，谶纬为国宪、为内学，昌盛一时，学者莫不钻研崇敬。朱彝尊说："东汉之世，以通七纬者为内学，通五经者为外学。其见于范史者无论，谢承《后汉书》称'姚浚尤明图谶秘奥'。又称'姜肱博通五经，兼明星纬'。载稽之碑碣，于有道先生郭泰则云：'考览六经，探综图纬。'于太傅胡广，则云'探孔子之房奥'……于太尉杨震，则云'明河洛纬度，穷神知变'……盖当

---

[20] 《后汉书·郑范陈贾张列传》。
[21] 郑玄《驳五经异义》云"孔子时，周道衰亡，已有圣德，无所施用，作《春秋》以见志。其言少从以为天下法，故应以金兽性仁之瑞。贱者获之，则知将有庶人受命而行之，受命之征已见，则于周将亡，事势然也"，完全同《公羊春秋》说。

时之论,咸以内学为重。"㉒

东汉部分学者,如尹敏、郑兴、张衡、桓谭反对谶纬,但他们之反对谶纬,并非基于古文经学的立场,而是基于传统经学甚至今文经学的立场。因为本质上,他们本人都不是反对今文学的"古文学家",而仅仅是主治今文而兼爱古文的学者。他们之反对谶纬,是为了恢复西汉时经学的本来面貌,因西汉经学本无谶纬之说。谶纬是哀平时泛滥的,虽然亦与今文经崇信阴阳五行、天人灾异之说有关,甚至亦可以说是这一思潮发展的结果,但谶纬本质上与经学有别。西汉末期,今文经学诸大家无人讲谶纬,更无以谶纬注经解经者。东汉学者骤然掀起讲研谶纬之风,于是引起了复杂的矛盾关系。有吸收者,有排拒者。对古文学有爱好的一些学者如张衡、桓谭等起来反对谶纬,但马融、郑兴、贾逵亦是引谶纬以说经的。郑玄更是调和今古与引谶纬以注经的大师。其学术根底与立场实是变古学为今学,以今学融古学,并以经学融谶纬,代表了今学在东汉的最后面貌。所以,把一些古文爱好者反对谶纬说成古文经学派反对谶纬,今文经学则支持谶纬,构成对立,是不符合实际的。周予同对古文经与谶纬的关系,看法是矛盾的。他的《纬书与经今古文学》一文,一方面说古文经学反对谶纬,一方面又说"不仅今文学家与纬谶有密切的关系,就是古文学家及混淆今古文学者,其对于纬谶,也每有相当的信仰"㉓。

强调今古文为对立学派的学者,亦强调两派治学态度的对立,如说今文派注重"通经致用",为政治服务,古文派则不为章句,"重历史"等等。然而此亦是皮相之论。《汉书·楚元王传》:"初,《左氏传》多古字古言,学者传训故而已。及歆治《左氏》,引传文以解经,转相发明,由是章句、义理备焉。"所以刘歆《左传》之学即为章句义理之学。东汉郑兴善《左氏春秋》,"将门人从刘歆讲正大义,歆使撰条例、章句、传诂"。贾逵父徽,从刘歆受《左氏春秋》,有《左氏条例》二十一篇,逵悉传父业。"永平中,上《左氏传》《国语》解诂五十一篇,《左氏传解诂》三十,《国语解诂》二十一也"。这些章句、训诂之学皆为古文学者所为,如何能说

<hr />

㉒ 朱彝尊:《经义考·说纬》。
㉓ 《周予同经学史论著选集》,上海人民出版社 1983 年版,第 56 页。

古文学者不为章句？

通经致用，为政治服务，是所有汉代经学家的特点，不独今文经学家为然，爱好古文，力争为古文立博士的学者，亦无不从通经致用、为政治服务立论。刘歆等人以《周官》《尚书》为王莽的政治服务，就是最好的说明。他们一再上书，"谨以六艺通义、经文所见，《周官》《礼记》宜于今者，为九命之锡"，"以经义正十二州名分界，以应正始"，"放《大诰》作策，遣谏大夫桓谭等班于天下"。王莽改制几无一不引经义为根据。所以以经义为政治服务，在王莽时达到了高峰。以后东汉贾逵、马融等争立《左传》时，反复强调《左氏》"深于君父，《公羊》多于权变"㉔，皆是基于通经致用以学术为政治服务的立场。甚至刘歆对当时今文学者进行攻击，最重要之点亦是指责他们"因陋就寡，分文析字，烦言碎辞，学者罢老且不能究一艺。信口说而背传记，是末师而非往古，至于国家将有大事，若立辟雍、封禅、巡狩之仪，则幽冥而莫知其原"。

至于古文学者是否重历史，对事物、学术能持历史观点，分析这一问题，应该把他们所争的《左传》是历史与他们之所以争立《左传》并非基于爱好历史区分开来。正如《尚书》是史，今文学者之重视《尚书》并非因为《尚书》是史一样。争立《左传》为学官的学者，其动机与目的完全不在历史。贾逵说《左氏》"崇君父，卑臣子，强干弱枝，劝善戒恶"。"谨摘出《左氏》三十事尤著明者，斯皆君臣之正义，父子之纪纲。其余同《公羊》者什有七八，或文简小异，无害大体"㉕。可见贾逵为《左氏》争立学官，是完全从政治而非历史出发的。

就具体的学术问题而言，许多今文学者比兼爱古文的学者更具历史观点。如古文学者盲信《周官》为古周礼，何休却说"《周官》为六国阴谋之书"。就是说《周官》所述制度，不仅非周制，也非春秋礼，而系战国制度。两相比较，何休显然更有历史观念。临硕难《周礼》，引《诗》三处"六师"之文（《棫朴》《常武》《瞻彼洛矣》），证明《周官》讲六军，非西周古礼。郑玄回答说："春秋之兵虽累万之众，皆称师，《诗》之六师，谓六军之师。"又笺《毛传》说："二千五百人为师，今王兴师行者，殷末之制，未有周礼。《周礼》五师为军，军万二千五百人。"两者比

㉔ 《后汉书·郑范陈贾张列传》。
㉕ 《后汉书·郑范陈贾张列传》。

较,临硕显然比郑更有历史观念。

《周官》分封之说,公国方五百里,侯国方四百里,显系战国末年的分封情况,郑玄说是成王时周公封国的情况,而以《王制》所云、孟子所述为殷制,这不仅牵强附会,也更无历史观念。通观郑玄的《三礼注》,凡与《周官》礼制不合者,郑无不解为《殷礼》《夏礼》以穿凿其说,完全没有历史观念。比较言之,何休之《公羊解诂》,反多历史趣味与历史见解(如肯定许多礼制为《春秋》之礼,实际是肯认了礼制的变化),将春秋主事分为所见、所闻、所传闻,也较符合历史实际。三世——"据乱""升平""太平"之说,虽是表达政治理想,但对历史是持发展的观点。何休是继承胡毋生《条例》的,可见这是公羊学者的共同特点。董仲舒《春秋繁露》论孔子作《春秋》说:"贬天子,退诸侯,讨大夫。""善善恶恶","拨乱世,反诸正"。要求对研究历史持总结经验教训的态度,这是一种历史的政治的态度。运用这一指导思想于史学研究的司马迁,写出了《史记》这样伟大的历史著作,是与董这种历史思想分不开的。所以爱好古文绝不等于爱好历史,更不等于对事物皆能坚持历史观点,这是要分辨清楚的。由于古文学者的嗜古,盲目信古、复古(如王莽),其对许多问题更易持非历史的态度,这倒是更值得我们注意的。

康有为说:"观传古学诸人,扬雄则称'无所不见'。杜林则称'博洽多闻',桓谭则称'博学多通',贾逵则'问事不休',马融则'才高博洽',自余班固、崔骃、张衡、蔡邕之伦,并以弘览博达,高文赡学,上比迁、向者。"㉖比较今文学者之仅能专攻一经,古文学者确有"通博"的特点。但古文学者之"博",不仅不表示古文学之反今文的"门户"的特点,相反正是表示其兼通今古,既治今学,又兼采古文的特点。

由西汉末年到东汉,在应否立《周官》《左传》《毛诗》等为官学的问题上,经学家之间确曾有过几次斗争,但并不是今学、古学之争。争论的双方都没有提出学术上的问题。争论表明,双方都是为了更好地繁荣经学,维持经学的统治地位,并使经学更好地为政治服务。因此,反对者固然是表现了今学即正统经学的

㉖ 康有为:《新学伪经考》卷第八。

立场与心态,赞成者同样是表现了今学即正统经学的立场与心态的。不过前者认为已有的今文经已足够了,多立反而有害;后者则认为已有的经不够,将《左传》《周官》等立于学官,可以壮大经学阵营,更好地达到共同的目的。所以贾逵反复说《左传》"义深于君父","《左传》义同于公羊者什有七八,或文简小异,无害大体"。"凡所以存先王之道者,要在安上理民也。今《左氏》崇君父,卑臣子,强干弱枝,劝善戒恶,至明至切,至直至顺。且三代异物,损益随时,故先帝博观异家,各有所采"[27]。讲来讲去,不过是要变《左传》为官式的今学而已。

钱穆说:"何休墨守《公羊》,兼攻《左》《穀》,郑玄于《左》《穀》一起辩护,实均以立官不立官为争矣也。"[28]这是很中肯的。

王国维说:"汉志《毛诗》二十九卷不言其为古文,《河间献王传》列举所得古文旧书,亦无《毛诗》,至后汉始以《毛诗》与古文《尚书》《春秋左氏传》并称,当以三者同为未列学官之学,非以其同为古文也。其实《毛诗》当小毛公(苌)、贾长卿之时,已不复有古文矣。"[29]

《后汉书·儒林传》说:何休"与其师博士羊弼,追述李育意,以难二传,作《公羊墨守》《左氏膏肓》《穀梁废疾》"。"玄乃发《墨守》,针《膏肓》,起《废疾》,休见而叹曰:'康成入吾室,操吾矛,以伐我乎!'"[30]何休之所以惊呼,是因为郑玄的驳辨是站在今文经学的内部与立场上进行的,所以特别有力,这正好表明争论双方的学术立场是一致的。

四、几点新的看法

根据以上的事实,我们对汉代今古文的对立及斗争等,有新的看法,它可以归纳为下列四点:

---

[27] 《后汉书·郑范陈贾张列传》。
[28] 钱穆:《国学概论》。
[29] 转引自钱穆《国学概论》。
[30] 《后汉书·张曹郑列传》。

1.汉代有今文经与古文经,有今文经说与古文经说。

2.但汉代只有一个统一的经学,它是由今文经学所代表的,汉代所有的经学家都具有这统一经学的共同学风与特点。古文经学者不过是兼通今古文的学者。他们与今文经学者的不同,仅在于他们有今文经学的立场与特点,又兼通古文经,他们所致力的不是排除今文经,而是把古文经变成今文经,以立于学官。他们所做的各种今古文同异、比较,如"欧阳、大小夏侯《尚书》古文同异""齐、鲁、韩诗与毛氏异同",其性质都是以今文经之眼光、立场与精神解释与比较各家,指出其种种具体问题上的异同,证明在此种问题上,古文经的说法更符合经学的要求,完全不是要以古文取代与打倒今文。

3.今古文的几次斗争,主要是围绕应否立学官这一点,并非基于学术上的分歧与对立。

4.在具体学术问题上,东汉经文学家特别是古文学者博采众家,打破今古界线,自刘歆、杜子春起即已如此,许慎更为明显,至郑玄集其大成。这种今古兼容并包的现象,并不说明古文学在东汉最后战胜了今文学,相反,恰恰是今学融合古学而成了融合今古的统一的经学。

【金春峰　人民出版社原编审】

原文刊于《中国文化》1991 年 01 期

经义之争的立场与逻辑

以何休、郑玄之分为例

郜积意

一、小引

自刘歆与太常博士之争始,至何休与郑玄的《三传》之分,汉代今、古文学之争的主题发生了明显变化①,即从争立博士官向经义之争转变。变化的发端,肇始于光武世范升和陈元的争论,而白虎观会议《公羊》家李育以义难贾逵,也属于经义之分的范围(见下)。只是两次争论的文献基本亡佚,无法提供具体的例证。至于何休、郑玄关于《三传》的分歧,虽然只存留零星史料,却展示了经义之争的具体面目,并为人们理解东汉后期的经学之争提供了进一步考察的线索。汉代经学若从汉武帝设立《五经》博士算起,至何、郑之时,其间三百来年之久,经学固然在鼓吹圣道王功方面体现了官方意识形态的要求,但经过如此长时间的发展,其自身的"学问"特色也愈趋明显。从何、郑的分歧看,经学所关注的,涵盖了逻辑的自洽、知识的准确等诸多解释学的问题。人们只要回顾汉景帝时辕固和黄生关于汤武受命是非的争论,以及西汉末刘歆与太常博士有关《左氏》

① 何休、郑玄的《三传》之分,包括了《穀梁传》的辨难,严格地说,不属于今古文之分的范围。故文章虽以今古文之争为开端,只是出于行文方便,行文中有大量《穀梁》之例可证。

是否传《春秋》的争论，就会看出经学作为学术与意识形态的不同表征。作为学术，经学面对的是逻辑和知识的问题；而作为意识形态，经学和权力结合紧密，它或指经学为王权稳固提供解释依据，或指经学之争借助权力而进行裁决。明乎此，则东汉末何休、郑玄关于《春秋》的分歧，以及许慎与郑玄有关《五经》之异义的不同理解，对于把握学问形态的经学，无疑提供了异乎意识形态之维的另一种视角。这对于重新认识汉代经学史，自有其不可忽略的意义。

这么说，并不意味着何、郑之分与意识形态之争绝无关联，因为何休所持以批判《左氏》《穀梁》的诸多论题，很可能是沿袭李育、贾逵之争的结果。本传云何休"与其师博士羊弼，追述李育意以难二传，作《公羊墨守》《左氏膏肓》《穀梁废疾》"②，而李育在白虎观会议上以《公羊》义难贾逵，自然也经过诸儒及汉章帝的评议或裁决，故《膏肓》《废疾》中的论题，与李育、贾逵之争可能有莫大关联。不过，即使有论题的沿袭性，但考虑到何、郑之分不存在权力干预和追求利禄的动因，则争论本身所包含的逻辑特征就有可能在更大程度上得到彰显。故本文的论述，虽然不忽略何休的立场论批判，却更着眼于其间的论据及展开过程，希望借此彰显汉代经学之争的另一种面貌及其意义。

二、意气与立场批判

何休，东汉末《公羊》学家。《后汉书》本传言其"精研《六经》，世儒无及者"③，作《公羊传解诂》，覃思不窥门十七年。何休师从博士羊弼，考东汉光武立十四博士，《公羊》有严、颜二家，清人惠栋据此考证云，何休之《公羊》学当为颜氏《春秋》④。其说可从。

---

② 《后汉书》，中华书局，1965 年，卷七十九下《儒林列传第六十九下》，第 2583 页。
③ 同上，第 2582 页。
④ 江藩《汉学师承记》载惠栋说云："《公羊》有严颜二家，蔡邕《石经》所定者，严氏《春秋》也；何邵公所注者，颜氏《春秋》也。《石经公羊》末云'桓公二年，颜氏有所见异辞'云云，僖公三十年，颜氏言'君出则己入'，今何本皆有之。又云：'颜氏无"伐而不言围者，非取邑之辞也"'，今何本亦有之。以此知何所注者，颜本也'。"见〔清〕江藩撰，钟哲整理：《汉学师承记》，中华书局，1983 年，第 27 页。

从现有的例证看,何休批判《二传》的基本预设是《公羊》释经比《二传》高明。因此预设,有时他的批判有歪曲、误解之嫌。如《左氏》隐公元年云:"天子七月而葬,同轨毕至。诸侯五月,同盟至。大夫三月,同位至。士逾月,外姻至。"这一说法也见于《礼记·王制》,但何休《左氏膏肓》却批驳"士逾月"云:"礼,士三月葬,今云逾月,《左氏》为短。"⑤是何休认为逾月不合三月葬之礼。据郑玄驳云,《左传》的"逾月"之说,其实就是三月,所谓"大夫殡葬皆数来日来月,士殡葬皆数往日往月",数来日来月,即合死月、此月计,而数往日往月则不含死月、此月,故前者的三月即后者的逾月⑥。杜预以为"逾月,度月也",在计算上与郑玄相同。何休以"士三月葬"而批驳"逾月",只着眼于表述的差异,而非实际的月数之差。在孔颖达看来,《左传》之所以有表述上的差异,是因于大夫和士的不同政治身份,虽然大夫和士均是三月而葬,但《传》以三月、逾月区分大夫和士葬之期,是大夫和士的尊卑不同⑦。可见,何休对"士逾月"的批判,与其说是《左传》在士葬之期的表述上有问题,不如说出于维护其《公羊》的观念。这一观念使得何休不顾及《左氏》的真正内涵。相似的例子还体现在何休对《穀梁》"不与楚专释"的批判上⑧。

此种批判,并不表明对方的解释存在问题,不如说是何休曲解了对方的真实含义,故其批判不得要领。下面的例子更具代表性。

庄公六年《左传》云"雏甥、聃甥、养甥请杀楚子",《左氏膏肓》云:"楚、邓强弱相县,若从三甥之言,楚子虽死,邓灭曾不旋踵,若刳腹去疾,炊炭止沸,《左氏》为短。"⑨照何休之说,当时楚、邓实力悬殊,若从三甥之说,则邓国必将早早灭亡,故三甥之言不可从。何休对楚、邓实力的估计,不仅是为了表明三甥之说

---

⑤ (清)阮元校刻:《十三经注疏》,浙江古籍出版社,1998年,下册,第1717页中。
⑥ 同上。
⑦ 同上。
⑧ 僖公二十一年经书"十有二月癸丑,公会诸侯盟于薄,释宋公",《穀梁》云:"外释不志,此其志何也?以公之与之盟目之也。不言楚,不与楚专释也。"何休《废疾》云:"《春秋》以执之为罪,不以释之为罪。责楚子专释,非其理也。《公羊》以为公会诸侯释之,故不复出楚耳。"案:《穀梁》云"不言楚,不与楚专释",何休以为责楚子专释,但在郑玄看来,所谓"不与楚专释",乃谓因鲁僖公等公、侯之力,同释宋公,非独楚释宋公。故郑玄云:"言公与诸侯盟而释宋公,公有功焉。与《公羊》义无违错。"《十三经注疏》,下册,第2400页上。
⑨ 《十三经注疏》,下册,第1764页下。

不可从，更重要的是得出《左传》的不可信。这说明他把传文相关中的事件或人物言行等同于《左传》之意，而没有考虑到二者的意义间离。《正义》曾引苏宽之说云："三甥既有此语，《左氏》因史记之文录其实事，非君子之论，何以非之？"⑩即把人物与传文区分开来。

上述这些例证，或出于误解，或出于有意的歪曲，都与论证的逻辑无关。在这类例子中，甚至不见《公羊》论立场的具体内容。这种批判是立场论批判的极端形式，可称之为意气批判。意气批判和立场论批判的不同在于，后者是以《公羊》说为基础而批判《二传》，所以可为人们提供分析的起点，意气批判则无法提供分析起点。

至于立场批判，如昭公二十六年《左氏》载王子朝告诸侯云："昔先王之命曰：'王后无適，则择立长，年钧以德，德钧以卜。'王不立爱，公卿无私，古之制也。"《膏肓》云："《春秋》之义，三代异建，有嫡媵以别贵贱，有侄娣以辨亲疏，立嫡以长不以贤，立子以贵不以长。王后无嫡，明尊之敬之，义无所卜筮。不以贤者，人状难别，嫌有所私，故绝其怨望，防其觊觎。今如《左氏》言云'年钧以德，德钧以卜'，君之所贤，下必从之，岂复有卜？隐桓之祸皆由是兴，乃曰古制，不亦谬哉？"⑪何休据《公羊》"立嫡以长不以贤，立子以贵不以长"之义，而驳《左氏》立嫡长有卜之法。何休以王子朝语而证《左氏》之短，亦同"三甥"之例，于逻辑有缺。不过，考察襄公三十年《左氏》载穆叔云："大子死，有母弟则立之，无则立长，年钧择贤，义钧则卜，古之道也。"据此，则王子朝"王后无適，则择立长，年钧以德，德钧以卜"，虽有改造，如不提母弟⑫，然均以嫡长有卜之法为古制，故此例在逻辑上比三甥之例稍密。

这一批判的逻辑起点就是《公羊传》的"立嫡以长不以贤，立子以贵不以长"。因此立场，故何休认为立子无卜之理。但在《左传》的叙述中，在年钧德钧的前提下，就只能以卜来决定。郑玄就认为，"立嫡以长不以贤，固立长矣；立子

---

⑩ 《十三经注疏》，下册，第 1764 页下。
⑪ 《周礼·春官·大卜·疏》，《十三经注疏》，上册，第 803 页下。又，昭公二十六年《疏》云："人君所贤，下必从之，焉能使王不立爱也。"《十三经注疏》，上册，第 2115 页上。
⑫ 杨伯峻云："王子朝不言母弟，仅言立长，以敬王为王猛母弟，己则年长。"见《春秋左传注》，中华书局，1990 年，修订本，第四册，第 1478 页。

以贵不以长,固立贵矣。若长钧贵钧,何以别之? 故须卜。礼有请立君,卜立君,是有卜也。"⑬也就是说,王子朝所引古制"王后无嫡,则择立长",其实是基于贵钧的前提,在贵钧、年钧、德钧的条件下,《左传》所说的"卜",就是最好的决定方式了。据郑玄之驳,则可以看出何休立场论批判的片面,即无视了特殊情境下的变化情况。

虽然何休的立场论批判存在着偏颇,却因此可见立场论批判和意气批判的不同,立场论批判无论是否合理,都可以通过逻辑还原的方式加以论证,故初步展现了经义之争的逻辑特征。

又如桓公五年经书"大雩",《公羊传》云:"大雩者何? 旱祭也。"《解诂》云:"雩,旱请雨,祭名。不解大者,祭言大雩,大旱可知也。君亲之南郊,以六事谢过自责,曰:'政不一与? 民失职与? 宫室崇与? 妇谒盛与? 苞苴行与? 谗夫倡与?'使童男女各八人舞而呼雩,故谓之雩。"⑭由此可知,雩祭在何休的观念中,是人君失政之征。僖公十一年经书"秋八月,大雩",《解诂》云:"公与夫人出会,不恤民之应。"⑮即是例证,但《榖梁传》在解释此条经文时云:"雩月,正也。雩,得雨曰雩,不得雨曰旱。"只着眼于是否得雨,不释雩祭与君政关联之义,故何休《废疾》云:"《公羊》书雩者,善人君应变求索,不雩则言旱,旱而不害物,言不雨也。就如《榖梁》,设本不雩,何以明之? 如以不雨明之,设旱而不害物,何以别乎?"⑯

何休之意,雩、旱之别,当在祭与不祭,不祭则言旱。而《榖梁》却以为二者之别在于得雨、不得雨,即以祭不得雨为旱。故何休质云:"设本不雩,何以明之?"旱灾本为事实,今《榖梁》既以旱为祭名,若人君遇旱而无祭,则何以命名此"旱"? 何休进一步假设,若以不雨释旱,则此"旱"与不害物之旱又有何区别?

这两重问题都是基于《公羊》的立场而发。雩、旱之别在于祭、不祭;而旱、不雨之别,则在于害物、不害物,害物为旱,不害物为不雨。庄公三十一年经书"冬,不雨",《解诂》引京房《易传》云:"旱异者,旱久而不害物也。"⑰是害物为

---

⑬ 《十三经注疏》,上册,第 1310 页上。
⑭ 《十三经注疏》,下册,第 2216 页上。
⑮ 同上,第 2253 页下。
⑯ 同上,第 2396 页下。
⑰ 《十三经注疏》,下册,第 2242 页中。

旱,不害物为不雨之证。因此,经文雩、旱、不雨之内涵,各有规定。而《穀梁》之释雩、旱、不雨,皆与何休不符,故《废疾》驳之。

此例批驳的立场论特征,在郑玄的《起废疾》中就可以看出。郑云:"雩者,夏祈谷实之礼也,旱亦用焉。得雨书雩,明雩有益,不得雨书旱,明旱灾成,后得雨无及也。国君而遭旱,虽有不忧民事者,何乃废礼本不雩祷哉!顾不能致精诚也。旱而不害物,固以久不雨别之。"[18]郑玄认为,凡久旱,人君必有雩祷之礼,故何休"设本不雩"的假设本身就不合礼制。雩、旱之别,不在祭、不祭,而在得雨、不得雨。此外,旱和不雨之别,在郑玄看来,正可见害物、不害物之分。文公二年经书"自十有二月不雨,至于秋七月",文公十三年经书"自正月不雨,至于秋七月",如此长时间不雨,正是旱灾之证,然经书"不雨"而不书"旱",一可见旱为害物,不雨为不害物,二可见文公素无忧民之心。由此可见,何、郑争论的焦点,除了对雩、旱有不同理解外,还在于久旱是否举行祷祭。对此问题,由于现有文献不足,很难断定。不过可见何氏立场论批判的共同特征,就是以《公羊》的具体观念为基点,而举证《二传》之失。因为有立论起点,所以与意气批判的误解或歪曲不同。从逻辑上说,只要有足够的证据推翻其《公羊》立场,自身就可获得可信的基础。郑玄对雩、旱的重新解释,以及对雩祭的理解,即是如此。在此意义上,何休立场论批判,固然在目标上为了证明《公羊》高明,有理据不足之嫌,但毕竟为对方提供了反驳的基础。而他在批判《二传》时,也是通过《二传》基本立场的反驳,以显示对方解释的无效。故立场论批判虽然有门户之见,而其提供批判起点的逻辑特征却不容忽视。

三、圣人与知识的双重依据

从反驳的过程看,立场论批判的逻辑是有欠缺的,因为批判者不是从对方的自身逻辑中导出其内在的缺陷,而只是以自己的外部观念加以评判,所以不能推

---

[18] 《十三经注疏》,下册,第2396页下。

翻对方的逻辑前提。

在《膏肓》《废疾》中,除了何休以《公羊》说作为批判的起点外,何休还以孔子学说作为批判的依据。从论证的力度而言,如果说《公羊》的立场还不免以外部逻辑批判的弊端,那么,以孔子学说为依据,则是从《二传》承认的前提中推导其自身的矛盾。

如隐公五年《穀梁传》云:"苞人民、殴牛马曰侵;斩树木、坏宫室曰伐。"《废疾》云:"厩焚,孔子曰:'伤人乎?'不问马。今《穀梁》以苞人民为轻,斩树木、坏宫室为重,是理道之不通也。"[19]《公羊》以侵为觕,以伐为精,在程度上后者更甚前者,故何休认为《穀梁》违背了孔子重人本的观念,所谓"理道之不通也"。

此处的"理道",即孔子之理道。和上述以《公羊》说为立论的基础不同,此例是以孔子的言行为立论基础。虽然在何休的观念中,《公羊》说深得孔子之意,但从逻辑上说,《公羊》在解释的有效性上是否超越《二传》,还是值得讨论的问题。至于以孔子思想为据,则是所有学者的共识。这一方面说明孔子在汉代已经获得圣人的地位,可作为论说的依据[20],另一方面也提醒人们思考各种经学立场如何借助孔子学说以助成其各自的观点。

如僖公二十三年经书"夏五月庚寅,宋公兹父卒",《穀梁传》云:"不葬何也?失民也。其失民何也?以其不教民战,则是弃其师也。为人君而弃其师,其民孰以为君哉?"宋公兹父即宋襄公,前年与楚战于泓,襄公不鼓不成列,故导致兵败身伤,《穀梁》认为"倍则攻,敌则战,少则守",今宋襄公不能审时度势,故经书卒不书葬。很显然,《穀梁》认为此处经文寓含贬义。但《公羊》的观点却与此相反,认为宋襄公之战,虽文王也不过如此,故"君子大其不鼓不成列,临大事而不忘大礼"。因此,经书"宋公兹父卒",不书葬,在《公羊》看来就是为襄公讳。《解诂》云:"襄公本以背殡,不书其父葬。至襄公身书葬,则嫌霸业不成,所覆者薄,故复使身不书葬。明当以前讳除背殡,以后讳加微封。"[21]总之,经文此处书卒不书葬,具讳义,而非贬义。故何休于《废疾》中批驳《穀梁》云:"所谓教民战者,习

---

⑲ 《十三经注疏》,下册,第 2370 页上。
⑳ 顾颉刚在《春秋时代的孔子和汉代的孔子》中指出,"春秋时的孔子是君子,战国的孔子是圣人,西汉时的孔子是教主,东汉后的孔子又成了圣人"。见《顾颉刚选集》,天津人民出版社,1988 年,第 130 页。
㉑ 《十三经注疏》,下册,第 2259 页上。

之也。春秋贵偏战而恶诈战，宋襄公所以败于泓者，守礼偏战也，非不教其民也。孔子曰：君子去仁，恶乎成名？造次必于是，颠沛必于是。未有守正以败而恶之也。《公羊》以为不书葬为襄公讳，背殡出会，所以美其有承齐桓、尊周室之美志。"②

不教民战与不鼓不成列，是《穀梁》《公羊》评价宋襄公泓之战的各自立足点，也是二者分歧的根源所在。这两方面的理由都可以从孔子的言行或思想中找到依据，如《论语》云"子曰：以不教民战，是谓弃之"，是《穀梁》说之本；而临大事不忘大礼，亦可在孔子的思想中找到相关论据。这种差异，说明何休以孔子的言行、思想批判《二传》，并不意味着《左传》或《穀梁》真正背离了孔子思想，比如，在郑玄看来，"苞人民，殴牛马，兵去则可以归还，其为害轻（案：原无"害轻"二字，据阮校补）。坏宫室，斩树木，则树木断不复生，宫室坏不自成，为毒害更重也。"㉓据郑说，则《穀梁》并非背离了孔子之旨，恰是孔子思想的体现。由此可见，孔子思想的不同侧重面被各自利用，以为论说之资㉔。

在《膏肓》《废疾》中，相似的例证还有不少。有的虽然不以直接的孔子思想为根据，但其中的"理道"却是由孔子思想引申而出。如成公十七年《左氏》云"晋范文子反自鄢陵，使其祝宗祈死"，《膏肓》云："人生有三命，有寿命以保度，有随命以督行，有遭命以摘暴，未闻死可祈也。"㉕三命之说亦见于《白虎通》，并有孔子之语为证㉖，是何休以为《左氏》录范文子之事背离孔子之义。又如庄公十九年《左传》云："初，鬻拳强谏楚子，楚子弗从，临之以兵，惧而从之。鬻拳曰：'吾惧君以兵，罪莫大焉。'遂自刖也。楚人以为大阍，谓之大伯，使其后掌之。君子曰：'鬻拳可谓爱君矣，谏以自纳于刑，刑犹不忘纳君于善。'"何休即针对鬻拳爱君而发，"人臣谏君，非有死亡之急，而以兵临君，开篡弑之路。《左氏》以为

㉒ 《十三经注疏》，下册，第2400页下。

㉓ 同上，第2370页上。

㉔ 廖平在《起起穀梁废疾》中提到，"苞、殴者，轻掠之师，为时甚浅。斩、坏则旷日持久，所伤已甚。苞、殴尚未至斩、坏，斩、坏则未有不苞、殴者。《公羊》精者曰伐，粗者曰侵。精、粗即久暂、轻重之分，义实相同。郑分别言之，非也。"《廖平选集》，巴蜀书社，1998年，下册，第93—94页。

㉕ 《十三经注疏》，下册，第1921页中。

㉖ 《白虎通·寿命》云："命有三科，以记验。有寿命以保度，有遭命以遇暴，有随命以应行。……冉伯牛危言正行，而遭恶疾，孔子曰：'命矣夫，斯人也而有斯疾也，斯人也而有斯疾也！'"见〔清〕陈立撰，吴则虞点校：《白虎通疏证》，中华书局，1994年，上册，第391—392页。

爱君,于义,《左氏》为短。"㉗

以上几例都可看出孔子思想是经义之争的重要依据。以孔子为依据,和前期刘歆、太常博士之争,及范升、陈元之争在内涵上有明显的不同。后者虽然围绕着左丘明和孔子是否有渊源关系展开,孔子也同样成为裁断的最终依据,但此种争论不是经义之争,而是史实之争。在史实之争的展开过程中,《左氏》是否可信的前提尚待确立,如果左丘明与孔子没有渊源关系,那么《左氏》的解释在整体上就是不可信的,也就无须进行个别的事例之争。而在经义之争中,这种前提其实已经确立,或被何休等《公羊》家所默认,故在具体的解释上,何休批驳《二传》不得圣人之意,除了表明《左传》地位的转移外(即从最初传不传《春秋》,到何者解释更为有效),也表明何休的论据不单出于《公羊》学自身的学说,而是寻找更为有力的论说依据。如果说《左氏》之说不符孔子深意,则解释的无效就不证自明。这种批判,在逻辑上比立场论批判更为缜密,它是从对方的观点中导出其间的矛盾。

对于新论据的寻求,不仅表现在孔子的言行或思想上,而且也表现为知识学的追求。何休的论据有知识学的,郑玄的反驳也有同样的内容。

昭公十八年《左传》云:"梓慎登大庭氏之库以望之,曰:'宋、卫、陈、郑也。'数日,皆来告火。"《膏肓》云:"宋、卫、陈、郑去鲁皆数千里,为登高以见其火,岂实事哉?"虽然此处之"火"非实火,梓慎乃望气㉘,然何休以"实事"为据,亦可见其批判之论据。因而,在孔子言行思想外,"实事"的知识学特征是经义之争的另一论据。

此外,何休还以共同认可的知识为依据。如定公十二年经书"叔孙州仇帅师堕郈","季孙斯、仲孙何忌帅师堕费",《穀梁》云:"堕犹取也。"《废疾》云:"当言取,不言堕,实坏耳,无取于训诂。"㉙何休之意,若《穀梁》以"取"训堕,则经当书"取郈""取费",不当书"堕郈""堕费"。在他看来,堕当训"坏"。堕郈、堕费,

---

㉗ 《十三经注疏》,下册,第 1773 页下。

㉘ 刘逢禄《箴膏肓评》云:"梓慎固望气,非见火矣。然《左氏》既云数日皆来告火,又云陈不救火。陈去鲁较远,岂急于救火而急于赴告乎?"见《皇清经解》(学海堂庚申补刊本),卷一千二百九十六,第 12a 页。刘氏批《左传》叙事无理,然谓梓慎固望气,非见实火,亦见何休之批判《左氏》不得其义。

㉙ 《十三经注疏》,下册,第 2445 页下。

谓坏郈、费之城墙,不得如《穀梁》说,谓取郈、费。所谓"无取于训诂",意谓《穀梁》的解释违背训诂之义。

此例的知识学理由不是实事,而是训诂,即《穀梁》训堕为取,不合训诂之义。训诂和实事都可归为知识学领域,因为都以实在的知识或经验为基础。如果违背了这些实在的知识,那么和违背孔子思想一样,也是不可信的。由此观之,孔子思想或知识学的依据,是何休批判《二传》,及郑玄辩护的共同前提。

不过,在考察何休的知识来源时,也即考察知识可靠性的依据时,应该注意这些知识与其立场论的可能性关联,即有些在他看来属于知识学的问题,在郑玄的辩护中却会转变成立场的问题。比如,成公十八年《左传》载晋悼公即位后所行政事,"民无谤言,所以复霸也",但何休认为此说不合"霸"义。郑玄《箴膏肓》云:"天子衰,诸侯兴,故曰霸。夏有昆吾,商有豕韦、大彭,周有齐桓、晋文,此最强者也,故书传通谓彼五人为五霸耳。但霸是强国为之,天子既衰,诸侯无主,若有强者,即营霸业,其数无定限也。而何休以霸不过五,不许悼公为霸。以乡曲之学足以忿人。《传》称'文、襄之霸',襄承文后,绍继其业,以后渐弱,至悼乃强,故云复霸。"㉚由此可见,何休观念中的"霸",有特定含义。据《白虎通·五霸》云:"五霸者,何谓也? 昆吾氏、大彭氏、豕韦氏、齐桓公、晋文公也。昔三王之道衰,而五霸存其政,率诸侯朝天子,正天下之化,兴复中国,攘除夷狄,故谓之霸也。"㉛此处之"霸",显然与郑玄上云"天子既衰,诸侯无主,若有强者,即营霸业"不同,只有率诸侯以朝天子、兴复中国者方可称霸。据此,何休认为《左氏》释"霸"系误用,与他的《公羊》师说相关。此种知识学,严格地说,是《公羊》视野内的知识学,还不具普适意义。

知识学的分歧最终归为立场的分歧,在《膏肓》《废疾》中不乏其例。如隐公元年《左传》云:"不书即位,摄也。"《膏肓》云:"古制,诸侯幼弱,天子命贤大夫辅相为政,无摄代之义。昔周公居摄,死不记崩。今隐公生称侯,死称薨,何因得为摄者?"㉜据此,《左传》以摄政来解释隐公元年经文"元年春王正月",即违背

㉚ 《十三经注疏》,下册,第1924页中。

㉛ 《白虎通疏证》,上册,第61—62页。

㉜ 《十三经注疏》,下册,第1715页中。

了诸侯无摄的古制。不过,这一批判与其说是源于何休诸侯无摄的知识,不如说更反映了他的立场论,因为根据郑玄的反驳,《公羊传》自身就有诸侯摄政的记录,故何休之论表面上属于知识学反驳,其实很可能是其立场论借助知识学而批判的结果。这在下文还有进一步的论述。

然而,即使立场批判借助了知识学的批判而展开,也从另一侧面证明了知识学是经义之争的有效论据。在现存的《发墨守》中,郑玄对《公羊》的质难也有以知识学为据的例证。桓公十一年《公羊传》云:"古者郑国处于留,先郑伯有善于郐公者,通乎夫人,以取其国而迁郑焉,而野留。庄公死已葬,祭仲将往省于留,途出于宋,宋人执之。"《解诂》云:"迁郑都于郐也。"《发墨守》云:"郑始封君曰桓公者,周宣王之母弟,国在宗周畿内,今京兆郑县是也。桓公生武公,武公生庄公,迁易东周畿内,国在虢、郐之间,今河南新郑是也。武公生庄公,因其国焉。留乃在陈、宋之东,郑受封至此,适三世,安得古者郑国处于留,祭仲将往省留之事乎?"[33]据郑玄的考证,无论西周、东周,郑国从不处于留,何以《公羊》有"古者郑国处于留"之说? 可见《公羊》的叙述缺乏史实之据。

总之,知识学正如孔子的言行思想一样,都是双方所共同认可的论据。以此为论据,又反映了经义之争在寻求一种有共识基础的争论,因为无论是知识学的,还是圣人的言行思想,都是不同经学派别所共同认可的前提。这种有共识基础的争论,最有可能避免经学的意气之争。对此,人们或有质疑,上述何休的意气批判难道不是意气之争的体现吗? 然而,这样的意气之争,不仅为数甚少,更重要的,它不能涵盖何休批判《二传》的诸种类型。因为在现存何休批判《二传》的诸类型中,立场批判和知识学批判占据多数。而对于意气批判或立场批判,人们又倾向于认为,它们是经学家出于利禄追求或受权力干预的结果。在此意义上,知识学批判,展现了经学之争的别样形态,并为人们考察汉代经学史的整体面目提供新的线索。

---

③③ 《十三经注疏》,上册,第 705 页下。

四、推比的展开

如果从争论的主题看,上文提到,刘歆与太常博士的争论关乎史实的有无问题,而何休、郑玄之争则关乎解释的有效问题。因为是解释的有效性,所以讨论围绕着经义而展开,并因此显现逻辑的展开过程。这是史实之争所缺乏的。经义讨论的逻辑过程,在辞例学批判中体现得最为明显。

文公五年经书"王使荣叔归含且赗",《榖梁传》云:"含,一事也。赗,一事也。兼归之,非正也。其曰'且',志兼也。其不言'来',不周事之用。赗以早,含已晚。"《榖梁》解释多与《公羊》合,只有"不言来,不周事之用"不合《公羊》。故《废疾》云:"四年,夫人风氏薨,九年,秦人来归僖公、成风之襚,最晚矣,何以言'来'?"[34]

所谓"不言来,不周事之用",意谓经文常例当书"王使荣叔来归含且赗",但此处省"来",是因为夫人风氏薨于四年十一月,至今三月。据赗礼(即赗以助葬),则天王使荣叔归赗为太早;若据含礼(即含以实亲口),则此时风氏已殡,天王使荣叔归含为太晚。换言之,天王使大夫归含且赗,于时不合,故经文省"来"以示含、赗之物无所用,"不言来,不周事之用也",即此意。但何休认为,《榖梁》对"来"的解释并未揭出经文的准确含义,因为"不言来,不周事之用"对另处经文"秦人来归僖公、成风之襚",无法提供圆融的解释效果。成风薨于文公四年,九年秦人方来归襚,襚为助死之礼,此时归襚,显然也属不周事之用,但经书"来",则可知《榖梁》对"来"的解释不合经文。

据何休《公羊》之例,会葬、奔丧之礼,无论早晚,均言"来"[35]。至于含、赗、

---

[34] 《十三经注疏》,下册,第 2405 页下。

[35] 如文公元年春,"天王使叔服来会葬",及事言"来"。而文公五年三月葬成风,下复云"王使召伯来会葬",是不及事亦言"来"。定公十五年夏经书"邾娄子来奔丧",《公羊传》云:"其言'来奔丧'何?奔丧,非礼也。"奔丧之所以非礼,据《解诂》云:"礼,天子崩,诸侯奔丧、会葬。诸侯薨,有服者奔丧,无服者会葬。邾娄与鲁无服,故以非礼书。"何休在《解诂》中还提及"来"之书法例,"但解奔丧者,明言来者常文,不为早晚施也。"可知,奔丧书"来",与是否及事无关。会葬、奔丧,不论早晚均言"来"。详见隐公元年《公羊传疏》。《十三经注疏》,下册,第 2199 页中。

禭,不及事言"来",及事则不言"来"。文公九年经书"秦人来归僖公成风之禭",言"来",知此时归禭为晚。但文公五年"王使荣叔归含且赗",也为不及事,何以不言"来"? 何休认为,含为臣子之事,今天王使大夫行之,于礼不合,"以至尊行至卑事,失尊之义也"㊱。经文既讥其不当含,则不必再讥其不及事之义。也就是说,不及事之讥已包括在不当含之讥中。

这个分歧就是辞例学批判的一个典型例证。所谓辞例学批判,是通过经、传文的相互比照,以见传例是否适用于其他经文的解释。如有关"来"的解释,必须诉诸经、传文的检验才能看出有效与否。辞例学批判在现存的《膏肓》《废疾》中极其常见,它之所以最能显示经义之争的逻辑展开过程,是因为辞例学批判直接诉诸文本之间的比照,因而经学家的立场干预就被削弱,即使有立场论先见,此先见也必须以辞例为印证。再看下例:

桓公四年经书"夏,天王使宰渠伯纠来聘",《左传》云:"父在,故名。"五年经书"天王使仍叔之子来聘",《左传》云:"仍叔之子,弱也。"这两条经文在表述上类似,而且都涉及天子使大夫下聘之义,但《左传》的解释却基于不同的层面。前者为名字例,后者为长幼例。故何休驳云:"宰渠伯纠父在,故名,仍叔之子何以不名? 又仍叔之子,以为父在,称子,伯纠父在,何以不称子?"㊲他认为,所谓"父在,故名",显然不能在"天王使仍叔之子来聘"中得到解释,经既云"仍叔之子",则父必在,而子不名,何休还进一步推论,即使据"仍叔之子"而推断出"父在称子"之例,也同样不能解释"天王使宰渠伯纠来聘"之例。通过两处经文的相互对照,《左传》在名字例上的漏洞就表露无遗。

由此可见,尽管何休对《左氏》的批判有《公羊》优先的预设,但此预设在辞例学批判中并没有成为逻辑起点,也不以歪曲或误解对方的真实意义为前提,而是通过经、传文的相互对照,以证明《左氏》之释不能前后自洽。

《膏肓》《废疾》中的一些例证在辞例学批判上表现了更为显著的逻辑特征,它不仅局限在两处经、传文的对照上,而是通过更多辞例的归纳、比照,来推进其

㊱ 《十三经注疏》,下册,第 2268 页上。
㊲ 同上,第 1747 页中。

观点。清代焦循论何休之学"专以明例"③，也可在此层面得到印证。

比如，僖公十八年经书"五月戊寅，宋师及齐师战于甗"，《穀梁传》云："战不言伐，客不言及，言及，恶宋。"《废疾》云："战言及者，所以别客主直不直也。故文公十二年晋人秦人战于河曲，两不直，故不云及。今宋言及，明直在宋，非所以恶宋也。即言及为恶，是河曲之战为两善乎？又《穀梁》以河曲不言及，略之也，则自相反矣。"③这段文字即针对《穀梁》释"及"而发。据《穀梁》之意，主言"及"而客不言"及"，甗在齐地，故齐为主，宋为客。客、主之别，缘于所战之地。如果所战之地不在两国之内，则及上为恶，及下为善，如宣公十二年经书"夏六月乙卯，晋荀林父帅师及楚子战于邲，晋师败绩"，邲在郑地，而楚子在及下，故善④。但何休之意，"及"，一别客、主，二别直、不直。别客主，谓序上言及者为主，如"宋师及齐师战于甗"，宋师即主，齐即客，同理，晋及楚战于邲，晋为主，楚为客。这种分别，和《穀梁》不同。主、客之别，也就是直、不直之别，如庄公二十八年经书"春，王三月甲寅，齐人伐卫，卫人及齐人战，卫人败绩"，《解诂》云："序上言及者为主。"既为主，则直。文公十二年经书"冬十有二月戊午，晋人、秦人战于河曲"，《解诂》云："二国之君，数兴兵相伐，战无已时，故不言及。"可知不言"及"，谓二国既无主客之别，则均不直。故《穀梁》云"客不言及，言及，恶宋"，即与此义背。

此例虽然针对僖公十五年《穀梁传》的解释，但文公十二年、宣公十二年、庄公二十八年的经、传文其实都包含其中，在运思的范围和难度上也超越了前例，这也意味着，当辞例学批判展开时，何休不仅应熟习《公羊传》，而且对《左氏》的各种观点及其辞例也须熟谙于心。只有这样，才能保证辞例归纳的周延。也由此可见辞例学批判之所以最具逻辑性，是因为其检验的证据直接来自经、传文的多方印证。

辞例批判也就是经、传文本研究，文本研究在客观上使得经学家的个人立场

---

③　（清）焦循：《孟子正义》，上海书店影印诸子集成本，1986年，第1册，第16页。

③　《十三经注疏》，下册，第2398页下。

④　关于这点，昭公十七年经书"楚人及吴战于长岸"，《穀梁传》云："楚人及吴战于长岸，进楚子，故曰战。"杨士勋《疏》有清晰的说明："何嫌以发解战？言及，所以别客主。不施直，不言及。或在上，或在下。案宋襄伐齐云及，在上，所以恶宋襄。宣公十二年邲之战，楚言及，在下，所以不恶楚者，据无罪言之直。用兵得理，则客直。今楚称及而在上，与邲战之义反，嫌恶楚而善吴，吴以伯举，有辞序上，称及以罪楚。今两夷言战有违常例，二国曲直得失未分，故须起例以明之。"同上注，第2438页下。

不能直接作为判断依据,至少必须借助辞例以显现此种立场。这不是说辞例批判和立场批判无关,而是说辞例批判能够使立场论在最低限度内影响经学之争的逻辑性。其实,正如知识学批判和立场的批判有所关联一样,辞例学批判也或多或少地和立场相连。由于《春秋》的叙述并没有一以贯之的普适辞例,因而辞例归纳在逻辑上就留有先在的缺陷。以春秋十二公即位为例,经文书法并不一致,故基于此种叙述基础上的辞例归纳就是不圆洽的。《春秋》有辞同事异,及辞异事同之例④,也可说明普适的辞例并不存在于《春秋》书法中。所以,当辞例不自洽时,只能寻求别处的辩护,而此种辩护又恰恰和立场论结合在一起。

如上例,何休以为序上言及者为主,主则直,但宣公十二年经书“夏六月乙卯,晋荀林父帅师及楚子战于邲,晋师败绩”,传文之意则是进楚而贬晋,与何休之说相背。针对此例外情形,《公羊传》与何休的解释越过“及”例,而另设晋、楚之战直、不直的标准,是在辞例之外另立标准,这样,辞例自身的逻辑特征就遭到破坏。

又如上文“来”例,郑玄认为,“秦自败于殽之后,与晋为仇,兵无休时,乃加免缪公之丧而来,君子原情不责晚”④。据此,经书“来”,虽然与含、赗之早晚有关,但并非绝对地依此常例。文公九年秦人来归僖公、成风之襚,为时太晚,而经无讥意,是因为秦人欲休兵而结好于鲁。在此意义上,“原情不责晚”,正意味着“来”例的可变性。依此可变性,就可以解释相关的含、赗之“来”。如隐公元年经书“秋七月,天王使宰咺来归惠公、仲子之赗”,此时惠公早葬,归赗为晚,故与《穀梁》“不言来,不周事之用”不合。对此,郑玄复辩云:“平王新有幽王之乱,迁于成周,欲崇礼于诸侯。”④同样,对于何休批驳《左传》的“父在,故名”无法应对另一处的经文而显其局限性,郑玄则认为,“‘仍叔之子’者,讥其幼弱,故略言子,不名之。至于伯纠,能堪聘事,私觌又不失子道,故名且字也。”④这些辩护都不是从辞例本身来维护《穀梁》《左传》的逻辑性,而是通过其他相关事件的补充以弥补辞例的漏洞。

---

④ 关于辞同事异,及辞异事同的具体例证,可参阅段熙仲:《春秋公羊学讲疏》,南京师范大学出版社,2002年,第182—187页。
④ 《十三经注疏》,下册,第2405页下。
④ 同上,第2366页上。
④ 同上,第1747页中。

这种情形说明,辞例学批判固然落实到文本的考察上深具逻辑性,但在实际争辩的过程中,会发生某种程度的转移,即辩护不是来自辞例自身的逻辑,而是来自外部的解说。何休如此,郑玄也是如此。也正因为辞例学的批判可以通过非辞例的方式加以弥补,故辞例学批判还只是一种逻辑的单向判断,它指出对方辞例缺陷的同时,却不考虑这一缺陷可以通过其他解释加以弥补,更重要的,它在指出对方缺陷的同时,没有顾及自身的辞例学也面临着同样的挑战[45]。正是这种单向判断,使得何、郑之分所体现的逻辑特征,受到一定程度的制约。因而,在强调何、郑之争逻辑性的同时,不应忽视立场论的影响。

五、立场如何诉诸逻辑

其实,上文对立场与逻辑(包括知识学或辞例学批判)的关联已有所涉及。或许有人会因此质疑,以为既然逻辑批判不能脱离立场论的影响,那么更应该关注争论双方的立场论倾向。这一说法自有其适用的范围,若从了解双方的立场论而言,逻辑批判是其中的一个表征;但若从经学史的角度考察,逻辑批判却为人们理解经学之争的"学问"形态提供了线索。因为立场批判在何、郑之分中并不能作为共同认可的标准,相反,圣人思想、知识学及辞例学诸因素才是对立双方的共识,也因此共识,即使像何休这样有立场偏向的经学家,在批判对方时,须将立场诉诸具体的逻辑批判,这点,才是说明何、郑之分时不能忽略的现象。从认识论的层面看,虽然每个人的理解都有其天生的"前预设",然而理解此种"前预设"如何与对象结合,是认识中更为重要的步骤。因此,不能局限在何休对《二传》的批判都是立场论批判的认识上,必须探讨其立场批判如何转化的过程。

---

[45] 如隐公元年经书"公子益师卒",《穀梁传》云:"大夫日卒,正也;不日卒,恶也。"据此,则大夫卒日录取决于是否有罪。而何休则根据《公羊》的三世异辞说批判《穀梁》。他认为,"《公羊》以为日与不日为远近异辞,若《穀梁》云恶而不日,则公子牙及季孙意如何以书日?"何休之意,所见世,大夫卒有罪无罪皆日录;所闻世,大夫卒无罪日录,有罪不日录;所传闻世,大夫卒有罪无罪皆不日录。然而,隐公五年经书"冬,十有二月辛巳,公子彄卒",则与所传闻士大夫卒不日之例背。《解诂》云:"日者,隐公贤君,宜有恩礼于大夫。益师始见法,无骇有罪,据侠又未命也,故独得于此日。"但不是从辞例本身解释。

隐公元年经书"秋七月,天王使宰咺来归惠公、仲子之赗",《穀梁》云:"仲子者何?惠公之母,孝公之妾也。"而《公羊》云:"仲子者何?桓之母也。"仲子是桓公之母,还是惠公之母,《公羊》与《穀梁》绝不相同,何休在《废疾》中即据《公羊》以驳《穀梁》,而郑玄《起废疾》云:"若仲子是桓之母,桓未为君,则是惠公之妾,天王何以赗之?则惠公之母,亦为仲子也。"[46]

这一分歧表面上是关于身份认定的史实问题,当属于知识学的范围,但如果结合相关的经文考察,它更涉及立场论背后的诸多关联。

首先,解仲子为惠公之母,在辞例上有同类可证。如文公九年经书"秦人来归僖公、成风之禭",成风既为僖公之母,则前例与此书法同,故仲子为惠公母,也可得到证明。如果据《公羊》释仲子为桓公之母,则与文公九年辞例违,且背离了礼无赗妾之义。

其次,假设《穀梁》上述之释为正,则意味着文公九年《传》云"秦人弗夫人也,即外之弗夫人而见正焉"是可以遵从的,这与《穀梁》妾母不可尊为夫人的立场相关。因为成风为庄公之妾,僖公继为君,尊成风为夫人,故经书"秦人来归僖公、成风之禭",成风之前省"夫人",即是外之弗夫人的表征。在《穀梁》看来,《春秋》讥妾母为夫人有两种方式,除了"外之弗夫人"外,另一种方式是"以宗庙临之而后贬"。僖公八年经书"禘于太庙,用致夫人",《穀梁》解夫人为成风,并起例云:"一则以宗庙临之而后贬焉,一则以外之弗夫人而见正焉。"

也就是说,妾母不可尊为夫人系《穀梁》之立场。故在解释僖公八年经书"用致夫人",及文公九年经书"秦人来归僖公、成风之禭"时,《穀梁》均以此立论。又据文公九年之经文,而推断隐公元年的仲子乃惠公之母、孝公之妾,而经文"仲子"前省"夫人",以见外之弗夫人之意。

《穀梁》的解释并未到此为止。隐公五年经书"九月,考仲子之宫",《穀梁》云:"考者何也?考者,成之也,成之为夫人也。礼,庶子为君,为其母筑宫,使公子主其祭也。于子祭,于孙止。仲子者,惠公之母,隐孙而修之,非隐也。"可见《穀梁》讥隐公不合礼制。而且,对隐公的讥贬倾向,贯穿在《穀梁》的解释立场

⑯ 《十三经注疏》,下册,第2366页上。

中,尤其体现在隐公元年"不书即位"的解释上。

归纳起来,《穀梁》的立场是讥妾母为夫人,因此立场,隐公元年、五年,僖公八年,文公九年的相关经文都可以统一起来,因为讥妾母为夫人,故经文省"夫人"二字,以见宗庙临之而后贬、外之弗夫人之义,《穀梁》还以此归纳出新的礼制观,即"庶子为君,为其母筑宫,使公子主其祭也。于子祭,于孙止"。

然而,上述因《穀梁》讥妾母为夫人的立场及其相关的史实认定,在《公羊》中却得到完全不同的解释。在《公羊》看来,妾子为君,母可尊为夫人[47]。所以,僖公八年经书"禘于太庙,用致夫人",《公羊》就认为此处的"夫人"当是僖公之妻圣姜,而非僖公之母成风。又,隐公元年经书"天王使宰咺来归惠公、仲子之赗",并非如《穀梁》所言,乃省"夫人"以见外之弗夫人之意,而是别有他因。《公羊》云:"何以不称夫人?桓未君也。"其解释着眼于隐为桓立之义,故《公羊》对隐公多加赞扬。

由于认为妾母可尊为夫人,《公羊》的解释就不关注"夫人"的省略与否。文公九年经书"秦人来归僖公、成风之襚",《公羊》云:"兼之,非礼也。"《解诂》云:"礼主于敬,当各使一使,所以别尊卑。"[48]故《公》《穀》虽认为经文寓讥义,但所讥不同。同样,僖公八年经书"用致夫人",《公》《穀》均以为讥,而所讥也不同。《公羊》云"讥以妾为妻",谓以媵女为嫡,即"胁于齐媵女之先至者也",非谓立妾母为夫人之意。《穀梁》云"立妾非正",非谓以媵女为嫡,而是尊妾母为夫人,故二者的含义并不相同。如果《穀梁》以"夫人"为圣姜,则讥妾母尊夫人之意就不得彰显;如果《公羊》以"夫人"为成风,则禘祭时致母于祖庙不可谓不合礼[49]。所以二者对于"夫人"的身份认定,与其说出于确定的史实考察,不如说与妾母可否尊为夫人的立场紧密相关。

---

[47] 关于妾子为君,母可否尊为夫人的争论,许慎《五经异义》也有记载:"《春秋公羊》说:妾子立为君,母得称夫人。故上堂称妾,屈于嫡;下堂称夫人,尊行国家。父母者,子之天也。子不得爵命父母。则士庶起为人君,母亦不得称夫人。至于妾子为君,爵其母者,以妾本接事君者,有所因也。《穀梁》说:鲁僖公立妾母成风为夫人,入宗庙,是子而爵母也。以妾为妻,非礼也。"见〔清〕陈寿祺:《五经异义疏证》,《续修四库全书·经部·群经总义类》,第171册,第117页上。

[48] 《十三经注疏》,下册,第2270页中。

[49] 《解诂》云:"礼,夫人始见庙,当特祭,而因禘诸公庙见,欲以省烦劳,不谨敬,故讥之。"同上注,第2252页上。

所以，若以《公羊》的立场及辞例来衡量，那么，《穀梁》的解释自然就存在问题。《公羊》既认为妾母可尊为夫人，因而在解释时注重归赗、襚之礼的尊卑差别。成风、僖公为母子，尊卑不同，而秦人只派一使来归襚，故《公羊》认为秦人不敬。依此，隐公元年经书惠公、仲子之襚，《公羊》亦云："其言惠公、仲子何？兼之。兼之，非礼也。"而隐公五年经书"考仲子之宫"，仲子既为桓公之母，故《公羊》认为《春秋》成公意，以褒隐公让位之心。依此，则《穀梁》省"夫人"以见"外之弗夫人"云云，也就不攻自破。

由此例可见立场批判如何借助逻辑批判的过程，虽然逻辑批判的背后，还不可避免地和立场批判结合紧密，但立场的"借助"行为，就已说明逻辑在经学之争的重要性。从历史的角度观之，逻辑批判与立场批判的关联，以及立场批判借助逻辑批判而展开，可能在更早时已经出现，如范升曾奏"《左氏》之失凡十四事"，"时难者以太史公多引《左氏》，升又上太史公违戾《五经》，谬孔子言，及《左氏春秋》不可录三十一事"[50]。此处的"十四事"或"三十一事"，应该属于经义讨论的问题[51]，由于他们的争论与增设学官相关，则立场批判和逻辑批判连在一起，不无可能。而东汉白虎观会议上的经学之争，《公羊》学者李育与《左传》学者贾逵的争论，也属经义之争[52]，同样存在着立场批判借助逻辑批判的可能。只是因为史料的遗逸，无法做更具体的比较。金德建氏据何休与李育的关系，而考辨李育《公羊》说四十一条[53]，在一定程度上说明经义之争并不是到何休、郑玄之分时才出现的。正因如此，何、郑之分，首先为人们考察汉代经义之争的具体表现形态，提供了最直观的材料。其次，作为"在野"形态的经学之争，它与争立博士官，以及由皇帝裁决的经义之争不同，无疑更能体现经学家个人的知识素养与逻辑训练，从而为超越经学之争的单一意识形态视角，提供新的考察线索。

---

⑤ 《十三经注疏》，下册，第1229页。

㉿ 因为陈元反驳范升时提到"以年数小差，掇为巨谬，遗脱纤微，指为大尤，抉瑕摘衅，掩其弘美"（同上注，第1231页），实针对范升的几十余事而发，而此处的"年数小差"等，当指《左传》在解释经文时出现的问题。另外，《史记》谬孔子言，与上文所体的圣人依据相类似。可惜的是，具体例证已无法探求。

㉾ 《后汉书·儒林列传第六十九下》提到李育曾作《难左氏义》四十一事，在白虎观会议上，"育以《公羊》义难贾逵，往返皆有理证"（《后汉书》，卷七十九下《儒林列传第六十九下》，第2582页），可以推知当时的争论关乎经义之争。

㊼ 金德建：《李育公羊义四十一事辑证》，收入《古籍丛考》，中华书局、上海书店联合出版，据中华书局1941年版复印，1986年，第114—138页。

六、结语

虽说何休对《二传》的批判,其逻辑、知识与他的立场论并不能截然区分开来,但上文的分析,特别着眼于争论过程的论据及展开过程,主要是考虑到此种争论形态在汉代经学史上的特殊认识意义。关于经学之争,从汉武帝设立《五经》博士起就已出现(如董仲舒和江公关于《公羊》《穀梁》的争论),而争论的激烈在昭、宣时代即有明显体现,如小夏侯寻求《尚书》的新解释就是为了在应敌中能够获胜⑭。对于这一现象,即经学间何以出现如此频繁而激烈的论战,以往的史家们都强调了利禄的影响力,班固的叙述就颇具代表性:

> 自武帝立五经博士,开弟子员,设科射策,劝以官禄,讫于元始,百有余年,传业者寖盛,支叶蕃滋,一经说至百余万言,大师众至千余人,盖禄利之路然也。⑮

"一经说至百余万言",谓章句学的发达,而章句学的发达则与宣帝之世立博士官的制度有莫大关联,由于宣帝对章句的增衍持鼓励态度,故弟子增衍师说就可以获得立于学官的可能⑯,师法在传播过程中必然要发生转移⑰,经学间的歧异、纷争也就在所难免。在此意义上,视经学之争为利禄的影响,自有其历史的合理性。同样,西汉末刘歆和太常博士的分歧,以及范升、陈元的辩难,虽然不再是章句学之间的纷争,而是今、古文学间的较量,但均因争立博士官而起,故经学之争与利禄相连的论述框架依然有效。而石渠阁、白虎观会议,直接诉诸皇帝的裁决,更表明经学之争

---

⑭ 《汉书》,卷七十五《眭两夏侯京翼李传》,第 3159 页。

⑮ 同上,卷八十八《儒林传》,第 3620 页。

⑯ 顾颉刚在《古史辨五·自序》中对此已有提及,"那时人所要求的是新奇可喜,因为唯有树新说才能开新派,开新派才有立于学官的希冀,所以就用了立异的手段来抢地盘。"《古史辨》,上海古籍出版社,1982年,第 5 册,第 5 页。

⑰ 皮锡瑞认为,"汉人最重师法。师之所传,弟子所受,一字勿敢出入"(皮锡瑞撰,周予同注释:《经学历史》,中华书局,1959 年,第 77 页)。案:此说不合实情。可见沈文倬:《黄龙十二博士的定员和太学郡国学校的设置》,《宗周礼乐文明考论》,杭州大学出版社,1999 年,第 466 页。

与皇帝的取舍密不可分。这也意味着,经学不仅规范其他意识形态领域应为现存政治提供服务,如当时学者们对于汉赋"讽谏"功能的强调,就深受《诗经》观念的影响[58],而且自身也在不断地调整,以便更充分地贯彻为当下政治服务的功能。钱玄同曾指出,汉代的今文学、古文学都是一丘之貉[59],不脱圣道王功的寄托。

然而,从何休、郑玄的分歧来看,经学作为官方意识形态的"身份"有了转移,一则分歧不再关涉利禄,或争立博士官的动因,二则分歧也无须由皇帝亲自裁决。这使得经学之争能够摆脱官方意识形态的要求,而具备知识学的色彩。作为一门学问,经学的知识学特征在上文已有所揭示,如对史实、训诂的重视。尤值得一提的,是何、郑的辞例学批判,使经学落实到文本的相互比照上。这种批判的意义,不仅在于和史实、训诂一样,能够提供可靠的证据,而且在于,经、传文的相互比照,必然要求经学家们对经、传文及其相关的各种叙述了然于胸,从而客观上促进经学自身的发展。正如郑玄和许慎关于《五经》之异义的不同理解,是经学家个人的智识产品一样[60],何、郑之争也可在此层面得到解释,因为无论是何休,还是郑玄,决定他们分歧之优劣的不再是他者的影响,而是自身对经典的理解。基于此,虽然何休的批判还带着明显的经学"前见",但批判本身所透露出的知识学特色,却让人们看出汉代经学之争在意识形态之外的不同内涵。这是理解汉代经学史时不应忽略的。

【郜积意　福建师范大学文学院经学研究所所长】

原文刊于《中国文化》2006 年 01 期

---

⑱ 以扬雄之赋论为例,雄早年醉心辞赋,以司马相如为榜样,"每作赋,常拟之以为式"(《汉书·扬雄传》,第3515页),后来思想有根本转变,《法言·问神》云:"书不经,非书也;言不经,非言也。言、书不经,多多赘矣。"又《吾子》云:"或问'吾子少而好赋'。曰:'然。童子雕虫篆刻。'俄而,曰:'壮夫不为也。'或曰:'赋可以讽乎?'曰:'讽乎!讽则已,不已,吾恐不免于劝也。'"(分见汪荣宝:《法言义疏》,中华书局,1987年,第164、45页)可知扬雄辞赋观的转变。对此转变的原因,《扬雄传》有清楚的交代:"雄以为赋者,将以风也,必推类而言,极丽靡之辞,闳侈钜衍,竞于使人不能加也,既乃归之于正,然览者已过矣。往时武帝好神仙,相如上《大人赋》,欲以风,帝反缥缈有陵云之志。由是言之,赋劝而不止,明矣。又颇似俳优淳于髡、优孟之徒,非法度所存,贤人君子诗赋之正也,于是辍不复为。"(《汉书》,第3575页)赋须讽谏的观念,和以《三百五篇》当谏书同出一辙。

⑲ 钱玄同:《答顾颉刚先生书》,收入《古史辨》,上海古籍出版社,1982年,第1册,第80页。

⑳ 关于这一方面的论述,可参阅郜积意:《汉代今古学的分殊与一致——许慎〈五经异义〉初论》,《孔孟月刊》,第39卷,第12期。

中国经学史上的回归原典运动

林庆彰

一、前言

一九八六年暑假,我开始撰写《清初的群经辨伪学》一书,在思考明末清初经学发展的一些问题时,阅读余英时先生大文《清代学术思想史重要观念通释》①,余先生以为清初学术思想史有回归原典的现象,我受到启发认为明末清初的经典研究是一种回归原典运动。一九八七年三月,《清初的群经辨伪学》初稿完成,在第二章第三节《新旧典范竞争中的回归原典运动》,即对此一现象有较深入的论述。一九八七年十一月,在台北举行的"国际孔学会议"上,本人发表《明末清初的回归原典运动》,正式研究经学史上的"回归原典"现象。此一观点逐渐得到经学界的采用,很多著作都会谈到经学史上的回归原典运动。有些学者会引用此一说法的原始出处,有些则不愿意说明这是什么人最先提出的观点,就学术伦理来说未免有所欠缺。

经学史上的回归原典现象,并不只明末清初这个时段才有,唐中叶至宋初、清末民初都曾发生过,可说是经学史上时常发生的事。可惜从清末至现在的经

---

① 刊于《史学评论》第 5 期(1983 年 1 月),第 19—98 页。该论点见于第 27 页。

学史研究,对此现象皆未有只言片语的论述。本文主要的目的,是要证明"回归原典"在经学史上曾发生过好几次,是一种解决经学问题的妙方。

二、何谓"回归原典"

在正式讨论中国经学史上的回归原典运动前,应该要解析何谓"回归"? 何谓"原典"? 兹先从"原典"讨论起。所谓"原典",就是原始经典,每一宗教和学派,都有它的原始经典。如基督教的《圣经》,伊斯兰教的《可兰经》,印度教的《吠陀》等。至于儒家的原始经典是什么? 即所谓"十三经"。

十三经的形成过程相当复杂,在先秦仅有"五经",五经即《易》《书》《诗》《礼》《春秋》。在西周初年已有《书》的一部分资料,这是后来《尚书》一书的雏形。《诗》中的《周颂》《大雅》也于西周中叶以前成形,这是《诗经》中成书较早的部分。《易》中的卦爻辞颇多描述殷、周的互动关系,大概西周初年已形成,可是,直到春秋时代引用者还很少。《礼》是指《仪礼》(也称《士礼》),是贵族阶层行礼的程序表,为免忘记,乃写成文本。从《礼记·杂记》"哀公使孺悲之孔子,学士丧礼,《士丧礼》于是乎书",就可以知道《仪礼》的某些篇章,在春秋后期已形成。《春秋》本是鲁国的国史,经孔子改定,注入微言大义,形成一部具有褒贬作用的经典。这五部书由于和圣人有密切的关系,也具备成为经典的基本条件。

战国时期,解经的著作陆续出现,丰富了五经的内容,也使儒家经典的生命更为活跃。当时解经之书,大抵称为传、记,如解释《周易》的,有《十翼》,又称《易传》;解释《毛诗》的,有《毛诗故训传》;解释《仪礼·丧服》的有《丧服》子夏《传》。《春秋》的《左氏传》《公羊传》《穀梁传》也于战国时形成。此外,诸子百家于春秋时代开始出现,各家都有各家的著作。编辑孔子和孟子言论的著作《论语》《孟子》也陆续完成。《周礼》一书也于战国出现。另外,《孝经》一书,《吕氏春秋》已引用,可见秦始皇之前已出现。这些传、记之书,可能是圣人子弟等圣人集团的成员所作,都含有圣人的理想在内。基本上,儒家的十三种经书,在战国时已全部完成。成为经的过程，却要绵亘到北宋时代，几乎有一千年之久。

西汉时代设五经博士，所谓五经是承继先秦而来，即《易》《书》《诗》《礼》《春秋》。到了东汉时代，有"七经"之名，即在《五经》之外，加入《论语》《孝经》。唐代有"九经"之名，是指哪九经，说法也不一，一说是《易》《书》《诗》《周礼》《仪礼》《礼记》《春秋左氏传》《公羊传》《穀梁传》；另一说是《易》《书》《诗》《周礼》《仪礼》《礼记》《春秋》《论语》《孝经》。到了唐代，已递增至十二经。文宗开成二年（837），在石碑上刻十二经，立于长安国子监门前，称为"开成石经"。这十二经是《易》《书》《诗》《周礼》《仪礼》《礼记》《春秋左氏传》《公羊传》《穀梁传》《论语》《孝经》《尔雅》。五代时，后蜀国君孟昶刻石经，删去《孝经》《尔雅》，加入《孟子》。这是《孟子》入经部的开始。南宋时，朱子从《礼记》中抽出《大学》《中庸》，与《论语》《孟子》合称《四书》。《孟子》在经书中的地位，也完全确定。

从宋仁宗以来，有称孟蜀所刻经书为"石室十三经"。同时，茅知至作《十三经旁训》，十三经之名始见于此，但尚未广泛流传。南宋末年周密所著《癸辛杂识》提到要节录《十三经注疏》。此后，十三经之名才逐渐流传开来。

儒家的十三经都与圣人集团有关，像《易》相传历"三圣"，即伏羲、文王、孔子三圣人所作。《书》《诗》经孔子删定，《周礼》是周公致太平之迹，《仪礼》为孔子所作，《礼记》为七十子后学所记，《左传》为孔子之朋友左丘明所作。《公羊传》《穀梁传》传自子夏。《论语》《孟子》为孔、孟弟子所编。《孝经》是孔门弟子曾子所作。《尔雅》相传为周公所作。

也因为这些书都与圣人集团有关，它们变得神圣不可侵犯。所以，直到明末，胡应麟作《四部正讹》，清初姚际恒作《古今伪书考》[2]，都不敢将经书列入伪书。

综合前代学者的说法，所谓"原典"的神圣性、权威性，可分为下列数点来说明。

---

[2] 姚氏《古今伪书考》，经部仅列后人经说，并未列入《古文尚书》《周礼》《左传》等属于十三经中之经典。

其一，经书的作者因为是圣人集团的成员，所以具有高出他书的神圣性和权威性。在回归原典的过程中，一旦被认为伪作（非圣人集团所作），这种神圣和权威马上会消解掉。清初辨《古文尚书》《周礼》，清末辨《左传》，民国初年辨《周易》《诗经》，都是最好的例子。

其二，就经书的内容来说，因为都是圣人集团的成员所作，所以所说的都是颠扑不破，可施之久远，且能垂为教训的道理。既如此，在儒学和经学的发展过程中，如有义理的纠纷，就必须以原始经典中的道理作为判断是非的标准。

其三，就其形式技巧来说，由于经书是圣人集团的成员所作，文章不但有历久常新的道理，也有很高明的写作技巧。唐中叶的古文运动，韩愈、柳宗元描述自己的写作经验时，都不约而同地强调要模仿经书的写作技巧，以提升自己文章的写作水平。

原始儒家经典既具有如此多其他书籍所不可及的特色，一旦儒家后学有义理之纷争时，它就可以担任仲裁者的角色。至于学者为提高文章技巧，也要以原始经典作为写作的模板。

以上是对儒家"原典"意涵的解析。接着解释"回归"。所谓"回归"，至少有两层的意义。其一，以原典作为尊崇和效法的对象，这是因为原典有圣人之道在内，唐中叶至宋初、明末清初的回归原典，基本上属于这种类型。其二，以原典作为检讨的对象，详细考辨原典是否与圣人有关，如果无关，这些典籍最原始的面貌是什么？如民初学者以为《周易》是占卜之书，《诗经》是古代歌谣总集，《春秋》是史书，都是回归经典本身做彻底检讨的结果。

这两层意义的"回归"，目的虽有不同，但都以原典为对象来进行各自的学术活动。

三、唐中叶至宋初的回归原典运动

前文说到"回归原典"是解决经典诠释过程中所产生的问题的良方,到了唐代中叶,产生了中国经学史上第一次"回归原典"的现象。那么,唐中叶以后,经学研究发生了什么问题?

要回答这个问题,得先从汉代以来的经典解释传统说起。先秦至汉代逐渐形成的经典,在汉代到魏晋间,产生了许多的注解,如:《周易》的王弼、韩康伯注;《尚书》的孔安国《传》;《毛诗》的《毛诗故训传》《郑玄笺》;《周礼》《仪礼》《礼记》都有郑玄的《注》;《左传》有贾逵、服虔的注和杜预的《春秋经传集解》;《公羊传》有何休的《春秋公羊传解诂》;《穀梁传》有范宁的《春秋穀梁传集解》;《论语》有郑玄的《论语注》、何晏的《论语集解》等书。

进入南北朝以后,由于当时都用义疏体来讲解佛经,儒家经典的研究,因受佛教讲经的影响③,产生了许多义疏体的著作,如《周易》有梁武帝的《周易讲疏》,褚仲都的《周易讲疏》,萧子政的《周易义疏》;《尚书》有费甝的《尚书义疏》,刘炫的《尚书述义》;《毛诗》有沈重的《毛诗义疏》,刘炫的《毛诗述义》;《周礼》有沈重的《周官礼义疏》;《礼记》有贺场的《礼记新义疏》,皇侃的《礼记义疏》;《左氏传》有刘炫的《春秋左氏传述义》,佚名的《春秋公羊疏》;《孝经》有皇侃的《孝经义疏》等;《论语》有皇侃的《论语义疏》,刘炫的《论语述义》等。

唐人修《五经正义》,基本上以南北朝的义疏为底本,再加以增删,如《尚书正义》是以刘炫、刘焯本为底本;《毛诗正义》是以刘炫、刘焯本为底本;《礼记正义》是以皇侃本为底本;《左传正义》是以刘炫本为底本。义疏体对经文和汉晋人的注又作疏通,形成经学诠释过程中的三层结构。文字已到了叠床架屋的地步。胡适之先生称为"烦琐哲学"。由于疏的文字数量太多,到了唐中叶,士人

---

③ 有关此一问题的研究,可参考(1)牟润孙《论儒释两家之讲经与义疏》,《新亚学报》4卷2期(1960年2月),第353—415页;(2)张恒寿《六朝儒经注疏中之佛学影响》,收入张氏著《中国社会与思想文化》,人民出版社,1989年8月,第389—410页。

参加科举考试,大抵皆以注疏为主要阅读的书籍,经文本身反而被忽略。

另外,有些经典很早就有传,如《春秋》一经,有《左氏传》《公羊传》《穀梁传》等。经的文字,当时有士人以为不及传来得明确,所以以传的文字来改经。传本来是解释经的文字,到了唐中叶,传的地位反而高于经,当时的经学可说是一种传学,而非经学。太过重视传注之学,就好像重视枝叶而忘其本根,如以当时的政治情况来比喻,就是藩镇的势力太大,中央政府陵夷不振。

这时,产生了一个以全新视野来审视《春秋》的学派,创始者是啖助,继承者是赵匡、陆淳。他们有感于当时中央政府与藩镇关系的失控,特别强调"正名"的重要性,认为孔子作《春秋》的目的,在于"尊王室,正陵僭,举三纲,提五常,彰善瘅恶",这显然是对当时藩镇的批评。

啖助等人为了提高《春秋》本经的地位,对《春秋三传》做了较严厉的批评。他们认为古人对《春秋》的解说,本来就是口耳相传,自汉以后才著于竹帛,于是《三传》才能广为流传。《左传》收集数据非常宏富,叙事特别详备,使后人可以得知春秋历史的本末,也可以透过《左传》来了解《春秋》经文的内涵。但他们以为《左传》"叙事虽多,释意殊少,是非交错,混然难证"。这是说,《左传》对《春秋》经中的微言大义阐述太少,且是非混杂,让人难以把握。

至于对《公羊》《穀梁》二传的批评,他们以为在传授的过程中,不免以讹传讹,因此和《春秋》经的本义相出入者不少。他们虽然赞美《公》《穀》二书对圣人的微言大义有所发明,但也批评二传太拘泥于文句,往往穿凿附会。他们认为"褒贬"之说对解释《春秋》大义并非普遍适用。事实上也有许多"文异而意不异"的经文,字字去推敲其微言大义,使二传的"繁碎甚于左氏"[④]。啖助等人评论《三传》虽相当严厉,但并不废弃它们。他们在解释《春秋》时仍然兼采《三传》之说。显然是要《三传》不可逾越传的本分,这就是他们强调"正名"的真正意义。相对于韩愈《赠卢仝》所说"《春秋三传》束高阁,独抱遗经究终始",显然要理性许多。同一时代的回归原典,范围大小、内容深浅也有许多差异。

此外,唐代的古文运动可说是一种尊经运动,扩大来说,也是一种中国文化

---

④　见《春秋集传纂例》,卷一,《三传得失议第二》。

的复兴运动。大概从南北朝以来,佛道的势力越来越大,儒家思想逐渐失去主导的优势,到了唐中叶,儒家思想已成伏流。韩愈为儒家思想的存活感到很忧心,他的辟佛带有相当的暴力成分,手段和方法都不很高明,但他的心情我们可以理解,他是希望借写作时模仿经典的技巧,来重新唤回大家对儒家经典的重视,并提升儒家思想的主流地位。

韩愈的文学观念是复古明道,他主张思想要回到古代儒家,文体也要回到质朴的经典,从经典中去体会圣人之道,他在《进学解》中说:

> 上规姚姒,浑浑无涯,周诰殷盘,佶屈聱牙,《春秋》谨严,《左氏》浮夸,《易》奇而法,《诗》正而葩;下逮《庄》《骚》,太史所录,子云、相如,同工异曲。先生之于文,可谓闳其中而肆其外矣。

他认为《尚书》《春秋》《左传》《周易》《诗经》《离骚》《史记》,以及扬雄、司马相如的文章,都是他写作时取法的对象,即所谓“非三代、两汉之书不敢观”的意思。他又主张“文以载道”,即文学作品应该具有伦理教化的意义。所载的道,是古圣人之道。古圣人之道在经典之中,韩愈之所以强调要回归经典,就是这个原因。

柳宗元的观点和韩愈相接近,但思想较为通达。他在《答韦中立论师道书》中说:

> 始吾幼且少,为文章,以辞为工。及长,乃知文者以明道,是固不苟为炳炳烺烺,务采色、夸声音而以为能也。……本之《书》以求其质,本之《诗》以求其恒,本之《礼》以求其宜,本之《春秋》以求其断,本之《易》以求其动,此吾所以取道之原也。参之穀梁氏以厉其气,参之《孟》《荀》以畅其支,参之《庄》《老》以肆其端,参之《国语》以博其趣,参之《离骚》以致其幽,参之太史公以著其洁。此吾所以旁推交通而以为之文也。

在《报崔黯秀才书》中他又说:

辱书及文章,辞意良高,所向慕不凡近,诚有意乎圣人之心。然圣人之言,期以明道,学者务求诸道而遗其辞。辞之传于世者,必由于书。道假辞而明,辞假书而传,要之,之道而已耳。道之及,及乎物而已耳。

柳宗元认为在经书中求圣人之道也要求辞,求辞而遗道固然不可,只求道而遗其辞,也有所偏枯。最理想的方法是既求道德之道,也求文辞之道。他所说的"本之《书》以求其质,本之《诗》以求其恒"都是作文之道。可见,柳宗元回归经典的用意,不仅在求伦理教化之道,也在求作文的方法。这点似乎较韩愈的思虑更为周到。但不论如何,他们的古文运动都希望从经典中取得创作的源泉。这种带有复兴文化性质的古文运动,到了宋初,经欧阳修等人的进一步推动,才正式成功。

四、明末清初的回归原典运动

明末清初的经学研究,之所以必须借回归原典来解决经典诠释的种种困难,实导因于三方面的问题:一是前人留下的问题,如《古文尚书》真伪问题,《周礼》《左传》的作者问题;二是宋人制造出来的问题,最关键的是易图的来源和朱子另立《四书》系统的问题;三是明代学者产生的问题。

先讨论易图问题。《易》本无图,所以会产生易图问题,导因于儒家经典缺乏可与佛、道抗衡的宇宙论的理论体系。为弥补不足,作易图来充数。这些易图的总源头是华山陈抟。根据朱震的《汉上易解》,陈抟的易图授受,可列表如下:

(1)河图洛书:陈抟通过种放→李溉→许坚→范谔昌→刘牧。

(2)先天图:陈抟通过种放→穆修→李之才→邵雍。

(3)太极图:陈抟通过穆修→周敦颐→二程。

从易图是陈抟所传,就知道所谓易图本非儒家原有的东西,儒家人物却将它用来作为与佛道抗衡的武器。

至于朱子,后人虽称他是集宋学之大成,但因他而引申出来的问题也不少。最明显的问题是他将《大学》《中庸》从《礼记》中抽离,与《论语》《孟子》合称"四书",这等于破坏《礼记》一书的完整性,且有以"四书"取代"五经"的倾向。如再仔细观察,朱子将《大学》分经一章,传一章,也于古无据,至于调整《大学》章节顺序,为格致章作"补传",更有疑经、改经的嫌疑,导致《大学》有数十种改本,不但未解决义理的问题,还使问题更加复杂化。

明代学者的问题是阳儒阴释。明代诠释经典,羼杂佛老,使儒家经典丧失了主体性,这种注释的方式,看似在诠释儒经,实则是佛学对儒学的渗透,如管志道用《华严经》的观点来解释《论语》《孟子》。智旭(蕅益禅师)的《周易禅解》《四书蕅益解》,都是用禅学的观点作说解。

综合以上几个时段所累积下来的问题,再加上程朱、陆王何者接近圣人之本义的争论,有愈演愈烈的趋势,儒学的本质是什么? 实有重新加以检讨的必要。要彻底了解儒学的本质,就应对现有的儒家经典和后儒经说作最彻底的考辨,以分辨真经和伪经。明末清初之所以要考辨群经的真伪,是因它是当时回归原典运动的一种过程。当时诸儒考辨经书或经说的成果如下:

(一)易图

考辨易图的有黄宗羲、黄宗炎、朱彝尊、毛奇龄、胡渭等学者。黄宗羲作《易学象数论》,力辨《河图》《洛书》《先天图》与圣人之旨不合。黄宗炎作《图学辨惑》,追寻易图依托的根源。朱彝尊作《太极图授受考》,以为该图是承袭自道家。毛奇龄作《河图洛书原舛编》《太极图说遗议》,以为今之《河图》本自大衍之数,《洛书》即《太乙下九宫法》。《太极图》经毛氏考证,实出自佛、老二氏。

(二)考辨《古文尚书》

阎若璩作《尚书古文疏证》,列举128条证据,证明《古文尚书》乃魏晋人伪造。其中如《大禹谟》所述十六字心传,是宋明以来学者建立道统的根据。《大禹谟》经证明为伪作,道统之说也失去依附。

（三）考辨《诗传》和《诗说》

经仔细研究《诗传》有钞本和刻本两种。钞本为丰坊伪作，刻本则是王文禄抄自《鲁诗世学》。《诗说》则为王文禄伪作。《诗传》代表孔门传经，《诗说》代表汉人之传经。两书内容非常相近。这正可证明汉人传经和孔门是一脉相承的，这就戳破宋人直承道统的说法。

（四）考辨《周礼》

明末清初考辨《周礼》的学者有毛奇龄、万斯大和姚际恒。毛奇龄作《周礼问》，以为《周礼》作于战国末年。万斯大作《周官辨非》，以为《周礼》作于战国时代。姚际恒作《周礼通论》，以为刘歆伪作。毛奇龄和万斯大的说法较接近事实，他们两人为《周礼》的时代定位，并非周公所作，也不是刘歆伪作。既为战国时代的作品，就和圣人无关。《周礼》既与圣人无关，它的神圣性和权威性就受到相当的考验。

（五）考辨《大学》

清初考辨《大学》的有陈确、姚际恒。陈确所要考辨的并非《大学》程本、朱本、古本、石经本义理的是非，而是要证明《大学》非孔子、曾子之书。以《大学》为孔、曾之书，是宋明学者的共识，陈确从"迹"和"理"来判断《大学》并非圣人之语，所以应黜《大学》还归《礼记》。姚际恒《礼记通论》中以为《大学》杂有禅学，非圣人之本真。

（六）考辨《中庸》

清初考辨《中庸》者有费密《大学中庸驳论》，潘平格也有考辨，以及姚际恒《礼记通论》中论辩《中庸》的文字。费密、潘平格的说法，今已不可见。姚际恒则以《中庸》之思想不符孔门宗旨，并证明《中庸》思想与佛、老相合，以为《中庸》是二氏之学。既非圣人之书，根本不必太重视。

（七）考辨《石经大学》

清初考辨《石经大学》者有毛奇龄、朱彝尊两家。毛氏作《大学证文》，考辨《石经大学》为伪作。朱彝尊《经义考》著录各家《大学》著作时，对相信《石经大学》的学者表示嫌恶和惋惜。《石经大学》的出现，可说是一时附会，要回归原典,此种附会势必要加以廓清。⑤

以上所考辨的典籍,有的是列为十三经中的正经,有的是历代学者说经之作。不论是正经或经说,都会有依托附会,要确切了解孔、孟的真正意涵,就必须分辨哪些为真经,哪些为附会。明末清初儒者花费大量功夫来考辨经书和经说的真伪,就是要去伪存真,然后以真经作为衡量义理是非的判准。当时作为判准的是什么?朱舜水《答佐野回翁书》说:

> 来问朱、王之异,不当决于后人之臆断,寒暖之向背,即当以孔子断之。(《朱舜水集》,卷五,第84页)

陈确《复张考夫(履祥)书》也说:

> 凡儒先之言,一以孔、孟之学正之,则是非无遁情。(《陈确集》,第132页)

李塨《与王草堂》说:

> 论朱、陆、王三子,当以孔、孟为断,合于孔、孟,三子即各诣,无害也;不合孔、孟,三子即同归,无取也。(戴望《颜氏学记》卷七,《恕谷四》,第186页)

以上所引皆以为义理之是非,应以孔、孟为断,孔、孟已不在人世,当然要从他们的著作中去寻找裁断是非的规范。显然,《论语》《孟子》在此一时段回归原典的运动中,扮演了相当重要的角色。

五、清末民初的回归原典运动

从清末到民国初年,回归原典的热潮又再一次被掀起。清中叶以后,清政府

---

⑤ 参考拙作《清初的群经辨伪学》,台北文津出版社,1990年,各章。

的统治逐渐失去控制,内忧外患接踵而来。乾嘉时代居于主流地位的考据学者面对如此巨大的变动,可说束手无策,新兴的今文学家不甘雌伏,想将考据学者取而代之,遂指控古文经为刘歆伪作,掀起了晚清今古文学论争的序幕。今文学家虽逐渐取得优势,但所遇到的问题,并非以前常常处理的同质文化间的争端,而是异质文化间的纠纷;处理不好,甚至有国破家亡的危机。今古文学家一面斗争,一面应付外来的变局。渐渐地,学者从中领会到今古文之争并不能解决中国当前要面对的问题。该如何才能自立图强?

有些学者觉得这是中华文化如何面对世界的变局问题。要解决此一问题,唯有将传统学术摊在阳光下重新检验,哪些是有用的,哪些是无用的,哪些是长期被扭曲的,都应该弄清楚。民国初年,对传统学术问题的理解,大抵分为两派:一派是以陈独秀、胡适、鲁迅、李大钊、毛子水、傅斯年、罗家伦等人为主的新文化运动者,他们有《新潮》作为喉舌;另一派是以刘师培、辜鸿铭、黄侃等人为主的传统学者,他们创办《国故》月刊。两派各有各的治学理念,对于传统学术问题也有相当严重的分歧。

民国八年(1919)刘师培等人发起成立《国故》月刊社,以"昌明中国固有学术为宗旨",对新文化运动者所造成的社会变动,则大为不满,表示将发起学报,以图挽救。毛子水则对《国故》提出反击,认为这只是一种"抱残守缺"的方式而已。此后,双方互相攻击,延续数年。然最重要的是民国八年(1919)11月,胡适所写的《新思潮的意义》一文。他把新思潮的意义理解为"研究问题、输入学理、整理国故、再造文明"。这里的"整理国故",本是刘师培等人所刻意提倡的,胡适这种新文化运动者竟也加入,但他之所以提倡"整理国故",是因为:

1. 古代学术思想缺乏系统、整理。

2. 前人研究古书缺乏历史进化观,不讲究学术脉络发展。

3. 前人读古书,多误信讹传的谬说。

4. 当时学者高谈保存国粹,却不解国粹之内涵。

这是新文化运动者对整理国故的新见解,也代表这一批有新思想的学者对

传统文化的态度。至于整理的步骤,胡适认为:

1.条理系统的整理,从乱七八糟里寻出一个条理脉络。

2.用历史进化的眼光,寻出每种学术思想是如何发生的,其影响如何。

3.用科学的方法,做精确的考证,整清古人所说的含意。

4.综合前三步的研究,还给各家一个本来面目,一个真价值。

到民国十二年(1923)1月,胡适担任《国学季刊》编辑部主任时,将整理国故的系统意见发表在《国学季刊发刊宣言》,认为国故整理的重要方向是扩大研究范围、注意系统的整理、博采参考比较的数据。要整理国故,就是要还给古人一个本来面目,他说:

整治国故,必须以汉还汉,以魏、晋还魏、晋,以唐还唐,以宋还宋,以明还明,以清还清,以古文还古文家,以今文还今文家;以程、朱还程、朱,以陆、王还陆、王……各还他一个本来面目,然后评判各代各家各人的义理的是非。不还他们的本来面目,则多诬古人。不评判他们的是非,则多误今人。但不先弄明白了他们的本来面目,我们决不配评判他们的是非。

胡氏不但对整理国故提出指导原则,他自己也身体力行进行国故的整理工作。他不但整理古代各家的哲学,著成《中国哲学史大纲》,更整理古代白话文学,著成《白话文学史》,也指导学生顾颉刚等人,努力去整理郑樵、姚际恒等人的著作。[6]

如将整理国故的方向,指向争议最多的古代经典,根据胡适的意见,是要还给古代经典一个本来面目。也就是将历来加在经典上的种种附会层层剥去,经典的真面目才能完全凸显出来。顾颉刚所提出的古史层累说,不是也要还古史

---

[6] 以上参考拙作《民国初年的反诗序运动》,收入中国诗经学会编:《第三届诗经国际学术研讨会论文集》,香港天马图书公司,1998年,第260—282页。

一个真面目吗？这可以说是一事的两种不同的表述方法。再进一层说，这不也是另一种方式的回归原典吗？

兹以《诗经》为例来解释这一套理论。根据胡适的理解，历来数以千百计的学者已将《诗经》解释得乌烟瘴气，今人要了解传统学术的真相，就要还给《诗经》一个真面目。胡氏在《谈谈诗经》一文中说：

> 以前的人把这部《诗经》都看得非常神圣，说它是一部经典，我们现在要打破这一观念。假如这个观念不能打破，《诗经》简直可以不研究了。因为《诗经》并不是一部圣经，确实是一部古代歌谣的总集，可以作社会史的材料，可以作文化史的材料。万不能说它是一部神圣经典。

这里，胡适提出几个观点：(1)《诗经》是一部古代歌谣总集，不是一部神圣经典；(2)《诗经》可以作为社会史、文化史的材料。胡适以为历来把《诗经》当作一部神圣经典，并不是《诗经》的真面目，要超越神圣经典这一关才算是寻找到了《诗经》的真面目。《诗经》的真面目是什么？即"一部古代歌谣的总集"。可见如果把胡适的论点解释为回归原典，它所要回归的不是圣人的经典，而是超越圣人的经典，圣人起作用之前的真面目。

胡适的学生顾颉刚也认为古代的经典都与圣人无关，根本没有圣人的微言大义。为了证明这点，他们花费大半的功夫来考订这些经典的作者，以还它们的真面目。从顾颉刚对经典的态度，可以看出新文化运动者如何借经典作者的考辨，达到还经典一个真面目的目的。兹以顾颉刚为例来说明：

(一)《周易》

顾颉刚在《周易卦爻辞中的故事》中，先分析伏羲、文王、孔子之所以成为《周易》作者的原因，然后强调卦爻辞在《周易》中的关键地位，再从卦爻辞的记事中寻找真正的作者。顾氏根据卦爻辞中(1)王亥丧牛羊于易的故事，(2)高宗伐鬼方的故事，(3)帝乙归妹的故事，(4)箕子明夷的故事，(5)康侯用锡马蕃庶的故事等，以为卦爻辞作成于西周时代，那时候没儒家，没有道统。至于和圣人发生关系，完全是因为《系辞传》中观象制器一段所引起。

(二)《尚书》

顾颉刚研究《尚书》最久,成果也最丰硕。他在研究《尚书》的过程中花费许多时间考辨《尧典》《禹贡》的作成时代,一方面是借考辨《尧典》《禹贡》的时代,摧毁历来建立在两文上的古圣王权威,然后还给古代经典一个真面目。

(三)《诗经》

胡适和顾颉刚都以为《诗经》是一本诗歌总集,之所以和圣人有关,是因为前人认为《诗序》是子夏所作。为了要证明《诗序》非子夏所作,他们认为《诗序》与圣人思想不合,故非子夏所作。《诗序》既与子夏无关,而为东汉的卫宏所作,《诗序》就不具有神圣权威。《诗序》既不可信,《诗经》的诗篇也无圣人教化在内,所有诗篇都应该重新解释。所以,胡适的《谈谈诗经》《周南新解》中,都有出人意表的新解。

(四)《春秋》

顾颉刚提出许多证据证明《春秋》并非孔子所作,既如此,《春秋》也无圣人的微言大义,只不过是鲁国史书而已。[7]

顾颉刚的论点,主要是证明经书和圣人并没有直接的关系,也给经学研究致命的一击。而最终目的,是要证成经典是一堆不太可靠的史料而已。

六、结论

本人于一九八六年开始研究明末清初经学的演变时,认为那是一种借着辨伪手段,达到回归原典目的的学术运动。后来,慢慢对整个经学史的发展做仔细探究,发现每隔数百年都会有一次的回归原典运动。现在学界大多数人都会谈经学史上的回归原典现象,本人也乐观其成。本文上面数小节的论述,约可归纳为下列数点:

其一,"回归原典"的"原典",指儒家的十三经,它们都是圣人集团的成员所

---

⑦　参考拙作《顾颉刚的经学观》,《中国经学》第 1 辑(2005 年 11 月),第 66—99 页。

作,具有绝对的权威。"回归"有两层的意义:一是以原典作为尊崇和效法的对象,因为原典蕴含圣人之道;二是以原典作为检讨的对象,详细考辨原典是否真的与圣人有关,如果无关,这些典籍最原始的面貌是什么?

其二,唐中叶以后,因为政治、文化等方面的问题,学者为恢复传统儒家思想的主导性,强调要回归《易》《诗》《书》《春秋》等原始儒家经典,从经典中领会圣人之道和揣摩经典的写作技巧,以提升写作水平。

其三,明末清初是程朱、陆王之争进入白热化的时代,为解决义理的纷争,学者提倡回归孔孟原典,但经书流传千余年,何者是儒家的真经典已颇为混淆,必须先借辨伪厘清真伪。所以,明末清初的经典辨伪,是一种儒学内部的自清运动,也是达成回归原典的必要手段。

其四,清末民初是今古文相争不下的时代,学者认为今古之争并不能解决国事纷乱的局面。重新回来省视传统学术,学者认为必须整理国故。胡适、顾颉刚等人认为整理国故,首要在经典,必须消除经典的神圣性,还它一个本来面目。这种回归原典的现象与以往略有不同。以往的回归原典,是回归经圣人集团加工后的经典,作为取法的对象和解决纷争的判准。胡适等人是要消除经典的神圣权威,回归到圣人加工之前典籍的真正面目。要窥知这种真面目,就要极力撇清这些典籍与圣人的关系。所以,他们花许多篇幅来消解经典的神圣性。

【林庆彰　台湾"中研院"中国文哲研究所研究员】

原文刊于《中国文化》2009 年 02 期

影印唐开成石经序

虞万里

　　《诗》《书》《礼》《乐》，西周国学专以教牧伯诸侯卿大夫子弟。迨及官学失守，诸子蜂起，儒家独任其重，九流兼撷其说，于是三八歧出，天水违行，适值古籀分途，东西异构，经典原型，邈不可睹矣。嬴秦厄书，汉惠除律，篆隶兴替，古籀暌隔，书出于山岩屋壁，说起于师心识读，尤以博士官立，致启利禄争竞，一经一师之文，衍为数本数家之说，经典原意，益不可问矣。偶因兰台柒书之改，遂有熹平经碑之竖。夷究其实，时然势然，不得已而为之者也。方当毂骑辐辏于洛阳，四方同文于汉隶，勾摹尚新，纷争初息。旋因董卓焚洛，石经遭损。刘汉坠日，曹魏继祚，今文式微于野，古文勃兴于朝。苏林、邯郸淳之辈，张揖、高堂隆之流，各擅古文字指，咸皆精研经典，高居庙堂，复兴古学，由是而三体古文《尚书》《春秋》石经出焉。夷究其实，亦时然势然，不得已而为之者也。六朝隶楷演蜕，简纸更递，媚俗苟简，崇古趋繁，碑字别体，称心因人，试观元朗所著《释文》之异文纷杂，六朝经典文本亦可觇其一斑矣。时值国姓频改，五胡交侵，汉魏碑版，迁徙堕毁，纵有元魏孝文慕尚汉化，文宗崔光表修颓坠，奈时局乱离，终归空劳。权臣有识而莫知所措，士子向学竟无所凭借，经典文本，漫无范式矣。

　　李唐太宗于板荡之后，一统宇内，百废待兴，修文为先，诏下考定五经文字，纂辑义疏，然就师古之舌战群儒，嘉运之攻驳新疏，既可觇六朝别本纷乱舛驳之深入人心,复能悟借颁手写《定本》《正义》欲使士子风从、科令划一之难能。观夫《干禄字书》《五经文字》踵继迭出,经典文字划一之难能概可见也。唐石经之动议,发自李阳冰。少温书从《峄山》出,自诩"斯翁之后"第一人,故"诚愿刻石作篆,备书六经,立于明堂,为不刊之典,号曰大唐石经,使百代之后,无所损益"。①惜宏愿美意,难与楷书偕行。虽然,经典文字,纰缪日盛,乃有大历间国子司业张参取正《说文》,参酌《音义》,详定五经,书于长安务本坊国子监讲论堂东西厢泥壁;既而泥壁污秽,字迹剥落,复有元和郑余庆重修之议,宝历齐皞、韦公肃木代之举,刘梦得《国学新修五经壁记》言之详矣。夫土木之易圮剥也,固事理之必然,乃更有郑覃勒石之奏。经碑经始于太和七年(833),成之于开成二年(837),更历四载,刻经一十二部,并《五经文字》《九经字样》,凡一百一十四石,二百二十八面,仍立于国子监讲论堂两廊。夷究其实,亦时然势然,不得已而为之者也。

碑石方周甲子,藩镇已乱社稷,残唐韩建筑新城,朱梁刘鄩守长安,先后迁厝于唐尚书省地。北宋元祐二年(1087),陕西转运副使吕大忠徙置于府学北墉,崇宁二年(1103),京兆府府帅、枢密直学士虞策始迁移至府城之东南隅,今碑林地也。明嘉靖三十四年(1555)关中地震,碑林灾躔,断壁残垣,狼藉满地,经碑断折仆倒过半,文字残泐损坏无数。万历十六年(1588),宁夏巡抚姚公继可督工修复,"凡点画失真者正之,苔藓污者新之,泐而欲欹者理之,文义断阙者稽群书补之"。计所补刻小石九十六由一百一十三面,字约五万三千许。后此椎拓,类皆残毁阙字之本,清黄本骥三长物斋尚有震前全本,今已不可得矣。

开成石经所以刊十二经,乃因国子监"掌邦国儒学训导"之制举所需。《唐六典》吏部掌天下贡举,其明经科试九经,大经二:《礼记》《左传》;中经三:《毛

---

① 李阳冰:《上李大夫论古篆书》,《唐文粹》卷八十一。

诗》《周礼》《仪礼》；小经四：《周易》《尚书》《公羊》《穀梁》。② 《论语》《孝经》，③
帝皇所倡；《尔雅》字学，士子必需。④ 故不重摹土木五经而径直镌刊制举所需之
九经十二部，然犹不及《孟子》。⑤ 今碑林所立《孟子》，乃康熙三年贾汉复抚陕时
补刊。⑥

六朝以来通行者多经注合璧本，唐石经用虞、欧、褚、薛楷体刊经典原文，以
隶书书题。就书题获知，其所据仍为经注合璧本。如《周易》上下经题"王弼
注"，《系辞》《说卦》等题"韩康伯注"；《尚书》冠孔序，题"孔氏传"；《诗》题"毛
诗""郑氏笺"；《周礼》《仪礼》《礼记》皆题"郑氏注"（唯《礼记》以《月令》为首，
用玄宗删定、李林甫注本，已改易郑玄注本顺序）；《春秋左传》首载《春秋左氏传
序》，题"春秋经传集解"并"杜氏"字；《公羊传》首载"汉司空掾任城樊何休序"，
各卷题"何休学"；《穀梁传》首载"范宁序"，各卷题"范宁集解"；《论语》首载何
晏等序，题"何晏集解"；《孝经》题载"御制序并注"；《尔雅》载郭璞序，题"郭璞
注"。由此，一则以知郑覃径取六朝唐初相传经注本而留题序、删注文以上碑

---

② 按，唐初科令重五经，故贞观间有"五经定本"和"五经义疏"之作，明经贴试亦偏重五经。开元八年，国
子司业李元瓘上疏，谓《周礼》经邦之轨则，《仪礼》庄敬之楷模，《公羊》《穀梁》，历代崇习。今两监及
州县，以独学无友，四经殆绝"，因请四经并重，量配作业，考试贴十通五，许其人策。谓"以此开劝，即望
四海均习，九经该备"，诏从之。十六年杨玚复启奏，谓《周礼》《仪礼》及《公羊》《穀梁》殆将废绝，若无
甄异，恐代代便弃，亦望至能通四经者"量加优奖"。于是下制，凡明经习《左传》及《周礼》等四经者，
"出身免任散官"。（事见《全唐文》卷三百五李元瓘《请令贡举人习周礼等经疏》《新唐书·杨玚传》
等。）虽诏制有定，然啖助载大历四年著《集传注义》，仍云"今《公羊》《穀梁》二传殆绝"，是研习者仍少，
故大历十年张参所书泥壁仍为五经。《唐会要》卷七六载贞元九年（793）五月敕："有习《三礼》者，前资
及出身人，依科目例选。吏部考试白身人，依贡举例。"鼓励学子兼习《周礼》《仪礼》，可见并不普及，故
宝历齐皞等壁经依旧仍书五经。至开成镌刻九经，应如《选举志》和《唐会要》等所载已定为科令。由此
可觇唐代科举与经学发展过程。
③ 《论语》固人人所当研读。唐太宗大力提倡孝道，贞观十年扬州总管长史李袭誉献《忠孝图》。开元七年
三月，玄宗下《令诸儒质定古文孝经尚书诏》，四月刘子玄上《孝经注议》，十年玄宗御注《孝经》，天宝二
年重注《孝经》，颁行天下，令天下家藏乙册，四年，刻《石台孝经》，由是《孝经》地位骤然升高，与诸经比
并，此开成石经刻《孝经》之历史渊源。
④ 唐玄宗天宝元年曾敕停试《道德经》，加习《尔雅》。德宗贞元十二年下诏要恢复原状，以《道德经》代
《尔雅》。国子司业裴肃上奏，谓《老子》是圣人玄微之言，非经典通明之旨，为举人所习之书，伏恐稍
乖本义"。于是下敕："宜准天宝元年四月三日敕处分。"《尔雅》由此进入科令。
⑤ 《孟子》学说在唐代尽管多有影响，而不在科令之例。及《论语》《孝经》进入科令后，杨绾在广德元年曾
上疏谓"《论语》《孝经》，圣人深旨，《孟子》，儒门之达者"，请将《孟子》与《论语》《孝经》并为一经，作为
考试科目。此后虽在科举策论中多次出现《孟子》内容，但却一直未定为科令。
⑥ 钱仪吉《碑传集》卷六十二载陈锡嘏《兵部尚书兼都察院右副都御史贾公汉复墓志铭》云："公讳汉复，
字胶侯，别号静庵，曲沃县大庄里人。……又补刻西安学宫《孟子》石经，重葺关中书院。"石经《孟子》
凡一十七石，乃取开成石经字样写刻。

石;一则以知太宗以还制举所用仍多为汉魏旧注,盖颜氏《定本》、孔氏《正义》与经注本分行,且不敷九经之用也。

其所以删注刊经,盖以制举贴经,唯经文是务,而无关注文也。观张参以至郑、齐,由土壁而易木壁,皆重经文。至郑覃启奏"经籍讹谬,博士相沿,难为改正。请诏宿儒奥学,校定六籍,准后汉故事,勒石于太学",知刻石前亦校勘经文,抑不仅校勘,更由翰林待诏玄度撰定《九经字样》,规整字形,并张参《五经文字》一并上石。后人取石经字形与唐代字样校核,异体率多在千分或万分之一间,其于经文文字点画之规整重视,概可见矣。予借此料想有唐俗本、传本字形参差凌杂,而所谓"名儒不窥"之矜,"芜累甚矣"之讥,恐亦各抱燕珉,自珍敝帚意也。

唐石经雄矗碑林八九百年,摹拓者亦无数矣,而能以之校经典者,屈指可数。顾亭林导其先河,然为补刊文字所诒。乾嘉间,王朝渠、钱大昕步涉于前,严可均、冯登府踵继于后。严铁桥云:"石经者,古本之终,今本之祖。治经不及见古本,而并荒石经,匪直荒之,又交口诬之,岂经之幸哉?"诚哉斯言!更云:"余不自揆,欲为今版本正其误,为唐石经释其非,为顾氏等祛其惑。随读随校。凡石经之磨改者,旁增者,与今本互异者,皆录出,辄据注、疏、《释文》,旁稽史传及汉唐人所征引者为之左证。……书成,都计三千二百廿六科,缮写十卷。"壮哉斯举!王、钱、严、冯数人,浸渍于贞石摹本之中,蛾术于文字点画之间,所得夥颐,蔚为大观,殆可谓唐石经功臣矣。

抑予犹有言者,夫郑覃之刊石,号称太和本,后世亦以此目之。然今存之碑,修改于乾符,补刊于后梁,添注于北宋,谬补于朱明,字讹文异,已失其旧,则所谓太和之体,而后梁宋明之义肢者也,钱、严诸家,固已先得我心之同然而识之矣。然其所校,多取通行本,未能援用宋刊雠勘,则此间作业犹有所待者焉。郑覃取太和校勘,玄度以字样规正,是石本已微异于太和。后蜀长兴取太和本刊木,兼刊注文,石本既经校勘规正,其与注文必有方凿圆枘之处,则长兴本与石本有异无疑也。北宋景德监本复取长兴本校正而摹刊之,田敏、孔维、李鹗、邢昺、杜镐、孙奭之徒，所见太和前后及孟蜀、江南钞本固不止一二，⑦其所校所刊监本必微异于长兴本，且亦有别于石本无疑也。孟蜀石经，经注兼刊，声称亦依仿太和，乃晁公武取校经文，其相异者三百二科，而"传注不同者""不可胜纪"，宜张栗校监本与石经注文异同有四十卷之多也。⑧ 迨及汴梁鹿失，临安龙兴，高宗遂诏各省取旧颁监本就地雕印，是景德为绍兴之蓝本也。既而经注本与《正义》《释文》合一，八行、十行、九行、南北监本递相雕锲，则其改经改注、从孔从陆，益不可问矣。此予所以言清儒取校通行本不用宋本之作业犹有待者也。

抑予更欲进而言者，太和本乃有唐历朝学士递相校勘之本。《玉海》尝载贞元二年、乾封元年、开元七年皆曾请儒官领校，逆推贞观，师古定五经，冲远纂正义，诸凡甲乙从违，丹铅雌黄者，咸有晋宋旧本、六朝定本、河北本、江南本、集注本、某家本、官本、俗本可供选择依傍。除却字形点画讹误，其文字多寡，经义两通，率多汉魏六朝经师相传师读章句解诂本也，就中不乏可与元朗《释文》、之推《书证》所载参互比勘者。况今敦煌经籍写本业已汇集，残卷书写虽略嫌草率，亦不无有助推勘文本流传印迹之思也。

由是言之，石经太和本者，今本之祖，即长兴雕本、孟蜀石本、景德监本、注书合刻之八行十行九行本、南监北监、毛本殿本之所源也。然以五代宋初诸儒犹得见中唐以来诸多钞本，其校改不无凭据，故吾人犹得借其异文声韵及文句羡欠，窥探石经外之片羽吉光及刊改者取舍意图也。太和石经本者，古本之终，非唯贞元、乾封、开元、贞观本之终，抑亦俗本、官本、某家本、集注本、江南本、河北本、六朝定本、晋宋旧本之终也。然吾人犹得端赖《经典释文》、五经义疏、唐代字样、敦煌残卷之异文声韵及文句羡欠，寻究六朝以还诸本之麟趾凤毛及钞纂者从违心态也。溯而上之，或亦可觇两汉经师传授文本之隙光踪影。由是言之，开成石经者，既为古本之终，今本之祖，又非今本之祖，古本之终，盖其为汉魏六朝而后，乾隆四库殿本以前文本之圭表，岿然矗于二千年来经典流传变异之中轴，映带前

---

⑦《玉海》卷四十三"乾德求书"条："国初三馆书才万三千余卷。乾德四年五月乙亥，收伪蜀图书付史馆，凡一万三千卷。闰八月，诏求遗书，涉弼等应诏献书，总千二百二十八卷，分置书府。开宝九年，得江南图书二万余卷。"江苏古籍出版社、上海书店一九八八年影印本，第二册，第八一二页。

⑧《玉海》卷四十三"后唐九经刻版"条："伪蜀相毋昭裔取唐太和本琢石于成都学官，与后唐板本不无小异。"第二册，第八一一页。

后,唯好学深思者能握其枢机,探其骊珠而得其环中也。今兹重印刊布,匪仅供临摹虞、欧、褚、薛结体之匀称遒劲而寄寓玩赏清娱,抑诚有望于学林洞识其文本价值而作更精深之研究也。

2018 年 3 月 1 日至 5 日序于榆枋斋

2018 年 3 月 7 日修订润饰

【虞万里　上海交通大学人文学院特聘教授】

原文刊于《中国文化》2018 年 01 期

经学史上的独特景观

论晚清公羊学的理论创造活力

陈其泰

提　要：对于影响深远的"经学"不能笼统地看待，而应当历史地、辩证地建立起经学演进"三阶段论"的观点，即："传统经学时代"（清中叶以前）—"经学时代的终结"（晚清）—"以史治经、对经学进行客观研究的时代"（20世纪初以后）。这不仅对于经学史研究，而且对于其他人文社会科学领域研究都是很有意义的。今文公羊学在东汉以后曾长期消沉，但因其具有政治性、变易性、解释性诸项精义，至清中叶以后国内外危机四伏之时，公羊学遂得以复兴，与时代潮流相激荡，展现出非凡的理论创造力。其主要代表人物有力地回应时代的迫切课题，龚自珍唤醒国人认识专制统治"衰世"的到来、倡导实行改革，魏源呼吁开眼看世界、"师夷长技以制夷"，康有为将公羊"三世说"与西方近代政治理论相结合，提出了维新变法的理论纲领，成为近代向西方学习真理的出色人物。晚清公羊学风靡海内，腾挪跌宕，有力地推动了社会的进程和学术的变迁。对此做专题探讨在哲理上有深刻的启示意义：传统文化中有向近代文化转变的内在基础、内在动力；晚清时期虽然危机深重，但又是中华民族克服艰危局面、有识之士探索救亡道路的关键时期。我们可以形象地称之为"经学史上壮观的夕照"。

关键词：经学演进"三阶段论"　晚清公羊学理论创造活力　"经学时代的终结"　探索救亡图强之路

一、"传统经学"及其二重性

说起"晚清",长期以来人们似乎早已形成了难以改变的印象:积贫积弱,内忧外患相交织,民族命运衰颓不可复振!然而历史的发展充满着辩证法,自鸦片战争至清朝覆亡这七十年间,清朝统治极度腐败、社会矛盾日益激化、民族危机不断加深,这一切固然是无法改变的史实,但这只是历史现象的一个方面。与此相表里、相交织的,还有对于历史演进更有意义的另一方面,这就是社会矛盾、民族危机的不断加剧,有识之士逐步觉醒,前赴后继探索救亡之路。此期间,原先曾经消沉千余年的儒学今文公羊学说正好经历由嘉道年间被重新提起、到戊戌维新时期风行于世,公羊学的复兴进程恰与晚清民族危机的加深和爱国之士探索救亡图强之路相伴随、相激荡。这是晚清学术史意义极其深刻的重大事情。由此意味着,"晚清"七十年,又处于时代大转折,最先觉醒的人物呼吁变革、推进维新事业,因而在政治上是不平凡的时代,而在学术文化上,则标志着经学时代的终结和近代学术新格局的行将展开!

探索晚清今文公羊学的复兴,不能就事论事、就公羊学论公羊学,而应当将之置于传统学术在此七十年间所经历的巨大转折来深入剖析。这里提出的"经学时代的终结",就是为了揭示出这场巨大转折的内涵和意义。

"经学"是人们十分惯常使用的词语,似乎人皆熟知、无甚深意。实则不能对从古至今的"经学"笼统地看待,应当进行历史的、辩证的分析,而建立起互有联系而实质内涵不同的经学演进"三阶段论"的观念:

传统经学;

晚清时期经学时代的终结;

二十世纪初以后已经失去神圣光环、只作为学术研究对象的经学。

这三个概念恰恰反映了时代条件的深刻变化和学术理念即治学指导思想之质的区别。

什么是"传统经学"?指的是从孔子创立原始儒家开始、西汉时期"经学"确立,直至清朝乾隆年间,以儒家"六经"为代表的意识形态体系,它大体与中国封建社会相终始,既是政治上的指导思想,又是学术上的指导思想。如董仲舒所言:"天地之常经,古今之通谊。""天不变道亦不变。"又如明儒丘濬对《春秋经》的神圣化的推崇:"论者谓《春秋》以一字为褒贬。一字之褒,荣于黼衮,一字之贬,严如斧钺。"①以六经为代表的儒学思想体系,包含有诸多思想精华、超越时空的宝贵价值,如主张"仁政""敬德保民"、斥责"苛政猛于虎",阐释"穷则变,变则通,通则久"的事物法则,提倡"自强不息""厚德载物"的精神,主张"己欲立而立人,己欲达而达人",诸如此类,都是对于社会规律、国家治理原则和提高人格修养的深刻概括,具有真理性的价值。但是,封建时代的经学又是为统治阶级利益服务的,强调等级制度不可逾越,提倡三纲五常,主张愚民,"民可使由之,不可使知之"。主张恪守古训,墨守成规,"惟古是从","以上驭下",君主出言即为"圣旨",只能顶礼膜拜,不准臣下有丝毫违背,只能刻板服从。这种思想体系作为政治上和学术上的指导思想,必然会导致因袭保守之风盛行,士人不敢独立思考,社会失去创造活力。到了封建社会衰老时期,终于有杰出的思想家通过总结历史的经验和现实社会的矛盾,对于经学思想体系的若干严重痼疾提出针砭和驳论。清初黄宗羲在《明夷待访录·原君》中尖锐地抨击君主专制政体的祸害:"为天下之大害也,君而已矣。""屠毒天下之肝脑,离散天下之子女,以博我一人之产业,曾不惨然!"乾隆时期戴震在《孟子字义疏证》中,愤怒地揭露尊者、长者、贵者动辄以"理"责罚卑者、幼者、贱者,"理"成为迫害无数无辜者致其含冤致死的工具,怒斥卖力地维护"三纲五常"的封建理学是"以理杀人",说:"人死于法,犹有怜之者,死于理其谁怜之!"同是乾隆时期的史学评论家章学诚,更把对"道"的阐发推向封建时代理论探索的最高点,提出应当根据时势的发展,总结出新的"道"的命题。他在《文史通义·原道下》提出:"道"在事中,"道"与事功密切相连,事物发展变化,六经不能尽其"道";"事变之出于后者,六经不能言,固贵约六经之旨而随时撰述以究大道也。……盖必有所需而后从而给之,有所郁而后从而宣之,有所弊而后从而救之"。以上黄宗羲、戴震、章学诚的言论

---

① 丘濬:《大学衍义补》第三册,中州古籍出版社 1995 年版,第 1067 页。

具有重要意义,反映出时代意识的逐步觉醒,杰出人物认识到原有的经学思想体系已经不能适应社会前进的需要,其维护专制制度、维护封建纲常、助长因袭守旧的负面作用已更加凸显,作为社会政治和学术的指导思想已经到了非变革不可的地步。

二、经学时代的终结与公羊学者对时代课题的出色回答

那么,将时间范围从嘉道年间至 19 世纪末,称之为"经学时代的终结",其内涵又是什么呢?其内涵应包括两项:一是从鸦片战争前后出现的"亘古未有之变局",传统经学思想体系对此已经应对乏力,需要淬砺新的哲学观点,提出新的命题,寻找新的解决问题的方案。因此,晚清时期是在社会危机不断加剧的刺激下,有识之士艰难探索、寻找救亡之路的过程。二是今文公羊学说在此特殊的时代条件下得以复兴。今文公羊学说的特点是讲"微言大义",言进化、变革,重"以经议政",因而在西汉时期与汉武帝倡言"改制",兴造制度,多所设施的时代需要相适应,曾风靡于世。但在东汉末年以后却消沉了一千多年,这同样与时代条件有关,由于其时封建政治体制已经相对稳定,因而喜尊古、尚因袭、重史实、言训诂的古文经学说长期居于经学正统地位,今文公羊学说则被认为"其中多非常异义",有旁门左道之嫌。至乾隆末年以后,封建社会的颓势已日益明显,传统儒学中这一言进化、重变革的学说便为时势所需要,遂推波助澜,导演出政治的活剧,创辟出学术的新境,因而奇迹般在历史上再度盛行天下。综观这七十余年的历史,危机与机遇并存,旧的思想体系与新创的学说相交织,传统的惰力与反映社会前进要求的新生力量相搏击,东西方文化撞击与国人的鉴别选择相辉映,这一切都宣告它是中国文化由传统向近代转变的大变动时代,因而历史辩证法的展现至此可谓达到极致。

今文公羊学说言进化、重变革,在历史阐释上独擅其长,善于通过阐释原典注入新义,回答时代提出的迫切课题,因此为晚清经学终结时代书写了具有丰富内涵和深刻哲理的篇章,展现了学术史上的独特景观。龚自珍、魏源和康有为三

人是推进晚清今文学说的著名人物,他们为破解传统经学的困境、为中国哲学在晚清这一艰难而特殊时期的发展做出卓越的贡献,由此构成晚清"经学终结时代"的深刻内涵。

(一)龚自珍:唤醒国人认识专制统治"衰世"的到来,倡导实行改革

龚自珍写了大量犀利的政论、史论,被称为"时代的镜子"。在他之前有两位对晚清公羊学复兴做出贡献的先行人物,一位是庄存与,著有《春秋正辞》,是在清代重新点燃今文公羊学说火种的智者;一位是刘逢禄,庄氏的外孙,著有《春秋公羊何氏释例》等书,是为清代公羊学张大旗帜的卓荦之士。刘逢禄与龚、魏两人又有师生之谊,奖掖晚辈不遗余力。龚自珍的首要贡献是,对于社会矛盾观察极其敏锐,结合对时代变迁的强烈感受,对于公羊学说进行革命性改造,磨砺它的战斗锋芒,要求人们正视封建统治"衰世"的到来,唤起改革的热情。在《乙丙之际箸议》中,龚自珍提出自己独特的"三世"历史观,断言封建统治已经到了"衰世":"吾闻深于《春秋》者,其论史也,曰:书契以降,世有三等,三等之世,皆观其才;才之差,治世为一等,乱世为一等,衰世别为一等。衰世者,文类治世,名类治世,声音笑貌类治世。黑白杂而五色可废也,似治世之太素;宫羽淆而五声可铄也,似治世之希声;道路荒而畔岸隳也,似治世之荡荡便便;人心混混而无口过也,似治世之不议。……然而起视其世,乱亦竟不远矣。"②龚自珍称"深于《春秋》者",显指西汉公羊学大师董仲舒。龚氏提出"治世""衰世""乱世"三世说,既是取法于董仲舒《春秋繁露》中划分春秋为三世的理论,同时又是他本人对现实社会深刻观察而得出的新概括,标志着公羊学发展史上的巨大飞跃。在举世昏昏然如梦如痴的时候,他却深刻地感受到社会危机的深重,忧虑憔悴、日夜不安。他发出有力的警告:"乱亦竟不远矣!"龚自珍进一步描绘了一幅社会行将解体的惨状:"履霜之屩,寒于坚冰;未雨之鸟,戚于飘摇;痹痨之疾,殆于痌疽;将萎之华,惨于槁木。"只有置身于危机深重的社会现实之中,才会产生如此惨痛的感受!推动龚自珍运用公羊学说进行新的哲学创造的力量,是要为危机时代找出路。这就是他所说的纵观三千年历史的优秀史家,负有"忧天下"

---

② 《乙丙之际箸议第九》,《龚自珍全集》上海人民出版社 1975 年版,第 6—7 页。按,乙亥,嘉庆二十年(1815 年),丙子,嘉庆二十一年(1816 年)。撰写这篇文章时,龚自珍虚岁 23—24 岁。

"探世变"的重任。"变",是乾隆末年以后由盛到衰转折时代的本质,龚自珍以他深刻的洞察力抓住了这一"变"的特点。为了给"衰世"的现实寻找疗救的药方,唤起人们从浑浑噩噩的状态中警醒过来,必须总结出一套时代所需要的变革的哲学,以此作为改造现实、挽救危机的武器。他在同一时期所写的另一篇著名政论中,即深刻地总结出变革是历史的规律:"夏之既夷,豫假夫商所以兴,夏不假六百年矣乎?商之既夷,豫假夫周所以兴,商不假八百年矣乎?无八百年不夷之天下,天下有万亿年不夷之道。然而十年而夷,五十年而夷,则以拘一祖之法,惮千夫之议,听其自陊,以俟踵兴者之改图尔。一祖之法无不敝,千夫之议无不靡,与其赠来者以劲改革,孰若自改革?"③龚自珍是从历史必然规律的高度来论述改革的必要性、迫切性,因而具有振聋发聩的力量。龚自珍发挥《易经》和《公羊传》变易哲学而得出的"一祖之法无不敝,千夫之议无不靡"的大胆预言,恰恰被晚清历史前进方向所完全证实。

揭露封建专制统治造成的腐朽性已经积重难返,激励进取者敢于冒险犯难,破除旧制,创辟新规,这是龚自珍发扬公羊学革新精神所做的又一项贡献。龚自珍将公羊学说"为后王立法"、与政治紧密结合的特点发展到新阶段,他对专制主义的基础——官僚集团的恶浊风气做了深刻的解剖和无情的鞭挞。在这方面,龚自珍的论述,对于19世纪末的维新志士同样起到警醒的作用。他怀着经世治国的抱负,因而能够无畏地顶住同僚耻笑他是"狂生"、"有痼疾"的压力,"探吾之是非,而昌昌大言之"。④ 他不仅能够淋漓尽致地描绘出官僚集团种种丑态,更能深入实质,究其底蕴,透辟地分析官僚群体的心态特点,从制度上探讨官僚政治腐败的根由。龚自珍概述官僚集团的心理特征,是献媚营私、丧失廉耻。这正是清中叶以后官场风气的根本要害所在!越是身居高位,越是无耻地献媚取宠,"官益久,则气愈媮;望愈崇,则谄愈固;地益近,则媚亦益工。至身为三公,为六卿,非不崇高也,而其于古者大臣巍然岸然师傅自处之风,匪但目未睹,耳未闻,梦寐亦未之及。臣节之盛,扫地尽矣!"⑤龚自珍进而历数官吏制度

---

③《乙丙之际箸议第七》,《龚自珍全集》,第5—6页。
④《上大学士书》,《龚自珍全集》,第319页。
⑤《明良论二》,《龚自珍全集》,第31页。

的积弊,指出清朝实行的"停年之格",即官吏升迁完全限于年数、资历的制度,造成人才的被压抑,碌碌无为者身居高位,"贤智者终不得越,而愚不肖者亦得以驯而到"。⑥熬到最后当上宰辅高位者,必然是齿发脱落,精神疲惫。这种用人制度的严重后果,便是进取精神的被窒息,畏葸退缩、萎靡不振的风气蔓延泛滥,整个社会失去创造活力。

龚自珍第三项贡献,是他以高度的责任心,规划天下大计,突出地显示出公羊学名家比考证学者有更加开阔的视野和深远的眼光,因而有力地提高今文公羊学派在学术上和治国策略上的影响。龚自珍一生治学,发扬了公羊家法把学术与政治密切结合起来的传统。他指斥脱离实际的烦琐考据,反对"万喙相因"、模拟颠倒的八股文,主张学术要"探世变"和"忧天下",他本人身体力行,运用他所熟悉的西北部落源流、历史沿革、山川形势的丰富知识,来研究和解决实际问题。《西域置行省议》等文,充分显示出他着眼于解决社会危机,着眼于加强边防,巩固国家统一,来解决边疆问题的远见卓识。关于新疆设行省的建议,绝非只给新疆起个"行省"的新名称,也绝不是简单设立一个行政机构,而是具有更深刻的意义。自康熙年间,新疆地区已成为我国统一的多民族国家的一个重要组成部分。可是至嘉庆年间止,这一百多年间,朝廷对新疆的管理却一直采用委派将军、参赞大臣等"镇守"的办法,而缺乏一套系统的行政管理机构。这显然不利于有效地开发、管理新疆,不利于巩固国家统一。龚自珍反复陈述清代边疆形势与前代大不相同,"中外一家,与前史迥异",汉唐时代的"凿空""羁縻"办法已完全不适用了;今天的迫切问题是朝廷如何在新疆建立起健全的行政系统,"疆其土,子其民,以遂将千万年而无尺寸可议弃之地"。⑦因此龚自珍第一个明确提出新疆设立行省,对新疆的经济、边防以至十四个府州、四十个县如何设置,都有具体的建议。他还建议迁内地无业游民入疆,认为这是既解决内地严重的流民问题,又可发展边疆生产、巩固边防的一举三得的重要措施。光绪十年(1884),新疆果然设立行省,他的预言成为现实。

---

⑥ 《明良论三》,《龚自珍全集》,第33页。
⑦ 《御试安边绥远疏》,《龚自珍全集》,第112页。

（二）魏源呼吁开眼看世界，"师夷长技以制夷"

龚自珍抨击专制、倡导改革等项言论都是对公羊学精义的创造性发挥，超越于传统经学思想体系之外，努力锻造为这一大转折时代所需要的新的哲学武器。龚氏卒于鸦片战争爆发的次年，以后的事变他未能见到，关于御侮图强和中西文化撞击这些更加崭新的、完全属于近代范畴的课题，恰好由其生前挚友魏源来做出回答。

在鸦片战争前，魏源对于国内社会危机和封建统治"衰世"特征的看法，与龚自珍互相契合，他对于改革吏治、选官、边政以及盐法、漕运、水利等有关国计民生的大政，都提出了改革的方案，并且有的在施行中大获成效。至鸦片战争爆发，中国战败，侵略者用武力打开中国的大门，在这亘古未有的历史变局中，是公羊变易发展哲学观，促使魏源的社会改革思想达到新的飞跃，呕心沥血寻找御侮图强良策，开创了解外国的风气，提出向西方学习的新课题，成为近代中国向西方寻找真理的起点。如何勇敢地打破长期封闭状态形成的排拒意识和愚昧偏见，跨出探求外部世界的第一步，认识西方的制度、文化；特别是，在中国遭受侵略、进行正义的自卫战争的情况下，却要承认自己落后，要保持御侮图强的信心，却又要放下"天朝上国"的架子，承认侵略者比自己高明，承认西方制度文化比中国先进，中国应该向西方学习：这些是鸦片战争这场剧变，骤然地向我们的先辈提出的极为复杂、困难和严峻的课题。正是魏源这位具有公羊学变易观点的哲人，对这些问题做了明确而出色的回答。《海国图志》一书，就成为中国进步思想界认识中国社会走向近代化这一历史潮流的起点。这就是在坚持独立、反抗侵略的前提下，"师夷长技以制夷"，了解世界，学习西方，寻找救国真理。梁启超在20世纪20年代著《中国近三百年学术史》之时，还这样评价《海国图志》的深远影响："其论实支配百年来之人心，直至今日犹未脱离净尽，则其在历史上关系，不得谓细也。"[8]与倡导"师夷长技"相联系的是魏源明确表示对西方民主制度的向往。东方封建专制与西方民主政治互相对立，中西文化体系差别很大，在近代史开端时期，沟通极为困难。在如此复杂的文化背景下，魏源在鸦片

---

[8]　梁启超：《中国近三百年学术史》，《饮冰室合集》专集之七十五，第323页。

战争时期却能跨过别人难以逾越的鸿沟，大胆地对西方制度表示赞美向往，他之所以有如此卓越的见识，即因为掌握了公羊变易进化哲学观，使他具有常人难以企及的洞察力。《海国图志》中有这样一段重要的议论："天地之气，其至明而一变乎！沧海之运，随地圜体，其自西而东乎！前代无论大一统之世，即为东晋、南唐、南宋、齐、梁，偏隅割据，而航琛献贶之岛，服卉衣皮之贡，史不绝书，今无一登于王会。何为乎？红夷东驶之船，遇岸争岸，遇洲据洲，立城埠，设兵防，凡南洋之要津，已尽为西洋之都会！地气天时变，则史例亦随世而变。"⑨这段议论，是中国智识界对认识鸦片战争为开端的历史转折、认识世界局势的第一次直接表述。说明魏源已意识到中国面临两种意义的转折：一是自明末西方传教士东来，已意味着东西方由过去隔绝到互相交往的转变；二是中国和西方先进和落后地位的转变。这样的历史变局意味着中国必须觉醒自强，正视并解决对外开放、学习西方、进行具有新的时代内容的改革的迫切课题！魏源还在《海国图志后叙述》中指出："《地理备考》之欧罗巴洲总记上下二篇尤为雄伟，直可扩万古之心胸。至墨利加北州之以部落代君长，其章程可垂奕世而无弊。"更意味着希望中国也应该用资本主义民主制来取代封建专制制度。

在哲学观点上，魏源对世界上万事万物永远处于发展变化中和改革的迫切性，有极其精辟的论述，他说："三代以上，天皆不同今日之天，地皆不同今日之地，人皆不同今日之人，物皆不同今日之物。""故气化无一息不变者也……执古以绳今，是为诬今。变古愈尽，变民愈甚。""履不必同，期于适足；治不必同，期于利民。"⑩他还强烈地憧憬出现下情上传、上情下达的政治局面，甚至讲出"天子者，众人所积而成……故天子自视为众人中之一人"⑪这样具有鲜明民主倾向的言论。因此，当他接触西方民主制度的进步性之后，自然容易理解并且赞赏。魏源著有《诗古微》，对于阐发《诗经》的真价值做出重要贡献，他大破《毛诗》"美刺"之说，拨开一千多年来笼罩在《诗经》这部古代最早的诗歌总集上的迷雾，揭示古代诗篇与社会生活、人物、事件的本来联系，重现其本来面目，力创古

---

⑨　魏源：《叙东南洋》，《海国图志》卷五，第347—348页。
⑩　均见魏源：《默觚下·治篇五》，《魏源集》，第47—48页。
⑪　魏源：《默觚下·治篇三》，《魏源集》，第44页。

代诗歌"自道其情"的新鲜见解。魏源这样做,就清除了古文学者给《诗经》层层涂抹上去的宣扬纲常伦理的封建卫道色彩,重新使古代诗篇获得活泼的生命,从而为近代学者解诗打开一条新的途径。公羊学派长于义理的发挥,勇于在阐发古代经典微言大义之下提出有进步意义的新思想,于此又获得有力的证据。

"任何真正的哲学都是自己时代精神的精华。"⑫龚自珍和魏源对公羊学说的革命性改造,代表着中华民族先进人物处于民族危机时代观察国家命运和挽救危亡的哲学探求。公羊学专讲"微言大义"、便于发挥引申的特点,使两位进步思想家在阐释儒家经典的名义下敷陈新观点,导入新价值观,甚至大胆地跨越"夷夏界限",赞扬西方民主政体可"垂奕世而无弊",憧憬着用它代替在中国两千多年来视为天经地义、神圣不可侵犯的专制皇权。这些新论点、新观念,对于推动晚清社会进程和学术变迁意义极大。18 世纪是古文经学的世纪,那是同封建统治的相对稳定直接联系的,19 世纪则是以公羊学说为代表的今文经学的世纪,那又是同封建制度急剧没落、近代社会的行程即将开始直接相联系的。古文经学虽然在学术上有过极盛期,但是在哲学上,它尊古、求恒(制度稳定不变)的基本倾向,同危机四伏的晚清时期格格不入! 时代的选择,必然是言进化、求变革的公羊学说扮演 19 世纪思想意识舞台的主角。我们应该尊重历史的辩证法,如实地承认:龚自珍、魏源由于改造了公羊学说而揭开了近代思想的序幕。我们民族的精神,也因此而提高到新的阶段。梁启超曾经高度评价龚自珍和魏源运用公羊学精义阐发新的思想观念的意义:"数新思想之萌蘖,其因缘固不得不远溯龚、魏。""其察微之识,举世莫能及也。""虽然,语近世思想自由之向导,必数定庵。吾见并世诸贤,其能为现今思想界放光明者,彼最初率崇拜定庵,当其始读《定庵集》,其脑识未有不受其激刺者也。"⑬这是他结合本人亲身观察和实践而得出的精辟见解。

(三)康有为:将公羊"三世说"与西方近代政治理论相结合,构建维新变法的理论纲领

把晚清公羊学推向高潮的人物是康有为,他将公羊"三世说"与近代西方政

---

⑫　马克思:《第 179 号"科伦日报"社论》,《马克思恩格斯全集》第 1 卷,人民出版社 1956 年版,第 121 页。

⑬　梁启超:《论中国学术思想变迁之大势》,《饮冰室合集》文集之七,第 96—97 页。

治思想相结合,构建了维新变法运动的理论纲领,因而成为近代向西方学习真理的著名人物。值得注意的是,康有为之尊奉今文公羊学说,乃是出于自感救亡图强需要的自觉选择。他在青年时代本来热心于重考证的古文经学。于23岁时著《何氏纠谬》,"专攻何邵公者"。⑭ 他还曾设想编一部《礼案》,而礼学乃是古文经学的主干。他早年还著有《民功篇》,⑮尊崇黄帝、尧、舜,尤其是称誉周公,这正是古文经学家的观点。但康有为绝对不做一个只求琐屑考据、不问世事的俗儒,他从早年起,就逐步形成强烈的经世意识和救亡图强的精神,这是他以后转向今文经学、并利用它掀起变法运动的重要原因。据《康南海自编年谱》记载:他19岁时,即深受岭南大儒朱次琦的学术旨趣和人品的影响。自称:"先生壁立万仞,而其学平实敦大,皆出躬行之余,以末世俗污特重气节,而主济人经世,不为无用之高谈空论。……于时捧手受教,乃如旅人之得宿,盲者之睹明,乃洗心绝欲,一意归依,以圣贤为必可期,……从此谢绝科举之文。"此后,又进一步认识到考据之学无济世用。"以日埋故纸堆中,汩其灵明,渐厌之。日有新思,思考据家著书满家,如戴东原,究复何用?因弃之,而私心好求安心立命之所。"从此不再习琐屑考订之学。"既念民生艰难,乃哀物悼世,以经营天下为志,……俯读仰思,笔记皆经纬世宙之言。"康有为把学术与经世、挽救民族危机密切联系起来,这就使他很容易跟龚自珍、魏源所开创的呼吁变革的公羊学说相接续,转向今文学体系。

康有为所处的晚清时代和广东沿海地区,又使他很早就有可能接触西方文化,认识西方制度、学术的先进,并把大力吸收西学作为他构建学说的重要组成部分。他阅读了《西国近事汇编》、李圭《环游地球新录》《海国图志》《瀛寰志略》,1882年,他首次赴北京应试,南归时道经上海,大购西书。这一时期,康有为不仅初步了解到欧美国家的制度,而且对于西方的近代科学知识如数学、电学、光学、力学以及"星云说"等有所了解。1888年,他因张鼎华多次邀请他到京师,于是赴京参加乡试。在京城期间,他感受到中法战争失败后时局的危险,于是先向最有时名的公卿潘祖荫、翁同龢、徐桐致书责备,京师哗然,然后又发愤向

⑭ 《康南海自编年谱》,光绪六年。《年谱》又云:"既而悟其非,焚去。"

⑮ 《民功篇》系未完成手稿,大约撰于1886年。

光绪帝上万言书,请求变法,格而未达。这次失败使康有为深受刺激,思考着选择今后以"从教"即创立学说体系以影响大众的道路。他离京前致好友沈曾植的信中批评清代盛行的考据词章之学:"今之学者,利禄之卑鄙为内伤,深入膏肓,而考据词章,则其痛疽痔赘也。"而他所期望创立的是同世局巨大变化相适应的、不"拘常守旧"的新异学说,故云:"世变大,则教亦异,不复能拘常守旧,惟是正之。"⑯因此,康有为接受今文经学,从其思想倾向的趋势看,正是他抱定救世、变革和吸收西方新鲜学说的逻辑发展。1889 年年底,康有为在广州会见廖平,受其影响,转而崇信今文学。康有为这一转变,其中既有从学术上真心赞成的成分,又有从政治上考虑,有意地将今文学作为理论武器来发挥、利用的成分。

1891 年康有为在广州刊行了他所著《新学伪经考》。⑰ 这部著作以其与长期居正统地位的古文经学完全相对立的观点而震动一时,形成"思想界之大飓风"。康有为树立起反对自东汉至清代学者们所尊奉的古文经传的旗帜,力辨刘歆所争请立于学官的古文经均系伪造,故称"伪经";刘歆伪造古文经书的目的,是为王莽篡汉制造理论根据,湮没了孔子的真经,是新莽一朝之学,与孔子无涉,当称"新学"。《新学伪经考》的产生是正在酝酿的维新变法运动要发生的一个信号,无论是康有为撰著的意图和它产生的社会影响,都远远超出学术辨伪本身。当时中国新旧两种社会力量正在准备着一场较量。列强侵略日益加深,国家形势危如累卵,而清朝统治早已病入膏肓,民族的前途眼看被彻底断送。另一方面,至 19 世纪八九十年代,中国民族资产阶级已初步产生,并提出了发展资本主义的要求,而随着西方学说的传入,中国旧制度的落后和腐朽更加暴露。就在这样的新旧冲突、中西文化撞击背景下,爱国志士已经认识到,要挽救危亡,就必须对旧势力展开攻击。康有为根据他于 1888 年在京师停留的观察,对于清廷的腐败作了这样的描绘:"于时,上兴土木,下通贿赂,孙毓汶与李联英⑱密结,把持朝政,士夫掩口,言路结舌,群僚皆以贿进,大臣退朝,即拥娼优,酣饮为乐,孙毓汶倡之,礼亲王、张之万和之,容贵、熙敬之流,交媚醇邸,以取权贵,不独不能变

---

⑯　均见康有为《致沈刑部子培书》,《康有为全集》第一卷。
⑰　据梁启超所说,"先生著《新学伪经考》方成,吾侪分任校雠;其著《孔子改制考》及《春秋董氏学》,则发凡起例,诏吾侪分纂焉"。
⑱　即李莲英。

法，即旧政风纪，亦败坏扫地。官方凌迟，士声尽靡。"⑲对于这样的封建王朝末日景象和根深蒂固的腐朽势力，必须以雷霆般的声势发动攻击才能动摇其根基。他认识到，首先必须引起社会上对原来束缚人们思想的旧观念产生怀疑、不满，才有可能发动一场政治变革运动。《新学伪经考》的刊行正符合这一时代需要，所以为革新派人士热心地传布，同时又被顽固派所仇恨。康有为通过对古文经学的怀疑和否定，进而公然怀疑和否定封建政治制度。他指责两千年封建腐败统治是由于"奉伪经为圣法"造成的。这就从根本上否定两千年专制统治和为其服务的思想文化的合法性和合理性，从而为鼓吹维新变法提供了理论依据。

梁启超曾比喻《新学伪经考》的著成是思想界之一大飓风，而《孔子改制考》的著成（于1897年撰成，次年刊行）更是"火山大喷火、大地震"。全书核心论题即为孔子是托古改制的大圣人。在卷十二《孔子改制法尧舜文王考》中，康有为提出：最得孔子改制精义的，是《春秋公羊传》和董仲舒、何休的书。孔子创立了"三统""三世"诸义，处在"乱世"，向往"太平"。社会的发展，是远的、旧的必定败亡，近的、新的终将兴起。乱世之后进以升平，升平之后进以太平，社会是越向前越进步，泥古守旧，注定失败。孔子的升平、太平理想同"民主"政治相通，人类社会的发展是朝向共同目标的。"尧舜为民主，为太平世，为人道之至，儒者举以为极者也。……孔子拨乱、升平，托文王以行君主之仁政；尤注意太平，托尧舜以行民主之太平。"这样，康有为就重新改塑了孔子的形象，六经成为主张改制之书，因时变革，甚至资产阶级的民主理想，都成为孔子早已树立的传统，那么实行维新变法，改革封建专制政治，就成为效法孔子的、完全正当的行动，这就进一步为变法运动提供了理论纲领。康有为还把公羊三世说与历史进化观，以及资产阶级君主、民主学说都糅合起来，把资产阶级的民权、议院、选举、民主平等，都附会到儒家学说上面，都说是孔子所创。如说："世官为诸子之制，可见选举实为孔子创制。"由此可见，公羊学说的变易性、政治性和阐释性，在康有为手里得到最大限度的发挥。"每一个时代的理论思维，从而我们时代的理论思维，都

---

⑲ 《康南海自编年谱》，光绪十四年。

是一种历史的产物,它在不同的时代具有完全不同的形式,同时具有完全不同的内容。"[20]康有为以阐释公羊学的微言大义为途径,把他所了解到的并且是中国社会所迫切需要的西方资产阶级民主思想容纳进去,把公羊三世说"据乱世—升平世—太平世",改造、发展成为封建专制进为君主立宪、再进为民主共和的新学说,成为维新时期向封建专制政体和顽固势力进攻的思想武器。康有为阐释的公羊新学说,比起旧的传统思想具有重大进步意义,因而是近代哲学史上非常重要的理论成果。

以上所举只是荦荦大端,但已足以证明:晚清时期今文公羊学说所具有的理论创造活力,的确构成了经学史上的独特景观。在时代剧变条件下,龚自珍、魏源、康有为等卓荦之士将公羊学的精义大力发挥,出色地回答了时代的迫切课题,论证了封建统治"衰世"到来、国人了解外部世界的迫切性、向西方学习改变封建专制为民主共和政体这些重大问题。公羊学理论的推阐与时代潮流相激荡,有序展开、环环相扣。这一学术变迁史,也从一个侧面展现出 19 世纪中国人哲学探索的历程和救亡图强思想的不断高涨。历史辩证法也从这近百年中得到生动的体现:传统的经学思想体系虽然已经失去指导社会政治生活的能力,但其中的公羊学进化观、变易观却能帮助先进人物探索救国道路、提出新的理论命题,传统文化中的精华具有向近代文化转变的内在基础、内在动力;晚清社会虽然危机深重,但又是中华民族克服艰危局面、勇敢搏击进取的关键时期,由公羊学推动的戊戌维新运动更是古老民族的奋力一搏,而成为 20 世纪初西方新思想迅速传播、民主革命高潮和继其后新文化运动的初阶。正因为在晚清时期在探索救亡和民族复兴道路上有如此非凡意义的成果,所以笔者在《清代春秋公羊学通论》一书"引言"中,将此概括为"经史上壮观的夕照",并用了如下赞语:

嘉庆以后公羊学说的复兴和盛行是经学时代结束前壮观的一幕,夕照辉煌,晚霞满天,预示着新世纪行将到来。

---

[20] 恩格斯:《自然辩证法》,《马克思恩格斯选集》第 4 卷,人民出版社 1995 年版,第 284 页。

对此还应举出典型的直接证据，在 20 世纪初年，进步人士豪迈地宣称好学深思之士喜谈《公羊》，顽固派则惊呼公羊学说"举国若狂"。当晚清公羊学风靡于世的盛况刚刚过去，20 世纪前期士林人物，不论是进步思想界或顽固派营垒，都有过值得重视的评论。陈寅恪先生说今文公羊之学在戊戌前后"流被深广"。㉑ 顽固派代表人物叶德辉的一段话，则从反面证明公羊学说对晚清政局的巨大影响："仁和龚定庵先生，以旷代逸才，负经营世宙之略，不幸浮湛郎署，为儒林文苑中人，此非其生平志愿所归往也。曩者光绪中叶，海内风尚《公羊》之学，后生晚进，莫不手先生文一编。其始发端于湖、湘，浸淫及于西蜀、东粤，挟其非常可怪之论，推波扬澜，极于新旧党争，而清社遂屋。论者追原祸始，颇咎先生及邵阳魏默深二人。"㉒叶德辉咒骂公羊学说是使清朝统治覆亡的祸首，实则恰从反面证明它是推动社会变革的功臣。

三、"以史治经"：观念近代化催生学术新格局

经学演进的第三阶段是：至 20 世纪初以后，经学已失去神圣的光环，不再是政治的指导思想和学术的指导思想，只作为学术研究的客观对象；但这种变化并非没落，反之，乃是因社会进步和学术进步而达到的新的阶段。

经学时代的终结和新的学术近代化格局的展开，这是不以人们的意志为转移的事实。要确立这一论题，须从三个层面做一番深入探讨。

第一层面，观念的转变，并非一蹴而就，而是积几代学者的认识而逐步形成的。我们可以举出 18 世纪末期以后钱大昕等学者的言论为证。钱大昕为赵翼《廿二史札记》写了序言，批评当时流行的"经精而史粗，经正而史杂"的见解。他指出，自宋元之后，"说经者多，治史者少。彼之言曰，经精而史粗也，经正而史杂也。予谓经以明伦，虚灵玄妙之论，似精而实非精也。经以致用，迂阔刻深

㉑ 陈寅恪：《寒柳堂集》，上海古籍出版社 1980 年版，第 144 页。
㉒ 叶德辉：《龚定庵年谱外纪序》，孙文光等编：《龚自珍研究资料集》，黄山书社 1984 年版，第 123—124 页。

之谈,似正而实非正也。"㉓这段重要议论从学术发展的源流和评论学术的价值标准两方面,严肃批判当时支配士人头脑的思想定势,指出空洞的议论、穿凿的说法,即使依附于经,也毫无价值,而轻视史学的风气是极不正常的,应予扭转。

与钱大昕时代相同,章学诚所著《文史通义》,全书开宗明义即提出著名的"六经皆史"的命题,谓:"六经皆史也。古人不著书;古人未尝离事而言理,六经皆先王之政典也。"这段论述意义至为深刻,章学诚"六经皆史"说恰恰在"儒家经典是如何生成的"这一具有根本意义的问题上提出了挑战。他明确提出:"六经"是古代治理国家的制度和智慧的记载,"六经皆先王之政典"。儒家经典虽然地位很高,但不是古代圣贤周公、孔子有意专门写出一部包含极其高深的"道"的书,古人没有离开具体活动、闭门写书的事情。六经中的"道"和"理",都是与古代社会生活、人伦日用密切相联系的,六经乃先王治理国家的历史记载,所以,"六经皆史也"。以往研究者曾论述"六经皆史"的论点是扩大了史学的范围,提高了史学的地位,将儒家经典也作为史料看待,这些看法无疑都有道理。而实则其更加深刻意义在于:提出和辨析古代经典不是圣人头脑演绎、构建出来的,而是古代国家治理、社会生活的产物这一属于哲学基本范畴的命题。因此,不应当对"六经"神秘化对待,它既非孔子"天纵之圣"头脑中所固有,也非万古不变的铁的法则,"六经"中的"道"是与客观事物相联系、与治理国家的实践相联系,与社会生活的演进相联系。也正因为章氏破除了对"经"神秘化的理解,他才能提出应当根据社会生活的新变化,去总结出新的"道"这样的在当日几乎是石破天惊的伟论! 此后,龚自珍写了《尊史》《古史钩沉论》等名文,他进一步批评"号为治经则道尊,号为治史则道绌"的价值取向,并提出"六经为周史之大宗""史存而周存,史亡而周亡""史与百官莫不联事""欲知大道,必先知史"㉔等,其所论,包含着"史"考察的范围大于"经","史"的重要性高于"经"的新颖的看法。自钱大昕以来这些具有卓识的人物,批评"经尊史卑",倡言"六经皆史","六经为周史之大宗",都并非单纯地为了争"经"与"史"地位的高下,而有着深刻得多的

㉓ 钱大昕:《廿二史札记序》,《廿二史札记校注》附录二,中华书局 1984 年版,第 885—886 页。
㉔ 均见《龚自珍全集·尊史》。

意义,因为他们的观点反映出近代学术的一种重要趋势:把经书和各种学问都置于历史考察眼光之下。至 20 世纪初王国维出,他在治学方法上继承了乾嘉考史方法,取得了巨大成就,而且明确地主张由前清学者"由经治经",转向"以史治经"。[25] 这一主张,表明 20 世纪考证学中之见识远大者已彻底打破了过去视经书为神圣的旧观念,摆脱了逐字逐句作训诂考订的注经、考经的方法;而代之以将古代经典平等地作为史料,从社会历史演进的视角,结合考古学、社会学等成果来做客观的研究,以求说明社会演进之真相的近代方法,且对经学本身也要考察其历史的演变。这种观念和方法的深刻变化,是推动 20 世纪历史学发展的强大动力之一。

第二层面,不同的思想体系适应于社会演进的不同阶段。世界上任何事物都有它发生—发展—衰亡的规律,同样地,中国经学也要经历其发生、发展和衰落。中国传统经学是农业宗法社会的产物,它从生成到衰落恰与封建社会相终始。到了 19 世纪、20 世纪之交,中国已卷入世界潮流,中西文化交流迅速发展,中国已进入以大工业时代、资本主义经济体系在世界范围内发展为主要特征的近代社会。社会基本结构、基本特征变化了,作为全社会政治上和学术上的指导思想体系也必然要变化,这就是 20 世纪初年广泛传播的西方近代进化论学说,及至"五四"以后逐步成为全国指导思想的马克思主义。这二者,都是近代中国思想学术领域的划时代事件。

19 世纪末感觉锐敏的知识界出现了如梁启超所形容的"学问饥荒"时代,实际上就是苦苦探求新的哲学思想体系的时代。晚清许多爱国志士共同的思想轨迹是:他们由于国内政治腐败、外侮日亟的刺激,不满于正统地位的哲学观,因而苦苦地进行过哲学的探索,由此而走向中国的朴素进化观——公羊学说,然后经由中国本土上的进化观接受并服膺西方进化论,大力传播,用它来观察历史与未来。康有为因关心时局,转而苦心探索和构建不同于正统思想的学说体系。梁启超、谭嗣同、夏曾佑同样有生动的经历,大约在甲午战争爆发前一两年,这三个青年人因应考来到北京,相聚一起,彻夜长谈或争论问题,他们探求的就是为了

---

[25] 王国华:《海宁王静安先生遗书序》,转引自《中国史学家评传》下册,中州古籍出版社 1985 年版,第 1239 页。

挽救危亡时局而需要的指导思想——哲学问题。梁启超事后这样回忆："那时候我们的思想'浪漫'得可惊，不知从哪里会有恁么多问题，一会发生一个，一会又发生一个。我们要把宇宙间所有的问题都解决。"[26] 为了寻求救国的道路，为了争取在旧传统束缚下获得精神的解放，他们苦苦探求新哲理。在中国学术内部，他们首先尊崇公羊变易哲学，此后，西方学说传入，他们心悦诚服地接受进化论学说。夏曾佑对自己因尊崇公羊学说而满腔热情地接受进化论的思想历程讲得尤为真切。他于 1896 年年底结识严复，便立即倾心于达尔文学说，自云："到津之后，幸遇又陵（按，严复字），衡宇相接，夜辄过谈，谈辄竟夜，微言妙旨，往往而遇。徐、利以来，始通算术，咸、同之际，乃言格致，洎乎近岁，政术始萌。而彼中积学之人，孤识宏怀，心通来物，盖吾人自言西学以来所从不及此者也。拟尽通其义，然后追想成书，不知生平有此福否？"[27] 他亲聆严复深入讲述进化论学说，所以他的哲学观点实现了质的飞跃。

这些信奉公羊学说、热心维新变法的志士，成为进化论学说最早的热情接受、衷心倾服、积极传播的人物。喜谈公羊、投身变法运动和传播进化论，三位一体，这是十分值得深思的历史现象。还在严复开始发表介绍西方进化论的文章之时，康有为就表示敬佩，见于梁启超于 1896 年致严复的信中所说："南海先生读大著后，亦谓眼中未见此等人。"[28] 梁启超本人不仅对进化论学说心折赞赏，而且在 20 世纪初年连续著文介绍达尔文学说。《论学术之势力左右世界》一文，指出："进化论在哲学领域引起了一场革命。数千年历史，进化之历史；数万里之世界，进化之世界也。……此义一明，于是人人不敢不自勉为强者为优者，然后可以立于此物竞天择之界。无论为一人，为一国家，皆向此鹄以进。""虽谓达尔文以前为一天地，达尔文以后为一天地可也。"并且预言进化论学说"将磅礴充塞于本世纪而未有已也"。[29] 20 世纪初年进化论学说迅速传播以后，作为哲学观的、在 19 世纪 90 年代盛行的公羊三世说即完成了自己的历史任务，其地位被进化论所取代，而价值融入其中。因为西方进化论是近代学术体系，高出整整一

---

[26] 梁启超：《亡友夏穗卿先生》，《饮冰室合集》文集之四十四（上），第 20 页。
[27] 夏曾佑致汪康年信第十三函，见《汪康年师友手札》二，上海古籍出版社 1986 年版。
[28] 《与严又陵先生书》，《饮冰室合集》文集之一，第 110 页。
[29] 见《饮冰室合集》文集之六，第 114 页。

个历史时代。前此盛行的公羊三世说虽然比之僵化的封建思想更具进步性，但又具有粗疏原始、主观和神秘的致命弱点。而西方进化论学说，是从大量的实例中归纳出来的，可以动植物、人体、地形、地质、化石来做验证，因而具有严密的科学性和鲜明的实证性的优点。比较粗疏的原理一定要被更加科学的原理所代替，这正是学术进化发展的规律。而公羊历史演进观念成为沟通 19 世纪、20 世纪之交进步知识界通向西方进化论的桥梁，这一贡献是不可埋没的。

第三层面，"以史治经"只是一个简约的说法，20 世纪初年学术观念的近代化，其实际内涵即为用理性态度来考察评判事物，提倡独立思考、打破思想禁锢、据实论证、自由讨论，而反对偶像崇拜、盲从偏执、墨守成规、尊古嗜古。这对学术研究具有思想解放的意义。

观念的近代化导致出现 20 世纪初年新的宏大格局。这里仅以梁启超于 1902 年所著《论中国学术思想变迁之大势》为例以说明之。它是我国史学界运用进化论哲学观点指导研究思想史第一次结出的硕果，具有前所未有的高度洞察力、概括力和理论性。梁氏以八万字的简要文字，气势磅礴地概述了我国数千年学术思想演进的历史趋势，划分为七个时代（一、胚胎时代，春秋以前；二、全盛时代，春秋末及战国；三、儒学统一时代，两汉；四、老学时代，魏晋；五、佛学时代，南北朝隋唐；六、儒佛混合时代，宋元明；七、衰落时代，近二百五十年。今日则为复兴时代），精辟地评价了数以百计的思想家及其著作，相当有说服力地论述各个时代思想的主要特点、成就和缺陷。这些特点又如何产生，前一时代学术思想如何成为这一时代的渊源，这一时代的思想又对后代产生了什么影响。几千年发展演进的趋势顿现在读者面前。书中对于战国时期百家争鸣局面及其学术成果，评价极高。关于战国时代学术为何勃兴，梁氏用诗一般的语言描述说："全盛时代，以战国为主，而发端实在春秋之末。孔北老南，对垒互峙；九流十家，继轨并作。如春雷一声，万绿齐苗于广野；如火山乍裂，热石竞飞于天外。壮哉！非特中华学界之大观，抑亦世界学史之伟迹也！"他总结造成学术勃兴的原因，共有七项，其中最为重要的就是，由于思想学术之自由："政权下移，游士往来列国之间，出现了处士横议的时代风气，正所谓海阔凭鱼跃，天高任鸟飞。"而对于因学术"定于一尊"而造成思想受压制、刻板附和的情形，梁氏以严厉的态度进行批评。他一再用进化、竞争学说，说明政治上、文化上的专制主义对社会及学术的发展造成严重的障碍，其中说道："进化与竞争相倚，此义近人多能言之矣。盖宇宙之事理，至繁赜也，务使各因其才，尽其优胜劣败之作用，然后能相引以俱上。若有一焉，独占势力，不循天则以强压其他者，则天演之神能息矣。……学说并然，使一学说独握人人良心之权，而他学说不为社会所容，若是者谓之学说之专制。苟专制矣，无论其学说之不良也，即极良焉，而亦阻学问进步之路，此征万国历史而皆然也。……故罗马教会全盛之时，正泰西历史最黑暗之日。……吾中国学术之衰，实自儒学统一时代起。"这篇长文的宏阔视野和探索方法曾产生了广泛的影响，最为突出的例子是引导青年胡适走上研究中国学术史的道路。如胡适他在《四十自述》中所言："我个人受了梁先生无穷的恩惠，现在追想起来，有两点最分明。第一是他的《新民说》，第二是他的《中国学术思想变迁之大势》。""《中国学术思想变迁之大势》也给我开辟了一个新世界，使我知道四书五经以外还有学术思想。梁先生分中国学术思想史为七个时代……现在看这个分段，也许不能满意。……但在二十五年前，这是第一次用历史眼光来整理中国旧学术思想，第一次给我们一个'学术史'的见解，所以我最爱读这篇文章。"㉚

其后，胡适著成《中国哲学史大纲》(上)反响强烈，蔡元培为其撰序，称其书的一项突出特点是"平等的眼光"，将儒家学说与诸子著作平等对待，予以评价。20世纪初期还先后产生了皮锡瑞、章炳麟、刘师培、冯友兰、周予同、顾颉刚等学者关于中国经学史或思想史的著作，虽风格各异，而其共同的显著特点，即是摒弃经学独尊的陈见，将之与各家各派学说平等地对待，进行客观的评判，充分证明了"以史治经"的近代治学观念蔚成风气。

【陈其泰　北京师范大学历史学院教授】
原文刊于《中国文化》2019年02期

㉚　胡适:《四十自述》(一)，上海亚东图书馆1939年版，第106页。

从"六经"到"二十一经"

十九世纪经学的知识扩张与典范转移

张寿安

一、前言

"中国近代知识转型"是一个庞大的研究工程。欲探讨这个东西方学术交会冲击与裂变的议题，至少得从两个大方向进行，一是西方近代科学式知识如何在中国建构，包括体制与观念；二是传统中国学术在近代如何转变。本人一向致力研究后一议题，一方面想了解传统中国学术是否有一知识体系，一方面则探讨传统学术在近代早期亦即明清以降的变化，并试着梳理出传统学术的分化与开放的可能性。

欲探讨传统学术的变化，"经学"这个担当传统学术中心并和政治极度结合的学术载体毫无疑问是一焦点。本文即以经学为主题，观察它在明清尤其是清代乾嘉以降的变化情形，并解释这种变化的学术意义。欲研究经学，议题与角度极其繁多。本文则把主线放在经数与经目的变化上，从历代经数与经目的变化来观察经学的学术转变意义，尤其把重点放在十八、十九世纪，也就是清代考据学最兴盛的乾隆、嘉庆、道光时段，事实上经数与经目的变化也以这个时期最为剧烈。这个研究主题的意义，不仅欲指出传统经典中的正统与流派，同时也想证明在知识扩张的晚清,"经学已不能构成单独的学术权威",以期彰显正统之外的知识界是如何展现其活泼更新的学术论述空间。换言之,传统中国学术的变化,经典未必只在内部以诠释的方式作变迁,它很可能遭受其他邻近学科的挑战,而产生性质上的大变化。

本文分四大段:首论历代经数与经目的变化,及其在学术史上的意义;次论清代学者尤其段玉裁(雍正十三年—嘉庆二十年,1735—1815)提出的二十一经,其弟子沈涛(乾隆五十七年—咸丰十一年,1792—1861)的十经说;再次讨论龚自珍(乾隆五十七年—道光二十一年,1792—1841)因应提出的六经正名说;最后分析段、龚两种论述的学术史意义及其影响。以阐明晚清学界重新排列经数经目,造成"经"在十九世纪所面对的多面裂变。

二、历代"经数"与"经目"的变化及其学术史意义

今日学界言"六经",经的数字为六,已是共识。殊不知这是刘师培(光绪十年—民国八年,1884—1919)在1905年《经学教科书》中提出的重要定义。

其实,经的数字在中国历史上有多次增减,同时经目在历代也每有变迁。秦、汉时有六经、五经、七经之说,唐宋以后有九经、十二经、十三经、十四经,到了清代更有十七经、二十一经云云。"经数"与"经目"的变易,是经学史上的重要事件。从这当中不仅可以发现所谓正统其实乃一不断变迁之概念,更可以观察出历代经学其性质亦屡屡变迁,所谓经学其一统性亦频频改写。

"六经"一词最早出现在《庄子·天运》,指《诗》《书》《礼》《乐》《易》《春秋》。《礼记·经解》所列六经,其经目也与《庄子》同。据《史记·儒林列传》所言"及至秦之季世,焚诗书,坑术士,六艺从此缺焉",可见汉兴之时,乐经已经失传。所以汉武帝(前156—前87)所置五经博士,没有乐经。到东汉章帝(58—88)时《白虎通》所述五经的经目是:《易》《尚书》《诗》《礼》《春秋》,也不含乐经。至于"七经"之说,大约起于东汉。盖汉代崇尚"孝治",又推尊孔子(前

551—前479),故将《孝经》《论语》与五经并列共习,称为七经。① 在此我们看出,因为政教需要,经的内容渐次扩大,无论经数与经目都在变化。

南北朝时,经数与经目的变化更形剧烈。刘宋时,设国子助教十人分掌"十经"。所谓十经是把五经中的《礼》分为三(《礼记》《周礼》《仪礼》),《春秋》也分为三(《春秋左氏传》《春秋公羊传》《春秋穀梁传》),再把《论语》《孝经》合为一经,称为十经(其实是十一经)。

唐初陆德明(南朝梁简文帝初—唐太宗贞观元年后,约550—约627)撰《经典释文》,把经数减为九,去除了《春秋公羊传》《春秋穀梁传》。但值得留意的是他在《序录》里叙述经学源流时,把《老子》和《庄子》都列入经典,位置还在《尔雅》之前。显然,其背后的文化原因是唐初"上承六朝盛谈玄学之后,而唐初又昌言道教,故老、庄二子,亦与于经典之列"。② 再次反映了时代与学术思想变迁之间的紧密关系。唐太宗(599—649)贞观时令孔颖达(周武帝建德三年—唐太宗贞观二十二年,574—648)、贾公彦(生卒年不详,活动期公元7世纪中叶)依汉魏旧注撰定《五经正义》,颁布全国作为科举考试依据,其后又增撰《周礼》《仪礼》《公羊》《穀梁》四部经疏,皆成为明经考试的教科书。宋朝建立后,经学复兴,太宗(939—997)、真宗(968—1022)相继诏令邢昺(后唐明宗长兴三年—宋真宗大中祥符三年,932—1010)等校定刊刻唐代诸经正义,又为《孝经》《论语》《尔雅》义疏,科举考试一律以官方正义为准。顾炎武(明万历四十一年—清康熙二十一年,1613—1682)言唐宋取士皆用九经,所谓九经是指三《礼》、三《传》、毛《诗》《尚书》《周易》,就是指这九种义疏。五经扩张成九经,涵括的学术议题极其丰富,经学界也略有议论。此处无法详说,可参看多种经学史。唯今日吾人所见唐文宗(809—840)开成二年(837)所刻"开成石经"十二种:《周易》《尚书》《毛诗》《周礼》《仪礼》《礼记》《春秋左传》《春秋公羊传》《春秋穀梁传》《孝经》《论语》《尔雅》,后三者列入经,则十分值得探究。盖顾炎武所言九经是指科举

① 许道勋、徐洪兴论七经有三种说法,许氏著《中国经学史》,上海人民出版社,2006年,第65—67页。黄寿祺:《群经要略》,华东师范大学出版社,2000年,"经名与本枝篇第一",第5页。

② 参程发轫《国学概论》,台北正中书局,1994年11月,上册第27页,其中还说章学诚"《文史通义》以梁武帝崇尚异教,佛老书皆列于经"。

考试的经目,《孝经》《论语》则自汉以来就是小学的初级读本,治经之初步阶梯。③ 因此开成石经最令人重视的应是《尔雅》被正式纳入经,立于长安国子监内。《尔雅》堪称是中国最早的字典,包含丰富的训诂知识、鸟兽虫鱼草木之名、六亲九族礼制;是汉魏以来一直被视为解经的重要工具书。唐代刻入石经成为十二经之一,虽然雅学在唐代并不发达,但纳入经并成为宋代科举考试科目,确实为宋代以后科技文化、动植物知识史的蓬勃发展打下了典范的重要基础。④ 更值得重视的是,这十二经实际上已经粗具了今日所谓十三经的规模。

宋代所谓九经是指《易》《书》《诗》《左传》《礼记》《周礼》《孝经》《论语》之外,然后加上《孟子》,遂为宋代九经。这当然也是因为理学家"孙奭及二程子表彰孟子之学也"。⑤ 到宋光宗(1147—1200)时,经数与经目产生了划时代的变化。一则结合开成石经的十二经和宋儒推重的《孟子》,并为十三经,二则因为当其时刻版术已经盛行,遂有"合刻本"之十三经注疏,流传于世。从此,十三经之名遂一定不可复易,至今仍为学界共识。经数与经目在宋代的变化,其要义不仅是十三经之名的建立,更令人注目的是《孟子》被纳入经。《孟子》入经是经学史上的大事件,它转变了汉唐经解的注疏形态,开启了孔孟道统与理学形态的儒学传统,尤其和《四书》相结合之后,自宋至清延续八百年不断。

《孟子》入经,学术界以"升格"称之。⑥《孟子》入经乃一新学术的开展,始于唐代成立于北宋晚期。北宋时有两股力量上承唐代韩愈(唐大历三年—长庆四年,768—824)"原道"之说推动孟学:一是学术界程颐(宋明道二年—大观元年,1033—1107)、程颢(宋明道元年—元丰八年,1032—1085)领导的儒学复兴运动,二是王安石(宋天禧五年—元祐元年,1021—1086)熙宁变法。后者借由

---

③ 王国维《经学概论》:"《论语》多言立身行己之事,较六经之言经世者,尤于人为切近,故历代皆以为通经之门户。汉人受经者,必先通《论语》《孝经》。"收入林庆彰编《经学研究论丛》第2辑,台北圣环图书公司,1994年4月,第7页。

④ 窦秀艳:《中国雅学史》齐鲁书社,2004年。该书对雅学的历代发展和知识内容有详细讨论。请参看第二、三、四章。

⑤ 参程发轫《国学概论》,台北正中书局,1994年11月,上册第27页。周予同:《中国经学史讲义》,朱维铮编《周予同经学史论著选集(增订本)》,上海人民出版社,1996年。

⑥ 周予同:《孟子的作者与升格问题》,《中国经学史讲义》,第四章。见朱维铮编《周予同经学史论著选集(增订本)》,上海人民出版社,1996年,第928—930页。

官方的力量把《孟子》定为科举考试科目之一,和《论语》并称"兼经"。《宋史·选举志》载:

> (熙宁)四年,乃立经义、诗赋两科,罢试律义。凡诗赋进士,于《易》《书》《诗》《周礼》《礼记》《春秋左传》内听习一经。初试本经义二道,《语》《孟》义各一道,次试赋及律诗各一首,次论一首,末试子、史、时务策二道。凡专经进士,须习两经,以《诗》《礼记》《周礼》《左氏春秋》为大经,《书》《易》《公羊》《穀梁》《仪礼》为中经,《左氏春秋》得兼《公羊》《穀梁》;《书》《周礼》得兼《仪礼》或《易》;《礼记》《诗》并兼《书》,愿习二大经者听,不得偏占两中经。初试本经义三道,《论语》义一道,次试本经义三道,《孟子》义一道,次论策,如诗赋科。并以四场通定高下,而取解额中分之,各占其半。专经者用经义定取舍,兼诗赋者以诗赋为去留,其名次高下,则于策论参之。自复诗赋,士多乡习,而专经者十无二三,诸路奏以分额各取非均,其后遂通定去留,经义毋过通额三分之一。⑦

当时科举取士分成经义、诗赋两科,两科皆须试经。诗赋科除于《易》《书》《诗》《周礼》《礼记》《春秋左传》等六经传中选试一科之外还得兼考《论语》《孟子》,之后再考赋、律诗、论、子、史、时务策。而经义科则需试两经,经又分"大经""中经",可兼考一大经与一中经,或两大经,但不许选考两中经。同时在初试时兼考《论语》,次试时兼考《孟子》,之后则试论、策。因此无论应试经义科或诗赋科,都得兼考《论语》《孟子》。《孟子》已脱离了原本的"子学"之列,转而成为经试的一部分,虽然尚未有经之名,但已是入经的开端。熙宁八年(1075),科举试法有了较大的变化。为了令士子专意经术,罢诗赋、帖经、墨义,《宋史·选举志》记载此一变革:

> (熙宁)八年,中书请御试复用祖宗法,试诗赋、论、策三题。且言:"士

---

⑦ 脱脱等:《宋史·选举志一》,总卷155,台北鼎文书局,1980年,第3620—3621页。

子多已改习诗赋，太学如古。"既而中书门下又言："古之取士，皆本学校，道德一于上，习俗成于下，其人才皆足以有为于世。今欲追复古制，则患于无渐。宜先除去声并偶对之文，使学者得专意经术，以俟朝廷兴建学校，然后讲求三代所以教育选举之法，施于天下，则庶几可以复古矣。"于是改法，罢诗赋、帖经、墨义，士各占治《易》《诗》《书》《周礼》《礼记》一经，兼《论语》《孟子》。每试四场，初大经，次兼经，大义凡十道，后改《论语》《孟子》义各三道。次论一首，次策三道，礼部试即增二道。中书撰大义式颁行。试义者须通经、有文采乃为中格，不但如明经义墨义粗解章句而已。取诸科解名十之三，增进士额，京东西、陕西、河北、河东五路之创试进士者，及府、监、他路之舍诸科而为进士者，乃得所增知额以试。皆别为一号考取，改欲优其业，使不至外侵，则常慕向改业也。⑧

至此，官方明确将《论语》《孟子》与其他诸经并列，称为"兼经"。到了南宋陈振孙（约宋淳熙十年—景定三年，1183—1262）作《直斋书录解题》，遂将《论语》《孟子》列入经部⑨。虽然是私家目录，但却清楚地交代了《孟子》的入经过程。并言：

> 前志，孟子本列于儒家，然赵岐固尝以为则象《论语》矣。自韩文公称：孔子传之孟轲，轲死不得其传。天下学者咸曰：孔孟。孟子之书，固非荀、杨以降所可同日语也。今国家设科取士，《语》《孟》并列为经，而程氏诸儒，训解二书，常相表里，故今合为一类。⑩

显然，《孟子》入经表示道统思维下的孔孟学说逐渐建立。与六朝以来儒释道思想交融、唐代以来的排佛思想、北宋儒学复兴运动，甚至政治文化上的华夷之辨都有密切关系。

---

⑧ 脱脱等：《宋史·选举志一》，总卷155，台北鼎文书局，1980年，第3621—3622页。
⑨ 陈振孙将"经部"分成：易、书、诗、礼、春秋、孝经、语孟、经解、谶纬、小学，共十类。见氏著《直斋书录解题》，收入《丛书集成新编》，台北新文丰出版社，1985年，第2册，总第370页。
⑩ 陈振孙：《直斋书录解题》，收入《丛书集成新编》，第2册，总第388页。

然则,宋元以后理学大盛,影响经目变易甚重,不可不言。其中最重要的莫过于四书的出现和纳入科举。南宋孝宗淳熙年间,朱熹(宋建炎四年—庆元六年,1130—1200)取程颐之意编纂《四书》,取《论语》《孟子》,加入孝《礼记》中的两篇《大学》《中庸》,编成《四书章句集注》,且欲将其与五经并列。孝宗淳熙十四年(1187),朱熹尝私论科举,提出大幅度的改法建议,《宋史·选举志》记载此事,并言:

> 朱熹尝欲罢诗赋而分诸经、史、子、时务之年,其《私议》曰:"古者大学之教,以格物致知为先,而其考校之法,又以九年知类通达、强立不反为大成。今《乐经》亡而《礼经》阙,二戴之《礼》已非正经,而又废其一。经之为教,已不能备,而治经者类皆舍其所难而就其易,仅窥其一而不及其余。若诸子之学同出于圣人,诸史则该古今兴亡治乱得失之变,皆不可阙者。而学者一旦岂能尽通? 若合所当读之书,而分之以年,使之各以三年,而共通其三四之一。凡《易》《诗》《书》为一科,而子年、午年试之;《周礼》《仪礼》及二戴《记》为一科,而卯年试之;《春秋》及三《传》为一科,而酉年试之。义各二道,诸经皆兼《大学》《论语》《中庸》《孟子》义一道,论则分诸子为四科,而分年以附焉。诸史则《左传》《国语》《史记》《两汉》为一科;《三国》《晋书》《南北史》为一科;《新旧唐书》《五代史》为一科;时务则律历、地理为一科,以次分年,如经、子之法,试策各二道。又使治经者各守家法,答义者必通贯经文,条举众说而断以己意,有司命题必依章句。如是则士无不通之经、史,而皆可用于世矣。"其议虽未上,而天下诵之。⑪

无论应试哪科朱子都认为必考《大学》《论语》《中庸》《孟子》,此一举措实则是大大提升了《四书》的地位,尽管并未列入正式选举制度之中,但已为天下

---

⑪　脱脱等:《宋史·选举志二》,总卷156,第3633—3634页。

人所传颂。⑫《四库总目》"四书类"亦尝论及此事,并言:

> ……《论语》《孟子》,旧各为帙。《大学》《中庸》,旧《礼记》之二篇。其编为《四书》,自宋淳熙始。其悬为令甲,则自元延祐复科举始,古来无是名也。⑬

据此,"《孟子》入经"与"四书五经"列入科举考试实为两件事。早在北宋中期,《孟子》已逐步列入经的行列。《四书》成于南宋,虽是理学家最重视的文本,但真正与五经并列为考科,则要到元代了。

元仁宗皇庆二年(1313),立德行明经科取士,并于延祐二年(1315)会试京师,⑭正式将《四书》纳入科举第一场明经经问的出题文本,且规定采用朱熹《四书章句集注》。《元史·选举》载:

> 考试程序:蒙古、色目人,第一场经问五条,《大学》《论语》《孟子》《中庸》内设问,用朱氏章句集注。……汉人、南人,第一场明经经疑二问,《大学》《论语》《孟子》《中庸》内出题,并用朱氏章句集注,复以己意结之,限三百字以上;经义一道,各治一经,《诗》以朱氏为主,《尚书》以蔡氏为主,《周易》以程氏、朱氏为主,以上三经,兼用古注疏,《春秋》许用《三传》及胡氏《传》,《礼记》用古注疏,限五百字以上。⑮

宋代还以《论语》《孟子》为兼经,但到了元代,《四书》反客为主,成为试经之

---

⑫ 朱熹《论孟集义序》(初名精义,后改名集义):"宋兴百年,河洛之间有二程先生者出,然后斯道之传有继。其于孔子、孟氏之心,盖异世而同符也,故其所以发明二书之说,言虽近而索之无穷,指虽远而操之有要。……其所以兴起斯文,开悟后学,可谓至矣。……兹其所以奋乎百世绝学之后,而独得夫千载不传之传也欤?"《晦庵先生朱文公文集》,台湾商务印书馆,1965 年,四部丛刊初编缩印本第 7 册,卷七十五,第 1390 页。

⑬ 永瑢等撰:《四库全书总目》,中华书局,1995 年,卷三十五,经部四书类一,第 289 页。

⑭ 诏云:"其以皇庆三年八月,天下郡县,兴其贤者能者,充赋有司,次年二月会试京师,中选者朕将亲策焉。"元仁宗的皇庆年号仅有两年,而后进入延祐,故会试京师正为延祐二年。参见:明宋濂等《元史·选举一》,台北鼎文书局,1981 年,总卷 81,第 2019 页。

⑮ 宋濂等:《元史·选举志一》,台北鼎文书局,1981 年,总卷 81,第 2019 页。

首。《四书》的地位大大提升,优于五经之前。此后,四书与五经,敌体并立。自此,以四书五经为取士的制度沿用至清末。

至于《孟子》入经后,何时始有十三经之名?据顾炎武言:

> 自汉以来,儒者相传,但言"五经"。而唐时立之学官则云"九经"者,《三礼》《三传》分而习之,故为九也。其刻石国子学,则云"九经",并《孝经》《论语》《尔雅》。宋时程、朱大儒出,始取《礼记》中之《大学》《中庸》,及进《孟子》以配《论语》,谓之"四书"。本朝因之,而"十三经"之名始立。⑯

根据顾炎武的说法,十三经当于明代始立。但李遇孙[生卒年不详,嘉庆六年(1801)优贡生]《日知录续补正》引盛百二[柚堂,生卒年不详,清乾隆三十五年(1770)在世]则谓:

> 盛柚堂云:亭林谓"十三经"之名至明始立,殊未然。盖唐所谓"九经"者,《礼记》《左氏传》为大经(文多故也),《诗》《周礼》《仪礼》为中经,《易》《书》《公》《穀》为小经(《选举志》),《论语》《尔雅》《孝经》附于中经(《百官志》),名为"九经",实"十二经"也。太和石刻九经亦然,故晁氏《石经考异叙》即云十二经。及蜀相毌(音贯)昭裔取唐九经本刻于成都,未竟而国灭,但有《易》《诗》《书》《左氏传》《周礼》《仪礼》《礼记》《孝经》《论语》《尔雅》十经。(遇孙案:赵清献《成都记》"毌昭裔刻《孝经》《论语》《尔雅》《周易》《尚书》《周礼》《毛诗》《仪礼》《礼记》《左传》",盖因竣工之次第而叙,故列《孝经》《论语》《尔雅》于先。晁公武《石经考异序》可证。当依本文为叙次,不当从今所定也)宋皇祐中,田况(元均)补刻《公》《穀》二传。宣和中,席益(叔献)又刻《孟子》参焉。《孟子》于汉文时已立博士,唐皮日休有

---

⑯ 顾炎武撰,黄汝成集释,秦克诚校点:《十三经注疏》,《日知录集释》,岳麓书社,1996年2月第2版,卷十八,第641页。李遇孙引顾氏原文,见所著《十三经注疏》,《日知录续补正卷二》,收入徐德明、吴平主编《清代学术笔记丛刊》,学苑出版社,2005年版,第三册,第211b页。

《请孟子为学科书》，至宋时又为之疏，遂升九经之列。（王伯厚《玉海》云：
"国朝以三传合为一，去《仪礼》而以《易》《诗》《书》《周礼》《礼记》《春秋》
为六经，又以《孟子》升经，并《论语》《孝经》为三小经，今所谓九经也。"）故
晁氏《读书志》直云"石室十三经"，则其名固立于宋时也。唯以三传合为
一，分《大学》《中庸》并列为十三经，自明代始有此说。（遇孙案：宋思陵御
书石经，曾宏父《石刻补叙》云："《易》《诗》《书》《春秋》《礼记》《论语》《孟
子》凡七经。"而《元史·申屠致远传》言："高宗所书九经石刻，是已分《学》
《庸》为二经，故曰九经。"《学》《庸》并列为经不自明始也。柚堂先生，名百
二，著有《柚堂笔谈》）。[17]

据此说法，唐的九经分成大、中、小经三类，而将《论语》《尔雅》《孝经》附于
中经，故实际为十二经。而后，后蜀相毋昭裔（生卒年不详）取唐的九经石刻于
成都，但未完成而后蜀国灭，但留有《易》《诗》《书》《左氏传》《周礼》《仪礼》《礼
记》《孝经》《论语》《尔雅》等，共十经。宋仁宗皇祐年间（1049—1054），田况（宋
咸平六年—嘉祐六年，1003—1061）补刻《公羊》《穀梁》，成为十二经。到了徽宗
宣和年间（1119—1125），席益（生卒年不详，活动期公元 12 世纪中叶）又刻了
《孟子》，于是"石室十三经"完成。故十三经之名，当起于北宋年间。

据此我们不难看出，"经"和"经学"在传统学术的发展中，并非铁板一块不
曾改变。其实它是随着时代、政治、思想、文化的价值需求，而不断改写。历代经
数与经目的变化，正反映着学术内部的张力与革新，一代扩及一代。

到了清代，变化更加剧烈。康熙朝御纂的七经是：《易》《书》《诗》《春秋》
《周礼》《仪礼》《礼记》；显然，礼学在清代极度受到重视。乾隆初专门汉学渐兴，
四世传经，志在存古学的惠栋（康熙三十六年—乾隆二十三年，1697—1758），他
所提出的《九经古义》是：《易》《书》《诗》《春秋》《礼记》《仪礼》《周礼》《公羊
传》《论语》。相较于康熙皇帝，惠栋更推崇春秋学，尤其属意公羊大义；把春秋

---

[17] 李遇孙：《十三经注疏》，《日知录续补正卷二》，收入徐德明、吴平主编《清代学术笔记丛刊》，学苑出版
社，2005 年版，第三册，第 211b—212a 页。

和礼结合起来阐释,不能不说是惠栋经学的另一特点。⑱ 纳兰性德(顺治十年—康熙二十四年,1654—1685)编纂《通志堂经解》亦取九经之数,但经目不同于惠栋,乃:《易》《书》《诗》《春秋》《三礼》《孝经》《论语》《孟子》《四书》;基本规模还是承袭宋明旧制。至于戴震(雍正元年—乾隆四十二年,1723—1777)的《七经小记》,则是取《诗》《书》《易》《礼》《春秋》,外加《论语》《孟子》;相较于惠栋的析礼为三、特举公羊、不取孟子,显然戴震的经学视域仍具有浓厚的徽学气息,异于吴学、常州二脉,当然吾人也可据此证见戴震学术理念的关怀范畴与独特进路。到嘉庆年间,沈涛提出"十经"说,他上取南朝周续之所言"五经、五纬",号曰十经。沈涛把经数缩回为五,但却信取秦汉以来的纬书,并称其为经,不仅企图改变经的观念,也企图扩大解经的资源,令学术界对经有了较新的意图。乾嘉间,因为《夏小正》《曾子》等的研究逐渐受到重视,阮元等甚至推崇曾子为孔学真传,所以《大戴礼记》地位升高。王昶(雍正二年—嘉庆十一年,1725—1806)⑲有拟纳之入十三经而为十四经者。⑳ 同其时,又因为《说文》、天文、历算研究已有相当成就,遂有提议纳《说文解字》《周髀算经》《九章算经》而成为十七经者。其中最特别的是段玉裁,这位戴震的大弟子、龚自珍的外祖父、沈涛的老师,竟然在他七十八岁的高龄提出了"二十一经"的主张。段氏主张除了十三经之外再加上《大戴礼记》《国语》《史记》《汉书》《资治通鉴》《说文解字》《周髀算经》《九章算经》等八种,共为二十一经。㉑

虽然,近代经学家多认为这些经目增衍都只是"私人拟议,未成定论",故不予讨论。事实上,这里面的含意是非常丰富的。以下就针对清儒经数、与经目的增减变化,从学术史角度进行讨论。

---

⑱ 参惠栋《松崖文钞》卷一《九经古义述首》《春秋左传补注自序》,漆永祥点校,《东吴三惠诗文集》,台北"中研院"文哲所,2006 年 5 月,第 300、305 页。

⑲ 江庆柏:《清代人物生卒年表》,人民文学出版社,2005 年 12 月,第 26 页,注:王昶生于雍正二年十一月二十二日,公历为 1725 年 1 月 6 日。

⑳ 王昶:《汪少山大戴礼记解诂序》,《春融堂集》卷三十六,上海古籍出版社,1995 年,收入《续修四库全书》,第 1438 册,第 48—49 页。

㉑ 嘉庆十七年(1812)八月,沈涛请段玉裁为其"十经斋"作记,段玉裁十一月撰《十经斋记》,同时也请沈涛为他"廿一经室"作记,沈涛撰《廿一经堂记》。参刘盼遂《段玉裁先生年谱》嘉庆十七年壬申条。两篇记俱见《段玉裁遗书》下册,第 1324—1325 页。

三、沈涛"十经"与段玉裁"二十一经"

清代学者对经数与经目的历代变化十分敏感,知识界对此一学术现象的辩论是历代最剧烈也最多元的。主要的学者有:戴震、章学诚(乾隆三年—嘉庆六年,1738—1801)、沈涛、段玉裁、龚自珍、刘恭冕(道光四年—光绪九年,1824—1883)和晚清的廖平(咸丰二年—民国二十一年,1852—1932)、康有为(咸丰八年—民国十六年,1858—1927)、刘师培等。

目前看到最早且较全面整理出历代经数、经目变化的是戴震。戴震在《经考附录》写了一系列经数、经目变化与历代石经的文章:《汉立五经》《唐大经中经小经》《六经》《汉一字石经》等;并引用南宋王应麟(宋嘉定十六年—元元贞二年,1223—1296)、明顾起元(明嘉靖四十四年—崇祯元年,1565—1628)之言,罗列出历代所谓的七经、九经、十二经、十三经,最后还自加按语指出宋代已有纳《大戴礼记》而称十四经者。[22]《经考》共五卷,是戴震早年读经时所写的札记,不见于年谱所列著作,具体成书时间很难考定,大约在乾隆十八年(1753)到乾隆二十二年(1757),即戴震31到35岁之间,入京前后的作品。[23] 戴震这篇文字属资料性质,无多论述,但依序罗列历代经数经目的变化,还特别指出宋时已有十四经之称,经数并非止于十三,可见他已经注意到经数变化的问题,应可视为戴震早年读经的一项重要心得。

其次,特别关注到经书数字变化并提出极具批判性反思的是章学诚。章学诚在《校雠通义》一书中特别针对"六经"之名提出澄清,他说六经一名虽出于后世,但因《庄子》书中也如此用,可见确有所本,并非捏造。但后世把《论语》《孝经》都称为经,则是一大错误,至于或称七经、或称九经、或称十三经,更是纷纷

㉒ 戴震:《经考附录》卷七,收入张岱年主编《戴震全书》,黄山书社,2001 年,第二册,第 601—605 页。

㉓ 参考张岱年主编《戴震全书》第二册,《经考》,说明,第 187—189 页。亦参考余英时先生《论戴震与章学诚》,台北华世出版社,1980 年 1 月台影二版,外篇《戴震的经考与早期学术路向》,第 151—183 页。余先生认为是入京前的作品。

扰扰无复规矩绳墨,完全背离了《汉书·艺文志》目录编辑的部次原则。㉔ 章学诚的《校雠通义》完成于乾隆四十四年(1779),时年三十八。这本书的著作目的是批评当时目录学只重视目录编排完全忘了学术辨彰的任务,所以他著书声明校雠学的原则应该是——部次甲乙得先辨彰学术、考镜源流,唯有学术流脉梳理清晰,之后的目录编辑才有本有源。因此他讥诋经数的历代变化绝非为了展示经学史的流变,但这种从《汉书·艺文志》大脉络耙梳经、史、子、文学术流辨的眼光,确实开启了日后(尤其是龚自珍)的经学流辨观念。

清儒对经数与经目提出大胆且具开创性主张的,首推段玉裁和他的学生沈涛。㉕ 嘉庆十七年(1812)八月,沈涛致函段玉裁请为其"十经斋"作记,十一月段玉裁写成《十经斋记》,同时也邀沈涛为他的"二十一经堂"作记,以为回馈,并言:"唯沈君知我,不敢以老自懈,其勤犹沈君也。"同月沈涛写成《廿一经堂记》,称美其师:"吐教陈机,钩河摘洛,叔重五经之学,人谓无双;康成六艺之论,文成有万,沉沉覃思,老而弥笃。"这相互欣赏的师徒二人不仅改变了经数、改变了经目,甚至改变了经的定义,其间缘由值得细说。

前面提过,从经数增衍与经目变化的角度来看,段玉裁在经学史上最特别的,就是他提出了二十一经的说法,把经书数字增加到历来最高。段玉裁为何要提出二十一经呢? 他说:

> 余自幼时读四子书注中语,信之惟恐不笃也。既壮乃疑焉,既而熟读《六经》孔、孟之言,以核之四子书注中之言,乃知其言心、言理、言性、言道,皆与《六经》孔、孟之言大异。《六经》言理在于物,而宋儒谓理具于心,谓性即理;《六经》言道即阴阳,而宋儒言阴阳非道,有理以生阴阳乃谓之道。言之愈精而愈难持循,致使人执意见以为理,碍于政事,此东原先生《原善》一书及《孟子字义疏证》不得已于作也。

㉔ 章学诚:《校雠通义》卷三汉志六艺第十三。见叶瑛校注《文史通义校注》,中华书局,2000 年,下册,第1021—1022 页。

㉕ 沈涛从学段玉裁在嘉庆五年(1800),段玉裁 66 岁,沈涛只有 8 岁。天资卓颖,目为神童。14 岁获见于阮元,录为诂经精舍生,嘉庆十五年举人,年仅 19 岁。治考订之学、《说文》,亦嗜金石。沈涛传见《清史稿》卷四百八十六。

余谓言学但求诸经而足矣。六经,汉谓之六艺,《乐经》亡散在五经中。《礼经》《周礼》之辅,《小戴记》也。春秋之辅,《左》《公羊》《榖》三传也。《孝经》《论语》《孟子》,五经之木铎也。《尔雅》,五经之鼓吹也。昔人并《左氏》于经,合集为十三经。其意善矣。

愚谓当广之为廿一经。《礼》益以《大戴礼》,《春秋》益以《国语》《史记》《汉书》《资治通鉴》,《周礼》六艺之书、数,《尔雅》未足当之也,取《说文解字》《九章算经》《周髀算经》以益之。庶学者诵习佩服既久,于训诂名物制度之昭显,民情物理之隐微,无不憭然,无道学之名而有其实。余持此论久矣,未敢以闻于人。㉖

显然,段玉裁的关怀在"政事"。他并不反对宋明理学的心性修为,但他认为这只是个人内在的道德意识,并不能解决人类社会政治经济的实际问题,要解决人生活面对的具体难题则需要具体的相关知识,唯有掌握具体知识才可避免"以意见为理"造成的个人主观判断。他特别指出这就是他的老师戴震写《孟子字义疏证》破除宋学"以理杀人"的主要目的。段玉裁把十三经扩张为二十一经,所增加者:《礼》益以《大戴礼记》;《春秋》益以《国语》《史记》《汉书》《资治通鉴》;《周礼》益以《说文解字》《九章算经》《周髀算经》。这二十一经包含的治世知识是循名物、制度,上达民情、物理,所谓:"于训诂、名物、制度之昭显,民情物理之隐微,无不憭然,无道学之名而有其实。"不仅包含经世实学,也上达天道人情。

这篇《十经斋记》是段玉裁为他的得意弟子沈涛《十经斋室初考》所写的记。沈涛把经数增加为十,在五经之外纳入五种纬书。他认为"纬"实始于太古,和"谶"同出而异名,谶杂占验,为后世所弃,纬则辅俪经书,不可弃置不论。他甚至认为七纬之名,乃源自孔子因七经而定,所以纬书含有丰富的大义微言。他自述十经斋立名之因与纬书的重要性说:

因依周续之五经、五纬之名曰"十经斋",又欲刺取载籍中纬候之文都

㉖ 段玉裁:《十经斋记》,《经韵楼集》卷九,《段玉裁遗书》下册,第1046页。

为一编以为阴嬉撰考,实洙泗之微言,握河括地即东序之秘宝;春秋属商感精运斗之符,与四始而共序;孝经属参援神钩命之理;偕一贯而并授,所以中垒校之于前,高密注之于后。㉗

"纬书"学界一般认为乃假托儒家经义宣扬符箓瑞应之书,相对于经书故称为纬书。《易》《书》《诗》《礼》《乐》《春秋》及《孝经》都有纬书,称为七纬。内容相当复杂,大多是附会人事吉凶,预言治乱兴废,颇多怪诞之论。纬书兴于西汉末年,盛行于东汉,南朝时官方开始禁止,隋代禁之最切,隋炀帝搜天下谶纬之书尽烧之,谶纬几亡。㉘ 明儒开始辑佚。因其中多记录和保存了丰富的古代文字、天文、历法、地理神话等历史知识,清儒致力尤勤,最著名的是嘉庆时刊刻的赵在翰《七纬》,同治时刊刻的马国翰(乾隆五十九年—咸丰八年,1794—1857)《玉函山房辑佚书》;前者恪守四库之说,严格区分谶纬,在各纬书的叙目下解说命名之旨,贡献很大。

"以纬注经"是沈涛十经说的重要理念,但他认为的注经不只是经义,还包括文字、声韵、天文、历算等古代知识。他说纬书八十一篇传自上古,有裨于声音训诂文字之学。沈涛早年曾有志收辑载籍中的纬候编成一书,虽未成就,但文集中每每引用纬书作为考定文字的重要引证。最著名的例子就是他考证"卯""柳"同字,进而引纬书证明古"刘"字作"卯",汉代纬书的卯字就是刘字。㉙ 沈涛研治《说文》,对古文字有深刻造诣。他曾详细考证《古文尚书》所谓古文究竟为何,他认为《隋书·经籍志》所载马融(汉建初四年—延熹九年,79—166)《尚书注》十一卷、郑玄(汉永建二年—建安五年,127—200)《尚书注》九卷和王肃(汉兴平二年—魏甘露元年,195—256)《尚书注》十一卷皆非孔壁真古文,唯独许慎(约汉建武三十一年—约建和三年,约55—约149)曾亲见壁中书,又从贾逵(汉建武六年—永元十三年,30—101)受古学,所以《说文》一书所言古文虽与当

㉗ 沈涛:《与段茂堂先生书》,《十经斋文集》,台北"中研院"傅斯年图书馆藏,民国间中国书店影印本,据清道光二十四年(1844)刊本影印,卷二,第3—4页。

㉘ 沈涛《十经斋考室文》,分辨谶纬之异,并详述纬书的历代变化,俨然一篇谶纬小史,值得参考。《十经斋文集》,卷一,第5—7页。

㉙ 这是沈涛引纬书考证古字的重要例证,文集中频频提及。详《与马珊林书》,《十经斋文集》卷三,第4—12页。《与段茂堂先生书》,《十经斋文集》卷一,第12—17页。

时师说各异，但他深信许书所存实乃孔壁《尚书》之正文。同时，他也指出《尚书纬》中《考灵耀》《璇玑钤》等篇都是孔门解释百二篇之书，多孔子微言，七十子大义。因此欲恢复古文经学，必须兼采纬书并和许慎书互证，钩沉古学才有可能。㉚ 他甚至标举他的《尚书》学是"十经斋真古文《尚书》学"。㉛ 他引刘熙（东汉经学家，生卒年不详，约生于 160 年左右）释名："纬，围也，反复围绕以成经也。"虽然《汉书·艺文志》九流十家中无谶纬，后人遂视之为伪书。实际上《汉志》所录图书秘记多为谶纬之书，连《史记》中也有很多载录。他更近一层指出《汉志》天文家载《图书秘记》十七篇就是纬候。纬书记录许多古代天文知识，沈涛不仅指出这个事实，还根据纬书中的资料考证汉代岁法，撰写《史记太初元年岁名辨》，纠正钱大昕（雍正六年—嘉庆九年，1728—1804）、孙星衍（乾隆十八年—嘉庆二十三年，1753—1818）的错误。㉜ 沈涛把纬书重新纳入经，他的目的是"永宏秘经，考信六艺"，㉝不仅发金匮之遗书，同时也开启了经学研究的新源头，使经之考古文献与经义阐释不限于六种（或十三种）文本。这是清儒"开发学术新资源"的大工程。㉞

　　段玉裁与沈涛两人对经数与经目的增减方法并不相同，但两人却同时反思到何谓经、何谓经学、经数变化与经学的关系，也因此段玉裁并不反对沈涛的见解不同于己，反而赞美说：

　　　　嘉兴沈君涛久从余游，今年八月书来，请作《十经斋记》，"十经"者，有

㉚ 详沈涛《与马珊林书》，《十经斋文集》卷三，第5—6页。文末言："鄙者《说文考》称及十经斋真古文《尚书》学，推演阐述，详著其说，窃谓可上质之圣人，当不仅有功于汉学。尝考纬书八十一篇，其说字多古音古义，实为许氏九千言所本。篇中所称孔子曰即纬书说，如黍可为酒禾入水也、粟之为言续也，见《说题辞》；乌旴呼也，取其助气，故以为乌呼，见《元命苞》。是知举形之字，叩气之训，无非谶纬之精谈，皆属灵篇之奥旨。"第6页。

㉛ 沈涛：《与马珊林书》，《十经斋文集》卷三，第6页。

㉜ 沈涛：《史记太初元年岁名辨》，《十经斋文集》卷二，第7—21页。该文乃沈涛为诂经精舍生时，阮元命题之作，时年十五。

㉝ 详沈涛《十经斋考室文》，收入氏著《十经斋文集》卷一，引文出自该文，第5页。并参考《廿一经堂记》，同书，卷一。《治经瘳记》，同书，卷四。

㉞ 沈涛以纬书考定经解最有名的例子之一是《尚书》"曰若稽古"一语。他解释这句汉儒解至三万字的词语说："曰者，语词。若犹言奉若天道。稽古即与天合德也。纬书多仲尼微言，七十子大义。较之汉经师训解尤为近古。桓谭《新论》谓：'秦延君但说曰若稽古三万言。纷诤空轸，疑论无归。'得郑君此注，而'曰若稽古'可以论定矣。"沈涛，《十经斋文集》卷一《尚书曰若稽古篇》，第22b页。

取于《南史》周续之《五经》《五纬》号曰"十经"也。纬亦经之辅,此亦五经广为十三、二十一之意欤？汉之大儒若郑康成、何邵公时以纬注经,名流鲜不甄综,故纬不可废。其文沈博渊奥,苟罗之也富,择之也精,则有裨于经,夫岂浅鲜!

沈君天资卓荦,十二三时已背诵《十三经》如瓶泻水,长益泛滥辞章,苕发颖竖,离众绝致,而犹自恐华而不实也,乃沉潜于《五经》,以《五纬》博其趣,筑室闭户,著述其中,不为声华驰逐,其于训诂名物制度民情物理之际,挈之深矣,此其志之远大何如哉,岂守兔园帖括,或剿说宋儒一二,以拾青紫、夸学问者所可辈哉!⑤

至于沈涛为段玉裁写的《廿一经堂记》,则颇似一篇简短的经学史。他的主要观点认为:经的意思是"常"、是常道,具有存治乱施诸四海的政教功能,因此经是可以随时代需求而变迁的。首先,他说孔子以前并无经名,纵使三代官府载录图书用以教授士子,但并无称经者。他认为六经之名起于孔子,把五经定为五常之道也始于孔子。⑥ 接着他就概略说明历代所谓经之内容的变化:汉时有五经(《易》《书》《诗》《礼》《春秋》);唐宋以后因经术隆升,取士遂有九经(前五经中,《礼》分为三,《春秋》分为三);直到宋朝王安石熙宁变法,废罢《仪礼》,所试大义又不需尽合注疏,士人自然不读《仪礼》,连书版都不大通行;明代又归返旧制并加上《论语》《孝经》《孟子》《尔雅》,成为十三经。沈涛的这个定义很影响了他的经学观点,也因此,他才会提出如此具个人特色的十经说,以增加经数的方式,来开拓学术资源。也因为这个定义,他才能对段玉裁的经数扩增抱持肯定态度。同时他还为段玉裁的经数扩张提出解释,说:

大小二戴共事曲台,孔子三朝莫传庆氏。政穆昭穆,虽篇目之难稽;迁庙衅庙,实逸礼之可考。琅邪师说传述罕闻,冲远义疏毁灭滋甚。仅有范阳之注略而不详,遂致信都之业坠而中绝。则《礼》宜益以《大戴礼》。又如左

---

⑤ 段玉裁:《十经斋记》,《经韵楼集》卷九,《段玉裁遗书》下册,第1046页。
⑥ 值得注意的是沈涛在探溯经与孔子的关系时大量引用纬书作为证据。详《廿一经堂记》。

丘大义,远胜严、颜;《外传》异闻,亦高邹、夹。马迁蚕室因成太史之书,班氏兰台复续前朝之史。皆古训所具,存治乱之条贯。至于天水一朝,人尚清虚、家传道学。温公独能博综载籍、驰骋古今,继百二十国之宝书,编三千余年之实录,信非紫阳《纲目》所可庶几,亦岂陇西《长编》为能钻仰,则《春秋》宜益以《国语》《史记》《汉书》《资治通鉴》。若乃一画孳乳,创自史皇;六坴阴阳,造于风后。保氏以之教胄,学者于焉游艺。盖自八体无传、六觚鲜识;重差句股,谬增夕桀之名;持十屈中,远昧形声之义。苟非臣冲书上,终止句而为苟;商高矩积,孰旁要以究算。则《说文解字》《九章算经》《周髀算经》尤为小学之至精,足补《雅》训所未备。是用顺考古道,以合同异,撰集为廿一经,筑堂以授生徒,扶微学也。㊲

大小戴记共事曲台,所以《礼》宜益以《大戴礼记》;《国语》《史记》《汉书》《资治通鉴》都是续前朝之史、存古训治乱,功能等同于《春秋》,得以增益;至于《说文解字》《九章算经》《周髀算经》更是周代小学之至要,足以补《尔雅》训诂之未备。因此二十一经的增衍完全是"应天人之法,尊性道之闻"㊳,有其必要。

段玉裁写《十经斋记》时已经七十八岁,应该是他学术生命最成熟时的定论,也是他晚年筑堂授生徒扶微学的最终心愿。他之所以在十四经外,纳入了四种史书、一种小学书、二种算学书,显然是因为他观察到随着学术的发展,被称为经典的知识范畴必须扩大。尤其是他发现《周礼》六艺之学中的"书、数"之学,并非《尔雅》一书所能承载,因此主张不仅应增《说文》以辅小学,更应增加《周髀算经》《九章算经》两种算学书,以丰富"数"之学的知识内容。至于纳入的四种史书,则显然是有鉴于当时史学界所建立的史学经典。仔细考察段玉裁的意思乃是指:知识不断扩充,原初的十三经早已不敷"学"之需求,也不足以担当所谓"经典"地位,因此必须增补,建立新的经典范式。

㊲ 沈涛:《廿一经堂记》,《十经斋文集》,民国间中国书店影印本,据清道光二十四年(1844)刊本影印,卷一,第10b—11a页。

㊳ 沈涛:《廿一经堂记》,第9—11页。

四、龚自珍：六经正名

经数增衍，看似时代风潮，其实不然。当时学术界正有另一股力量从学术史的角度探本溯源，从源头上分析何谓经、何谓六经、辨经史之异，反省历代经数变化的意义。有本有末的梳理出一套经学发展史。龚自珍就是最重要的代表，他的《六经正名》，就是要证明经的数字是六，不得增减，六经经目是：《诗》《书》《礼》《乐》《易》《春秋》，不可变易（不含《乐》则是五）。龚自珍的辨源有重要意义，述论于下。

龚自珍是段玉裁的外孙，受段氏文字训诂之学，但他对六经经数与经目的看法与段玉裁完全相反。换言之，龚自珍面对的时代是经数、经目剧烈变化的时代，他反对段玉裁等的主张，然则他的主张又是如何？

龚自珍的理念可以从两方面来谈。首先是"六经正名"；其次是批判历代经数增加的不合法性。龚自珍首先确立经数为六，经目为《易》《书》《诗》《礼》《乐》《春秋》，不可增减。他论六经的来源，说："孔子未生，天下有六经久矣。"六经是三代以来用以治教的典制，蔚为一地之人文风范，所以孔子才说"入其国，其教可知也。有《易》《书》《诗》《礼》《乐》《春秋》之教"。因此，龚自珍认为六经作为学术文化传统之大本，是不可以增删的。至于周末官失其守、私人讲学兴起之后所出现的簿录书册，当如何定位，和六经有何差异，龚自珍则引用《汉书·艺文志》班固（汉建武八年—永元四年，32—92）"序六艺为九种"的目录理论，很清楚地把经、传、记、群书一一划分开来。他说：

> 善夫，汉刘向之为《七略》也。班固仍之，造《艺文志》，序六艺为九种，有经，有传，有记，有群书。传则附于经，记则附于经，群书颇关经则附于经。何谓传？《书》之有大、小夏侯、欧阳传也。《诗》之有齐、鲁、韩、毛传也。《春秋》之有公羊、穀梁、左氏、邹、夹氏，亦传也。何谓记？大、小戴氏所录，凡百三十有一篇是也。何谓群书？《易》之有《淮南道训》《古五子》十八篇，

群书之关《易》者也。《书》之有《周书》七十一篇，群书之关《书》者也。《春秋》之有《楚汉春秋》《太史公书》，群书之关《春秋》者也。然则《礼》之有《周官》《司马法》，群书之颇关《礼经》者也。汉二百祀，自六艺而传、记，而群书，而诸子毕出，既大备。微夫刘子政氏之目录，吾其如长夜乎？何居乎世有七经、九经、十经、十二经、十三经、十四经之喋喋也？[39]

六经在孔子之前已经存在，至于私人讲学兴起后，弟子记录师传之言，或经师解经而为一家之言者，则都只是"记"或"传"，绝非经。如《大戴礼记》《小戴礼记》，《公羊传》《穀梁传》等。因为传、记都是受学者的纪录，是经师讲学言论，不可列名为经。龚自珍的这个立论和章学诚六经源出于史的看法相近，都认为古代典籍掌于史官，受学者学于官，并无私人讲学之事，亦无非官守之学。春秋以降周天子失势，官失其守，于是有私人讲学的兴起，孔子为其始，当时学术传授是由老师口授弟子各录所得。但这些记录都只能称为记或传，并不是经。

龚自珍把经数还原为六，遂进一步斥责后世所谓九经、十三经、十四经云云全是错误。他指出错误的源由有三：其一，把"传"视为经。他举《春秋》为例，指出十三经经目中的《春秋》就是把《左氏传》《公羊传》《穀梁传》都当作经，把《春秋》三传讹成了《春秋》三经。龚自珍说若据此逻辑，则《诗》也可以分成《鲁诗》《韩诗》《齐诗》《毛诗》，岂不是该有四种《诗经》？若然，则十三经之数，怕还得再增加呢！其二，把"记"视为经。刘宋以降至唐代，经数增衍不断，其中《礼经》的经目一直包括《礼记》。事实上，大、小戴《礼记》乃西汉人选辑而成，这些文本在古时原本是单篇行世的；后世把选辑成的《礼记》纳入经目，根本就是把记当作经。若回考史实，当初单篇行世的《礼》古文《记》约有百三十余篇，难不成《礼经》也得有百三十余经乎？其三，把"群书"视为经，如《论语》《孟子》《孝经》《尔雅》《史记》，等等。龚自珍认为这些"书"的作用是"辅经"，载录当时的历史、文字、文化等资料，但其本身属于独立的载籍，因此不能纳入经。据此，从学术本原观察，经数为六，其他数字，全系臆言。

---

[39] 龚自珍：《六经正名》，《龚自珍全集》，台北河洛出版社，1975年，第37页。

龚自珍的六经正名,除了严明经数为六之外,还有更深刻的学术探源意义。他分辨经与子的差别,主张六经乃周史之大宗,故经解的目的在辅佐王室治道。但子书的地位却不同,他说诸子是周史之小宗,可以各君其国,各子其民,不必然为王室服务,因此子书和子学有其独立的思想价值,可以在现有政权之外,自由建构理想政治图景。所以他对《论语》和《孟子》被纳入经,感到十分不平,认为完全是降低了孔子和孟子的思想独立价值。他批评纳《孟子》于十三经,说:

> 然且以为未快意,于是乎又以子为经。汉有传记博士,无诸子博士。且夫子也者,其术或醇或疵,其名反高于传记。传记也者,弟子传其师,记其师之言也;诸子也者,一师之自言也。传记,犹天子畿内卿大夫也,诸子,犹公侯各君其国各子其民,不专事天子者也。今出《孟子》于诸子,而夷之于二戴所记之间,名为尊之,反卑之矣。子舆氏之灵,其弗飨是矣。⑩

龚自珍的六经正名直接影响到晚清刘师培。1905 年刘氏刊刻非常著名的也是中国历史上第一部由国人写的《经学教科书》,⑪开宗明义首章"经学总述"就引述龚自珍的"六经正名",肯定经数为六,只有六经才是经之正名,历代学者无论以经数为九、十三、十七,全属荒谬无稽。至于把《礼记》中的两个单篇文本《大学》《中庸》拿来当作经,更是宋儒的扬举,流俗相沿,积非成是。他说:

> 及程朱表彰《学》《庸》,亦若十三经之外,复益二经,流俗相沿,习焉不

---

⑩ 龚自珍:《六经正名》,前引书,第 38 页。龚自珍论经子之异,探源于经史之别,三代六艺之教,乃一大视域的学术探源工作。关于经史之别,请参考拙文《六经皆史?且听经学家怎么说:章学诚、龚自珍论学术流辨之异同》,收入《文化与历史的追索:余英时教授八秩寿庆论文集》,台北联经出版公司,2009 年,第 273—310 页。关于龚自珍论六经与六艺,请参考拙文《龚自珍论六经与六艺——学术本源与知识分化的第一步》,《清史研究》,2009 年第三期,总第 75 期,第 49—61 页。

⑪ 钱玄同:《左盦著述系年》,光绪三十一年(1905)。光绪三十二年(1906)载刘师培以教科书为名写出五种:伦理教科书,经学教科书、中国文学教科书、中国历史教科书、中国地理教科书,总名为[国学教科书五种]是刘师培为国学保存会所编。详刘师培《刘申叔遗书》,上册,总目第 4 页。是知刘氏《经学教科书》成于 1906 年之前。稍后有皮锡瑞《经学历史》(1906),《经学通论》等,都较刘书为晚。另一以教科书为名者为关文瑛《经学教科书》,出版在 1937 年。

察。以传为经,以记为经,以群书为经。此则不知正名之故也。㊷

清儒以专门经学的研究著称于中国学术史,正名若此,实可为学界之鉴。若仍将十三经打成一气,不分经、传、记、群书之异,势必将丧失梳理经典正统与流派变迁之诸多可能议题,亦有碍于建立经学学术史观念与经学学术史之研发。

五、刘恭冕的"广经说"

龚自珍的六经正名直接批判了段玉裁的二十一经说。但有趣的是我们发现晚清以降,学术界继续出现伸张段玉裁经数增衍论,最明显的应属扬州刘氏家学。清代扬州有两脉的刘氏家学最为显赫,一是仪征刘氏,指刘文淇(乾隆五十四年—咸丰四年,1789—1854)、刘毓崧(嘉庆二十三年—同治六年,1818—1867)、刘师培一脉;一是宝应刘氏,指刘台拱(乾隆十六年—嘉庆十年,1751—1805)、刘宝楠(乾隆五十六年—咸丰五年,1791—1855)、刘恭冕一脉。

刘台拱和段玉裁是挚友,不仅是学问之交也是生活之交,在段玉裁遗书里有大量与刘台拱的书信谈的都是很琐碎的家务事,可见两家交情紧密。同时刘宝楠也与段玉裁的弟子沈涛为学问交。道光二十四年(1844)刘宝楠为沈涛《十经斋文集》撰写序文发扬沈涛十经说,尤其赞美沈涛对纬书的重视。言:

> 嘉兴沈匏庐先生少以神童受知仪征阮相国,入诂经精舍,贯通经术,旁及金石,皆有著书。其文章典册华贵,诚巨手也。……自汉末禁纬书,其学寖微。唐人疏经,或疑或信。故纬书多佚而不传。《汉书·哀帝纪》云:"建平二年,待诏夏贺良等言:'赤精子之谶,汉家历运中衰,当再受命,宜改元易号。'"学者据此遂谓纬起哀、平。㊸

㊷ 刘师培:《经学教科书》,上海古籍出版社,2006 年,第一课经学总述,第 5—6 页。

㊸ 刘宝楠:《十经斋文集序》,《念楼集》,台北文海出版社,近代中国史料丛刊续编,156 册,1975 年,卷六,第 281—284 页。同年梅曾亮亦为该书撰序,美其"文章之道通于治经",详氏撰《柏枧山房文集》,上海古籍出版社,2005 年,第 137—138 页。

接着刘宝楠引《史记》等书证明纬书不仅早于秦汉,甚至孔子之前已有纬书。可见纬书并非全系伪书,内含古代典籍之遗,不可尽废。所以说:"先生之文,发明纬书以求合六书之旨,古书仅存,学者当择善而从,不必尽斥其非也。"刘宝楠的意思显然是对当时经学界拘泥于十三经的狭隘感到不满,也对古书辨伪提出新的看法。

咸丰四年(1854)刘宝楠子刘恭冕写了一篇《广经室记》。广经室是刘宝楠教子恭笏、恭冕、恭绚兄弟读书的地方,㊹取名"广经",可以想见刘宝楠的用心。清人学术传承和家族内部父子相承、兄弟互为师友的教育形态关系十分密切,最著名有江苏嘉定钱大昕家族的钱门九子、安徽当涂夏銮(乾隆二十五年—道光九年,1760—1829)父子一门五杰;宝应刘氏三代传经,更是美谈。这篇《广经室记》就是刘恭冕说明乃父与其共同的"广经理念"。文章先赞扬段玉裁二十一经说和沈涛十经说,接着刘恭冕则提出了自己的二十一经:

> 广经室者,家君授恭冕兄弟读书之所,既以所闻,思述前业,而旁及百氏,凡周秦汉人所述遗文逸礼,皆尝深究其旨趣,略涉其章句。欲撰为一编,以附学官群经之后,而因请于家君为书以榜之,复私为之记,曰:
>
> 今世治经者,言十三经尚矣。金坛段若膺先生谓宜益以《国语》《大戴礼》《史记》《汉书》《资治通鉴》《说文解字》《九章算术》《周髀算经》为廿一经。嘉兴沈匏庐先生又以五经合诸纬书,取周续之之言为十经。若膺先生为之记。
>
> 冕谓纬书杂出附会,不足拟经,而《史》《汉》《通鉴》又别自为史,不比《国语》之与《左氏传》相俌以行也。冕则取《国语》《大戴礼》《周髀算经》《九章算术》《说文解字》而益以《逸周书》《荀子》入焉。《汉书·艺文志》:"《周书》七十一篇,周史记。"此明是百篇之遗与张霸、枚赜书不同。㊺

㊹ 刘恭笏、刘恭冕、刘恭绚撰:《〈念楼集〉书后》,收入张连生等点校《宝应刘氏集·刘宝楠集》,广陵书社,2006年,第124页。

㊺ 刘恭冕:《广经室记》,《广经室文钞》,上海书店,1994年,丛书集成续编,集部,第140册,第118—119页。

刘恭冕虽然赞成段玉裁的广经态度,但对段玉裁把《史记》《汉书》《资治通鉴》等"史书"纳入经则不表同意,所以他主张应该去掉前三部史书而加上《逸周书》和《荀子》。唯稍早刘恭冕在另一封《致刘伯山书》曾清楚地揭示过自己的二十一经说:

> 窃思段懋堂先生拟以《史记》《汉书》《说文》诸书与五经并列学官,惜当时之读书者,咸囿于所习,未克行先生之意。冕尝推其意而论之,以为今之列学官者,当有二十一经,不当仅列十三经。

> 《大戴礼》中多记孔子、曾子之语,其精言粹义多与《表记》《大学》相出入,故《汉志》《隋志》咸以《大戴记》与《小戴记》并列。今人只知习《小戴记》,而读《大戴记》者千不得一。此当补列为经者一也。

> 荀子亦传孔门之学,遍治群经。西汉之学,皆荀子一脉之传,其功不在孟子下。后儒徒以其反悖孟子,遂并弃其书,不使与孟子并列。此当补列为经者二也。

> 太史公作《史记》,备列古今兴废之迹,以论其得失,而八《书》尤足与《礼经》相辅。盖史公本治《易》《书》之学,俨然西汉之经生,班氏以先黄老而后六经斥之,非通论也。此当补列为经者三也。

> 孟坚《汉书》,乃断代作史者之祖。后世史家,咸秉其法。故后世皆以马班并称。此当补列为经者四也。

> 温公《通鉴》,备列古今之政事,乃古代论治之书也。其所论断,悉取法于《春秋》,足以善善恶恶,微戒百世。此当补列为经者五也。

> 《楚辞》为词章之祖,然讽一劝百,怨而不怒。史公称《离骚》一篇,兼有《小雅》《国风》之旨,可谓知言。此当补列为经者六也。

> 《说文解字》集小学之大成,古今以来,欲通经学,悉从小学入手,而此书实经学之津梁,故近代治经之儒,咸先从事于此书。此当补列为经者七也。

> 《九章算法》亦为西周旧籍,乃商高甲以授周公者也。古人书数二端,列于六艺,而此书实为算法之祖。此当补列为经者八也。

以此八书与十三经相合,共成二十一经。倘能家弦户诵,则人人皆可为通儒矣。⑯

这是刘恭冕写给刘毓崧的信。若与之后的《广经室记》相较,先前赞成史书入经,写成《广经室记》时则改变观点,反对史书入经,《广经室文钞》不录此信,大概也是他的广经说立场改变之故。刘恭冕新二十一经说最值得关注的是,他加入了《荀子》和《楚辞》。前者改写了儒学的性质——从孔孟转向孔荀,后者则建立起新的文学典范,在《诗经》之外。

荀学在清代兴起,是清代学术思想史上的大事件。清儒最早研治《荀子》并有具体创说的是汪中(乾隆九年—乾隆五十九年,1744—1794)。汪中提出"荀卿之学出于孔氏,而尤有功于诸经",⑰他通过考证古籍证明《毛诗》《韩诗》《左传》《穀梁传》都是荀子所传,《礼经》更是荀学的支与流裔,因此他认为六艺流传不绝,荀子居功厥伟。汪中一生主要的学术活动地区在江南,他的许多学术主张都广泛地影响了扬州地区的学者。他的好友凌廷堪(乾隆二十二年—嘉庆十四年,1757—1809)撰写《荀卿颂》,赞美荀子传经之功,也为荀子的性恶说辩驳,极力为荀子正名。稍后,严可均(乾隆二十七年—道光二十三年,1762—1843)甚至主张荀子当从祀孔庙。⑱ 刘台拱正是汪中的少数好友之一,两人论学观点最相近。刘台拱精研《论语》和"三礼",开启以礼研究《论语》的先河,在诸子学上也有重要贡献,撰《荀子补注》《淮南子补校》,梁启超称其书极有"发明"。虽然清代很多学者都致力提高荀学的地位,但刘恭冕是第一位把《荀子》纳入经的学者,说明荀子对儒学的贡献不在孟子之下,是很具突破性的主张。

⑯ 《刘叔俛致刘伯山书》,登于《国粹学报》第一年乙巳第三号"撰录",光绪三十一年三月二十日(1905)。文章后有按语:"案叔俛先生著有广经室文集,而集中有广经室记一篇,与此篇小有异同,盖此书作于作记之前也。记者识"。见《影印国粹学报旧刊全集》,台湾商务印书馆,1974年,第1册,第384—386页。该文开头跟结尾各有两处有关年代问题的纪录,可见大约写在道光二十七年(1847)。张舜徽《清代扬州学记》(上海:上海人民出版社,1962)录录此文,并加注:"此书载《国粹学报》第三期撰录门,而《广经室文钞》无之。"第47—48页。刘毓崧,刘文淇之子,字伯山。

⑰ 汪中,《荀卿子通论》,《述学》卷四"补遗"。校正诸子撰有:《墨子序》《墨子后序》《老子考异》《荀卿子通论》《荀卿子年表》《吕氏春秋序》《贾谊年表》《贾谊新书序》等。

⑱ 严可均:《荀子当从祀议》,《铁桥漫稿八卷》,民国十四年苏州文学山房据清光绪中长洲蒋氏刊本重印本,台湾"中研院"傅斯年图书馆藏,卷三,第1—4页。

其次,《楚辞》入经。刘恭冕称《楚辞》是"词章之祖",认为《楚辞》的文学功能和《诗经》不相上下,《楚辞》并不兼具庙堂礼颂的目的,完全是诗人风谏情怨的表述,开启后世诗人之词。刘恭冕这个主张的特点是他和段玉裁一样改写了经的定义,令史书有其经,文学有其经。

再次,刘恭冕广经说的目的是要建立新的通儒形象。

六、结论:知识扩张与典范转移

从以上的论述,我们看到清儒对经有两种相反的态度,一方主张增加经数,另一方坚持经数归回本原,不可增减。表面看来似乎是经数扩张与否的争论,其实它牵涉到经学正统与流派的分辨,以及知识扩张与典范转移造成经之观念的变化。在结论处将试从学术史的角度分析他们的差异,以说明经与经学在晚清遭遇的巨变。

段玉裁的二十一经和龚自珍的六艺论看似相似,其实不然。他俩的不同绝非所举以配经的选项不同,而是两人对"经"的观念完全两途。

段玉裁虽然沿袭六经、十三经云云的传统叙述,似乎视经为一特定概念,但当他把所欲"增益"的八种文本也冠以经名时,他对"经"的观念则已产生质变。段玉裁把四种史书、一种字书、两种算学书都视为经,显然,他把"经"当作一种冠冕,作为肯定某种学问之经典地位的冠冕。毋庸讳言,段玉裁和赞成他的主张的刘宝楠、刘恭冕父子都已经考虑到在知识扩张新学术开展的时代变局下,必须增加新的学问类型与学术典范,并且把这些典范纳入经,赋予其最高的地位。这是一种清儒面对新知识的开放态度,较诸固守六经乃唯一正统地位的保守者而言,已经打开了史学、子学和历算之学的新局面。但值得留意的是,因为他们认为一切学问的典范著作必须被称为经,所以对历代的经数增加、经目变更欣然接受,因此他们不只赞美十三经的出现,他们自身也同样以增加经数和改变经目的方法来接纳新知识。他们显然并未深刻反省过经之源起,与经之本义。若与历代说法相较,或许可以说,他们所谓经已不是之前的六经之学的经,反倒较类似今人所说"典范"的意义,既是典范,各个学科皆可以有典范,典范层出,当然不必局限于任何数字了。

沈涛和刘恭冕的提法还有另一层的意义,也得略为说明。沈涛并未把当时的学问新典范如《史记》、算学等加入经,他纳入的是自隋唐以来被视为妄言的纬书。据清儒的考证,纬书传自上古,载录不少孔门弟子传经之言。因此当纬书得以成为解经的参考资料时,显然,经之文本与经之诠释,开启了十三经之外的更大空间。至于沈涛把经释为常、常道,若和章学诚的《经解》并观,显然又钩出一条经之概念变革的线索。刘恭冕把《荀子》纳入经,他的重要性不只是揭示荀子的传经之功,上复两汉经学,前面说过,他还恢复了一条儒学的孔荀学脉,揭示儒学的另一传统,在道学之外。我称之为"学统",清儒致力恢复儒学学统,是一个很大的学术工程。我在另一篇文章讨论过清儒如何努力于郑玄复祀孔庙、许慎从祀孔庙,企图从官方取得经学的合法地位;在屡遭顿挫后,于嘉庆五年(1800)在诂经精舍诸生呈请及孙星衍、阮元议定下,遂在诂经精舍仿照孔庙制度设立了"许慎郑玄祠",到清同治五年(1866)时又在俞樾的主持下完成规模宏大的从祀制度;同时也说明清儒如何借由编书与讲学授徒来重新建立《周官》中的六艺之学。[49] 荀子终清之世,都未从祀孔庙。[50] 道统与学统之辨,在今日已有不同意义,但在清代却是重整三代学制理念的重要目标。《楚辞》的冠以经名,更是文学领域知识重省的重要课题。

段玉裁、沈涛、刘恭冕的广经说,一方面看来是扩大了学术典范的概念与内涵,必须被视为一种进步,尤其纳入史学、字学、算学、文献、文学的新典范。但从另一角度观察,他们的最大歧出,则是淆乱了六经作为传统学术之本体的这个基石。

龚自珍就从"辨章学术,考镜源流"的学术史大视角,重新思考经、史、子、集的定位。他企图分辨:古史与经的关系、经的出现与流传、经与子的差别、秦焚书与汉初经学流传、西汉以后的经与家法等,全是古代学术史发展的大议题。龚自

㊽ 参考拙文,《打破道统重建学统——清代学术思想史的一个新观察》,《"中央研究院"近代史研究所集刊》,台北"中研院"近代史研究所,2006 年 5 月,52 期,第 15—52 页。

㊿ 黄进兴:《荀子:孔庙从祀的缺席者》,收入刘翠溶主编,《四分溪论学集:庆祝李远哲先生七十寿辰》,台北允晨文化实业公司,2006 年,第 477—502 页。

珍的这个视域很可能是受章学诚启发，章学诚撰写《校雠通义》《文史通义》，以班固《汉书·艺文志》为据，上探古代学术源流，两汉学术分类，厘清经和史的分别，前文已经谈过章学诚对历代经数变化所提出的不满。龚自珍也以《汉书·艺文志》甚至较早的《别录》《七略》为依据，探源经和经学，分析历代经数的增加，并具体且激烈地批判此一现象的错误。龚自珍有极深厚的经史子学和文学造诣。他分辨六经与六艺，指出后者居汉代学术分类之首——六艺略，代表古代最为大本的六类学问；前者则本源于三代典制，又经孔子删修用以教授生徒，蕴含微言大义。因此，六经在孔子以前就存在。龚自珍把六经当作一类特定的学问，是一种整合性的学问，有特定的诠释途径和特殊意义，不可任意增减。当然他也深切了解，六经的文本有待更多古史材料出现才能写定，因此经的考证将是无穷尽的古史钩沉。但同时他也历史性地梳理了两汉经学的流传，证实经的流传自秦汉以来就是以“家”为单位的多元途径。汉武帝立五经博士，立了七家，到汉光武帝时的五经博士已有十四家之多：《易》四家、《尚书》三家、《诗》三家、《礼》两家、《春秋》两家，共十四家，显然每一经都是多家分立。龚自珍了解传、记的地位与经不等，他清楚地揭示自己正名六经的原则是：“以经还经，以记还记，以传还传，以群书还群书，以子还子。”所谓：经自经、子自子、传记可以配经，子不可配经。(51) 考索其源，观察其流，才能掌握学问的大流变。经是大本，传、记都是家法流派。所以龚自珍虽然和段玉裁一样为六经各增益若干种文本，但却不把他们视为经，而是用“六艺其配乎”的方式，展现六艺的知识扩张。(52) 龚自珍批评历代经数增加是误以传为经、误以记为经，就是为了要清楚划分源流，学术史所谓“辨章学术，考镜源流”，要点即此。也因此，他自始就坚持经的数字只是六，不得增减。所谓：仲尼未生，已有六经，孔子以六艺授徒，述而不作，未曾自作一经。(53) 经本原于三代典制，不同于私人载录。学术下私人之后所出现的各种记录，只能称之为传、记、群书，可辅助经义，却绝不能称经。所以他完全反对经

(51) 龚自珍：《六经正名答问五》，第 40—41 页。

(52) 关于龚自珍的“六艺之配”，参考所撰，《六经正名》，《龚自珍全集》，第 37 页。值得留意的是，龚自珍使用的模式和段玉裁相似：为六经作配。两人所举之书并不全同，但留意到的新学问则相同。唯段用的动词是：辅、益，如“周礼之辅”“春秋之辅”“益以国语”；龚自珍则用“配”字。

(53) 详《六经正名》《古史钩沉论二》，《龚自珍全集》，第 36—37 页、第 21—25 页。

数的增衍,无论十三或二十一。

龚自珍的这个理论为经学作了很重要的宣言,他清理了经的源头,厘清了经数与经目,也梳理出六经之学的流传,在体裁上有传记注疏之别,在家派上经之流传自秦汉以来就是多家并列于世,而非后人所拘执的一家传经云云。建立了经学研究的史观,强调典范发展与学术性质变迁,经从一开始就是多元流传而非一元正统。

清儒从事的古代学术重整工程,以经学为言,从本源上梳理了六经与经学,也建立了经学史的观念,在道学之外;另一方面,面对新知识的成长与扩张,经的典范意义也不得不逐渐被改写。这两股势力,一方坚持六经,一方扩张经数,到晚清仍继续战火硝烟,康有为就坚守六经经数不可增减;(54)与康有为齐名且同为今文学家的廖平,则不断增减经数、变易经目以配合他新学术理念的建构。(55) 回溯清中叶十八九世纪以降,经与经学所面对的正是内部重整、知识扩张、典范转移之变局的多向挑战。晚清民初章太炎等在学界引发的释经大论辩,改写了经的定义,溯源探本,正是清代经学学术史的一条伏流。(56)

附表:从六经到廿一经【见下页】

(54) 康有为也坚持六经之数,认为“孔子所作谓之经,弟子所述谓之传,又谓之记,弟子后学辗转所口传谓之说,凡汉前传经者无异论。”传、记乃“弟子所作,无敢僭称”,他批评十三经是“冒经名”,《六经皆孔子改制所作考》,《孔子改制考》卷十,收入姜义华编校《康有为全集》第三集,上海古籍出版社,1992 年,第 285 页。又说“今日‘十三经’皆伪也,凡六百余年”,《康南海先生讲学记》,《康有为全集》第二集,上海古籍出版社,1990 年,第 221 页。

(55) 廖平经学观念屡变,先是否认六经六纬为十二经[参《经话乙编》第 14 条,撰于光绪二十三年(1897),收入李耀仙主编,《廖平选集》,巴蜀书社,1998 年,第 528 页],尔后又承认六经六纬为十二经,详氏撰《古纬汇编补注》六卷・字序》,撰于光绪二十六年(1900)、《公羊春秋经传验推补证》[清光绪丙午年(三十二年)(1906)中秋则柯轩再版本,台湾“中研院”傅斯年图书馆藏]第 32a—33a 页。《古纬汇编补注》收入高承瀛等修,吴嘉谟等纂辑《光绪井研志》,(台湾学生书局,1971 年,据清光绪二十六年刊本影印)卷十二艺文二,总第 775—776 页。等到民国二年(1913)则又变成认为六经六艺为十二经,详《孔经哲学发微》,收入李耀仙主编《廖平选集》上册,第 331 页。

(56) 二十世纪清学大师张舜徽提到段玉裁、刘恭冕增加经书数目,“不欲以十三经自囿,意无不同”,但言应读之书甚多不必拘泥是经非经。张氏看出段、刘不欲以十三经自限,但未究开拓经学知识范围的学术史意涵。详张舜徽《学林脞录》卷三,“儒家经传名数多少无关读书宏旨”,收入《爱晚庐随笔》,华中师范大学出版社,2005 年,第 54—55 页。张氏又言:“读之无得,不读何损,以不切于今用,虽早列在经,故犹可废也。昔人恒以经名崇高,不敢增减。徒徇虚号,夫亦奚益哉?若夫应读之书甚广,正不必拘泥于是经非经也。”正代表经学在二十世纪面对的剧烈变局。

附表:从六经到廿一经

经之数目	出处	人名	朝代	说明
六经	《庄子·天运》	庄子	战国	《诗》《书》《礼》《乐》《易》《春秋》
	《春秋繁露·玉杯篇》	董仲舒	西汉	《诗》《书》《礼》《乐》《易》《春秋》【今文家次序】
	《汉志·六艺略》	班固	东汉	《易》《书》《诗》《礼》《乐》《春秋》【古文家次序】
五经	《白虎通德论·五经篇》	班固整理	东汉章帝建初四年(79)白虎观会议	五经何谓也?《易》《尚书》《诗》《礼》《春秋》也。
	《汉书·艺文志》	班固	东汉	初,《书》唯有欧阳,《礼》后,《易》杨,《春秋》公羊而已。至孝宣世,复立大、小夏侯《尚书》,大、小戴《礼》,施、孟、梁邱《易》,谷梁《春秋》。至元帝世,复立京氏《易》。平帝时又立《左氏春秋》《毛诗》、逸《礼》、古文《尚书》,所以网罗遗失,兼而存之,是在其中矣。(《汉书·儒林传》)
四经	《皇极经世·观物内篇四》	邵雍	宋	王应麟《困学纪闻》卷八《经说》:"邵子定以《易》《书》《诗》《春秋》为四经,犹春、夏、秋、冬,皇、帝、王、伯。"注:邵子《观物内篇四》:"观春则知《易》之所存乎,观夏则知《书》之所存乎,观秋则知《诗》之所存乎,观冬则知《春秋》之所存乎。"
	《管子·戒篇》	管子	春秋	《管子·戒篇》:"泽其四经"房玄龄注:"四经,谓《诗》《书》《礼》《乐》。"

经之数目	出处	人名	朝代	说明
七经	《后汉书·张纯传》	张纯	东汉	"纯以圣王之建辟雍,所以崇尊礼义、既富而教者也。乃案七经谶、明堂图、河间古辟雍记、孝武太山明堂制度,及平帝时议,欲具奏之。未及上,会博士桓荣上言宜立辟雍、明堂,章下三公、太常,而纯议同荣,帝乃许之。"章怀太子注曰:"谶,验也。七经谓《诗》《书》《礼》《乐》《易》《春秋》《论语》等。"
	《后汉书·赵典传》引《谢承书》	赵典	东汉	"典学孔子七经、河图、洛书,内外艺术,靡不贯综,受业者百有余人。"【按:未言哪七经】
	《三国志·蜀书·秦宓传》	秦宓	东汉	【按:未言哪七经。文翁、司马相如乃汉武帝时人】
	《经史问答》	全祖望	清	"七经者,盖六经之外,加《论语》。东汉则加《孝经》而去《乐》。"
	《七经小传》	刘敞	北宋	《尚书》《毛诗》《周礼》《仪礼》《礼记》《公羊传》《论语》
	康熙朝御纂七经	康熙	清	《易》《书》《诗》《春秋》《周礼》《仪礼》《礼记》
	《考古类编》	柴绍炳	清	"有称七经者,五经之外兼《周礼》《仪礼》也。"
	《戴东原先生年谱》	戴震	清	段玉裁《戴东原先生年谱》:"《七经小记》者,先生朝夕言之,欲为此以治经也。所谓《七经》者,先生云:《诗》《书》《易》《礼》《春秋》《论语》《孟子》是也。"(是书未成)

经之数目	出处	人名	朝代	说明
九经	始于唐,国子司业李元瓘上言三礼、三传及《毛诗》《尚书》《周易》等,从之。《新唐书·选举志》"唐制,取士之科,多因隋旧,然其大要有三:由学馆者曰生徒,由州县者曰乡贡,皆升于有司而进退之。其科之目,有秀才,有明经,有俊士,有进士,有明法,有明字,有明算,有一史,有三史,有开元礼,有道举,有童子。而明经之别:有五经,有三经,有二经,有学究一经,有三礼,有三传,有史科。此岁举之常选也。其天子自诏者曰制举,所以待非常之才焉。"	国子司业李元瓘	唐开元八年(720)	按:顾炎武《日知录》卷七《九经》:"唐宋取士,皆用九经。" 皮锡瑞(1850—1908)《经学历史》:"唐分三礼、三传、合《易》《书》《诗》为九。" 王应麟《困学纪闻》卷八"经说":"或云九经"注:《释文序录》:《易》《书》《诗》《周礼》《仪礼》《礼记》《春秋》《孝经》《论语》。《唐书·谷那律传》"九解库",始有九经之名。 戴震《经考附录》卷七《唐大经中经小经》:"《新唐书·选举志》:凡《礼记》《春秋左氏传》为大经,《诗》《周礼》《仪礼》为中经,《易》《尚书》《春秋公羊传》《穀梁传》为小经。"
	宋刻巾箱本《九经白文》		宋	《易》《书》《诗》《左传》《礼记》《周礼》《孝经》《论语》《孟子》
	《九经解》	郝敬(1558—1639)	明	《易》《书》《诗》《春秋》《礼记》《仪礼》《周礼》《论语》《孟子》
	《通志堂经解》	纳兰成德	清	《易》《书》《诗》《春秋》《三礼》《孝经》《论语》《孟子》《四书》
	《九经古义》	惠栋	清	《易》《书》《诗》《春秋》《礼记》《仪礼》《周礼》《公羊传》《论语》
	《考古类编》	柴绍炳	清	有称九经者,七经之外,兼《论语》《孝经》。

续表三

经之数目	出处	人名	朝代	说明
十经	《宋书·百官志》		南朝刘宋	国子助教十人。《周易》《尚书》《毛诗》《礼记》《周官》《仪礼》《春秋左氏传》《公羊》《穀梁》各为一经,《论语》《孝经》为一经,合十经,助教分掌。国子,周旧名,周有师氏之职,即今国子祭酒也。
	《南史·隐逸传·周续之》	周续之	晋宋之际	"续之年十二,诣宁受业,居学数年,通五经、五纬,号曰十经,名冠同门,称为颜子。"与陶渊明同为浔阳三隐之一。
	《十经斋记》	段玉裁	清嘉庆十七年(1812)11月作	沈涛请段玉裁作十经斋记。言十经者取《南史·周续之》五经五纬号曰十经之义。
十二经	《旧唐书·文宗本纪》:"开成二年,……癸卯,宰臣判国子祭酒郑覃进《石壁九经》一百六十卷。时上好文,郑覃以经义启导,稍折文章之士,遂奏置五经博士,依后汉蔡伯喈刊碑列于太学,创立石壁九经,诸儒校正讹谬。"	唐文宗	唐开成二年(837)	又宋晁公武《郡斋读书志》:"唐人和中(821—835),复刻十二经,立名国学。"周予同《中国经学史讲义》认为"太和中",应为开成二年。此十二经为《周易》《尚书》《毛诗》《周礼》《仪礼》《礼记》《春秋左氏传》《公羊传》《穀梁传》《孝经》《论语》《尔雅》。
	《庄子·天道篇》有"孔子繙十二经,以说老子。"	庄子	战国	宋王应麟《困学纪闻》卷八"经说":"或以六经六纬十二经"注:《庄子·天道篇》 唐陆德明(南朝梁简文帝初—唐太宗贞观元年后,约550—约627)《经典释文》"十二经者,六经加六纬:一说云《易》上、下经并《十翼》为十二;又一云《春秋》十二公,经也。"有三种意义:一为《诗》《书》《礼》《易》《乐》《春秋》六经,加六纬;二为《易》上下经,连同《十翼》(《象辞》上下、《系辞》上下、《文言》《说卦》《序卦》《杂卦》);三为《春秋》十二公之称。

经之数目	出处	人名	朝代	说明
十三经	始于宋			顾炎武《日知录》："唐时立之学官，故云九也……（文宗时刻石经）并《孝经》《论语》《尔雅》。宋时程、朱诸大儒出，始取《礼记》中之《大学》《中庸》，及进《孟子》以配《论语》，谓之四书。本朝因之，而十三经之名始立。"皮锡瑞《经学历史》："唐分三礼、三传，合《易》《书》《诗》为九。宋又增《论语》《孝经》《孟子》《尔雅》为十三经。"
十四经	《学斋占毕》	史绳祖	南宋	周予同《中国经学史讲义》引文称："先时，尝并《大戴记》于十三经末，称十四经。"收入朱维铮编：《周予同经学史论著选集（增订本）》，上海人民出版社，1996年，第853页。然复查原书无此文字，该书言及十四经仅一处"《大戴记》一书，虽列之十四经，然其书大抵杂取《家语》之书，分析而为篇目，又其间《劝学》一篇全是《荀子》之辞，《保傅》一篇全是贾谊疏，以子、史杂之于经，固可议矣。"见史绳祖：《学斋占毕》卷四《成王冠颂》条，台北新兴书局，1975年，《笔记小说大观》第九编，第六册，第3922页。查《四库全书总目提要》亦云："史绳祖《学斋占毕》言《大戴记》列之十四经中，其说今不可考。然先王旧制，时有征焉，固亦礼经之羽翼。"，中华书局，2003年，"《大戴礼记》十三卷"条，第175页。
二十一经	《十经斋记》（《经韵楼集》卷九）	段玉裁	嘉庆十七年（1812）十一月作	在十三经外，加《大戴记》《国语》《史记》《汉书》《资治通鉴》《说文解字》《周髀算经》《九章算经》等八书，为二十一经。沈涛八月请段玉裁作《十经斋记》，段玉裁十一月撰记，并请沈涛为他廿一经室作记，《廿一经堂记》（《十经斋文集》卷一）刘盼遂：《段玉裁先生年谱》嘉庆十七年壬申（1812）先生七十八岁，第1324—1325页。

参考资料举要

（宋）王应麟撰，（清）翁元圻注：《翁注困学纪闻》，台湾商务印书馆，1956年。

（清）顾炎武撰，黄汝成集释，栾保群、吕宗力校点：《日知录集释》卷十八，上海古籍出版社，2006年。

（清）戴震：《戴震全书》，黄山书社，1994年。

程发轫：《国学概论（上册）》，台北正中书局，1994年11月初版。

周予同：《中国经学史讲义》，朱维铮编：《周予同经学史论著选集（增订本）》，上海人民出版社，1996年。

许道勋、徐洪兴：《中国经学史》，上海人民出版社，2006年。

黄寿祺：《群经要略》，华东师范大学出版社，2000年。

【张寿安　台湾"中研院"近代史研究所研究员】

原文刊于《中国文化》2013年02期

试论刘师培的经学思想

陈克明

"辛亥革命",是中国旧文化的终结与反思,也是中国新文化的萌芽与开始。它们都是中国传统文化的组成部分,而且非常重要。当时一批有识之士,他们学识丰富,思想锐敏,洞察过去学术的成就与症结之所在,又憧憬未来新知的前景与照人的光彩,热情洋溢,积极主动,谈史实则鞭辟入微,培幼苗则小心护理,从而写下了不少斑驳陆离的专著和篇章。回顾这段历史,章炳麟、刘师培、黄侃、范文澜等则是当时的佼佼者。正如章炳麟早年与刘师培在通信里提到:

> 学术万端,不如说经之乐。心所系着,已成染相,不得不为君子道之。(《与刘光汉书》载《刘申叔先生遗书》第一册)

此信写于民国前九年癸卯,即清光绪二十九年(1903),当时章、刘均已参加民族主义革命,办报纸,写文章,奔走呼号,"驱逐鞑虏,建立中华"。紧张侘傺之余,但对经籍经学仍情有独钟,因为耳濡目染,习惯成为自然,故对之特别执着、留恋与追求,他们还互相勉励,竞以"他日保存国粹"(同上)为己任。在这些方面均信守不渝,也留下了不少贡献和遗著。现对刘师培的经学思想进行剖析和总结。

刘师培(1884—1919),江苏仪征人,字申叔,又名光汉,别号左盦。祖父刘毓崧"以治《春秋左氏传》有声于时"（见蔡元培：《刘君申叔事略》）。刘氏十二岁，"即读毕《四子书》及《五经》"。十八岁，"补县学生员"，即中秀才；十九岁，"领乡荐"，即中举人。二十岁，"赴京会试，归途，滞上海，晤章君炳麟及其他爱国学社诸同志，遂赞成革命，时民国纪元前九年也"（同上），旋即"改名光汉。著《攘书》，昌言排满复汉矣"。过一年，与林獬主持《警钟日报》社，是年冬，又与万福华谋刺王之春，不遂。又过一年，《警钟日报》被封，刘氏与陈独秀、章士钊等在芜湖皖江中学任教员，并发行《白话报》，次年，亡命日本，其妻何班同往。"时为《民报》撰文，与炳麟甚相得"。是年"夏，君创《天义报》"。秋，与张继设"社会主义讲习会"。再过一年，"又创《衡报》，此两报皆言社会主义与无政府主义者也。是年，君忽与炳麟龃龉，有小人乘间运动何震（何班改名）劫持君为端方用，君于是年冬归国，依端方于江南"（同上）。是时端方任两江总督。次年，端方衔命入四川，遇刺而死，刘氏获免。辛亥革命成功，刘氏讲学于四川国学院，由于消息隔绝，"炳麟不念旧恶，甚思君，乃约余共登一广告于上海各报，劝君东下。民国二年，君赴山西；三年，赴北京；四年，君忽为杨度等所勾引，加入'筹安会'。袁世凯死，君留滞天津"（同上）。可见刘氏两度为外诱所扰，一次为端方所用，一次为袁世凯所用，但均为时甚暂。"余长北京大学后，聘君任教授，君是时病瘵已深，不能高声讲演。然所编讲义，元元本本，甚为学生所欢迎。八年十一月二十日，君卒。年三十有六"（同上）。

刘氏研治经学，偏重古文，与章炳麟齐名。且精通文字训诂。后来稍有改变，主张今古并用；"左右采获，不欲专己守残"。对汉魏诗文亦有较深的研究。著述甚丰，由其弟子陈钟凡、刘文典搜集，友人钱玄同整理。友人南桂馨出资聘请郑裕孚校印出版，共计七十四种。命名为《刘申叔先生遗书》，由蔡元培题签。蔡氏所作《事略》最后还提及，刘氏《遗书》"除诗文集外，率皆民元前九年以后十五年中所作，其勤敏可惊也。向使君委身学术，不为外缘所扰，以康强其身，而尽瘁于著述，其所成就宁可限量？惜哉！"蔡氏此惜发自内心，是为爱护人才而惋惜，刘氏英才焕发，少年早成。若不遭遇迍邅坎坷，又不为外累牵连，且能康强永寿，其学术造诣和贡献，势必更加辉煌。刘氏遗著大致可分为"论群经及小学""论学术及文辞""群书校释""读书记""学校教本"及"诗文集"等六类。现仅评述其经著。

一、纵观刘氏治经梗概

（一）家学渊源深厚

根据蔡元培所撰《刘君申叔事略》,陈钟凡所撰《刘先生行述》均曾提及:刘氏曾祖父刘文淇、祖父刘毓崧、伯父刘寿曾、父亲刘贵曾,多以经术名世,并且擅长《春秋左氏》,竞起于清末道光、咸丰、同治、光绪年间。刘文淇,字孟瞻,嘉庆年间优贡生;刘毓崧,字伯山,道光年间优贡生。科举功名,虽不甚显赫,但学贯群经,精于校勘,勤治《左传》,世传其业。刘文淇认为《左传》杜注,内多"剥蚀",于是遍搜汉人贾逵、服虔、郑玄三家之注,以及清儒补注,并以己意疏通,用资证明《左氏春秋》旧疏原貌。著有《左传旧疏考证》八卷,可惜未能完成而早逝。刘氏此著后来收入《皇清经解续编》。刘毓崧继起,除著有《春秋左氏传大义》外,并对《周礼》《尚书》《毛诗》《礼记》写过《旧疏考正》。还著有《经传史乘诸子通义》,以及《通义堂诗文笔记》等书(参见《中国人名大辞典》,臧励龢等编著)。可见其著述亦丰。刘毓崧所著《周易旧疏考正》《尚书旧疏考正》两著分量不多,亦被收入《皇清经解续编》。

刘文淇对唐儒孔颖达负责编修《五经正义》,是功是过,立论尚较平允;且将其发展变化的原委,叙述亦详。刘氏在《左传旧疏考正自序》里首先指出:

> 六朝诸儒说经之书,百不存一。使后人略有所考见者,则以唐人《正义》备载诸儒之说也。然唐制试明经,一依《正义》,非是黜为异端。遂使诸儒原书渐就亡佚,故昔人谓唐人《正义》功过相等。(《皇清经解续编》卷七四七)

唐代《五经正义》颁行后,曾经得到学术界的高度赞赏与认可。除唐代视为法定课本外,明经、进士等考试均依此为准,否则,视为异端。宋、元、明三代对《正义》亦少有人怀疑。但清代自阎若璩、段玉裁等人开始,则对《正义》颇多疵议。故刘氏所谓"昔人"实指清代诸儒(详见后述)而言。若不怀抱任何偏见,平心静气正视史实,自不应对孔颖达作过苛的指责。我们不妨回顾一下历史:唐太宗即位后,在奖掖儒术、弘扬经学等方面做了不少工作,据《旧唐书·儒学传》记载:

> 太宗又以经籍去圣久远,文字多讹谬,诏前中书侍郎颜师古考定《五经》,颁于天下,命学者习焉。又以儒学多门,章句繁杂,诏国子祭酒孔颖达与诸儒撰定《五经义疏》凡一百七十卷,名曰《五经正义》,令天下传习。

故后来统称前者为《五经定本》,后者为《五经正义》。但《定本》经过颜师古答辩,因为仅系经文的勘订,比较容易通过和颁行。而《正义》则不然,它们乃系经义的疏解,涉及范围很宽,谁取谁舍,必须经过一番斟酌;而且参与其役者亦多,谁是谁非,又必须经过反复审阅与定夺。历时既久,更非一人所能完成。刘氏在《自序》里对此也曾论及:

> 世知孔冲远(颖达)与诸儒删定旧疏,非出一人之手。又永徽中就加增损,书始布下,知非孔氏之旧。至于旧疏原文,与夫孔冲远等所删定,于仲谧(志宁)所增损者,虽复觉其踳驳,概谓无迹可寻。
>
> 又《唐会要》云:贞观十二年,国子祭酒孔颖达撰《五经义疏》,马嘉运驳正其失,有诏更令详定。永徽三年,诏太尉赵公无忌等刊正,四年进之,颁于天下,以为定式。然则冲远受诏删定在贞观十二年,更令详定在十六年。冲远卒于十九年,而永徽中诸儒考正仅及一载,期限更促,乖谬宜多。

刘文淇回顾唐初编撰《五经义疏》(后改名《正义》)的大致经过:因为孔颖达年高德劭,声望较隆,虽总其成,但不能事必躬亲,故参与其役者甚多。在删定前儒旧疏时,难免出现差池。后经马嘉运等指出其失误,唐廷只得下诏进行修改与订正。是时孔颖达已经故去。延至高宗永徽二年(651),又"诏中书、门下与国子三馆博士、弘文馆学士考正之。于是尚书左仆射于志宁、右仆射张行成、侍中高季辅就加增损,书始布下"(见《新唐书·孔颖达传》)。时为永徽四年,"每年明经,令依此考试"(见《旧唐书·高宗本纪》)。并赐名《五经正义》。可见唐廷对此书的编撰,是集合众儒的力量;对此书的修改和订正,又尽量征求各方的意见;最后增加或删削,则由于志宁、长孙无忌等大臣亲自参加和核准,历时近二十年,可见是采取极其慎重的态度。尽管如此,"乖谬"即错误仍然在所难免,此亦符合情理。

刘氏之所以详述《五经正义》的编撰和颁行,意在说明孔颖达等编撰时并未抛弃魏晋南北朝留下的旧疏,尤其对刘炫的经注更加重视。后来部分删削,则是几经校改所造成。刘氏从二十岁开始,首先抄写《毛诗义疏》,后又获得《十三经注疏》,于是"依次校勘,朝夕研究,窃见上下割裂,前后矛盾,心实疑之久矣。近读《左传》疏,反复根寻,乃知唐人所删定者,仅驳刘炫百余条,余皆光伯《述议》也"(《左传旧疏考正自序》)。可见刘氏搜集《左传》旧疏时是费去不少心力。刘炫,字光伯,是隋代著名经学家,与刘焯齐名,号称"二刘"。刘焯著有《五经述议》,刘炫亦著有《孝经》《春秋》《尚书》《毛诗》等《四经述议》。刘氏经过比较校勘,发现唐人删削者仅百余条,其余仍为刘炫《春秋述议》旧疏。因该书计四十卷(见《隋书·刘焯刘炫传》)。可见唐人作《五经正义》时并未忽视前儒的旧疏,而对刘炫则格外加以留意和注目。用来澄清后人的偏见和无端指责。故其所著《左传旧疏考正》,虽是一项艰苦工作,但却有功于孔颖达等所撰《春秋左传正义》。刘氏此著乃逐段进行考察,先举"正义曰",后列"文淇案",由于永徽中一度进行"增损",难免出现"踳驳"与"乖谬",力图恢复孔著旧疏原貌,堪称对《左传正义》的一大贡献。附带也说明:清末对《三传》的研究已步入攻坚阶段。《公羊》学派大举进攻,展其雄风;《左传》学派处于守势,只得弥缝其缺。延至章炳麟、刘师培等人继起,赞赏古文经学,巩固《左传》地位。反映刘师培家学渊源雄厚,曾受三代先人的深刻影响。

(二)友朋商讨勤奋

刘氏与当时学识渊深者章炳麟、蔡元培、黄侃等交情极笃,商讨甚勤,黄侃与刘氏年岁相差并不太远,但黄对刘高度崇敬,后竟折节拜其为师。待刘死后,在小祥奠文里,一再称"先师刘君",自称则为"弟子楚人黄侃"。此种襟期洒脱,推慕情隆,实非常人所能企及者。章炳麟与刘师培未订交之前已"神交",订交之后则为密友。一度产生误会与龃龉,但仍开诚布公,坦诚相待,而商量问学,则从未间断;遇到困难,更援之以手。净友,敬友,始终能保全其本色。例如光绪三十二年(1906)丙午,章《与刘光汉书四》曾经提道:

> 子漱江流,我迎日出,相距一苇,竟无遇期。方之前哲,又益悲矣。

意谓刘是江苏仪征人,靠近长江东流之滨;章是浙江余杭人,乃接近海边日出之地。相距不远,一苇可航。但少见面机缘,深感悲痛。只好望风怀想,可见其爱慕之殷!实际他们早三年前,即光绪二十九年(1903)癸卯,刘氏"赴京会试"不第,归时路过上海,乃与章炳麟及爱国学社各同志相遇,其中也包括蔡元培在内。刘氏深受其影响,"遂赞成革命"(见蔡著《事略》)。不久,刘氏回家完婚,婚后,再偕同其妻来上海,刘妻何班也进爱国女学肄业,刘本人则改名"光汉"。以后,章、刘通信乃常用"光汉"。现被保存者有八九封,主要是商讨学问,但也念及健康情况。例如章《与刘光汉书一》里曾谓:

> 溥泉来,知君忽患失血,想热度过高,率暴贲涌,诚宜少自珍惜,游心物外。上海市井丛杂,文学猥鄙,数岁居此,不见经生,每念畴昔,心辄惘惘。仁君家世,旧传贾、服之学,亦有雅言微旨,匡我不逮者乎?(见《刘申叔先生遗书·章黄之文》)

在这封信里,突出说明两个问题。一是刘氏身体素来欠佳,章氏从张继(号溥泉)到达上海后,得知刘氏吐血,或许是后来身患肺痨之预兆,因而劝其善自珍惜,游心物外,不必作过多计较。二是刘氏家传贾逵、服虔《春秋左氏》之学,恰巧与章氏同好,希望不时赐教,以匡不逮。从此乃结成不解之缘。正如后来钱玄同在为编集《刘申叔先生遗书·章黄之文》时回忆:当时"二君之学术途径及革命宗旨皆相符合,故过从甚密。至前四年戊申之春,以谗人离间,竟致失和。其时二君友好有作调人者,卒以形格势禁而失败,二君自是遂不复相见。然章公对于申叔,实深爱其学,时萦思念,故前三年己酉尚移书劝其归隐。元年一月,复与蔡孑民先生登报招其东下。"钱玄同的有关回忆,章氏同一年在《与孙诒让书》中也曾谈及:

> 仪征刘生①,江淮之令,素治古文《春秋》,与麟同术,情好无间,独苦少年气盛,喜受浸润之谮。自今岁三月后,谗人交构,莫能自主,时吐谣诼,弃好崇仇,一二交游,为之讲解,终勿能济。先生于彼则父执也,幸被一函,劝其勿争意气,勉治经术,以启后生,与麟勠力,支持残局,度刘生必能如命。悫悫陈述,非为一身毁誉之故。独念先汉故言,不绝如线,非有同好,谁与共济,故敢尽其鄙陋,以浼先生,惟先生少留意焉。

刘氏后来愤而回国,为端方所用,也许与"年少气盛"和同志产生隔阂有关。但章氏在自编《文录》时,收入《与孙仲容(诒让)书》,竟将上引一段删掉,可能不愿保留这段伤痕,避免再度造成误会,其用心亦良苦矣。幸被《刘申叔遗书》保存,始得睹历史的真实。但章之爱刘、重刘,则前后一致,并常常发自内心。如谓:

> 今者奉教君子,吾道因以不孤,积年郁结始发舒,胜得清酒三升也。(《与刘光汉书二》)
> 大著《小学发微》,以文字之繁简,见进化之次第,可谓妙达神旨,研精覃思之作矣。(同上)

等等。章氏在革命上视刘氏为同志,在学术上视刘氏为同道,揄扬推崇均发自内心,绝非虚与应付或迁就。刘氏所著《小学发微补》实际是关于文字学的一部力作。该书从许慎《说文》开始,历经汉、魏、隋、唐及至清代有关小学的发展和变化,纲举目张,评中肯綮,尤其对清儒的贡献介绍特详。例如刘著开宗明义即谓:

---

① 章氏在"刘生"下自作小注:"旧名师培,新名光汉,字申叔。即恭甫先生从子。"

《说文》一书，始一终亥，一字下云："惟初太极，道立于一。造分天地，化成万物。"亥字下云："亥而生子，复从一始。"盖中国前儒推论世运，以为世界递迁，一治一乱，终始循环，周流不息。

接着乃举《乾卦·彖辞》及《春秋公羊》等为例，用来证实其说。因《彖辞》有："大哉乾元，万物资始"；而《序卦传》又有："物不可穷也，故受以未济终焉。"《春秋公羊》隐公元年则有："元年者何？君之始年也；春者何？岁之始也。"哀公十四年西狩获麟又有："孔子曰：吾道穷矣。"以上足以体现："盖《易经》之义，言阴极则阳生；《春秋》之义，言乱极则治生。"而段氏之释《说文》亦曰：亥终则复始一也。在刘氏心目中，不论《周易》《春秋》《说文》等古著，均包涵世运变迁，终始衔接，治乱循环，周流不息等道理。

至于中国文字的起源，也同古代埃及、巴比伦等国一样，先有图画，后有文字，或由繁变简，或由简变繁，大多符合"《周易》所谓'神而化之'使民宜之者与"，说明文字变迁乃以便民使用为主。中国文字的产生，其历程也由象形、会意等，最后更多为形声，而形声字则占文字中的绝大多数。刘氏根据清儒黄承吉、朱骏声等人的著述，得出："盖以右旁之声为纲，而以左旁之形为目。"例如江、河、松、柏，等等。从而推演为："如从草之字，皆草类也；从木之字，皆木类也。"刘氏有关归纳，也颇有见地。因而得到章炳麟的首肯，认为是："妙达神旨，研精覃思之作。"

章、刘通信颇多，现在可查到者，章《集》保存八九封，刘《集》保存一封，其余大多亡佚。两人讨论和关注者还是多属《左传》问题：一是必须应付当时《公羊》今文学派的挑战，二是刘家世治《左传》，章想从中分享某些奥义，用来证实其观点。例如章、刘曾经讨论"《左传》五十凡例"。章氏首先提出《左传》"五十凡例外，间有所补或参用《公》《穀》，不尽《左氏》家法"。而刘氏乃另作解说："《左氏》之例，不仅五十，征南凡例，实多未备。"于是又另举三例，用作补充说明。（见《左盦外集·答章太炎论左传书》）可见章、刘讨论"《左传》五十凡例"时，对杜征南（即杜预）均有所责难，章氏批评五十凡例，曾吸收《公》《穀》两著，有乱《左氏》家法；刘氏批评五十凡例，并不完备，还可另作某些补充。但查阅杜预所

写《春秋序》,只谓:

> 凡发凡以言例,皆经国之常制,周公之垂法,史书之旧章,仲尼从而修之,以成一经之通体。

及至孔颖达作《疏》时始谓:"此一段说旧发例也,言发凡五十,皆是周公旧法。"(以上见《左传正义》)反映"五十凡例"的归纳或提出,并非出自杜预,而是出自孔颖达,故不应由杜预负责。但"凡例"两字却从此形成,后代著述者乃常常采用,意在说明本书的大旨或编撰体例。

又章、刘还曾讨论"素王"问题,章氏在来书里曾说:"故知酌损《周官》,裁益齐、晋,斯素王之志也。"言外之意,贾逵此注亦受《公羊》影响,因《公羊》喜谈孔子为"素王"。刘氏则直接指明:

> 总之,《左传》所言,俱系《周礼》,不必以《公羊》改制之说,附会《左传》。贾君《春秋左传序》首言孔子立素王之法,即系误采二家之说。实则素王之说,出于纬书,纬书取邹衍五德之论,以为孔子继周,故有素王之说,实则儒家不言五行,焉有所谓五德之说,奚必袭《公羊》家素王新法之词乎?(以上见《左盦外集·答章太炎论左传书》,附《章君来书》)

但刘氏对章著《春秋左传读叙录》的评价还是较高。认为:"明皙辨章,足以箝申受之口。暇日当手录一通,并出平昔所心得者,以与公书相证明。"(同上)后因参加革命,文稿多没入官。只得补写"《读左札记》,记其绪余"(同上)。可见章、刘对《左传》十分流连和向往!

南桂馨是刘氏生前挚友,其《遗书》赖以梓行问世,厥功甚伟。在《序》里曾谓:章、刘"力攻今文",是在早年参加革命时代。因两人同治《左传》,又是"臭味翕和",故在《国粹学报》发表文章最多。但刘申叔"晚节为通融之言,则余所亲闻者,而见诸平日文字者犹鲜,此不可不为表明者一也"。意谓刘氏晚年对今古文抱持比较通融的态度,但写成文字者不多,故特地为故友表明,此其一。南

《序》还谓："申叔与太炎初以说经而交密,晚以政治而途分。离合之故,天下人皆能言之。桂馨尤深悉其本末。"在南氏看来:章、刘治经"尚同",曾深受高邮王念孙、王引之汉学家法影响。而王氏"父子之学,固等视经子"。即既治经,又治子,经子同等重视。故"太炎既等视经子,亦复齐经史"。而"申叔初年所主,与太炎悉同,晚亦未甚迁变"。说明章、刘治学方法亦同,既等视经子,又等视经史,博览群书,经史子集,莫不涉猎,故能得其汇通。此其二。以上两点补充,尚较重要。

钱玄同系今文学派,对刘氏经学观点,"皆不谓然",持保留或反对态度。但在《序》里还是客观地指出:"缘刘君不反对今文经说,而反对今文家目古文经为伪造及孔子改制托古之说也。"说明刘氏反对者实为廖平、康有为所著《今古学考》《伪经考》《孔子改制考》等著述,而对今文经学亦在其"通融"之列。钱氏对刘氏校释群书的创获评价甚高。故《序》中继而指出:

> 刘君校释群书之著作,前后两期皆有之,而后期占大多数。两期所用之方法全同,皆赓续卢抱经先生之《群书拾补》,王石臞先生之《读书杂志》,俞曲园先生之《诸子平议》,孙籀膏先生之《札迻》,匡旧训之违失,正传写之舛讹,覃思精研,期得至当。故书杂记之疑滞,得刘君之校释,发正益多矣。

钱玄同将刘氏著述分为前后两期,前期可能是指参与革命活动期间,后期可能是指从事教学钻研期间。刘氏校释古籍甚多,从《左盦著述系年》(钱玄同编)来看:群经则有《尚书》《毛诗》《礼经》《逸礼》《周礼》《春秋左传》等。诸子则有《管子》《老子》《晏子春秋》《庄子》《荀子》,以及《楚辞》《春秋繁露》《白虎通》等。而其贡献堪与清代名儒卢文弨之《群书拾补》、王念孙之《读书杂志》、俞樾之《诸子评议》、孙诒让之《札迻》等前后媲美。匡正旧训错误,更改传写讹夺,殚精竭虑,苦心钻研,旧书杂记有关疑点,经过刘氏校释,得到纠正者多。钱氏上述评论,尚较公允。

二、泛论刘氏经学观点和贡献

刘氏早年所著《国学发微》，晚年所著《经学教科书》，堪称两部经学简史或小史。前者虽只写到明代，不能算作全书，但经学发展轮廓则已勾勒出来。后来由于《经学教科书》补充评述清儒（即近儒）治经情况，若将两书通读一遍，则刘氏经学观点行将和盘托出，势必得到一个比较完整的了解和洞悉。

刘氏有关经学两著均按时代顺序排列，从两汉、魏、晋等一直编写下来，但在安置上又略有不同，《国学发微》系通论性质，不分章节。《经学教科书》则分为三十四课。其中第一课至第八课属于总论和概述。第九课至第十五课乃分别按《易经》《尚书》《诗学》《春秋学》《礼学》《论语》《孝经》传授经过和情况进行论列，以后则按"三国南北朝隋唐""宋元明"及"近儒（实为清代）"进行划分和介绍，每段均从《易》《书》《诗》等向前推进，而经学时代区划则与刘氏个人观点和看法又完全一致。两书合在一起阅读，既可以看出刘氏的经学观点，又可以看出刘氏治经的成就和贡献。

中国群经的形成较早，但作一种专门学问进行研讨，"经学"则起于西汉，历代学者著作如林，难以统计。延至清代，先有徐乾学、纳兰性德汇刊《通志堂经解》，又名《九经解》，多达一千七百八十一卷，主要是收集唐、宋、元、明各代解经之作。继而有阮元、王先谦编集《皇清经解》及《续编》，共一千六百零九卷，乃收录清代解经之作。大都卷帙浩繁，使人难以卒读。但未被收入两部《经解》者的经著还多，真是有些"更仆难数"或者"叹为观止"！个人著述，则有朱彝尊《经义考》，计三百卷，属于考证性质；江藩《经解入门》，皮锡瑞《经学历史》，则属论述性质。刘氏则继江、皮之后，对经学进行历史回顾与系统总结，虽非"筚路蓝缕，以处草莽"；但也算"披荆斩棘，用启山林"。故对经学建树之功，应适当加以肯定。

（一）刘氏经学总观

"六经"在先秦时代次第形成和面世，儒、道、墨、法等家都曾论及和利用，但有的轻描淡写,有的重视不够,有的加以讥评,只有儒家对"六经"特别关注和留意。孔子周游列国,到处碰壁,在"茫茫如丧家犬"的困难挣扎下,于是退而整理"六经",教授生徒,一面收受"束修"糊口,一面利用经义传道。孔子常称:"困而学之。"而不敢自居"生而知之"。并且以"学不厌,教不倦"自我安慰。晚年,西狩获麟,还发出"吾道穷矣"的凄凉哀叹!可见"六经"在先秦时代与其他典籍一样,并不具有特殊地位和崇高价值。

进入汉代以后,情况则大为改观。汉代统治者采用"阳儒阴法"或"文武并用"等政策,与秦人"重法轻儒"恰好相反。秦代鄙视儒生,汉人加以重用;秦代烧毁儒经,汉人加以整理。一字千金,身价十倍,儒术经学从而走向康庄大道。在中国两千多年封建社会里,儒术经学不仅用来治国安民,也用来修身养性,几乎成为人们日常生活不可或缺的重要组成部分。孔子的地位和封号不断提高,竟成为"大成至圣文宣王";"六经"发展为"十三经",则成为神圣不可侵犯的必读经典,否则为"非法""叛教"。这些盛况和遭际完全出乎孔子的意料,孔子虽曾说过"梦见周公",但未说梦作"素王",梦作"大成先师"等。可见儒术经学也在世界事物发展总规律的制约之下,由先秦时代的百家之一出现汉以后的繁荣昌盛,由文化古籍跃居为不刊的传世经典。故儒家经籍长期在我国处于一种超然的地位,得到较多人的信奉,除个别经籍外,很少有人提出过异议。

延至清代中叶,史学家章学诚始提出"六经皆史也"(见《文史通义内篇一·易教上》)。随即得到龚自珍、章炳麟等人的赞赏,并且代为归纳:《易》为卜筮的发展史,《书》为周代以前的简史,《诗》是周人民歌国颂的记录,《春秋》是东周至春秋时代的大事记。《礼》(主要指《礼经》,即《仪礼》)是西周朝、聘、冠、昏等礼仪的实录。将"六经"看作为一批史学著述,一是还历史之真实,二是削经籍之严威,反映人的认识总在提高。

刘师培则将"六经"分为两种:一为古代之六经,一为孔子编定之六经。而孔门编订者,则"或为讲义,或为课本"。

《易经》者,哲理之讲义也;《诗经》者,唱歌之课本也;《书经》者,国文之课本也;《春秋》者,本国近世史之课本也;《礼经》者,修身之课本也;《乐经》

者,唱歌课本以及体操之模范也。(《经学教科书》)

刘氏上述解说是根据当时中西各校课程安排而经过模拟然后得出的结论,也说明是认识的提高。刘氏还认为:《尔雅》比较晚出,但也是"孔门之文典",即"字典"。古今对比,只要"持之有故,言之成理",绝非来自附会。

刘氏进一步认为:孔门学术虽为儒家,但不废九流诸子之说。例如《汉书·艺文志》叙述名家,则"引孔子必也正名之语";叙述纵横家,则"引孔子诵诗三百,使于四方不能专对之言";叙述农家,又"引孔子所重民食之词","叙小说家也,引孔子虽小道必有可观之文;叙兵家也,引孔子足食足兵之说"。刘氏乃加以概括:"以证诸家之学,不悖于孔门,然即班《志》所引观之,可以知孔子不废九流矣。"除班固《汉书·艺文志》叙述之外,刘氏本人又作补充说明,用来加强其论点:

> 且孔子问礼于老聃,则孔子兼明道家之学;作《易》以明阴阳,则孔子不废阴阳家之学;言殊途同归,则孔子兼明杂家之学;言审法度,则孔子兼明法家之学;韩昌黎言孔墨兼用,则孔子兼明墨家之学。故孔学末流,亦多与九流相合。(《国学发微》)

可见九流百家,固然互相排斥,互相攻诘,但也互相吸收,互相补充。因河海不择细流始能成其大,泰山不辞累土始能成其高,截长补短,兼容并包,才使一门学问能不断前进和更新,尤其进入战国以后,孔门后学杂治百家,更属常见现象,刘氏亦举例说明:

> 田子方受业于子夏,子方之后流为庄周,而孔学杂于道家;禽滑厘为子夏弟子,治墨家言,而孔学杂于墨家;告子尝学于孟子,兼治名家之言,而孔学杂于名家;荀卿之徒,流为韩非、李斯,而孔学杂于法家;陈良悦孔子之道,其徒陈相有为神农之言,而孔学杂于农家;曾子之徒,流为吴起,而孔学杂于兵家。由是言之,孔门学术大而能博,岂儒术一家所能尽哉!昔南郭惠子告

子贡曰:"夫子之门,何其杂也。"此其所以为孔子欤?（同上）

据《韩非子》记载:当时儒墨号称天下"显学",但从孔丘、墨翟死后,"儒分为八,墨离为三"。其中儒学则分子张、子思、颜氏、孟氏、漆雕氏、仲良氏、孙氏、乐正氏八家。但这八家"取舍相反不同,而皆自谓真孔、墨。孔、墨不可复生,将谁使定后世之学乎"（《韩非子·显学》）。可见儒分八家后,各家的取舍好尚多不相同,或取道家、墨家、名家、法家、农家等思想中某些有用部分而与之合流,内容已经改变,不过名义上仍自称为儒家,有时竟自尊为真儒。由于孔子早死,谁能定其真伪? 不禁引起韩子的喟然长叹! 看来诸子九流同样也受"分久必合,合久必分"等规律的支配? 进入汉代,由于"独尊儒术"的汲引,分离的儒家再次合而为一。不过为时甚暂,随即又有齐学、鲁学之分,今文学与古文学之别。刘氏认为:孔学较杂,大而能博,也较符合实际情况。

（二）畅谈经学常受时代影响及其特色

刘氏曾将学术分为两种:一为"凭虚之学",一为"征实之学"。前者偏重于理想,后者偏重于实用。刘氏认为:

> 故孔子讥世卿,恶征伐;墨子明尚贤,著非攻。皆救时之要术,而济世之良模也。虽然,孔墨者,悲天悯人之学也。殆其说不行,有心人目击世风日下,由是闵世之义易为乐天,如庄、列、杨朱之学是也。及举世浑浊,世变愈危,忧时之士,知治世之不可期,由乐天之义易为厌世,如屈、宋之流是也。而要之,皆周末时势激之使然。虽然,此皆学术之凭虚者也。（《国学发微》）

看来救时、济世的学术既然无法推行,势必产生乐天和悲观两派,但它们都偏重于理想的探讨和发挥,均可概括为"凭虚之学"。既有"凭虚之学",必然又有"征实之学"。

> 战国之时,诸侯以并吞为务,非兵不能守国,由是有兵家之学;非得邻国之援助,则国势日孤,由是有纵横家之学;非务农积粟不能进攻,由是有农家

之学。是则战国诸子,皆随时俗之好尚,以择术立言。儒学不能行于战国,时为之也;法家、兵家、纵横家行于战国,亦时为之也。古人谓学术可以观时变,岂不然哉!(同上)

可见得时者兴,失时者亡,同样也适用于学术。若欲救亡图存,使之延续不败,甚至发扬光大,则必须付出千辛万苦,多方努力,一是补充完善自家的学说主张,二是吸收借鉴各派的优劣得失。孔门后学经过曾子、子夏、子思、孟轲、荀卿等人的坚持信守,锲而不舍,或口传身授,或著书立说,经过数代人挣扎、奋勉,使孔门六经更加充实。刘氏认为:"子夏、荀卿者,集六经学术之大成者也。"(《经学教科书》)此论尚较公允。

自从汉代以后,儒学定于一尊,孔门六经也受到重视和崇敬。"由是孔门自著之书,始与六经并崇,盖因尊孔子而并崇六经,非因尊六经而始崇孔子也"(同上)。实际孔子与六经并崇,是互为因果、互相促进,难分谁先谁后、谁主谁从。但刘氏下述论点也比较重要:

且后世尊崇六经,亦自有故。盖后世治经学,咸随世俗之好尚为转移;西汉侈言灾异,则说经亦著灾异之书;东汉崇尚谶纬,则说经亦杂谶纬之说;推说魏晋尚清谈,则注经者杂引玄言;宋明尚道学,则注经者空言义理。盖治经之儒,各随一代之好尚,故历代之君民咸便之。而六经之书,遂炳若日星,为一国人民所共习矣。(同上)

这乃充分说明:后代经学变迁又深受时代好尚的影响,世俗之风则常刮入注经、释经等领域,或有意附会,或设法曲解,目的是将孔子点化成为"先知先觉"以及"圣之时者",实际是使儒学沦为统治思想之侍婢,甚至还美其名曰为某某效劳,真令人不胜长叹!

章炳麟晚年在苏州主办国学讲习所,曾向学生讲解经学,其中《经学略说》②

---

② 章炳麟《国学讲演录》由当时讲师王乘六、诸祖耿记录,由孙世扬校订,曾作内部资料翻印,现经吴永坤、程千帆重校,由华东师范大学出版社出版。见傅杰《编后记》。

里对汉代经师利用纬书情况曾予以评说,可补刘氏未能详述之不足。章氏谓:

> 汉人治经,有古文、今文二派。伏生时纬书未出,尚无怪诞之言。至东
> 汉时,今文家多附会纬书者矣。古文家言历史而不信纬书,史部入经,乃古
> 文家之主张;纬书入经,则今文家之主张也。……至三国时人治经,则与汉
> 人途径相反。东汉今文说盛行之时,说经多采纬书,谓孔子为玄圣之子,称
> 其述作曰为汉制法。……及黄初元年,封孔羡为宗圣侯,立碑庙堂。陈思王
> 撰文,录文帝诏书,其中无一语引纬书者,非惟不引纬书,即今文家亦所不
> 采。以此知东汉与魏治经之法截然不同。今人皆谓汉代经学最盛,三国已
> 衰,然魏文廓清谶纬之功,岂可少哉!(见该书第49—50页)

章氏还指出:东汉古文学家郑玄、贾逵亦"间引"或"附会"纬书,只有马融
"绝不附会",可见时代好尚吸引力之强!经过三国时代魏文帝曹丕、陈思王曹
植等人努力,始与谶纬割断联系,其功不可泯灭。

刘氏更畅谈谶纬形成的历史和流传,为时较早,秦始皇即位之前,则有"陈
宝之祀野鸡";秦始皇即位之后,又有"胡亥之亡秦祚"(见《国学发微》),以上均
属"图箓之微言"。[③] 后来谶纬流布更广,花样亦多。儒、道两家也偶尔与之
合流:

> 周秦以还,图箓遗文,渐与儒、道二家相杂,入道家为符箓,入儒者为谶
> 纬。董、刘大儒竞言灾异,实为谶纬之滥觞。哀、平之间,谶学日炽,而王莽、
> 公孙述之徒,亦称引符命,惑世诬民。及光武以符箓受命,而用人行政,悉惟
> 谶纬之是从。由是以谶纬为秘经,颁为功令。稍加贬斥,即伏非圣无法之
> 诛。故一二陋儒,援饰经文,杂糅谶纬,献媚工谀,虽何、郑之伦,且沉溺其中
> 而莫反,是则东汉之学术,乃纬学盛昌之时代也。(同上)

---

③ 《史记·秦本纪》:"文公……十九年,得陈宝。"《正义》谓:陈仓人猎得一兽,化为二童子,名曰陈宝。得
雄者王,得雌者霸,又化为石,秦人祀之。又《秦始皇本纪》:三十二年,使卢生入海求不死之药,还奏图
书:"亡秦者胡也。"乃使蒙恬发兵三十万北击胡,取河南等地。

　　刘氏追述两汉的盛行符箓、谶纬,一是由于儒道两家的恣意配合,二是由于统治者的有意提倡。再加上各种杜撰谣传的纷至沓来,董仲舒、刘向等大儒也常言灾异,甚至有人提倡谶纬是儒经的佚文或补充。王莽、公孙述等欲夺国政,刘秀为争天下,皆信符命谶记。桓谭因不读谶,光武视为非圣无法,几被诛死,受逐亦殁于途中。贾逵、郑玄附会统治者需要,说刘氏为唐尧之后,《左传》曾有明文记载;何休注释《公羊》,胡说《春秋》止于获麟为汉继周之符。当时全国上下编撰图记谶纬乃层出而不穷。此亦"上有所好,下必有甚焉者"。故刘氏认为:"上以伪学诬其民,民以伪学诬其上",因而伪学日见猖獗,延至东汉灭亡!

　　当然,谶纬并非一无是处,故刘氏又谓:"夫谶纬之书,虽间有资于经术。"刘氏用小字注明:"如律历之积分,典体之遗文,六书之旧训,秦火之后,或赖纬书而传。"因两汉距先秦较近,某些学术资料或佚文通过纬书而得以保存。如《易纬乾凿度》保存"太一下九宫",左右上下交×均为十五,乃为"河图""洛书"所自出。不过刘氏还谓:"然支离怪诞,虽愚者亦察其非,而汉廷深信不疑者,不过援纬书之说,以验帝王受命之真,而使之服从命令耳。"可见学术始终受时代好尚的影响和支配,又始终无法摆脱。而经学也不可能例外。

　　汉光武出身行伍,深知"悖乱嚣陵之习",于是建立太学,诱以利禄,"萃集儒生,辨难经谊。使雄才伟略,汨没于章句训故之中,而思乱之心以弭。……盖汉主表章经谊之心,至是而其效悉著矣,其术深哉!"(见《国学发微》)实际两汉独尊儒术,重视经学,其用心大抵相近,其收效亦前后略同。唐太宗"贞观中私幸端门,见新进士缀行而出。喜曰:'天下英雄,入吾彀中矣。'"(见《摭言》)历代统治者又何尝不是故技重操!

　　刘氏所著《国学发微》,或《经学教科书》,对三国、魏晋、南北朝、隋唐的经学论述极为详赡。现略作评介。其论魏晋则谓:

　　　　又魏晋之际,战争频繁,民罹荼毒,无乐生之心,故或托任达以全生,或托隐沦以避世,有此三因,此老庄之说所由盛于魏晋也。夫宅心高远,遗弃事功,置治乱兴亡于度外,诚为覆都亡国之基。然两汉诸儒溺于笺注,惑于灾异五行之说,其能自成一家言者,亦立言迂阔,不切于施行。王、何说经,始舍数言理,以自得为归,析理精微,或间出汉儒之上。李翱、程颐窃其说,即能以学术自鸣,此魏晋学术之得也。(见《国学发微》)

汉末自灵帝光和七年(184)黄巾首义后,战火横飞,此起彼伏,中经三国魏、蜀、吴鼎立,合纵连横,钩心斗角,战争不断,民受荼毒,延至 265 年,西晋建立,重新统一。在这八十年间,正如诸葛亮在《前出师表》里提及:"苟全性命于乱世,不求闻达于诸侯。"这是当时知识分子的普遍心情。而刘氏所谓:"或托任达以全生,或托隐沦以避世","宅心高远,遗弃事功"。孔明本来躬耕南阳,逃避现实,由于刘备三顾草庐,情不可却,只得以身许国,造成"鞠躬尽瘁"。陶潜则自解印绶,弃官彭泽,并赋《归去来辞》,"悟已往之不谏,知来者之可追。实迷途其未远,觉今是而昨非。"诸葛亮的积极进取,陶渊明的急流勇退,实际两人的品格和襟怀大体相同,须进则进,能退则退,既进则宜进足,可退又须退够。总之,不以心为形役,不惆怅而独悲。忘怀得失,通脱任达,乐天知命,去伪存真,这是三国、魏晋人的主流。当然,也有悭吝鄙俗,如王戎之钻李;放荡不羁,如刘伶之裸形。④ 此为清流中之砂砾,亦在所难免。若用现代的观点予以分析:王戎钻透李核,深恐他人得其良种,这是极端自私自利的表现;刘伶在房中"脱衣裸形",一丝不挂,自谓"以天地为栋宇,屋室为裈衣",又是极端放浪的行为。这些均是魏晋时代提倡任达纵情、无拘无检的必然结果。幸而王弼注《易》,何晏集解《论语》,彼等间而杂采老庄之旨,或者以己意为折衷,虽不守前代家法,但未离儒学范畴(参见《国学发微》),还应加以肯定。

前面已经提到:唐初孔颖达等奉命编撰《五经义疏》历时二十余年,几经修改周折,后赐名《五经正义》,唐、宋、元、明四代颇得儒林高度赞赏。但清代学者对《正义》颇多指责,刘氏曾加以综述和发挥,稍违其曾祖刘文淇持平之论。我们亦不妨略予简介。刘氏认为:

汉代之时,立经学于学官,为经学统一之始;唐代之初,为五经撰正义,

---

④　均见《世说新语》中《俭啬》《任诞》两篇。

又为注疏统一之始。（见《国学发微》）

立论开始，刘氏等即不赞同统一等做法。其所持理由是：汉代崇尚经学，而诸子百家学说以亡；唐代编撰正义，而两汉魏晋南北朝不被采用之经说亦亡。可见"统一"工作"乃专守一家、举一废百之学也"。于是刘氏乃援引阎若璩、段玉裁等人的论点作为根据，用以证明清代学者早有类似的看法。其中阎若璩认为：汉代大儒专精雠校、训诂、声音。魏晋以后乃变：

魏晋以来，颇改师法。《易》有王弼，《书》有伪孔，杜预之《春秋》，范宁之《穀梁》，《论语》何晏集解，《尔雅》郭璞注，皆昧于声音、训诂，疏于校雠者也。疏于校雠，则多讹文脱字，而失圣人之本经；昧于声音、训诂，则不识古人语言文字，而失圣人之真意。若是，则学者之大患也。隋唐以来，如刘焯、刘炫、陆德明、孔颖达等，皆好尚后儒，不知古学，于是为义疏，为释文，皆不能用汉人章句，而经学有不明矣。（臧琳《经义杂记序》⑤）

阎氏意谓魏晋以后治经者颇不重视校雠、训诂、音韵等，与原经义理、读法均相去较远。尤其隋唐以来，陆德明著《经典释文》，孔颖达编《五经义疏》，彼等均重后儒而轻前代著述，因而使汉人经学逐渐消亡。言外之意，未始不为失策。段玉裁在该书《序》里亦曾指出：

魏晋师法尚在，南北朝时说经义者虽多，而罕识要领。至唐人作《正义》，自以六艺所折衷，而去取甲乙，时或倒置。（《经义发微》）

段氏则直接批评唐人孔颖达等所作《正义》有时取舍不当，或本末颠倒，其为害更大。看来段氏已直接指责《正义》。而江声批评又更为严峻：

⑤ 臧琳，清武进人，康熙年间诸生，字玉林，谓不识字无以读书，不通训诂无以明经，著有《经学杂记》等。备受阎若璩、段玉裁、阮元等人称赞。收入《皇清经解》。

148

唐初陆、孔专守一家，又偏好晚近，《易》不用荀、虞而用王弼，《书》不用郑氏而用伪孔，《左氏春秋》则舍贾、服而用杜预。汉学之未坠，惟《诗》《礼》《公羊》而已。《穀梁》退糜氏而用范氏《解》，犹可也；《论语》用何晏，而孔、包、周、马、郑之《注》仅存，《尔雅》用郭璞，而刘、樊、孙、李之《注》尽亡。尤可惜者，卢侍中《礼记注》足与康成媲美，竟湮没无传，承斯学者，欲正经文，岂不难哉。（同上）

实际江氏的心目中，汉人经注最为上乘，魏晋乃等而下之，在他看来：《易》应采荀爽、虞翻而不用王弼，《书》应采郑玄而不用后出孔安国注，《左氏春秋》应采贾逵、服虔而不用杜预《集解》，幸而郑玄笺注《毛诗》《三礼》，何休解诂《公羊》，仍能保存旧貌。《穀梁》不用糜信注解而用范宁《集注》，尚为得当。《论语》因用何晏《集解》，使孔安国、包咸、周氏、马融、郑玄之《注》得以仅存；《尔雅》因用郭璞《注》，而刘歆、樊光、孙炎、李巡之《注》尽亡。卢植注《礼记》二十卷，郑玄注《礼记》亦为二十卷，堪称并美（参阅《经典释文序录》），舍卢取郑，卢《注》失传，使后人无从比较，未免可惜！说明江氏主张兼采并蓄，不主一家。此外，江藩、沈钦韩等也发表过批评《五经正义》的看法，大致相差不远。⑥ 刘氏在引用阎、段、江、江、沈五人对《正义》的评论意见后，曾进行总括：

就诸家之说观之，大抵谓六朝经学胜于唐人。以六朝南北学相较，则北学又胜于南，以北人宗汉学，而南人不尽宗汉学也。至冲远作《疏》，始轻北而重南，传南而遗北，而汉学始亡。其固不易之确论。

刘氏除同意以上诸儒的看法外，还作了畅所欲言的发挥，兹略加摘引：

然自吾观之，则废黜汉注，固为唐人《正义》之大疵。然其所以贻误后世者，则专主一家之故也。……至冲远作《疏》，始立"正义"之名，夫所谓

⑥ 江藩（郑堂）批评见于《汉学师承记》卷一《前言》。沈钦韩（小宛）批评载于刘文淇著《左传旧疏考证》序言，未被收入《皇清经解续编》，《国学发微》引用。

"正义"者，即以所用之注为正，而所舍之注为邪，故定名之始，已具委弃旧疏之心。……故自有《正义》，而后六朝之经义失传。且不惟六朝之说废，即古说之存于六朝旧疏者亦随之而竟泯。况《正义》之书颁之天下，凡试明经，悉衷《正义》，是《正义》之所折衷者仅一家之注，而士民之所折衷者又仅一家之疏，故学术定于一尊，使说经之儒不复发挥新义，眇天下之目，锢天下之聪，此唐代以后之儒所由无心得之学也。（同上）

实际刘氏立论多半是根据逻辑分析和推测，即从想当然出发，并未认真阅读孔氏等所作《五经义疏》（后改名《五经正义》）。例如《周易·乾卦》："乾，元亨利贞。"王弼未曾作注，孔颖达作《义疏》时，只得引"韩康伯注云：'元亨利贞者，是乾之四德也。'《子夏传》云：元始也，亨通也，利和也，贞正也。言此卦之德，有纯阳之性。自然能以阳气始生万物，而得元始亨通，能使物性和谐，各有其利，又能使物坚固贞正"。李鼎祚《周易集解》在释"元亨利贞"时也曾引《子夏传》曰，内容大体相同，一般认为《子夏传》属于汉儒解《易》。焉得言《正义》只引近儒而"废黜汉注"？

又例如《周易·乾卦》："见龙在田，利见大人。"王弼注曰："出潜离隐，故曰见龙，处于地上，故曰在田。德施周普，居中不偏，虽非君位，君之德也。初则不彰，三则乾乾，四则或跃，上则过亢。利见大人，唯二、五焉。"《周易正义》除全引王《注》后，在《义疏》里又对王《注》发挥和补充。继而谓："而褚氏、张氏同郑康成之说皆以为九二利见九五之大人，其义非也。且大人之云，不专在九五与九二，故《讼卦》云'利见大人'，又《蹇卦》'利见大人'，此'大人'之文，施处广矣。"可见《正义》所引褚、张二氏及郑玄均为汉人解《易》，证明也非"废黜汉注"。类似事例较多，不能枚举。何况作《正义》者并非死守王《注》，不敢越雷池一步。故乃指出：《讼卦》还有："利见大人，不利涉大川。"《蹇卦》再有："不利东北，利见大人，贞吉。"言外之意，"大人"一词，到处可见，并不限于《乾卦》"九二"与"九五"，实际是对王《注》"唯二、五焉"之说的纠正。只要认真阅读《周易正义》全文，清儒与刘氏的过苛指责、批评，是否能涣然冰释？至少留下不少商榷的余地。刘文淇所著《左传旧疏考证》而写《自序》，对《正义》的议论比较持平，或许是对沈钦韩《序》采取保留态度。待考。

当然，唐人所作《正义》是存在一些缺点，主要是仿效杜预所作《春秋经传集解》，较多干没前人注解，且不一一指明，而有"掠美"之嫌。清人黄承吉与刘文淇同时，两人关系极密，曾为刘著《春秋左传旧疏考正》作序。黄氏《序》中则谓：

> 然人知《正义》功在贞观，而不知此学之贯穿明赡，萃于南朝；执守专精，又盛于河北。当时南北分途讲学，及会归隋氏二刘，实经学之大宗。故如炫之《述议》，设非唐人删为《正义》，则其书可至今存，即炫以前之说举可存。自有《正义》而后，炫书废，而诸儒之说尽废。且不独疏家之说废，即传注之说之存于《述议》中者亦废，然则唐人之《正义》，袭故册而掩前编，乃唐人之过也。尝慨《左氏传》一书，凡杜氏以前之习为此学者，其书皆废于杜氏；凡孔氏以前之习为此学者，其书皆废于孔氏。（见《梦陔堂文集》卷五）

黄氏此论尚较持平，首先肯定：唐初贞观年间由于儒派特别复杂，章句繁衍，必须加以统一，使士子有所遵循，因而指定孔颖达等负责编修《五经义疏》，在当时起过某些作用，应该属于"有功"。殊不知南北朝时期，儒者治经已分为两途：南朝侧重义理发挥，北朝侧重训诂考证，隋代再度混合统一，儒者刘焯、刘炫号为"二刘"，亦为经学集其成者，两人著述均多。其中关于《春秋左传》，《隋书·刘炫传》记载：刘炫曾著《春秋攻昧》十卷，《春秋述议》四十卷。[⑦] 唐人孔颖达等竟删削刘炫《述议》而编撰《正义》，结果乃造成难以弥补的损失。因刘炫《述议》保存前人不少有关《春秋》见解和分析，一旦《正义》定为国人必读课本，《述议》势将消亡，诸儒之说亦随同而废止。有似杜预《集解》行世后，前此注解《春秋左传》者尽亡于；孔颖达《正义》行世后，魏晋及南北朝诸说亦亡。实际这是文化流变中的历史悲剧，当时尚未发明印刷术，图籍全赖手抄保存和传播。后来居上，往往取代前者，难以并存。若能兼采博收，或许可以补救于万一。

刘文淇所著《左传旧疏考正》乃是从《左传正义》里挑选刘炫《述议》旧疏，意

---

⑦ 《新唐书·艺文志》《宋史·艺文志》对此记载略有不同。黄氏认为：是由于"欧宋之疏"，即欧阳修等人疏忽所造成。

图恢复其部分原貌,因而受到高度评价。例如黄承吉谓:"孟瞻敦愿朴学,非故发唐人之覆,讫以薪旧疏之真也。"(同上)意谓刘文淇敦厚好学,著此《左氏》考证,并非揭发唐人过失,只为寻找旧疏真相。黄氏此论,尚较符合刘著的原意。总之,唐人所作《正义》,似以做出恰如其分的评价为宜。

《国学发微》即是刘氏早年著述,意气较盛,立论难免稍偏。故其结论为:

> 盖唐人之学,富于见闻,而短于取舍。故所辑之书,不外类书一体。《括地志》者,地学之类书也;《通典》者,史学之类书也;《文苑英华》者,文学之类书也;《法苑珠林》者,佛典之类书也。盖富于见闻,则征材贵博;短于取舍,则立说多讹。且既以编辑类书为撰述,故为经作疏,亦用编辑类书之例而移之以说经,此《五经正义》之书所由出于剿袭而颠倒割裂,不能自成一家言也。

刘氏所开上列各种类书,是唐代不朽之作,受到历代学术界重视,至今仍沿用和重印不衰。唯对《五经正义》指责过多,有欠持平,不再赘议。

刘氏进而论述唐代道教、佛教发展变化情况,及其与韩愈、柳宗元等人的思想关系,尚有不少独到见解,对后来研究者提供了启示,应当予以论列。刘氏谓:

> 韩愈虽以辟佛闻,然观其《原道》数篇,特以儒家之真实,辟佛家之虚无。与晋裴氏"崇有论"略符。可谓辟其粗而未窥其精矣。当此之时,虽无三教同源之说,然柳宗元之答韩愈曰:"浮屠之教,与《易》《论语》合,虽圣人复生,不可得而斥。"李翱为韩门弟子,著《复性论》三篇,以申《中庸》之旨。然所谓复性灭初者,其说即本于《庄子》,与佛家"常惺惺"及"本来面目"之说合。则唐人之学术,固未有不杂佛学者矣。(见《国学发微》)

刘氏在这里提出中国哲学上历来存在并争论不息的一个大问题。一派为"崇有",一派为"贵无"。"崇有"与"贵无"虽出现于魏晋,但它作为思想体系早在先秦时代形成。一般认为:孔、孟、荀、墨(翟)、孙(武)、韩(非)等为"崇有",

老、庄、列等为"贵无"。进入两汉，黄老为"贵无"，贾（谊）、董（仲舒）、桓（谭）、王（充）为"崇有"。谶纬符图则介于两者之间，因其思想体系多属虚构，而又想为现实服务。故"有""无"兼而有之。进入魏晋以后，佛教早已传入，道教也拔帜登场，儒学更欲巩固其阵地，实际上三教鼎立雄峙已逐渐形成。加上玄学思想甚炽，因而以王（弼）、何（晏）为领袖的"贵无"，又以裴（頠）、范（缜）为领袖的"崇有"，两派时明时暗，似无若有，常存在着斗争，进入隋唐以后，佛、道两教属于"贵无"，儒学属于"崇有"，但在三教对立里，也曾互相吸收，互为影响，其界线有时也不十分清晰。韩愈早年辟佛十分坚定，但对道教则比较模糊（用陈寅恪先生分析）⑧，晚年与高僧、道友交游增加，难免亦受其思想影响。柳宗元基本上属于儒家思想，与韩愈并无隔阂。但他"不斥浮图"，认为"浮图诚有不可斥者，往往与《易》《论语》合，诚乐之，其于性情奭然不与孔子异道。退之好儒，未能过杨子，杨子之书，于庄、墨、申、韩皆有取焉。浮图者，反不及庄、墨、申、韩之怪僻险贼耶？"（《柳河东集》卷二十五《送僧浩初序》）在柳氏看来：佛学精义乃与《周易》《论语》相符，因而引起欣赏、赞同，故不必峻拒，更不用批判。柳氏还进一步指出："吾之所取者，与《易》《论语》合，虽圣人复生，不可得而斥也。退之所罪者其迹也。"（同上）因浮屠一旦出家，必须剃成光头，穿上袈裟，与家人父子夫妇断绝关系，且不从事耕织等劳动，专靠募化养活。以上各种规定，"虽吾亦不乐也。退之忿其外而遗其中，是知石而不知韫玉也。吾之所以嗜浮图之言，以此"（同上）。看来柳宗元对儒佛两者同样重视，因为两者的精义大体相同，而韩愈所反对者是佛教外在的较粗部分，等于讨厌石头而抛弃其中所衔的"宝玉"，未免可惜！这说明儒、佛、道三教鼎立和斗争，进入中唐以后，理性分析逐渐占据上风，互相融合与渗透也日趋明显。尤其韩门高足李翱著《复性书》三篇，他着重讨论性、情关系问题，因韩愈在《原性》里只谈"上之性就学而愈明，下之性畏威而寡罪，是故上者可教而下者可制也，则孔子谓不移也"（见《韩昌黎集》）。既然上者可用教育使之改变，下者可用法制使之服从，名义上坚持孔子"唯上智与下愚不移"等说法，实际是自乱步调，将"不移"换为"可移"。此处所谓"上者""下者"

---

⑧ 陈寅恪《论韩愈》："退之之力诋道教，其隐痛或有更甚于诋佛教者，特未昌言之耳。"因唐代统治者一向重视道教，退之力诋，固具有胆识，但又难以畅所欲言。（见《金明馆丛稿初编》）。

仍属于"中性"。并非孔子心目中真正指的"上智"和"下愚",孔子所谓"上智"是指"生而知之"者的"天才",所谓"下愚",是指"困而不学"的"低能"或"白痴"。"天才"和"白痴"是人类中的极少数,而人类中的绝大多数为"中品"或"中性",教育与法制可对"中品"发挥其作用,或"就学而愈明",或"畏威而寡罪",历代一些政治制度或教育措施等都是为中等人而设立。韩愈"原性"里只谈性,不谈情,这是此文的主要缺陷。李翱在《复性书》里既谈性,又言情,认为两者不可分割。他开宗明义地指出:"人之所以为圣人者,性也;人之所以惑其性者,情也。喜、怒、哀、惧、爱、恶、欲七者,皆情所为也。情既昏,性斯匿矣。"(《李文公集·复性书上》)意谓是"情"支配"性"而非"性"支配"情",喜怒哀乐等七情是人所共有,谁也不能逃避或违背。李氏认为:圣人有情,但不以情为情,即"圣人者寂然不动,不往而到,不言而神,不耀而光,制作参乎天地,变化合乎阴阳,虽有情也,未尝有情也"(同上)。而一般百姓也有性,但性常受情的干扰,故要求"复性"。使一个人的"视听言行循礼法而动,所以教人忘嗜欲而归性命之道也。道者至诚而不息也。至诚而不息则虚,虚而不息则明,明而不息则照天地而无遗。无他也,此尽性命之道也"(同上)。由于提倡虚灵不昧,因而李氏又想到"《中庸》",想到"庄、列、老、释",等等。如《中庸》曰"诚则明矣",《大学》曰"致知在格物",《易》曰"无思也,无为也,寂然不动,感而遂通天下之故。非天下之至神,其孰能与于此"(《复性书中》)。李氏认为:《学》《庸》《周易》提倡的"诚明""无思无为"与老庄提倡的"虚静""无为"有共通之处。在刘氏看来:李翱复性等主张已深受佛学常常保持机警、了慧以及回复原貌、归真返璞等思想影响。可见实为宋人儒佛渗透合流而奠定了基础。

刘氏最后概括唐代学术可分为"宗教""哲理"两派。因唐人十分重视老子,从而"并崇庄、列",是出于"求仙福之故",但非相信"其哲理之高尚"。当时佛教"净土宗"也以宣扬"迷信"为主。以上均属于宗教。实际唐代"尊崇道教",除宗教迷信外,还因唐代的有意提倡。据《唐会要》记载:高祖武德三年,听说晋州人传言,见一老叟乘白马"仪容甚伟",曾曰:"为吾语唐天子,吾汝祖也。今年平贼后,子孙享国千岁。'高祖异之。"乃为道教始祖老聃李耳立庙。以上显系道教徒有意胡编(卷五十)。至唐高宗乾封元年,追尊老君"太上玄元皇帝"。唐玄宗推崇道教更盛,除加封为"大圣大道玄元皇帝"外,还将《老子》《庄子》《列子》《文子》定名为《道德》《南华》《通玄》《冲虚》四经,改称《庚桑子》为《同灵真经》。规定各分写千部,颁发天下道观,为崇玄学生的必读课本。考试也依此为准(同上)。俨同佛典和儒经。陈寅恪认为:"尤可笑者",仍改"《汉书·古今人物表》中之老子自三等升至一等,封老子妻为'老天太后',并塑作孔子像与庄子、列子侍于老子之侧。"(见陈氏《论韩愈》及《唐会要》卷五十《尊崇道教杂记》)陈氏还指出:"荒谬幼稚之举措,类此尚多,无取详述。"在唐玄宗心目中,儒学只能作为道教陪衬。某些狗苟钻营之徒,或攀缘依附大臣也望风逢迎,道教不仅列居第一,甚至将"道士、女冠并隶宗正寺",由"宗正寺"管辖(《唐会要》卷六十五《宗正寺》)实际与唐代李氏宗族一体看待,从开元二十五年延至天宝二年始停止这种隶属关系,可能过于庞大,无法管理(同上)。但道士、女冠一直受到优待,不纳赋税。若有违法乱纪,也只依"道格处分"。故道教徒日见增多,其中道士王屿,玄宗时代,官至中书侍郎同门下平章事(即宰相),"屿遣女巫乘传,分祷天下名山大川,巫皆盛服,中人护领,所至干托州县,赂遗狼藉"。"屿托鬼神致位将相,当时以左道进者纷纷出焉"(《新唐书·王屿传》)。可见其流毒和为害之巨!故唐代道教特别盛行,除"求仙祈福"外,最高统治者误信其始祖为本姓同宗,额外加以尊崇、优待,更加速其发展,一直长盛不衰。韩愈虽"力诋道教",仍然不敢"昌言"!陈寅恪在《论韩愈》里分析唐代道教的发达似乎更加接近史实。

刘氏认为:刘禹锡、柳宗元同作《天论》,"一主人为天蠹,一主人定胜天,其持论与达尔文、斯宾塞相合,乃中国哲学之一大派也。韩昌黎作《原性篇》,谓性有三等,与孟、荀之言迥异,亦中国性学之成一家言者也。"刘氏还将杨倞注《荀子》发挥性恶之说,李翱著《复性书》发挥《庄子》复性之说。"此皆思想之原于哲理者也"。上述归纳尚较符合历史。柳宗元曾著《天说》,开头一段假托为韩愈所言,实际是柳氏本人的观点,意在增加行文的变化和多姿。文内有"人之坏元气阴阳亦滋甚"及"繁而息之者,天地之仇也"(见《柳河东集》卷十六)。刘氏概括为"人为天蠹",颇能体现原意。刘禹锡著《天论》三篇(附载于《柳集》),提出"天与人交相胜耳"(《天论上》)。谓人定可以胜天,天定亦可以胜人,均举例加以论证。实际"人定胜天"是发挥《荀子》思想,刘氏亦有所补充。孟子主张性善，荀子主张性恶，韩愈主张性三品：上焉者善，下焉者恶，中焉者可导而上下，即可善可恶。实际人性问题，中国古代哲学家一向比较关注，对此议论亦多。王充《论衡》《本性篇》曾作过系统归纳。而韩愈性三品"不过是对孔子'性三品'的继承和发展，只是论述较细而已。"加上唐人杨倞注《荀子》，他在分析篇名时曾谓："当战国时，竞为贪乱，不修仁义，而荀卿明于治道，知其可化。无势位以临之，故激愤而著此论。"可见荀子所谓"人之性恶，其善者伪也"，乃是有激而发。根据当时的贪赃枉法，犯上作乱，不讲仁义，不讲道德，乃得出人性皆恶的结论，但通过教育或法制，可以使之转恶为善，即去真存伪。孟子曾"作性善之篇，以为人性皆善，及有不善，物乱之也"（见《论衡·本性》，参见《孟子·告子上》）。意谓人性虽善，但受外物影响，可以使之变恶，同样也依靠教育或法制，保存善性，除掉恶染，即存真去伪。可见人的先天性善或性恶，必须依靠后天的教育或强制，恶能变善，善亦可变恶，故孟、荀的落脚点又大体相同。刘氏肯定唐人有关人性问题的探讨均属于哲理问题，立论尚为正确。此外，刘氏还认为：韩愈创立道统之说，陆贽、吕温重视事功之学，"皆开宋代闽洛学及永嘉学之先声，则唐人之学实宋学之导师矣"。故得出结论："孰谓唐代无学术之可称乎？"（《国学发微》）刘氏一再补充说明，或许意在纠正对唐代《五经正义》的批评过严与过偏？

（三）宋以后经著激增，只得改用概述

宋人沈括《梦溪笔谈》记载："板印书籍，唐人尚未盛为之。自冯瀛王始印五经，已后典籍，皆为板本。庆历中，有布衣毕昇，又为活板。其法用胶泥刻字，薄如钱唇，每字为一印，火烧令坚。"（卷十八《技艺》）这是我国发明印刷术的最早记录。从沈氏上段行文来看，雕板印书，唐末已经出现，只是尚未盛行。及至五代冯道，历事后唐、后晋、后汉、后周四代。至后周显德元年病逝，册赠尚书令，追封瀛王。冯道生前曾用木板刻刷五经。可见冯道并非印刷术发明者，仅是印刷术传播者，而发明应在唐末，可惜无从查考。[9] 活字印刷则为庆历年间毕昇发明。开始虽较"简易"，但较之手抄速度提高很快。故《笔谈》继谓："若印数十百千本，则极为神速。常作二铁板，一板印刷，一板已自布字，此印者才毕，则第二

---

⑨ 冯道刻印五经，新、旧《五代史》冯道本传并未记载，只见于《笔谈》。

板已具,更互用之,瞬息可就。"如"之""也"等常用字则多备,以便重复在一板之内出现和使用(同上)。可见活字排版和印刷进入宋代以后已日臻完善,后又将陶制活字改为铅铸活字,一直沿用至近代。活字印刷术的发明,对文化繁荣、昌盛起过关键性的作用。不仅经籍传播增加,而且经著亦不断涌现。总之,图书的添置和保存日见方便。《宋史·儒林传》记载宋真宗景德二年(1035)有次赴国子监视察藏书情况,曾问国子祭酒邢昺经书藏有多少,邢昺对曰:"国初不及四千,今十余万,经传正义皆具。臣少从师业儒时,经具有疏者百无一二,盖力不能传写;今板本大备,士庶家皆有之,斯乃儒者逢辰之幸也。"(《邢昺传》)从邢昺回答里,得知经传注疏的大量激增,乃是由于木板印书的逐渐具备,可见其贡献之大!

邢昺所谓"经传正义皆具",其中"经"指"九经"或"十二经",因《孟子》当时尚未列入经籍;"传"指经注,若从严格意义上分析,《左传》《公羊传》《穀梁传》不能称经,因三者均是《春秋》之注,后来列入《十三经》,只得改称《春秋左氏传》《春秋公羊传》《春秋穀梁传》,才符合名正言顺等要求。"正义"则指"义疏",后儒有关经籍原文考订,义理发挥以及论辩、说明等著述均可称之为"义疏"或"正义",故其范围很广,它包括经著的全体。我们从宋真宗同邢昺的谈话里不难看出:宋代初年"经部"藏书增加很快,由原来的四千,不过四十多年⑩,竟增加至十余万。"十余万"也许是个虚数,但身为国子监主要负责人不可能随便妄报,否则应负"欺君枉上"之罪。反映宋代以后,学者研究的风气转盛,著作能量提高,均与出版印刷进步有关。其他领域如史学、文学、艺术、科技等也大致相同。

经著既然大量增加,新作不断问世,形容为"琳琅满目",喻之为"汗牛充栋",均无不可。编著经学史者,在这浩如烟海的著作之林里,一是按时代先后划分,一是按群经性能划分,或者两者兼而用之。刘氏著《国学发微》则采用前者,著《经学教科书》又采用后者。但《教科书》还分成两汉、三国南北朝、隋唐、宋元明、近儒(即清代)四个大阶段,实际又是两种方法兼用。在封建社会里,经籍是儒生的必读课本,也是学者关注的大问题,讨论研治者既多且繁,要想理清

---

⑩ 宋太祖建国为建隆元年(960),至宋真景德二年(1005),其中间隔为45年。

各著内涵,采取画龙点睛而加以勾勒和指明,则要靠学力,又要费工夫,刘氏对此也有较突出的表现。例如《宋元明之易学》,乃作如下归纳。

宋儒治《易经》者,始于刘牧。刘牧学出于陈抟,陈抟作《先天图》,刘牧作《易数钩隐论》,邵雍亦传陈抟易学,其子邵伯温作《易学辩惑》,及弟子陈瓘作《了翁易说》,咸以数推理。倪天隐受业胡瑗,胡瑗作《周易口说》,主明义理,司马光、张载各著《易说》,亦以空言说《易》。苏轼《易传》多言人事,程颐《易传》亦黜数言理。自是以后,说《易》之书,如张根有《吴园易解》,耿南仲有《易新讲义》,李光有《读易详说》,郭雍有《家传易说》,张栻有《南轩易说》,皆以说理为宗,或引人事证经义。张浚有《紫阳易传》,朱震有《汉上易集传》,程大昌有《易原》,程迥有《周易古占法》,皆以推数为宗。然间有理数兼崇者,如郑朔中《周易窥余》等。自吕大防、晁说之、吕祖谦主复古本,朱子乃本之作《周易本义》,亦理数兼崇,复作《易学启蒙》。惟林栗说《易》,著《周易经传集解》,与朱子殊。宋元以来,言《易》者或宗程子,或宗朱子,或参合程朱之说。自是以外,有以心学解《易》者,有据图象说《易》者。而冯椅著《厚斋易学》,李过著《西汉易说》,吴澄著《易纂言》,复改窜经文。至明代胡广等辑《五经大全》,而汉《易》尽亡。惟王夫之《周易稗疏》,尚未征实,此宋元明三朝之易学也。刘氏还注明:"以上用《四库全书提要》(朱彝尊)、《经义考》、焦循《易广记》。"

刘氏归纳虽不十分完备,尤其详宋代而略元明,但能描绘大致轮廓,对读者亦不无裨益。后代经学家一致认为:宋、元、明三代经学,元不如宋,明又不如元。造成如此不幸的结局,乃明成祖永乐十二年,命大臣胡广、杨荣、金幼孜等编修《五经四书大全》,工程浩大,为时不到三年,参与其役者,只得"仅取已成之书,抄誊一过,上欺朝廷,下诳士子,唐宋之时,有是事乎?"(见顾炎武《日知录》卷十八《四书五经大全》条)顾氏不胜浩然长叹:"呜呼,经学之废,实自此始。"(同上)还谓:"自八股行而古学弃,《大全》出而经说亡","洪武、永乐之间,亦世道升降之一会矣!"(同上《书传会选》条)可见明初政治上的夺权斗争,是会影响世道人心的变迁,也会影响学术著作的兴衰。《五经四书大全》的粗制滥造,不得不引起后来顾炎武等有心人的凭吊和哀叹!

当然,明代人研治《易》学,专主言象,纠正宋、元前朝之失,并能自成一派。

据《四库全书总目》记载:胡居仁"与曹端、薛瑄俱号醇儒,所著《居业录》,至今称道学正宗"(卷五)。胡氏著有《易象钞》四卷,"其说《易》亦简明确切,不涉支离玄妙之谈"(同上)。熊过著《周易象旨决录》七卷,《四库总目》云:

> 盖初读宋《易》,觉不合,乃去而为汉《易》,故其说以象为主。考《左传》韩起适鲁,见《易象》《春秋》。古人既以象名,知象为《易》之本旨。故《系辞传》曰:"《易》者,象也。象者,像也。"王弼以下,变而谈理;陈抟以下,变而言数。所谓各明一义者也。后人并而一之,概称象数。于是喜为杳冥之说者并而扫之,乃讳言象数。明人之《易》,言数者入道家,言理者入释氏,职是故矣。过作此书,虽未能全复汉学,而义必考古,实胜支离恍惚之谈。

熊氏编撰此书,或以古证今,或以今证古,或以古证古。例如"《坤卦》小象,但知《魏志》之作'初六,履霜',不知《后汉书》之实作'履霜坚冰'"。查阅比勘,费力不少。常注某字,据某书,当作某,不敢擅改一字。《总目》称熊著"犹属谨严,在明人《易》说之中,固卓然翘楚矣"(同上)。

此外,还有陈士元著《易象钩解》四卷,钱一本著《像象管见》九卷,魏濬著《易义古象通》八卷,吴桂森著《周易像象述》五卷,黄道周撰《易象正》十六卷,等等。可见明人对《易象》的兴趣特浓,撰述亦多。其中钱一本撰《像象管见》,《四库》评为:

> 一本研究六经,尤邃于《易》,是书不取京、焦、管、郭之说,亦不取陈抟、李之才之义,惟即卦爻以求象,即象以明人事,故曰像象。象者天道,像其象者尽人合天之道也。大旨谓由辞得象,而后无虚悬说理之病;知象为像,而后有神明默成之学。而深辟言象遗理,言理遗象,仿佛其象,而仍不知所以为象之弊。虽间有支曼,而笃实近理者为多。自称用力者几二十年,亦可谓笃志矣。

看来钱一本分析"像象"时既不采用两汉魏晋京房、焦赣、管辂、郭璞等人之说,也不采用宋人陈抟、李之才等人之义,而独立提出主张,发表看法,认为:象指天道,像指人事,象像为一,实是天人合流。根据爻辞而得象,避免空虚说理等毛病,因象而预知人事变迁,乃收神明默契等效果。至于言象而不顾理,或言理而又离象,均在其反对之列。仿佛明象,又不知象为何物,类似流弊,亦应杜绝。可见钱氏耗时约二十年,用力既多,立志益坚。说明明代学者治《易》,既不赞同汉人的言数,也不欣赏宋人的言理,而在明象、用象上花去工夫较多。

刘氏在《国学发微》里只提及明人朱谋㙔作《易象通》,而且评价亦高。刘氏谓:

> 朱谋㙔作《易象通》,以为自周迄汉,治《易》者咸以象为主,深辟陈、邵言数之说,厥后二黄及胡渭之书,均辟陈、邵之圈,而惠氏、张氏治《易》均以象为主,实则朱氏开其先,此明代学术之可贵者三也。

核查《四库全书总目》则对朱谋㙔所撰《周易象通》八卷,评价很低,而将该著收入《经部·存目二》。一谓朱氏自造《河图》有四,三代以来均藏于秘府,"学者莫得而窥",及至宋徽宗"始出示于外",不知引自何处,当时亦无有关记载,二谓治《易》重在取象,但朱氏释离、坎、既济、未济等卦时过于"迂曲""晦涩",甚至"随意改字",或者"动称错简衍文",可见"武断尤甚"。《总目》还谓:"此书尤为曹学佺所推许,然其实多出臆见,不为定论。学佺《序》诠释《易》中诸字,如王安石《字说》,亦可笑也。"(卷八)看来《总目》对朱著基本上持否定态度,而刘氏则加以肯定,或许仁智各有所见。至于明人治《易》多以象为主,《总目》与刘氏在看法上大体相同。"二黄"盖指黄宗羲、黄宗炎兄弟二人。黄宗羲著《易学象数论》,《总目》云:

> 《易》广大无所不备,自九流百家借之以行其说。而《易》之本义反晦。世儒过视象数以为绝学,故为所欺。今一一疏通之,知其于《易》本了无干涉。……盖《易》至京房、焦延寿而流为方术,至陈抟而歧入道家,学者失其初旨,弥推衍而缪辗弥增。宗羲病其末派之支离,先纠其本原之依托。

黄宗羲该著共为六卷,前三卷论述《河图》《洛》《先天》《方位》等"为内篇,皆象也"。后三卷论述《太玄》《乾凿度》《元包》《潜虚》等"为外篇,皆数也"。

> 大旨谓圣人以象示人,有八卦之象,六爻之象,象形之象,爻位之象,反对之象,方位之象,互体之象,七者备而象穷矣。后儒之为伪象者,纳甲也,动爻也,卦变也,先天也,四者杂而七者晦矣。故是编崇七象而斥四象,而七者之中又必求其合于古,以辨象学之讹。

《总目》还指出:"盖宗羲究心象数,故一一能洞晓其始末,因而尽得其瑕疵,非但据理空谈,不中款要者比也。""然其宏纲巨目,辨论精详,与胡渭《易图明辨》均可谓有功《易》道者也。可见黄氏此著能与胡渭《易图明辨》前后媲美。《总目》对其评价较高。黄宗炎著《周易象辞》二十一卷,附隶二卷。该书说《易》力辟陈抟之学,故其解释爻象,一以义理为主。""《周易》未经秦火,不应独禁其图,转为道家藏匿,二千年至陈抟而始出,则笃论也。"《总目》对该著评价亦高。

胡渭著《易图明辨》十卷,彻底揭露陈抟等编制图书之经过,更是犁庭扫穴的力作,后收入《皇清经解续编》。《总目》谓胡氏此著"皆引据旧文,互相参证,以箝依托者之口,使学者知图书之说,虽言之有故,执之成理,乃修炼术数二家旁分《易》学之支流,而非作《易》之根柢,视所作《禹贡锥指》,尤为有功于经学矣"(卷六)。胡氏此著之工夫和作用远胜其所著《禹贡锥指》[11],两者均有功于经学。《总目》此论也较允当。

惠氏指惠士奇著《易说》,与其子惠栋著《周易述》《易汉学》等,皆"专宗汉学,以象为主"。张氏则指张英,著有《易经衷论》,"其立说主于坦易明白,不务艰深"(均见《四库全书总目》)。刘氏从而得出结论:清初二黄等人治《易》亦"以象为主",乃受朱谋㙔《易象通》影响所致。实际应扩充为:明人治《易》多言象而不言数,清人又继承发挥,使之更加臻于完备,故值得珍视。

清代《易》学,刘氏《国学发微》未曾论及。在《经学教科书》里则专设一

---

⑪ 胡著《禹贡锥指》收入《皇清经解》。

课,定名为《近儒之易学》,在刘氏心目中,尽管用字不同,而"清儒"与"近儒"在含义上大体相同。在这一课里,刘氏除重述明末清初黄宗羲、黄宗炎、胡渭、惠周惕、惠栋等人有关《易》著外,又补充李塨著《周易传注》:"舍数言理,无穿凿之失。"李著收入《四库全书总目》,亦谓:"故其说颇为淳实,不涉支离恍惚之谈。""塨引而归之人事,深得圣人垂教之旨。"(卷六)看来刘氏与《总目》对李恕谷《易》著评论大体相同。刘氏还补充"毛奇龄述仲兄锡龄之言,作《仲氏易》,又作《推易始末》《春秋占筮书》《易小帖》三书,谓《易》占五义,牵合附会,务求词胜"。刘氏所提毛奇龄《易》学四著,均引自《四库全书》,而评论亦比较接近。《总目》还谓《仲氏易》"虽以其兄为辞,实即奇龄所自解,以理断之,或当然也"。可见《仲氏易》亦系毛氏所自著,仅假托为其仲兄之言而已。《总目》云:

> 大旨谓《易》兼五义:一曰"变易",一曰"交易",是为伏羲之《易》,犹前人之所知。一曰"反易",谓相其顺逆,审其向背而反见之。如"屯"转为"蒙","咸"转为"恒"之类。一曰"对易",谓比其阴阳,挈其刚柔而对观之,如上经"需"、"讼"与下经"晋"、"明夷"对,上经"同人"、"大有"与下经"夬"、"姤"对之类。一曰"移易",谓审其分聚,计其往来,而推移上下之。如"泰"为阴阳类聚之卦,移三爻为上爻,三阳往而上阴来则为"损";"否"为阴阳类聚之卦,移四爻为初爻,四阳来而初阴往则为"益"之类。是为文王、周公之《易》。实汉、晋以来所未知。故以《序卦》为用"反易",以分篇为用"对易",以演易《系辞》为用"移易",其言甚辨,虽不免牵合附会,以词求胜之失,而大致引据古人,终不同于冥心臆测者也。(卷六)

可见刘氏评判毛氏四著"牵合附会,务求词胜",乃引自《四库全书总目》。但毛氏所谓"易兼五义",却在郑玄"三易"之内,去掉"不易",而又另加"反易"、"对易"和"移易",正如王夫之所谓"易者,意也",各人可以随心所欲,任意编排、组合,对《易》做出不同的解说。从汉至今,花样也在不断增多。

刘氏继而还增加焦循、张惠言、刘逢禄等人在《易》学上的著述与见解,大多追踪汉儒，或主象数，或杂谶纬。另又增加钱澄之、李光地、查慎行等人著述与见解，"则崇宋黜汉，率多臆测之谈，远出惠、焦之下"(《经学教科书》)。可见刘氏对惠栋、焦循等力图恢复汉《易》，采取比较肯定的态度。焦循、张惠言等生年较晚，著述简介虽未收入《四库全书》，但多收入《皇清经解》及《续编》，可以从中看出端倪。反映刘氏治学甚勤，读书甚多，否则不能做出扼要的概括。

此外，刘氏还对宋、元、明、清(即近儒)四代关于"书学"、"诗学"、"春秋学"、"礼学"、"论语学"(附《孟子》《大学》《中庸》)、"孝经学"(附《尔雅》)分别进行论述，既谈各代研治《诗》《书》《礼》等的成就和贡献，也谈某些不足或缺点，使读者能对四代经学有个比较完整的了解和认可。条举目张，秩序井然。故刘氏《国学发微》《经学教科书》两著是一部《经学小史》，堪与皮锡瑞《经学历史》、范文澜《群经学概论》、马宗霍《中国经学史》并驾齐驱，为中国这座光辉夺目、雄伟峭拔的文化殿堂铺上了几块基石。

刘氏行文，骈散兼用，痛快陈辞。刘氏诗词，则少缠绵悱恻，而多哀怨余思。可能与身处"革故鼎新""去旧怀远"时代有关。例如从《咏明末四大儒》四诗中，得以觉察少许端倪，其原诗为：

> 壮怀久慕祖士雅，田牧甘随马伏波。精卫非无填海志，也应巧避北山罗。顾炎武。
> 惊心西浙非王土，伺籍东林作党人。毕竟艰贞成大节，诲明无复九畴陈。黄梨洲。
> 井中心史郑思肖，泽畔哀吟屈大夫。甄别华戎垂信史，麟经大义昭天衢。王船山。
> 自古儒文嗤武侠，纷纷经术惜迂疏。先生教法师周孔，六艺昭垂耻著书。颜习斋。(《左盦诗录》卷四)

刘氏虽然用词不多，但能将明末顾、黄、王、颜四大儒一生行谊和遭际刻画淋漓尽致。使人读后，如见其人，如闻如声，忠贞不屈，遒难有术，保存正气，文化延续。

　　查阅《亭林诗》,内有《祖豫州闻鸡》及《精卫》两诗。祖逖,晋范阳人,字士雅,豁达好侠,少有大志,常与刘琨共被同寝,中夜闻鸡起舞。晋元帝时统兵北伐,任豫州刺史,渡江时,击楫中流,誓曰:"不清中原而复济者,有如此江。"遂破石勒,收复黄河以南各地。顾亭林在诗中曾谓:"击柝行初转,提戈梦未安,沉几通物表,高响入云端。""失旦何年补,先鸣意独难,函关犹未出,千里路漫漫。"(卷一)在《精卫》中又谓:"万事有不平,尔何空自苦,长将一寸身,衔木到终古。我愿平东海,身沉心不改。大海无平期,我心无绝时。"(同上)顾氏少年时曾参加"复社",反对宦官专权,后又参加抗清活动,失败,只得遍游各地,一面联络同道,意图复明,一面调查讲学,从事文史探讨。颇似马援壮年亲赴"边郡田牧",马牛满地,积粟盈仓,散而济贫。中年归汉,击败征侧、征贰,授以伏波将军。晚年仍愿"马革裹尸还葬",病殁军中。故顾诗乃以祖逖、马援自励,愿效"精卫衔石填海",但当情势不允许时,又只得改变策略,转而从事调研讲学。免效北山之鸟,自投网罗,其结局更惨。

　　黄黎洲幼受东林影响,领导"复社",坚持斗争,曾袖锥击仇,血流遍体,终获崇祯诏允,得正典刑。清兵南下,组织武装抵抗。鲁王监国,授以左副都御史等职,浙东浙西相继失守。不久明亡,乃隐居著述,屡拒清廷征召。刘诗所谓:天地晦明,《洪范》九畴亦无处可陈。实际黄氏不愿为清廷献策效劳。但学问极博,精治天文、算术、经史百家等,贡献卓越。

　　王船山也曾参加抗清活动,任南明桂王政府行人司行人。失败后,隐居湘南深山,从事著述研究达四十年,结成《船山遗书》巨册,为旷古所少有。宋末郑所南,元灭宋后,不仕,改名思肖,字忆翁,常向南痛哭,厌闻北语。画兰不画土,谓土已被番人夺去。曾著《心史》,封以铁函,沉于井中,明末始被发现。被人命名为《铁函心史》或《井中心史》。屈原,名平,别号灵均,博闻强记,明于治乱,仕楚为三闾大夫。怀王重其才,靳尚之辈谮之,遭谪江南,作《离骚》以明志,后乃自沉汨罗而死。刘氏用屈大夫行吟泽畔、郑思肖自作《心史》比拟王船山甘居败叶庐,著述终生,尚较得当。尤其王著《黄书》《噩梦》严于夷夏之分,堪继孔子麟经,在民族革命时代曾经起过激励作用。此亦系有感而发。

　　颜习斋,名元,与其学生李塨倡导实学,强调"习行""习动""践行"等,反对死读书,亦不重视著述。颜氏还是留下《四存编》《习斋记余》等。后人编为《颜李遗书》和《丛书》。以上王、顾、黄、颜为明末清初务实学风的建立,初步打下基础,对后世曾经产生过深远影响。刘氏借重咏叹四儒,实际是用来抒发或哭诉自己本身。因为当时也处于风雨如晦、鸡鸣不已的新旧交替之际。

张继系国民党元老,与章炳麟、刘师培交情均笃,了解亦深。张氏在《序》中曾谓:

> 申叔务深湛之思,经学为最。中以《左氏春秋传》《周礼古注集疏》致力尤勤。《春秋》明大义,严夷夏之防;《周官》隆礼制,植人伦之本,此申叔微恉也。若其诗文杂著,琐语丛谈,殆无不有为而发。篝灯兀对,屏息尘嚣,考其笔墨驰骋文章赡逸之能,足以见其志矣。

刘氏著述甚丰,涉猎甚广,若非通读全书,实难得窥涯涘。恕予浅学,权抛引玉之砖;俟有余闲,应探群芳之秘。

1996 年 10 月 21 日脱稿于北京大北窑破庐

【陈克明　中国社会科学院哲学研究所研究员】
原文刊于《中国文化》1997 年 Z1 期

人文易与民族魂

萧萐父

20 世纪 80 年代中国出现的《周易》研究的热潮中，象数易的得以复苏，科学易的乘势崛起，考古易的不断开拓，均取得了引人注目的新进展和新成果；同时，作为周易热的一股支流，反映社会机遇心理的滋长，占卜易也一度流行。相形之下，人文易的研究反而显得薄弱了。而人文易，凝结在易学传统中的人文意识和价值理想，似乎应当成为易学和易学史研究的主线和灵魂。

一、《易》之为书与易学分派

《易》，既被儒门列为"六经之首"，又被道家尊为"三玄之一"，以其历史形成的理论优势和特殊地位，被赞为"大道之源""圣人之蕴"，成为我们民族传统文化精神和哲学智慧的主要的"活水源头"。

关于《易》之为书，从《易传》作者起，历代相沿，已有多种说法。如《易传》中确有一种说法："圣人设卦观象，系辞焉而明吉凶，刚柔相推而生变化。……是故，君子居则观其象而玩其辞，动则观其变而玩其占。"又说："探赜索隐，钩深致远，以定天下之吉凶，成天下之亹亹者，莫大乎蓍龟。是故，天生神物，圣人则之。……"①这些话可以被理解为《易》乃巫觋所用的占卜之书,不过是古代宗教巫术文化的残留。作为占卜用的"蓍龟",被看作是"天生神物",比圣人还具有更大的权威。

但《易传》中更别有其他富于理性的说法,如认为"《易》与天地准,故能弥纶天下之道"("天下"今本作"天地",据陆德明《经典释文》与李鼎祚《周易集解》校改)。"仰以观于天文,俯以察于地理,是故知幽明之故;原始反终,故知死生之说。"②"《易》之为书也,广大悉备,有天道焉,有人道焉,有地道焉。"③"昔者圣人之作《易》也,将以顺性命之理,是以立天之道曰阴与阳,立地之道曰柔与刚,立人之道曰仁与义。"④还说:"《易》之为书也不可远,为道也屡迁,变动不居,周流六虚,上下无常,刚柔相易,不可为典要,唯变所适。"⑤这是说,《易》是圣人仰观俯察的结果,其所反映的是天地人三才之道,即自然运行与人类活动的普遍法则,而这些法则,作为阴阳(刚柔、仁义)的交错变化,并非死板固定的而是"变动不居"的。这里的"幽明之故""死生之说""性命之理"等,并无神秘意味,不过是对客观事物矛盾运动的朴素的概括和说明。一方面,强调了这些反映天地人物固有的矛盾运动的法则是客观的、普通的,"范围天地之化而不过,曲成万物而不遗"⑥,乃至具有不可违抗的神圣性。另一方面,更强调了《易》所揭示的"圣人之道"⑦,乃是对这些天地人物矛盾运动法则的模拟、掌握和运用,是一种"极深研几"的哲学智慧。⑧ 所以说:"夫《易》,圣人所以极深而研几以化成天下。"⑨这就充分肯定了人作为智慧主体的意义,肯定了人的自觉能动作用。人文化成的思想,成为"易道"的中心与归宿。《易传》作者如此诠释"易道",实际上是对《易》的原始象数系统以及流为占卜书之后的卦象、筮数等,进行了哲学理性的加工,对"天地自然之易"(朱熹语)贯注以人文价值理想。遂使由《经》到《传》

---

① 《易传·系辞上传》。
② 同上。
③ 《易传·系辞下传》。
④ 《易传·说卦传》。
⑤ 《易传·系辞下传》。
⑥ 《易传·系辞上传》。
⑦ 同上。
⑧ 《易传·系辞下传》。
⑨ 《贲卦·彖辞》。

的"易学",固有地就兼涵了"明于天之道"的科学理性,"察于民之故"的价值理想,"是兴神物以前民用"的占卜信仰这三方面的内容,在不同的条件下发挥着"以通天下之志""以定天下之务""以断天下之疑"的社会作用⑩。因此,合经传为一体的"易学",摆脱了原始巫术形态,容纳和体现了古先民的科学智慧、人文理想与神道意识,三者既相区别,又相联系,且互为消长,在不同历史时期与不同学术思潮相激荡而发挥其不同的文化功能。《四库全书总目提要》所说:"易道广大,无所不包,旁及天文、地理、乐律、兵法、韵学、算术,以逮方外之炉火,皆可援易以为说,而好异者又援之以入易,故易说至繁。"实指历史上"易学"与各门学术的双向交流和互相渗透,使"易学"容纳了各种学术成果,有着繁杂的内容。所以,对于《易》之为书,殊难一语中的,所谓"以言者尚其辞,以动者尚其变,以制器者尚其象,以卜筮者尚其占"⑪,允许见仁见智,各引一端。一部易学史,正是在今、古、汉、宋各家各派聚讼纷纭的多维格局中得到发展的。

关于易学分派,初无定说,各自立论大都有一定的历史依据。先秦的"三易""九筮"之说,已不传。从西汉起,有传《易》的专门之学。初诸家皆祖田何,得立学官,孟喜、京房吸取当时天文、历法等科学成果所阐发的"卦气"说,影响深远。民间还有费直传古文易,专以《易传》解经,既长筮占,又颇重义理。同时,司马谈、《淮南子》作者、严君平、扬雄等,又多援道家言解《易》,尤重义理;而扬雄撰《太玄》,又颇受孟、京一派易学的影响。到东汉,谶纬思潮中神学与科学并存,促使郑玄、荀爽、虞翻、魏伯阳等均重视并发挥了《易》象数学的成果;唯有王肃解《易》,独重义理,排斥象数,成为王弼易学的先驱。足见,汉代易学并非全主象数;且《易》象数学中,也派别各异,精糟可分。如京房易学中有些内容,以其与当时天文、历候等科学成果相联系而形成的象数思维模式,有其合理成分,对当时和以后的哲学和科学思想的发展,都产生过积极的影响。故将历史上的易学流派粗分为象数与义理两大派,自无不可,但尚需进一步规定。李鼎祚在《周易集解·序》中曾认为:"自卜商入室,亲授微言,传注百家,绵历千古,虽竞有穿凿,犹未测渊深。"他举出郑玄、王弼为代表,指斥"唯王、郑相沿,颇行于代,

---

⑩ 《易传·系辞上传》。
⑪ 同上。

郑则多参天象,王乃全释人事,且《易》之为道,岂偏滞于天、人者哉?"李鼎祚似乎把唐以前的易学又区分为"天象易"与"人事易",虽不准,亦有据,且试图超越两派的"偏滞"。宋代易学有新发展,范仲淹、胡瑗、程颐、张载等吞吐佛老,回归《易》《庸》,使之哲理化,把天道与人事统一起来,推进了《易》义理学的发展。而陈抟、刘牧等则提倡《河图》《洛书》之学,提出"先天易"与"后天易"的划分;周敦颐、邵雍进而发挥传统的《易》象数学中的哲理与数理;朱熹、蔡元定等继之对陈抟的先天易图认真研究,并溯源于《周易参同契》,使《易》象数学中的一些智慧成果得以流传下来并得到一定的理性疏解。这样历史地形成一个条件,易学中象数学和义理学有可能达到一种新的综合,在此基础上孕育着新的易学分派。如王夫之在十七世纪中国的特定历史条件下,总结、继承了宋代易学的诸方面成就,既深刻批判了传统的《易》象数学中某些神秘主义和形式主义;又同时重视《易图》的研究,强调象数学与义理学在新易学体系中的统一,在"易为君子谋"的义理前提下不废占易,认为"学易"与"占易"可以并存[12]。王夫之在"学易"方面的重大贡献,在于全面而系统地发挥了《易》义理学中的"人文化成"思想,利用传统易学的范畴和理论框架,展开了他的具有早期启蒙性质的人文哲学体系。王夫之的"尊生""主动""贞生死以尽人道"的易学思想,可说是走出中世纪的近代"人文易"的雏形。与之同时代的方以智父子,以数衍易,医易会通,从"质测即藏通几""立象极数,总谓践行"的观点出发,把律历、象数、医药、占候等都看作是"圣人通神明,类万物,藏之于《易》"的"物理""数理"[13];其"核物究理""深求其故"的易学思想,也可说是走出中世纪的近代"科学易"的先声。

二、"科学易"与"人文易"

"科学易"与"人文易",可说是相对而形成的名称;用"科学易"与"人文易"来划分易学流派,似乎有其现实的客观依据。"科学易"与"人文易",虽也有其

---

[12]　王夫之:《周易内传发例》。
[13]　方以智:《物理小识·自序》。

历史渊源,但就其思想内容和研究方法的特征而言,都属于近现代的易学流派,对于传统的易学诸流派都有所扬弃和超越。

"科学易",被有的同志界说为"现代易的别名"或"现代易学新流派",但也可以更具体地表述为对于《易》象、数、图中的数理、物理等给以现代科学的透视和诠释,从而使一些曾被神秘化了的图式、数列及原理,得到一定的科学化的说明。这样被现代科学眼光照亮和说明了的易学中的某些象数模式和推理方法,还可以反过来应用于现代科学研究的某些领域,并得到一定的验证。在中国,古老的易学及其象数思维模式与西方传入的新兴质测之学相结合,在十七世纪就开始了。当时涌现的具有典型意义的桐城方氏易学学派,可以说是"科学易"的早期形态。方以智自觉地意识到,他以易学为根基的自然哲学体系的建立,是"因邵、蔡为嚆矢,征《河》《洛》之通符,借泰西为剡子,申禹、周之矩积"[14],即是说,一方面继承邵雍、蔡元定等所提倡的象数图书之学的易学原理,另方面引进西方新兴质测之学,并借以发扬祖国科学思想的优秀传统。这正是"科学易"的基本思想特征。十八世纪,戴震、焦循等沿着这一思路,继续推进"科学易"的发展。此后,中国文化的近代化的正常历程被打断,我们民族在深重的苦难中步入近代。人们迫于救亡图存的政治形势,忙于日新月异的西学引进,来不及去清理易学遗产,"科学易"的研究濒于中断;而在西方,从莱布尼兹到爱因斯坦、玻尔、李约瑟等,把中国易学中某些象数结构纳入现代科学的语境和视野,对"科学易"不断地有所探测。二十世纪中西文化的汇聚、交融中,一些学有专精的自然科学家,转向传统易学与科学思想遗产的研究而时有新的创获;八十年代伴随改革开放而兴起的文化研究热潮中,由于《易》象、数、图中数理、物理、生理以及哲理的被重视,由于多学科交叉研究方法的被应用,由于东西方学术思想某些层面的重新被整合,"科学易"的研究得到长足的进展,并有方兴未艾之势,成为当代易学的一项特殊成就。

当然,"科学易"的研究有一个理论和方法的问题。首先,在理论原则上,应当承认《易》之为书的原始形态,虽是人类智慧创造的一株奇葩,但毕竟是古老

---

[14]　方以智:《物理小识·总论》。

中华文化发蒙时期的产物。它本身必然是在科学思维的萌芽中充斥着宗教巫术的迷信,即使经过晚周时期《易传》作者们的哲学加工,改变着其中科学思维、人文意识与神物迷信的比重成分,但仍然是原始科学与神物迷信的某种结合。因而,"科学易"作为现代形态的知识体系,必须将这种固有的科学与迷信的结合加以剥离,必须将传统易学中某些固有的神秘性(各种拜物教意识、神物迷信等等)加以扬弃。这是十分繁难的任务。因为,历史地把握科学与迷信二者的区别和联系,了解二者既互相对立、排斥,又互相寄生、转化的机制,以及二者能够共生或实现转化的思想文化条件和社会经济根源,并非易事;且在实验科学所凭依的工具理性范围内得不到解决。其次,在文化心态上,应当看到鸦片战争以来的民族苦难和中西古今文化的激烈冲突,在人们思想上会造成各种困惑和畸变心理。诸如,面对西方科技新成就,希望"古已有之"的"西学中源"说,幻想"移花接木"的"中体西用"说,都是曾经流行过的思想范式,并在中国文化走向近代化的历程中一再把人们引向歧途。显然,"科学易"的研究,应当避免再堕入这样的思想范式及其种种变形,应当跳出中西文化观中的"西方中心""华夏优越",或"浮浅认同"或"笼统立异"或"拉杂比附"等等误区,而在传统易学与现代科学之间发现真正的历史接合点,从中国"科学易"三百年来具体的历史发展中去总结经验教训,提炼研究方法,开拓未来的前景。

这一未来前景的一个重要方面,就是"科学易"与"人文易"必须相辅而行,成为易学研究中互补的两个主流学派。

与"科学易"相并列的"人文易",也属现代易学的新流派,而又有其深远的历史渊源。《易传》作者以其对易道的深刻理解,明确意识到"天道"与"人道"、"天文"与"人文"的联系和区别,而强调"人道""人文"的意义。《贲卦·象辞》指出:"〔刚柔交错〕(今本夺此四字,据孔颖达《正义》补),天文也,文明以止,人文也。观乎天文,以察时变;观乎人文,以化成天下。""刚柔交错"所展示的"天文",是人们的工具理性所掌握的自然知识,属"科学易"所探究的内容;而人按一定的社会需要和价值理想去"观天文,察时变",这一实践活动的意义已属于"人文易"的研究范围;至于作为人类文明的标志,"观乎人文,以化成天下",更是"易道"的主旨而构成"人文易"的主要内容。足见"人文易"在易学体系中固有其优越的地位。"人文易"所注视的是《易》象、数、图和义理中内蕴的人文精神。它研究的不是蓍数而是"蓍之德",不是卦象而是"卦之德",不是爻变而是"爻之义",是"圣人以此洗心,退藏于密,吉凶与民同患"的价值理想[15]。所以,"人文易"并非对传统的晋易、宋易中的义理内容的简单继续,而是对传统易学中"象数"和"义理"的双向扬弃和新的整合。"人文易"的新整合,并非一蹴而就,而是一个历史过程,反映着永恒跳动的时代脉搏。作为走出中世纪的人文意识觉醒的反映,近代"人文易"的发展,也已有三百多年的历史。王夫之以他的易学体系,"其明有、尊生、主动等大义,是为近代思想开一路向"[16],为近代"人文易"奠定了理论根基。此后,许多论者,继续开拓。或以"体用不二""翕辟成变"、生生不已、自强不息、"不为物化"的"人道之尊"等,来阐扬"大易"的"义蕴"。或据《乾》《坤》两卦的"象辞""天行健,君子以自强不息","地势坤,君子以厚德载物",来论证中华传统文化中源于"易道"的民族精神。这些先行者的研究与发掘,推进了"人文易"的发展,也启迪着后继者的继续开拓。

三、"人文易"内蕴之民族魂

"人文易"的内容极为丰富,可以从不同的视角去加以考察。如果就"人文易"中的价值理想内蕴于民族文化深层中,长期塑造而成的精神因素而言,可称作民族文化之魂,至少有以下几个层面,昭然可述。

(一)时代忧患意识

忧患意识,是中华传统文化中一个特有的道德价值概念,标志着一种根源于高度历史自觉的社会责任感和敢于正视承担人间忧患的悲悯情怀。这样一种人文价值理想或精神境界,最早、最鲜明,也最集中地体现在《周易》之中。《易传》作者对于《易》的产生并未作神秘化的夸张,相反地,把"《易》之兴也"平实地归结为在特定的艰危处境中人的忧患意识的产物。"《易》之兴也其于中古乎?作

---

[15] 《易传·系辞上传》。
[16] 熊十力:《读经示要》。

《易》者其有忧患乎?"进一步再具体化,作《易》的时代环境,乃是殷、周之际的政治变革,"《易》之兴也,其当殷之末世,周之盛德邪? 当文王与纣之事邪?"⑰作《易》者(周初统治集团,即文王、周公等)的忧患,就在于"小邦周"要战胜和取代"大国殷"所面对的重重困难和艰危处境,文王因之而被囚于羑里,周公等更面临各种矛盾而怀着无穷忧虑,谦慎自持,始得以转危为安。《易传》作者在肯定了作《易》者的忧患之后,又从总体上论断《周易》一书:"是故其辞危,危者使平,易者使倾,其道甚大,百物不废,惧以终始,其要无咎,此之谓《易》之道也。"⑱整个"易道"所凸显的,正是"朝乾夕惕""居安思危""外内使惧""因穷而通"的忧患意识;并强调地指出:天道虽"鼓万物而不与圣人同忧",而圣人必须"吉凶与民同患","明于忧患与故"⑲。

"吉凶与民同患""明于忧患与故",是《易传》阐发忧患意识所提出的极为光辉的命题。所谓时代忧患,远非个人祸福,而是一种洞察时艰、深体民瘼的群体意识,不仅要求"与民同患",而且要求深知忧患的本质及其根源,旨在为消除群体忧患而"鞠躬尽瘁,死而后已"。不同的时代有不同的群体忧患。"人文易"中这一深蕴的"吉凶与民同患"的忧患意识,在传统文化中产生了巨大的影响。历代献身正义事业的志士仁人,先进思潮的号角和旗手,往往也是时代忧患意识的承担者。"先天下之忧而忧",忧道、忧时、忧国、忧民,总是怀着"殷忧启圣,多难兴邦""生于忧患,死于安乐"的信念,不顾艰难困苦,奋斗不息。

这种忧患意识,具有深沉的历史感,又具有强烈的现实感。它区别于印度佛教的悲愿思想,也不同于西方美学的悲剧意识,而是中华传统文化所特有的人文精神,是我们民族经受各种苦难而仍然得以发展的内在动力,是"人文易"中跳动着的最值得珍视的民族魂。

(二)社会改革意识

客观的自然和社会的变革,不可违阻,而反映为主观上的改革意识特别是社会改革意识,却需要自觉树立。《周易》本是讲"变易"的书,六十四卦的卦序序

---

⑰ 《易传·系辞下传》。
⑱ 同上。
⑲ 同上。

列,即含有不断变革、永无止境的意蕴;而其中,专立一个《革》卦,更是集中地自觉地树立一种社会改革意识。"天地革而四时成,汤武革命;顺乎天而应乎人,革之时大矣哉!"⑳《易传》作者把社会变革——"革去故,鼎取新"㉑,"穷则变,变则通"㉒,视为客观必然规律,但适应客观规律,怎样实行变革或改革,则必须创造条件,注意过程,掌握时机,做到措施适当,"应乎天而顺乎人";而关键在于取得民众的信任。

整个《革》卦的卦爻辞,经过《易传》作者的理论加工,展示为一种从汤、武革命等社会改革实践中总结出的严肃而慎重的社会改革思想,富有深意。首先,认定某项社会改革,必经一个过程,取得民众对改革的信任("已日乃孚,革而信之"),才能顺利成功("文明以说,大亨以正")。其次,强调改革过程的开始,切忌轻举妄动,"不可以有为"。经过一段时间,可以开始发动,但也需要"革书三就",反复宣传,直到取得民众对改革的信任,"有孚,改命吉"。再次,指出到了改革时机成熟,"大人虎变,其文炳也",再到改革初成,正当"君子豹变,小人革面"之时,又不宜多有举动,"征凶,居贞吉",力求稳定一段以巩固改革的成果。《革》卦内蕴的社会改革意识,既强调"革之时义大矣哉","革而当,其悔乃亡",又充分注意到在改革过程中"有孚""乃孚"即争取民心对改革的信任的极端重要性。如果郑重总结历史上某些改革失败的教训,《革》卦所展示的改革理想模式,不是值得再咀嚼吗?

(三)德、业日新意识

《易传·乾坤文言》及《系辞上下传》关于人文化成思想的大量论述中,把"德"和"业"作为对举的范畴,认定"易道"所追求的人文价值的最高理想,就是"盛德"和"大业"。"盛德、大业,至矣哉!富有之谓大业,日新之谓盛德,生生之谓易。"又说:"易其至矣夫!夫易,圣人所以崇德而广业也。"㉓《易》的思想特点,首先是德、业并举,正如整个六十四卦体系是"乾坤并建"一样,《系辞上传》开宗明义即由"乾以易知,坤以简能"推衍开,"易则易知,简则易从。易知则有

---

⑳ 《革卦·象辞》。
㉑ 《易传·说卦传》。
㉒ 《易传·系辞下传》。
㉓ 《易传·系辞上传》。

亲,易从则有功。有亲则可久,有功则可大。可久则贤人之德,可大则贤人之业㉔。"德"和"业",成为人类"可久""可大"的追求目标,"德"是内在的道德修养,"业"是外在的功业创建,前属内圣,后属外王,两者不可偏废,必须互相结合。而《易传》的人文思想更偏重于以德创业,以德守业。由六十四卦卦象引出的《大象辞》,强调的是"君子以果行育德""以振民育德""以反身修德""多识前言往行以畜其德"等㉕,充分表现了这一倾向。

其次,《易传》从"天地之大德曰生""生生之谓易"的大原则出发,提出了德业日新思想,"富有之谓大业,日新之谓盛德"㉖。"富有"也有赖于"日新"。不断地开拓创新,不断地推陈出新,是最高的品德。无论事业的创建,人格的修养,皆是如此。尊生、主动、向变、日新,是"人文易"的哲学核心。张载、王夫之、谭嗣同、熊十力,对此均有慧命相续的深刻阐明。

(四)文化包容意识

"《易》之为书,广大悉备",就在兼三才之道,把"天道"与"人道"、"天文"与"人文"贯通起来考察,依据"天道"来阐述"人道",参照"天文"来观察"人文",因而形成"人文易"中的文化包容意识。其主要思想特征是:尚杂、兼两和主和。

首先,《易》把人类文明、文化的原生形态和基本构成,规定为"物相杂,故曰文"㉗;"龙战于野,其血玄黄"所构成的"天地之杂"㉘,正是"文"的发端。尚杂,是人类文化创造的根本特征。其次。"兼三才而两之"㉙,"一阴一阳之谓道"㉚,是"易道"的思维模式。借以考察人文现象,也就承认各种矛盾的对立统一。"一阖一辟之谓变","参伍以变,错综其数,通其变遂成天下之文"㉛。兼两,是考察文化现象变化动向的致思途径。

再次,"易道"用以考察人文化成的基本文化心态,是主和。"乾道变化,各

㉔ 《易传·系辞上传》。
㉕ 《蒙卦》《蛊卦》《蹇卦》《大畜卦》的《大象》。
㉖ 《易传·系辞上传》。
㉗ 《易传·系辞下传》。
㉘ 《坤卦·文言》。
㉙ 《易传·说卦传》。
㉚ 《易传·系辞上传》。
㉛ 同上。

正性命,保合太和,乃利贞！首出庶物,万国咸宁。"㉜这个"和"范畴,经过史伯、晏婴、孔子等的琢磨,"和实生物,同则不继","以它平安之谓和",旨在反对专同,而是能够容纳杂多和对立的更高层次的范畴,成为文化包容意识的理论支柱。

基于尚杂、兼两、主和的文化观及文化史观,明确认定"天下同归而殊途,一致而百虑"是人文发展的客观自然进程㉝,只能"学以聚之,问以辨之,宽以居之,仁以行之"㉞,才有可能察异观同,求其会通,在杂多中求得统一,在矛盾中观其融通。这是人文化成的必由之路。司马谈论六家要旨㉟,黄宗羲提倡"殊途百虑之学"㊱,王夫之作出"杂以成纯""异以贞同"的哲学概括㊲,都是"人文易"中文化包容意识的继承和发挥,"含弘光大",至今具有生命力。

以上仅从"时代忧患意识""社会改革意识""德业日新意识""文化包容意识"四个侧面,对"人文易"的内蕴,蠡测管窥,聊举一隅,已足以证明"人文易"确有丰富内容,值得认真发掘。

【萧萐父　武汉大学哲学系教授】

原文刊于《中国文化》1991 年 02 期

㉜ 《乾卦·彖辞》。
㉝ 《易传·系辞下传》。
㉞ 《乾卦·文言》。
㉟ 《史记·太史公自序》。
㊱ 黄宗羲:《明儒学案·序》。
㊲ 王夫之:《周易外传》之《杂卦传》《未济传》。

解开易数"九、六"的秘密

陈道生

据云:"学术界前辈吴康先生曾谓笔者论易各文,已为易学理出一极完整系统。唯对易数九六未有解释为憾。"本文为补此失而作。并敬谢前辈指示。

一、本文所采用学理的发展背景

作者于数年前,因偶然的悟因,发现《易经》的许多秘密。后来在《孔孟学报》发表《重论八卦的起源》(副题:结绳、八卦、二进法、易图的新探导)一文,证明八卦确实有明显的二进数理算法;并指出这种二进算法,实由上古结绳记数时,绳上每位只能打一个结的限制,自然而然发展成的结果。而且进一步以甲骨文的 Ⅹ(五)字为例,证明这种二进记数法,尚保留在现存古代记数字中。这个甲骨文五字中间的×,即由离卦(☲)中间的阴爻自交而成,两者都是代表零(〇)或无(读音同),所以五字和离卦就是二进记数的写法:一〇一。

五字系二进记数字的证明,尚可说是孤证(其实,系由证实的八卦二进系统而来,已先有法则系统证明在前,此已是进一步的明显例证,与普通所指突然得到的孤证大不相同）①。很可能是由于偶然的巧合，作者乃又进一步找出𒀖（四）②字，这个四字，一看就可知和前举𒀖字是同一系统（错画系统），由两个𒀖组织而成的，照前例将×改成零，𒀖就变成一〇。这就是二进记数的二，𒀖就是两个一〇，也就是两个二，所以是四。六字是由巽卦（☴）最上一阳爻缩短和最下一阴爻的二断画相对斜排而成的，在甲骨文上的𒀖，则由上面二阳爻头交，下面一阴爻的二断画对排而成的，③所以就是一一〇，也是六的二进写法。所以由八卦演变而来的八个二进数字，竟找出了六个，即×（无或零）、𒀖（二，此字旧说以为系𒀖的省笔字）、𒀖（四）、𒀖（五）、六（或𒀖），加上在各种进位法中都相同的"一"字，竟占到了百分之七十五的比率。这样明显和多数的例证，又有先行证明的八卦二进系统在前，并且又有从结绳、八卦而来的史实和理论为证。根据这种井然的系统和明确的例证，④作者乃又发表《八索、八卦与二进数》和《八索、八卦与二进数补遗》二短文。⑤可是数年以来，学者竟不能认识其在学术上的重要性，真是不懂得什么缘故（请读者大众一起来想出原因）。以致现用中学新数学课本，讲到古代记数法时，仍采用外国课本中埃及、罗马记数的例子，而最后说："我国有长久历史和优秀文化，在周朝时代，即有关于数学的著述。可见我国人民创设记数符号的时间，必较埃及人为早，罗马人自更落后了。可惜我国的原始记数法和历代的演进，没有人详细考据。"教科书的影响是广大深远的，至少每年有几十万人要受影响。我们读了上面这段教科书的话，再比较作者所发现的这项史实的不受重视（其实可能是懂得不够透彻），凡是有良心、爱国心和自尊心的人，总要叹气吧？

　　后来为进一步证明所发现易理的可靠性和实用性，作者除用于上述易经、文字学和数学史的研究，得到明确的结果外。又用于研究"学、教"二字，指出学字

----

① 作者于《新数学和旧光荣》（载《复兴中华文化论文专辑·学术论著部》，台北市女子师范专科学校，1971年5月）一文中有进一步的证明。

② 李约瑟：《中国科学技术史》，卷三，第7页。

③ 详作者《八卦及中国文字起源的新发现》一文，发表于《女师专学报》第一期，第107～124页。该文系由作者《从学教及有关文字的演进寻绎我国古代教育发展的真相——以先天象数新易例求中国文字发展原则及研索史实示例一》一文节出者。

④ 根据资料求出系统，复找出众多具体的证据。如有数学上位置值的观念，当不难明了——这样众多的二进数字，决不能是巧合。

⑤ 载《师大校友月刊》五十四、五十五期学术栏。1967年11月、12月。该二文无疑将为中国数学史重要文献之一。发现甲骨中有二进数字，以此二文为始。现在无人能识，后人终将讥笑。

从"爻"、从"文"、从"字"和从"文字"的演变顺序,证明学字的造字取义,正是根据学习的内容而来,表示从有符号以来的学习是:学"爻"、学"文"、学"字"和学"文字"。⑥ 于是,文字从八卦演变而来,除了前述数字(文字的一类)的明显证据外,又有历史上发展系统的明证。总算将中外学者对我国文字起源的推测,⑦得到澄清了! 从而得出我国文字学原理和法则八条,教育史实七则。⑧ 现在又能对《易经》中阳爻称九、阴爻称六,九六两个重要易数,提出符合《易经》资料和原理的解答,一扫前人矛盾的勉强说法。可见本人新发现的易理,是真正固有的,而自汉儒以来各家的说法都错了。⑨ 大家都在迷失的路上,浪费了精力,结果又在《易经》的研究途径上栽下了新的荆棘。

从以上应用于经学、数学史、文字学和教育史研究上的种种有效的实用印证实例,可见作者这些新发现的易理,其应用范围,已经超出对《易经》本身的研究,而推广到对其他学术的研究上面去也一样有效。试问自古以来对《易经》的研究,哪一家达到这样的成果呢(请根据客观史实检讨)? 下面解释"九、六"两数,是此项新发现的易理,应用在《易经》本身研究上,又一有效的明显例证。

二、易数"九、六"旧说的简介

《周易》乾卦爻辞第一句话说:"初九,潜龙勿用。"是《易经》本文涉及象数的最早一句话,也是很重要的一句话。坤卦爻辞第一句接着说:"初六,履霜坚冰至。"是另一句包含象数重要消息的话,也是最重要和最令人迷惑的一句话。统观《周易》一书,都是以"九""六"二数为经,六位为纬,笼络整个《周易》本文,成为极严密的系统。如细心体会这种情形,当会使人惊觉:"九、六"两数在《周易》

---

⑥ 见"注3"该文的显明证据。

⑦ 由二进数字部分提供了由八卦演变成文字的具体事实和法则。日本学者谓我国文字源于楔形文字和董作宾先生的说明,均因得改正。

⑧ 见"注3"该文。学教二字在教育史上、文字学上,以本文的探究为最彻底。

⑨ 见屈万里先生著:《先秦汉魏易例述评》。方东美先生著:《易之逻辑问题》,《易学讨论集》,第31—54页,现又收入《哲学三慧》等书。

上极为重要,似乎也含有极大的秘密。可是《周易》本文和十翼,都没有明白解说阳爻称九、阴爻称六的原因,自汉儒以来,均不明究竟,各家传注对"九、六"的解释,虽均极力想能自圆其说,但在细心分析之下,发现随处均使人感到扑朔迷离,疑窦丛生。今将汉学、宋学二家,对于易数"九、六"的重要解释,先加介绍。⑩

按汉学各家,对于字义、章节和字句,都严格遵守师承所传,所以异说较少。汉唐之时,关于阳爻称九、阴爻称六的解说,只有下列两种:⑪

(一)以卦爻笔画分

谓乾卦(☰)有三画,坤卦(☷)有六画;乾为阳,坤为阴;阳可以兼阴,所以把乾卦的三画和坤卦的六画算在一起,就得到九的数;阴不能兼阳,所以只算本身的六画,仅能得到六的数。

(二)以老阴老阳解

谓九为老阳数,六为老阴数;老阴老阳都会变,《周易》采用变的来占筮,所以称九、称六。

采用第二说的最多。杜元凯注襄公九年左传"遇艮之八"条;郑康成注《易经》,都说:"《周易》以变为占,故称九、称六。"干宝谓:"阳重故称九;阴重,故称六;刚柔相推故生变;占变、故有爻。系曰:'爻者,言乎变者也。'故《易系辞》皆称九六也。"张璠谓:"阳数有七、有九,阴数有八、有六;但七为少阳,八为少阴,质而不变,为爻之本体;九为老阳,六为老阴,文而从变,故为爻之别名。但七既为阳爻,其画已长,今有九之老阳,不可复画为阳,所以重钱避少阳七数,故称九也。八为阴数,而画阴爻;今六为老阴,不可复画阴爻,故交其钱,避八而称六。但易含万象,所托多涂,义或然也。"崔憬谓:"九者,老阳之数。"孔颖达正义谓:"老阳数九,老阴数六者,以揲蓍之数:九遇揲则得老阳,六遇揲则得老阴。"上面各说,都不脱阳重阴重老阴老阳说法的范围。

到了宋代,朱晦庵虽仍旧采用传统的说法解释九六谓:"阳盛故称九,阴盛

---

⑩ 其他后出之说,如明来瞿唐知德据河图洛书五居中央,因取一、二、三、四、五依说卦"参天两地而倚数"之语,作生数成数之说,就孤立事件而讲,亦颇有理,然以整个易学系统衡之,则显缺真理之一贯性,且河图洛书生数成数部分,尚有问题未能究明,故不采。

⑪ 见孔颖达:《周易正义》,卷二,第2页,艺文印书馆影印宋监本。李鼎祚:《周易集解》,卷一、第1页,卷二、第2页。学生书局影印《古经解汇函》本。

故称六。"但王介甫、程伊川二位大师,却都率直否定这项含有矛盾的传统旧说,而提出他们自己的主张:

(一)进君子退小人说

王介甫的《新义》认为:阳爻称九、阴爻称六,是表示进君子退小人。因为在易经中,偶数为阴,阴又代表小人;奇数为阳,阳是代表君子。阴数最后的二位是八是六,六对八来讲,是退了一位;阳数最后的二位是九是七,九对七来讲,是进了一位。

(二)纯阴纯阳说

程伊川认为:"九、六只是取纯阳纯阴。惟六为纯阴,只取河图数见之,过六则一阳生,至八便不是纯阴。"

上面所举汉易、宋易二派说法,一为根据卦画,余都不脱阴阳范围;而王介甫进君子退小人之说理较顺,唯为后来比附人事的义理应用。"易以道阴阳",[12]九、六两数之义,仍当于阴阳范围内寻求真解。

三、"九、六"旧说的矛盾和破绽

易八卦阳爻称"九",阴爻称"六"的原因,在《易经》各部资料中,都不易得到说明。由汉唐以前即有二说对立的情形看来,可知二说都没有可靠的根据,在理论上不能站稳,所以才有分歧的现象。下面就分析各说的矛盾和破绽所在。

(一)卦画说的牵强

卦画的立说基础,仍旧根据阴阳出发。谓八卦中乾卦有三画,坤卦有六画;因为阳可以兼阴,阴不可以兼阳。所以阳包括了乾卦自身三画和坤卦的六画,而阴则仅有坤卦本身的六画。本说牵强的地方,在阳可以兼阴的假设。因为这说在《易经》中找不到资料的证验,这就没有经验的检证性,不能根据经验认知。没有经验的检证性,尚可根据真理的一贯性,由《易经》的体系推知,也就是由逻辑推知。但《易经》中显然没有推得这种结果的体系。因为《易经》中数的阴阳,

---

⑫ 《庄子·天下篇》。

系依照数的单双而分,《系辞上传》说:"天一,地二,天三,地四,天五,地六,天七,地八,天九,地十。"天即乾,属阳;地即坤,属阴。所以阳数即单数一三五七九,阴数即双数二四六八十。单双二数截然划分,极为清楚,丝毫没有阳可以兼阴,阴不可以兼阳的痕迹可供附会到卦画上去。在卦画上,称九明明指阳爻,决不应将坤卦阴爻断成的六短画并到乾卦的三全划内,一起拼凑成九的数来强加解释。所以这一说,在唐后即渐为学者舍弃,而多采用老阴老阳之第二说。如宋后流传最广的朱晦庵本义,即主阴盛阳盛说。

(二)老阴说的废解

老阴、老阳的第二说,在唐后渐占优势。其原因是本说老阳数九的部分,在理论上毫无破绽。九在上举《系辞传》的天(阳)数一三五七九中,刚好是十进制中单数最后的一位,从一数到九时,数位已穷(或已老),即需进位而回归到一(一十),以后又再从一一(十一)、一二(十二),一三(十三),到一九(十九),如此一直循环。所以在十进制中,单数到九而终。从单数一的初阳,到九则为老阳。易用单数最后的一数来代表单数,作为单数的总称,与通常用最初的一数,都是合理的。

可见上述老阳数九的部分,在理论上毫无破绽。但是问题却在六的地方发生了!六为老阴,在十进制中却说不通。六之前尚有"二、四"两数,六之后也尚有"八"一数,所以无论向前向后算,"六"都无老之理由,亦即都无以六为老的理由,而老阴要变的理由也因而不存在。唐李鼎祚《周易集解》和所引郑康成及张璠注,以揲著之数详加解说,而张璠所注尤为详尽(均见前面旧说部分)。但揲著定阴阳,仍以数为根据,最后仍旧又归到数理上去,数理上说不通,一切都是徒然。所以张璠在注解中加上一段:"但易含万象,所托多途,义或然也。"正可看出他感到理亏而心虚的情形。所以到宋代程伊川的时候,他就对这仅存的旧说,也率直地加以否定了,他说:"先儒以六为老阴,八为少阴,固不是……"[13]看了上面的分析,可见程氏也看出了本说老阴部分费解的情形。

(三)进君子退小人说的问题

王介甫针对旧有各说均感窒碍不通,不足采信的情形,提出了他自己的说

---

[13]《程子易纲领》,通志堂刊本,第4页。

法,以为阳用九、阴用六,是表示进君子退小人(说见前)。按《易经》中阳代表君子,阴代表小人。阴数最后二位为六八,六对八来讲,是退了一位;阳数最后二位为九七,九对七来讲,是进了一位。所以说理颇顺,义亦有据。唯伊川批评他说:"介甫以为进君子退小人,则是圣人旋安排义理也;此且定阴阳之数,岂便说得义理?"伊川批评得很有理,因为这些代表的意义,是卦象用法的一种。阴阳代表的东西很多;如阳代表男、阴代表女,则也可说进男退女;阳系乾代表的有马、首、天、君、父、玉、金,……阴系坤代表的有牛、腹、地、母、布、釜,……则可说进马退牛,进首退腹,进天退地,进父退母,进玉退布,……所以介甫的说法,显然是为了在政治上的讽谏作用而设的,系后来比附人事的一种义理应用,自然不是九、六原来的正解。

(四)纯阴纯阳说的无据

伊川批评介甫后,接着也提出他自己的说法,他说:"九六只是取纯阴纯阳,惟六为纯阴,只取河图数见之;过六则一阳生,至八便不是纯阴。"这和前举老阴老阳说,都遇到同样不能解答的数理问题:九既是纯阳,何以八不是纯阴?六才是纯阴?二、四何以都不是纯阴?伊川说:"取《河图》数见之。"但在《河图》上实找不到理由。何况《河图》经后人考证:它与由八卦系统发展成的《易经》,是不相黏合的。所以老阴老阳、纯阴纯阳二说,以现用十进系统的数理来说,都会遇到顾此失彼的矛盾现象,而纯的说法,反不如老的说法为顺。

对于阳爻称"九",阴爻称"六",既然找不出更完善的解释和证据,以后朱晦庵的本义,就采用疑者传疑的态度,把老阴老阳的旧说传下来,不再自创新说。以朱晦庵的渊博严谨,似乎是经过慎密比较后才选择的。后人讲到《易经》这一部分时,也就将前人的注疏照说一遍,而讲者听者心中都感到疑团一个,莫明其究竟。

四、易数"九、六"秘密的揭开

作者利用新数学的帮助研究易理,在《重论八卦的起源》一文中,实已将《易经》的奥隐地方,发掘无余。惜国人研究《易经》的均未研究新数学,研究数学的又未研究《易经》和文字学。懂新数学的和对《易经》、文字学有研究的人合在一起，又各说各的，不能融会贯通。故作者虽一再利用所发现的原理原则，从根本解决易学上的许多问题，发现文字学上的许多事实和重要原则，证明我国错画系统的数字实乃上古遗留下来的二进记数字，国人均未能看出其重要性，致使国家未能获益，反彰国内学术界的浅陋，实感惶恐！

今再根据作者从《易经》中新发现的各项原则和现象（详前引《重论八卦的起源》各文），来解释易数"九""六"两字，读者将可发现也能得到圆满的结果，这总不能算是一再的巧合了吧？读者试一按查，对这种处处相合的情形，还有什么第二个解释呢？

（一）所据说卦资料真实性的辨明

《易经》的一切均根据八卦，也即是说从八卦开始。而有关八卦的大部分资料是在《说卦》一篇，《说卦》秘密的揭发和资料的证实，对《易经》的研究来讲，实如开矿开中了矿脉。所以说卦是最先须研究清楚的东西。作者在《重论八卦的起源》等文，根据《说卦》一篇中发掘的秘密，对八卦的来源、性质，实已得出系统最完整、事实最具体的解答（读者请按原文取材立论情形与古今各说比较）。现在再据这项解答中，从八卦性质得出的原理，来解释易数"九""六"之所以能用来代表阳爻、阴爻的原因，竟亦感到丝毫不爽。

按《易经》中专门解说八卦的，本有《说卦》一篇。前人未能发现本篇隐藏的奥妙，遂因不能了解而怀疑到是后人伪造的；后来怀疑的人多了，学者竟至不察而以怀疑为证据，竟说这篇东西真的就是伪造的了（这现象可从谣言心理和国人的为学态度、方法及懒怠性得到解释）。不信《史记·孔子世家》："孔子晚而喜《易》，序《彖》《系》《象》《说卦》《文言》。读《易》韦编三绝。"以及《田完世家》《外戚世家》《仲尼弟子列传》《太史公自序》等篇对《易经》的一再明白交代。也不信《汉书·艺文志》："孔子为之《彖》《象》《系辞》《文言》《序卦》之属十篇"，"及秦燔书，而《易》为筮卜之事，传者不绝"（《儒林传记》载相同），"《易经》十二篇，施、孟、梁丘三家。"（颜师古注："上、下经及十翼。"）传者不绝、篇章无缺的记载。而信论衡："河内女子发老屋，得逸《易》一篇。"（按，未说篇名）和《隋书·经籍志》据此而误传失《说卦》三篇的说法。后人如康有为等，甚至怀疑到刘向等人为托古改制,有私自涂改史书、《易经》的事。实是疑古到不可想象。按当时娴熟经典的,除政府中传授相承的博士儒生外,民间讲学的经师尤多。而古代以竹简等为记载工具,若有钻改,新旧痕迹宛然,刘向等人岂能一手遮尽天下目?且王莽新朝为政时间甚短,覆亡以后,原有宿儒耆旧尚存,必无让典籍被篡改而不恢复的道理。屈翼鹏先生根据版本上的证据,断定河内女子所得《逸易》实为《杂卦》,谓:"今以唐石经(用王弼本)觇之:唐石经每卷标题,皆用隶书,字体亦特大;而经文则用楷书。其第九卷大字隶书标题云:'《周易·说卦》第九'。《序卦》《杂卦》皆在此卷内。……字体既用楷书,字之大小复与经文相同,其前且不空行。骤视之,一若第九卷专为《说卦》更无他篇者;故遂以《说卦》统《序》《杂》也。《逸易》一篇,当由故老相传,知在《说卦》卷内。唐人见《说卦》为三篇,遂误以为三篇皆河内女子所得耳……汲冢所出《卦下易经》一篇,亦类说卦(见《晋书·束皙传》)。更以史公'《序》《彖》《系》《象》《说卦》《文言》'之语证之,知《彖》《象》《系辞》《文言》《说卦》《序卦》,在汉武帝以前,已俱有之。……河内女子所得……非《杂卦》莫属也。"屈先生又发现汉石经与现在通行的郑康成、王弼所传费氏本《易经》,有章次不同之事。(见《汉石经周易残字集证》)作者据此项章次不同的事实,进而以所发现的二进数理相验,则发现石经次序零乱,而费氏传本则符合二进易理,译为数字则成:"七、〇""一、六""二、五""四、三"可见为:"总和为七"依次为含有〇、一、二、三的对所成。⑭ 此项隐藏的千古秘密,约在春秋战国间,早已因王官失守和典籍散失而失传,连当时《系辞》的作者也不知道,所以绝不是战国以后的人所能伪造得出的。假如《说卦》一篇确实系后来得自河内女子,则因为来源只有一个,以后绝不会有章次不同的现象出现。《汉书·艺文志》又谓:"刘向以中古文《易经》校施、孟、梁丘经,或脱去无咎悔亡,唯费氏经与古文同。"则清楚说明官学三家经文都有脱漏,唯民间费氏传本则全。以前颇有人怀疑到刘向作伪,今作者以所发掘的二进易理相验,对疑古派厚诬古人的情形,看来非常明白。⑮ 可见作者所据的说卦资料,是一项可靠的宝贵资料。因而由此得到的发现,也是可贵的。

---

⑭　见作者《重论八卦的起源》,《孔孟学报》第十二期,1966 年 9 月,第 230 页。

⑮　刘向等若知此项二进法则的秘密,决无不利用、不说明的道理。因为这是一项非常奇特和引人的现象。

(二)对对交反原则和二进易理

在上节中,我们已经证明说卦一章资料的可靠。今再进一步将《说卦》这章加以仔细观察,实可发现两项《易经》的基本原理原则,就是"对对交反"原则和"二进"原理。[⑯] 作者除已在《重论八卦的起源》等文一再明白指出外,今再重新详细考察一次,将可使人对《说卦》一篇,更加感到奥妙莫测。现在通行的《周易》本义章次是由费氏、郑康成、王弼、朱晦庵一条线索传下来的,屈先生发现与石经本《梁丘易》章次有不同的地方,作者则进一步发现费本深合数理秩序,石经则甚零乱。按《说卦》共十一章,叙述时八卦并举的,共有九章。后面连接的五章都是根据"乾坤震巽坎离艮兑"的次序如下:

第七章

乾,健也;坤,顺也;震,动也;巽,入也;坎,陷也;离,丽也;艮,止也;兑,说也。

第八章

乾为马。坤为牛。震为龙。巽为鸡。坎为豕。离为雉。艮为狗。兑为羊。

第九章

乾为首。坤为腹。震为足。巽为股。坎为耳。离为目。艮为手。兑为口。

第十章

乾,天也,故称乎父;坤,地也,故称乎母;震一索而得男,故谓之长男;巽一索而得女,故谓之长女;坎再索而得男,故谓之中男;离再索而得女,故谓之中女;艮三索而得男,故谓之少男;兑三索而得女,故谓之少女。

第十一章

乾,为天,为圜,为君,为父,为玉,为金,为……

坤,为地,为母,为布,为釜,为吝啬,为均,……

震,为雷,为龙,为玄黄,为旉、为大涂,为……

巽,为木,为风,为长女,为绳直,为工,为白……

坎,为水,为沟渎,为隐伏,为矫輮,为弓轮,……

---

⑯　为作者《先天象数新易例》基本原理之二。

离,为火,为日,为电,为中女,为甲胄,为……

艮,为山,为径路,为小石,为门阙,为果蓏,……

兑,为泽,为少女,为巫,为口舌,为毁折,……

上面的情形,若加以观察和检讨,实可发现下列事实:

第一,同时提到八个卦的九章中,合乎本情形的竟有五章,在数目上讲是占多数。

第二,连续五章的次序都是一样,证明这种次序是有一定,而不是随便排列的。

第三,这连续的五章都放在最后,证明这是八卦定位以后的次序,是一种确定而重要的次序。

研究《易经》的人都忽略了这种次序,因为这是在文字之外的,不容易看出来。而且他们没有具备二进法的知识。像邵康节、莱布尼兹等人知道二进法的,又不能把《易经》和其他史料配合起来研究,以致违反了我国进位的传统法则,把次序弄倒了。所以直到1965年春间,本人发现这种现象,着手研究,10月间撰《重论八卦的起源》一文完稿后,才揭开了这项千古的秘密,直到次年9月于《孔孟学报》发表后,才算将这项秘密公之于世。而数年来易学界竟毫不知它的划时代重要性——易学研究从两千多年来自欺欺人的现象中,转到了经验科学的研究领域,可从系统上由逻辑推知,也可从资料上由经验验知;由一向主观的设证,转到了客观的论证。而德国哲人莱布尼兹发现了八卦二进法则(本人证明他的次序反了),二百余年来,从参考用的《百科全书》(手边1954年版《美国百科全书》),科学史(如英国汉学家李约瑟的名著《中国科学技术史》),《易经》专著(从威雷到德国名汉学家卫礼贤、华盛顿大学卫明德父子的《易经》译作)没有不提到这件事的。本人进一步的发明,国人除了不了解外,有什么证据?(例如:何人?何项《易经》上的成就及得上这项成就?科学是要求具体证据的!)可以否定它的重要性呢?国人不察,我确信终要为本人年年、源源而来的证据,使得贻笑国际和后人的。

把这五章提示的乾、坤、震、巽、坎、离、艮、兑的卦形画出来,就很容易看出它们的奥妙来：

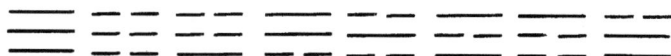

它们是交反的许多对：

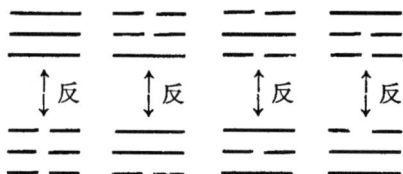

1.第一重交反：每二卦构成一对，表现卦与卦间的交反。

从上图可以看出：每对中一卦为阳爻处，相对一卦的对应处必为阴爻；反之，一卦为阴爻处，相对一卦的对应处必为阳爻。

2.第二重交反：每二对构成对与对间的交反，乾坤一对与震巽一对，坎离一对和艮兑一对，都是交反的。不过要译成二进数字才看得出来。坤、震、坎、兑、艮、离、巽、乾八卦，阳爻为一阴爻为○，依次为○一二三四五六七等八个数的二进记法，亦即○（或○○○），一（或○○一），一○（或○一○），一一（或○一一），一○○、一○一、一一○、一一一等⑰。这样，我们知道乾坤一对就是七和○，是从多（七）到少（○）；震巽一对就是一和六，是从少（一）到多（六）；刚好二对的次序是相反。坎离一对就是二和五，是从少（二）到多（五）；艮兑一对就是四和三，是从多（四）到少（三），刚好二对的次序又是相反。用图画出来，尤感明显：

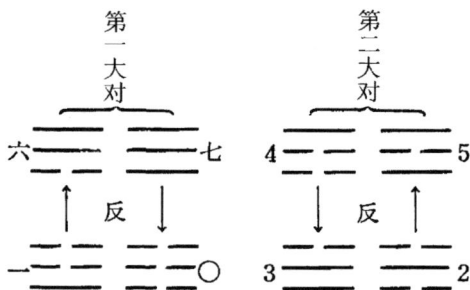

3.第三重交反：在上述第二重交反当中，乾坤和震巽进一步构成对的对（第

---

⑰　同注⑭，第221、224页。

一大对），与坎离和艮兑构成的同样的对的对（第二大对），彼此之间又构成第三重的交反。第一大对第一对乾坤的由多到少，第二大对的第一对坎离，就刚好与它相反——由少到多。第一大对第二对震巽的由少到多，第二大对第二对的艮兑，也刚好和它相反——由多到少。这种大对与大对之间的交反现象，构成了最高的交反——第三重交反。用图表示如下，最为明白：

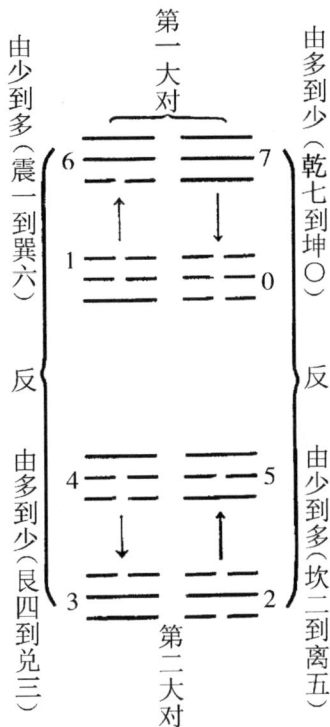

第二大对

由少到多（震一到巽六） 反 由多到少（艮四到兑三）

由多到少（乾七到坤〇） 反 由少到多（坎二到离五）

6　7
1　0
4　5
3　2

第二大对

　　上面分析的现象，是在文字之外发现的，是具体而客观的事实，不像文字那样可以随意加以曲解的。这种层层重重的交反，其严密的程度，和九、六两数笼络整个《周易》本经的情形完全相似，这启示我们一件事实——《易经》是经过严密组织的。因此，我们只要找对了线索，一切的问题都可经由这个系统找出答案来。[18] 本文此项研究的结果，对此又进一步提示了另一项坚强的证明。

　　4.根据"二进原理""交反原则"发现的易数"九、六"真相。上面由易经说卦一章的材料，参照作者《重论八卦的起源》一文中发掘出的原理原则，进一步作

-----

[18]　两千多年来的迷失和本人一系列的发现，都是具体的坚强证据。

严密分析的结果,就得出明显的二进交反原则。有了原理原则(一切研究中最难得到的部分)就可普遍用于解决问题了。

易数"九、六"的问题,如何利用二进的对对交反原则来解决呢?无疑的是先要找出"对"来。而这个对又必须是数上的对。《易经》中有怎样的数上的对呢?根据《系辞上传》:"天一、地二、天三、地四、天五、地六、天七、地八、天九、地十。"及其他资料看来,无疑的,《易经》中有十进记数的系统。又从作者《重论八卦的起源》《八索、八卦、与二进数》《八索、八卦、与二进数补遗》《新数学和旧光荣》《八卦及中国文字起源的新发现》等文研究的结果,证明我国古代确有二进记数的制度,八卦本身,实也是〇一二三四五六七等八个数字。这就有了十进记数和二进记数两种记数系统,得到我们所需要的数上的对了。有了"〇、一、二、三、四、五、六、七、八、九"和"〇、一、二、三、四、五、六、七"的对,再根据对对交反原则,还要查出"交反"的现象来。才能根据真理的一贯性,经由推理,由逻辑推知,也才能根据经验的检证性,经由资料,由经验验知。根据交反原则的逻辑推论,我们可以得知:如果单数或阳数采用十进制,则双数或阴数就应相反的采用二进制中的数,反之亦然。现在单数采用九,从以九为老阳,单数至九而穷(老了)的情形看来,显然就是采用十进制。那么,相反地,双数就应采用八卦二进制中的数了。我们检查八卦从坤到乾的〇一二三四五六七等八个数字,双数刚好至六而穷(老了),这就证明了双数确实是采自八卦二进系统的数,而六为老阴的原因这就豁然明白了。而矛盾的现象也消除了。二千余年来所有解说"九、六"两数的障蔽,都一扫而空了。研究《易经》的才智之士,都不必浪费精力了。[19]

五、进一步的应用推介

我国疑古的风气,盛于宋代,历元明清至民国初而达到高峰。凡古史资料无法解释者,动则以"伪"字相加。甲骨钟鼎资料整理后,发现多有能印证古史者。

---

[19] 多少才智之士,如胡渭等,穷毕生之力研究易经,到最后落得一场空(易图明辨的推翻详本文)。

于是古代信史的重建,遂得一资料上的客观标准。以此项标准相验,合者为真,不合者为伪。今作者研究易学亦借甲骨钟鼎文字资料的帮助,证明二进数字的存在,得知八卦的二进现象,确实是源于古代的二进算法。由这项可靠的二进原理,乃在《易经》本身资料上分析得八卦的对对交反原则。为易学建立了一项客观的标准。这项标准,不但可以用来解决易学本身的问题,也可用来证验古史相传的易学有关问题和史料。例如,古传,殷易占七八,周易占九六。今以本项二进易理得来的对对交反原则相验,殷易和周易又因具备两件事项,而构成一对。在八卦二进数的最后两位六和七,与十进数的最后两位八和九中,周易阳数既采十进制最后一位奇数的九,殷易阳数那就应相反地采用二进制最后一位奇数的七;周易阴数既采二进制最后一位偶数的六,殷易阴数也就应相反地采用十进制最后一位偶数的八。所以殷易占七八,周易占九六,正好与我们找出的对对交反原则相合。又周易首乾称乾坤和殷易首坤称坤乾,亦合对对交反原则。按《礼记·礼运篇》谓:"孔子曰:'我欲观夏道,是故之杞,而不足征也,吾得夏时焉。我欲观殷道,是故之宋,而不足征也,吾得坤乾焉。坤乾之义,夏时之等,吾以是观之。'"注解谓:"杞、夏之后,宋、殷之后,……孔子言:'我欲观考夏殷之道,故适二国而求之。意其先代旧典,故家遗俗,犹有存者,乃皆无可征验者,仅于杞得夏时之书,于宋得坤乾之易耳。'夏时,或谓即今夏小正。坤乾谓归藏。商易首坤次乾也。"可见本项资料为真。因对对交反原则深藏于失传之二进易理中已数千年之久,任何作伪者均不能有前知之明,绝不可能为今日的发现,而预作如此精密的布置,是非常显然的。后人对这些资料的怀疑,如《集说》引石梁王氏谓:"'以乾坤合《周礼》之《归藏》,且有《鲁论》所不言者,恐汉儒依仿为之。'诚如其说,则《夏小正》之书与坤乾,何足以证礼?注训征为成尤非。近儒有引此以解《鲁论》者,谬甚!《中庸》亦无是说。大概(大概得可笑)此段仿《鲁论》为之者。"都是白怀疑了。所以古代的资料,在当时书写和记载工具极端不便的情况下,又经后代长期的淘汰散失,而尚保存下来,绝不是可轻易怀疑的。没有深入了解过的,也不可轻下论断。如陈希夷、邵康节一派,以二进算法研究易学的结果,经大哲学家兼数学家莱布尼兹发现后,在西洋已成为常识。而国内学者,毫不知情。数年前作者发现易学新系统时,曾遍查国内易学著作(书籍和论文），竟发现只有一篇三十几年前刘百闵先生译的《莱布尼兹的周易学》，并且还是翻译日人五来欣造氏《儒教及于德意志政治思想之影响》书中的一篇，发表在当时中央大学易学研究会的易学讨论集中。自从八卦二进现象被发现以后，邵康节一派易学，已非零碎的考据工作所能研究，黄宗羲、胡渭等人毕生考据的结果都白费了。例如，胡渭毕生的工作结晶，以前被视为不易之论的《易图明辨》，实在都可放到废纸篓中去了，胡氏在本书中对先天卦图的考证结果，谓是源于《参同契》。但《参同契》中的此项卦图，又源于何者？是否魏伯阳杜造的，还是传自前人的？在《周易》中有无根据？胡氏考证的工夫都是无法找出答案的。胡氏岂知那确是根据《易经》中显示的二进法则而来？邵氏对易数的修养，是千真万确的事（当时各家记载班班）。胡氏不从研究学术内容入手，而在资料牵连的表面现象——考据中打转，所以最后落得昙花一现，而终不能结果。这证明了考据工作的限度，同时也证明了学术内容的真正重要性。而国内研究易学用力最深的前辈们，尚以胡渭等的立论为定谳。不能从透彻了解二进数学的学理入手，无法了解客观的事实，在科学研究方法和精神上来讲，都尚是隔了一间——都至少应是莱布尼兹以前的看法，西洋和日本方面也没有看到进一步的发展。从这点可以意会到本人一系列的研究到本文发掘的各种史实和得到的原理原则，在易学上，就世界的学术水平来讲，也应该占有何等的地位？[20]

【陈道生　台湾文史学者】

原文刊于《中国文化》2016 年 02 期

---

[20]　见本文，按莱布尼兹氏发现六十四卦中的二进法则后，国际上从普通参考用百科全书，到易学、数学史、科学史专著，重要汉学家，没有不提及的。本人以众多具体的证据（甲骨古数字和《易经》本书、古史……资料），证明莱布尼兹氏所据的进位次序（从上到下）倒了，本人重新发现的才对。又近来对莱布尼兹氏发现的事实（虽然倒了）颇有被怀疑的趋势（如李约瑟《中国科学史》中对此事的意见。《美国百科全书》将二进记数法很早已在中国应用过一事删去，1954 年版则有）本人改正了莱布尼兹氏的发现，进一步加以具体证实，并发展出许多的其他发现。就常识层次来判断，也应可看出含蕴的重要性。而本文随其他各文，曾蒙学术机关推荐中山学术奖数次，毫无结果。可见审查人对青年学术成就的苛刻和良心问题了。以后研究历史者应多注意中山基金会的此项档案。

占卜的诠释与贞之五义

论易占原初思想的哲学延伸

成中英

在《易经》的哲学研究的诸问题中,占筮的意义如何理解和评价,历来是最麻烦、最容易引起争议的问题。由于《易经》曾被用于卜卦,它往往被看成卜卦之书或占筮之书。事实上,这是一个比较简单的说法。因为即使是在最初,《易经》所包含的意义和价值显然也不限于占卜一途。当然,应该看到,《易经》的形成过程主要与占筮这一功用有关;但同样不容忽视的是,《易经》还有为了达到占卜的目的而从中开发出宇宙观和本体论这一面。因此《易经》的占筮显然已不是简单自发的、单纯经验性的占卜,在其中已经确立起一套占筮的原理和学问。在这种意义上,我们应该从多视角、多方面来了解占筮的程式、原理及其系统本身的思想构造原理和哲学意义,透视它在《易经》整个哲学体系的形成和发展中所起的作用。

一、占卜与《易经》的符号架构及意义表达

作为直观性的占卜活动到占卜的符号和观念的系统表达,其间无疑经历了一个漫长的人类思想演进过程。占卜在《易经》中是从一个卦象系统直接设定下来的。这一符号化系统一旦建立,就使占卜超出了原始直观的观念水平,反过

去又成为占卜自觉运演的依据。即是说,这时候的占卜既须依据卦象的象征类比,亦须考虑到卦爻辞的指示。因此,对整个易占的了解,首先就涉及了一个对易卦的符号特征及其本质的了解;再者,此一了解也涉及对卦爻象和卦爻辞两者所构成的整体关系和意义的诠释。这样看来,易占的哲学含义可说十分复杂而丰富。

进而言之,占卜的哲学化大体呈现了这样几个环节或阶段:直观的占筮运演→符号化,亦即卦象及卦象系统的建立→占筮及卦象的语言表述和概念化表达,亦即卦爻辞及卦爻辞系统的建立→符号化和概念化使占筮在义理层面上深化,从而亦使爻理本身作为一个系统确立起来,并不断扩充,反过来又使卦象系统和卦爻辞系统通过诠释的方式扩充其原有的意义。正是通过符号化、概念化、义理化多重方式,占卜获得其本体论基础及多重规定性,并使占卜的原始宇宙观转化为本体论的哲学宇宙观。

由此可见,在《易经》中,占卜已经超出了原始占卜的直观的观念水平。除了逻辑化演进外,其中还包含了道德意义和人生价值、文化创造的意义。由于易卜显示了价值观念和逻辑思维的发生过程,对占卜的了解,当然也是对哲学的原始意义及其发生过程的了解。

本节的讨论从占卜的符号化问题开始。占卜的符号化形式就是卦象及卦象系统的建立。由于易卦在其最初起源上是与占卜活动有关,是占卜运演的程式化、规范化、图式化、模式化的结果,因此对易卦符号的了解是很基本而原始的。对这种符号作的了解(与作普遍性定义上的了解是不同的:一为还原、一为诠释)就成了对卦的构成原理的了解,从而了解到卦的意义是在怎样条件规定下及在怎样一种经验基础上确定的。这样看来,《易经》的整个卦象体系有其相对应的占卜运演的逻辑系统。正因如此,后来的易学家们才能从这一系统中推导出一些更周密、更繁复的数理模式。

卦辞系统是依据六十四卦的卦象系统建立起来的。与六十四卦相比,八卦系统则是较纯粹的符号图式。因为八卦都没有卦辞。从占卜来看,占卜的意义阐释基本上是以六十四卦为对象的。问题在于,六十四卦的卦辞是否表达了卦的原始意义,卦的本体意义(它的基本的意义及其规定性)是怎么来的?卦名是否可以看作卦的概念表达,还是一种意义很宽泛、可作多方面引申的象征? 这种象征在《易经》中又是怎样规定下来的。

可以初步假设的是,卦辞是对卦象的诠释,因而,整体地看,卦辞有其诠释原理,且自成一系统,或可说是依据宇宙现象来给人事定位,反过来又从人事的角度来对宇宙作具体的诠释。

这样看来,《易经》的诠释是多层级的。(一)作为事物的表象,易卦既是宇宙的图示和象征,也是对宇宙现象的诠释。宇宙从个别事物来看是表象,而从其基础、动力、根源、归宿的整体观点看则是本体。诠释在这里是双向、往复展开的,即既由体达用,又由用达体。(二)其次,卦辞既有其相对独立的意义表达作用,其本身的指示功能是较明显的,其内含意象又具有象征性,同时亦是对卦象的诠释。这样我们就可以在进一步的层次(超越表象的层次)上提出这样的问题:卦爻辞是否可脱离、超越卦象来理解? 在一定的意义上是否可以看作对宇宙的直接诠释(王弼扫除象数以后,辞的意义的独立性是否突出了)? 再者,概念上的类与符号意义上的类是否重合,概念的诠释和符号的诠释是否具有连续性? 等等。

我们这里的讨论不能走得那么远。现在大致可以确定两点:由于(一)卦象及其意义是从时间和空间关系、人事关系种种角度来表达的;卦象指称显然是从类上,从关系上,从功用上等多重角度设立的。因此无疑可以从符号与概念、从卦爻象与卦爻辞密切相关的角度来理解和把握两者的任一方面及其相互间的意义联系;(二)卦的意义是跟人事、时间、位置,跟人事对价值的判断结合在一起产生的。由于卦是在一个整体的网络中定位,因而其意义可以超越其自身的界定而衍化出一般的规定性。卦当然有具体的经验基础和来源,因而跟具体的时空和人事直接有关,但一俟卦与整体的系统相结合或组合,就使卦与这种具体的时空和人事的结合逐渐获得更普遍的意义。

这样看来,卦可以看作在占卜的过程中跟人事、跟时空、跟人的价值评价判断推论种种事件显然和过程相关而获得的一个具有数理确定性和符号多义性的一种分配。在这种意义上。每一个卦都相对其他的卦来决定其基本性质和原始意义。如相对于坤卦,乾卦就有了"元、亨、利、贞"的意义;相对于乾卦,坤卦就有了"元亨"的意义。当然这种相对性并不是都像乾坤两卦这样相对称的。各个卦的相对卦是从卦的整体网络中确定的。某个卦有这样或那样的意义都是相对于其他卦而言的,卦作为一个占卜的符号体系,每一卦相对于所有的卦的意义而来决定的。进而言之,这种对称还应从更普遍的角度来理解。不仅有卦画符号结构上的对称,还有意义上的、逻辑规定性上的对称。概言之,卦的意义是相互决定的,相互依据的。只有这样,卦的意义才能定位,才能被人掌握。从占卜的观点看,卦的整体是占卦的经验的一种长期分配的结果,而个别卦是占卦经验的一种稳定性分配的逻辑化形式,只是在这种意义上,我们才有理由说,卦的判断式具有相对确定性。

基于前面的初步解说我们就可以进而分析卦辞获得意义的过程,我们前面已约略说到,某个卦象本身设定的意义,这些都得从占卜的角度来了解。占卜的重要性在这里就是赋予卦的意义,通过对占卜的了解使我们得以理解卦的意义的具体规定性。

作为占卜呈现、揭示意义的过程,可以说每个卦都代表一种处境。对卦义作具体的了解和把握就会产生一种新的意义的分化和组合。事实上,这种意义的分化及确定意义的分配,都是针对意义本身的一种彰显和诠释。占卜的经验是一种根本性的原始经验,是一种变动、变化的经验,这种变动由占卜的方式来呈现。占卜有其语言表达方式。首先是通过卦辞对卦所表示的处境、环境、结构、过程的阴阳的性质、层次、关系作整体的揭示;其次通过爻辞来分别作具体的描述和表达。爻辞相对于一个卦的整体意义、卦的整体原始意义或引申意义来取得它的个别分化的意义;此外,爻辞彼此间也是相互决定的。以乾卦为例,初九的意义是相对于九二而言,也相对九三、九四乃至九五、上九而言来产生意义。其他各卦,都可以此类推。每一爻都是相对其他爻而获得其确定的意义。所以卦爻辞获得意义的过程也跟占卜密切有关。卦在一定的关系网络中呈现环境或境况——因此在一定的意义上,卦象系统可以说隐含了一套境遇价值学原理:在这某某环境和境遇下如何维持一个人的德行,而在维持德行的前提下又如何再求德行的提升、超越。在这里道德价值具有比功利价值(吉与凶)更重要的意义(善与不善)。

由此看来,占筮就其形式而言是一个成卦和占卦的过程,而从其内容方面而言,则可说是一个决定意义的过程。就后一方面看,它先为每一个卦的意义定位,再为每一个爻的意义定位,从而有了卦辞和爻辞。而卦爻辞的"范式"和"范例"的确定及其系统化,其间经历了一个很长的了解、归纳、分类的过程。这一过程的基础就是日益丰富而自觉的人类的外在经验和内心体验。这一精神演进过程,若从现代哲学的眼光来看,可说是主观的个人或作为历史意识日渐觉醒的主体认识宇宙,认识自我的主、客互动的一种文化成果,也就是用价值规范知识,用知识理解价值而使之结构化、范畴化的结果。

易卦的意义结构是双重性的,这就是知识与价值的互动互释,客观的宇宙在主观的心灵中对象化(分类)、范畴化、律则化、图式化,就形成了人们对世界的种种知识。而在人的主观心目中,与世界遭遇所感受到满足、不满足的种种心态则成为一套价值规范。因此就客观的一面说,卦爻辞具有认识论的性质及含义。由于占卜是一个展开的过程,这就使既有的知识原理具有开放性,因而这种知识是可以改变、修正、注释、丰富乃至重建的。就主观的一方面而言,它有价值的意义。卦爻辞系统可以看作对宇宙、社会、人事、人的需求和意愿,人的理想的一种透视性的呈现。所以对卦爻辞的发生学内涵,作深入了解就可以发现,它们基本上都有这样一种认知和评价并举互动的格式。由认知而形成一种知性的、逻辑的推演,由评价而逐渐使各种主观的价值趋于规范化。这样的逻辑推演方式和价值规范系统一旦得以确立,反过来就决定了所有卦爻辞意义构成的基本内涵。

这样,在对卦爻辞进行具体分析和阐释的同时,我们可以这样来设问:它所呈现、所表达、所提示、所象征、所预测的意义,是现实的,还是理想的? 是认知的,还是评价的? 是描述的,还是象征的? 是说明的,还是规范的? 依据设问的方式,我们也许可以对所有的卦爻辞进行分类。上述这些问题在以前都没有被深入地研究过,要么脱离占筮,好像卦爻辞的含义无需作深入的思想阐释,要么强调其占筮的朴素性,认为在占筮的基础上根本无法确立深入的哲学思考。这两种见解都将占筮和卦爻辞的思想表达意义过分简单化了,因而对占筮产生意义的思想过程仍然是不清楚的。

在进行这种分类的时候,我们应该注意到,有的卦爻辞在表述上意思较完整、较明显,有的由于较简略,其意义则比较隐晦。因而这种分类是假设性的,并且随着理解的深入是可以不断修正的。不过,借助于这种假设,我们的分析具有初步方法论的严格性,从而使描述性的解释方式的随意性得到合理的克服。

这里,我们仍以乾卦为例,通过对其卦爻辞的多角度的审视和分析,我们也许可以对卜筮产生意义的过程有较深入的理解。

乾卦辞(彖)"元亨利贞"这一命题是由贞兆辞构成,其原始意义无疑与占卜直接有关。一般研究者都认为,"元亨利贞"要是作为贞兆辞来看,了无深义可言。其实,这是比较皮相的见解。即使是单纯从占卜的角度或范围看,其意思就已经相当复杂。因为在这里"元亨利贞",无疑已经包含了多层复杂的意思,既是针对事实所做的描述、揭示,也是对整个事件而作的预测、判断;同时,既是对行为的规劝及对行为的规范,也是对某种理想状态的表达及对人类主观意愿的导向。进而言之,我们如果把系统化的占卜作为《易经》思想原初的表达方式和易理的原始的体现和应用,其意思还可以从更深入的思想层面上来理解。在这里乾卦的"元亨利贞"还可以作为一个具有普遍思想意义的原理的命题表达来理解。事实上,"元亨利贞"无论从整体的观点看,还是从分殊的观点看,在《易经》的卦爻辞系统中正是被作为一般命题而被运用对卦的解说和判断的。这里我们不拟走得太远,暂时回到乾卦的实例上来。在乾卦中,"元亨利贞"从字面的意思来看,是说这个卦所表现的存在状态或生存境况原始而美好。因此,"元亨利贞"的原始意义是对一个原始美好状态的表达,并指出对未来事件可以作出有利的决断和行动。这样,这一命题既显示了一种状态,又说明了这一状态,同时也包括对一事情趋向及潜力的认定、肯定。再进一层分析,"元亨利贞"在这里既不是单纯的描述,也不是单纯的预测,而是基于现状对未来的判断。不过由于在卦辞中没有明确说出这是一种什么样的判断,因而我们可以从一般意义上来理解这种判断。事实上这种判断式在对某些卦象的解说和确定中(贞作为占卜的设问),说明占卜本身是探索性的,并在一定意义上显示了"占卜的逻辑"。这种逻辑既是显示性的,也是发现性的。它发现并显示了任何占卜在某种有利的环境或条件下都具有好的结果。所以乾卦的卦辞"元亨利贞"又成为一般性的描述、一般性的预测。

统观《易经》中其他各卦,每一卦事物都是以现实状况和条件进而作出建议、提示、判断。尽管有些卦辞其字面意思仅仅是事物的描述，不一定有什么规范的意义，但仍可对其展开完整的分析。如小畜："亨，密云不雨，自我西郊。"其贞兆辞的性质较简单。表面看来，贞兆辞的提示只是对一个具体事实的表述。但如果我们进一步将其看作对自然现象变化的因果性的具体表述（当乌云从西天飘来，就不会有下雨这种状态发生）亦未尝不可。此外，这种表述中显然还包含着对自然现象变化发生深切关心的情感因素。这样，小畜的卦辞字面意思虽然简单，却一方面表达对事实的认知，另一方面又揭示了一种因果能动性，同时暗示在这种情形下，人做出的某种选择会有怎样的一些后果，最后可能还暗示人应该怎样去做复杂的义项。我们也许可以将其称之为是一种接受学意义上的复杂性。在这种意义上，卦辞的内涵到底是描述，还是预测，显然仁者见仁，智者见智，可以做出多面的诠释和把握。这样看来，所有的卦辞，作为占卜的意义表达，大体都有多层意义内涵：（一）要了解环境及其现状或现实的境遇；（二）对事物或事件的未来态势做出预测；（三）依据基本的判断来规范行为；（四）依据可能性做出选择，因而这种选择是动态的，并采取相应的行动。这种分析如果能够成立，我们就应该避免对卦辞的意义作简单化的解释。

我们这里可以附带地对卦辞的表达方式及语言形式方面作一些分析。正如孙诒让所云：筮辞"皆为韵语，与《诗》相类"（《周礼正义》）。这个"相类"就在两者皆以比类感兴来为其意义定位。在这种意义上可以说，卦辞实际意义的发生，有点像诗的意义发生过程一样。诗的发生起于诗人的由特定的情景而有的感触，是由主客体间的呼应而有的比兴或感发，是一种自发而又自觉的反应。由此而引申出种种比喻、象征、意念，就成为构成卦辞的词义和言象的因素。这种因素与其经验基础同样重要，这是一种直觉的因素，却能使经验融贯而感通。或者说，这是人类长期的宇宙体验和人生经验的内在的组成部分。正是这种直觉或直观，在使占卜知性化的同时也使其诗性化了。

由于《易经》卦辞的意义系统是通过一个发生学的过程而确立起来的，因此，卦辞从原始直观的观念表达进而到具有多重意义规定性的注释原理的建立。这就为以后易学多向位、多维度的发展奠定了思想基础。例如："元亨利贞"在"乾""屯"诸卦中，其原始比类感兴的意义相对较为质朴，其形上学的意义是隐含着的,而到了《易传》《子夏易传》中,这些词语就有了更为透彻而确定的价值学和形上学等含义。这种意义的新设定既是创造性注释和发展的结果,也是一个由隐而显、由直观而反思的过程。事实表明,这种显示的方式可以从不同的思想层面来展开。而不管以怎样的方式展开,我们首先必须对易经占卜的哲学性本质或实质有较深的了解。

二、贞之五义

倘若《易经》本有占卜之用一说能够成立,那么,"贞"可说就代表和包涵了占卜的整个的活动和内容,对"贞"的了解事实上就是对占卜的了解。由于占卜之"贞"本身就是《易经》哲学最初的组成因素和建构形态。因此,对占卜作深入的哲学性的了解,从中就可以进一步地引申出对《易经》哲学的原始基础和历史起点的了解。

"贞"在《易经》中是最早作专名使用的词之一,且在经文中运用得相当频繁和广泛。这一点我们上文中已有所论及。作为占筮之贞,作为专门化使用的贞,其哲学的义涵与规定性究竟如何,我们可以初步地从经文中来理解其含义,即从贞在卦爻辞中显现的意义来了解。总而言之,须了解其词源学上的最初的含义及用法,再将其放在经文的上下文关系中来具体展开分析。简言之,不管形式及操作方式如何,占卜本质上是对未来事件的测定和探索。辞是与卦符紧密联系在一起的。卦由辞而义显,因而具有意义上的确定性。卦辞既是占卜前的探索,亦是占卜后所做的事实上的记录。基于这两者再加上一个主观上的认定,这就使卦辞的意义具有多面性。这样经过一系列经验提升的过程,不仅使卦的含义具有基本的确定性,同时也使卦爻辞的表述方式范式化了。由此看来,这种客观的探索描述和主观的认定把握一开始就包含在占卜的活动和观念中了。因此,"贞"作为占卜活动和观念所具有的原始统一性的结构,尽管在逻辑上我们可以予以假设,但其历史发生的起点究竟应该如何确定颇难具说。当然"贞"的理解和解释的发生学上的困难,并不妨碍我们对其基本含义及概念结构做出较平实的考察和说明。

（一）贞为占卜的原始意义

贞为占卜的原始意义是"以贝卜问"。以贝占卜而释贞是基于字源学上的理解。《说文》说："贞，卜问也。从卜，贝以为贽。"再加以普遍化的理解，贞可以兼指多种形式或方式的占卜。这是"贞"最初具有的一些意思。

以贝卜问当然还只是一种具有特殊意义的直观性的活动。由于在《易经》中作为占卜的思想表达，已经较彻底地扬弃了与实物性运演直接关联的手段和方式，而使占卜的意义一般化、普遍化了。因而，我们已经很难完整地了解"以贝卜问"的原始的思想性质和观念规定性。但有一点显然是可以大体肯定的，这就是，"贞"的字形结构的分析揭示了其概念的起源确实与古老的占卜传流有关。从"以贝卜问"之贞到《易经》的成卦、占卦之贞，其间经历了一个长期而复杂的发生学过程。

卜是中国历史上曾起过重大作用和影响的文化学术现象和精神活动方式。特别是在中国文明的早期，其功用尤为重大，几乎一切主要的社会活动方面都与卜密切相关。结合文献记述和字源分析看，"卜"大体可以有两种形式：一种是口卜，这就是占；一种是贝卜，这就是贞。后来不用贝卜，而用蓍卜（或者占）。蓍卜也是一种贞，而从发生学的观点看，原始的卜与巫史文化中系统化、规范化的卜显然已有很大的不同。卜的系统化与中国上古巫史文化传统有关，是巫史文化兴盛和成熟时代的产物。我们现在能够较完整地看到，记载中国最早的卜的资料，是商周时代刻有卜辞或占卜符号的甲骨和青铜器，用甲骨占卜称为龟卜，而与在青铜器上铭刻的文辞和占卜方式相比，《易经》的占卜已经系统化了，并超越了直观的运演水平，以一套卦象符号体系和卦爻辞系统来表达复杂的观念和思想。值得注意的是，《易经》用贞来表达占卜，实际上就是强调，这时候的占卜已经处在符号化和概念化的水平上。从"以贝占卜"进而到"以卦占卜"。贞才有可能作为一个具有多重哲学含义的概念确立起来。问题在于，贞作为占卜的方式，作为取象运数的方式是怎样运演的，这种运演传达或体现了怎样一种逻辑方式，有没有其先设的形上学和逻辑上的前提，等等。这些问题历来是易学研究的悬案。由于《易经》没有将其明确地表述出来，这些问题仍悬而未决，须我们花一番分析的工夫才能有所认识。

可以从逻辑上初步假设的是,贞卜,不管它处在怎样一种观念发展的水准上,总是有其先设的原理作为初步的依据。因此,即使是最原始直观意义上的贞,一旦确定化就已经置处在一个逻辑框架里了,并有其相应的形上学基础。当然若从贞卜的整体结构和过程看,其运演的原理可能是先设的,也可以是多次修正性的,因而是随时以经验性内容为补充条件。"贞卜"就是以某种确定的条件或原理为依据,进而探讨或决策未知的、不确定的问题和事情。

卜字从象形来看,是一个人用手在专心凝神地做一件事情。在其初,"贞"与"卜""占"似有区别,从这卜辞中可以看得较清楚:"戊午卜,串贞:殷亡祸?二告。王占曰:吉、亡祸"。(《甲骨文合集》《续存》下442)。在这里,卜、贞、占在典仪中是一种按一定程序或程式进行的行为,卜是灼龟致兆的行为,"贞"则是针对兆而进行卜问,最后由商王亲自审视兆象断决吉凶。后来"贞""卜""占"就成为一组相关的通用字。不管哪种情形,事实上,"贞"都代表了一种心灵,一种意向性,作为卜筮的行为就是"贞"。这可以说是《易经》中"贞"的第一层意思。"贞"在《易经》中作为寻求、探原未来的意向性的行为,是以占筮直接体现的。因此,占筮可以说是其第一层意思。所有在《易经》中"贞"之原始意义显然都可以从占筮的角度来了解。例如"贞"就是占筮,"利贞"就是某种情况、条件利于占筮,而"利贞"或"可贞"就涉及占筮的有利性、有效性如何达到,及实际探索到一种好的结果的程序。"不可贞"则说明有的事情虽然是一些现象,但其表象没有象征性,没有指导性,没有对未来透露出有利的信息,它可表一种困难,一种迷离的状态。"安吉贞"是说能够安然专心于所卜的象去行动,自然就是吉利的。

(二) 贞为正

以贞为正,以正释贞是后来的易学家最初加以引申发挥的见解。《子夏传》:"'贞',正也。"这种意义上的贞或正,是作为卦之"四德",即四种基本性质提出来的,因而离贞之本义尚不远。由于占卦往往由事及人,因而卦之"四德"自然就会引申到君子的"德"上去,这样,卦之"四德"就被进一步发挥为君子四德。于是,贞德,就从性质概念,进而成为一个道德概念,并且两者很容易混淆不分。贞作为正德的道德含义,《文言传》作了揭示:"贞者事之干也","君子……

贞固足以干事"。朱熹的卓识是将"元亨利贞"本是占辞一义揭明,他指出,"当初只是说大亨利于正,不以分配四时,孔子见此四字好,始分作四件说"(《朱子语类》)。但他在具体解说时显然有些混淆。他说,"正而固也"(《周易本义》卷一),"正字不能尽贞之义,须而连正固说其义,方全。正如孟子所谓知斯二者弗去是也。知斯是正意,弗去是固意"(《朱子语类》)。这里,朱熹显然将贞内涵的二层意思混为一谈了。

由于在《子夏传》中对贞只是作了直观性的表述,因而,后人在试图进一步圆满其说时,会产生一些误解。这种误解即使是像朱熹这样非常有卓识的学者也在所难免。需要进一步说明的事,正与"固作为贞"的概念的完整的意思,当然是密切相关的,但若从贞概念的历史演进的观点看,正与固仍可作细致的区分。贞作为卦德只有正的意思,固的道德含义是由正而延伸出来的。

由于贞体现了卦的内在的本质。从贞的原义去了解它作为一个占卜的行为,必须很严肃、很投入,必须是一个端正的行为。这里须注意到占卜的原初的动机和条件。远古时代,人们对于不知道的事,所意欲实行的事要占卜。后来(殷周时代)占卜神圣化了,成为"神道设教""开物成务"的工具和方式。于是,必须要面对重大的事态才去占卜。占卜越来越心灵化了,与当时最重要的文化观念建立更密切的联系。因此,占卜还有宗教的意味。而要祈神问卦,借助外来的神灵来显明一个问题或找到实行的方案,即就必须拿出最好的心态。在这种意义下,贞就有了端正的意思,也就代表了一种端正的心态。因此,由"贞"而"正"这种意思转化或引申是可以了解的。贞或正就是一种正常的状态、正直的心态,以此来体现"天地之正"。这样看来"正"与"真"(真实)也有意义上的联系。正是主观性的真实,真是客观性的真实。在贞卜行为中,两者当然是有联系的,但贞作为真来阐释,如同以固释贞一样,在概念发生上是较后起的,这一点我们放在后面再来讨论。

由此看来,贞是一种正道。凡是符合事物本性、顺应天地之变的都是正道。"利贞"就是合乎正道、利于正道之事。这一点王夫之阐说得很好:"惟元故亨。而亨者大矣。以其美利利天下,而要与以分之所宜,故其利者皆其正,而惟其正万物之性命,正万事之纪纲,则抑以正而利也。其在占者,为善始而大通,所利皆贞,而贞无不利之象"(《周易内传》卷一)。在这种意义上,"贞"之正并不必相对于不正而言,而是在形上学的层面上确定的。顺此而理解,从贞之正可以进一步发挥出贞固、贞信等含义。

(三)贞为固

就贞为正、为正道而言,从贞可以演绎出许多与正有关的意思。由于贞之正是常有的,不是偶然的现象,贞就成了一切正常的事态,一切变化过程所固有而确定的特性。可以说,贞不但是正常,也是常道。由此,贞也就有了固、常、定种种含义。从这种意义上看,朱熹将贞释为"正而固"是有道理的。不过,固一类的含义显然是从正引申出来的,而不是直接从贞引出的。正而后有固、有常、有定。这里,固、常、定同时也可从动词的意义和用法上来理解。固就是固守正道,常就是将正设定为常则,定就是对正的认可和坚持。这样理解的结果,就将贞引入道德评价的领域来。因此,贞固、贞常、贞定一般都可以从其相对的意义来了解。"可贞"就是可以固守、可以认定的某种情形、处境和形势;"不可贞"则与"可贞"相反,是不可固守不变的某种情形、处境和形势;"贞凶"就是某种既成的、不可坚持的、而须从正道上去化解其凶险的境遇。

(四)贞为信

贞作为信,显然是从正和固推衍而来,因而,贞之信可以从两种角度来发挥。从道德的角度看,信为五常之德之一,有信任等意思。何妥注《文言》"贞固,足以干事"时说:"贞,信也。君子坚贞正,可以委任于事"(引文见李鼎祚《周易集解》卷一)。李鼎祚认为,贞从五常、五行的架构上来认识,也可以说"(贞)以配于智……不言信者,信主上,而统属于君"(同上),因而,贞作为智或信,其道德含义与形上学是相通的。从形上学的观点看,假若我们了解了事物的常固的状态,这常固的状态性也就成为其真实的本质,或者说,它内涵的性能就是事物的内在德性。这种德性就是信,就是真实的存在。朱熹在释《文言》时,其见解与李鼎祚接近。他认为,"贞者,生物之成,实理具备,随在各足"(《周易本义》卷一)。他又指出,"贞者事之干,知是那默运事变底一件物事"(《朱子语类》)。按照这种解说,贞为"实理"是一种本体工夫。可说把贞信的形上学意义揭示得相当透彻。

倘若我们由贞信再回到占卜的原初立场来看这种意义的引申,可以说,占卜之所以有其合乎理性的一面,就是因为它能够针对事物的本性和本质而进行探索。我们一旦对事物的本性有所了解,就能进而把握其变化的规律和发展的方向。贞作为事物的本性,可以说任何事物都有它的贞。这样,对贞的了解就成了对存在的本质和意义的了解。

（五）贞为节

附带还可以指出贞的第五层含义:贞为节。节是从正、固、信这几层意思中引申出来的。合乎自然周期律、合乎道德律为节。从贞还可以进一步引申出诸如贞节、贞操等具有伦理道德规定性的概念。通过对贞所包含的五层基本意义的分析,我们可以比较清晰地看到,贞在《易经》中是一个具有形上学、方法学、道德学等多重含义的概念。贞卜然后有所正,正而后有所固定,固定而后有所信从,信从而后有所节制、规范,节制、规范而后有种种事功。应该说,贞的五层含义从概念的演进过程看是依次递进的。这些含义一旦各自以概念的形式确定下来,可相互阐释,相互显明。当然可以将这五层含义运用于《易经》本文的理解和解说,但必须看到,这五者非一解而能尽通经文,必须随上下文细细体味而定。

三、易占的本体诠释性

占卜在古代文明世界里是一种相当普遍流行的文化现象。在这里,我们应当将《易经》的占卜与其他种类繁多的占卜作适当的区分。因为,很显然,《易经》的占卜与其他方式的占卜无论是在形式和观念上,还是在思维水准和性质上都有重大的不同。只有在中国的《易经》中,占卜才达到了系统化、哲学化,并以符号架构和卦爻辞等多种方式来表达其丰富的思想意义。而在其他民族那里(例如在近东和美洲),占卜并没有发展系统的思想,而仍停留于民俗应用的水准上。《易经》的占卜不仅有系统的思想,其占卜一旦以符号和语言的方式达到系统化,就显示一个开放性的意义结构,并进而趋向整体性的思想目标。其思想意义的深入和丰富化,期待着新的创造性的诠释。

《易经》整个思想体系的形成经历了一个复杂的、日益深化的演进过程。在这一长远的历史发展过程中，《易经》从实用性、直观性的占筮走向义理性、抽象性的哲学。应该看到，易的哲学性的本质之所以能逐渐从占筮中脱化而出，是由于易占本身的哲学内涵就已经隐含于占筮的应用和操作系统中。犹如事物的本质和本体就隐藏或潜存于其功用之中那样，《易经》的哲学之体并不是用于占卜的具体的文化历史经验而虚设的，它就寓于"易用"——而占卜是易用的原初形式——之中。因用显体，体立而能有更多的用。因此可以通过《易经》的占卜之用来了解其哲学本体的设定方式及诠释基础。这样看来，《易经》所包含的哲学，从占筮演进到思想，从符号系统走向语言系统、义理系统和本体论的建立，是一个逻辑发展的过程。从符号到语言、到义理，可以理解为是一个意义递进的过程。而一俟《易经》的本体论以明确的形式完整地确立起来（这一步是在《易传》中完成的），《易经》的各种思想因素和多层次关联的思维，就在一个更大的辩证诠释架构中获得种种新的意义，符号系统可以在语言系统中获得更多方面的意义发挥；反之，语言系统也可以由符号系统的配合而使其兼而能从象数和义理两极伸展其思想表达的功用，而义理系统既可以从一个更高的本体论层次来定位和取向，也可以在一个特定的方法论的引导和规范下充分发挥其知识上的效能。

基于以上所述，我们完全有理由进一步将贞作为一个具有本体论和方法论多重功用的概念和范畴来理解和把握。事实上，贞的深入的哲学内涵，《易传》的作者早就有相当深刻的认识。不幸的是，这一点却往往为而后的许多学者所忽视。历来有不少《易经》研究者，要么单纯从占卜的角度解说贞，简单地认为，贞卜并无深奥的思想，要么循宋明理学家的旧说，仅仅从道德伦理的立场加以发挥，而没有看到贞在《易经》中具有一个思想内涵十分丰富的诠释学结构。这种内涵或结构的构成当然是历史性的。正是由于"贞"是作为一种历史性的精神活动而确立、展开和深化的，因而也使其本体规定性具有一种与时俱进的意义。

《易传》对贞作了本体论诠释。《彖传》表述了贞是基于对乾元（宇宙本源）的自觉认同而作的整体定位的思想："大哉乾元，万物资始，乃统天。云行雨施，品物流形；大明终始，六位时成，时乘六龙以御天。乾道变化，各正性命，保合太和，乃利贞。"（《乾彖传》）这里不能对整段引文作出详释。从《彖传》对元亨利贞所作的整个论述看，我们大体可以从三方面对"贞"作出界说。（一）性命的定位就是贞,或者说,贞就是在"六位时成"(天地人整体关系和结构)中的定位。天地间无论人还是物,各有其性,亦各有其命,经过天地的形成和发展以后,人和物才能"各正性命",各得其所。(二)定位是为了在宇宙间实现最高的和谐。如果说,元是整体的、原始的和谐,贞就是由整体而原始的和谐发展而来的分化的和谐。贞也可以说是个体性命的自我实现而达到的和谐状态。(三)贞是整个宇宙发展过程达到完成的状态,又是新的开端。贞作为对乾元的复归,也为自己获得了生生不息的动力。"保合太和"显然就是原始的、整体的和谐与分化的、个体的和谐的统一。因此,这种和谐是动态性的、动力性的,体现为"贞下起元",循环无端的过程。由此可见,贞的深刻的哲学意义,须透过一个宇宙观的整体架构才能充分地显现出来。

《系辞》将贞作为一个在宇宙间具有普遍意义和有效性的准则或原理提出来,这一点意义十分重大。《系辞传下》说:"吉凶者,贞胜者也。天地之道,贞观者也。日月之道,贞明者也。天下之动,贞夫一者也。"这里有必要强调贞在哲学上的原始性和本源性,它赋予宇宙间一切事物以意义,从而才有可能深入地理解《系辞》里的这段话。"吉凶"从形上学的角度看,透露出宇宙变化的情形,即所谓刚柔相胜。从道德的观点看,吉凶则体现为人事的休咎,因此而有祸福交替的情形发生。"贞为本来之善,事理之正"(丁寿昌《读易会通》卷一),通过各正性命的定位,就能把握事物的变化,因而能逢凶化吉。贞作为了解天地之道的方法论和本体论,是通过观的方式建立起来的。贞观,就是以观为贞,以贞为观的途径和准则。贞在一定意义上可以说是自然立法的方式,它使日月各当其位,从而使存在澄明其自身。从而可以了解,天下之动却有其一定的法则和整体性的道理。贞作为把握天下之动的原理,既是对宇宙本源的复归,同时也是了解宇宙的基本道理、方法和过程。由此看来;贞不仅具有多方面的含义,而且也是整体性概念;贞不仅仅具有方法论的意义,而且也有本体论的规定性。在一个诠释学的背景和基础上,贞显示了它包含的十分丰富的哲学意识。

【成中英　美国夏威夷大学哲学系终身教授】

原文刊于《中国文化》1994 年 01 期

《周易》乾坤卦爻辞研究

冯　时

　　《周易》卦爻辞的形成是易学研究的重要课题,有关问题,自古以来聚讼不决,难有确凿史料可供稽考。学者或以卦爻辞钩沉其内涵[1],或据出土文献复原其史实[2],借一斑以窥全豹,乃知其形成皆基于史实,非空论玄谈之作。而乾、坤两卦为《周易》之首,其定阴阳之旨尤显,为易学建构之关键,也是中国古典哲学核心思想的体现。后人传《易》,于经旨或得或失,故拙文不拘十翼之说,而拟通过对两卦卦爻辞本义的分析,寻找卦爻辞的内在联系,以揭示其作意。我们认为,乾、坤卦爻辞之形成关乎古代观象授时制度及由此决定的政治制度,为古代社会制度之源。兹就相关问题略为考述。

一、龙星阴阳观的考古学研究

　　《周易·系辞上》:"易与天地准,故能弥纶天地之道。仰以观于天文,俯以察于地理,是故知幽明之故。……是故法象莫大乎天地,变通莫大乎四时,县象著明莫大乎日月。"又《系辞下》:"古者包牺氏之王天下也,仰则观象于天,俯则

---

①　顾颉刚:《周易卦爻辞中的故事》,《燕京学报》第 6 期,1929 年。
②　拙作《中国天文考古学》第八章第三节,社会科学文献出版社,2001 年。

观法于地,观鸟兽之文与地之宜,近取诸身,远取诸物,于是始作八卦,以通神明之德,以类万物之情。"是易象之取皆法自然,而法象天文又是易学的重要内涵,这种观念当然来源于古老的观象授时传统。

观象授时由于直接服务于先民的生产与生活,因此在古代文明的发展过程中具有重要的意义。而龙作为观象授时的重要星象,本仅指二十八宿的东宫星宿,其由角、亢、氐、房、心、尾六宿组成的形象与西宫以觜、参两宿以及南、北两宫中的若干星宿共同构成了传统天文学的四象体系,这些事实已经可以从公元前第四千纪的中叶系统地梳理出来③。显然,由于在早期文明中,观象授时乃是帝王垄断的特权,因此作为授时主星的龙也便具有了王权的象征意义,致使新石器时代以降的多种龙的造型其实都只是基于这一天文学本质而逐渐演生的艺术形象。

古人对于阴阳的思辨,目的在于为万物生养这一生命现象寻找一般意义的哲学解释,而这一点与观象授时的目的恰好吻合。观象授时可以使人建立起时间与生命的联系,因此龙作为提供时间服务的重要星官,当然也就自然具有了阴阳的属性。准确地说,观象授时乃在为作物的生长提供准确的时间服务,这意味着古人应该很容易认识到时间作为万物生养基础的一般道理。而从哲学的角度讲,阴阳作为万物生养基础的观念一旦产生,时间与阴阳在同时决定生命生养这一点上便具有了相同的意义。显然,这使古代的时间体系成为表述阴阳观念的最理想的形式,以致古人必须将表述时间的历法体系赋予阴阳的属性,诸如日月、干支以及作为传统历制的阴阳合历④,这种做法与将授时之龙星赋予阴阳的属性如出一辙。

龙星如果成为表述阴阳思想的载体的话,那么阴阳的划分标准就非得适应着龙星所体现的时空体系不可。事实上,古人并不以为龙星从东方出升又自西方沉伏,其周天运动的天象规律不可以通过阴阳的不同属性来加以描述。准确地说,如果天地日月本身已经具有了阴阳的性质,那么由于传统阴阳观与时空观的结合,东方作为日出的方位,便可理所当然地被赋予阳位,而西方作为月出的

---

③　拙作《中国天文考古学》第六章第五节,社会科学文献出版社,2001年。
④　拙作《天文考古学与上古宇宙观》,《中国史新论》,台北联经出版公司,2010年。

方位,也就自然被视为阴位。古礼祭日于东,祀月于西,后天八卦方位更以震主东而兑主西,都是这一思想的系统表述。至于龙星回天运转,其位居东方阳位则呈现跃地行天的特点,而位于西方阴位又以入地西沉为特征,这意味着龙星本身实际已经具有了阴阳的分别。换句话说,龙的阴阳性质来源于星象与时空的结合,时空的阴阳观决定了作为星象的龙的阴阳属性。目前的考古资料显示,这些观念不仅于夏商时代已经形成,而且十分完整。

《说文·龙部》:"龙,鳞虫之长。能幽能明,能细能巨,能短能长,春分而登天,秋分而潜渊。"古人以龙所具有的这些特点正是龙星回天周行所表现的基本特征。幽明的分别在于龙星的见伏,长短巨细的分别则在于龙星诸宿的尽现与半见,而春分登天、秋分潜渊的描述,更是对其行天与授时特点的形象表达。不仅如此,传统以春分主东方,故登天之龙属阳,而秋分主西方,则潜渊之龙属阴。潜渊也就是入地,故龙星登天入地的天象与方位、时间有机地联系为整体,其时空与阴阳的结合浑然为一。马王堆帛书《二三子问》:"孔子曰:龙大矣,……高尚行乎星辰日月而不眺,能阳也;下纶穷深渊之渊而不沫,能阴也。"又云:"龙寝矣而不阳。"即以龙星之升天潜渊显示其阴阳属性的变化。《论衡·订鬼》:"龙,阳物也,故时变化。"《楚辞·七谏·谬谏》:"龙举而景云往。"王逸《章句》:"龙,介虫,阴物也。"《春秋元命苞》:"龙之言萌也。阴中之阳,故言龙举而云兴。"显然,龙具有阴阳的双重性质,这种特点无疑只能通过龙星与方位及时间的联系得到表现。

三代时期的多种器物图像显示,先民对于龙之阴阳性质的表述是借助装饰于龙身的不同纹样巧妙地完成的[5]。具体地说,见于东方的象征升天的龙具有阳的属性,以身饰菱形纹样表示(图一)[6],而居于西方象征入地之龙则具阴的属性,以身饰鳞形纹样表示(图二)[7]。这两种纹样有时又会分别装饰于龙身的腹背两面(图三)[8],从而体现了古人希望以一种背象天、腹象地的表现手法传达天

---

[5] 拙作《二里头文化"常旂"及相关诸问题》,《考古学集刊》第17集,科学出版社,2010年。

[6] John Alexander Pope, Rutherford John Gettens, James Cahill, Noel Barnard, The Freer Chinese Bronzes, Vol.1 Washington, 1967, pp34-35.

[7] 林巳奈夫:《殷周青铜器综览》二,吉川弘文馆,1986年,第109页。

[8] 梁思永、高去寻:《侯家庄》第九本,1129、1400、1443号大墓,"中研院"历史语言研究所,1996年。

阳地阴的独特理念。毋庸置疑，装饰于龙身的菱纹和鳞纹并非仅为说明龙身图案的不同，更重要的则是作为龙的阴阳属性的标注符号。

图一　殷代铜盘所饰龙图

图二　殷代铜盘所饰龙图

　　鳞纹具有阴的属性应是早期先民的普遍共识，这种纹样由于作为蛇、鳄、鱼等爬行和水生动物的主要装饰图案而广泛出现于商周青铜器纹样中，因而理应具有与这些动物所象征的阴的属性相同的性质。其实，古人以蛇类地穴生物象征大地而属阴，观念甚古。《诗·小雅·斯干》："乃寝乃兴，乃占我梦。吉梦维何，维

图三　殷代铜盂

熊维罴，维虺维蛇。大人占之，维熊维罴，男子之祥。维虺维蛇，女子之祥。"郑玄《笺》："熊罴之兽，虺蛇之虫，此四者，梦之吉祥也。……熊罴在山，阳之祥也，故为生男。虺蛇穴处，阴之祥也，故为生女。"很明显，古人以鳞纹象征大地而表现阴的观念，正来源于饰有鳞纹的蛇、鱼之类生物具有地的象征这一基本事实，而与鳞纹对应的菱纹自然也就具有了阳的属性。

　　三代遗物装饰菱纹的龙具有天龙或阳龙的性质应该很明确。山西石楼桃花

庄出土商代龙形铜觥⑨,其盖面图像即以龙与星宿相互配设(图四),所表现的苍龙形象的星象学本义相当清楚⑩。盖面构图以二龙蟠交为主题,一升一降,龙身皆饰菱纹,而交龙之下则绘身饰鳞纹的三蛇纹象征大地。蛇身装饰的鳞纹也见于铜觥侧面图像中鳄鱼的身上,因此身饰鳞纹的蛇具有大地的象征意义应是明确的,这意味着铜觥盖面图像其实形象地以交龙表现了龙星的升降,而身饰菱纹的龙显然展现了天龙或阳龙的特征。这种天象甚至移用于三代诸侯之旗章,成为古代礼制的重要内容。《周礼·春官·司常》:"诸侯建旗,交龙为旗。"郑玄《注》:"诸侯画交龙,一象其升朝,一象其下复也。"又《巾车》:"建大旗,以宾,同姓以封。"郑玄《注》:"大旗,九旗之画交龙者。以宾,以会宾客。同姓以封,谓王子母弟率以功德出封。"显然,石楼铜觥绘交龙之象以应旗制,盖出此缘。值得注意的是,两龙一侧尚绘凤鸟一只,正有鸟负龙升降的寓意。

图四　殷代龙形铜觥

　　殷墟妇好墓出土鸟负龙玉件清晰地再现了这种观念(图五)。鸟踏祥云,背负苍龙⑪,明确表现了苍龙御鸟升天的文化寓意。古人以为,自然界中的生物唯有鸟可一飞冲天,所以天体的运行其实都需要有鸟的负载。《山海经》记有金乌负日的神话,可以得到考古资料的印证⑫,而龙星自东方跃地升天,同样需要由鸟来载负。这种对于苍龙御鸟升天的想象,除去古人对于鸟具有升天本领的朴素认知外,恐怕还蕴含着更丰富的内涵。《周易·文言》:"云从龙,风从虎。"《二三子问》言阴阳二龙升天潜渊,"上则风雨奉之"。《初学记》卷三十引《淮南子》云:"夫蛟龙伏潜于川,而卵剖于陵,其雄鸣上风,其雌鸣下风。而化者,形精之至也。人不见龙之飞举而能高者,风雨奉之也。"不仅明言龙本具有雌雄二体,

⑨　谢青山、杨绍舜:《山西吕梁石楼镇又发现铜器》,《文物》1960 年第 7 期。
⑩　拙作《中国早期星象图研究》,《自然科学史研究》第 9 卷第 2 期,1990 年。
⑪　中国社会科学院考古研究所:《殷墟妇好墓》,第 159 页,图八三,13,彩版三二,1,文物出版社,1980 年。
⑫　邓淑苹:《中国新石器时代玉器上的神秘符号》,《故宫学术季刊》第十卷第三期,1993 年。

而且奉龙升天的使者正是风雨。相似的内容也见载《瑞应图》,《艺文类聚》卷九十八引云:龙"不众行,不群处,必待风雨而游乎青气之中,游乎天外之野,出入应命,以待上下。"龙乘风雨而行,其实正体现了鸟负龙行天的本质。古以龙星授时而致风雨,况鸟知天时,又被奉为时间之神以司风雨,故分至之神本即四鸟,而四气的直观感受正是分至四时来自四方的不同风气。商代甲骨文"风"字本作凤鸟之"凤",卜辞及文献更以鸟为帝使而司风,或以鸟为历正,都是这一思想的反映。因此,风雨奉龙星行天的文化表现也就是凤鸟负龙登天。显然,这种御鸟升天的龙具有天龙的特征是毫无疑问的,因此也就理所当然地具有阳的属性。而此龙身饰菱纹,正可视为对阳龙特性的标示。事实上,《淮南子》所保留的雄龙

图五　殷代鸟负龙玉件

居上而雌龙居下的内容不仅与古人对于阳属天而居上、阴属地而居下的认识相合,而且这种观念已经通过一种以龙背装饰菱纹、龙腹装饰鳞纹的特殊方式得到了表现(图三)。

与鸟负龙行天相同的装饰内容在妇好墓所出鸮尊上也有明确的反映(图六)。尊呈鸮形,而以身饰菱纹的龙饰于鸮首,又以同样装饰风格的龙饰于鸮翅[13],暗喻鸟振翅而飞负龙升天。显然,菱形纹样装饰于龙身,无疑具有表示阳龙性质的作用。值得注意的是,鸮乃昼伏夜出之禽,殷人以鸮之首翅装饰天龙,正与夜晚龙星出升的现象暗合。古人用心周密,于此足资领略。

龙作为四象之一,本质则源于星象。河南郑州小双桥出土商代青铜建筑构件饰有龙、虎(图七)[14],即以四象作为装饰题材。这种以四象为主题的美术品不仅在河南濮阳西水坡仰韶时代蚌塑星象图和战国初年曾侯乙二十八宿漆箱星象

---

⑬　中国社会科学院考古研究所:《殷墟妇好墓》,第 59 页,图三六,彩版七,文物出版社,1980 年。

⑭　河南省文物研究所:《郑州小双桥遗址的调查与试掘》,《郑州商城考古新发现与研究》,中州古籍出版社,1993 年。

图中已有直观的反映,而且其特别强调四象中龙、虎两象的设计理念与表现手法也一脉相承⑮。显然,这种与虎并存的龙由于直接表现了星象本身,因此其具有天龙的性质毋庸怀疑,而龙身装饰的菱形纹样当然可以看作标示其具有阳的性质的特殊符号。

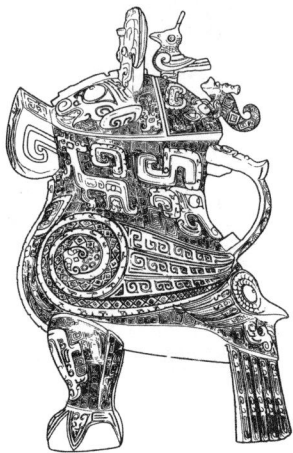

图六　殷代鸮尊

图七　殷代青铜建筑构件所饰龙、虎图

作为四象的龙、虎星象之所以能在天上运行,古人仍然认为需要有鸟的负载。法国巴黎吉梅博物馆藏西周早期青铜杖首⑯,雕有鸟负龙虎的造型(图八)。此龙身饰菱纹,同样表现出天龙阳性的特征。

其实,不仅装饰菱形纹样的天龙具有阳的属性这一事实可以获得足够丰富的考古资料的支持,有关身饰鳞纹的龙具有阴的属性的证据也同样充分。尽管星辰阴阳属性的转变基础源于星回于天的自然天象,但其所体现的龙星授时并决定万物生养的哲学思辨却相当深刻。天龙入地沉潜而化为地龙,其与天龙对应,自然有着阴的属性,而地龙属阴的性质使其本身具有了化育万物的权能,这一点恰好正是社神最显著的特征,因此天龙入地而化为社神成为一种顺理成章的表达形式。与晚期表现阴阳的方式不同的是,早期先民的阴阳观是与原始的

---

⑮　拙作《中国天文考古学》第六章第四节,社会科学文献出版社,2001年。

⑯　李学勤、艾兰:《欧洲所藏中国青铜器遗珠》,图版99,第343页,文物出版社,1995年。

宗教观和神明观相伴而生的,或者换句话说,神明观念在某种意义上只充当了阴阳思辨的解释模式。

传统文献皆以夏社为句龙,句龙社神的形象于陶寺文化的陶质礼器上已有清晰的展示(图九)[17]。句龙口中衔木,为社树的象征[18],而句龙蟠屈,身饰鳞纹,可明鳞形符号与社龙属阴具有相同的属性。句龙为潜渊之龙,因此,鳞纹作为阴龙的象征符号相当明确。

图八　西周早期龙虎杖首　　　　　　图九　陶寺文化句龙社神图

三代遗物中以身饰鳞纹的龙设计于鸟翅的题材也同样常见,这类与鸟配饰的阴龙有时也见于鸮禽(图十)[19]。但与妇好鸮尊的装饰手法不同,这类羽载阴龙的鸮并不同时表现鸮首负龙,这意味着二者喻义当有差异。古人以鸟知天时,日出兴鸣于林,日没归栖于巢。故《说文·西部》云:"西,鸟在巢上也。象形。日在西方而鸟西,故因以为东西之西。栖,西或从木妻。"武丁卜辞作为方位名词的一种"西"字如果与"巢"字比较,可明其正象鸟巢之形,而"西"为"栖"之本字,又用指西方,恰好取意于日西而下则鸟归巢而栖,设思巧妙。故殷人以阴性的鳞纹社龙饰于鸟翅,或有白昼鸟兴而龙星伏没之暗喻,也未可知。其实,鸟如果可以负龙升天,当然同样可以负龙而降,这种观念或许又与阴龙的性质相合。

---

⑰　中国社会科学院考古研究所山西工作队、临汾地区文化局:《1978—1980年山西襄汾陶寺墓地发掘简报》,《考古》1983年第1期,第37页,图版肆,1。

⑱　拙作《中国古代的天文与人文》第二章第四节,中国社会科学出版社,2006年。

⑲　中国科学院考古研究所:《美帝国主义劫掠的我国殷周铜器集录》,A669·1,科学出版社,1962年。

从这个意义上讲,将阴龙饰于鸟翅以象鸟携龙而降似乎应是这类艺术题材更需要表现的主题。事实上,陕西长安张家坡出土的西周鸟携龙玉件形象地再现了这种观念(图十一)。玉件以鸟携龙,龙在鸟下[20],与妇好墓所出鸟负龙踏云升天而龙在鸟上的造型迥异,其所传达的降龙的思想十分清楚。

图十　殷代鸮尊　　　　　　　　　　　　　图十一　西周鸟携龙玉件

社龙在器物上的装饰位置应该不会是随意为之。与天龙不同的是,社龙与鸮的配合除饰于鸮翅之外,也见饰于鸮之腹下,从而与阳龙装饰于鸮首而呈以鸮负龙的造型形成了鲜明区别。无疑,不同属性的龙于鸮禽装饰位置的变化当然表达着不同的文化观念。

殷墟 SM539 所出鸮卣即于卣的外底装饰鳞纹的社龙(图十二)[21],相同的器物及装饰题材在传世铜器中也时有所见(图十三)[22]。这种将阴龙饰于器之外底的装饰手法明显具有社龙入地的象征意义,社龙身饰鳞纹而位置居下,与殷人将龙腹装饰鳞纹(图三),并以鳞纹表现居于下位的社龙的现象至为吻合。

---

[20]　中国社会科学院考古研究所:《张家坡西周墓地》,第 274 页,图 208,2、3,图版 176,2、5,中国大百科全书出版社,1999 年。

[21]　中国社会科学院考古研究所:《殷墟青铜器》,图版六二,图五九,1、2,文物出版社,1985 年。

[22]　中国科学院考古研究所:《美帝国主义劫掠的我国殷周铜器集录》,A574·3,科学出版社,1962 年。

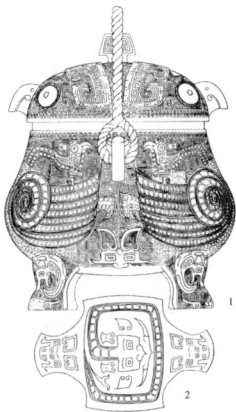

图十二　殷代鸮卣及器底所饰龙图　　　图十三　殷代鸮卣及器底所饰龙图

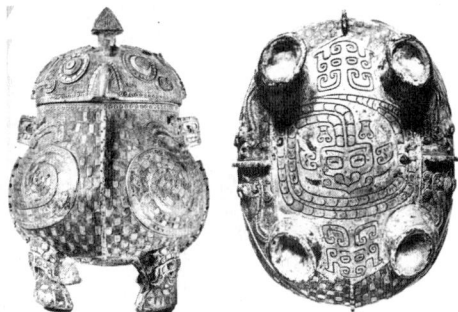

这类饰于器物外底的社龙还见于著名的虎食人卣。器凡两见,一件藏法国巴黎赛努奇博物馆(图十四)㉓,另一件藏日本东京泉屋博古馆㉔。器物造型作虎食人形,外底则皆饰鳞纹的阴龙。龙、虎作为传统天文学四象中的两象,分别表现了二十八宿东、西二宫的授时主星,其中龙象的授时主星为心宿三星,且位居心宿二的大火星尤其重要,古又名为辰或商星。而虎象的授时主星则为参宿三星。心宿与参宿分居黄道的东、西两端,此见彼伏,绝不同现于夜空,遂有参商别离的熟典。《左传·昭公元年》:"昔高辛氏有二子,伯曰阏伯,季曰实沈,居于旷林,不相能也,日寻干戈,以相征讨。后帝不臧,迁阏伯于商丘,主辰,商人是因,故辰为商星。迁实沈于大夏,主参,唐人是因,以服事夏商。"这个传说所反映的天文学现象就是参见而辰伏,或辰见而参伏的基本天象,毫无疑问,它只能源起于古人利用参商两宿观象授时的朴素史事,而考古学证据显示,这样的观象传统相当悠久。很明显,在实际天象中,当作为虎象主体的参宿于夜空出现的时候,作为龙象主体的心宿是潜伏不见的,这时的龙伏没于渊,显然应具有阴龙的属性。而两件虎食人卣皆于虎座之下饰有装饰鳞纹的阴龙,其以虎为主体造型,而将阴龙隐于座下,正好应合参见辰伏的基本天象。因此,这种装饰鳞纹的龙属于

㉓　李学勤、艾兰:《欧洲所藏中国青铜器遗珠》,图版40,第323—324页,文物出版社,1995年。
㉔　泉屋博古馆:《泉屋博古——中国古铜器编》,图版95,第204页插图59,便利堂,2002年。

图十四　殷代虎食人卣及器底所饰龙图

阴龙而具有社龙的性质也很清楚。

　　基于上述分析,三代先民以天龙装饰菱纹并赋予阳的属性,又以社龙装饰鳞纹而赋予阴的属性,这些事实应该可以得到澄清。准确地说,由于龙的本质来源于星象,因此三代遗物上所装饰的龙,其文化内涵也只能通过天文学的分析才能得到诠释。事实上,除这些单一的饰有菱纹或鳞纹的龙之外,殷周遗物中还普遍流行菱纹与鳞纹合璧装饰的龙的造型,这些作品显然也是一种独特阴阳观的反映。

　　殷墟侯家庄 1001 号墓出土龙纹骨柶多枚,龙纹雕于骨柶的正背两面,并分别装饰菱纹和鳞纹[25],其中之完整者尚可见龙纹尾端下方饰有象征大地的蛇纹(图十五),构图与石楼铜觥的觥面图像相似,唯此仅具升龙,乃取大常升龙之章,其制可溯至二里头文化之常旗遗迹(图十六)[26],与诸侯以交龙为制不同。

---

　　[25]　梁思永、高去寻:《侯家庄》第二本,1001 号大墓(上),"中研院"历史语言研究所,1962 年。
　　[26]　拙作《二里头文化"常旗"及相关诸问题》,《考古学集刊》第 17 集,科学出版社,2010 年。

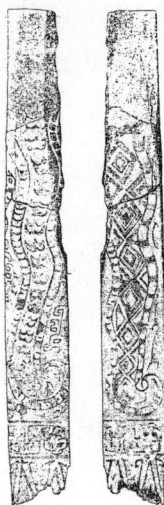

图十五　殷代龙纹骨柶　　　　图十六　二里头文化常旒

　　这种以阴阳二龙合璧的装饰主题有时也反映在青铜器纹样及其造型的设计理念中。殷墟妇好墓出土的一件铜觥即于觥盖饰有身饰菱纹的巨型阳龙,且阳龙之上又附以身饰鳞纹的小巧的阴龙,并作为盖钮(图十七)[27]。这种阴阳二龙相附的造型显然体现了古人试图通过苍龙星象所具有的阴阳二体的双重属性以表达阴阳不同观念的独特做法,甚至这样的设计理念后来更发展出阴阳合体的龙图造型,以至于使殷代具有阳的属性的龙有时并不以通身装饰菱纹为特征,而在龙首与装饰菱纹的龙身连接的龙颈部位饰有一个或数个鳞纹符号(图五;图十八),通过这种简单的标注手法,以明源于星象的苍龙形象虽以阳的属性为其

图十七　殷代铜觥　　　　　　图十八　殷代石磬

---

　　[27]　中国社会科学院考古研究所:《殷墟青铜器》,图版二五,图一五,2,文物出版社,1985 年。

主要特征,但是随着龙星的行天变化与隐见伏现,它也同样具有阴的属性。显然,这样一种在菱纹之首同时设有鳞纹的特殊装饰无疑表现了龙所具有的阴阳双重属性的特点。《系辞下》:"乾,阳物也。坤,阴物也。阴阳合德,而刚柔有体,以体天地之撰,以通神明之德。"这些思想如果可以视为对古人以菱纹与鳞纹共同装饰于龙身这一做法的诠释,那么追溯易学核心思想的起源就不是一件困难的工作。《系辞上》:"乾坤其易之缊邪! 乾坤成列,而易立乎其中矣。乾坤毁则无以见易,易不可见,则乾坤或几乎息矣。""易之缊",马王堆帛书本作"易之经","易之经"即易之根本,对阐释乾、坤于易学的核心价值更为准确。由此可见,乾、坤两卦作为易学的基础,关系尤重。而三代先民借龙星以表达阴阳观念的做法不仅使阴阳思辨找到了一种理想的终极表达形式,而且由于朴素的阴阳观其实乃是先民对于万物生养的哲学解释,同时观象授时的工作又是万物生养的决定因素,因此以决定时间的龙星作为阴阳的象征符号几乎成为一种最合情合理的文化选择。《系辞上》又云:"乾知大始,坤作成物。……成象之谓乾,效法之谓坤。"古以升天之龙为阳,又以观天龙行移之象而建时,即所谓"成象",而观象授时既是百务之首,也是祈被万物生养的开始,故乾成象而为大始。与此相对的潜渊之龙属阴,充为社神而载物,而万物之成皆顺应天时,故坤为效法而成物。《礼记·郊特牲》:"社所以神地之道也。地载万物,天垂象,取材于地,取法于天。"这种对于天地阴阳关系的表述正是乾坤思想的体现,这意味着古人对于苍龙星象的观测事实上已为《周易》乾、坤两卦卦爻辞的形成奠定了基础。

二、《乾》卦卦爻辞研究

《周易·乾卦》云:

> 乾,元亨,利贞。
> 初九,潜龙,勿用。

九二,见龙在田,利见大人。

九三,君子终日乾乾,夕惕若厉,无咎。

九四,或跃在渊,无咎。

九五,飞龙在天,利见大人。

上九,亢龙,有悔。

用九,见群龙无首,吉。

《彖传》:"大明终始,六位时成,时乘六龙以御天。"乾卦所言适为六龙,龙的本质为何,闻一多先生早有精辟论析。《璞堂杂识·龙》云:

> 《乾卦》言龙者六(内九四"或跃在渊"虽未明言龙,而实指龙),皆谓东方苍龙之星,故《彖传》曰"时乘六龙以御天"也。《史记·封禅书》正义引《汉旧仪》:"龙星右角为天田。"九二"见龙在田",田即天田也。《说文》:"龙,……春分而登天,秋分而潜渊。"亦谓龙星。九五"飞龙在天",春分之龙也;初九"潜龙勿用",九四"或跃在渊",秋分之龙也。《史记·天官书》:"东宫苍龙房心,心为名堂,大星天王,前后星子属,不欲直,直则天王失计。"是龙欲曲不欲直,曲则吉,直则凶也。上九"亢龙有悔",用九"见群龙无首,吉",亢有直义,亢龙犹直龙也。群读为卷,群龙即卷龙。《诗·九罭》传:"衮衣,卷龙也。"《说文》:"衮,天子享先王,卷龙绣于下幅,一龙蟠阿上乡。"卜辞龙字或尾交于首,屈身如环,殆所谓卷龙欤。卷龙其状如环无端,不辨首尾,故曰无首,言不见首耳。龙欲卷曲,不欲亢直,故亢龙则有悔,见群(卷)龙无首则吉也。《易》义与《天官书》相会。《乾卦》所言皆天象,所谓"仰则观象于天"者是矣。[23]

闻氏据古人仰观天文以立易象传统,认为乾卦所讲之龙,其实质就是二十八宿东宫苍龙星宿,并通过确定"见龙在田"之田为天田星而建立龙与星象的联

---

[23] 又见闻一多《周易义证类纂》,《闻一多全集》第 2 册,三联书店,1982 年,第 46—48 页。

系,揭示了乾卦龙的本质特征,这一意见振聋发聩。唯于若干细节之解释,仍待结合古代天文学的研究加以完善。

中国古代天文学以东宫七宿构成苍龙星象,也就是作为四象之一的龙。但考察四象体系的形成和发展历史,我们发现四象的形象其实都来源于二十八宿位于四宫的授时主星所构成的形象,而后才从这一本质的意义提升而兼指四宫。如西宫的虎象本是以觜、参两宿为主组成的形象,南宫的鸟象本是以张、翼两宿为主组成的形象,而北宫的玄武,早期则为鹿,乃是危宿所构成的形象,这些星宿由于作为四宫之中的授时主星,所以后人便逐渐以这些星宿所组成的形象指代各宫,从而最终形成了传统天文学中极具特点的四象。与此相同,四象之一的苍龙星宿原本也并不包括完整的东宫七宿,而只特指角、亢、氐、房、心、尾六宿,六宿的宿名不仅直接得自龙体,甚至古文字"龙"字的构形都取象于六宿所构成的形象[29],这意味着《象传》所讲的"六龙御天"至少应该涉及两方面的意义,准确地说,"六龙"既可以指角、亢、氐、房、心、尾六宿,同时更重要的,"六龙御天"又应是指苍龙六宿回天运行的六个特殊位置,也即《象传》所言之"六位时成"。很明显,观察龙星于天穹不同位置的变化,正是古代观象授时所要确定的工作。基于这样的认识,我们便可以对乾卦爻辞的确切含义做出更符合古代授时传统的解释。

(一)潜龙

初九爻辞之"潜龙",马王堆帛书本或作"寝龙"。《二三子问》:"龙寝矣而不阳,时至矣而不出,可谓寝矣。"又马王堆帛书《易之义》:"潜龙勿用者,匿也。"故"潜龙"之义应即潜渊伏没之龙。龙星回天运转,当其主体行至太阳附近而与太阳同出同入的时候,龙星便潜伏不见,古人称这种天象叫"日躔"。《夏小正》:"九月,内火,……辰系于日。"王聘珍《解诂》:"八月,……辰则伏。辰也者,心也。伏也者,入而不见也。九月日躔心、尾,故大火入而不见也。"这是记大火星的伏没,乃殷末周初之天象。准此,则"潜龙"显指潜伏在渊(地平以下)没而不见的龙星。从房、心两宿作为苍龙星宿的授时主星考虑,这个天象恐指日躔房、

㉙ 拙作《中国早期星象图研究》,《自然科学史研究》第 9 卷第 2 期,1990 年。

心的时节。由于尾宿的赤纬很低,所以这时在黄昏日没之后,天空中将看不到苍龙星象。闻氏据《说文》"秋分而潜渊"以为潜龙的天象时在秋分,甚是,如此则为公元前二千年的天象。

苍龙星宿潜于地平之下而于黄昏后不见于夜空,从阴阳的角度讲显然具有阴的性质,故其时纪秋分,配位西方,体系完整。恒星日躔是一切观象活动的基点。《元史·历志一》:"列宿著于天,为舍二十有八,为度三百六十五有奇,非日躔无以校其度,非列舍无以纪其度。"特别是在早期历法中,这个天象标志对于岁首的确定犹如日月合朔对于月首的确定一样重要,自然受到古人的格外关注。诚然,"潜龙"作为秋分的标准天象显然并不仅仅意味着观象工作的开始,更重要的是它其实就是早期历法的岁首标志。卜辞显示,殷历岁首即确定在秋分之后的第一月[30],因此这个天象标志所建立的时间起点决定了乾、坤两卦卦爻辞的基本内涵。在这样的标准建立之后,人们便可以进行龙星的昏见或朝觌的有效观测,而乾、坤两卦的内容正体现了这两种不同的观测结果。

(二)见龙在田

九二爻辞之"见龙在田"当承初九爻辞而言龙星自潜伏后冒地初出,于初昏始见东方之天象。闻氏以"田"即天田星,故"见龙在田"即谓苍龙之角宿与天田星并现。其实如果依旧注释"田"为地,说亦可通。郑玄《注》:"地上即田。"王弼《注》:"出潜离隐,故曰见龙。处于地上,故曰在田。"《周易·恒卦》:"田无禽。"李鼎祚《集解》引虞翻曰:"地上称田。"故"见龙在田"意即角宿初现于地平之上,时于立春以后昏见东方,配位东北,恰合阳位,也即公元前二千年之天象。民谚"二月二,龙抬头",即以龙角昏见为候。

(三)或跃在渊

九四爻辞之"或跃在渊"乃承九二爻辞而言龙星自初昏始见后逐渐上行,至苍龙星宿整体于黄昏时跃地而出尽现东方的天象[31]。"渊"乃古人所谓地平以下的空间,而"跃"字于马王堆帛书本作"鱛",从"鱼"为意符,正喻龙星尽现犹鱼

㉚ 拙作《殷历岁首研究》,《考古学报》1990年第1期。

㉛ 夏含夷:《〈周易〉乾卦六龙新解》,《文史》第二十四辑,1985年;陈久金:《〈周易·乾卦〉六龙与季节的关系》,《自然科学史研究》第6卷第3期,1987年。

跃渊而出。

龙星本含六宿，自角至尾，而三代遗物所饰之龙或蟠阿上向，其下装饰蛇纹图像以象大地（图四；图十五；图十六），即是对这一苍龙跃渊而升天象的写实。如果这个天象同样发生在公元前二千年前，则时在春分。事实上，龙星跃渊而出尽现于地平与龙星登天的描述至为吻合，故《说文》以龙"春分而登天"，明其观念甚古。《左传·桓公五年》："启蛰而郊，龙见而雩。"杜预《集解》："龙见建巳之月，苍龙宿之体昏见东方。"汉行太初历前，启蛰先雨水为夏历正月中，雨水则为二月节。而龙星尽现于地平如迟至夏历四月，则为战国之天象。

（四）飞龙在天

九五爻辞之"飞龙在天"意承九四爻辞递述苍龙六宿行移位置的变化。此时苍龙星宿的整体已从尽现于地平之后逐渐上行，终至升于南天正中，所以"飞龙在天"即指苍龙星宿横镇于南中天的标准天象[32]。《易之义》："飞龙在天，□而上也。"亦此之谓。值得注意的是，古人以"飞龙"形容龙星的行天运动，这一思想显然来源于鸟负龙行天的朴素观念，前文举证的商周遗物中的相关题材对此已有充分的反映（图五；图六；图八）。

《尚书·尧典》："日永星火，以正仲夏。"这是古人以观测大火星决定夏至的授时活动。大火星即二十八宿东宫苍龙七宿的心宿二（天蝎座 α），古以火星的南中天以正夏至，实为公元前一千年的天象，因此以火星的南中天决定夏至，这个授时传统恐较乾卦"飞龙在天"所建立的授时标准更为晚近。准确地说，如果我们比照坤卦的授时星象而确立苍龙星宿中的房宿为授时标准星的话，那么公元前二千年，房宿的昏中天则在立夏以后。由于早期的苍龙星象仅包括自角至尾六宿，而箕宿甚至在西汉时期的星象图中仍然未能并入龙象，所以位于苍龙六宿中央的房宿的中天更能反映苍龙整体中亘南天的天象，这与"飞龙在天"的语意当然也最为切合。

（五）亢龙

上九爻辞之"亢龙"显然是对九五爻辞所述龙星昏中之后天象的表达，这时

㉜　夏含夷：《〈周易〉乾卦六龙新解》，《文史》第二十四辑，1985 年；陈久金：《〈周易·乾卦〉六龙与季节的关系》，《自然科学史研究》第 6 卷第 3 期，1987 年。

的基本天象应该表现为龙星过中而西流。"亢"本高、极之义,盛极而衰,故"亢"又有过意。《易之义》:"亢龙有悔,言其过也。物之上盛而下绝者,不久大位,必有其咎。"李鼎祚《集解》引干宝曰:"亢,过也。"所训甚恰。所以"亢龙"其实则谓中天之后西斜的龙星。《诗·豳风·七月》:"七月流火。"毛《传》:"火,大火也。流,下也。"王先谦《诗三家义集疏》:"流火,火下也。火向西下,暑退将寒之候也。"此周之天象。《左传·哀公十二年》:"今火犹西流。""火"即大火星,而火之西流即言龙体西斜流下之天象,其意与乾卦所讲之"亢龙"相侔。不同的是,乾卦"亢龙"所要表示的时间内涵或许比这些晚期文献更具有授时意义,因为如果认为"亢龙"是指箕宿初度昏中而苍龙六体过中西流的天象,则时值公元前二千年,正是决定夏至的标准。

(六)见群龙无首

用九爻辞之"见群龙无首"也承上九爻辞所述龙星行天的不同位置。闻氏读"群龙"为卷龙,然据字直训,意也可通。"群龙"乃指《象传》所言之六龙,即苍龙星象所包括的角、亢、氐、房、心、尾六宿,先人以六宿称为六龙,自可视之为群龙。

"群龙无首"如果与前五爻辞所述之龙一样理解为龙星于天空不同位置的变化的话,那么这个天象就只能是指日躔龙首角、亢二宿的现象。从实际天象分析,当龙星过中西流以后,终于有一天龙首的星象会行移到太阳附近,与太阳俱出俱入,人们于黄昏以后只能在西方的地平线上看到龙体和龙尾诸宿,却不见龙首,这便是"见群龙无首"爻辞的由来。值公元前二千年,这是立秋以后的标准天象。

(七)九三爻辞释义

乾卦除九三爻辞之外的其他六爻辞皆言苍龙星宿于一年不同季节的行天变化,体现了古人在授时活动中对龙星的观测。苍龙六宿的周天变化所体现的季节特点,皆为公元前二千年黄昏之后所见的天象。而对这种观象制度的概括,则是乾卦九三爻辞所反映的内容。

九三爻辞"君子终日乾乾"之"君子"当然是对上古观象执行者的理想称谓。中国传统天文学的历史告诉我们,观象授时不仅是一项科学活动,更是一项政治活动,天文学在提供了古人时间服务的同时,也建立起独具特色的王权基础,这意味着在早期文明中,掌握天文的人其实就是获得统治资格的人,而"君子"正应是对统治者的通称。《周易·说卦》:"乾为君。"又《系辞下》:"盖取诸乾坤。"李鼎祚《集解》引虞翻曰:"乾为明君。"又引荀爽解《象传》云:"乾者,君卦也。"所道益明。《国语·周语下》:"遇乾之否。"韦昭《注》:"乾,天子也。"乾卦九五爻辞乃数术家以为人君之象,遂以九五之尊以喻帝位。据此可明,乾本天子观象授时之卦,故其爻辞内容多取天象,而九三爻辞之"君子"自也天子所指,与经文言贵族而通称"大人"不同。

"终日乾乾"乃虔敬观象、朝夕匪懈之意。"终日"即整日,殷卜辞犹见"终日""终夕"之辞,"日"仅限白昼,与此"终日"含指昼夜不同。古之观象,昼视日影,夜察星象,故言"终日"。李鼎祚《集解》引干宝曰:"反复天道,谋始反终,故曰'终日乾乾'。"观象授时的工作是对恒星回天运动现象的观测,并据以决定时间。干宝言"反复天道,谋始反终",已切经旨。《象传》:"天行健,君子以自强不息。"李鼎祚《集解》引干宝曰:"言君子通之于贤也。凡勉强以进德,不必须在位也。故尧舜一日万机,文王日昃不暇食,仲尼终夜不寝,颜子欲罢不能。自此以下,莫敢淫心舍力,故曰自强不息矣。"龙星周天运行循环不息,此乃天行健之谓;而统治者观星以授民时,朝夕匪懈,此则"乾乾"之谓。乾卦之名,马王堆帛书本作"键",应读为"健"。《说卦》:"乾,健也。"又《系辞下》:"夫乾,天下之至健也。"知"乾"即训"健"。《广雅·释训》:"乾乾,健也。"《汉书·王莽传上》:"终日乾乾。"师古《注》:"乾乾,自强之意。"《文选·韦昭〈博弈论〉》:"圣朝乾乾。"李周翰《注》:"乾乾,勤心也。"《文选·张衡〈东京赋〉》:"懋乾乾。"薛综《注》:"乾乾,敬也。"是"乾乾"乃谓帝王观象授时所抱有的虔敬恭谨的态度。

"夕惕若厉"乃自警之辞,"夕"指夜晚。殷卜辞即以"夕"为全夜的通称,而夜晚也正是仰观星象的时间,故爻辞述观象而言"夕惕",意即观象者于夜晚观星需虔敬勤勉。陆德明《释文》:"郑玄云:惕,惧也。厉,危也。"其典为后人习用。《后汉书·明德马皇后纪》:"故日夜惕厉。"李贤《注》:"惕,惧也。厉,危也。"又《张衡列传》载《思玄赋》:"夕惕若厉以省愆兮。"李贤《注》:"惕,惧也。厉,病也。"故"夕惕若厉"即言夜晚虔敬于观象,恐有所失。众所周知,观象的失误会导致授时的混乱,从而直接危害先民的生产与生活,故"君子终日乾乾,夕惕若厉"显为君王观象授时之自警,其谓君王终日健健不息,尤以夜晚虔敬勤勉于观象授时,恐有所失而致危殆。此实也《象传》"君子以自强不息"之谓。《二三子问》:"卦曰:君子终日键键,夕惕若厉,无咎。孔子曰:此言君子务时,时至而动,□□□□□屈力以成功,亦日中而不止,时年至而不淹。君子之务时,犹驰驱也,故曰'君子终日键键'。时尽而止之以置身,置身而静,故曰'夕惕若厉,无咎'。"也有以"务时"为授时之意。《易之义》:"君子终日键键,用也。夕惕若厉,无咎,息也。"以"君子终日键键"为行事之辞,行事健健则可置身而静,此即谓之"息"。观象授时乃王权之基,正确的观象活动是确保君位不失的前提,因此只有观象健健不息,才可能安身立命,得保王位无忧,这便是孔子说经之深意。

如果乾卦诸爻辞皆以苍龙星象的行天变化为描述对象的话,那么很明显,九三爻辞阐述古代观象授时的宗旨,无疑体现了乾卦思想的核心内容。值得注意的是,我们对于《周易》爻辞的研究发现,每卦诸爻辞所反映的内容,其核心思想似乎都通过第三爻的爻辞而得以体现,换句话说,第三爻辞的内容总是对该卦诸爻辞所反映思想的集中阐释,这几乎成为《周易》爻辞体系的一种既定模式。如归妹卦以第三爻辞叙述帝乙归妹的结果[33],而乾卦又以第三爻辞综述上古的观象授时制度,这种将带有总结性质的爻辞统置于第三爻的做法当然不能出于巧合,而应体现着古人对于易卦第三爻的独特认识,这种认识如果取决于第三爻作为经卦上爻的特殊性质的话,或许颇合易理。经卦上爻不仅作为经卦之终极,同时由于别卦乃由经卦演生而成,因此第三爻作为经卦终爻的传统在别卦中也自然可以得到体现。或者我们也可以这样认为,别卦以第三爻具有总结性质的特点,正保留了别卦源自经卦,而经卦上爻(第三爻)作为终极之爻的思想。古以初辞为易之始,上辞卒成其终,这种观念虽比述别卦,但其立说之本则在经卦。故《系辞下》云:"六爻相杂,唯其时物也。其初难知,其上易知,本末也。初辞拟之,卒成之终。"对于经卦而言,卒成之终的上爻也就是由此演生的别卦的第三爻,故古以第三爻的爻辞具有总结诸爻辞内容的性质,正是经卦乃易卦之本的观

---

③　拙作《中国天文考古学》第八章第三节,社会科学文献出版社,2001年。

念的具体体现。王弼《周易注》以三爻"处下体之极,居上体之下",也是这一思想的反映。

(八) 卦辞释义

乾卦卦辞之"元亨,利贞"实称祭、卜二事。《文言》:"元者,善之长也。亨者,嘉之会也。利者,义之和也。贞者,事之干也。君子体仁足以长人,嘉会足以合礼,利物足以和义,贞固足以干事。君子行此四德者,故曰'乾,元亨利贞'。"据人之四德以释"元亨利贞",显非作意。李鼎祚《集解》引《子夏传》:"元,始也。亨,通也。利,和也。贞,正也。"也非卦辞本义。《彖传》:"大哉乾元,万物资始,乃统天。云行雨施,品物流行。大明终始,六位时成,时乘六龙以御天。乾道变化,各正性命。保合大和,乃利贞。首出庶物,万国咸宁。"以"大"为"元"之正诂。朱熹《周易本义》:"元,大也。亨,通也。利,宜也。贞,正而固也。"已近经旨。高亨先生以"亨"即通"享",故凡《周易》单言"亨"者,皆享祀之意。"元亨"当行大享之祭,"小亨"则行小享之祭[34]。屈万里先生也以"亨"乃祭享之义,《文言》以"嘉会足以合礼"解之,也可为证[35]。而李镜池《周易通义》谓"贞"即贞卜、卜问之意,"利贞"即利于贞问,亦即吉占,几逮初义。

"享"于卜辞涵括天地人鬼之祭事。《周礼·春官·大宗伯》:"以肆献裸享先王,以馈食享先王,以祠春享先王,以禴夏享先王,以尝秋享先王,以烝冬享先王。"郑玄《注》:"宗庙之祭,有此六享。"贾公彦《疏》:"此六者皆言享者,对天言祀,地言祭,故宗庙言享。享,献也。谓献馈具于鬼神也。"然乾卦之"元亨"意虽大享,但不独祭祖之谓,合于卜辞,实《大宗伯》所记吉礼十二,皆以歆神始,故"享"应为吉礼之通称。《大宗伯》:"凡祀大神、享大鬼、祭大示,帅执事而卜日,宿。视涤濯,莅玉鬯,省牲镬,奉玉齍,诏大号,治其大礼,诏相王之大礼。"孙诒让《正义》:"帅执事而卜日,谓大祭祀大宗伯莅卜,《太卜》注言:'大事,宗伯莅卜。'是也。"是"元亨"即言大享,意犹大事,乃天神地祇人鬼通祀之称。古训以"亨"为通,即承此义。

古大享必卜,或卜祀之可否,或但卜日,卜辞所记甚明。后儒或偏主一面,不

㉞　高亨:《周易古经今注》,中华书局,1984 年,第 115—116、161 页。

㉟　屈万里:《周易集释初稿》,《学易札记》,俱载《读易三种》,联经出版事业股份有限公司,2003 年。

合古制。故"利贞"即指为大享之祭所行之卜事。"贞"乃占卜命龟之辞,于殷周占卜制度反映极明,是乾卦之卦辞即言大祀与吉占二事。

乾卦爻辞明言观乎天文,自也敬天祭天之谓,此三才之首,故以大祀利贞充为卦辞,与乾卦内容契合。李鼎祚《集解》:"《说卦》'乾,健也'。言天之体,以健为用,运行不息,应化无穷,故圣人则之,欲使人法天之用,不法天之体,故名'乾',不名天也。"天为法象之本,祭祀之基,通祀之首,故卦辞自言祭事卜事。

三、《坤》卦卦爻辞研究

《周易·坤卦》云:

> 坤,元亨,利牝马之贞。君子有攸往,先迷后得主,利,西南得朋,东北丧朋,安贞吉。
> 初六,履霜,坚冰至。
> 六二,直方,大不习,无不利。
> 六三,含章可贞,或从王事,无成有终。
> 六四,括囊,无咎无誉。
> 六五,黄裳,元吉。
> 上六,龙战于野,其血玄黄。
> 用六,利永贞。

《彖传》:"至哉坤元,万物资生,乃顺承天。坤厚载物,德合无疆。含弘光大,品物咸亨。牝马地类,行地无疆,柔顺利贞。君子攸行,先迷失道,后顺得常。西南得朋,乃与类行。东北丧朋,乃终有庆。安吉之吉,应地无疆。"《象传》:"地势坤,君子以厚德载物。"坤卦与乾卦相对,乾为阳而言天文星象,故比为天,而坤为阴言万物资生,顺天载物,遂比为地。古人以为,地之所载乃源于天赐,理由很简单,天文星象作为观象授时的标准意味着敬授天时乃是地载万物的决定因素。显然，乾、坤两卦虽言天地之别，但其核心思想却在阐明能够致养万物的天。准确地说，由于苍龙星象乃是指导农事的标准星象，所以龙星理所当然地成为古人关注的敬授天时的天与载育万物的地的共同主题，而传统以龙分阴阳的观念又正可以使这一星象成为描述阴阳的理想载体。因此，如果说乾卦以龙星授时的特点阐释天垂象的阳的观念的话，那么坤卦就是以强调授时龙星的阴的属性以阐释地载万物的思想。很明显，乾卦与坤卦虽然侧重于天与地的分别，但其核心主题却都取材于决定时间的龙星。

乾卦以观测龙星为内容，龙星在天，故属阳。而坤卦虽言地载万物，但同样取决于天象，故卦爻辞内容也当为龙星，只是强调了龙作为社神的阴的属性。作物的生长需要有准确的观象授时作为基础，而龙星既是决定时间的标准星象，当然可以同时成为以观象授时为描述对象的乾卦以及以载育万物的大地为描述对象的坤卦的内容。事实上，坤卦不仅直取龙星为其卦爻辞的基本内涵，而且反映了与乾卦不同的恒星观测方法，因此，乾卦与坤卦构成了古人对于龙星周年运转的完整的观测体系。

（一）牝马释义

坤卦卦辞云："元亨，利牝马之贞。"其中之"元亨""利贞"意同乾卦卦辞，而"牝马"则为坤卦之象，其立意之本实源于古人具有的阴龙观念。

李鼎祚《集解》引干宝曰："行天者莫若龙，行地者莫若马，故乾以龙繇，坤以马象也。坤阴类，故称'利牝马之贞'矣。"乾卦以龙为象，其本质即取象于天文星象，这一点已很清楚，而坤卦的马其实与乾卦的龙具有同样的来源。不同的是，乾卦乃述观象授时，所以爻辞关注的是苍龙六宿的整体变化，这与乾卦象天的本质恰也吻合。而坤卦乃言大地顺天载物，与农业的关系更为密切，因此坤卦关注的并不是苍龙六体，而应是龙体中对于指导农业生产更具授时意义的星宿，这实际强调了与天龙相对的社龙的特质。社为土神而致生养，这与坤卦象地的本质相合，而坤卦卦辞以"牝马"为象，"牝"者言地，因类而及。古以在天为牡为阳，在地为牝为阴。是社为阴龙，正可以牝马为喻。

马与龙的关系无疑是揭示坤卦本质的症结。《说卦》："乾为马。"已有指明龙也具有阴的属性的内涵，而这一意义其实正来源于古人对于二十八宿东宫苍龙之第四宿——房宿——为天驷的认识。龙星六体为龙，又以其中的房宿为马，这是传统以龙马并述以及《说卦》以乾为马的认识基础。而马只为房宿之象，并不泛指苍龙六体，这意味着坤卦以马为象显然应指二十八宿位于龙腹的房宿。《易之义》引孔子曰："《易》有名曰坤，雌道也，故曰牝马之贞，童兽也，坤之类也。""童兽"意即小兽，此以房为天驷而称童兽，正与大龙六宿为阳相对，从而体现着其居小属阴的性质。

坤卦独以龙体之中的房宿为象，这种观念应该来源于古人以房宿作为授时主星的做法。房宿古称农祥，又称天驷，显然，作为天驷的房宿自古即是指导农业生产的授时星象，这与坤卦地载万物的易旨吻合无间。

《国语·周语中》："夫辰角见而雨毕，天根见而水涸，本见而草木节解，驷见而陨霜，火见而清风戒寒。"韦昭《注》："驷，天驷，房星也。陨，落也。谓建戌之中，霜始降也。"又《周语上》："夫民之大事在农，上帝之粢盛于是乎出，民之蕃庶于是乎生，事之供给于是乎在，和协辑睦于是乎兴，财用蕃殖于是乎始，敦庬纯固于是乎成，是故稷为大官。古者，太史顺时阰土，阳瘅愤盈，土气震发，农祥晨正，日月底于天庙，土乃脉发。"韦昭《注》："农祥，房星也。晨正，谓立春之日，晨中于午也。农事之候，故曰农祥也。"又《周语下》："月在天驷，……月之所在，辰马农祥也。……自鹑及驷七列也。"韦昭《注》："天驷，房星也。……辰马，谓房、心星也。心星，所在大辰之次为天驷。驷，马也，故曰辰马。言月在房，合于农祥。祥，犹象也。房星晨正，而农事起焉，故谓之农祥。……驷，天驷。房五度，岁月之所在。从张至房七列，合七宿，谓张、翼、轸、角、亢、氐、房也。"汪远孙曰："《尔雅》：'大辰，房、心、尾也。'《说文》：'晨，房星，为民田时者。晨，或省。''辰'下云：'辰，房星，天时也。''辰'下云：'辰者，农之时也。故房星为辰，田候也。'晨、晨、辰古通用。辰，时也。农时最重，故房星生名辰。房又为天马，故曰'辰马'。房、心为辰，故韦《注》连言心也。"《尔雅·释天》："天驷，房也。"郭璞《注》："龙为天马，故房四星谓之天驷。"似因果倒置。《史记·天官书》："房为府，曰天驷，其阴，右骖。"司马贞《索隐》："房为天府，曰天驷。《尔雅》：'天驷，房。'《诗记历枢》云：'房为天马，主车驾。'宋均云：'房既近心，为明堂，又别为天府及天驷也。'"张守节《正义》："房星，君之位，亦主左骖，亦主良马，故为驷。王者恒祠之,是马祖也。"《晋书·天文志》:"房四星,亦曰天驷,为天马,主车驾。南星曰左骖,次左服,次右服,次右骖。亦曰天厩。"所言极明。是古以房宿为天驷,或简称驷,亦称天马,又简称马。房宿四星直列,犹驷马之象,故名。房为天驷,又为农祥,正为坤卦立义之渊薮。

龙与马的关系十分密切。《说卦》以乾为马。《周礼·夏官·庾人》:"马,八尺以上为龙,六尺以上为马。"《公羊传·隐公元年》:"赗者盖以马。"何休《注》:"天子马曰龙,高七尺以上。诸侯曰马,高六尺以上。"故古又有"龙马"之称。内蒙古三星他拉发现之红山文化玉龙[36],身呈蟠龙阿曲之形,首则为马象(图十九),反映了先民具有的以马为龙的独特观念。殷代之车已以马为驾,而王车或饰龙纹,且龙角饰有星纹(图二十)[37],正有以龙象挽车之马的寓意。《礼记·檀弓上》:"天子之殡也,菆涂龙輴以椁,……天子之礼也。"郑玄《注》:"天子殡以辁车,画辕为龙。"亦此之谓。事实上,由于房宿既像天马,又为苍龙六体之一,因此,不论三星他拉马首玉龙还是殷代车饰之龙,其所表现的马其实都在暗喻位于龙腹作为天驷的房宿。《论衡·龙虚》:"世俗画龙之象,马首蛇尾。"颇可证三星他拉玉龙之形象。《续汉书·舆服志》刘昭《注》引《孝经援神契》:"斗曲杓桡象成车,房为龙马,华盖覆钩。"又引宋均曰:"房龙既体苍龙,又象驾四马,故兼言之也。"上古天文观以北斗为帝车,而北斗之杓正与龙角栓系。《史记·天官书》:"杓携龙角。"这个天象正像龙马挽车而御天[38],显然,君王作为观象授时的垄断者,自有以王车比拟帝车的理想,故殷代王车装饰龙纹图像的做法无疑是这种传统天文观的表现。由此可见,古以苍龙六宿为六龙,房宿作为六龙之一,又有天驷之喻。《古文苑》引刘歆《遂初赋》:"总六龙于驷房兮。"即以房为天驷而纳属六龙。很明显,乾卦言龙,乃以苍龙六体所组成的龙星整体为观测对象,而坤卦仅言房宿天驷,本以龙星中的农祥之星为观测对象,体现了祈社以生万物的观念。这些思想不仅颇富想象,而且也相当古老。

---

[36] 孙守道:《三星他拉红山文化玉龙考》,《文物》1984年第6期。

[37] 石璋如:《小屯》第一本,遗址的发现与发掘,丙编,殷墟墓葬之一,北组墓葬(下),"中研院"历史语言研究所,1970年。

[38] 又见闻一多《周易义证类纂》,《闻一多全集》第2册,三联书店,1982年,第48页。

图十九　三星他拉红山文化玉龙　　　　图二十　殷代龙形车饰

　　房宿虽为天马之象,但其具有的"天驷"名称却很难追溯得比西周更早。"驷"之名义显然体现着四马挽车的舆乘制度,然而目前的考古资料显示,商代似乎还没有发现由四马挽车的遗存[39],但到西周早期,这种情况已经发生了根本的改变[40]。然而即使"天驷"作为房宿的别称可能并不古老,但这并不影响房宿作为天马以及农祥之星的授时历史的古老,而对二十八宿的起源研究恰恰可以为接下来的讨论奠定坚实的观测基础[41]。

(二)初六爻辞释义

　　坤卦以房宿天马为象,故爻辞取义也为房星建时之候。不过与乾卦以"夕惕若厉"而观测昏星的方法不同,坤卦爻辞则反映了古人对于天马房星于全年中晨星变化的观测。

　　初六爻辞之"履霜,坚冰至"意即"履霜至坚冰",乃谓自降霜而至隆冬冰坚之时节。《象传》:"履霜坚冰,阴始凝也。驯致其道,至坚冰也。"王弼《注》:"始于履霜,至于坚冰。"李鼎祚《集解》引干宝曰:"履霜则必至于坚冰,言有渐也。"皆以"坚冰至"为"至坚冰"之倒语,所言极是。

　　爻辞"履霜"实言霜降,古人观房星而知霜降,其制甚古。《周语中》:"驷见而陨霜。""见"乃朝觌之谓,韦昭以为即建戌之中霜始降也,为夏历九月之候。

---

[39]　中国社会科学院考古研究所:《中国考古学·夏商卷》,中国社会科学出版社,2003年,第411—416页。

[40]　中国科学院考古研究所:《沣西发掘报告》,文物出版社,1962年,第141—143页。

[41]　拙作《中国天文考古学》第六章,社会科学文献出版社,2001年。

项名达云："夏初霜降日在尾十二度,房星朝见四度,即天驷也,解所志合。若定王时,驷见当在立冬后三日,霜降节已过,岂得才称陨霜?"故霜降时节天驷朝见东方,正为公元前二千年之天象,此与乾卦所述龙星行天皆为公元前二千年之天象密合。知爻辞之"履霜"实即《周语》所言驷见而陨霜,乃将寒之候。《礼记·月令》:"季秋之月,霜始降,则百工休。乃命有司曰:'寒气总至,民力不堪,其皆入室。'"为古礼之延续,唯其时日躔房宿,已不为朝觌之星。

爻辞于履霜之后更言"坚冰至",显为隆冬盛寒之候,知其并非仅言霜降一个时节,而述自霜降开始而至隆冬冰坚一段时间的用事礼俗。《礼记·月令》:孟冬之月,"水始冰,地始冻",尚未冰坚。仲冬之月,"冰益壮,地始坼",也未冰坚。而至季冬之月,"冰方盛,水泽腹坚",已至冰坚。郑玄《注》:"腹,厚也。此月日在北陆,冰坚厚之时也。"很明显,初六爻辞自履霜而至坚冰正反映了秋末至隆冬盛寒的气候现象,而在公元前二千年前,这个时节正是从天驷的朝见开始的,自驷见而陨霜以至坚冰盛寒,已明天驷之晨见实为其时先民所共知的暑退寒至的标准天象。

(三)六二爻辞释义

六二爻辞之"直方,大不习,无不利"自承初六爻辞所述天驷晨见,进而描写房宿行天位置的变化。"方",当读为"房",即指房星,曾侯乙二十八宿漆箱所书二十八宿名,房宿即写作"方",是为明证。《诗·小雅·大田》:"既方既皂。"郑玄《笺》:"方,房也。"《书序》:"乃遘汝鸠汝方。"《史记·殷本纪》作"遇女鸠女房"。皆"方""房"通用之证。"直",正也。王弼《注》:"居中得正。"又《文言》:"直其正也。"《尚书·洪范》:"无反无侧,王道正直。"皆以"直"训正。实爻辞"直"之作意当指房宿中天的位置而言,"直方"即言房宿正中,其自朝觌之后渐升天中,终至旦中天之天象。故初六爻辞言房宿朝觌,而此则继之言其中天。计算表明,房宿旦中天正是公元前二千年冬至的标准天象,故爻辞以"直方"记时则言冬至。

坤卦所言房宿旦中天的天象正可以对应乾卦九五爻辞之"飞龙在天"。"飞龙在天"是谓苍龙六体昏中天的天象,而其时中天的星宿也为房宿,显然,房宿的昏、旦中天由于作为当时指示暑、寒变化的标准天象,因而分别成为乾、坤两卦爻辞的主要内容。

"大不习，无不利"。"大"字或属上读，或以为衍文，《象传》《文言》皆不释。然安徽阜阳双古堆西汉汝阴侯墓出土《周易》及马王堆汉墓帛书《周易》经传皆有"大"字，不为衍文。学者或以为秦以前"大"字已衍，或《象传》脱释"大"字[42]。兹从后说。《文言》引经作"大不习"，似也不宜以衍文解之。"大"即表态副词，故《传》可不释。《史记·申屠嘉列传》："通，小臣，戏殿上，大不敬。"用法相同。

"不习"，占卜术语。殷卜辞恒见"习一卜""习二卜""习三卜""习四卜""习兹卜""习元卜""习龟卜"之辞，皆后卜因袭前卜之制[43]。《尚书·金縢》："乃卜三龟，一习吉。"伪孔《传》："习，因也。"伪《古文尚书·大禹谟》："禹曰：'枚卜功臣，惟吉之从。'帝曰：'禹，官占，惟先蔽志，昆命于元龟。朕志先定，询谋金同，鬼神其依，龟筮协从，卜不习吉。'"伪孔《传》："习，因也。"孔颖达《正义》："《表记》云：'卜筮不相袭。'郑云：'袭，因也。'然则习与袭同，重衣谓之袭，习是后因前，故为因也。"知"习卜"即因同事而重复占卜。盖古代占卜以习卜为制，不习卜也可得吉，这种情况恐怕需要有一些前提条件。如《大禹谟》所谓"龟筮协从"，故不习卜亦吉。《左传·襄公十三年》："先王卜征五年，而岁习其祥，祥习则行。不习，则增修德而改卜。"杜预《集解》："五年王卜，皆同吉，乃巡守。不习，谓卜不吉。"与此习卜不同。而坤卦此爻之"无不利"意即为吉，故"大不习，无不利"即言不需习卜而得吉，遣词适同《大禹谟》之"卜不习吉"。爻辞不习而吉的条件当然在于"直方"的天象，故爻辞以为，当冬至房宿旦中天的时候，此时之占事根本无须习卜，也同样无有不利。

（四）六四爻辞释义

六四爻辞之"括囊，无咎无誉"乃承六二爻辞房宿旦中的天象而言用事忌宜。《文言》："天地变化，草木蕃。天地闭，贤人隐。《易》曰：'括囊，无咎无誉。'盖言谨也。"李鼎祚《集解》引虞翻曰："括，结也。坤为囊。"孔颖达《正义》："括，结也。囊，所以贮物。……天地变化，谓二气交通生养万物，故草木蕃滋。天地闭，贤人隐者，谓二气不相交通，天地否闭，贤人潜隐。天地通则草木蕃，明

　㊷　赵建伟：《出土简帛〈周易〉疏证》，万卷楼图书有限公司，2000 年，第 13 页。
　㊸　宋镇豪：《殷代"习卜"和有关占卜制度的研究》，《中国史研究》1987 年第 4 期。

天地闭草木不蕃。天地闭贤人隐,明天地通则贤人出,互而相通。此乃括囊无
咎。"爻辞义理的核心在于闭藏,这实际反映了古人对于地气闭塞时节用事特点
的认识。而在公元前二千年,这个用事时节的天象标志正是房宿的旦中天。

《礼记·月令》:孟冬之月,"命有司曰:'天气上腾,地气下降,天地不通,闭
塞而成冬。'命百官谨盖藏。命司徒循行积聚,无有不敛。坏城郭,戒门闾,修键
闭,慎管钥,固封疆,备边竟,完要塞,谨关梁,塞蹊径"。仲冬之月,"命有司曰:
'土事毋作,慎毋发盖,毋发室屋及起大众,以固而闭。地气沮泄,是谓发天地之
房,诸蛰则死,民必疾疫,又随以丧,命之曰畅月。'是月也,命奄尹申宫令,审门
闾,谨房室,必重闭,省妇事,毋得淫。虽有贵戚近习,毋有不禁。……涂阙廷门
闾,筑囹圄,此所以助天地之闭藏也"。郑玄《注》:"大阴用事,尤重闭藏。"孔颖
达《正义》:"慎无发盖,则孟冬云'谨盖藏'是也。非谓仲孟一月之事。"孙希旦
《集解》:"命有司以此者,欲使之顺天地而行闭藏之令。闭塞成冬,乃言天地之
气。"古以天地之气交通为泰,故万物蓄生;而天地之气闭塞为否,故顺天应时,
闭藏万物,其观念起源甚古④,成习也远。故《月令》言于仲冬之月,"农有不收藏
积聚者,马牛畜兽有放佚者,取之不诘"。郑玄《注》:"此收敛尤急之时,人有取
者不禁,所以警惧其主也。"很明显,仲冬乃藏物之时,这种成冬闭藏的用事特点
其实正是爻辞"括囊"的本义。

旧注以坤为囊,则"括囊"之义即束结囊口。囊为贮物之器,故"括囊"意即
藏物于囊。而坤卦以房宿的行天变化为其爻辞内容,准此,则"囊"正反映了
"房"作为宿名所具有的藏物特点。《月令》:"地气沮泄,是谓发天地之房。"孙希
旦《集解》:"房所以藏物者,是时阳气潜藏地下,若房舍然。若发盖藏,起大众,
则地下之阳发泄于上,是发天地之房也。"所说甚是。房宿居于龙腹的位置,其
所以取"房"为宿名,正暗示了其具有指导先民闭敛盖藏的时间指示星的特殊作
用,而其宿名的形成时间可能正在公元前二千年以房宿的旦中天指示冬至时节
的时候。显然,房为藏物之所,故古人以"囊"喻之。

房为藏物之府,这些思想在传统的星占体系中也有清晰的反映。《史记·

---

④ 拙作《天地交泰观的考古学研究》,《出土文献研究方法论文集初集》,台湾大学出版中心,2005年。

天官书》:"房为府。"司马贞《索隐》:"房为天府。"房宿位居龙腹,腹为身府,故又引申为天府,以主闭藏。《晋书·天文志》:"房四星,为明堂,天子布政之宫也。……又主开闭,为畜藏之所由也。"坤卦以"囊"喻房,以"括囊"以喻闭府库之象。金文屡见"囊贝"之称,以贝盛于囊以象藏贝于府,可比"宝"字本作房中藏贝玉之形。是古以房宿为天府,又主开闭,故"括囊"成喻正见其闭藏之义。《说卦》:"坤以藏之。"深得经旨,其本诸房宿指示之冬季闭藏之俗。

　　房主盖藏的含义通过其附座二星官体现的也同样明确。《史记·天官书》:"(房)旁有两星曰衿,北一星曰辖。"司马贞《索隐》:"房有两星曰衿。《元命包》云:'钩衿两星,以闲防、神府闿舒,为主钩距,以备非常也。'"张守节《正义》:"《星经》云:'键闭一星,在房东北,掌管钥也。'占:不居其所,则津梁不通,宫门不禁。"《晋书·天文志》:"键闭一星在房东北,近钩铃,主关钥。……(房)北二小星曰钩铃,房之铃键,天之管钥,主闭键天心也。"知房宿旁有二星,名曰钩铃,又称衿,为房之铃键,即天之管钥,主闭键事。其北又有一星名键闭,亦主管钥。二星官皆为房之锁钥门闩。《礼记·月令》:孟冬之月,"修键闭,慎管钥。"郑玄《注》:"键,牡。闭,牝也。管钥,搏键器也。"孔颖达《正义》:"凡锁器入者谓之牡,受者谓之牝。然管钥与键闭别文,则非键闭之物,故云搏键器。以铁为之,似乐器之管钥,揎于锁内,以搏取其键也。何胤云:键是门扇之后树两木,穿上端为孔。闭者,谓将扃关门以内孔中。"此皆言孟冬闭藏之事。很明显,作为房宿附座的钩铃、键闭二星官,其星名取义正源于《月令》所述闭藏之事。由于房屋乃是先民最早建造的闭藏处所,而门户又是房屋得以封闭的关键所在,因此,古人正是以钩铃、键闭二星官主掌房之管钥键闭的星占内涵表达房主盖藏的象征意义,而爻辞之"括囊"则以闭束囊袋之隐语的形式阐释房主闭藏的本义。故此承九二爻辞"直方"谓房宿之旦中天而言民谨盖藏,则"括囊"显即盖藏之谓。是公元前二千年前,房宿之旦中适值冬至,时民知盖藏。古冬藏之俗悠久,于此可得佳证,至殷卜辞犹可助证其事[45]。

　　冬季的主要特点就是天地的闭藏,其时天气上升,地气下降,天地之气不通,

---

⑤　拙作《殷代农季与殷历历年》,《中国农史》第 12 卷第 1 期,1993 年。

上下闭塞而成冬,故古人顺天时而行闭藏之事。凡储物资,培城郭,戒门间,固疆境,完要塞,谨关梁,堵小路,涂阙门,筑囹圄,目的只有一个,那便是助成天地的封闭收藏。其中一项很重要的工作就是《月令》所言"审门间,谨房室,必重闭",以掩藏物资的房室的关闭严密以应天地闭藏的自然现象,借以牢固地封闭地气。而地气一旦泄露,则如掀开天地的房屋,各种冬眠的虫兽将会冻死,民众也必染瘟疫而亡,这便是《月令》所谓之"畅月"。这种对于气候变化的顺应与背逆的经验当然来自先民长期的生活积累,从而逐渐形成冬谨盖藏的独特制度。《象传》:"括囊无咎,慎不害也。"对读《月令》可明,《象传》之"慎"于《文言》称"谨",实即谨行盖藏之谓,而于冬谨行盖藏便可无咎无誉。诚然,闭藏的时间标志乃是房宿旦中天所指示的冬至时节,这便是六四爻辞之本旨。

(五)六五、上六爻辞释义

六五爻辞之"黄裳,元吉"实言祀社之事,辞承房宿旦中天所称闭藏之制,进而递述冬至日后房宿晨伏以定春分,而祀社则即春分之礼。《象传》:"黄裳元吉,文在中也。"《文言》:"君子黄中通理,正位居体,美在其中,而畅于四支,发于事业,美之至也。"皆以"中"为旨要,且由"中"而"发",尚存古谊。

古礼以五色配伍五方,其制之起源可溯至公元前第三千纪之新石器时代[46]。五色以中央配黄,五行以中央配土,社为土神,故位在中央。古以四方神与中央社神共为帝五臣,殷代犹然,后更发展为五方帝。而社神直隶天帝之下,位居四方之中,这个传统自新石器时代直至汉代始终得到了完整的承传,不仅河姆渡文化见有社神与天神太一共绘的图像,而且马王堆汉墓出土的西汉帛画也以太一与社同位,况社神以黄龙居中而位于太一之下,更是这一思想的形象反映[47]。因此,黄色所具有的文化含义不仅在于象征方位观念的中央,更在于表现作为天帝五臣中位居中央的社神。传统以五行五色配匹四时,其中木配春色青,火配夏色赤,金配秋色白,水配冬色黑,而土值季夏之末则色黄,体系严整。《礼记·月令》于季夏末云:"中央土,其日戊己,其帝黄帝,其神后土,其虫倮,其音宫,律中黄钟之宫。其数五,其味甘,其臭香,其祀中霤,祭先心。天子居大庙大室,乘大

---

[46] 同注④、㊹。
[47] 拙作《中国古代的天文与人文》第二章第二节,中国社会科学出版社,2006 年。

路,驾黄骊,载黄旂,衣黄衣,服黄玉。"此皆土属而与四时之中央相配。孙希旦《集解》:"中央谓四时之中间也。土虽寄王于四季之末,然五行播于四时,春为木,夏为火,秋为金,冬为水,而火生土,土生金。土之次在火、金之间,故其气偏王于季夏之末,居四时之中央。车马衣服皆黄者,顺土色也。"显然,爻辞之"黄裳"实顺土色而衣黄衣之谓,目的则在阐明祀社之礼。"裳"本指下裙,古以在上曰衣,在下曰裳。故爻辞"黄裳"不称"黄衣",也有社主下土而居位天帝之下的暗喻,恰为后土社神的象征。

古制以四时之中央,于天神为黄帝,于地祇为后土,又祭五祀之中霤。《礼记·郊特牲》:"家主中霤而国主社,示本也。"郑玄《注》:"中霤亦土神也。"孔颖达《正义》:"卿大夫之家主祭土神在于中霤,天子、诸侯之国主祭土神于社。"又郑玄《月令注》:"此(黄帝、后土)黄精之君,土官之神。中霤,犹中室也。土主中央而神在室,古者复穴,是以名室为霤。"明季夏有祀中霤之礼[48]。孙希旦《礼记集解》:"季夏祀中霤者,以其居室之中而配乎土也。"此乃五祀小祭,显别于祀社之礼。《礼记·月令》:仲春之月,"择元日,命民社"。郑玄《注》:"社,后土也,使民祀焉,神其农业也。祀社日用甲。"孔颖达《正义》:"后土,五官之后土,即社神也。《郊特牲》云祀社,'日用甲,用日之始也'。《召诰》:'戊午,乃社于新邑。'用戊。周公告营洛邑始成,非常祭也。"说似可商。祀社用甲虽为用日之始,也应甲配东方而仲春祀社之礼,《召诰》祀社用戊,则亦合戊配中央之制,两者皆通。古以句龙为社神,其遗迹已得揭示[49]。孙希旦《集解》:"社祭五土之总神,句龙为后土之官,能平九土,以之配食焉。曰'命民社'者,社自天子诸侯以逮于大夫以下成群立社,皆得祭之。但言'祭社',嫌若唯国家得祭;曰'命民社',则天子诸侯祭之可知矣。"所论甚是。是春分之时,天地交泰,阴阳和合,故祭社祈生。古礼又于春分祈祠高禖,也是祭社的不同形式。

古制以右社稷,左宗庙,知大社在国中,与四郊相对。《周礼·春官·小宗伯》:"兆五帝于四郊。"郑玄《注》:"兆,为坛之营域。五帝,苍曰灵威仰,太昊食焉。赤曰赤熛怒,炎帝食焉。黄曰含枢纽,黄帝食焉。白曰白招拒,少昊食焉。

---

[48] 中霤之意,顾颉刚先生考之甚详,说见《史林杂识》,中华书局,1977年。
[49] 拙作《中国古代的天文与人文》第二章第四节,中国社会科学出版社,2006年。

黑曰汁光纪，颛顼食焉。黄帝亦于南郊。"知祭五方帝皆于四郊。孙诒让《正义》："此兆五帝于四郊，谓于王城外近郊五十里之内，设兆位也。郑以四时各于当方之郊，土寄王四时，无当方之郊，故特释之，谓亦在南郊。凡迎气祭五帝，依《月令》四帝皆在四立之日，惟黄帝无文。《六艺流别》引《尚书大传》则云：'土王之日，迎中气于中室。'以意推之，或当在季夏之下辛与？"是祭中央黄帝而于南郊，时在季夏。《魏书·刘芳传》言芳上疏论置五郊去城里数而引贾逵云："中央黄帝之位，并南郊之季。"又引郑玄别注云："中郊西南未地，去都城五里。"是季夏迎气于西南郊而祀黄帝，此虽恰合坤主西南之理，但迎气在郊却与土主中央的礼俗不合，实无关祭社之礼。《尚书大传》谓迎中气于中室，合祀中霤之制，但与祀社之事仍有区别。故爻辞"黄裳"虽言祀社之礼，但时间却在仲春，而不在季夏。显然，坤卦以祀社之内容赋予第五爻的爻辞，其意义正在以黄色主土及"五"配中央的传统象征社神，因此，黄色与五数作为社神之位不仅是对祭祀对象——社神的暗喻，也是对祭祀时间的暗喻。

古以五行与四时相配，其中金、木、水、火配以四方四时，土则配为中央而厕于季夏之末，因为在脱离了空间体系的时间系统中，季夏之末恰好位居四时的中点，这甚至造就了在兆祭五帝的系统中，中央黄帝与南方赤帝皆受祭于南郊而享有相近的致祭位置的传统。然而问题的关键是，传统的祭社时间既然顺天应时而在仲春仲秋，并不在季夏，那么在月令系统中，中央土为何不可以与祭事相适而植于仲春或仲秋之末？我们以为，这种区别其实反映了上古祭祀传统与时空传统两个不同体系的差异。

尽管祭社体系与时空体系体现着不同的观念，但二者却并非没有联系，这种联系通过数术与时空的传统思想巧妙地表现了出来。就社祭制度而言，由于春分和秋分都是昼夜平分、阴阳和合的时节，所以对社神的祭祀不可能寄望仅有仲春一次，仲秋祀社也同样必要。事实上，仲春与仲秋两祭社神的制度不仅古老，在传统祀礼中表现得也十分清楚。《白虎通·社稷》论岁再祭社云："岁再祭之何？春求秋报之义也。故《月令》仲春之月，'择元日，命民社'。仲秋之月，'择元日，命民社'。《援神契》曰：'仲春祈谷，仲秋获禾，报社祭稷。'"卢《注》："今《月令》无'仲秋之月，择元日，命民社'之文，而《御览》五百三十二引《礼记·月令》仲春、仲秋皆有之，并注云：'赛秋成也。元日，秋分前后戊日。'此处无之。"
陈立《疏证》："庄二十三年《公羊传注》：'社者，土地之主。祭者，报德也。生万
物，居人民，德至厚，功至大，故感春秋而祭之。'后汉建武二年立大社稷，以二
月、八月及腊一岁三祠。后魏天兴二年立大社稷，以二月、八月祭日用戊。北齐
立大社，每仲春、仲秋以太牢祭。隋开皇初立社稷，仲春、仲秋以太牢祭。唐亦以
仲春秋戊日祭。是历代皆一岁再祭也。《诗·周颂序》：'《载芟》，春藉田而祈社
稷也。'又：'《良耜》，秋报社稷也。'亦再祭之明证。"《礼记·明堂位》："是故夏
礿、秋尝、冬烝，春社、秋省而遂大蜡，天子之祭也。"孙希旦《集解》："省当作
'社'。春社，祈也。秋社，报也。"《诗·小雅·甫田》："以社以方。"毛《传》：
"社，后土也。方，迎四方气于郊也。"郑玄《笺》："秋祭社与四方，以报其功也。"
据此可明，传统祭社乃一岁再行，春社行于仲春，重在祈生，此"社"祭之旨；秋社
行于仲秋，重在报成，此或"稷"祭之本。

仲春与仲秋既然皆为祭社之时，其与社主中央土的关系便很耐人寻味。在
传统的时空体系中，数术与四时的配合始终是与五方的观念联系在一起的。据
《月令》可知，春配"八"，秋配"九"，夏配"七"，冬配"六"，而厕于季夏之末的中
央土则配"五"。五与六、七、八、九不同，五为生数，六、七、八、九为成数，显然，
中央五取生数为配，四方四时取成数为配，对于一个完整的时空体系而言是极不
谐调的。其实，以五所代表的生数及以六、七、八、九所表现的成数与四方四时是
共同配伍的，其中一与六、二与七、三与八、四与九、五与十分别相并而配伍五方。
孔颖达《礼记正义》引郑玄云："天一生水于北，地二生火于南，天三生木于东，地
四生金于西，天五生土于中。阳无偶，阴无配，未得相成。地六成水于北与天一
并，天七成火于南与地二并，地八成木于东与天三并，天九成金于西与地四并，地
十成土于中与天五并也。"即为明证。阴阳数字相并，故得相成。这些思想如果
描述与四方相配的四时，那么很明显，四时的配数原本并非只有六、七、八、九这
样单纯的成数，而应呈三八东春主木、四九西秋主金、二七南夏主火、一六北冬主
水、五十中央主土的形式。《太玄·太玄数》："三八为木，为东方。四九为金，为
西方。二七为火，为南方。一六为水，为北方。五五为土，为中央，为四维。"即
是这一体系的明确反映。郑玄在谈到生成数与四时五行的配伍时，也同样是基

于这样的思想。《月令注》："木生数三,成数八,但言八者,举其成数。火生数二,成数七,但言七者,亦举其成数。土生数五,成数十,但言五者,土以生为本。金生数四,成数九,但言九者,亦举其成数。水生数一,成数六,但言六者,亦举其成数。"知生成数皆配四方四时。《月令》于四方但取成数,生数自在其中,而土独取生数,不仅体现了五居中央的意味,而且也明显留有居于中央的土以生为本,故生数五作为四时五行的生成基础的朴素观念。

从古代时空观的发展进程分析,生数五作为原始的进制单位乃是构成六至十的成数的基础,而由生成数体系所构成的四方五位图(即所谓"河图")又是八方九宫图(即所谓"洛书")的基础,这一点我们已有充分讨论。这意味着由生成数所构成的四方五位图与以阴阳数所构成的八方九宫图除表现了不同的数术思想外,二者所试图建立的方位与时间的时空联系实际则遵循着共同的原则。准确地说,在四方五位图中,一六居下为北,三八居左为东,四九居右为西,二七居上为南,五十居中为土,这个体系如果与八卦配伍九宫的方位对照,二者所体现的思想则完全相同。显然,由于数字与方位所构成的这种明显的递进形式,因此,以生数组成的五位图事实上是一切时空概念表述的基本图形。在这个图形中,三配东而主春分,四配西而主秋分,二配南而主夏至,一配北而主冬至,五则配为中央。这种简单的配数关系不仅表现了先民朴素的数术思想,而且更准确地反映了数术与时空关系的本质特征。

正像月令系统以生数五与成数六、七、八、九共配四时五方所造成的失于和谐一样,在九宫体系中,配数五且象征中央的"吏"与表示四方的北君、东相、西将、南百姓共配五方也显示出同样的失协和矛盾。如果说上君、左相、右将、下百姓的格局反映了现实社会特有的君臣之位的话,那么"吏"为治民之官居于中央,不仅与作为臣僚的相、将重复,而且也与君位相冲突。很明显,"吏"与君、相、将、百姓分别出于不同系统的事实应该很清楚。

必须强调的是,君、相、吏、将、百姓与九宫的配合,其所传达的方位与时间的含义恐怕比其配数的意义更重要。因为九宫图如果认为是五位图的发展结果的话,那么将此君民之属配于五位图,尽管君、相、吏的配数与九宫图一样,但将与百姓的配数显然是发生变化的。《灵枢·九宫八风》:"太一在冬至之日有变,占在君；太一在春分之日有变，占在相；太一在中宫之日有变，占在吏；太一在秋分之日有变，占在将；太一在夏至之日有变，占在百姓。"皆以五占应四时五行的方位而不在于配数，可为明证。换句话说，由于九宫的四方配数与五位不同，因此，如果五占系统反映的是四时的变化特点的话，那么很明显，其配数的基础便应与月令相同而为五位生成体系，而生数五位图则反映了其配数思想的核心。值得注意的是，"吏"在九宫图中配为中央五，而在作为九宫的基础方位的生数五位图中也同样配为中央五。所不同的是，在九宫所表现的空间结构中，五位于二绳与四维交午的中心。如果以数术的观点看，其可居于一九、四六、三七、二八的中间，然而在生数五位图所反映的空间结构中，这种关系便简单得多，"吏"所居的中央五的位置便只可能位于一二的中间或三四的中间，也即一二与三四所组成的二绳的交午之处。澄清这些事实对我们理解祀社系统与时空系统的关系十分重要。

阜阳双古堆西汉太一九宫式盘的天盘即保留了九宫与五占配合的图像，乃是对《灵枢》相关内容的平面图解（图二十一）。学者指出，九宫中"吏"字书刻于三、四之间的现象并不是没有意义的，它表明"吏"作为中宫的象征是通过其位于三、四之间的特定位置而明确表示的[50]。这无疑是一个非常重要的意见。然而中宫五为何要布列于三、四之间，解释这一问题则与前面的讨论密切相关。正如我们已经指出的那样，生数五位图乃是一切方位图形的基础，这类图形其实只是借助空间体系而完成时空关系的描述的基本图形，因此，虽然从时间的角度讲，二分点与二至点分别表现为并不连续的两个时点，但是从空间的角度看，这种隔阂却恰恰可以通过时间与数术的配伍而巧妙地得到弥合。具体地说，在生数五位图中，东配三主春分，西配四主秋分，是为卯酉；北配一主冬至，南配二主夏至，是为子午。子午、卯酉二绳的交午之点即为中央五。显然，"吏"配五既处于一二之间，也处于三四之间，然而在九宫式盘上，一与二的位置并不相连，不便表现五居南北之中的观念，而三四恰好相邻，正是表现中央五位居东（三）、西（四）之中的理想位置，所以古人以象征中宫的"吏"书于三、四之间，正是五位图

---

⑤ 孙基然：《西汉汝阴侯墓所出太一九宫式盘相关问题的研究》，《考古》2009 年第 6 期。

所呈现的五居中央的空间思想的准确表现。

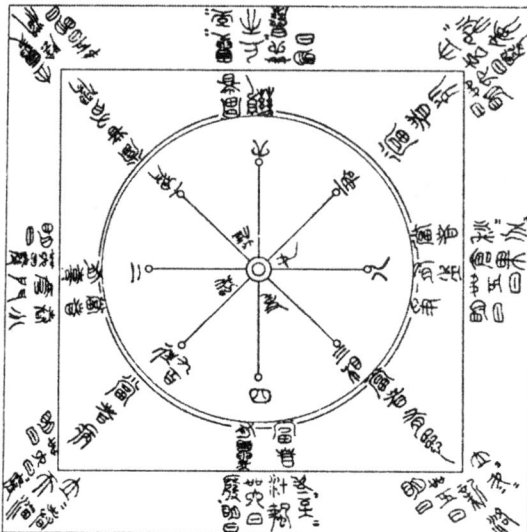

图二十一　西汉太一九宫式盘

空间观念的发展乃由四方五位而至八方九宫，因此，九宫图中五占的固有关系其实只是古人随着四方五位向八方九宫的发展而将原本五位与五占的固定配伍移用于九宫的结果，显然，九宫图中的中央"吏"位于三、四之间的特有布局无疑只是五位图中"五"居于三、四之间的既有空间思想的反映。

"吏"何以能具有象征中宫五的条件，实应源于君臣百姓所代表的人间社会不同的宗教传统。太一九宫式盘天盘的中央书有"吏招摇也"四字，即是对中宫吏出于神祇的明确说明。古以招摇为北斗，乃天帝之象征，因此从古人以社配天帝太一而居中央的传统考虑，"吏"的本质其实就是社神后土。

郑玄《月令注》："后土亦颛顼氏之子，曰犁，兼为土官。"孙希旦《集解》："后土，在地土行之神。共工氏之子句龙为土正，其官亦曰后土，祭五土之神则以配食焉。后，君也。土为四行之君，故曰后土。郑以后土为犁，盖据《国语》'火正犁司地'之说。孔氏云：'句龙为社神，不得又为五祀，故云犁。'不知五祀之后土即社也。《左传》蔡墨云：'句龙为后土。'又云：'后土为社正。'以明社稷之社即五官土正之后土，非社之外又列土正之祀也。"甚是。土为四行之君，故殷人称天帝之五臣,以中央之社神名曰"帝工",帝下四方之神名曰"帝使","工"即工正之谓,正可明社神称"吏"之渊源。"吏"为百官治民之称,其书于式盘中央,比配天帝北斗,正出于社神后土作为天帝之臣吏的观念,与社配太一之传统密合。社神名"犁",上古音"吏"为来纽之部字,"犁"为来纽脂部字,声为双声,之脂二部的关系也十分密切,同音可通。故后世以中宫称"吏"不仅反映了社神后土作为帝臣的传统,也保存了其循音假借的痕迹。

"吏"本为社神而配伍中央,但据兆黄帝于南郊而从赤帝之位的传统,中央"吏"却并不配伍南位九,知其布列特征只反映五位的空间观念。事实上,太一九宫式盘将中宫"吏"布于三、四之间的做法除继承了生数五位图的数术思想外,恐怕还在于暗示中央土与作为三、四配数的春秋二分的关系。换句话说,或许正是因为二分日乃是传统的祀社时节,所以中央土更需要建立其与东、西二方的联系,而象征社神的中宫"吏"居于东三与西四之间,显然最适合表现这种祭祀时间与致祭神祇的联系。

五方与四时的配合建构了古老的时间系统,在这个体系中,以生数三象征的春分和以生数四象征的秋分乃是顺天应时的祀社时节,而社神后土的位置则居三、四之间的中央,因此,社作为受祭神祇的思想不仅可以通过象征祭社时间的春秋二分的固定配数得到表现,而且五居于三、四之间的布局也正可反映时空系统与社祀礼俗的联系。这意味着六五爻辞的"黄裳"如果关系社祀之礼的话,那么至少应该具有表达祭祀时间与祭祀对象的双重含义。很明显,传统以黄为土色而配伍中央,这恰好与社为土神而位居中央的特点相合,表述的当为祭祀的对象——社神。而黄裳作为顺应土色之服,当然也就应该为祀社之祭服,表述的应为祭事和祭时。古之祭社于一年两行,假如与上六爻辞对比研究,则两爻辞正谓一岁再社,故知六五爻辞所述祭事当在春分。此爻承六二、六四爻辞言房宿旦中天后的盖藏之制而述数月以往的春分祀社之礼,也观房宿授时之谓。计算表明,公元前二千年,当春分旦明之前,房宿恰位于西方的地平线上,不久便伏没不见,这个房宿于春分晨伏的标准天象与古于春分祀社之礼密合无间,自然可被视为春分祀社之候。因此六五爻辞之"黄裳"实言观测房宿之晨伏而行祀社之礼,此时之房宿已由冬至之旦中天西行至地平附近,时节则自冬至而及春分。

上六爻辞之"龙战于野,其血玄黄"与六五爻辞相对,当言秋分祀社之礼。公元前二千年,秋分日躔房宿,故于秋分日出之前可于东方地平线上看到角、亢星宿组成之龙首,苍龙星象呈半在天上、半在地下的景象,这是其时秋分的标准天象,而爻辞"龙战于野,其血玄黄"正是对这一特有天象的描述。

上六爻辞所阐释的祀社时间已由六五爻辞的春分而至秋分,其时房宿经过半年的时间行移到太阳附近,与太阳栓系在一起,伏没不见,人们于旦明之前只能在东方天空中看到龙首,其时苍龙星象冒地而出,半身在天,半身入地。在天属阳,入地属阴,故像阴阳二龙交于郊野。爻辞之"野"当指郊野,遣辞别于乾卦"见龙在田"之"田",或属变文,或别以乾卦之"田"为天田之星。而"玄黄"又为天地之色,恰与龙星呈半天半地的天象相应。半龙在天者为天龙,其血玄;半龙入地者为社龙,其血黄。故玄黄之谓实以天地之色而喻龙星在天入地的天象特点。

《文言》:"阴疑于阳必战,为其嫌于阳也,故称'龙'焉。夫'玄黄'者,天地之杂也。天玄而地黄。"王引之《经义述闻》:"《说文》:'嫌,疑也。'嫌于阳即上文之疑于阳也。疑之言拟也。阴盛上拟于阳,故曰嫌于阳。"得其经旨。两物相称谓拟,故阴拟于阳而称龙,实际则言龙之属阴的部分正可拟比其属阳的部分,也即阴阳相均。衡诸天象,其时所见之苍龙星象半在地下,半在天上,位居地下的部分龙体属阴,正与位居天上属阳的部分相等。房为苍龙之第四宿,正居其中,是其时日躔房宿,龙则阴阳各半,这个天象与阴拟于阳的思想极为吻合。

此秋分祀社而言"战"言"血",正应秋风肃杀之候。古礼以春社祈生,故又行高禖之祀。而秋社则收获报功,故主杀。《尚书·甘誓》:"用命,赏于祖;弗用命,戮于社。"是戮社自见秋社主杀之义。传统又以秋分配西而主阴,属金,也主杀之谓。故爻辞于秋分祀社而言"其血玄黄",以别于春社。《周礼·春官·大宗伯》:"以血祭祭社稷。"也此俗孑遗。《文言》:"犹未离其类也,故称'血'焉。"朱熹《集传》:"血,阴属。"与秋社属阴吻合。《淮南子·天文训》:"八月、二月,阴阳气均,日夜平分,故曰刑德合门。德南则生,刑南则杀。故曰二月会而万物生,八月会而草木死。"这些思想显然又为后世刑德观念之渊薮。

准此则知六五、上六两爻辞皆言祀社之礼,"黄裳",春分祀社也;"龙战于野,其血玄黄",秋分报社也。二祀皆以房宿行天之标准天象而建时指导。

(六) 用六爻辞释义

用六爻辞之"利永贞"乃占卜术语。"贞"言命龟事,卜辞习见,故"利永贞"意即利于长久之卜事。然若仅以爻辞理解为卜事不绝而通神之术兴旺,则远未揭示爻辞底蕴。

爻辞缘何于观象授时之后独言卜事不绝,当与苍龙星宿终周一匝的天象有关。我们知道,恒星的回天运行,自日躔到朝觌,再重新回到日躔,则完成了终天一周的行程,但这个行期由于晨昏两法观测时间的差异,其所指示的时节则各不相同,因此恒星的周天运行实际由于观测方法的不同而表现为昏星与晨星两个周期,这两个周期实际也就是乾、坤两卦爻辞所表述的内容。乾卦自日躔龙星的中心房宿而表现为潜龙,至龙角昏见东方而表现为见龙在田,又至龙星整体于黄昏尽见东方而表现为或跃在渊,再至房宿的昏中而表现为飞龙在天,更至房宿过中西流而表现为亢龙,终至日躔角宿而在黄昏日没后于西方唯见苍龙入地却不见龙首,从而表现为群龙无首,描述了昏时苍龙星宿从东到西的行移周期。苍龙星象的这种于黄昏之后的变化特点,其实正是观测者需要"夕惕若厉"所关注的天象。

坤卦反映的天象特征与乾卦则大为不同。首先,乾卦关注的对象乃是授时龙星的整体,并重在强调因龙星的变化而体现的观象制度,而坤卦则只关注苍龙六体中更具有授时意义的授时主星——房宿,并强调由房宿所指导的顺应天时的礼俗制度。这与乾为健而言星象运行的所谓"天行健",坤为顺而言承天应时之易理密合无间。其次,就观测方法而言,乾卦描述的是黄昏之后龙星的运行特点,而坤卦所言则为日出之前作为龙体之一的房宿的运行特点。两卦一言昏星,一言晨星。因此,坤卦继乾卦潜龙的天象更言龙星的行天,自房宿的晨见始知霜降将寒,并直至隆冬冰坚,又至房宿旦中天所表现的直方而言盖藏之礼,再至房宿的晨伏而言祀社之礼,终至日躔房宿而言报成之礼。龙星以房宿为准,自日躔又回到日躔,终成周天一匝。所以乾、坤两卦描述的龙星正反映了其周天运行的完整周期。

其实,乾、坤两卦所描述的龙星回天一周的运行特点与其说反映了恒星运行周期的结束,倒不如说是新的运行周期的开始。显然,恒星回天的这种永无停息的运行特点正可以表现与天沟通的卜事的绵续不绝,而占卜通神的工作不仅是观象制度的重要组成部分,而且与观象的工作同样重要。《续汉书·律历志上》言古代候气之术,"效则和,否则占",足见占卜作为观象的补救之术。这当然正是坤卦用六爻辞承述前爻所言观象而补述龟卜的原因。《象传》:"用六永贞,以大终也。""大终"可谓苍龙星象终行周天的天象。龙星终而复始,周行不止,则观象工作以及与其配合的卜筮活动也不会停息,从这个意义上说,"利永贞"的爻辞是恰如其分的。诚然,如果将"永贞"作为天行不息的暗喻,或许符合坤卦诸爻辞的逻辑。因此,"永贞"虽言卜事,其实则以卜事以及与此相关的观象活动的绵续不息喻指恒星大终而返的自然现象。李道平《纂疏》:"乾'无首'者,循之不见其端,坤'大终'者,推之不见其委。循环迭运之道,于乾坤二用见之矣。"说虽隐晦,然几近经旨。

然恒星回天,循环不息,无有终止,故"大终"之意不独言天,更应及于顺天应时之礼俗。坤言用事,别于乾言观象,用事乃以观象为指导,观象则为用事服务,观象不失,则用事不息,财用不匮。古人用事必卜,故以坤主用事之易理观之,"贞"应包及观象与用事两卜事。为政以观象为要,但结果却要落实于由观象决定的用事之礼,故事以观象始,以用事告成终,是为"大终"。而从占卜的角度讲,"大终"则谓"永贞"。是"利永贞"或为对观象所决定的用事礼俗绵久不绝之隐语。其承岁终报功而言大终,显即诸事毕成之意。

乾、坤两卦以龙及位于龙腹的房宿天驷的见伏作为周天大终的标准天象,这种做法毫无疑问应该反映着一种古老历法的周期。我们论定,卜辞反映的殷商历法乃以秋分之后的第一月作为岁首,其时正是霜降时节,这与乾卦以"潜龙"及坤卦以"履霜"启卦的内涵完全吻合。事实上,公元前二千年房宿恰好日躔秋分,这意味着确定秋分或许同样是夏代历法决定岁首的基本标准。

(七)六三爻辞释义

六三爻辞的性质与乾卦的九三爻辞相同,都是对两卦爻辞内容的总论和概括。乾卦九三爻辞总述观象授时制度,观象重在天文,行者为君,故乾具有为天为君之易象。与此相对,坤卦之六三爻辞则阐释因观象授时制度所导致的地载万物的用事结果,万物之生养重在农作,行者为臣,因此,坤便具有为地为臣之易象。显然,乾卦以观象制度以明"万物资始",而坤卦又以承天载物以明"万物资生",体现了乾主坤顺的易理。

六三爻辞之"含章"盖即农作丰稔、万物咸成之隐语。"含"本西方风名,见于殷卜辞,又以西方风名而指秋分[51],自有秋分物成之寓意,于此则引申而谓大地含养万物。"章"者,明也。坤卦《彖传》:"至哉坤元,万物资生,乃顺承天。坤厚载物,德合无疆。含弘光大,品物咸亨。"又姤卦《彖传》:"天地相遇,品物咸章也。"王弼《注》:"正乃功成也。"孔颖达《正义》:"天地若各亢所处,不相交遇,则万品庶物无由彰显。必须二气相遇乃得化生,故曰天地相遇,品物咸章。"可明"章"即品物咸章之谓。据此,则"含章"已由本指岁熟年丰而具有了万物咸成的思辨意义,从而正应《彖传》"含弘光大,品物咸亨"的卦义。孔颖达《正义》:"包含以厚,光著盛大,故品类之物皆得亨通。"即以"亨"训通而为地载万物,乾卦《文言》:"亨者,嘉之会也。"孔颖达《正义》:"亨是通畅万物。"故"品物咸亨"亦即"品物咸章",皆言地顺天载物而万物通显。又坤卦《文言》:"含万物而化光。坤道其顺乎,承天而时行。"此"含万物而化光"也即"含弘光大,品物咸亨"之意。孔颖达《正义》:"含万物而化光者,自明《彖辞》含弘光大,言含养万物而德化光大也。"是爻辞"含章"当以岁熟而通指万物咸成,也即含弘万物、品物咸章之意。其厕于用六爻辞秋分成功报社,应是借万物咸成所行报赛之礼以明地载万物的朴素哲理。

"含章"一词又见于《周易·姤卦》,其九五爻辞云:"以杞包瓜,含章,有陨自天。"马王堆帛书本作"以忌枹瓜,含章,或塤自天"。上海博物馆藏战国楚竹书本作"以芑橐苀,歆章,有忧自天"。学者或以"包瓜"为北斗别名,"杞"读为"系"[52],如此则言北斗建时。但我们认为,"杞"盖"记"之借字,帛书"杞"作"忌",正为"记"字或体,古文字"心""言"形旁意近通用,郭店楚竹书《太一生水》:"以记为万物经。""记"本作"忌"。故"杞""芑"皆当读为"记"。《左传·

---

[51] 拙作《殷卜辞四方风研究》,《考古学报》1994 年第 2 期。

[52] 又见闻一多《周易义证类纂》,《闻一多全集》第 2 册,三联书店,1982 年,第 6 页。

桓公二年》引《春秋经》："杞侯来朝。"《公羊》《榖梁》"杞"作"纪"。《诗·秦风·终南》："有纪有堂。"三家"纪"作"杞"。是二字通用之证。"纪""记"互作，皆有表识之意。"包瓜"实即匏瓜，本为星名，"枹瓜""橐芤"皆应读为"匏瓜"，"橐"乃匋省声桂馥《说文解字义证》谓从"缶"声，字或作"橐"，从"包"声。《说文·缶部》："匋，从缶，包省声。案《史篇》读与缶同。"明"包""缶"互作。《史记·天官书》："匏瓜，有青黑星守之，鱼盐贵。"司马贞《索隐》引《荆州占》："匏瓜，一名天鸡，在河鼓东。匏瓜明，岁则大熟也。"张守节《正义》："匏瓜五星，在离珠北，天子果园。占：明大光润，岁熟。"《楚辞·九怀·思忠》："援飑瓜兮接粮。"王逸《章句》："唉食神果，志厌饱也。飑，一作匏。糧，一作粮。"洪兴祖《补注》："《大象赋》：'飑瓜荐果于震闺。'《注》云：'五星在离珠北，天子之果园。占大光润则岁丰，不尔则瓜果之实不登。'"古以匏瓜星之大明为岁熟年丰之兆，故爻辞以匏瓜星之大明可识以喻年丰。准此可明，"含章，有陨自天"本即承匏瓜星占而述秋分岁熟之辞，此正"含章"之本义。《易之义》："姤之卦，足而有余。"颇存本义。

　　"含"，楚竹书作"欽"，盖"琀"之或体。"陨"，或作"塤"作"忧"，皆当"陨"之借字，降赐之谓。《春秋繁露·祭义》："五谷，食物之性也，天之所以为人赐也。"此即"有陨自天"之意。"含章"本以秋分岁熟为义，这一事实恰可推而表述大地含养、万物咸成的普遍认知，从而成为地载万物思想的思辨基础。传统以为，天时乃是万物生养的决定因素，地之所以载育万物，关键取决于正确的观象授时。《文言》所谓含万物而光大，承天而时行，讲的就是这个道理。《郊特牲》之"地载万物，天垂象，取财于地，取法于天"，所言此理也明。很明显，天象作为授时的条件，乃是大地载育万物的取法对象，故地之所载，其本质皆源于天之所赐，没有正确的观象授时作为指导，便不可能有地载万物的结果，因此岁熟年丰与其说表现为大地的呈现，倒不如说是上天降陨的福禄更确切，这种天施地生的传统观念便是爻辞"含章，有陨自天"的本义。《象传》："九五含章，中正也。有陨自天，志不舍命也。""九五含章"虽以爻位而言之中正，却正应《象传》所谓"刚遇中正，天下大行也。《姤》之时义大矣哉"。李道平《纂疏》："天地相遇而后化育成，万物亦相遇而后生长遂。庄二年《榖梁传》曰：'独阴不生，独阳不生'，故

'《姤》之时义大矣哉'。"知"中正"实乃阴阳和合之谓。《象传》又解卦辞云:"天下有风,《姤》,后以施命诰四方。"孔颖达《正义》:"风行草偃,天之威令,故人君法此以施教命诰于四方也。"其本质亦即观象授时。风为四时之候,其制于殷卜辞所见甚明。人君据风而施命,犹言顺时而施政,观象而告朔。此施命建时而健健不懈,则即《象传》所谓"志不舍命"。故此《象传》释经,仍不失其观象授时之旨。

坤、姤两卦之"含章"虽皆具岁熟本义,但坤卦爻辞续言"可贞",知其关乎祭事,从而更应彰显万物咸成的引申意义,似言烝尝报成之礼。《易之义》:"含章可贞,言美情也。……《易》曰:含章可贞,吉。言美情之谓也。"此"美情"亦即丰收报神之义。《象传》:"含章可贞,以时发也。"孔颖达《正义》:"待时而发,是以时发也。"李道平《纂疏》:"凡《象》辞言'发'者,皆谓发得正也。《说卦》曰:'发挥于刚柔而生爻。'虞训'发'为'动'。"是"以时发"也即《文言》所谓"坤道其顺乎,承天而时行"。孔颖达《正义》以"承天而时行"意即相时而动,正与因时而发相契。故《象传》所释似更在强调地载万物的原因。事实上,待时而发或相时而动无疑都反映了农作物适时而生的特点,待时即谓等待农时,而农时的决定则又有赖于正确的观象授时,因此万物咸通而岁熟报成其实只是"承天而时行"的结果,这从慎始敬终的层面阐释了"含章可贞"的哲学内涵。《系辞上》:"乾知大始,坤作成物。"即以乾、坤而言始终。《大戴礼记·保傅》:"《易》曰:'正其本,万物理。失之毫厘,差之千里。'故君子慎始也。《春秋》之元,《诗》之《关雎》,《礼》之《冠》《昏》,易之《乾》《巛》,皆慎始敬终云尔。"俱道此理。是坤卦于爻辞之终言"含章可贞",正明此慎始敬终之义。

古以天下备收告祭神灵乃为于丰收之后举行的大飨之礼。《礼记·月令》:季秋之月,"乃命冢宰,农事备收,举五谷之要。藏帝藉之收于神仓,祗敬必饬。……是月也,大飨帝,尝。牺牲告备于天子"。孟冬之月,"大饮烝"。郑玄《注》:"备犹尽也。重粢盛之委也。藏祭祀之谷为神仓。言大飨者,遍祭五帝也。《典礼》曰:'大飨不问卜。'谓此也。尝者,谓尝群神也。天子亲尝帝,使有司祭于群神,礼毕而告焉。"孔颖达《正义》:"四月'大雩','以祈谷实',雩上帝之后,云'雩祀百辟卿士',是雩帝之外别雩群神。九月'大飨',以报功,明飨帝之外亦祫群神。"孙希旦《集解》："大祫帝,祀上帝于明堂也。尝者,宗庙之秋祭也。烝,冬祭宗庙也。曰'大'者,冬物可进者多也。"《诗·小雅·天保》："禴祠烝尝,于公先王。君曰卜尔,万寿无疆。"毛《传》："秋曰尝,冬曰烝。"是秋尝冬烝皆为宗庙之祭。《春秋繁露·祭义》："先成故曰尝,尝言甘也。毕熟故曰蒸,蒸言众也。"尝烝二礼分别,实为后世制度。殷商时代唯存春秋两季,尚不具四季,其春季略长,也就是殷人的农作期,而秋季适值冬春,没有作物生长,所以作物于全年只收获一季[53],这意味着尝新之礼在当时也就是烝礼,烝尝二祭是合并举行的,而祭礼的举行则在丰收之后的年终和次年年初,这个时间不仅是一个农业周期结束的终点,同时也是新的历年的开始。殷卜辞屡见烝尝之祭,皆行于殷历十二月或一月,这种制度是与殷历岁首位于秋分之后第一月的历法制度互为表里的。而《月令》所载后世礼制以大祫及烝皆于秋分之后的季秋和孟冬举行,既是对这种古老礼制的继承,也是一种因时而异的发展。很明显,爻辞"含章可贞"所言万物咸成的内涵与烝祫所体现的以众物报神的传统思想颇相吻合。

《礼记·曲礼下》："大祫不问卜,不饶富。"郑玄《注》："祭五帝于明堂,莫适卜也。富之言备也,备而已,勿多于礼也。"朱彬《训纂》引王引之云："饶,当读为侥。富,当读为福。侥之言要也,求也。《吕氏春秋·顺民篇》高《注》曰:'徼,求也。'侥福者,徼福也。僖四年《左传》:'君惠徼福于敝邑之社稷。'文十二年《传》:'寡君愿徼福于周公鲁公以事君。'杜《注》曰:'徼,要也。'是也。不侥福者,谓祝辞但求神祫,不求降之以福也。"其说甚是。祫帝旨在报祫,不在祈福,此祭天神。而烝则宗庙之祭,在报祫祖先。《天保》"君曰卜尔",韩说曰:"卜,报也。"毛《传》:"卜,予也。"马瑞辰《毛诗传笺通释》:"'卜尔'犹云'报尔'。"知烝亦报祫之谓。朱彬《训纂》引吕与叔曰:"冬至祀天,夏至祀地,日月素定,故不问卜。若他则问卜,如郊用辛,及《大宰》'祀五帝','帅执事而卜日',是也。"上古大祫与烝俱不在冬至,日月无定,故需卜之。殷卜辞言烝祭皆卜之,其制盖古,此即爻辞"可贞"之义。

坤卦不同于乾卦所言君王之观象授时,而述观象授时指导下的群臣用事,即

---

[53] 拙作《殷代农季与殷历历年》,《中国农史》第 12 卷第 1 期,1993 年。

使如禴帝之礼,也重在强调臣从王助祭而告备天子之责。故爻辞继"含章可贞"而言"或从王事,无成有终",正明臣受王命而行助祭之事。这甚至决定了坤卦为臣的本质特征,从而与乾卦为君的易象形成了鲜明区别。

爻辞"从王事"意同殷卜辞习见之"进王事"及"乡王事"。卜辞云:

乙卯卜,殼贞:令多子族比犬侯扑周,囟(进)王事? 五月。
《续》5.2.2
弜执,呼归,克乡王事?   《甲》427

《说文·辵部》:"进,登也。"故"进王事"意为臣进君位而行王事,也即臣代王行事。"乡王事"之"乡"读为"相"。《礼记·祭义》:"禴者,乡也。"郑玄《注》:"禴或为相。"是其明证。"相王事"也即辅王而行事。卜辞所记进王事与相王事者皆为殷臣,也与制度吻合。而大禴之礼虽天子亲尝帝,但命有司祭于群神,正合臣从王命而代王行事之制,这便是卜辞所称之"进王事"。诚然,进王事与相王事意虽有别,但概而称之皆可视为从王事,"从"有顺从、听从之意,故"从王事"即臣从王命而行事,此不仅与三代制度吻合,而且这种以臣从王命以明"顺"的思想完全符合以坤为顺的易理。

古人以为,君王得位在于其受命而有成,这种权力特点当然来源于得位者对于观象授时的掌握,而臣行事辅王,无关有成,却贵在有终。《象传》:"或从王事,知光大也。"《文言》:"阴虽有美,含之以从王事,弗敢成也。地道也,妻道也,臣道也。地道无成而代有终也。"训释皆极允洽。"无成"之"成"即言成功,乃得位为君之意。《毛诗序》:"颂者,美盛德之形容,以其成功,告于神明者也。"战国楚竹书《子羔·孔子诗论》:"有成功者何如? 曰《颂》是也。"《颂》为宗庙祭乐。蔡邕《独断》:"宗庙所歌诗之别名三十一章,皆天子之礼乐也。"儒家以人进德修业,终获天命而得君位为其最高政治理想,如此则于生时君天下而王,死后入宗庙以享天子之祭,故以《诗》为教,自《邦风》之无德而修至《颂》之中庸平德,达到成功的理想境界。《诗·周颂·昊天有成命》:"昊天有成命,二后受之。"郑玄《笺》:"'有成命'者,言周自后稷之生而已有王命也。"即以"成命"为王命,故受命为君而跻天子之位者为"成",此成功显名之谓,乃为君之道。而臣非受天命者,故无关有成,此即爻辞"无成"之意。但为臣者虽非得位为君,却贵在善于职守而辅王有终,如此则可通过从事行事的方式而显名,实现其光耀祖先的理想,此为臣之道,也即爻辞"有终"之意。《象传》之"知光大也"正明其旨。西周金文习见为臣者辅君行事而受赐,铸器以光耀祖先之作,正是这一思想的反映。《文言》"阴虽有美,弗敢成也"则谓臣虽有美德,但不敢僭君得位,故恪守为臣之道。"阴"对君为阳而言,自为臣,"美"即德能之谓,"成"则指君位而言。又云"地道也,妻道也,臣道也。地道无成而代有终也","地道"对天道言,"妻道"对夫道言,"臣道"对君道言,皆居辅助顺从的地位,故以无成而有终为美德。是爻辞"成"指受命为王,"终"指臣之善守,此言臣从王命行事,与乾卦言君之观象相对,乃辅王之谓。观象为天子之事,故君以观象布命,此有成也;而臣从王命行事,此无成有终也。《易之义》:"或从王事,无成有终,学而能发也。"即以臣竭力侍君为意。王弼《注》:"有事则从,不敢为首,故曰或从王事也。不为事主,顺命而终,故曰无成有终也。"阐释也十分准确。知六三爻辞所言农事备收而禬神,其中之含章有年乃地载万物之喻,与天为对而言地,而禬礼则重在臣从王命之事,已由乾卦之王权转述臣事。

古人观象以授时,首要目的就是为农业生产提供准确的时间服务,这意味着作物丰歉的关键条件即在于观象授时的正确程度,于是,观象制历与作物丰歉形成了不可分割的因果纽带。乾卦之九三爻辞总述观象授时之制度,其实质便是阐释地载万物的基础,而坤卦之六三爻辞以丰收有年的方式暗喻地载万物的思想,也正是阐释观象授时的用事结果。因此,两爻辞既是对乾、坤两卦卦爻辞的总结,同时也反映了古代观象制度所涉及的因果两方面内容。

四、乾坤名义

乾卦卦名,马王堆帛书本作"键",乾卦九三爻辞"君子终日乾乾"之"乾乾"也作"键键","键"皆当读为"健"。《象传》:"天行健,君子以自强不息。"《说卦》："乾,健也。"故卦名"健"即指天行不息而言。李鼎祚《集解》引何妥曰："所以乾卦独变名为'健'者,宋衷曰:'昼夜不懈,以"健"详其名。余卦各当名,不假于详矣。'"是知乾卦本即名"健",而帛书存之。

乾卦取象天文,乃为古人"仰则观象于天"的产物,而卦爻辞又以对苍龙星象行天变化的描述以阐明观象授时之制度,故卦名取"健"而喻天行不息,其形式与内涵极为吻合。《易纬逸象》以乾为"旋",也具行天不息之意。所不同的是,古人以"旋"描述天,只突显了其运行不止的自然本质,而"健"作为卦名,在暗示这种自然本质的同时,更强调了其强勇不息的人文精神,这于君王观象不懈的政治制度显然有着更准确的表达。

《说卦》:"乾为天,为圜,为君,为父。"乾卦既象天文,故易象以乾为天,天体为圜,故乾又为圜。天文乃君王所掌,故乾为君,又拟比百姓之父。显然,这些观念都是自君王观象授时的古老制度中发展出来。

《说卦》又云:"战乎乾。乾,西北之卦也,言阴阳相薄也。"乾在后天八卦方位中配置西北,这种思想同样来源于古人对于天倾西北的认识㊹。《淮南子·天文训》:"昔者共工与颛顼争为帝,怒而触不周之山,天柱折,地维绝。天倾西北,故日月星辰移焉。地不满东南,故水潦尘埃归焉。"《论衡·谈天》言此事也谓"天不足西北"。天倾西北的神话虽然被古人视为星辰行移的主要原因,但却是以真实的天象作为立说基础的。根据岁差的计算表明,公元前三千年前,真天极的位置恰好位于紫微垣宫门的左枢(天龙座ι)和右枢(天龙座α)两星之间,这意味着当时的赤道圈确实向着西北倾斜。古人对于天体现象的这种古老认识显然对乾象天文而主西北的易理的形成产生了重要影响。

乾卦之名由"健"而"乾",既有同音相假的原因,更有卦义的联系。《说文·乙部》:"乾,上出也。从乙。乙,物之达也。倝声。𠄋,籀文乾。"朱骏声《说文通训定声》:"达于上者谓之乾。"此"上出"及"达于上"之义训如果是指龙星自地平升天的天象而言,则正与乾卦爻辞所述龙星自渊而出的行天现象相合。许慎以"乾"字所从之"乙"为意符。《说文·乙部》:"乙,象春草木冤曲而出,阴气尚

㊹　又见闻一多《周易义证类纂》,《闻一多全集》第 2 册,三联书店,1982 年,第 46 页。

强，其出乙乙也。与丨同意。"如此以草木自地而出实乃坤为地而载育万物的特点，故不得以此义用名乾卦。闻一多先生又以乾卦之名本作"斡"，指北斗绕极而行，并据"乾"之籀文作"乾"，而以其所从之"晶"为"星"字，正应乾为星象之意[55]。此说可商。古文字"㫃"本作"㫃"，古文字"㫃""㫃"互作，皆旗之象形文，唯繁简有别。陈梦家先生以"㫃"乃"㫃"之繁体[56]，实为或体。"㫃"本作"卜"，俱写旗杆、杆首、旗斿及简化的縿斿，简作"卜"。而"㫃"字古形则将侧视的"卜"形依杆而设的竖幅画斿改以"凵"的形式作正面的表现而已，实"史"字作"㕜"，也像以手秉旗。据此可知，"㫃"本从"凵"，乃旗中专设画章之旗斿[57]，并非"日"字。《说文·㫃部》："㫃，日始出光㫃㫃也。从旦，㫃声。㫃，阙且，从三日在㫃中。"所训形义虽误，但以"㫃"从"㫃"声，仍存"㫃""㫃"同字的痕迹。石鼓文"㫃"作"㫃"（翰字所从），字从"凵"，古形犹显。至战国古文作"㫃""㫃"，其形渐讹。而秦篆作"㫃"，已失本形。故"㫃"字实写旗形，而籀文或从"晶"，也是"凵"形的重叠讹变。王筠以为"籀文多重叠"，正可说明"㫃"为籀文的特点。

"㫃"本旗形，故杆中之"凵"实即承章之斿，而王之大常以龙及日月为章。《周礼·春官·司常》："王建大常。"《礼记·郊特牲》："龙章而设日月。"孙希旦《集解》："犹大常有龙章、日、月。"《尔雅·释天》："素升龙于縿。"郭璞《注》："画白龙于縿，令上向。"知古大常之龙章绘升龙，即头上向的升天之龙，也即乾卦"或跃在渊"之谓，实物已有考古发现可资印证[58]。故"㫃"字本取大常为象，斿设升龙画章，正象苍龙跃地升天。然字又从"乙"，本当作"乙"。《说文·乙部》："乙，燕燕，玄鸟也。齐鲁谓之乙，取其名自呼。象形也。鳦，乙或从鸟。"学者以为"乙""乙"古本一字，象雏燕探首，后乃分化[59]，甚是。甲骨文"离"本从"隹"（《屯南》663 反），或省作"乙"（《合集》33374），是为明证。《说文·乙部》训"孔"为通，并云："乙，请子之候鸟也。乙至而得子，嘉美之也。"《诗·商颂·玄鸟》："天命玄鸟，降而生商。"毛《传》："玄鸟，鳦也。春分，玄鸟降汤之先祖。有

---

55 又见闻一多《周易义证类纂》，《闻一多全集》第 2 册，三联书店，1982 年，第 46 页。

56 陈梦家：《中国文字学》，中华书局，2007 年，第 188 页。

57 有关这一问题的详细讨论，参见⑤。

58 拙作《二里头文化"常斿"及相关诸问题》，《考古学集刊》第 17 集，科学出版社，2010 年。

59 郑张尚芳：《上古音系》，上海教育出版社，2003 年，第 523 页。

娀氏女简狄,配高辛氏帝,帝率与之祈于高禖而生契,故本其为天所命,以玄鸟至而生焉。"郑玄《笺》:"天使鳦下而生商者,谓鳦遗卵,娀氏之女简狄吞之而生契。"事又见《史记·殷本纪》,故后王以为禖官。《礼记·月令》:仲春之月,"玄鸟至,至之日,以大牢祠于高禖,天子亲往。"郑玄《注》:"玄鸟,燕也。燕以施生时来,巢人堂宇而孚乳,嫁娶之象也。媒氏之官以为候。"古以玄鸟于春分来,秋分去,乃开生之候鸟,盖为人所以祈子孙之祀。而玄鸟感阳方至,其来主为乳蕃,自有阴阳之性,这一意义又与乾为阳卦相合。而传统观念以鸟为负龙升天的灵物,故"乾"本从"倝"从"乙",正以大常之章以示升龙,并会玄鸟感阳而生,且负龙升天之意,如此则有"乾"上出之训。实"乙""丨"同意,正言引而上行。至《说文》训"倝"为"日始出光倝倝",则本"杲"字之意。甲骨文以"杲"为旦明时称[60],古"杲""倝"同音,后"杲"废而义存,转以释"倝"。

坤卦卦名,马王堆帛书本作"川",当为本字,文献或作"巛"。陆德明《释文》:坤,"本又作巛,巛,今字也。"《大戴礼记·保傅》:"《易》之《乾》《巛》。"汉《石门颂》《乙瑛碑》并作"川"。《释文》以"巛"乃今字,不可从。《隶释》卷一《孟郁修尧庙碑》:"乾川见征。"洪适云:"乾川与颍川字相类,虽《家语》有乾川,犹天渊也。然隶书未尝有坤字,此乃乾坤尔。"因此,"川"盖为坤卦之本名。

"川"为河川之本字,其名坤卦,当读为"顺"。《说文系传·页部》:"顺,从页,川声。"段玉裁《注》:"训驯字皆曰川声也。"古以川水之称名坤,正取水具有顺势而流的特点,这个意义恰可与坤卦所具顺的易理相应。

《说卦》:"乾,健也。坤,顺也。"《释名·释地》:"坤,顺也,上顺乾也。""健"本星象健行不息之谓,此授时之源,故"顺"即承天顺时之义,引申则有效法之意,故《系辞上》:"效法之谓坤。"这种理念广及社会伦理,则又以臣顺于君,母顺于父,妻顺于夫,所以坤便具有地道、臣道、母道、妻道的内涵,而古人对于这些思想的概括表述,则借"川"字所体现的水具有顺势而流的特性准确地传达了出来。

《象传》:"地势坤,君子以厚德载物。""川"既读为"顺",故"地势坤"即言地

---

⑩　拙作《殷代纪时制度研究》,《考古学集刊》第16集,科学出版社,2006年。

势顺。古人以为天倾西北，地不满东南，这种地理形势所表现的自然现象便是川水的东流。《天文训》以为"地不满东南，故水潦尘埃归焉"，正以水的东去表现西高东低的地理特点。而水顺地势而流，对于说明水性的顺遂已是再清楚不过的事实，显然，这一特性当然可以借以阐释坤顺的易理。而从易象的角度讲，《易传》以龙星健行为乾卦之象，正所谓"仰则观象于天"；又以川水顺势为坤卦之象，此则恰应"俯则观法于地"。坤以水象，也与《文言》"坤至柔"的思想符合。

传统阴阳观作为古人为万物生长的自然现象建立的哲学基础，这一思想如果纳入易学体系，则是通过乾坤两卦集中体现的。马王堆帛书《系辞》："键川（乾坤）其易之经与！键川（乾坤）成列，易立乎其中。键川（乾坤）毁则无以见易矣。"又《易之义》："易之义唯阴与阳。……键川（乾坤）也者，易之门户也。"皆明此理。然而长期的生产实践经验告诉人们，万物的生养假如不能适合天时，则将一无所获。换句话说，没有正确的观象授时作为开始，便不会有品物咸章、万物皆成的结果。这既体现了古人恪守的慎始敬终的思想，当然也是乾、坤两卦所蕴含的基本哲理。事实上，观象授时作为万物生养的前提条件，这种思想通过易卦的卦序反映得也相当清楚。

《周易·序卦》："有天地，然后万物生焉。盈天地之间者唯万物，故受之以《屯》。《屯》者，盈也。《屯》者，物之始生也。物生必蒙，故受之以《蒙》。《蒙》者，蒙也。物之稚也。"有天地然后万物生，这种思想当然就是乾、坤两卦的易学本质。《周易》以乾卦为首，坤卦为次，乾为观天之象，故象天；坤述地载万物，故象地。乾之观象乃君王所为，故为君；坤之辅君皆臣僚之行，故为臣。乾之观象为用事之始，坤之载物乃承天时而行，故乾为尊而坤为卑，乾为健而地为顺，乾居首而坤居次。坤既言地载万物，故次坤者必为屯，更次为蒙，皆对乾、坤卦义作进一步的阐释。"屯"，甲骨文作"ᘒ"[61]，乃种子抽芽之象，后假为春季名，表示万物生长的时节。所以《序卦》以"屯"为万物始生，重在强调其始生之状态，颇合"屯"字本义。而蒙次于屯，已经不指"屯"所表示的种子初发幼芽但尚未破土的

---

⑥1　于省吾：《甲骨文字释林》，中华书局，1979 年，第 1—2 页。

状态,而已具有破土萌生之义,从而描述了植物自出芽之后的成长,故《序卦》释蒙为"物之稚"。显然,以观象制度论,这种由乾之观象而决定的万物生长的思想不仅逻辑清楚,而且已由人们对自然现象的观察上升至具有一般意义的哲学思辨。而以阴阳观念论,古以阴阳合则万物生,故乾阳坤阴,次之者必为屯为蒙,这个作物的生长过程正是古人基于生产实践而对阴阳相生的哲学思想的经验表述。《系辞》所谓"乾坤成列,易立乎其中",即道此理。

五、结论

上古社会,由于传统农业经济的需要,观象授时几乎成为一切工作中最重要的一种,这不仅意味着人们对于星象有着不懈的观测和研究,而且更重要的是,这样的工作已足以形成以时间作为万物生养的决定因素的独特观念。事实上,这种观念不仅根深蒂固,同时还影响着中国古典哲学的思辨形式。

传统二十八宿体系中作为授时主星的苍龙星象显然是决定农业生产的重要星象,因此,龙既可以在现实的意义上成为决定生养的时间的象征,当然更可以在哲学的意义上成为决定生养的阴阳的象征。至少在夏商时代,先民已经具有了以龙星登天和潜渊的不同天象象征阴阳的朴素观念,他们普遍以菱形符号装饰登天之龙而表示阳,又以鳞形符号装饰潜渊之龙而表示阴。不仅如此,在龙星登天入地的阴阳转换中,鸟又以其能上天入地的特殊本领充当了负龙升降的灵物。这些观念以一种近乎写实的手法在当时的遗物中得到了充分展现。

龙星所具有的这种能够象征时间和阴阳的独特性质构成了乾、坤卦爻辞的核心内容。乾卦以君王对观象授时的垄断,借苍龙六宿的行天变化,阐释了古老的观象制度。这种苍龙六体的行天变化自黄昏之后的潜渊而至见龙在田,次至或跃在渊,又至飞龙在天,再至亢龙,终至群龙无首,记录了公元前二千年自秋分始而至秋分终的标准天象。而乾卦本名"健",正言天行健健,星回于天而永不停息。与此相对,坤卦则据人臣行事的特点,借苍龙六体中的授时主星——天驷房宿的行天变化,阐释在观象授时指导下的传统礼俗制度。天驷之星的行天变化则自晨明之前的朝见而陨霜,以至旦中而冬藏,再至晨伏而祈社,终至日躔房宿而报成,同样记录了公元前二千年自秋分始而至秋分终的标准天象。而坤卦本名"川",以水性之顺以喻顺天应事,用以阐明坤卦承天时而用事行礼的道理。这些观法天地的内容不仅充分反映了乾、坤卦爻辞的创作本义,而且揭示了乾以龙繇、坤以马象的作意本质。

龙星行天入地的回天变化不仅可以用来表述阴阳,当然更可以象征天地,因此龙在天为天为阳,龙入地为地为阴。而古以房宿天驷为童兽,相对于苍龙六体而小,这显然又与天大地小的古老宇宙观相吻合。《象传》以乾言"大"而坤言"至",也是这种思想的体现。观象在于深察星移斗转而建时,重在天行;而用事则在于应时而动,故贵在顺天。传统又以观象者乃君之所行,从事者则臣之所为。而君掌观象需"终日乾乾"而慎始,才能有地载万物"含章"之终成,当然这同样可以说明君观象慎始而臣用事"无成有终"的道理。因此,观象授时的古老制度不仅作为古代政治制度之源,而且成为与其相关的诸如天地、大小、君臣、尊卑、健顺、始终等一切思想的基础。

值得特别注意的是,《周易》诸卦第三爻应该具有终爻的意义,该爻如果与其他爻辞对比研究,显然有着统述诸爻的总结性质,甚至从某种意义上讲,它比卦辞更能反映易卦的本质内容。以往我们对归妹卦的研究也充分证明了这一点。这个事实的揭示决定了《周易》爻辞的释读不能以爻位为准,而应遵循初、二、四、五、上、用、三的次序。这种现象无疑体现了第三爻乃为经卦之终爻,而八经卦本为易卦基础的古老思想,这意味着易学思想的形成历史是相当悠久的。

最后必须强调的是,《周易》卦爻辞的形成年代,自古以来聚讼不决。我们的研究只是从卦爻辞本身讨论了乾、坤卦爻辞形成的文化背景,但却不能就此认为公元前二千年就是两卦卦爻辞的形成年代。正如很多古代典籍的述作时间虽晚,但仍可保留古老的思想和制度一样,如《尧典》之四仲中星的观测年代其实并不反映《尧典》的成书时代,乾、坤卦爻辞所揭示的内容也只是作为后人建立完整的易学体系所利用的古老素材而已。尽管如此,早期先民所创造的这种以观象授时为基础的科学的认知体系无疑对后世的易学思想产生了深刻影响。显然,卦爻辞的形成时间虽然可能晚近,但它所传承的古老观念及文化传统则相当悠久,事实上,乾、坤两卦的内容正反映了古人对由苍龙六宿的观测而建立的授时制度,以及由苍龙六宿之一的房宿指导用事礼俗的古老传统的继承。因此,从阴阳思辨哲学起源的观点看,公元前二千年无论如何都有理由视为以阴阳为基础的易学体系基本定型的关键时期。

2007 年 12 月 1 日于尚朴堂

【冯　时　中国社会科学院学部委员、考古研究所研究员】
原文刊于《中国文化》2010 年 02 期

《周易·需卦》探源

傅剑平

　　按照《周易》早就定型的卦序排列，"需卦"是六十四卦中的第五卦，紧排在"乾""坤""屯""蒙"四卦之后。而"需"卦的组织形式，在《周易》全部六十四卦中也是较为特出的。像"需"卦这样，包括卦题，同时六爻之中有五爻都是以卦名开头的卦，在《周易》六十四卦里只有"需""贲""咸""井""鼎""震""艮""涣"八个卦。这些卦各爻的内容含义，无一例外都紧扣卦题，可以说卦题之字义解开，全卦的内容也就随之明晰了。不过，各家说《易》，对于卦题的解析往往就很纷纭，对"需"卦"需"字的解析就是如此。这样一来，对"需卦"的理解与阐释也就不免各持一端、愈说愈繁了。撇开个别立论特出、附议绝少的解释，对于"需"字较具代表性的立说就有以下几种。

　　最常见的是释"需"为"等待"。东汉许慎《说文解字》即持此说，不仅早已成为古代部分治《易》学者的定说，并得到当代著名《周易》研究专家高亨、金景芳等先生的支持采用。其理由大体如此，《说文》释"需"为"须，遇雨不进"。《周易》"彖传""象传""杂卦"均释"需"为"须"、为"待"、为"驻"、为"不进"。《尔雅·释诂》及郑玄注经也如此解。此说在训诂上的主要文献例证是《左传》哀六年"需，事之下也"及《左传》哀公十四年"需，事之贼也"二条。这二处"需"也被释为"等待"。然而，建立在此训诂基础上对整个"需卦"的各家阐释却又各不相同。如金景芳先生释"需卦"，紧扣卦中九五"需于酒食"一爻，认为"需卦"的中心主旨是讲"养育之道",进而引申到统治之道要善于休养生息。虽然金先生沿用陈说,仍释"需"为"等待",但在众多解《周易·需卦》的学说当中,应该说是最为接近"需卦"原旨的了。不过,正因为金先生沿旧说解"需"为"等待",反而使得"需卦"的本义难明,释"需"为"饮食养育之道"的解析无所依托,而基于此解之上的其他内容也就难免过于迂曲。同时,由于金先生基本上是用成熟之后的儒家思想文化(所谓"成熟",是指经孟子、荀子发展后的儒家思想文化观念)作为阐释"需卦"思想文化的基准,离开产生于早期儒家思想文化之前(不晚于西周早期)的《周易·需卦》的本义反而远了①。

另一位研究《周易》成就卓著、影响很大的李镜池先生不同意"需"字自东汉许慎以来,经孔颖达、朱熹沿用几乎已经定型化的"等待""驻留"的传统之解,认为"需"字是"濡"的本字,从雨从而,需,天雨,湿也。在此训诂基础上,进一步认为"需卦"反映的是周代早期商人的活动②。李镜池先生破除陈说,这么一解,"需卦"内容较为连贯、圆通,确如李先生自己所言,"比起孔颖达、朱熹的说法较为合理"。但问题仍然存在。解"需"为"濡"以训诂常例而论并无不可,却有两个问题可以提出。一个问题是就在《周易》同书中,"濡"字本有很多实例在别的卦辞里,其字义就解为湿,而没有迂曲地通过"需"字来表达。如《周易》"既济"卦中的"濡其尾""濡其首,厉";"未济"卦中的"濡其尾,吝""濡其首";及"贲卦"中的"贲如濡如"等都是显例。同时,在与《周易》用语形成使用年代大体相当的《礼记》《左传》等先秦古典文献中也大量在使用着"濡"字,而没有别的例子是通过"需"字来代用的。实例甚多,兹不赘引。而更为重要的另一个问题是,我们现在有可靠的考古文献材料能够证明,"需"字的本义并非为"濡",详见下文。即便就用李镜池先生"需"即"濡"的说法,用以释"需卦"的"需于郊""需于沙""需于泥"乃至"需于血",虽然圆通,但用这个说法去解释占"需卦"核心地位的"九五""需于酒食"的爻辞时,李先生解为"遇到了好客的主人,酒肉款待。食饱喝醉,连衣服都弄湿了",就显得十分牵强、迂曲难通了。在研究探讨《需

---

① 高亨先生释"需",见所著《周易古经今注》(中华书局版)及《周易大传今注》(齐鲁书社版)。金景芳先生释"需",见所著《周易全解》"需卦"部分,吉林大学出版社出版。

② 见中华书局版李镜池先生著、曹础基先生整理的《周易通义》"需卦";及李镜池先生著《周易探源》(中华书局版)第 238 页。

卦》本义主旨的过程中，我发现一个很有共同特点的现象，就是不论用什么观点和材料解释《需卦》中的"需"字，往往解卦中别的爻辞看似可通的，一到卦中"九五"一爻就会立刻表现出明显的牵强、迂曲，甚至根本不通，这几乎可以成为用来衡量是否真正解通了《需卦》本义主旨的一个标志了。

又别有从卦象解"需"的。章秋农《周易占筮学》一书释"需卦"之"需"为"养"，为"不进"，为"待机而动"，认为"凡三释而需卦庶几无剩义"。认为"需卦"卦象为乾下坎上，"需"根于坤卦，以水天合而成也，"需者，顺水之性之"。并进而解《需卦·象传》"云上于天，君子以饮食宴乐"曰："坎为云，故云上于天。二至四互体兑，兑为口，故曰饮食；兑又为悦，故曰宴乐。此所以以饮食宴乐取象也。"更进而引申推衍，认为乾为君子，则君子之饮食宴乐，与小人专以口腹之欲的饮食宴乐有本质不同③。如此解"需卦"，通则通矣，然距"需"之原义、距"需卦"主旨恐怕就更加迂曲幽远了。

乌恩溥所著《周易：古代中国的世界图示》，则以天文学解《需卦》，认为《周易》一书是以星象来比附人事，用人事来润色星象，使星象人格化，从而使星象与人事浑然一体。认为"需"本指太白星运行的一种特定的星象，《周易》借为卦名，当指金星，主杀。卦文中"需"字是指太白金星的行度、方位。九五一爻"需于酒食"是取其双关引申义，至于具体所引申者为何事何物，乌先生未进一步说明，故不得而知。至于"需于沙"是指金星的颜色。"需于血、泥、郊"都是指金星不同的象位④。如此解"需卦"，新则新矣，距离"需"字的本义、距离《需卦》的主旨恐怕更远，只能说是借了《周易·需卦》来阐发乌先生的天文观了。

既然上述释"需"的几类传统旧说与现代的新见，用以阐释《周易》"需卦"的本义主旨确实迂曲难通的话，那么《周易·需卦》之"需"字究当作何解释，而《需卦》的主旨又究竟应该是什么呢？

以下，我们先来探求《周易·需卦》"需"字的本义。

《周易·需卦》的"需"字，以迄今所可能见到和掌握的考古及古代文献资

---

③　见章秋农著《周易占筮学》第241—252页，浙江古籍出版社版。
④　见乌恩溥著《周易：古代中国的世界图式》"需卦"部分，吉林文史出版社版。

料,有两项基本意义与该卦的卦义有密切关系:其一,"需"首先是一种粮食,也即今天的糯或稬,"需"之用自然首先是食以果腹,此即是"食";其次,"需"又是用这种粮食来酿造的旨酒,西周早期这种用"需"酿造的酒称之为"醹",此即是"饮"。一"饮"一"食"是人类最根本的生活需求,如上升到规律性的抽象认识,即是"饮食之道"。其二,"需"是古代术士所操之术的动作行为,在《周易·需卦》之中,"需"也即是占筮、贞问、祈享之义。

东汉许慎《说文》认为"需,须也,从雨而声,遇雨不进"。此说即是《周易·需卦》之"需"被释为"等待"的最权威的训诂依据,然而许慎在《说文》中并没有提出任何别的依据。而"需"是一种粮食,即"稬"或"糯",则有充分的考古实物材料和文献以资证明。1976年,陕西省扶风县出土了一批窖藏的西周铜器,其中有一件西周伯公父簠有铭文,其文曰:"用盛糕、䆃、🈂粱"。铭文中的"🈂"字,经考古学界与文字学界研究,基本认同于释为"需"字,义为粮食之一种,即今天的"糯"或"稬",因为在西周金文里这种文例,如"用盛𥣫、籾(史免簠);"用盛稻粱"(曾伯簠),"用鬻稻沏"(陈公子甗),等等,都是用以表述该青铜器的用途是盛各种粮食,伯公父簠铭文中"需"与"糕、䆃(稻)、粱"并列,置于"盛"之后,其义自然不能例外,也当是伯公父簠所"盛"粮食之一种⑤。

而近年睡虎地出土的秦墓竹简《秦律·仓律》第三十六简"已获上数,别粢、稬、秔、稻之襄(酿)"⑥,则不仅有"稬"字,表示其为一种粮食,与前引证之金文"需"字同义,且更进一步证明先秦中国人已在用"需"(稬或糯)来酿造旨酒了。不仅于此,除了上述二个文物考古实例的证明之外,还有更早的先秦文献可以证明,远在西周早期人们早已在用"需"来酿酒了。《诗经·大雅·行苇》有曰:"酒醴维醹。"这个"醹"字,即是用粮食"需"酿造的旨酒。《说文解字》释"醹"曰:"厚酒也,从西需声,而主切。"许慎在此只把"需"字作为"醹"酒的一个音符,事实上依本文上述对于"需"字义项的考释,"醹"字中的"需"不仅是音符,同时还兼有义符的作用,可以补《说文》的不足了。

---

⑤ 见周原考古队《周原出土的商周青铜器》第92页及《中国古文字学研究会第三届年会论文》收伍士谦先生文。

⑥ 见文物出版社版《睡虎地秦墓竹简》第41页。

至于释"需"字为古代术士所操之术的动作行为,我们的证据是 1977 年在陕西省扶风县出土的西周窖藏的 53 件青铜器中的三件,这三件青铜器据铭文而定证都是孟簋,大小形制和铭文内容也都相同。铭文如下:

孟曰朕文考眔毛公趞中征无需毛公易朕文考臣自毕工对扬朕考易休用宦兹彝乍毕子:孙:其永宝⑦。

对于铭文中"孟曰朕文考眔毛公趞中征无需"一句,一般将"无需"解为地名或族名,为"征"的对象,则"征"在其中用作及物动词。但我们检索了大量西青铜器铭文之后发现,"征"虽常用作及物动词,如"王征南尸"(无叀殷),"斌征商"(利殷)之类,但并非只能作及物动词解,事实上作为不及物动词用的例证也很多。如寰鼎中有铭文曰:

寰肇从趞征,攻开无啻。

噩侯鼎铭文曰:

王南征,唯还自征,才不芉。

楚王酓章剑铭文曰:

启从征,董不夒⑧。

如果准此类例证以推,孟簋铭文中的"征",即可作不及物动词解,那么"无需"以我们"需"字意义的知识来看,可以有以下三种解释:一是没有"需",即没有糯粮;二是"无需"是个族名或地名,故派兵"征"之;三是"需"释为等待、滞留,

---

⑦ 所引铭文均见徐中舒主编《殷周金文集录》一书。
⑧ 同上。

则意为不用等待、不用停留。这三种解释，除第二种之外，其余两种皆不通，但如果将"需"当作不及物动词来看，则可以提出第四种新的解释，即释"无"为"舞"、为"巫"，而"需"则可以解为"无"（巫）操作其术的动作行为，即占筮吉凶、祈祷天时、祭享祖先或知地形之类关乎戎典之事。"无"为"巫"，在甲骨文、金文中有大量的例证，也为治文字学、先秦史者熟详之论。最近庞朴先生有《说"无"》一文，对此有很精到的论证可参，兹不赘引⑨。而"需"之所以是古代术士所操之术的动作行为，自然还不仅仅因为在上述考古文献中，"需"字是作为"无"（巫）的谓语形式出现的，已明显表现出是"无"的动作行为，更为重要的是"需"的这一条义项，本是从"需"乃是"无"（巫）操作其术时所戴的礼冠名衍化而来的。对于这个问题的论证，我们分为以下三步来进行。

一是在先秦较早的时期，"无"（巫）操作其术时所戴的礼冠即读作"需（xū）"；二是"需"的含义仍是"无"（巫）操作其术时所戴的礼冠，却在读音上转而用"糯"粮之"需"来取代；三是再由此进一步过渡到"儒"的阶段，分别用两对一声之转的词"章甫"与"枝木"来代表其音义。第一步的证明文献有三条，一是《诗经·大雅·文王》，诗中说"裸将于京，常服黼冔"，其中"黼"是礼，而"冔"读音为"需 xū"，正是一种殷代贵族所戴的礼冠。另一条则是《仪礼·士冠礼》中曾记载了三代礼冠的不同称谓，具体而言，是"周弁、殷冔、夏收"，其中"冔"同样音"需 xū"，也是礼冠。第三条则从音韵训诂的理论而论，先秦古音"冔"属鱼部，需属侯部，据顾炎武《音学五书》，鱼侯同部。即照今天已经分别更细的音韵学，鱼侯也可旁转相通。又"冔"声纽在晓，而"需"声纽在心，心晓二纽常可通用。则据音韵学理论，"冔"与"需"可相通。尤其值得注意的是，"冔"作礼冠解，只见于较早的先秦典籍《诗经·大雅》和《仪礼·士冠礼》讲三代礼冠的记载，此后，"冔"字不仅不再见到，在之后的文献典籍中也再没有以别的意义出现过，其仅为殷冠读音符号的功用至为明显。第二步，"需"仍作礼冠解，但读音却不再用"无"（巫）术之"需"，而是用了"糯"粮之"需"的发音，表现出由"需"过渡到"儒"的趋向。第三步，在这个过渡阶段里，出现了两对一声之转的词语"章甫"

---

⑨ 《说"无"》见庞朴论文集《稂莠集》，上海人民出版社出版。

与“枝木”，表现出“鄏”“需”的读音向“儒”过渡的明显迹象。“章甫”为礼冠，见于《论语·先进》，其文曰：

(公西赤对曰：)“宗庙之事，如会同，端章甫，愿为小相焉。”

也见于《庄子·逍遥游》：

宋人资章甫而适诸越，越人断发文身，无所用。

又见于《墨子·公孟篇》，其文曰：

公孟子戴章甫，搢笏，儒服而以见子墨子。

《礼记·儒行》也记载到：

子曰：丘少居鲁，衣逢掖之衣，长居宋，冠章甫之冠。

《荀子·哀公篇》则曰：

然则夫章甫絇屦，绅带而搢笏者，此贤乎？

从以上的文献记载可知，“章甫”是一种礼冠；这种礼冠为儒服之一部分。“章甫”与“糯粮”之“需”字，也即后来定形为“儒”字古音相通，具而言之，章，为照纽三等，古音照三归端；儒，中古音曰母，古音曰母归泥，端泥为旁纽双声，故章、儒系双声。甫，古音属鱼部；需，古音属侯部，鱼侯古音相通(据顾炎武《音学五书》)，即按今天分别更精微的古音韵学，鱼侯也可旁通。而进一步的证据是，当时尚有另一个与“章甫”一声之转的词“枝木”。据《庄子·盗跖》记载，“枝木”也是一种儒冠。其文曰：

盗跖闻之大怒，目如明星，发上指冠，曰："此夫鲁国之巧伪人孔丘非耶？为我告之：尔作言造语、妄称文武，冠枝木之冠，带死牛之胁，多辞谬说，不耕而食……"

清代毛奇龄《四书改错》即认为"《庄子》孔子冠枝木之语即章甫也"。而"枝木"从古音韵学的角度而言，与读之为"糯"粮之"需"的"儒"也相通。具而言之，枝，为照纽三等，上古音归端；儒，中古音曰母，古音曰母归泥，端泥为旁纽双声，枝、儒也系双声。木，屋部；儒，侯部。二部阴入对转相通，故"枝木"与"儒"实也相通。

除去上述由"冔""需"，经由"章甫""枝木"过渡到"儒"的论证之外，还另有文献资料可资证明，在这个过渡时期当中，"需"与"儒"常常不分，可以作为同义词互相替换。《吕氏春秋·博志篇》曾经记载了一个名叫"尹儒"的儒士，学习"六艺"之术的御术"三年而不得焉，苦痛之"。这个"尹儒"在《淮南子·道应篇》及《昭明文选·魏都赋》注所引用的《庄子》逸篇均作"尹需"。更为有力的证明是长沙马王堆出土的帛书《六十四卦》及《帛书·系辞》。在这两份重要的出土《易经》文献中，记载《需卦》时，帛书《六十四卦》卦题"需"写作"襦"，而帛书《系辞》"需"字写作"嬬"。[⑩] 按照《说文解字》，"襦"字"从衣需声，人朱切"，其音正是"儒"。"嬬"则"从女需声，相俞切"，但今天这个"嬬"字却只能读"儒"音了。长沙马王堆帛书，包括《六十四卦》及《系辞》，据考古学界研究断定为下葬于西汉文帝初年，则帛书只会根据更早于此的不晚于先秦战国末期流传的文献传抄而来。这些有力的证据都说明"需 xu"尽管已用"糯"粮之"需 rú"的读音逐步替代向"儒"的音型过渡而趋定型，但仍然露出尚不稳定的痕迹。从有关"需"的派生词也可以看出这个过渡的迹象。从"需"得声的字，往往读音从"糯"粮之"需 rú"而来，仅以偏旁表示字义的区别，如加"人"为"儒"、加"子"为"孺"、加水为"濡"之类。但也有例外，就是发音不完全循由上述模式，却从"无(巫)"

---

⑩ 据《文物》1984 年第三期刊载的《帛书·六十四卦》及《系辞》释文。

术之"需 xu"而来,如"灕""繻"等字即是例证。尤其像"繻"之类字,现在仍可两读,即既读如"需 xu"也读如"儒"音。

至于礼冠之"需",衍而为"无"(巫)操作术的动作行为,更进而转称戴这种礼冠的术士为"儒"士,这种以服装和服饰之一部分,作为穿戴这种服饰之人的专名,除了我们所论证的"需—𩓣—儒"之外,在史籍文献中还有别的例证可资证明,因而决非孤证。如鲜卑族的"鲜卑",其含义原来就是服饰上一种革带的金属饰物之名。《楚辞·大招》有"小腰秀颈,若鲜卑只",《战国策·赵策》"衣冠具带,黄金师比"之"师比"及《汉书·匈奴传》的"黄金具带,黄金胥纰"之"胥纰",皆一音之转,实际都是同物带饰的异名,而最终衍化为一种少数民族鲜卑族的族名,用来专指以服这种独具特点带饰而著称的某一族人了。此即是另一个好例证。

如果以上的考证与推论可以成立,那么我们可以说"需"是一种"无"(巫)操作其术时所戴的冠,进而被称为戴这种冠而从事某种术的人,即"儒士",再进而转化为先秦一种思想学术派别的名称,即儒家。通过对先秦文献典籍的研讨,可以相信,这个转化为儒家思想学术派别的过程是由春秋末期的孔子基本完成的。这也正是《论语·雍也》篇最早记载下"儒"字的道理。"需"字的这条义项,不仅是我们探究《周易·需卦》本义原旨的重要依据,同时与儒家起源的重要课题也有密切的关系。后一问题非本文主题,今兹不细论,具体研究分析可见拙文《原儒新论》(刊《暨南学报》1990 年第二期)。

依我们这个解释,"需"在孟簋铭文中是一个动词,"无需"也即"巫需",意为巫术之士操作其术。则《周易·需卦》之"需"便可解释为巫术之士操作其术的动作行为。《周易》的性质基本上是一部古代的占筮之书,尽管可以认为《周易》不仅仅只用于占筮,那么,具体而言,《需卦》卦题之"需"的意义即可解释为"占筮"。如果把上述"需"第一义项内容"饮食之道"综合考虑进去,可以更确切地说"需卦"卦题之"需"的意思即是"关于饮食的占筮"。更进一步而言,如果考虑到巫术之"术"的意义不仅限于占筮卜问,祭祀献享其实也属于早期巫术之士所操之术的内容,那么,"需卦"卦题之"需"也可解为"关于饮食的祭享与占筮"。

通过论证,我们既已明白"需"字的两条基本义项:"糯粮之需"关乎饮食;

"巫(无)术之需"关乎占筮与祭享。以下我们进一步申论"需卦"的主旨。

以往研究阐释《周易·需卦》者,正由于不明"需"字的上述基本意义,却又不得不面对《需卦》最重要的九五爻的爻辞"需于酒食,贞吉";还要面对基本上在先秦就已广为流传定型的《周易·大传》中有关《需卦》的经典诠释,如《序卦传》与《象传》所从"《需》者饮食之道也"及"饮食宴乐"阐发的《需卦》"九五"爻辞乃至全卦的卦义,于是沿用传统旧说释"需"为"待",对《需卦》主旨就不得不曲为之说;运用新的视角看"需"则多别为之说,往往又随机性太强而远离《周易·需卦》的整体内容,有的更只能说是借了"需卦"在发挥自己的学说了。现在我们依照上述"需"字的两条基本义项,"糯(稬)粮之需"与"巫(无)术之需"来解说《需卦》,就不必再曲为之说地强作解人,就可以依据《周易》的内证与外证直接去理解《需卦》的意义内容,并对之做出合乎其本义主旨的解释。实际上,《周易·需卦》的本义主旨是十分简洁明白的。

据迄今为止可知的文献与文物资料,甲骨文中无"需"字,最早记载了"需"字的是西周早期的青铜器铭文。以上我们根据金文及先秦文献《诗经·大雅》《秦简》等,推进了东汉许慎《说文解字》关于"需"字的成说,得出"需"字的两个新的基本义项:糯(稬)粮之"需"与巫(无)术之"需"。《周易·需卦》中"需"字这两条基本意义都有。《需卦》的卦题卦名意为"关于饮食的祭享与占筮"。卦题及初九、九二、九三、六四及上六的爻辞用的是巫(无)术之"需"的义项。只有处于中心重要地位的九五爻,才点明了"需卦"的主旨是"需于酒食",在这一爻里,"需"字的两个基本义项内容得到了共同彰显:祭享占筮即是巫术之"需",而稬(糯)粮之"需"所包含的"稬(稬)"即是"食",用"稬"所酿的"酒醴维醹"的"醹"酒即是"饮";"需于酒食"正是《周易大传》的《象传》所解说阐发的"《需》君子以饮食宴乐",也正是《序卦传》所阐发的"物稺不可不养也,故受之以需。需者饮食之道也"。《需卦》中以糯粮醹酒为代表的饮食不仅是人类赖以生存的物质基础,一日不可缺少,而且祭享占筮、祈风雨时顺及年之大小等内容也无不以饮食为主要的对象。先民根据人类基本物质生活及精神生活的经验将其升华为抽象道理即是"饮食之道"。先秦时代以至整个封建社会,象征国家最高政治权力的鼎鼐及绝大部分礼器,究其本来功能无一不是先民饮食之器皿。于此可知古代中国很多的思想文化观念和社会政治制度,都从"饮食之道"为喻而立论、而运作,这可以说是中国传统文化的一大特点。至于别的阐发解说《周易·需卦》的理论,不论是从儒家的"民以食为天""为君之道所重在人之食"和"食为八政之首"出发⑪;还是着眼于道家的以饮食为养生之主或以"治大国若烹小鲜"喻为政治国之道⑫;或是其他各家围绕人类生存的物质基础饮食来阐发《周易》的各种学说。从根本上来讲,都没有离开《周易·需卦》的"饮食之道"的中心主旨。从这个意义进一步讲,《周易·需卦》的这个本义主旨,确实是我们通过《周易》去认识、探究中国传统文化的一把极富价值的锁匙。

【傅剑平　云南大学旅游文化学院文学与新闻系教授】

原文刊于《中国文化》1992 年 02 期

---

⑪　见班固《汉书·艺文志》"农家"部分及颜师古注。

⑫　《老子》第六十章以"治大国若烹小鲜"喻为政之道;《庄子》"养生主"讲养生之道,从庖丁解牛生发开去。实际都是借"饮食之道"阐发道家的人生哲学道理。至于道家讲求摄生的许多具体方法就更多是种种各有特色的"饮食之道"了。

《周易》"经""传"与儒、道、阴阳家学缘探要

黄克剑

一、《易经》中的易道

1.《易》并不像郭沫若所描述的那样:剥去"神秘的衣裳"后,留下的只是"一个原始人在作裸体跳舞"。它确实从未脱去一个东方族类的童年的天趣,但正是这份天趣持久地滋养了一种浑全而富有渴望的生命冲动。基督教《圣经》中的故事在会心的读者那里从未失去过它的启示意味,《易》借着"——""— —"所发散的消息曾经作了——并且在往后依然有可能是——中国人独异的人文创造灵感的泉源。

此外,尚可在比勘中寻味的是:《旧约》中同神立"约"的人,多在与利害权度关联着的"命运"感的驱使下,《新约》则把某种不排斥功利却又超越功利的"境界"经由耶稣基督启示给了人们。同样,《易经》的卦爻,兆告给占筮者的更多是"命运"背景下的"吉凶休咎",只是诠释《易经》的《易传》从人生"境界"上贞定了"天道"而"人道"、"时中"而"养正"的价值取向。

不过,《新约全书》和《旧约全书》是从神的"创世"开篇,以"末日的审判"压卷的,《易》则由"乾""坤"开其门户,在曲尽"天下之至赜"后归结于生生之德的

"既济"而"未济"。前者的与奇迹和神通相伴的"约"言总不出离神人之间,后者的看似"方以智"的断制,也都无不可溯源到"圆而神"的天人之际。

2.近代西方人对《圣经》中的福音故事的质疑,曾引出过一个大得多的历史话题:如果附丽在耶稣身上的种种奇迹终究不过是"神话",因而福音书的产生是由于难以穷诘的集体无意识,那么引发开来,便未始不可以说历史的运作原是缘于并非有自觉意向的斯宾诺莎式的"实体"。如果耶稣的离奇传记说到底不过是撰写者的着意编造,因而它更多地与一种自觉而明确的价值选择关联着,那么,一个合乎逻辑的推论便可能是这样:在历史中真正起作用的不是有欠主体规定性的"实体",而是费希特式的"自我意识"。

这场"自我意识"对"实体"的论战,发生在十九世纪三十年代的德国。论战的主将是大卫·施特劳斯和布鲁诺·鲍威尔。前者曾声言,他所从事的是马丁·路德所未竟的事业,后者则在始终以"自我意识"为其思维辐辏的论战中从一个正统的黑格尔主义者转变为"青年黑格尔"思潮的领袖。评判这场神学而哲学的论战,须得审慎分辨诸多有意味的细节,这里把"自我意识"与"实体"概念引出来,只是为寻找一种途径或方法,以便切近地把握《易》的缘起和理致的本真。

清末民初之前的中国学人,几乎从未怀疑过所谓圣人作《易》的传统观念。卦画演自伏羲,抑或演自文王,卦辞、爻辞由文王所系,抑或由文王、周公先后所系,虽然不无异议,但在《经》为圣人所遗这一点上并不曾有过歧出的见地。至于诠释或提示《经》蕴的《易传》,即所谓《彖传》(上、下)、《象传》(上、下)、《系辞》(上、下)、《文言》、《说卦》、《序卦》、《杂卦》等"十翼",则一向被学界认定为孔子所作。北宋欧阳修撰《易童子问》,第一次提出"《系辞》……《文言》《说卦》而下,皆非圣人之作",[①]但这不无价值的思路并没有引出更可期待的反省,在"童子问"后辨者也终是作了"孔子之文章,《易》《春秋》是已"[②]的断案。清人崔述显然比欧阳修更彻底些,他著《洙泗考信录》,多方征引以辨"《易传》必非孔子

① 欧阳修:《易童子问》卷三。
② 同上。

所作"，③然而这提法真正引起回应固然只是在近代中国疑古之风大畅之后，而他本人"采摭经传孔子之事，考而辨之"，其宗趣也不外乎发明一以贯之的"圣道"："二帝、三王、孔子之事一也……二帝以德治天下，三王以礼治天下，孔子以学治天下。"④

在上追炎、黄，下逮有清的数千年中，中国人渐次形成而根深蒂固的历史观是圣人史观。"结绳而为网罟，以佃以渔"，必赖包牺氏；"斫木为耜，揉木为耒"，必赖神农氏；"垂衣裳而天下治"，必赖黄帝尧舜；上古穴居而野处，必赖"后世圣人易之以宫室"；上古结绳而治，必赖"后世圣人易之以书契"；"古之葬者，厚衣之以薪，葬之中野，不封不树，丧期无数"，必赖"后世圣人易之以棺椁"……⑤一部华夏文明史既然不过是圣人创制、圣人教化的历史，《易》——从《经》到《传》——的发生和衍绎也便只能有赖于圣人。"昔者圣人之作易也，将以顺性命之理"⑥，《易传》中的这句话，大抵为秦汉以来治易的儒者所共认，即使是以为《易传》之文非圣人之作的崔述诸人也不例外。

依程颐的说法，"圣人者，人之至者也"。"人之至者"创发《易》理，当然有着毫不含糊的意向，带着这意向的精神即所谓"自我意识"。倘是这样，即使在《易》的初萌时期，也便排除了诸多意向远非明确的人的精神——所谓"实体"——的参与。民初以来，随着圣人史观的动摇，学人对《易》在发生学意义上的研究愈来愈留意"实体"亦即诸多无名氏的下意识所起的作用。顾颉刚在考证爻辞所述王亥"丧牛于易"、"丧羊于易"⑦、"高宗伐鬼方"⑧、"帝乙归妹"⑨、"箕子之明夷"⑩、"康侯用锡马蕃庶"⑪等故事后，得出结论说：《易经》中的这些卦爻辞"著作人无考，当出于那时掌卜筮的官"。⑫这即是说，那些无从考起的

③ 崔述：《洙泗考信录·归鲁上》。
④ 崔述：《洙泗考信录》自序。
⑤ 参看《易传·系辞下》。
⑥ 《易传·说卦》。
⑦ 《易经·旅卦》上九爻辞、《易经·大壮卦》六五爻辞。
⑧ 《易经·既济卦》三爻辞。
⑨ 《易经·泰卦》六五爻辞。
⑩ 《易经·明夷卦》六五爻辞。
⑪ 《易经·晋卦》卦辞。
⑫ 顾颉刚：《〈周易〉卦爻辞中的故事》。见蔡尚思编《十家论易》，岳麓书社1993年8月版，第128页。

"著作人"在写下这些卦爻辞时,可能并没有一种关于"易"的系统观念的驱使。亦即是说,《易》的形成,至少在那些无名氏以这些卦爻辞向人们喻示一种占卜结果时,集体下意识(相对于"自我意识"的实体)还在起着主导的作用。比起顾氏来,易学家李镜池的说法要更直白些,他在《周易筮辞考》一文中写道:"老实说,《周易》的材料来源,出于思想简单、文化粗浅的时代,他们还在那里岌岌危惧、刻刻提防,为自然界所压迫,乞灵于神祇的默示以避免于灾害;他们还谈不上高深的哲理,还没有工夫去作系统的有组织的思考。"⑬

3.诚然,李镜池承认"《周易》之成功为《周易》是经过编纂而成的"⑭,而且他认为"这位编纂者,一方面是集旧有的筮辞,一方面是有意为文"⑮。无论是"编集",还是"有意为文",显然都已经有不无价值抉择的"自我意识"寓于其中。并且,同一思潮下的郭沫若,在断言《周易》中的卦、爻辞多源于"殷、周时代的繇辞(龟兆之辞——引者)"的同时,甚至明确肯定《周易》的"《经》部作于战国初年的楚人馯臂子弓"。⑯应当说,单就方法而言,无论是李氏,还是郭氏,都已经在"实体"与"自我意识"的结合上探讨《易》的生成了,这是对传统的"圣人作易"这一执着观念的脱开。但郭沫若把《易》的《经》的作成归于馯臂子弓,显然有着考证上的失误,他竟至全然忘了《易》的《经》部的系统化除开卦爻辞的修纂外,也还关涉到并非出于偶然的六十四卦、三百八十四爻的有机推演。李镜池不像郭氏那样在卦爻辞的编纂上拘泥于对某个有名可称的人的确认,然而他也同样忽略了卦画系统与卦爻辞编纂之间的必要协应。

《易》的"经"文原是作卜筮之用的,它最早确定下来的符号可能不是文字,而是"——"、"— —"两爻;两爻的初始意味很可能就是内容朦胧得多的"吉"、"凶"。从两爻到爻的三重组排而获得八卦(☰、☱、☲、☳、☴、☵、☶、☷),也许需要一段足够长的时间,它本身即是一个从意向不明确到意向明确的过程。卦画出现后,为了指谓的方便,又不得不为不同的卦画分别命名,于是便有了相

---

⑬ 李镜池:《周易探源》,中华书局 1978 年 3 月版,第 32 页。
⑭ 同上,第 38 页。
⑮ 同上,第 49 页。
⑯ 郭沫若:《周易之制作时代》,见《十家论易》第 78 页。

应于八种卦画的"乾""坤""震""巽""坎""离""艮""兑"等名称。郭沫若承宋人杨万里、明人黄宗炎的遗绪，认为八卦是上古象形文字的诱导物，如所谓"坤"本作"《《"，"☷"即是由"《《"演变而来，"坎"象征水，水字的古文为"𣲚"，"☵"即是由"𣲚"演变而来。其实，这逻辑很可能是倒过来的：卦画"☷"出现后，只是因着它与古坤字"《《"相像才被命名为"坤"；卦画"☵"出现后，只是因着它与古"𣲚"字相像才被命名为象征"𣲚"的"坎"。同样，只是在卦画"☰"出现后，它与古"天"字"𠀤"相像，也才被命名为与"天"义涵相通的"乾"[17]。其他卦画的命名，也大致与此相类。

如果说，八卦由"——""－－"三重而出更多地由于画卦的经验的话，那么由八卦两两相重而得六十四卦则可能更多地由于关联于数的理性推衍。六十四卦的出现标志着画卦者相当程度的数学水准，也表明了画卦者的"自我意识"所指示的明确得多的演绎意向。六十四卦中，除开"䷀"、"䷁"、"䷳"、"䷲"、"䷜"、"䷝"、"䷸"、"䷹"以原来八个经卦的名称为名称外，其他五十六卦的卦名则大多是从卦爻辞中选取的。[18] 卦名起于卦爻辞之后，而卦爻辞既然是系于卦画的，则又后于卦画——当然，某些卦爻辞在系于卦画之前可能已经存在，但它们不是作为《易经》系统的必要部分存在，而是作为繇辞或某种流传的故事或典故存在——单是卦画、卦爻辞和卦名在其发生上的这种先后错落而又相互发用，也可看出占筮这一"人谋鬼谋"、[19]祈问于天的活动是怎样在"实体"的精神中酝酿了愈来愈自觉的"自我意识"。

4.占筮是《易经》(而不是《易传》)初始的和最后的秘机所在，这一点决定了它的文字间——此一卦辞与彼一卦辞甚至同一卦中此一爻辞与彼一爻辞间——的逻辑的或然和松散。同龟卜一样，筮问的一个不言而喻的前提是筮问者对超人间的、足以宰制人的命运的神秘存在——《书·洪范》所谓"阴骘下民"的"天"——的仰求。"因为偶然性存在，所以神存在"，这个在西方神学中有过的

---

[17] 闻一多曾考证"乾"字谓："实则乾斡一字，古称北斗一曰斡，又谓天随斗转，故以斡为天象而称天为斡。"(《璞堂杂识》，见《十家论易》第 560 页。)

[18] 关于这一点，李镜池、陈金生都有很好的说明，可参看李镜池：《周易探源·周易卦名考释》，陈金生：《〈周易〉与中国哲学》(《文史》第十四辑，1982 年 7 月版)。

[19] 参看《易传·系辞下》。

道理同样适用于中国古昔那个崇"天"畏"帝"的时代。《易经》经文的散而不工是同人的境遇的诸多偶然相称应的,但这散而不工的文字毕竟辑集在一个并非无主题可寻的系统中。"因为必然性存在,所以神存在",这个在西方神学中的又一种逻辑,看似与"偶然性存在,所以神存在"的理致相悖,却又恰好对与之相悖的逻辑构成一种补充。中国古代的《易经》同样有着对"必然性"的要求,但体现这一点的不是西方式的文字言说,而是一种奇诡的"数"理默示。

真正在《易经》中起结构间架和脉络贯通作用的是六十四卦。六十四卦的卦画及其由此及彼的移易变迁,不是起于偶发的奇想,而是涵有必至的理路。

六十四卦的卦画是由"——"和"——"依一定的规则编排而成的,因此"——"和"——"也可以说是六十四卦之"元"。对于"——"、"——"的发生,治《易》的学者们有过种种推度和解释。有人认为八卦的产生是受了龟卜的兆纹的启示。"八卦和从它发展出来的六十四卦就是标准化的'兆'。"[20]依这种说法,"——"、"——"则被看作是龟卜兆纹中两种被标准化了的最基本的裂纹。也有人认为"——"、"——"分别是男根和女阴的象征,八卦由此起源"可以看出是古代生殖器官崇拜的孑遗"。[21] 此外,关于"——""——"的产生,尚有其他种种说法,其中最可一提的是所谓奇、偶数说,即"——"表征奇数,"——"表征偶数[22]。一般说来,把箸筮关联于龟卜的龟兆"标准化"说,似可以更切近地解释画卦者画卦时在某一卦的整体构想上所受的启迪,而"男根女阴"说和"奇偶数"说,则更能从卦由不可再分的两种卦画的有序组成上说明六十四卦的卦画衍绎系统。但最重要的,也许是这不同的说法中所暗含的将一事物依其自然界限尽分于"二"的原则:在龟兆模拟说那里,兆纹被尽分于"——"和"——"两种——诚然这显得稍稍勉强些,因为龟壳被灼时的裂纹也可能有"———"或其他样态;在"男

---

[20]　冯友兰:《〈易经〉的哲学思想》(见 1961 年 3 月 7 日《文汇报》)。在此之前,台湾易学家屈万里在《易卦源于龟卜》一文中已经有了同样的说法。(见台北《"中研院"历史语言研究所集刊》第二十七辑,1956 年出版)

[21]　郭沫若:《〈周易〉时代的社会生活》(原载《东方杂志》第二十卷二十一、二十二号—1928 年 11 月),见《十家论易》第 9 页。此外,钱玄同、李石岑也持同样的见解。

[22]　陈金生:《〈周易〉与中国哲学》。另见徐锡台:《数与〈周易〉关系的探讨》(载《周易纵横录》,湖北人民出版社 1986 年版)。

根女阴"说那里,生殖器官依其自然之性被尽分为"——"(男)、"——"(女)两种;在"奇偶数"说那里,数依其自然之构成被尽分为"——"(奇数)、"——"(偶数)两类。

将事物依其自然或本然界限尽分为"二"的方法,曾是古希腊哲学家柏拉图依据同一律为事物下定义并由此把握事物的本质属性的根本方法。它是这样一种"一分为二":被分成的两部分尽分于被分者,就是说,除这两部分外,被分的事物不再有所剩余;此外,这被分的两部分绝不是随机的,它们一定是极自然的两个"种"。因而这里的"分"虽然是由人去做的,却并不带有人的随意性参与其中的刀劈斧凿的痕迹。柏拉图举例说:"人"不应该被二分为"希腊人"(其自称"文明人")和"非希腊人"(被希腊人称作"野蛮人"),"数"不应该被二分为某个极大的数和其余的数。"比较好,比较正确而合理的分类在于把数分为奇数和偶数,把人分为男人和女人。"㉓这种"一分为二"或尽分于"二",虽为人所自觉,却有着世界的本然依据。中国古昔的画卦者对这一定则的运用与后此数百年的希腊哲人的不谋而合,体现了东西理趣的某种相通,但中国人把尽分于二的律则施于不尽于言表的卦画系统则意味着东方人文精神的别趋一途。

5.将一事物尽分于"二"的理则在画卦上的贯彻,是一个耐人寻味的卦数系列的生成。整个系列呈一种几何级数(等比数列),这几何级数的公比是"二"。它的依次展开可略示如下:

$2^0 = 1$ 这里的"1"即可看作后来人们所称的"太极"。2 的 0 次方,意味着"——"、"——"浑然未分,尚无端倪可觅,"太极"在这个意义上也可以说是"无极"("0"极)。由此或可理解周濂溪《太极图说》之所谓"无极而太极"。

$2^1 = 2$ 这里的"2"即可理解为后来人们所称的"两仪",亦即"——"(后来被称之为"阳")、"——"(后来被称之视"阴")。就 2 的 1 次方意味着

㉓ 柏拉图:《政治家》(黄克剑译),北京广播学院出版社 1994 年 2 月版,第 36 页。

"太极"依"——"与"－－"这两个端极所示向度第一次分而为二言,这分的过程亦可说是"1"生"2",或所谓"太极生两仪"。

$2^2=4$　这里的"4"可理解为后来人们所称的"四象",即宋儒所谓"老阳"(⚌)、少阴(⚎)、少阳(⚍)、老阴(⚏)。2 的 2 次方,意味着既得的"——"(阳)与"－－"(阴)依阴、阳两端极再度分而为二,即"——"依"——"与"－－"两端极所示向度分而为"⚌"、"⚎"(阳又有阴阳两端),"－－"依"——"与"－－"两端极所示向度分而为"⚍"、"⚏"(阴亦又有阴、阳两端)。这分的过程即是"2"生"4",或所谓"两仪生四象"。

$2^3=8$ 这里的"8"即是"八卦",即通常所谓八个经卦。2 的 3 次方,意味着既成的"四象"依"——"与"－－"这两个端极所示向度再次——即含"——"、"－－"这两个端极的"太极"第三次——分而为二,即"⚌"依"——"与"－－"所示的两向度分而为"☰"(乾)、"☱"(兑)(所谓"老阳"又有阴、阳两端),"⚎"分而为"☲"(离)、"☳"(震)(所谓"少阴"又有阴、阳两端),"⚍"分而为"☴"(巽)、"☵"(坎)(所谓"少阳"又有阴、阳两端),"⚏"分而为"☶"(艮)、"☷"(坤)(所谓"老阴"又有阴、阳两端)。这分的过程即是"4"生"8",或所谓"四象生八卦"。正像"四象"的两重卦画是由一重卦画"——"与"－－"各加一重"——"与"－－"(意味着阴、阳分别又有阴阳)而成一样,"八卦"(八经卦)的三重卦画是由原两重卦画的"四象"再各加一重"——"、"－－"而成。"四象"生"八卦",究其极,也可说是"两仪"(阴、阳)生"八卦",以至"太极"生"八卦"。"多"由"一"层层尽分于二而来,这是"一"生"多"。然而,正因为这样,又可以说,"多"即是"一","一"即是"多"。

$2^4=16$　……

$2^5=32$　……

$2^6=64$　这里的"64"是六十四卦,即通常所谓的六十四重卦。2 的 6 次方,意味着"太极"依"——"(阳)、"－－"(阴)两端所示向度第六次分而为二。涵泳阴、阳的"太极"分为六十四卦,六十四卦仍是一涵泳阴、阳的"太极"。六十四卦也可以理解为八个经卦的两两相重。一个经卦以自身为下卦(或上卦)与自身、与其他七个经卦相重可得到八个重卦,八个经卦皆以同样方式重卦,即可得到六十四重卦。倘用一个算式表示,则可写为:
$(2^3)^2 = 64$。

古昔的画卦者未必即是循着以 2 为公比的一个几何级数依次确定"两仪""四象""八卦"以至六十四卦的图像的,这从流传至今的《易经》诸卦的排列顺序——上经三十卦,起自乾、坤、屯、蒙,终至坎、离,下经三十四卦,起自咸、恒,终至既济、未济——即可窥见。但尽分于二的定则是隐含其中的,它使"经"的带着"吉""凶"贞问而取自诸多偶然事相的卦爻辞得以依一种并非偶然的方式编排起来,使"经"中那些意义极难解译而几乎永无达诂的文字赖以有了相对稳定而诗意盎然的神韵。尽分于"二"的先天理趣在《易经》中的魅力是令人惊诧的:后天的画卦者绝未想到"二进制",但"二进制"已经寓托于其中;后天的画卦者也绝未想到这些卦画竟可以与几千年后才可能出现的物质波量子力学和现代天文学几乎相通,但量子力学与现代天文学原理都可以从这些简古而有序的卦画中找到它可嫁接其上的东方智慧之根。[24]

《易经》是朴讷而虚灵的,这虚灵的朴拙中蕴蓄着创发不已的生命。它没有径直提出"阴"、"阳"概念,但"——""— —"涵藏并默示了可表之以"阴"、"阳"而又不尽于"阴""阳"的意味;它更没有诉诸文字界说所谓"太极",但"——"与"— —"的判分与亲比溯至端极隐而未显时,"太极"正可相喻于未可穷于言的无言;它也不曾着意于"天道""地道""人道"等至大至极的道理的申论,但卦画的排列、取舍和移易,卦与卦、爻与爻交错互借的随缘赴感,却为这些理致的究问提示了空灵而可据的发端;它似乎只是带着命运的重负向着天人之际贞问,但那"吉凶休咎"的预断中已经潜伏了挣扎着的人的境界的酝酿——这境界凭着对宇宙图景的尽可能令人服膺的描绘,以价值或意义的自觉为人道出一个更值得追求的人生趣向。

---

[24] 参看薛学潜《易与物质波量子力学》(《十家论易》第 1025—1340 页)、刘子华《八卦宇宙论与现代天文》(《十家论易》第 1341—1436 页)。

二、《周易》"经""传"间的阴阳家

6.元气蒙澒的《易经》是华夏人文的众经之经,所谓诸子百家,在一定分际上或可说,正是这不竭的源头活水的一脉分张。从《易经》到《易传》,诸子学说由各"得一察"到互诘互鉴而寻求会归,"易道"因此得以显豁,"易道"也因此入于言诠所界的规范,尽管对"言不尽意"不无自觉的《易传》已尽可能做到了称"道"而不累于表诠。在诸子中,慧命系于《易经》而摄于《易传》者,最堪称述的莫过于儒家、道家、阴阳家,而阴阳家至少是显见层次上同"经""传"关联最直接的一家。

阴阳家是中国最早把天文、舆地与占星、望气之术演为一体之学的学术流派。由天文、地理之自然窥测信仰中的天神地祇的秘机以预断人事的吉凶,是这一学派的宗趣。司马谈论"六家要旨"谓:"尝窃观阴阳之术,大祥而众忌讳,使人拘而多所畏,然其序四时之大顺,不可失也。"㉕《汉书》亦引刘歆语谓:"阴阳家者流,盖出于羲和之官,敬顺昊天,历象日月星辰,敬授民时,此其所长也;及拘者为之,则牵于禁忌,泥于小数,舍人事而任鬼神。"㉖其实,阴阳家虽是"任鬼神",却还是究心于"人事",不过更多地舍开了人事上自作主宰的积极态度罢了。至少,在两点上,阴阳家在远缘上是可以通契于《易经》的,其一是"敬顺昊天",向着不可思议而在信仰中又毫无疑问的"天"贞问人事的吉凶;其二是以探察"阴""阳"(其在《易经》中潜隐于"——""- -")的消长为沟通"人道"与"天道"的途径。在阴阳家那里,对人生价值的厘定还囿于利害所关的吉凶祸福,但由阴阳的时空推绎却相当有效地开拓了古代中国人的宇宙视野,并使获得这视野的人有可能从精神上超越当下的世俗境遇。

以"阴""阳"两辞称述相即相异而又可尽分于二的宇宙态势,在有文字可索的史料中,最早似可溯至西周末年史官伯阳父论及地震的一段话:"幽王二年,

---

㉕ 《史记·太史公自序》。
㉖ 《汉书·艺文志》。

西周三川皆震。伯阳父曰：'周将亡矣！夫天地之气，不失其序，若过其序，民乱之也。阳伏而不能出，阴迫而不能烝，于是有地震。今三川实震，是阳失其所而镇阴也。阳失而在阴，川源必塞，源塞，国必亡。夫水土演而民用也；水土无所演，民乏财用，不亡何待！'[27]"阴""阳"在这里是作为尽分于二——不再有第三种——的"天地之气"被提出的，虽然以阴阳"失其序"解释地震，又由地震引起的"水土无所演"而预言"国必亡"，极富自然主义的理致，但缘自然之灾直接推断"周将亡"，毕竟少了一层有必要陈说的人文原因。对人文背景的略去，或是出于政治上的忌讳，而以"天""地""阴""阳"为最后依据判说国家的兴亡，却已经多少带有阴阳家的特征。后来的阴阳家多以"阴""阳"之"序"解释天地自然之法式，亦多以天地自然因失序而产生的灾异兆告国家人事的吉凶祸福。所谓"阴""阳"，究竟在多大程度上受到依序列卦的"——""——"的影响，已无法从史料中获得确证，但没有疑问的是，《易传》中以"阳"称"——"、以"阴"称"——"，这颇见慧识的称谓多半为阴阳家所赐。《庄子·天下篇》所谓"《易》以道阴阳"，其《易》显然是以《易经》和《易传》并举的，但诸如《系辞》所谓"八卦以象告"、《贲》象传所谓"观乎天文以察时变"一类说法，却清楚不过地昭示了《易传》的编纂者在《周易》由"经"到"传"的演绎中对阴阳家智慧的汲取。

7.先秦阴阳家的著述见录于《汉书·艺文志》者二十一家三百九十六篇，其中《宋司星子韦》（三篇）、《邹子》（四十九篇）、《邹子终始》（五十六篇）等最具代表性。不过，这些著述在隋唐经籍志已不见载，可见亡佚之久。但阴阳家的学说毕竟未绝其遗响，对其大要的考索尚可借助散见于杂家、法家乃至墨家典籍——如《吕氏春秋》《管子》《墨子》等——的有关文字。

《墨子·贵义篇》有载："子墨子北之齐，遇日者。日者曰：'帝以今日杀黑龙于北方，而先生之色黑，不可以北。'子墨子不听，遂北。至淄水，不遂而反焉。日者曰：'我谓先生不可以北。'"这"日者"可能就是阴阳家之徒。他借观测天地征候以决人事之疑，充当的是咨询天人感应的角色。墨子对日者的话不能无所保留，他相诘说："南之人不得北，北之人不得南，其色有黑有白者，何故皆不遂

也？且帝以甲乙杀青龙于东方,以丙丁杀赤龙于南方,以庚辛杀白龙于西方,以壬癸杀黑龙于北方,以戊己杀黄龙于中方,若用子之言,则是禁天下之行者也,是围心而虚天下也。"但即使如此,笃信"天志""鬼神"的墨子对"迎敌祠"也要作如下的部署:

> 敌以东方来,迎之东坛:坛高八尺,堂密八,年八十者八人,主祭;青旗、青神长八尺者八;弩八,八发而止;将服必青,其牲以鸡。敌以南方来,迎之南坛:坛高七尺,堂密七,年七十者七人,主祭;赤旗、赤神长七尺者七;弩七,七发而止;将服必赤,其牲以狗。敌以西方来,迎之西坛:坛高九尺,堂密九,年九十者九人,主祭;白旗、素神长九尺者九;弩九,九发而止;将服必白,其牲以羊。敌以北方来,迎之北坛:坛高六尺,堂密六,年六十者六人,主祭;黑旗、黑神长六尺者六,弩六,六发而止;将服必黑,其牲以彘。㉓

这里所涉及的数字神秘而极可玩味。凡东方,所设坛高、堂密、人数、神长、弩数,皆为"八",南方为"七",西方为"九",北方则为"六"。东八、西九、南七、北六,其数正和后来汉代易学家所谓"五行"的"成数"相符,即所谓下北方,天"一"生水,地"六"成之;上南方,地"二"生火,天"七"成之;左东方,天"三"生木,地"八"成之;右西方,地"四"生金,天"九"成之。㉙ 因此,也恰好同宋人蔡元定依宋初道教大师陈抟的易理所绘"河图"的"外数"或"成数"的数目与方位相符。(见图一)

《易传·系辞上》谓:"河出图,洛出书,圣人则之。"这"图""书"在古代一直是作为《周易》——或《周易》与《洪范》——的神圣来源被多数治易者认可的,但宋之前,"河图"并没有确切的图式,而"洛书"究竟何所指谓在后儒那里则颇多分歧。不过,可以断言的是,"河图""洛书"虽然在肇自中古以至上古的口口相传中愈益被神化了,但它们

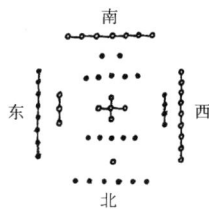

图一

㉓ 《墨子·迎敌祠》。
㉙ 参看孔颖达《礼记正义·月令注疏》。

很可能有自己的世俗根据,这世俗的根据便是华夏初民在牧猎和农耕时代对相关的天文、地理状况不无原始宗教情愫的图示式把握。[30] 被后世尊为圣人的造"易"者,亦即赋予了蓍草卜筮以相对稳定的内在逻辑而将诸多偶然的卜筮经验系统化了的人,其灵感在多大程度上受到那些后来被称作"河图""洛书"的天文图或舆地图的激发是无从准确推度的,但写在《系辞》中的所谓"仰则观象于天,俯则观法于地"一类文字却多少透露着"图"、"书"同"八卦成列"间的宛转相感的消息。到春秋战国时期,天文舆地方面的"图""书"遗产可能更多地为阴阳家所利用,这一点决定了阴阳家同从《经》到《传》的《周易》间的不解之缘。墨子不是阴阳家,《墨子》一书中留下的阴阳数术的痕迹却正印证了这个以诡异不经的方式究问天人之际的学派,曾怎样感染过它所由发生和得以风行的那个时代。

8.同《墨子·迎敌祠》的"方数"可资互证的,是《吕氏春秋·十二纪》所述四时所当行的"时数"。《吕氏春秋》虽是战国末造杂家的作品,但"十二纪"决不会只是出于一时的创意,它必有阴阳家的一贯理由为依据。礼家记事者曾抄《十二纪》篇首有关时令的文字合为《月令》一文,后被编入儒家尊其为经典之一的《礼记》。

《月令》是一部月历,这部月历显然对《管子·幼官篇》和七十子后学所传《夏小正》[31]均有所参取,但阴阳家的气息比《小正》和《幼官》要浓重得多。如《夏小正》纪述"正月"谓:"启蛰","雁北乡","雉震呴","鱼陟负冰","农纬厥耒","囿有见韭","时有俊风","田鼠出","农率均田"……所说多在自然、农事,术语亦极质朴而简明。《月令》所记同一个月的时政则谓:

> 孟春之月,日在营室,昏参中,旦尾中。其日甲乙,其帝太皞,其神句芒。其虫鳞,其音角,律中太蔟,其数八,其味酸,其臭膻,其祀户,祭先脾。……

所说也及于气象、农事,但已有更多的以人事征诸天象的天人感应的意味。

㉚ 韩永贤撰《对河图洛书的探究》一文谓:"河图是游牧时期所用的气象图,洛书是游牧时期所用的罗盘图。"(见《内蒙古社会科学》1988 年第 3 期),此说可聊作参考。

㉛ 《礼记·礼运》:"孔子曰:'我欲观夏道,是故之杞,而不足征也。吾得夏时焉。'"郑玄注:"得夏四时之书也,其书存者有《小正》。"西汉时,戴德得《夏小正》一篇,编入《大戴礼记》。

《月令》纪历,最具阴阳家背景的是:以五行(木、火、土、金、水)配五方(东、南、中、西、北),又以五方配四时(春、夏、秋、冬),而每方每时都有主帝、主神、主色、主音、主律、主味、主嗅,并且都有所重或所主的"数"。其谓:春(孟春、仲春、季春),用木东方,"其数八";夏(孟夏、仲夏、季夏),用火南方,"其数七";秋(孟秋、仲秋、季秋),用金西方,"其数九";冬(孟冬、仲冬、季冬),用水北方,"其数六"。又谓:"中央土",于四时无乎不在,"其数五"。《月令》在春夏秋冬和东南西北的时、向上所定的"数"与后来治易的儒者所绘"河图"的"外数"或"成数"完全一致,而且比起《墨子·迎敌祠》中所用的数来,它多了"中"数"五",这样便更可与五居中位的"河图"比勘了。

《月令》中另一最具阴阳家背景的纪历是对"天子"四季所居的安排。即所谓:孟春之月,"天子居青阳左个";仲春之月,"天子居青阳太庙";季春之月,"天子居青阳右个";孟夏之月,"天子居明堂左个";仲夏之月,"天子居明堂太庙";季夏之月,"天子居明堂右个";"中央土","天子居太庙太室";孟秋之月,"天子居总章左个";仲秋之月,"天子居总章太庙";季秋之月,"天子居总章右个";孟冬之月,"天子居玄堂左个";仲冬之月,"天子居玄堂太庙";季冬之月,天子居玄堂右个"。天子四季依序居九室,恰与后世儒者所绘"洛书"九宫图相合。对此,《大戴礼记·明堂篇》有更切要的陈述。事实上,在"明堂"的方位与"数"的神秘对应处,一幅洛书的九宫图差不多已经被先秦时代的阴阳家描画出来了。

9.在阴阳家看来,帝王所居是上系天时而下应人道的大事,因此《月令》遂有天子依月择居之说。所举居处,有东方青阳三室,南方明堂三室,中央太庙一室,西方总章三室,北方玄堂三室,似乎多至十三室。但实际上,处于东南隅的"青阳右个"与"明堂左个"原是出入不同门户的一室,其他如处于西南隅的"明堂右个"与"总章左个"、处于西北隅的"总章右个"与"玄堂左个"、处于东北隅的"玄堂右个"与"青阳左个",也都是同室而不同门户,所以真正以室计算,不过九室而已。《大戴礼记·明堂篇》写道:"明堂者,古有之也。凡九室。"所说大抵与《月令》一致。不过《明堂》对天子所"居"的含义已有更具体的规定,它说:"明堂者,所以明诸侯尊卑。"明堂的修建虽用于礼仪,却于天地阴阳不无所本,因此九室之堂"以茅盖屋,上圆下方"以取象于天地,且"赤缀户也,白缀牖也。二、

九、四,七、五、三,六、一、八"。用赤色装饰门以象征"阳",用白色装饰窗以象征"阴",九室配以九个数字,自右向左,由上而下各室的"数"分别二、九、四,七、五、三,六、一、八。如依文中所述绘成一图则略如下(见图二):

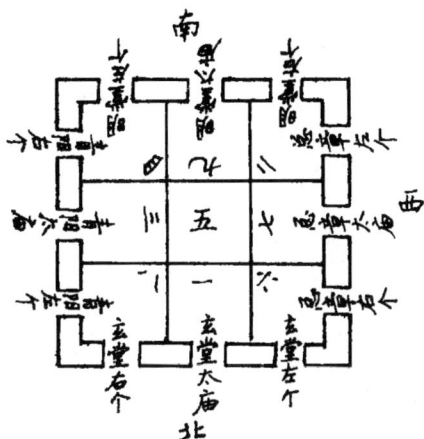

图二

倘把各室的"数"按阳奇阴偶分别以点圈表示,这幅明堂九室图即可演为宋人的"洛书"图像㉜(见图三)。汉人"易传"《周易乾凿度》有所谓"太一取其数以行九宫,四正四维,皆合于十五"之说,南北朝时北周人甄鸾为注此说"二、四为肩,六、八为足,左三右七,戴九履一,五居中央"㉝,已将其九室之数同负书出洛水的神龟关联起来。至唐代,希明亦传"九宫

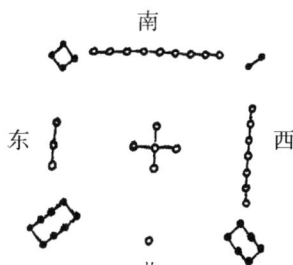

图三

之义,法以灵龟,以二、四为肩,六、八为足,左三右七,戴九履一"㉞的说法。从《月令》中记天子因时而居到《大戴礼记·明堂篇》陈述"明堂九室",再经汉人的"太一九宫"说,到南北朝后治易者以"法以灵龟"释"九宫之义",以至宋人据

————————————

㉜ 此"洛书"图与前节所示"河图"图,均以南宋蔡元定所绘之图为据。北宋时刘牧亦传"图""书",其所传"河图"为蔡氏所示"洛书",其"洛书"则为蔡氏所示"河图"。宋之后,治易学人绘"河图""洛书"多依蔡氏。

㉝ 甄鸾:《数术记遗》。

㉞ 希明:《太乙金镜式经》。

"九"数所绘的"洛书",约略可看出阴阳家出入于《周易》"经""传"而又为后世图书派易学发其端引其绪之一斑。

自两汉以来,易学史上向有所谓象数、义理之辨,究其蕴,所谓"象数易",亦未始不可以说是阴阳家易。它所以自成一系而终于不能为所谓"义理易"所取代,乃是在于它有着独特而价值别具的易学视界。

10.诚然,事实是,贯穿了阴阳家经脉的"象数易"一向被视为儒家易学的一个分支,而且愈到后来,愈被趣归于"义理"的儒者所看重。"北宋五子"之一的邵雍,是上承汉唐下启宋、元、明、清的"象数易"大师,张行成述邵氏谓:"先生之书尽寓乎十四图,先生之意,推明伏羲之意也。"[35]但这位寓易理于数、图而绘"皇极经世图"——像先秦阴阳家所做的那样——以衍宇宙运作大势的人,却也声言:"仲尼后禹千五百余年,今之后仲尼又千五百余年。虽不敢比仲尼上赞真舜禹,岂不敢比孟子上赞仲尼乎!"[36]集理学之大成的朱熹,治易虽云"易中取象,不如卦德上命字较亲切"[37],而更经意于义理,但他也断言"一部《易》只是作卜筮之书"[38],并于其《周易本义》卷首列"河图""洛书""伏羲八卦次序""伏羲六十四卦次序"四图,以赞"法象自然之妙"。这是易学上的"义理"同"象数"的融会,它在相当大程度上体现了儒学对阴阳五行之学的涵摄。

到了清世,治易者似多以汉人去古未远而心仪于汉易的数术图像,然而,清儒在易学上的返汉,却未始不可以理解为两宋以来儒学消化阴阳五行之学的努力的继续。这期间,于数术之体玩别具慧心而终于使"图"、"书"之学蔚为大观的易学家当首推胡煦。胡氏笃信"六经皆载道之书,而《周易》实具天人性命之理"[39],但他以为"《周易》之理全在象中。象则高思远寄,包含无尽;据人事而言理,止论得一端耳。故遗象而言理,非易之理也。"[40]他对易理的发明始于"河""洛"二图,其理致精微所至也尽可收摄于二图。在这里,河图被认为是先天之

㉟ 张行成:《周易通变序》。
㊱ 邵雍:《皇极经世·观物内篇》。
㊲ 《朱子语类》卷六十六。
㊳ 《朱子语类》卷六十六。
㊴ 胡煦:《周易函书约存序》。
㊵ 胡煦:《周易函书约存·凡例》。

象,洛书被认为是后天之象,其图像形势则可表之如下(见图四、图五):

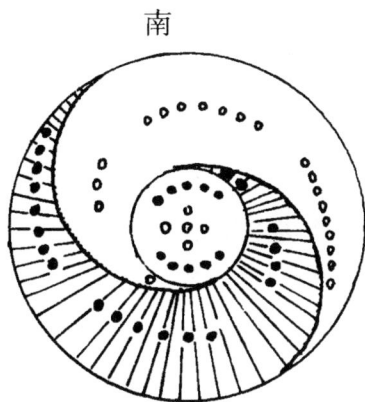

图四　河图

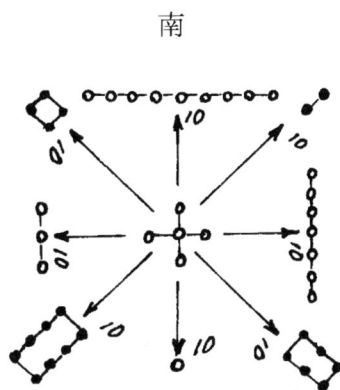

图五　洛书

依胡煦的解释,河图为先天所配,属"未发之中",当从其浑沦周匝、万理静涵、合而未分、全无倚着处领略;洛书为后天之象,阳数居于正位,阴数居于隅位,则既示人以"万物生于阳而成于阴"的道理,又以其奇偶相间示人以"阴阳之体之别",这相应于河图的"未发之中"亦可悟其为"发而皆中节"之"和"。以《中庸》的"中""和"之道分说河图、洛书,自有一种儒家境界,而胡氏对"图""书"中数的衍说却颇得典型的阴阳家风致。胡氏易学所趣向的是儒家易对阴阳家易的涵而化之,它以它的相当程度的成功追述着《易传》在同一祈向上富有潜力的先期努力。

在胡氏的"河图"中:一、二、三、四、五为"生数",六、七、八、九、十为"成数",生数始于"一",至"五"而复归于"中",成数始于"六",至"十"亦复归于"中",此其所谓"不以初生之奇偶由中而起,而以垂尽之奇偶建中而居,是循环不息之理,贞下起元之义也"。[41] 一、三为初生之阳,二、四为初生之阴,皆居于"内",七、九为既盛之阳或已成之阳,六、八为既盛之阴或已成之阴,皆居于"外",此其所谓"内外别而初上分,重卦六矣"[42]。阳数一、三、七、九相连属,阴数二、四、六、八相连属,但一、九两阳被四、六两阴所间隔,二、八两阴被三、七两阳所间隔,既有

---

[41]　胡煦:《周易函书约存》卷一。

[42]　同上。

此间隔,则上下内外便成三等,如一北七南,三居其中,二南六北,四居其中,一始九终,七居其中,二始八终,六居其中,此其所谓"画卦止于三,重卦止于六,而得增也"[43]……在其"洛书"中:一如宋人的洛书,没有成数"十",与河图的五、十居中相比,洛书中位有五无十,但洛书既是后天之象,所缺之十便可由散于后天的四正四维之数两两相加而得,此其所谓"洛书独缺十数,非缺也。明十为成数之总,今已散处四方,故对待取之,合成四'十',以见其各有所成耳"[44]。河图阴阳之数或天地之数之和为五十又五,洛书阴阳之数其数虽为四十五,但加上散于四正四维的那个"十",亦可得天地之数五十又五。……

胡煦的"图""书"之说内涵丰赡深微,非专文致论而难尽其详,然而即使从所评颇略的上述诸端看,或已可发现滥觞于先秦的阴阳家学说在胡氏易学中有了怎样的衍发和变迁。

三、《周易》"经""传"间的道家

11.道家同《周易》经传的因缘不像显于数术的阴阳家那样易于直观,但在"道"的通幽处有着尚待细辨的理趣值得体玩。

《汉书·艺文志》谓:"道家者流,盖出于史官,历记成败、存亡、祸福、古今之道,然后知秉要执本,清虚以自守,卑弱以自持。"这些话说得颇有分际,然而,一言以蔽之,《艺文志》接着说:"此君人南面之术也。"道家之学如果确为"君人"所重,当然也未必不可以从中悟出"南面之术",但如果因此便对道家学说作"南面之术"的归结则可能失之太偏。史官记"史",未必都能够本诸著名"史官"司马迁所称说的"究天人之际,通古今之变"的境界。唯史官中可以从史实引出一种"意义"或"价值"思考的思想家,才真正可望其究天人而通古今,而道家则是这类可能的思想家中有着独特的价值取向或精神境界的一支。诚然,《艺文志》再往下说的一句话却是极中肯的,它说:"合于尧之克攘,《易》之嗛嗛,一谦而四

---

[43] 胡煦:《周易函书约存》卷一。
[44] 胡煦:《周易函书约存》卷二。

益,此其所长也。"

"克攘"者,能够虚怀以让("攘"通"让")之谓;"嗛嗛"者,即"谦谦",语出《易经》谦卦初爻辞:"谦谦,君子,用涉大川,吉。"所谓"一谦而四益",却正是《易传》象辞中的话:"天道亏盈而福谦,地道变盈而流谦,鬼神害盈而福谦,人道恶盈而好谦。""嗛嗛"和"一谦而四益"的说法分别把道家重谦退、尚卑让的精神同《易经》和《易传》关联在一起,这至少给了人们以这样的启示:倘果然如诸多学人对《老子》一书的考证所得出的结论那样,即此书的问世早于《易传》而晚于《易经》,那么,是否可作如是的究问,即《老子》曾怎样得益于《易经》而又怎样影响了《易传》呢?

12.即使对《老子》和《易经》作一般的引章摘句式比较,诸如以"无平不陂,无往不复"⑤比之"大曰逝,逝曰远,远曰反"⑥,以"泰""否"相依,"损""益"相随,"剥""复"相与,"既"(既济)、"未"(未济)⑰相因,比之"正复为奇,善复为妖","祸兮,福之所倚;福兮,祸之所伏"⑱,也可能多少窥得出《易经》《老子》在构思上的相通相融。这样的收获固然真切,但毕竟还只是在文字可及的浅近处。诚然,也有人把《老子》理解为一种贵柔致顺的学说,于是更多地把它同无从考起的殷易《归藏》关联起来,以《易经》中的坤卦为解读老学的管钥。这思路显然是受了《周礼》中的一段话的诱发,即所谓:"(大卜)掌三易之法,一曰《连山》,二曰《归藏》,三曰《周易》,其经卦皆八,其别皆六十有四。"⑲然而,即使"三易之法"在西周时确曾并存,而且《连山》《归藏》亦如诸多学者的推度,分别以"艮"卦(☶,山山相重,是谓"连山")、"坤"卦(☷,上地下地,万物归藏于此,是谓"归藏")为首卦⑳,其"易道"竟至可能辐辏于《周易》的"艮""坤"两卦,而后者居然因此可引为老学的凭借,却仍是不能没有疑问。

---

⑤ 《易经·泰卦》九三。
⑥ 《老子》二十五章。
⑰ 所举为《易经》泰卦、否卦、损卦、益卦、剥卦、复卦、既济卦、未济卦。
⑱ 《老子》五十八章。
⑲ 《周礼·春官·大卜》。
⑳ 郑玄《礼运注》云:"殷阴阳之书存者有归藏。"又云:"三易,卦、别之数亦同,其名、占异也。"清人孙诒让疏此注谓:"名异,谓《连山》《归藏》以不变为占,与《周易》以变为占异。"(见孙诒让:《周礼正义》卷四十七)

《坤》卦在《周易》中的卦爻辞是：

坤：元亨。利牝马之贞。君子有攸往，先迷，后得。主利。西南，得朋；东北，丧朋。安贞吉。

初六：履霜，坚冰至。

六二：直方，大不习，无不利。

六三：含章可贞，或从王事，无成有终。

六凹：括囊。无咎无誉。

六五：黄裳。元吉。

上六：龙战于野，其血玄黄。

用六：利永贞。

在这些简约而难觅其逻辑端涯的词句中，可据以分辨坤卦坤德之所属——"刚"抑或"柔"，"健"抑或"顺"——的只有两处，一是具有总摄全卦意味的所谓"利牝马之贞"，一是阴爻"－－"当位于"六五"的"黄裳，元吉"。前者以"牝马"喻示了它的柔顺趣静，后者以相对于上饰之"衣"的下饰之"裳"表露了它的居下不争。诵《老子》"知其雄，守其雌，为天下溪""知其白，守其黑，为天下式""知其荣，守其辱，为天下谷"[51]句，确可从中体味到《易经》坤卦的幽趣，但由此断言《老子》缘起于以《坤》为首卦的《归藏》却未始不可再作斟酌。"归藏"者，万物归摄于地坤，亦即万物必以地道为尊。倘老学的要旨果然在此，它以五千言所道之"道"便不至于在地坤之上或地坤之外别有其极，但《老子》一书中确然写有这样一些话："人法地，地法天，天法道，道法自然。"[52]当然，"人法地"四句，也可如唐人李约《道德真经新注》所断，读作"人法地地，法天天，法道道，法自然"[53]。但这依然无从确证《老子》对以《坤》为枢机的《归藏》的依归。比起"守雌""守黑"

---

[51] 《老子》二十八章。

[52] 《老子》二十五章。

[53] 李约《道德真经新注·二十五章注》："'法地地'，如地之无私载；'法天天'，如天之无私覆；'法道道'，如道之无私生而已矣。如君君、臣臣、父父、子子之例也。"此说，今人高亨、张松如取之（见高亨：《老子正诂》，张松如：《老子校读》）。

"守辱"来,认可"道法自然"或"法自然"在《老子》中的辐辏地位也许理由更充分些,然而"道法自然"是否有其"易道"之根呢? 它同"守雌""守黑""守辱"乃至"处下""居后""不争"的观念又有着怎样的意致关联呢?

13.《老子》的"道"是"常道",它的最本真的品格或可说是常守其性,自作主宰。在老子那里,所谓天道自然,即是说"天道"是其所是,自有其"然"。这个自然而然、自有其然的"道"的被悟出是道家成其为道家的肇端,是对一个关联着某种人生态度选择的宇宙视界的开辟。道家出于"史官",对历史的反省可能是悟"道"的重要契机,但在这之前早就存在着的《易经》对于在人事的史实中寻问"天道"的人说来,不可能没有心智的诱导。

《易经》的卦爻辞中,偶尔也会有"道"字的出现,诸如:

> 《复》(卦辞):"亨。出入无疾。朋来无咎。反复其道,七日来复。利有攸往。"
> 《小畜》初九:"复自道,何其咎。吉。"
> 《履》九二:"履道坦坦,幽人贞吉。"
> 《随》九四:"随有获。贞凶。有孚,在道以明,何咎。"

但这些"可道"之"道"只是指行走的道路,与道家的究极之"道"并不相干。《易经》中也常有片断的史料,诸如:

> 《晋》(卦辞):康侯用锡马蕃庶,昼夜三接。
> 《归妹》六五:帝乙归妹,其君之袂,不如其娣之袂良。
> 《既济》九三:高宗伐鬼方,三年克之。

但这些西周初年以至殷商时代的故事出现在卦爻辞中,并不是因为某段历史须得格外加以提示,而只是因为解卦者有必要借此对卜问的结果作一种方便的喻说。"道"与历史不能无缘,然而只言片语的史料远不足以寓托"道"的微旨。

　　《易经》中是有"道"的,这"道"不曾用文字昭示。但《易》之"道"的不著于文字不正透着道家所谓"道可道,非常道"的智慧吗?"——"和"－－"是《易经》六十四卦化解到究极处的两种符号,它默示于人的宇内势态尽分于"二"的理致是天道"自"有其"然"亦即所谓"自然"的。数可尽分于奇数与偶数,人可尽分于男人与女人,运作可尽分于动与静,命态可尽分于生与死……这一切尽分于"二",又可虚灵而不为殊相所囿地概之谓:万有可尽分于"阴"与"阳"。同样,"——""－－"两势态(奇偶、男女、动静、生死……阴阳)作三重排衍,便"自然"——非随意地——有八种势态产生;这种势态再作排衍,但"自然"——非随意地——有更多种势态的呈现。贯注在这势态分合中可勉称以常则的东西是自然而然的,是不带好恶迎拒的机相的。倘把这常则所以为常则以"道"相喻,则这"道"是"自然"的,其谛义即是《老子》所谓"道法自然"。

　　其实,宇内势态尽分于"二"而终以"阴""阳"指称,这即是"一生二";"——""－－"两端作三重排衍,即是"二生三";"——""－－"三重排衍而有八,八又为万物(万种势态、事物)所由出,即是"三生万物"。这"一生二""二生三""三生万物",皆是"道"使之然,其生生之源即在于"道";既然作为宇内生机势态的"——"只是因"道"而得以贞定,因此又可以说是"道生一"。《老子》所谓"道生一,一生二,二生三,三生万物",[54]或者正是对《易经》卦画所示的"数"(宇内势态所征)分而为奇偶(阴、阳所征)、奇偶以"三"排衍为八卦、八卦排衍而之于万物的过程所作的点睛之说。[55] 从这里可以直观《易》之"道"与《老》之"道"的相通相契。

　　"守雌""守黑""守辱""处下""不争"等观念在《老子》那里属于"人"之"德",生生而"自然"则是"天之道",人之德由效法天之道而贞定,因此《老子》

----

[54] 《老子》四十二章。

[55] 对《老子》"道生一"句,学界的解释有代表性者如:高亨谓:"一"即"太一",即"道","道与一同时并生,实指一事";"二",指天地;"三"指阴气、阳气、和气。(参看高亨:《老子注释》四十二章注。)蒋锡昌谓:"《老子》一二三,只是以三数字表示道生万物,愈生愈多之义。如必以一二三为天地人,或以一为太极,二为天地,三为天地相合之和气,则凿矣。"(见蒋锡昌:《老子校诂》)冯友兰谓:"……一就是气,二就是阴阳二气,三就是阴阳二气之和气,这都是确有所指的,具体的东西。"(冯友兰《中国哲学史新编》第二册,人民出版社1984年版,第50页。)

又有这样的说法:"为无为,事无事,味无味。"⑯所谓"为无为,事无事,味无味"即是顺应"自然",而"守雌"一类态度都可以从这顺应"自然"的"顺"获得天道而人道的理解。

14.正像阴阳家曾受启于《易经》而又为《易传》的编撰者所借鉴一样,《老子》这一道家的开山之作是连着《易经》根荄而又滋养了《易传》的。

无疑,《易传》受赐于老学,最可称引的命题是所谓"形而上者谓之道,形而下者谓之器"⑰。"道"无形无象,无声无色,无嗅无味,但真常不诡,如如而在。《易传·系辞上》对"道""器"作了明确的"形上""形下"之辨,也便意味深长地认可了两种不同的真实,即可感(或可视、或可闻、或可嗅、或可味、或可触、或可量度)的真实和虚灵的、非可感的真实。这是"实"的尽分于"二"。《老子》所谓"大象无形,道隐无名",⑱其"道"即是《易传》指称的"形而上者"。老子形容他强名之为"道"的那个东西说:"视之不见名曰夷,听之不闻名曰希,搏之不得名曰微。此三者不可致诘,故混而为一。一者其上不皦,其下不昧,绳绳不可名,复归于无物。是谓无状之状,无物之象,是谓惚恍。迎之不见其首,随之不见其后。"⑲"夷""希""微""无物""无状",是"道"的"无"或"常无"的品格;"惚恍"于"皦""昧"之间而"其中有精""其中有信"⑳,则是"道"的"有"或"常有"的品格。这"无"或"常无"与"有"或"常有"原是同一个"道"——因而亦可谓之为"一"——的强为之分的品格,所以老子又说"此两者同出而异名"。㉑《易传》以"形而上者"称"道",既以"形上"肯定了"道"性的"有"而不为"形"囿,即"常有",又以"形上"喻示了"道"性的"无"而不蹈"下"无(虚无),即"常无",其辞简而意赅,颇契于《老子》"同""玄"——"同谓之玄,玄之又玄,众妙之门"㉒——之致。

"道"摄万殊于"一"。《老子》重"道"趣"一",有"天得一以清,地得一以宁,

---

⑯ 《老子》六十三章。
⑰ 《易传·系辞上》。
⑱ 《老子》四十一章。
⑲ 《老子》十四章。
⑳ 分别见《老子》二十一章。
㉑ 《老子》一章。
㉒ 同上。

神得一以灵,谷得一以盈,万物得一以生,侯王得一以为天下贞"⑥³之说。《易传》不曾径直以"一"释"道",或以"一"指代它所独有的"太极"范畴,但重"道"、趣"一"、宗"太极"在其以不同言诠所申达的理趣中并无扞格。《系辞》所谓"易有太极,是生两仪",当然可以理解为"一"生"二",或"二"得于"一",而所谓"天地之道,贞观者也;日月之道,贞明者也;天下之动,贞夫一者也",其"贞夫一"也正同《老子》的"得一"同条共贯。

《易传》有鉴于老学而直承《易经》提出的又一重要命题是:"一阴一阳之谓道。"⑥⁴《易经》卦爻辞中,"阴"字仅出现过一次,⑥⁵"阳"字则终其篇未见,但"阴""阳"观念在"— —"与"——"或"☲"与"☰"的对举中已经呼之欲出。《易传》开始以"阴""阳"措辞,此两词可能更早地得自阴阳家,但其内涵更大程度地近于道家。《老子》论阴阳,其最可玩味的说法是:"万物负阴而抱阳,冲气以为和。"⑥⁶它作为"道生一,一生二,二生三,三生万物"的贴切不过的注脚,在《易传》中的别有深意的表达即是"一阴一阳之谓道"。"一阴一阳之谓道"并不是把"道"简单地归结为阴阳,而是涵了所谓"刚柔相摩""阴阳合德"的微旨,以"生生"的宇宙论述说一种"继之者善也,成立者性也"⑥⁷的儒家本体论。宋人苏轼解"一阴一阳之谓道"谓:"一阴一阳者,阴阳未交而物未生之谓也,喻道之似,莫密于此者矣。阴阳一交而生物,其始为水。水者有无之际也。始离于无而入于有矣,老子识之。"⑥⁸从这说法中或可切近地领会《易传》同《老子》的某种贯通,但所论毕究未脱王弼以来以《老》说《易》的习气。程颐则矫正说:"一阴一阳之谓道,道非阴阳也,所以一阴一阳,道也。"⑥⁹他在"一阴一阳"前冠以"所以"二字,意味为之一提,似更能切中《易传》此一命题的传神处。

15.阴阳家思想有汲于《易经》而有入于《易传》,这使《周易》在后来的治易

---

⑥³ 《老子》三十九章。
⑥⁴ 《易传·系辞上》。
⑥⁵ 《易经·中孚卦》九二:"鸣鹤在阴,其子和之。"
⑥⁶ 《老子》四十二章。
⑥⁷ 《易传·系辞上》。
⑥⁸ 《苏氏易传》卷七。
⑥⁹ 《二程遗书》卷三。

者那里有可能缘阴阳家的智慧作引申、发明。同样,道家思想有汲于《易经》而有入于《易传》,后来的治易者也便有可能凭着道家的精神对《周易》的含蕴作另一种向度的抉发。

老学发生的人文社会背景是烦冗的"周文"的衰敝。"文"——典章、礼仪、制度等——原是"人"为着成全自己而作意创设的,但有形而着迹的"文"随着它的铺张、嬗变反倒成为囿人的桎梏。人为既有的形式化了的"文"所累,便起而寻求矫治,或者反本而察识"文"的真趣以在"人"与"文"的张力下求取"文"的重建,孜孜于人文精神的回机向上,或者从根本上脱开"人"与"文"的张力,舍去人为的追求以期复归于"自然"。取前一种态度的是以孔子为至圣先师的儒家,取后一种态度的则是以老子为"博大真人"的道家。道家没有阴阳家和本于《易经》作占筮的人们那么沉重的命运感或忧患感,与"道法自然"的天道观一体相喻的"致虚极,守静笃"⑦的人生境界冲淡了"吉凶祸福"的世俗执着,这使老子之徒得以洒脱地从"常道"的"常有"方面观审为"道"所摄的宇宙万物的涯际,而又从"常道"的"常无"方面超越地化解这有形具因而有边缘的实存以趣归于道体。

即使是在经学笼罩的两汉时代,思想家们也常常引《老子》的"道"阐说《易》理,但只是到了"汉文"——借"周文"之义姑且以此赅称两汉文物、典章、制度——衰敝的魏晋之际,以《老》注《易》才以玄学的方式成为《易》学思想史中的主流。或者,更准确地说,只是到了"汉文"衰敝的魏晋之际,因着以《老》注《易》成为《易》学主流才导出了中国学术思想史上的玄学时期。《易》理的玄学化,反证着先秦道家思想同《周易》"经""传"间的不解之缘,对这一点最富经典意义的说明可见于王弼的开一代学术风气的著述《周易注》和《周易略例》。王氏易学玄深有致,为本文的主题所限,这里只能举出几段文字略作解析。

《老子》的"道"虽集"有"("常有")、"无"("常无")两种性向,但从"常有"只能"观其徼","观其作为万物之母"的涯际,而从"常无"才能"观其妙",观其作为"天地之始"的玄奥。因此,"无"对于"道"说来是比"有"更具主导地位的性向。王弼注《易》主"取义""适时""一爻为主""情伪之动",而主宰这一意致

---

⑦ 《老子》十六章。

的则是老学的"抱一"⑦、"得一"⑫、"致虚"、"守静"、"天下万物生于有,有生于无"⑬的理境。他指出:

> 夫众不能治众,治众者至寡者也。夫动不能制动,制天下之动者,贞夫一者也。故众之所以得咸存者,主必致一也。动之所以得咸运者,原必无二也。物无妄然,必由其理。统之有宗,会之有元,故繁而不乱,众而不惑。⑭

这是在论说"一卦之体,必有一爻为主"⑮的道理,却也是在申述老学的"道"的"至寡"、"无二"、为"元"、为"宗"、"贞夫一"的底里。他解释《系辞》所谓"大衍之数"说:

> 演天地之数,所赖者五十也。其用四十有九,则其一不用也。不用而用以之通,非数而数以之成,斯易之太极也。四十有九,数之极也。夫无,不可以无明,必因于有。故常于有物之极而必明其所由之变也。⑯

所谓"不用而用""非数而数"的那个"一"是《易》的"太极",也是《老子》的"道",而所谓"无不可以无明,必因于有",落在《易》注上,是对五十策蓍草中"不用"之"一"必借所用"四十有九"以明其"体"的地位的解说,其中所涵淹的却又正是《老子》"有无相生""有生于无"的未可尽喻于言表的玄趣。

与"凡有皆始于无"⑰的命题相辅而申,王弼认为"凡有起于虚,动起于静"。⑱ 因此,他也这样注释《复》卦象辞所谓"复其见天地之心":

---

⑦ 《老子》十章。
⑫ 《老子》三十九章。
⑬ 《老子》四十章。
⑭ 王弼:《周易略例·明象》。
⑮ 王弼:《周易略例下》。
⑯ 引自韩伯康:《系辞注》。
⑰ 王弼:《老子注》一章、十六章。
⑱ 同上。

　　复者反本之谓也。天地以本为心也。凡动息则静，静非对动者也。语
息则默，默非对语者也。然则天地虽大，富有万物，雷动风行，运化万变，寂
然至无，是其本矣。故动息地中，乃天地之心见也。若其以有为心，则异类
未获具存矣。[79]

　　“静”“默”“寂”“虚”是“道”这一“天地之心”的真常之性，体道而反本亦需
反本体道者息动而静，息语而默，寂然至无。道家以至玄学的本体论与其说是其
人生观的究极依据，不如说是其既已认定的人生观的理由化。从道家辟出的蹊
径上契接《周易》，看似究心于玄远的形上本体，归落在亲切处，却不过是一种超
越物欲、脱落人文重负的人生境界。

四、《周易》“经”“传”间的儒家

　　16.无论阴阳家、道家同《周易》“经”“传”有怎样深微的学缘，《周易》却终是
儒家的经典。比起阴阳家、道家来，《易经》同孔儒教化间的张力要大得多，但
《易传》的中心命意恰是在这种张力下由儒家赋予的。前文已经论及，儒家、道
家、阴阳家皆起于“周文”式微、人道凌夷之际：阴阳家出于一种命运感和对天人
相感的神秘信念，致力于人副于天的玄机的探寻；道家则从根本上脱开“人”与
“文”的纠葛，以罢黜人为、复归“自然”的“道”提撕一种“无为”“自化”“致虚”
“守静”的人生境界；儒家却宁愿在“天”与“人”的张力下守持住“人”与“文”的
张力，反本察识“文”的真趣，从天人同德处求取人文精神的回机向上。阴阳家、
道家的学思取向决定了他们不可能对儒家教化有太多同情的涵纳，但儒家的究
问天人之际而孜孜于人文损益的态度，却使其有可能更大程度地汲取阴阳家、道
家的睿识，充实并圆成自己健行不已的精神慧命。

　　儒家可以契接阴阳家的智慧，化命运感为大死大生的忧患，带着这忧患开决

---

　　[79]　王弼：《周易注·复卦象传注》。

一种超越命运的"自强不息"的人格境界,而不必惴惴于阴阳家的福祸预断;儒家又可以契接道家的智慧,把道家之"道"的"无"性引来破解"文"的执着,却又不必像道家那样"绝圣弃智"、屈人任天。因此,阴阳家、道家虽可以同儒家一样以自己的方式发《易经》之微,而又把所得"一察"衍推到《易传》,却不可能像儒家那样综理诸家,真正胜任于《易传》的编撰。

儒家立教于孔子,考察儒家教化同《周易》"经""传"的关系自当从孔子开始。孔子结缘于《周易》,《论语》和《史记》皆有所记。《论语》涉及《易》的文字有两处,其一是:

　　子曰:"加我数年,五十以学《易》,可以无大过矣。"⑧⓪

其二是:

　　子曰:"南人有言曰:'人而无恒,不可以作巫医。'善夫! 不恒其德,或承之羞。"⑧①

前段文字可与《史记·孔子世家》所称"孔子晚而喜《易》……读《易》,韦编三绝,曰'假我数年,若是,我于《易》则彬彬矣'"互参。这是孔子的自白,它表明,这位以"朝闻道,夕死可矣"自励的夫子曾怎样被《易经》这部喻吉凶消长之理、进退存亡之道的古籍所吸引。尽管自唐人陆德明在其《经典释文》中就"学易"之"易"提出所谓"《鲁》(指鲁本《论语》——引者)读'易'为'亦',今从《古》(指古本《论语》——引者)"后,历代学者对《论语》"加我数年"句的"易"抑或"亦"颇多争议,但反复致诘,虽未可许以最后断案,却大体可以"学《易》"为确。⑧②

《论语》涉《易》的后一段文字中,"不恒其德,或承之羞"原是《易经·恒卦》

---

⑧⓪ 《论语·述而》。

⑧① 《论语·子路》。

⑧② 参看冯友兰:《中国哲学史史料学初稿》,上海人民出版社1963年版,第28页;黄庆萱:《魏晋南北朝易学书考佚》,幼狮文化事业公司1975年版,序言第7页;李学勤:《周易经传溯源》,长春出版社1992年版,第61—62页。

九三的爻辞,孔子衍申其义借以诲人秉常有恒,不落于放失。《论语》径直说《易》虽仅有两段文字,但就孔儒与《周易》的关系而言,却隐含了两点极可深玩的提示:一是孔子比先秦诸子中的任何人都更挚切地表达了他对"易"道的倾心,二是孔子读《易》不为重在喻说"吉凶休咎"的卦爻辞所累,不是去做学究式的字斟句酌,而是在开决一种以道德人格境界为宗趣的"易"理方向。⑧③ 在这个方向上产生了《易传》。这形式上以诠释《易经》为能事的《易传》,带给人们的是一部面目一新的《周易》。古代儒者以《易传》为孔子所"作",虽不免对"易道深矣,人更三圣,世历三古"一类话过于执信,但他们把《易传》归宗于孔子却并无大错。近代以来的学人据证以疑古,对《周易》"经""传"发生年代、背景的考辨成绩斐然,但终是在虚灵的大关节处显得顶真有余而通脱不足。

17.《史记·孔子世家》载:

> 孔子晚而喜《易》,序《彖》《系》《象》《说卦》《文言》。

在近人的考释中,这段文字所招致的诘难颇繁,其中最值得一辨的是冯友兰氏撰于1927年的《孔子在中国历史中之地位》一文——李镜池曾援引此文作为他所谓"《易传》非孔子作的内证"⑧④。

冯氏罗举《论语》中"君子有三畏:畏天命,畏大人,畏圣人之言"⑧⑤一类文字若干段,得出结论说:"孔子所说之天,完全系一有意志的上帝,一个'主宰之

---

⑧③ 《左传·襄公九年》载:"穆姜薨于东宫。始往而筮之,遇《艮》之八☶。史曰:'是谓《艮》之《随》☲;随,其出也。君必速出!'姜曰:'亡!是于《周易》曰:"随:元亨利贞,无咎。"元,体之长也;亨,嘉之会也;利,义之和也;贞,事之干也。体仁足以长人,嘉德足以合礼,利物足以合义,贞固足以干事。然,故不可诬也,是以虽随无咎。……有四德者,随而无咎;我皆无之,岂随也哉? 我则取恶,能无咎乎? 必死于此,弗得出矣!'这段记载表明,带着道德人格方面的训诫解释卦爻辞不必自孔子始。孔子的贡献只在于,把这种尚带偶然性质的解释卦爻辞的方式导向对整个《周易》系统的解释。后世儒者把穆姜所说的那段话稍加修改后编入《乾》卦《文言传》,是按照孔子所示价值取向编纂或编撰《易传》的一种方式。近人对此颇有诘难,似依其原委作同情理解不足。

⑧④ 李镜池:《周易探源》,第294页。李氏于《易传探源》一文,曾大段援引冯友兰《孔子在中国历史中之地位》一文的文字,见《周易探源》第295—297页。此段文字虽系冯氏早年之作,但亦为冯氏晚年所认可。(见冯友兰:《三松堂学术文集》,北京大学出版社1984年版,第122—123页。)

⑧⑤ 《论语·季氏》。

天'。"⑧却又罗举《易传》中"天地感而万物化生"⑧一类文字若干段,提出这样一个判断:《易传》中"有一种自然主义的哲学",其中所称述的"天或乾,不过是一种宇宙力量,至多也不过是一个'义理之天'。"⑧既然《论语》同《易传》中的"天"的观念相去如此之远——依冯氏的逻辑——据此判定孔子与《易传》无缘便属理势之当然。但举证者显然是在存了先入之见后才去寻找例据的,否则他便不应当有如是的忽略:《论语》中诚然也有"天何言哉?四时行焉,百物生焉。天何言哉"之类不乏"自然主义"内涵的称"天"之谈,而《易传》所谓"天生神物,圣人则之"、"天垂象见吉凶,圣人象之"⑧的"天",也未始没有"主宰之天"的意味。其实,无论是《论语》中的"天",还是《易传》中的"天",可能都不宜诉诸"有意志的上帝"或"自然主义"一类指谓去作非此即彼的分判。"天"在《易传》那里同在《论语》那里一样,是既"主宰"而又"自然"或既非"主宰"而又非"自然"的;其"主宰"而又非"主宰",是因着它终于未归落于基督教的上帝那样的他律强制,其"自然"而又非"自然",是因着它毕竟不全然是老学范畴乃至"科学"视域中的那种"自然"。

孔子有深重得多的敬天意识,所谓"畏天命"便是从这种意识中生发的一种律己原则。孔子对"天命"之"畏"是"君子"之"畏",是人格境界向度上的怵惕之"畏",而非生死利害权度处的计较之"畏"。倘把这"畏"同"畏大人"("大人"者,当指人格高尚而气象博大之人——引者)、"畏圣人之言"作贯通的领会,那么,为孔子所倡说的"天命"之"畏",究其质,不过是对"义理之天"和源于这义理之天的德性的神圣感的敬畏。这"天命"之"畏"既可以在《易经》所谓"君子终日乾乾,夕惕若"⑨这样的爻辞中找到初衷,又可在《易传》所谓"作易者其有忧患乎"⑨、"天行健,君子以自强不息"⑨这样的系辞或象辞中获得申达,它非但不能表明"畏"者与《易传》各不相干,反倒确证着"畏"者在《易经》《易传》间所扮演

⑧　冯友兰:《三松堂学术文集》第 122 页、第 123 页。
⑧　《易传·咸卦象传》。
⑧　冯友兰:《三松堂学术文集》第 122 页、第 123 页。
⑧　《易传·系辞上》。
⑨　《易经·乾卦》九三。
⑨　参看《易传·系辞下》。
⑨　《易传·乾卦象传》。

的不可替代的人文角色。孔子对周世末造有"凤鸟不至,河不出图"⑬之叹,《易传》则就《易经》的发生有"河出图,洛出书,圣人则之"⑭的断语;对"河图"的神秘关注表达了孔子和《易传》所共通的"天""天道""天命"观念。把握住这一观念才可能理解孔子与先于他的《易经》和始于他的《易传》的不解之缘,也才可能理解《易传》何以与《易经》息息相关而又终于可能在"境界"上脱开"命运"卜问的羁绊。

所谓"孔子……序《彖》《系》《象》《说卦》《文言》"的说法,并不是不可以重新检讨的,但如果由此引出一种否定孔子与《易传》的内在关联的致思倾向,那却又不能不说是因小而失大。司马迁的《史记》带有极深的圣人史观的印痕,对此,单是看他的《太史公自序》即可大体断定。看破了这一层,依据《周易》"经""传"的本然逻辑和易学研究在反复致诘中确定下来的某些头绪,或者正可以把"孔子……序《彖》《系》《象》《说卦》《文言》"这一并非无谓的表述勘正如下:《彖》《系》《象》《说卦》《文言》等,非一人一时之作;它由战国时期的儒者汲取道家、阴阳家的思想成就编撰而成,孔子拉开了这一难以详考的编撰过程的序幕,并经由他的一传、再传乃至三传弟子赋予了这一过程以儒家成德之教的命意。

孔子"序"《易传》的话依然是可以说的,不过这"序"是导向某一确定维度的序幕之序。

18.从孔子自谓"吾与史巫同途而殊归"⑮,到荀子迳言"善为《易》者不占",⑯是《易传》从贞定命意到编撰大体完成的时期。孔子对《易经》的态度,为《易传》的编撰指示了一个从"吉凶休咎"的忧患超越至不避利害而又不累于利害的德性境界的方向。《史记·仲尼弟子传》载:

> 商瞿,鲁人,字子木,少孔子二十九岁。孔子传《易》于瞿,瞿传楚人馯臂子弘,弘传江东人矫子庸疵,疵传燕人周子家竖,竖传淳于人光子乘羽,羽传

---

⑬ 《论语·子罕》。
⑭ 《易传·系辞上》。
⑮ 此为马王堆出土帛书《要》篇中孔子说给子贡的话,转引自韩中民:《帛书〈系辞〉浅说》(《孔子研究》1988年第4期)。
⑯ 《荀子·大略》。

齐人田子庄何，何传东武人王子中同，同传菑川人杨何。何元朔中以治
《易》为汉中大夫。

《易传》的编撰者可能主要就是这一传《易》的系谱中人，而所传的解《易》秘
机很可能就是孔子所说的"观其德义"。[97] 在"传《易》"系谱中被列为第三代的
馯臂子弓——《史记》误作子弘，唐人张守节于《史记正义》已指出，当依《汉书·
儒林志》改子弘为子弓——是颇可注意的人物；荀子在《非十二子》《儒效》等篇
中一再以子弓配称孔子而赞其为"圣人""大儒"，或者正与馯臂在《易传》编撰上
的贡献和荀学的可能的远源不无关系。

在儒家诸子中，孔子以下谈《易》较多的是子思和荀子。荀子在其著述中曾
两引《易经》，一援《易传》。《荀子·非相》引《易经》"坤"卦"六四"爻辞"括囊，
无咎无誉"，只在于借词讥讽"好其实不恤其文"的"鄙夫""腐儒"，同大端处的
义理并不相干。《荀子·大略》引《易经》"小畜"卦"初九"爻辞"复自道，何其
咎"，援《易传》"咸"卦"象"辞喻说"夫妇之道，不可不正"，其意皆在于发明"君
臣不得不尊，父子不得不亲，兄弟不得不顺，夫妇不得不欢"的"礼"，这同荀学的
"人道莫不有辨，辨莫大于分，分莫大于礼，礼莫大于圣王"——即所谓尊"王"隆
"礼"——的义理相贯。从见诸人文规章的"礼"这一面看《易传》，似也可以找出
《易传》某种经脉，如所谓：

> 天尊地卑，乾坤定矣；卑高以陈，贵贱位矣。[98]
>
> 有天地然后有万物，有万物然后有男女，有男女然后有夫妇，有夫妇然
> 后有父子，有父子然后有君臣，有君臣然后有上下，有上下然后礼义有
> 所错。[99]

但以此提挈整部《易传》总嫌落于一偏。《易传》虽是辑多家《易》注、《易》

---

[97] 转引自韩中民：《帛书〈系辞〉浅说》。

[98] 《易传·系辞上》。

[99] 《易传·序卦》。

论修订、编纂而成,但既然略成一系统,便自当有其可"统"之"宗"或可"会"之"元"。寻找这个"宗"和"元",显然还须再觅蹊径。《荀子·天论》中有一段论"天"赞"神"的话,其气势和笔触与《易传·系辞下》的一章酷似。试比勘如下:

《荀子·天论》:

> 列星随旋,日月递照,四时代御,阴阳大化,风雨博施,万物各得其和以生,各得其养以成。不见其事而见其功,夫是之谓神。皆知其所以成,莫知其无形,夫是之谓天。

《易传·系辞下》:

> 日往则月来,月往则日来,日月相推而明生焉。寒往则暑来,暑往则寒来,寒暑相推而岁成焉。往者屈也,来者信也,屈信相感而利生焉。尺蠖之屈以求信也,龙蛇之蛰以存身也,精义入神以致用也,利用安身以崇德也。过此以往,未之或知也。穷神知化,德之盛也。

但荀子论天重在"明于天人相分",以所谓"圣人为不求知天"⑩为归。《易传·系辞》似也援日月、寒暑、往来,屈伸以说"利生""致用""崇德",但其所谓"穷神知化,德之盛也"则已涵了天人合德的信念和向这合德的天人之际默识冥证的祈向。看来,即使荀子同骈臂子弓——可能是《易传》编撰中的重要人物之一——有相当的学缘可探,以荀学为进路契接《易传》也绝不会是最恰当的选择。然而,子思、孟子一派的儒学同《易传》的关系又如何呢?

19.比起对孔子与《易传》关系的判断来,冯友兰对所谓"子思之儒"与《易传》关系的判断要敏锐和准确得多。他指出:

> 《易传》屡言中庸,故可疑为至少其中一部分,系"子思之儒"所作。《文

---

⑩ 《荀子·天论》。

言》中之字句,且有与《中庸》同者。如《文言》乾初九云:"不易乎世,不成乎名;遁世无闷,不见是而无闷。"《中庸》亦云:"君子依乎中庸,遁世不见知而无悔。"九二云:"庸言之信,庸行之谨。"《中庸》亦言:"庸德之行,庸言之谨。"《文言》又云:"夫大人者,与天地合其德,与日月合其明,与四时合其序,与鬼神合其吉凶。先天而天弗违,后天而奉天时。"《中庸》亦言:"君子之道,建诸天地而不悖,质诸鬼神而无疑。"《中庸》又言:"至诚之道,可以前知。国家将兴,必有祯祥;国家将亡,必有妖孽。见乎蓍龟,动乎四体。"《中庸》对《易》亦有信仰也。[101]

冯氏称引《中庸》理解《易传》显然是受了清人惠栋"易尚时中说"的影响,这位清代的经学家说:"《易》道深矣! 一言以蔽之曰:时中。"[102]

但惠栋就"中"的意蕴只说到"执中之训,肇于中天;时中之义,明于孔子;乃尧舜以来,相传之心法也。"[103]冯友兰则终于以《中庸》所引孔子的话"执其两端,用其中于民"解释《论语·尧曰》所谓"允执其中"说:"'允执其中'就是说,要确确实实地抓着'两端'的'中',不可'过',也不可'不及'。《论语》也记载孔丘的话说:'吾有知乎哉? 无知也。有鄙夫问于我,空空如也。我叩其两端而竭焉。'(《论语·子罕》)……这里所说的两端,这里所说的'而竭焉',就是说,告诉他既是这样,又是那样,貌似全面,其实还是折衷主义。"[104]把"中"说成是一种"折衷主义",这样,即使找到了《易传》的"中庸"底蕴,也绝不可能对《易传》以至《易经》的整个"易道"有真正的了悟。

从究元处说,在"中庸""时中""中正"一类概念中,"中"意味着一种毫不含糊的"分际",一种未可苟且的"度"。它可以借助"适度""恰当""恰好"一类辞藻作某种不落迹象的虚灵表达,可以相喻以柏拉图的"理念"范畴所指示的那种"极致"状态。通常人们总是在上下、左右、前后乃至好坏、优劣的居间位置上理解"中",这"中"是"中间""中等""中级"的同义语,它的被称谓是由于人们对既

---

[101] 冯友兰:《三松堂全集》第二卷,河南人民出版社 1988 年 5 月版,第 360 页。
[102] 惠栋:《易汉学》,《续经解》本,卷七第 4 页。
[103] 同上。
[104] 冯友兰:《中国哲学史新编》第一册,人民出版社 1982 年版,第 141 页。

在境界中事物状态或品位的一种随机判断。这随机判断中的“中”当然与“折中主义”相连属，但那已经是“中庸”“时中”的“中”的乡愿化，已经与有着一份绝对的真际的“中”毫不相干了。程颐和朱熹以“不偏之谓中”或“不偏不倚，无过，不及”诠释“中”，以佛家的术语说，这还只是“遮诠”（谓某事物或某状态不是什么），而不是“表诠”（谓某事物或某状态是什么）。真正的“中庸”是对一个确然不移的标准的信守，它不随顺任何一己一时的好恶，也不因意力的强制或念愿的诱惑而有所变通。否则《论语》便不至于说“中庸之为德也其至矣乎！民鲜久矣”这样的话，而《中庸》不至于说“天下国家可均也，爵禄可辞也，白刃可蹈也，中庸不可能也”了。

20.《论语》《中庸》提出“中庸”概念，旨在为修己、与人、居处、执事贞定一个恰如其分的标准，而所谓“时中”则意味着“中”的标准的因时而立。“中”的标准或可说，是在三维世界中确立的那种可追慕、可求取的极致状态，“时中”则意味着这作为极致状态的修己、与人、居处、执事标准在四维世界的悬设。据惠栋的稽考，《易传·彖传》径直说到“时”的有二十四卦，说到“中”的有三十五卦；《易传·象传》说到“时”的有六卦，说到“中”的有三十六卦。称“时”有所谓“时”“待时”“时行”“时成”“时变”“时用”“时义”“时发”“时舍”“时极”等，称“中”则有所谓“中”“中正”“正中”“大中”“中道”“中行”“行中”“刚中”“柔中”等。《易传·系辞下》谓：“知者观其彖辞，则思过半矣。”留心《彖》《象》中随处可见的“时”“中”概念，真正与“易道”有缘的人也许不难得出这样两重结论：一、潜隐于《易传》编撰过程的主导意向属于孔子和“儒分为八”后的“子思之儒”；二、《易传》的主题辞是“时中”。

在《易传》的视界中，六十四卦的多数卦中总有一爻以典型或极致的方式称述一卦的卦德，而且这一爻往往是其卦的五或二爻，其《象》则多以“中”为赞词。如《需卦》五爻，其《象》谓“需以酒食，以中正也”；《讼卦》五爻，其《象》谓：“讼元吉，以中正也”；《比卦》五爻，其《象》谓“显比之吉，位正中也”；《泰卦》五爻，其《象》谓“以祉元吉，中以行愿也”；《否卦》五爻，其《象》谓“大人之吉，位正当也”（“正”而“当”与“中”相应相印——引者）；《同人卦》五爻，其《象》谓“同人之先，以中直也”；《谦卦》二爻，其《象》谓“鸣谦贞吉，中心得也”；《豫卦》二爻，其

《象》谓"不终日，贞吉，以中正也"；《随卦》五爻，其《象》谓"孚于嘉，位正中也"……《乾卦》五爻当是一卦的极致，《文言》谓："九五曰：'飞龙在天，利见大人'，何谓也？子曰：'同声相应，同气相求，水流湿，火就燥，云从龙，风从虎，圣人作而万物睹，本乎天者亲上，本乎地者亲下，则各从其类也。'"这里不曾以"中"相赞，似是一种例外。但就易家解经以二、五两爻上下相应讲，《文言》赞《乾卦》二爻之"中"颇可看作对五爻的映衬，《文言》谓："九二曰'见龙在田，利见大人'，何谓也？子曰：'龙德而正中者也。庸言之信，庸行之谨，闲邪存其诚，善世而不伐，德博而化。……君德也。'"《坤卦》一如《乾卦》，卦德亦由二、五两爻相印相证。《象》谓《坤卦》二爻："六二之动，直以方也；不习无不利，地道光也。"辞中无"中"，但相应于五爻，可谓"中"仍在其中。《象》赞《坤卦》五爻："黄裳元吉，文在中也。"

"中"是一卦的卦德在其正面向度上达到的某种最堪称许的状态，这状态的达致固然在于发愿者的不懈努力，却还受限于一定的时势、际遇，因此《易传》也讲求趣"时"。《坤卦》三爻辞谓："含章可贞，或从王事。无成，有终。"《象》诠解说："含章可贞，以时发也。""含章"，即是美德、才情含而不露；"时发"，则示以待时而发，俟机而动。

在一定的时际下求取行为的"恰当""适度"，亦可谓"时中"。"天行健，君子以自强不息"，这在《易传》的编撰者看来诚然是《乾卦》的卦德，但"健"与"自强"也应在一定的时遇中有其最适宜的显现方式。倘在"初九"而"龙潜"之时，当应之以"勿用"；《易传·文言》谓："潜龙勿用'何谓也？子曰：龙德而隐者也。不易乎世，不成乎名，遁世无闷，不见是而无闷。"（意即：虽有龙德之健，在初潜之时亦当恬然隐修，做到"人不知而不愠"。）倘在"九二"而"龙见（现）"之时，则"大人"之德宜于由隐而显；《文言》谓'见龙在田，利见大人'，何谓也？子曰："龙德而正中者也。庸言之信，庸行之谨，闲邪存其诚，善世而不伐，德博而化。"（意即：此时正是适于"龙德"——"君德""大人"之德——显现之际，即使庸常举止，亦当言必守信，行必谨慎，存诚于内而使邪妄不入，以美德利天下而不言所利，如此则其德必博大而广化。）倘在"九三"而"龙"处未"跃"之时，当怀怵惕之心竟日，兢兢业业而毫不懈怠；《文言》谓："君子终日乾乾，夕惕若厉，无咎。'何谓也？子曰：'君子进德修业；忠信所以进德也，修辞立其诚，所以居业也。知至至之，可与言几也。知终终之，可与存义也。……故乾乾因其时而惕，虽危无咎矣。"（意即：此时，君子当勉以忠信而进德，诚于言辞而修业。对至高境界有所体识便力求达致，如此则可与说造化之几微；既知所终而决无反顾，如此方可许以存义……因此兢兢业业，当其时而怵惕，即使处于危惧之地亦可无咎。）倘在"九四"而"龙跃"之时，则当"进"而不退；《文言》谓"'或跃在渊，无咎'，何谓也？子曰：'上下无常，非为邪也；进退无恒，非离群也；君子进德修业，欲及时也。故无咎。'"（意即：此时"上不在天，下不在地"而进退两可，须不为邪妄，不离群类，及时进德修业，如此则可无咎。）从"初九"到"九五"，"龙"从"潜"到"见"，从"见"到"跃"，从"跃"到"飞"（"九五，飞龙在天，利见大人"），刚健之德既为"时"所限，也为"时"所成。由天道而人文，"君子"虽"自强不息"，孜孜于致"中"，却亦当因"时"而"进"（进德修业），不失节度。如此趣"中"，谓之"时中"，"中"不至于高卓而孤峭，趣者也不致落于要么全有要么全无的荧惑之境。

在《易传》含有"时""中"字眼的文句的细琐处过多地斟酌是无谓的，重要的是对一种可涵盖整个《易传》的"时中"境界的体认。在"时"中求取"中"，即是在移易而非可重复的时际中求取绝对的、非可随意指谓的真际，亦即所谓求"变易"中的"不易"。把握住了这一点，也就把握住了《易传》最"简易"而又最玄淡的智慧。

21. 当然，还可以更多地援引《中庸》及与《中庸》同属《子思子》一书的《坊记》《缁衣》《表记》中的章句，与《易传》的《彖》《象》《文言》等相比勘，以对既得的结论作更令人信服的印证，但这似乎已经不那么必要。不过，在结束这篇足够烦冗的文字前，尚有一点不能不略作补充，即"中"和"时中"的智慧何以能够把阴阳家的"易道"与道家的"易道"一体融摄于最终成为儒家经典的《易传》。

《易传·说卦》谓：

> 昔者圣人之作《易》也，将以顺性命之理。是以立天之道曰阴与阳，立地之道曰柔与刚，立人之道曰仁与义。兼三才而两之，故易六画而成卦。分

阴分阳,迭用柔刚,故易六位而成章。

细品这段话,《易传》[105]的"时中"主题和这一儒家命意同阴阳家、道家的"易"致的关系可会其大要。这里,"阴""阳"范畴首先取自阴阳家,其次取自道家,"柔""刚"范畴则主要取自《老子》,真正属于孔子、子思、孟子一系儒家的范畴原本只是"仁"与"义"。以阴阳柔刚所通契的"天""地"之道,似乎更多地属于阴阳家和道家之道,所不同者,只在于阴阳家从"与天地相似"[106]处窥察人事吉凶,道家却一任"自然",主张"致虚""守静""复归于朴"。[107] 儒家重"人道",有"人者,天地之心"[108]之谓。但既以"人"谓"天地之心",便涵了一层至可抉发的理趣:"人道"当与"天道""地道"不相乖违,而"天道""地道"必见诸"人道"并证成于"人道"。不是以"天道""地道"笼罩"人道",反倒是由"人道"推致"天道""地道",这是孔子、子思、孟子一系儒者的天人不二观。孔子重人道而"罕言天道",但"罕言天道"并不就是否认天道。子思在《中庸》中谓"天命之谓性,率性之谓道,修道之谓教",显然是立于"人道"对孔子"罕言"的"天道"的言及,而孟子所谓"尽其心者,知其性也;知其性则知天矣"[109],则清楚不过地道出了儒家的由"人道"而体"天道"("地道")的理路。在这条理路上,《易传》的编撰者虽以天道(阴、阳)、地道(柔、刚)、人道(仁、义)并提,却终是以"杂物撰德,辨是与非,则非中爻不备"[110]的断语透露了儒家"易道"的秘密。"易六位而成章",但六爻所成之卦的底蕴却在于初爻与上爻之间的二、三、四、五爻。在二、三、四、五爻中,"二与四同功而异位","三与五同功而异位",但"二多誉,四多惧","三多凶,五多功"[111],因此一卦之正中之德常系于二、五两爻。"兼三才而两之"的重卦,由上、下两个经卦构成,二爻是下卦的中爻,五爻是上卦的中爻,而中爻之位恰好为"三才"(天、地、人)中的"人"所居。所以,透底地说,卦以中爻为

---

[105] 《论语·雍也》。
[106] 《易传·系辞上》。
[107] 《老子》二十八章。
[108] 《礼记·礼运》。
[109] 《孟子·尽心上》。
[110] 《易传·系辞下》。
[111] 同上。

据,所隐喻的正是"天""地""人"三道以"人道"为重。而"人道"对"天道""地道"的涵泳,也正意味着《易传》中的儒家"易道"对阴阳家、道家"易道"的汲取和扬弃。

同解一卦,倘纯取阴阳家的方式,必以天人相感为枢机,借阴阳消长、四时盈虚的话题引出人事吉凶的消息;倘纯取道家的方式,必以"莫之命而常自然"[112]为典要,以"虚而不屈,动而愈出"[113]的玄理诲人以"夫物芸芸,各归其根,归根曰静,是谓复命"[114]的道理;儒者解卦则取象类于阴阳家,观化有取于道家,但其终始却总在于修己、与人、居处、执事的致"中"。两汉经师解《易》,多参以阴阳家的易趣;魏晋之际玄学中人解《易》,多以道家的易趣为胜;宋明以降大儒解《易》,多融摄阴阳家、道家易理而入于儒家易道。《易传》成典后的这段易学史,在一定分际上,或可说是从《易经》到《易传》那段易学史的有意味地重现,也可以说是《易传》所涵的易理逻辑的推展。在这里,虚灵的易道在可能的限度内走进了历史,同样,历史也以它丰富得多的内涵托显了易道的虚灵。

【黄克剑　中国人民大学国学院教授】
原文刊于《中国文化》1995 年 02 期

---

[112]　《老子》第五十一章。
[113]　《老子》第五章。
[114]　《老子》第十六章。

《易传》与《子思子》

李学勤

【内容提要】《周易》在中国经籍中最富有哲学意义,影响深远。相传孔子老而喜《易》,作《易传》,近人多怀疑其说,然而1973年年底长沙马王堆出土的帛书《周易》经传竟能证明孔子与《易传》确有密切关系。孔子嫡孙子思所著《子思子》已佚,尚有四篇存在《礼记》书内,其思想及所载孔子论《易》语,均可与《易传》印证。荀子也以《易》学著称,其学来自年辈和子思相若的馯臂子弓。《荀子·天论》的思想本于《易传》的《系辞》,在《大略》中还直接引用《彖传》《说卦》和《序卦》。继荀子之后,汉初的陆贾、穆生等都精于《易》学,他们或久居楚地,或本来就是楚人。这为流传在楚地的帛书《周易》经传提供了历史背景。帛书的发现和下面两篇文章的论述说明,《易传》绝不是晚出的作品,研究孔子及先秦儒家不可离开《易传》。

一

《周易》经传在中国学术史上有着颇为重要的地位,特别是十翼即《易传》,《史记》《汉书》等均以为孔子所作,对儒学传统影响深远。《易传》的年代,可以说是《周易》研究中一个关键性的问题,学者间意见纷纭,争论已久。这样的疑难，如仅凭传世文献，或许永无解决之日。幸而在近年考古工作中，陆续发现了不少有关《周易》的材料。1973 年年底湖南长沙马王堆三号汉墓出土帛书，其间，有《周易》经传，更为研究《周易》开辟一新境界。根据帛书《易传》已公布的内容，我写有几篇小文，着重讨论《易传》的形成传统，以及其与孔子的关系①，所论在此不必赘述。

本文想从另一角度探索《易传》的年代问题。马王堆汉墓帛书，与《周易》经传共存的有《老子》甲本卷后佚书《五行》。这是一篇儒家著作，经学者分析，知属于子思、孟子一派。《五行》的发现，证明了什么是《荀子·非十二子》篇所批评的思孟五行之说，并在《中庸》《孟子》书中找出这个学说的痕迹，由此得以确定《中庸》一篇的确是子思的作品。② 这样，就为我们探讨《易传》以及其他与思孟一派儒家有关的著作的时代，提供了可靠的基点。

大家知道，子思名伋，是孔子之孙。孔子之子鲤，字伯鱼，比孔子去世为早，所以孔子曾看到幼年的子思。《史记·孔子世家》载子思年六十二，前人由其事迹推算，多以为系八十二之误，或估计其年代为公元前 483—前 402 年③，可供参考。

《孔子世家》称："子思作《中庸》。"《孔丛子》《礼记正义》引《郑（玄）目录》等说同。近人论《中庸》为子思所著的，以金德建先生为最详④。他的论证主要有两方面：一是《孟子·离娄上》"居下位而不获于上"节是征引《中庸》，其后"至诚而不动者，未之有也；不诚，未有能动者也"两句，则"显然是属于《孟子》征引之后所补充的新意"。另一是从《荀子·非十二子》推证，逐句论述篇中关于思孟的议论"纯然是批评子思所作的《中庸》的"。因此，不管是师法子思的孟子，还是批评子思的荀子，都认为《中庸》一篇出自子思。现在发现了帛书《五行》，进一步证实了这一点。

---

① 李学勤：《从帛书要篇看孔子与易》，《中原文物》1989 年第 2 期；《帛书系辞略论》，《齐鲁学刊》1989 年第 4 期；《帛书〈周易〉与荀子一系〈易〉学》，本刊。
② 庞朴：《帛书五行篇研究》，齐鲁书社 1980 年；李学勤：《帛书五行与尚书洪范》，《学术月刊》1986 年第 11 期。
③ 钱穆：《先秦诸子系年》卷四，中华书局 1985 年，第 148 页。
④ 金德建：《司马迁所见书考》，上海人民出版社 1963 年，第 21—23 页。

《中庸》收入《小戴礼记》，也收入宋代以后业已散佚的《子思子》。《子思子》这部书最早著录于《汉书·艺文志》，作"《子思》二十三篇"，班氏自注云："名伋，孔子孙，为鲁缪公师。"书列于《诸子略》儒家，在《晏子》《曾子》之间。另外《汉志》之《六艺略》礼家有《中庸说》二篇，例以志文有《明堂阴阳》《明堂阴阳说》《伊尹》《伊尹说》《鬻子》《鬻子说》等，当系专对《中庸》解释引申⑤。这说明《中庸》很早就受到特殊重视，而且可能有单行之本。

《孔丛子·居卫》云子思困于宋，"于是撰《中庸》之书四十九篇"。据此，《中庸》又是子思著作的统称，可能是因为该书以《中庸》一篇冠首之故。不过《孔丛子》出现较晚，内容传闻多误，不好引为曲据。《子思子》与其所说四十九篇的《中庸》关系如何，也无法论述。

对《中庸》年代提出怀疑的学者，主要理由有两点：一是说《中庸》篇中有"载华岳而不重"之句，孔孟讲山名，习惯只提泰山，子思未尝至秦，不应举华岳。这个问题是清代文学家梁章钜、袁枚提出的⑥，顾实在《汉书艺文志讲疏》中已经作了回答，他说："不知此正子思所以形容祖德之广崇，二《南》《大雅》尝言江汉矣，岂必囿于咫尺之间哉？"又说："宋钘宋人，尹文齐人，作华山冠以自表，此亦可为《中庸》称华岳无可疑之例证。"

又一点是《中庸》有这样一章：

> 子曰：愚而好自用，贱而好自专，生乎今之世，反古之道，如此者，灾及其身者也。非天子，不议礼，不制度，不考文。今天下车同轨，书同文，行同伦，虽有其位，苟无其德，不敢作礼乐焉；虽有其德，苟无其位，亦不敢作礼乐焉。

所谓"今天下车同轨"云云，郑玄注说"今，孔子谓其时"，但是孔子生当春秋晚年，周室衰微，在政治、文化上均趋分裂，已经没有"车同轨，书同文，行同伦"的实际，由此不少学者疑为秦汉统一的反映⑦。按《中庸》此句的"今"字应训为

---

⑤ 参看杨树达：《汉书窥管》卷三《艺文志第十》，上海古籍出版社1984年。
⑥ 金德建：《司马迁所见书考》，上海人民出版社1963年，第22页。
⑦ 同上。

"若"⑧,《经传释词》曾列举许多古书中的例子,如:

> 今墓远,则其葬也如之何?(《礼记·曾子问》)
>
> 今王与百姓同乐,则王矣。(《孟子·梁惠王上》)

都是假设的口气。孔子所说,也是假设,并非当时的事实,不能因这段话怀疑《中庸》的年代。

二

《子思子》一书,见于《隋志》《唐志》,云七卷,晁公武《郡斋读书志》亦云七卷,且有摘引,可见北宋时其书尚存⑨,散佚当在其后。晚清黄以周有辑本。《隋书·音乐志》载沈约云:"《礼记·中庸》《表记》《坊记》《缁衣》皆取《子思子》。"当时《子思子》仍然存在,沈说应有所据。清人沈钦韩指出《太平御览》四百三十引《子思子》"天下有道"一条即《表记》语⑩。顾实《汉书艺文志讲疏》也说:"案《意林》引《子思子》十余条,一见于《表记》,再见于《缁衣》,则沈约之言信矣。"这样我们就知道,《子思子》不仅包括《中庸》,还包括有《小戴礼记》的《坊记》《表记》《缁衣》三篇。

和其他子书一样,《子思子》原有各篇的著成年代未必相同。例如《郡斋读书志》及《文献通考》二百八十引《子思子》一条,有子思与孟子问答,而两人年代实不相及,疑即后人据《孔丛子·杂训》所增补。《坊记》《中庸》《表记》《缁衣》四篇在《礼记》中次第相接,于《别录》均属通论,体例又彼此相似。特别是《坊记》《表记》《缁衣》,篇首均有"子言之"一语,其成于同时,殆无疑义。

《坊记》《中庸》等四篇的文例,都是叙述孔子的话,夹引《诗》《书》等经籍,

---

⑧　杨树达:《词诠》卷四,中华书局1979年。裴学海:《古书虚字集释》卷五,中华书局1982年。
⑨　顾实:《汉书艺文志讲疏》,上海古籍出版社1987年。
⑩　王先谦:《汉书补注》卷三十。

并加以申论。篇中引孔子语，多可与《论语》相参照。《汉书·艺文志》说：

> 《论语》者，孔子应答弟子、时人，及弟子相与言而接闻于夫子之语也。当时弟子各有所记。夫子既卒，门人相与辑而论纂，故谓之《论语》。

《释文》引郑玄言《论语》为"仲弓、子夏等所撰定"。《坊记》曾明引《论语》书名，当晚于七十子的时代，然而四篇孔子的话每每与《论语》相出入，在内容、义理上互相补充发明，说明四篇的年代不能太晚。下面试举一些例子：

《论语·学而》："子贡曰：'贫而无谄，富而无骄，何如？'子曰：'可也，未若贫而乐，富而好礼者也。'"《坊记》："子云：'贫而好乐，富而好礼，众而以宁者，天下其几矣。'"《坊记》所载的更为丰富。

《论语·八佾》："子曰：'夏礼吾能言之，杞不足征也；殷礼吾能言之，宋不足征也，文献不足故也，足则吾能征之矣。'"《中庸》则作："子曰：'吾说夏礼，杞不足征也；吾学殷礼，有宋存焉；吾学周礼，今用之，吾从周。'"改"宋不足征"为"有宋存"，系因《中庸》作于宋，有所避忌。⑪

《论语·颜渊》："己所不欲，勿施于人。"《中庸》："施诸己而不愿，亦勿施于人。"

《论语·宪问》："不怨天，不尤人。"《中庸》："上不怨天，下不尤人。"以上两例《中庸》所述均较易解。

《论语·里仁》："仁者安仁，知者利仁。"《表记》："仁者安仁，知者利仁，畏罪者强仁。"后者亦更丰富。又《中庸》："或安而行之，或利而行之，或勉强而行之，及其成功一也。"⑫与《表记》应出一手。

《论语·宪问》："子曰：'君子耻其言而过其行。'"《表记》："君子耻有其辞而无其德，有其德而无其行。"义同而语有异。

《宪问》："以直报怨，以德报德。"《表记》："子曰：'以德报德则民有所劝，以怨报怨则民有所惩。'"后者也较显豁。

---

⑪　阎若璩：《四书释地又续》。
⑫　参看杨树达《论语疏证》卷四，上海古籍出版社1986年。

《论语·子路》:"子曰:'南人有言曰:人而无恒,不可以作巫医。善夫! 不恒其德,或承之羞。'"末两句系引《易·恒卦》九三爻辞。《缁衣》则云:

> 子曰:南人有言曰:人而无恒,不可以为卜筮。古之遗言与! 龟筮犹不能知也,而况于人乎? ……《易》曰:"不恒其德,或承之羞,恒其德,侦,妇人吉,夫子凶。"

《子路》所说"巫医"是巫人、医人,《缁衣》"卜筮"则指卜人、筮人,两者相比,似后者较胜。《论语》孔子引《易》仅见于此,《缁衣》则多引《恒卦》六五爻辞(此外还引有《诗》《书》,兹从省略),与上言"卜筮"相呼应。

这一类例子表明,四篇作者是传述孔子而加以申论,其时代接近于孔子。特别值得注意的,是几处袭用曾子,如《论语·里仁》:"曾子曰:'夫子之道,忠恕而已矣。'"《中庸》云:"忠恕违道不远。"《论语·宪问》:"曾子曰:'君子思不出其位。'"《中庸》云:"君子素其位而行,不愿乎其外。"《论语·泰伯》:"曾子曰:'士不可以不弘毅,任重而道远,仁以为己任,不亦重乎?'"《表记》云:"仁之器为重,其为道远。"凡此均说明四篇作者上承孔子、曾子,这正和子思的情况相合。

《坊记》等四篇时代不能晚,还可以从篇中引有逸《诗》、逸《书》证明。

《坊记》引逸《诗》:"相彼盍旦,尚犹患之。"《缁衣》引逸《诗》:"昔吾有先正,其言明且清,国家以宁,都邑以成,庶民以生。谁能秉国成,不自为正,率劳百姓。"后者末三句虽见《小雅·节南山》,但《诗》篇常有同句,很可能全段皆属逸篇。

至于逸《书》就更多。总计四篇引《书》,见于伏生所传的有《康诰》《君奭》《甫刑》,另有《叶公之顾命》即今《逸周书·祭公》。此外,《太甲》《尹古》《高宗》《兑命》《大誓》《君陈》《君雅》都是逸《书》,是秦汉人所不能引及的。

《大戴礼记·礼察》曾引《坊记》首句,《淮南子·氾论》引《坊记》阳侯杀蓼侯故事,这也说明该篇年代的下限。

看来,《坊记》《表记》《缁衣》颇可能也出于子思,至多是其门人所辑成。

三

细读《子思子》这四篇,很容易感觉到,其体裁文气甚似《易传》的《文言》《系辞》。同时篇中引《易》也较多,如高亨先生所说:"儒家子思一派亦长于《易》学,故《表记》《坊记》《缁衣》引《易》之处独多。"

《坊记》《表记》《缁衣》引《易》共有六处。《坊记》计两处,其一是:

> 子云:敬则用祭器,故君子不以菲废礼,不以美没礼。故食礼:主人亲馈则客祭,主人不亲馈则客不祭。故君子苟无礼,虽美不食焉。《易》曰:"东邻杀牛,不如西邻之禴祭实受其福。"《诗》云:"既醉以酒,既饱以德。"以此示民,民犹争利而忘义。

所引系《既济》九五爻辞。另一是:

> 子云:礼之先币帛也,欲民之先事而后禄也。先财而后礼则民利,无辞而行情则民争,故君子于有馈者,弗能见则不视其馈。《易》曰:"不耕获,不菑畬,凶。"以此坊民,民犹贵禄而贱行。[13]

所引系《无妄》六二爻辞。《表记》《缁衣》引《易》,也都与此类似,是借经文来阐述一种道理。

《易传》有文例相同的话,例如《系辞下》:

> 子曰:危者安其位者也,亡者保其存者也,乱者有其治者也。是故君子安而不忘危,存而不忘亡,治而不忘乱,是以身安而国家可保也。《易》曰:

---

[13] 高亨:《周易大传今注》,附录一,齐鲁书社1983年。

"其亡其亡，系于苞桑。"

所引系《否》九五爻辞。又如同篇：

> 子曰：知几其神乎？君子上交不谄，下交不渎，其知几乎？几者，动之
> 微、吉凶之先见者也。君子见几而作，不俟终日。《易》曰："介于石，不终
> 日，贞吉。"介如石焉，宁用终日？断可识矣。君子知微知彰，知柔知刚，万
> 夫之望。

所引系《豫》六二爻辞。

前引《论语·子路》引《恒》九三爻辞，例与此同。这些都是传述孔子的话，因而没有引《易传》的。只有前引《中庸》"君子素其位而行"一语，类于《论语·宪问》曾子所说，也似《艮卦》象传，但这是"象传"与曾子语同，《中庸》并未直引。

金德建先生指出："《中庸》'庸言庸行'和《文言传》相同。"⑭（日本武内义雄《〈易〉与〈中庸〉之研究》说同）按《文言》云：

> （《乾》）九二曰"见龙在田，利见大人"，何谓也？子曰："龙，德而正中
> 者也。"庸言之信，庸行之谨，闲邪存其诚，善世而不伐，德博而化。《易》曰
> "见龙在田，利见大人"，君德也。

这段话的主旨与"中庸"之说相通，所以高亨注"庸言之谨"两句云："李鼎祚曰：'庸，常也。'按庸由正中而来。正中者，无过，无不及，无偏，无邪也。正中之言乃为庸言。正中之行乃为庸行。"⑮《中庸》云：

> 子曰：……君子之道四，丘未能一焉：所求乎子以事父，未能也；所求乎

---

⑭ 金德建：《先秦诸子杂考》，二十五，中州书社 1982 年。
⑮ 高亨：《周易大传今注》，乾第一，齐鲁书社 1983 年。

臣以事君,未能也;所求乎弟以事兄,未能也;所求乎朋友先施之,未能也。

庸德之行,庸言之谨。有所不足,不敢不勉;有余,不敢尽。……

不难看出,这一段是取孔子的话连缀而成,而"庸德之行"两句,很可能即引自《文言》,因为在《文言》的文字中,两句与上下文紧密结合,而在《中庸》就不如此。

关于《中庸》与《易传》思想的相通,金德建共举出十二条证据,多属可信,在此不能详引。如果考虑到两者原来都本于孔子,这种现象实不足为异。

近年由于大批古代简帛书籍陆续发现,学术界对古书的源流形成有了进一步的理解。有学者说:"古书从思想酝酿,到口授笔录,到整齐章句,到分篇定名,到结集成书,是一个长过程。它是在学派内部的传习过程中经众人之手陆续完成,往往因所闻所录各异,加以整理方式不同,形成各种传本,有时还附以各种参考数据和心得体会,老师的东西和学生的东西并不能分得那么清楚,所以我们不能以今天的著作体例去衡量古书。"⑯《子思子》今存于《礼记》中的四篇,可认为子思传述孔子的著作,出于家学。其中有孔子引《易》的言论,也有与《易传》相共通的思想见解。

金景芳先生论《易传》作者说:"根据我多年学《易》所得,认为《易传》十篇基本上是孔子作。但里边有记述前人遗闻的部分,有弟子记录的部分,也有后人窜入的部分,脱文错简还不计算在内。"⑰这一看法与从简帛书籍认识的古书形成情况可相印证,与金德建先生所说:"《系辞传》和《文言传》的产生,最迟不能再过于子思的时代"⑱,亦能相合。综观古书中有关的内容,实合于这一估计。帛书《周易》的发现,说明《易传》的形成确经历了一个相当漫长而且复杂的过程,但如果我们承认《子思子》四篇出于子思,应该说《易传》的基本内容和结构在子思的时代已经有了。这对于研究《易传》与孔子的关系,无疑有重要的价值。

---

⑯ 李零:《出土发现与古书年代的再认识》,香港《九州学刊》三卷一期,1988 年 12 月。

⑰ 金景芳:《学易四种》,吉林文史出版社 1987 年,第 215 页。

⑱ 金德建:《先秦诸子杂考》,二十五,中州书社 1982 年。

需要指出的是,《子思子》主要是记录传述孔子引《易》的言论,其思想与《易传》相通之处也是在儒学的一些大的方面,对《易》学本身则少阐发。继承子思之学的孟子,更未见论《易》。因此,思孟一派虽有闻于孔门《易》说,却不能认为传《易》。与此对比,荀子一派在《易》学传流上所起作用要更大些,详见拙文《帛书〈周易〉与荀子一系〈易〉学》。

【李学勤　清华大学出土文献研究与保护中心教授】

原文刊于《中国文化》1989 年 01 期

适时与变化

提供道德常识与实际指导的《易经》

[美]司马富

　　《易经》在过去的三千年中已逐渐成为全人类的财富。作为一本玄妙的预言,它起源于中国,尔后(在汉代)又确立了经典的地位,但其影响逐渐扩散到了东南亚中国文化圈中的其他地区,特别是日本、朝鲜及越南。十七世纪时耶稣会传教士们将这部经典介绍到了西方,如今已经有包括法文、英文和德文在内的诸多欧洲语言的几十种译本。由此引发而写成的著作不计其数,并正被全世界的千百万人民用来获得悟性和指导。这些发展对现在和将来的意义如何呢?

　　我首先谈谈过去。众所周知(然而人们很少有充分的认识),长期以来占卜在中国传统文化中都占有中心位置。儒学主流中的所有经典,包括诸如《孝经》等的次要著作都提到了这一现象。在解释《春秋》的《左传》中有大量关于使用《易经》及其他占卜技巧的记载。《尚书》(即《书经》)的"洪范"一章中也有许多提及用龟甲和蓍草占卜的地方,更不用说其他一些包括释梦等解释吉凶的方法。

　　虽然"鬼神"在古典文学中占有明显的地位,宋代新儒学的理性传统却无疑贬低了"鬼神"这一超自然世界,而且在以后的朝代中至少还有一些学者如王夫之(1619—1692)极力指出,来源于《书经》的流行的宇宙论实际上是后代算命、占卜者们对《书经》的曲解。我们也知道,清代《四库全书》的编纂者们特别注意将基于《易经》的占卜著作与经典区分开来,以分清正统的儒家传统和道家的幻术传统。

　　然而《易经》作为一本占卜书在各个朝代都极为流行。譬如新儒学的大哲学家朱熹（1130—1200）就认为《易经》主要是一本预言手册。清代的人们常说："念过《易经》会算卦。"从前，几乎所有的中国人都以某种形式用过这本书，从皇宫中的皇帝和大臣到最底层的农民都求教过街头占卜者。实际上大部分生活在最后几个朝代的中国人都相信，所有主要占卜体系都可以最终追溯到《易经》。

许多中国知识分子如朱熹的新儒学前辈程颐（1033—1107）着重强调了《易经》的道德价值，而不是将它当作一本占卜书。包括王夫之，还有毛奇龄（1623—1716）和胡渭（1633—1714）在内的几位清代学者，对该书某些汉以后的增补本的真实性表示了疑问。虽然这些早期清代的学者们对《易经》作了细致的、理由充分的校勘，但它仍具有巨大的权威性。王夫之本人就写道：《易经》是"道的显现，大自然隐秘的形式，贤人成就的展示。这里有阴阳、动静、幽明、曲伸。神运行其间、精湛的礼乐蕴含其内，仁义的伟大功用来源于此，推算治乱、吉凶、生死亦需依据此书。"

千百年来，《易经》一直被当作是一种自觉的文学典范、艺术灵感的源泉、哲学著作的重要思想宝库。它在《文心雕龙》《芥子园画传》《近思录》等重要著作中的中心地位便是一例。然而令人不解的是《易经》中的一些内容，尤其是它的诗文与评论，既丰富多彩又发人深省的象征性及其包罗万象又全球皆准的要求，这些内容激发了中国人许多艺术、文学、思想创作活动，但同样也是这些内容又严重地限制了中国的社会、政治和科学变革。这究竟是为什么？

首先我们必须记住，作为"六经之首"的《易经》具有特别高的地位。用《大传》的话说：《易经》包含天地，固使我们能悟道。由于《易经》具有这样的光辉，它就可以为中国传统社会的等级专制结构提供一个明确无限的认可。这种结构在朱熹的保守思想中发生了僵化，然后再经科举制度的强化，最终使中国停滞了起来。另外，由于《易经》将过去理想化，提倡一个循环的而不是渐进的历史运动观，所以它没有成为任何根本变革的模式。因为《易经》在中国的王朝结构以外既没有超自然的神力也没有体制上的支持，所以无法具有像《圣经》在西方传统教会中那样的地位。同样，它也不可能激发加尔文宗的命运观，而许多学者认为这种命运观在西方具有至关重要的社会和经济意义。

《易经》对中国的科学发展具有极大的影响。正如《大传》所称，如果说《易经》的三线形和六线形通过象数真正表达了天地万象的法则与规律,那么不仅社会及政治生活、艺术、文学、音乐,就连科学技术和数学都可以根据经典来解释、分类。清代的大型书目《四库全书总目》称:"《易经》的规模既广且大。它包罗万象,有天文、地理、音乐、兵法、韵律研究、数学计算,甚至神秘的炼丹术。"

《易经》的经典权威极大,以至于如果一个在进行科学研究的中国学者"能在《易经》体系中找到完全满意的解答,他就不会再进行数学演算或通过实验去验证"。结果,《易经》便成了约瑟夫·尼达姆(李约瑟)所说的通用档案系统。它使人们将新生事物分类归档,然后便束之高阁。它使那些对自然界感兴趣的人"满足于决非真正解释的解释"。对于这一基本问题,中国和西方的许多学者都已提出过许多例证。

当然中国的一部分问题是根深蒂固的古典主义,但这不能完全怪罪于《易经》。虽然清代的一些所谓考证学派的学者们在分析经典著作的时候使用了严格的科学方法,但他们仍然相信《易经》以及其他一些经典收集了最渊博、最有价值的知识。胡适曾根据西方的经验对考证学者们作了如下评价:"当顾炎武在其语言学研究中考订古音时(十七世纪七十年代),哈维已经发表了他的那部关于血液循环的伟大著作,伽利略也已经发表了他的天文学和新科学的两部巨著。阎若璩开始评注《史记》的十一年前,托里拆利已完成了他关于气压的伟大实验。这以后不久,玻尔便公布了他的化学实验结果。顾炎武完成其划时代的《音学五书》的前一年,牛顿已经完成了他的微积分和对光的分析。"

胡适教授总结道:"新学时代各国的这些伟大领导者们的科学精神和方法如此惊人的相似,这使得他的各自领域之间的区别极为明显。伽利略、玻尔、哈维、牛顿是与自然界中的物体打交道,这些物体包括星体、球体、斜面、望远镜、显微镜、棱镜、化学物品、数字及天文表,而同一时代的中国学者们都在与书本、文字和史料打交道。后者创造了三百年的书本上的科学研究,前者则创造了一门新的科学和一个新的世界。"

虽然这一比较有些夸大,我认为它抓住了两个极为不同的学术传统的本质。包括玻尔和爱因斯坦在内的一些西方科学家们的确说过,中国古典思想的某些因素与现代的原子物理学及相对论极为相似,但事实上中国从未经历过牛顿古典力学这一关键阶段,因此就没有重视直接观察和对假设的数理演算。虽然当莱布尼兹从一个十七世纪末到中国来的耶稣会传教士那里听说到《易经》时就被此书的二元结构所吸引并从中得到灵感,中国人自己却没有想到将六线形用作计算数字。充满了《易经》的象征性内容只是一直被用来算命,从未真正地运用于数学。

此外,十九世纪后半叶西方帝国主义给了中国一个破坏性的冲击,这一冲击也给中国带来了许多新思想。即使在这以后,许多中国人仍然坚持十七世纪最早期耶稣教影响以来一直坚持的观点,认为外国的自然科学和数学都是建立在《易经》原理之上的。一些进步学者在论及需要进行彻底变革的时候的确提到了经典中变化的概念,1860—1895 年的那场夭折了的自强运动也确实得名于六线形的一根干线的名称,但只是在 1894—1895 年中日战争后中国发生了 1905 年废除科举制度和 1911 年的辛亥革命这两个巨大变化以后,《易经》这部已经声名狼藉的儒教的经典著作才失去其大部分早已确立的政治、社会权威。

然而《易经》在今天仍然是一个重要文献,中国和海外都有人研究它,查阅它,而且往往还崇拜它。中国香港和台湾,以及日本一直是《易经》信徒们的避风港,当然也是宝贵的、发人深省的学术思想的发源地。在中华人民共和国,虽然对《易经》的研究,特别是对它的实际运用一直被看作是反映"封建"迷信而被认为是耻辱,有迹象表明对这一过去的经典的兴趣又开始抬头。与此相同,对《易经》的学术研究同时也在激增。比如 1984 年在武汉召开的一次历史性会议上就发表了 120 篇论文和 5 本专著,它给中外学者都带来了很高的激情和很多值得进一步研究的材料。

我们如何解释《易经》经久不衰的感染力呢? 主要原因当然在于该书现在仍有其重要价值。究竟是什么价值呢? 在一定程度上,《易经》的吸引力就在于其审美方面:其语言和形象无疑是引人入胜的。而作为一占卜书,这部经典也具有其魅力,尽管它经常被天真的人们错误地理解或被误用,尤其是在西方。另外,就像过去一样,《易经》在今天仍可以通过使其读者在事件与条件之间建立未曾预料到的联系而被用来促进内省与自知,不管人们是否明确地承认精神支持在建立这一联系中所起的重要作用。当中国学者阙疑(《易经》的词汇)的时候,他们肯定是带着这个目的去运用这部文献的,即使是无意识的。心理学家卡尔·荣格强调指出，"虽然当我们用公认的科学准则去协调这一圣言的时候会出现许多问题"，此书告诫我们"要对自己的性格、态度和动机进行仔细的检查"，这便是它的真正的价值。

一些中外学者不断地在《易经》中发现似乎超越了文化范围的现代数学及自然科学的因素。比如冯友兰就坚持认为《易经》中包含了"宇宙代数学"的萌芽。谢曲成甚至认为这部经典的六线形开始时是一种高效信息传递系统，如同今天建立在二和三这两个最佳数位的计算机代码一样（二为每一六线形中基本三线形的数目，三为每一三线形中线的数目）。唐明邦吸收了谢和其他同期中国学者著作中的观点。他们认为核物理中原子的结构形成、分子生物中的遗传代码中的八列短阵似乎都与《易经》的原理有关。虽然有人也许会问，这些将《易经》与现代科学思想联系起来的努力是否会带来许多有用的认识，但不管怎样这项工作也许还是值得做的。毕竟《易经》的基本要求就是要进行创造性的联系，建立有意义的关系。

另一方面，西方人为了一时风尚不加鉴别地将《易经》翻译成许多欧洲文字以使其"跨越文化界线"，并盲目地使用，这是对《易经》的歪曲。我要遗憾地说，美国大部分使用《易经》的人都不理解其文化核心、历史演变和那些至关重要的断言。一旦失去了这一基本文化主线，这部著作必然会被贬低和滥用。即使是卡尔·荣格对《易经》充满同情的解释在我看来也有些可疑，尽管从他的发人深省而又颇有争议的原型理论来看也许应该允许他多出一些偏差。

无论如何，在将《易经》翻译给西方人时不应该使其失去其文化特性，而应该用人类的共同范畴去解释它的意义。为此，我相信《易经》现在以及将来的价值主要取决于为了向其他大小或新老社会的人们传达其多义文化信息的努力。如果我们彻底地理解了《易经》，便不仅可以看清中国传统中的一些重要方面，也可以对在特定时间和地点所产生的我们自己有更多的了解。用乔治·马库斯和迈克尔·菲希尔的话来说，这种跨文化观点对开展遣反人种论工程、明确那些处理国内习以为常的现象的新方法，就国内的那些与其他文化材料对照比较时才显示出来的主题提出建议或做出选择都具有重要意义。

在提出具体的跨文化比较问题之前，有人也许要问：《易经》在总体上揭示了哪些中国传统文明？最明显的是，《易经》中关于六线形以及线的论述提供了一份富有启示意义的早期中国文化所长期关注的事物的清单。突出的、经常出现的主题包括：恰当使用语言的必要性；家庭、祖先、礼仪、音乐、美、古人、陶冶性情的重要性；变化的必然性；时间和空间的规律性；君子的高尚行为；对身份的敏锐意识。对线的解释反映了社会上几乎所有部分和阶层：男女以及儿童；皇族以及其他上层人物，商人、佣人、强盗、僧侣、魔术师。基本社会价值包括忠、诚、真。军事和法制被看作是具有政治和社会意义的事情，因而受到高度重视。题为"十翼"的评论，形象化地说明了《易经》的世界观，强调了向关联思维发展的趋势，人道的宇宙观，天、地、人的根本统一以及阴阳相补和循环运动的普遍认识。

《易经》中的象征性初看起来比较简单明了，这并不奇怪，因为大部分都与自然有关。它包括天体、雷电、风雨、土火，山、湖、石、树；从超自然的兽类（如龙）到野兽和家畜甚至仓鼠等各种动物。书中充满借助于颜色和方向的象征性，许多线指人体的不同部位。其他常见的象征内容包括金、丝、玉等贵重物品；各种食物、餐具、献祭器皿；四轮、二轮马车等车辆；武器；家庭日用器皿。《易经》中比较深奥的象征内容有表示"夫妻反目"，"干肺"，"豮豕之牙"，"拇"（这是在线的解释中至少六七处提到脚趾的地方之一）。

但这些象征中大部分的具体意义一直成为（并将继续成为）人们争议的话题。首先，早期六线形和线的隐秘性使得填补省略内容的工作极其困难。实际占卜、神话、轶事以及其他口头传说的具体内容往往不是遗失了便是在长期流传中改头换面了。而它们显然会帮助解释、详述过原本《易经》。另外，某些字和概念的意思已发生了变化，有时在不同地区的意思也有所不同。当然各代学者们已写了大量的评注，其中至少有两百多种编入了1715年康熙皇帝的钦定本，但大大小小的争执从未停止过，这也是意料之中的。如明代学者倪远铭就说过，《易经》经过"万代"人的评注，至今还没有一个标准的解释。

虽然《易经》在历史和文字的复杂性方面令人生畏，（也许正因为如此）我们不能忽视在道德、美学和世界观方面进行有意义的跨文化比较工作的价值。人们至少已经进行了几次综合性比较研究，另外一些则有待进行。在下面的剩余时间里，我将描述几种可能的比较课题。

　　一个明显的论题是对《易经》和诸如伊斯兰、印度或西方(兼犹太教与基督教)传统的其他重要著作中象征(以及或者算卦)进行细节上的比较。比较的范围和具体标准问题理所应当地要得到解决，但荣格对《圣经》象征性内容的研究提供了一个可能的开端(尤其因为他长期以来对《易经》的兴趣和欣赏)。

　　当然，《易经》在长度、结构、风格(更不用说)实用性方面明显有别于其他许多文化的圣书。如印度的《梨俱吠陀》就是一本奇妙的天启之书。它采用口传而非笔传以使其神力不误落他人之手。《摩诃婆罗多》虽然是一部教规，却写得很流畅，既有口传也有笔传，它"像一块未开垦的土地等待人们去打捞"。如同《古兰经》一样，《易经》代表了上帝传递下来的圣言，首先是像《梨俱吠陀》一样通过天启，然后一面作为口头文献传下来，一面加以文学记录(然而，《古兰经》不是阿拉伯原文翻译过来的。因为它在形式和内容方面都被看作是不可改变的，所以翻译被看成是帮助普通群众理解的"解释")。

　　《易经》在长度上比这些著作都要短，而且几乎完全没有它的那种叙事性、神化性结构，也缺乏它们那些明确的宗教基础。《易经》的确有"神灵"的一面，但并不是明确的宗教性的。包括佛教评注者在内，没有人说过此书出自某一(或某些)上帝之口，恰恰相反，许多中国人都认为佛教来源于《易经》。从传统上来看，《易经》是建立在古代圣贤对自然的观察基础之上的，它所表达的道是没有创造者或最高制定者的，一群好坏神仙就更起不了什么作用了。《易经》既没有确定一个明确的开头，也没有最终的结尾。《圣经》《古兰经》一类的经典坚持认为人不是对自己的文化负责，而是一个超越所有文化的生灵，而《易经》则从根本上持相反立场。也许还可以说在西方《圣经》传统中，上帝只给予那些他认为应该给的启示，而在中国传统中，天意无论被理解为非人化的"天"还是人化了的"上帝"，都被认为是可以通过《易经》而最终了解和接触到的。在中国传统中不存在类似西方的"上帝及其创造物之间的绝对鸿沟"。

　　但就比较而言，比揭示差别更重要的是揭示相似之处。简单地说，我认为在研究世界上其他几部主要圣典时，有必要对《易经》加以更仔细地研究，根据其他文化的重要著作来分析其象征性，从中获得一个进行进一步比较研究的、有用的、有启发性的起点。

《易经》在大约三千年的时间里一直被当作是一本占卜书，这是它可供文化比较的另一方面。占卜显然是它本来的目的，但无论在过去还是现在，中国的许多知识分子都贬低了这部经典的占卜内容，因为这些内容好像带有迷信的味道。然而正如我指出的那样，中国历史上有许多人都用《易经》来算命，他们不仅包括专业占卜者和其他平民，也包括学者。这些知识分子对《易经》占卜作用的矛盾心理在许多著作中都可以看得出来，而且还表现在许多方面。但重要的是应该将建立在《易经》之上的占卜体系和其他文化的占卜体系进行比较。

算命毕竟是一种全人类的现象，其形式有抽签、转椰果、查圣书、看水晶球、听贝壳、观蜘蛛、释梦及制星图。既然占卜体系反映不同的文化特色，我认为对它们进行分析会有助于对社会的宇宙论和因果关系概念的认识，也有助于对社会的价值、逻辑、符号和结构的认识。进行所有跨文化调查（包括对象征、算卦的研究）都必须认真限定调查范围，而我对中国占卜的初步研究表明了从占卜技巧的发展、社会和政治作用、普及性和持久性出发，对这些技巧进行比较的价值。关于世界上其他占卜体系的材料很多，由于《易经》在中国长期、广泛的运用，及其独特的道德内容、宇宙论和与本地不同占卜体系的关系，此书提供了一个特别方便的起点。

总之，对《易经》的比较研究尚处初级阶段。我在这里只提出了一些问题以及可能的研究途径，但我希望将来对《易经》的研究不光包括将这部经典当作智慧之书、道德指南（虽然书中有一些关于自然等级的陈旧概念，这一点还是肯定的）和（可能的）现代科学原理的来源来对它进行不断的考查，也应该将其作为一个能够告诉全人类本身的一些重要事情的、不断发展的文化文献。随着世界各国变得越来越相互依赖、相互联系，跨文化的理解将变得更加重要。世界范围内电子通信的发展可能会将各民族的文化统一到一个空前的程度，但它不会将它们同化。在这种情况下，我们在地球村中就需要所有我们能够得到的文化视野。在我看来，对《易经》的比较研究就是一个很好的起点。

【［美］司马富　美国莱斯大学教授】

原文刊于《中国文化》1991 年 02 期

天道之两维

早期儒家《诗》学与《易》学的变奏

王　博

　　无论我们对于子贡"夫子之文章,可得而闻也;夫子之言性与天道,不可得而闻也"的说法做出如何的诠释,《论语》所见孔子思想中天道角色的模糊确实是显而易见的。① 除了子贡这里的说法之外,我们看不到另外孔子和弟子们讨论或者提到天道的例子。如果考虑到子产"天道远,人道迩,非所及也"②之说所显示出来的春秋后期政治和文化精英对于天道的疏远,那么孔子的这种模糊或许可以被理解成是很自觉的选择。对于孔子来说,其最重要的问题乃是礼乐秩序的重建,但有关礼之本的追问却更多地通向了人心,如我们在宰我和孔子有关三年之丧的对话中看到的那样,③而不是旧时代的天道。④ 在不同的场合,我们都可以看到孔子对于和人心相关的情感的强调,"礼,与其奢也,宁俭;丧,与其易也,宁戚"(《八佾》),"人而不仁,如礼何? 人而不仁,如乐何?"(《八佾》)这些

---

① 尽管孔子一再地谈论到天或者天命,但它们与天道之间的差异是不容忽视的。天仍然具有权威的地位,但其具体的形象却是抽象而模糊的,未能转化为具体的价值之源,而天命更多地扮演着限制的角色。这或许正是墨子批评儒者以天为不明的理由。

② 《左传·昭公十八年》。

③ 宰我和孔子的对话见于《论语·阳货》,孔子把三年之丧的存在基础和心安联系在一起,体现出从人心出发寻找礼之本的努力。其实,子夏和孔子有关《诗》之"巧笑倩兮,美目盼兮,素以为绚兮"的讨论也体现着同样的精神。

④ 有周一代,以礼为核心的秩序之基础被看作是天或者天道。代表性的说法见于《左传·昭公二十五年》:"夫礼,天之经也,地之义也,民之行也。天地之经而民实则之,则天之明,因地之性,生其六气,用其五行。"

论述表达着同样的态度:如果没有内心的根基,徒有其表的外在礼仪是没有什么意义的。但是对人心的肯定是否就意味着要抛弃天道? 或者说,孔子思想中对于人心的关注和天道的模糊之间是否存在着逻辑的关联? 如果是的话,那么天道和人心的紧张是否可以消除? 而这种消除又可以经由什么样的途径展开?

在我看来,孔子思想中天道和人心的紧张无疑是存在着的,至少是曾经存在过的。这种紧张使得曾经的天道一度淡出有关秩序和价值根据的思考之中,但是问题在于,和天道无关的人心能否成为礼乐秩序的终极保证? 或者说,单纯的人心能否支撑起价值的世界? 正如宰我在回答孔子"女心安否"的问题时所做出的肯定答案所显示的那样,和天道无关的人心难免于个体之间的差异和冲突,从而导致普遍秩序无法建立的尴尬局面。我们不知道五十岁以后的孔子对《周易》发生兴趣是否与这种困惑有关,但是稍后的儒者通过对于《诗经》和《周易》的解释确实重新让天道成为儒家核心话语的重要部分,只是这已经不再是此前的天道了。这当然不是说《诗》学和《易》学中的天道观念是一致的,恰恰相反,它们之间存在着重要的差异,从而显示出早期儒家思想的丰富性。以下,我们就试图叙述这两个系统对于天道的不同理解,而这种不同的理解后来如何贯通起来,并非本文要处理的问题。

一、《诗》学: 心与性

《诗经》在早期儒家思想展开过程中的地位是异常重要的。它可以说是孔门最基础的教本,也是德义的渊数。《论语》中即有大量孔子以及弟子们论《诗》的文字,此后,更是有很多借助于《诗》的解释发挥义理的文献。这些文献有着一些共同的特征,我在几年前关于上博简《民之父母》的讨论中有如下的概括:

作为《诗》学文献的特征,我们大概可以从两个方面去了解。其一是形式上的,即文献本身对《诗经》的称引和解释。这种称引当然不是偶然的或零碎的,诸如在某种讨论中偶尔出现一个《诗》云或《诗》曰,显然不能满足作为《诗》学文献的形式上的理由。一般而言,在儒家推崇的诸多经典中,《诗》学文献并不涉及《诗》以外的其他书籍,而且,其对《诗》的称引和解释应该与其主题有内在的关联。《中庸》《五行》《孔子诗论》等显然可以满足这些要求。其二是内容上的,即该文献讨论的主题与《诗》的解释之间有着内在的联系。这种联系可以分为一般的和具体的两种。就其一般的方面来说,由于"《诗》言志"的性质(后文详论),《诗》学文献的主题多与心的讨论(以及相关的性)有关。就其具体的方面来说,对具体诗句的称引总是伴随着朝此方向的某种解释。⑤

按照这个标准,《五行》《中庸》《孔子诗论》和《民之父母》等都可以被视为《诗》学的文献。以《五行》和《中庸》为例,它们只引用和解释《诗》句,并重点开启了儒家的心性论传统。以下,我们即以该两篇文献为中心来讨论《诗》学中天道观的特点。

在早期儒学传统中,天道之成为核心的话语,似乎和子思有关。和他有关的两种文献——《五行》和《中庸》都提到了天道,并且给出了和春秋时代完全不同的理解。春秋时代的天道观念,按照陈来先生的概括,大概有三种意义:第一种是宗教的命运式的理解。第二种是继承周书中的道德之天的用法。第三种是对天道的自然主义的理解。⑥《五行》和《中庸》的天道观,显然和宗教的命运式的理解以及自然主义的理解无关。其与道德之天的理解之间,虽然从表面上看都把天和德联系在一起,但实质上却有着根本的分别。我们先来看《五行》的说法:

> 五行:仁形于内谓之德之行,不形于内谓之行;义形于内谓之德之行,不
> 形于内谓之行;礼形于内谓之德之行,不形于内谓之行;知形于内谓之德之

---

⑤ 王博:《民之父母与诗学》,《哲学门》第4卷第2册,北京大学出版社2004年。
⑥ 陈来:《古代思想文化的世界》,三联书店2002年,第63—65页。

行，不形于内谓之行；圣形于内谓之德之行，不形于内谓之行。德之行五，和谓之德；四行和，谓之善。善，人道也；德，天道也。

这段话的重点是德之行与行以及德与善的区分。对于仁义礼知而言，其不形于内的状态仅仅是行，却非德之行。圣则没有形于内或者不形于内的区分，换言之，圣必然是形于内者。德之行在这里被规定为仁义礼知等"形于内"的状态。所谓的内，从后文来看，明显是指中心或者心。因此，行和德之行的区分，关键就看仁义礼知等是否有着内心的根基，如果有，就是德之行；反之，则仅仅是行。沿着这个区分，《五行》进一步提出了善与德的区分。善是指四行和，即不形于内的仁义礼知之统一。即便没有内心的根基，合乎仁义礼知的行为也可谓之善，同时也只能谓之善；德则指德之行五之和，即形于内的仁义礼知圣之统一。此种统一只有在它们皆根于内心的基础之上才是可能的。

这种区分当然是重要的，尤其是考虑到孔子力图把价值和秩序奠定在人心基础上的努力，就更是如此。子思显然比孔子更进了一步，后者只是讨论礼之本，子思则把范围扩大到仁义礼知的整体。这些价值只有在扎根于内心的前提之下才可以被称为"德"，否则只能是"善"。不过，更令人感兴趣的是"善，人道也；德，天道也"的说法。善与德的区分，在这里被规定为人道和天道之别。如我们在前面所看到的，这种区分的关键在于有无内心的基础，这当然也就成为区分人道和天道的关键。人道可以是和心无关的东西，纯粹的可见的行，天道则不然。在孔子那里一度模糊的天道就这样轻松而自然地回到儒家的视野之中，天道与人心的紧张也得到了消除。对于子思而言，这显然不是简单地回到过去。这是一个全新的天道观，此全新的天道观必须要经过人心并且接纳人心作为其基础的内容。天道不再是某种外在的律令或者秩序，而是和人心相关的东西。从这个意义上来说，"德，天道也"的说法是革命性的。我们不必再去仰望天空就可以接近天道，因为德的获得不过就是中心的事情。《五行》这样描述和德伴随着的内心感觉：

君子无中心之忧则无中心之智，无中心之智则无中心之悦，无中心之悦则不安,不安则不乐,不乐则无德。

从中心之忧开始,经过了中心之智、中心之悦、安和乐,这就是君子成德的过程,同时也就是通向天道的过程。我们可以看到,这一切都是在心中发生的。心借助于其思的能力接纳仁义礼知圣,一方面使行内在化为德之行,另一方面又赋予外在的形体以德的光辉:

仁之思也精,精则察,察则安,安则温,温则悦,悦则戚,戚则新(亲),新(亲)则爱,爱则玉色,玉色则形,形则仁。

智之思也长,长则得,得则不忘,不忘则明,明则见贤人,见贤人则玉色,玉色则形,形则智。

圣之思也轻,轻则形,形则不忘,不忘则聪,聪则闻君子道,闻君子道则玉音,玉音则形,形则圣。

思仁而得仁、思智而得智、思圣而得圣,从思开始,至于德之行而结束。此种得不仅是内心的,同时还是形体的。玉色和玉音的提法,很显然是指某种心灵在形体之上的呈现,也是德之行的证明。形体在此时已经完全被能思的心灵所征服,这正是《五行》所希望者:

耳目鼻口手足六者,心之所役也。心曰唯,莫敢不唯;诺,莫敢不诺;进,莫敢不进;后,莫敢不后;深,莫敢不深;浅,莫敢不浅。

在这种征服中,生命成为一个从心到形的整体,德的生命也才成为可能。在此意义上,与天道之德不同,人道之善可以被表述为形体和心灵的分离,那些表现在形体之上的东西并没有内在于心灵,因此更像是"勉强而行之"的刻意。而德之行则如"流体也,机然忘塞也",成就一个贯通无碍的自由生命和世界。

因此,心的"一"就成为必然之事。在此,《诗》句成为最好的话头。"'〔鸤鸠在桑,其子七兮〕。淑人君子,其仪一兮'。能为一,然后能为君子,君子慎其独也。"这里所引用的诗句出自《曹风·鸤鸠》,"其仪一兮"被理解为"能为一,然后能为君子,君子慎其独也",见于帛书中的"说"的部分进一步解释道:

> "淑人君子,其仪一兮"。淑人者□,仪者义也。言其所以行之义之一心也。"能为一,然后能为君子"。能为一者,言能以多为一;以多为一也者,言能以夫五为一也。"君子慎其独"。慎其独也者,言舍夫五而慎其心之谓也。独然后一,一也者,夫五为□心也,然后得之。一也,乃德已。德犹天也,天乃德已。

"其仪一兮"被解释为一心,而在心的一之中,仁义礼知等都被内在化了,⑦德和天也随之得到了确立。"德犹天也,天乃德已",无非是对"德,天道也"的另一种形式的叙述,而它们都是建立在一心的基础之上。在这种理解之下,很自然地,《大雅·文王》中"文王在上,于昭于天",便被解释为文王之德。

与此论题相关的另外一个诗句是《大雅·大明》的"上帝临女,毋贰尔心"。上帝显然可以成为天或者天道的代名词,因此此诗句中就难得地出现了天和心这两个核心的字眼。《五行》云:

> [鑯而知之,天]也。[诗曰]:上帝临女,毋贰尔心。此之谓也。

说云:

> 鑯而知之,天也。鑯也者,赉数也。唯有天德者,然后鑯而知之。上帝临女,毋贰尔心。上帝临女,□鑯之也;毋贰尔心,俱鑯之也。

虽然此处某些说法的意义还有待进一步的讨论,但"毋贰尔心"的提示是非常清楚的。它和"其仪一也"一起共同构成了《五行》篇对于君子应该如何用心

---

⑦ 郭齐勇先生有"仁义礼智圣的内化"的提法,见其《郭店楚简身心观发微》一文,收于《郭店楚简国际学术研讨会论文集》,湖北人民出版社 2000 年,第 202 页。

的理解,正是在这种可以称之为"一"或者"毋贰"的状态中,仁义礼知等才可以内在化,人心和天道才会相遇。

但是从逻辑上来说,人心和天道的相遇仍然显得有些牵强。心和天之间的联系是如何建立的?《五行》对此问题并没有很好地解决。这正是性的概念在此时的儒家文献中得以突出的最重要理由。借助于对生命本质的发掘,我们可以发现人和天的连接处。性是天之所以在人者,无论是《性自命出》的"性自命出,命自天降",还是《中庸》的"天命之谓性",通过性的中介,都在人和天之间建立起了直接的关系。有了这样的背景,《中庸》所理解的天道就与《五行》有同有异。同的是天道必须落实在生命之中,异的是所落实之处由心而扩展到了性。

《中庸》关于天道的最重要表述是"诚者,天之道也;诚之者,人之道也",我们先还原一下该说法的语境:

> 在下位不获乎上,民不可得而治矣。获乎上有道:不信乎朋友,不获乎上矣。信乎朋友有道:不顺乎亲,不信乎朋友矣。顺乎亲有道:反身不诚,不顺乎亲矣。诚身有道:不明乎善,不诚乎身矣。诚者,天之道也。诚之者,人之道也。诚者,不勉而中,不思而得;从容中道,圣人也。诚之者,择善而固执之者也。

在追问人伦世界展开基础的时候,诚的字眼被提了出来。我们注意到,它首先是和身结合在一起的,是反身之诚。在这个意义上讲,诚身乃是深入到生命的内部去寻找最真实之物,以建立起一个价值和秩序的人伦世界。这个最真实之物一定是和善联系着的,所以才有"诚身有道,不明乎善,不诚乎身矣"之说,也只有善的真实之物才能够成为人伦世界的基础。问题是,这个最真实之物是什么? 如下的这段话该给了我们期待的答案:

> 唯天下至诚,为能尽其性;能尽其性,则能尽人之性;能尽人之性,则能尽物之性;能尽物之性,则可以赞天地之化育;可以赞天地之化育,则可以与

天地参矣。

这个最真实之物只能是天赋之性。⑧ 在至诚的状态之中,性以无遮蔽的方式呈现出来。我们该注意,这里呈现的并不仅仅是己之性,同时还有人之性和物之性。诚显然不是性,它只是性无遮蔽呈现的保证。但它显然也不是一个虚无,虚无不可能打开整个的世界,甚至也不能够打开某个个体的生命。在诚之中,个体生命和世界相即相融,可以赞天地之化育、可以与天地参。此即合内外之道,《中庸》云:

> 诚者,物之终始。不诚无物,是以君子诚之为贵。诚者,非自成己而已也,所以成物也。成己,仁也;成物,知也。性之德也,合外内之道也,故时措之宜也。

君子为什么重视诚,为什么以为"诚者,天之道",其答案就在于此。不诚无物,整个的物的世界是建立在诚之上的。这不是一个自然的世界,虽然自然的世界或许是如此的,如"天地之道,可一言而尽也:其为物不贰,则其生物不测"所显示的。这是一个价值和秩序的世界。如果离开了诚,缺乏内在于人性和人心的根基,一切都不过是表象,如《五行》中的行,而不是德之行。尽己之性并非是局限于自我的,性之德的展开既向内发掘着自己的生命,又指向着外部的世界,指向着他人。既是成己的,又是成物的,并表现为一个不息的"与天地合其德"的状态:

> 至诚无息。不息则久,久则征,征则悠远。悠远则博厚,博厚则高明。博厚,所以载物也;高明,所以覆物也;悠久,所以成物也。博厚配地,高明配天,悠久无疆。

---

⑧ 结合"诚身有道,不明乎善,不诚乎身矣"之说,我们不得不承认《中庸》暗含着性善的主张。

于是,内在的人性通过至诚而悠远而博厚而高明,从而配地配天,以至于无疆。人在生命内部触摸到了天地,触摸到了天地之道,从而可以"经纶天下之大经,立天下之大本,知天地之化育"。

与《五行》相比,《中庸》显然是进了一大步。继承着《五行》德行内在化的思路,《中庸》不只是寻求着心与形的统一,它还寻求着生命和这个世界和天地的统一。而这个统一的基础便是性和诚。只有根于性的道才可能是生命和世界之道,而只有诚才能让性完全敞开。性之中必有道在,道也必须含于性中,如此,在性的敞开过程中,道才会自然地落实在生命和世界之中,而没有丝毫的牵强。这正是"诚者,天之道也"之说的意义所在。这里的天道,显然不是外在的自然之天,虽然它是可以通向那里的。"诚者,不勉而中,不思而得,从容中道,圣人也。"这是真实生命向着道的自然敞开,不假任何的人为造作和思虑。这既是天道,也是圣人之境。对于非生而知之者而言,此圣人之境并非一蹴而就,择善而固执之的过程是不可或缺的,"诚之者,人之道"的意义就在于此。

从思想展开的逻辑上看,《中庸》无疑是《五行》的延伸。但两者却也各有偏重,《五行》突出了心而完全不及性,《中庸》则在此基础之上强调了性。到孟子以心言性,提出"尽其心者,知其性也。知其性,则知天矣"的说法,儒家以心性论天道的思路才显得比较成熟而圆融,生命和天之间的联系更加直接而厚重。从这个意义上讲,由思而孟确实是同一个方向的发展。而孟子"诚者,天之道;思诚者,人之道"的说法,虽然与《中庸》仅仅一字之别,其意义却不容小视。思字一方面更突出了心的作用,所谓"心之官则思",另一方面也更突出了朝着生命内部努力的方向。

二、易学:阴与阳

与《诗》学相比,《易》学和天道的联系要直接得多。郭店竹简《语丛一》云:"《易》所以会天道人道也",显然代表着人们对于《周易》的一种重要理解。与此对照的是"《诗》所以会古今之志也"的说法,侧重于从志的角度来论《诗》。如上所述,《诗》学的论述确实更偏重在人心和人性,并由人心和人性通向天道。但此天道却与《易》学的天道不同,易学的天道完全在生命之外的象的世界展开,并以阴阳作为其主要的内容。这种不同实际上根源于《诗》和《易》两种经典的不同性质,并在解释中得到了强化。

众所周知,《易》本卜筮之书,卜筮活动的实质乃是相信天和人之间的联系并试图了解和把握它。因此,《易》所涉及的最重要问题便是天和人的关系问题,这为天道观念的展开提供了一个最合适的平台,而《周易》中独特的卦象则为这种展开提供了最方便的接引。以《易传》为代表的易学中的天道观念,大概有两个最核心的内容:一是以三才论天道、地道与人道之间的联系。二是以阴阳论天道,并奠定人道的基础。我们先来看第一点,借助于卦象的解释,《易传》所理解的世界观呈现为一个立体式的三才结构,《系辞》云:

> 易之为书也,广大悉备,有天道焉,有人道焉,有地道焉。兼三才而两之,故六。六者非它也,三才之道也。

《周易》作为一部广大悉备之书,包括天人地三才之道。体现在卦象中,由于三才各以数字两来表现,所以就有了六个卦画。六画不是别的,正是三才之道的象征。这里"有天道焉,有人道焉,有地道焉"的说法是极其严格的,正是自上而下所叙述的六画对应三才的次序,具体而言,上、五爻对应天,四、三爻对应人,二、初爻对应地。《说卦》也有类似的说法:

> 昔者圣人之作易也,将以顺性命之理,是以立天之道曰阴与阳,立地之道曰柔与刚,立人之道曰仁与义。兼三才而两之,故易六画而成卦。

不同于《系辞》的是,这里具体给出了"兼三才而两之"的理由。因为三才之道都是由成对的概念来表现的,如天道是阴与阳,地道是柔与刚,人道是仁与义,三才就需要靠六画来表现。六画当然不是无关之物,这是一个整体,三才也因此是一个整体。《易传》这里通过卦象的结构向我们呈现出来的乃是一个立体的世界结构和人的生存结构。

如《左传·成公十三年》刘康公所说:"民受天地之中以生,所谓命也。""命"字清楚地指出了这种处境并不是人的选择,而是被动的接受。无所逃的"天地之间",是人的生存所依赖的世界。因此,处理人与天地的关系就成为生活的应有之义。值得注意的是,三才中的人位在《周易》的六位中最为凶险,《系辞》所说"三多凶""四多惧",表现出人在天地的夹缝之中求生存的艰难处境。但正是在这种艰难中,三才的贯通才显得更加珍贵,如《文言》解释乾卦九五爻辞时描述的大人:

> 夫大人者,与天地合其德,与日月合其明,与四时合其序,与鬼神合其吉凶。先天而天弗违,后天而奉天时。天且弗违,而况于人乎,况于鬼神乎?

这是《周易》版天人合一的画面,天地、日月、四时、鬼神,都与大人融为一体。单纯从字面上来说,它与《中庸》"故君子之道,本诸身,征诸庶民。考诸三王而不缪,建诸天地而不悖,质诸鬼神而无疑,百世以俟圣人而不惑"有近似之处,但其背后的义理却相距甚远。

从本质上来说,三才的世界观在天地和人之间建立起异常紧密的关系,天地之道成为人道的基础,因此有关天地之道的内容构成了《易传》的基础性论述。作为通论《周易》大义的作品,《系辞传》以为《周易》从根本上就是"与天地准"的:

> 易与天地准,故能弥纶天地之道。仰以观于天文,俯以察于地理,是故知幽明之故。原始反终,故知死生之说。精气为物,游魂为变,是故知鬼神之情状。与天地相似,故不违。知周乎万物,而道济天下,故不过。旁行而不流,乐天知命,故不忧。安土敦乎仁,故能爱。范围天地之化而不过,曲成万物而不遗,通乎昼夜之道而知,故神无方而易无体。

与天地准、弥纶天地之道、与天地相似、范围天地之化等说法,都在显示着

《周易》与天地之间的关系。在某种意义上，《周易》就是天地的副本，或者说另外一个天地，而其中最重要的载体和中介就是卦象。我们知道，《周易》的世界首先就是"象"的世界，但这个世界和本来的世界并不是两个不相干的东西，事实上，象的世界乃是对本来世界的模拟。"象也者，像也。"这当然不是简单的同语反复或者文字游戏，在看似平淡的描述中，包含着对"象"的深刻而明确的理解。《系辞传》云：

> 圣人有以见天下之赜，而拟诸其形容，象其物宜，是故谓之象。圣人有以见天下之动，而观其会通，以行其典礼，系辞焉以断其吉凶，是故谓之爻。言天下之至赜而不可恶也，言天下之至动而不可乱也。拟之而后言，议之而后动，拟议以成其变化。

卦象并不是圣人们的冥想或者空想，它乃是对外部世界的模拟或者"像"。文中提到的"赜"字，是指万物杂乱的状态。《易传》相信在这种杂乱之中，一定存在着某种简单的规律和秩序。就像是在天下令人迷惑的运动之中，一定存在着"会通"之"一"。天地的这个副本很显然不是对复杂事物的复制或"照相"，它乃是对规律和秩序的"模拟"。如果说原本的世界是繁杂的，那么《周易》的世界就是简易的，是本来世界的简约化。汉代人说，易一名而含三义，第一义就是简易。《系辞》借助对乾坤的叙述早就表达了类似的理解：

> 乾以易知，坤以简能。易则易知，简则易从。易知则有亲，易从则有功……易简而天下之理得矣。
> 天地之道，贞观者也；日月之道，贞明者也；天下之动，贞夫一者也。夫乾，确然示人易矣；夫坤，隤然示人简矣。爻也者，效此者也；象也者，像此者也。

天地之道借助于乾坤表现出来，这确是简易的。显然，易简的不是万物，而是道和理。因此，与其说"象"是物之象，还不如说是道之象或者理之象。⑨ 形而上的道必须借助于象在人们面前呈现，在这个意义上，象成为道不可或缺的载体。离开了象，道就如游魂般的无所依托无家可归。为此，《系辞》提出了乾坤为易之蕴的说法：

> 乾坤，其易之缊邪？乾坤成列，而易立乎其中矣。乾坤毁，则无以见易；易不可见，则乾坤或几乎息矣！

易道就蕴藏在乾坤之中，没有了乾坤，易道是无法呈现的。在此基础上，"一阴一阳之谓道"或者"立天之道曰阴与阳"说法的提出就成为很自然的事情。

从思想史的角度来看，阴阳观念应该源自古代史官的传统，与天地之气有着密切的关系。⑩ 春秋以降，在道家和阴阳家中得到了发展，成为理解世界构成和秩序的重要因素。从《易传》提供的材料来看，阴阳概念进入易学正是通过对卦象的解释。首先是奇偶两画被赋予了阴和阳的含义，卦中用数字九来指示的爻被称为阳，而数字六指示的被称为阴。以《象传》为例，其解释乾卦初九爻辞云："潜龙勿用，阳在下也。"阳在下的说法很显然是对于该爻居于乾卦最下位的描述。又其释坤卦初六爻辞云："履霜坚冰，阴始凝也。"也是以阴来解释处在坤卦最下面的爻。至于《文言传》中"阴虽有美，含之，以从王事，弗敢成也。地道也，妻道也，臣道也，地道无成而代有终也。"以及"阴疑于阳必战，为其嫌于无阳也"的说法，也是很明显的例子。

这个解释是重要的。由于奇偶两画构成了整个卦象系统的基础，因此卦象的世界也可以被理解为一个阴阳的世界。它刚好可以与当时以阴阳来理解世界的阴阳家以及道家的主张相呼应。⑪ 因此，不仅奇偶两画是阴阳，八卦之象和六

---

⑨ 朱熹在《周易本义》中关于象有两个不同的说法，一是"物之似也"，一是"理之似也"。当然这两个说法也可以用他的"即物穷理"说统一起来。

⑩ 从目前所知的材料来看，较早用阴阳来解释世界的基本上都是史官，如伯阳父和内史叔兴等。伯阳父用来解释地震，见《国语·周语上》。内史叔兴则用来说明自然界的某些奇怪变化，见《左传·僖公十六年》。

⑪ 就道家来说，在《老子》中就提出了"万物负阴而抱阳，冲气以为和"的说法。帛书《黄帝四经》更把阴阳视为从道到万物的生成过程中的一个必要环节。阴阳家则把阴阳看作"天地之大理"，如《管子》中的《四时》篇。

十四卦之象也有阴阳。关于八卦的阴阳,《系辞》云:

> 阳卦多阴,阴卦多阳,其故何也?阳卦奇,阴卦偶。其德行何也?阳一君而二民,君子之道也;阴二君而一民,小人之道也。

所谓阳卦多阴,是指属于阳类的卦阴爻多于阳爻,即二阴一阳,如震、坎和艮卦;反之,阴卦多阳,即属于阴类的卦是二阳一阴,如巽、离和兑卦。其理由何在?按照这里的说法,是因为"阳卦奇,阴卦偶"。此说法应该和数字有关,阴爻于数字为偶数,阳爻为奇数,所以二阴一阳之卦,其数为奇;二阳一阴之卦,其数为偶。[12] 若从德行的方面来论,阳卦之一阳二阴,体现的乃是一君二民的君子之道。阴卦则正好相反。《说卦》则换了一个说法,以男女来称呼阴阳之卦:

> 乾,天也,故称乎父;坤,地也,故称乎母。震一索而得男,故谓之长男;巽一索而得女,故谓之长女。坎再索而得男,故谓之中男;离再索而得女,故谓之中女。艮三索而得男,故谓之少男;兑三索而得女,故谓之少女。

乾坤由于其纯卦的特点,阴阳属性是显然的。其他则男阳而女阴,与《系辞》所说一致。在这个背景上,《象传》解释泰否两卦时所说的"内阳而外阴"和"内阴而外阳",就很容易理解了。[13]

但是在我看来,引入阴阳观念来解释象还不是最重要的。更令人瞩目的,乃是其对阴阳性质和角色的规定以及通过阴阳之间或顺或逆的关系来说明吉凶。这一方面与早期简单的筮法划清了界限,另一方面从中可以引申出对普遍世界秩序的理解,以及相应的思想和行为法则,奠定《易传》作为哲理之书的基础。

---

⑫ 《说卦》有"参天两地而倚数,观变于阴阳而立卦"之说,"参天两地",应该就是天三地二之义。即阳爻之数字为三,阴爻之数字为二。果真如此,则八卦之中,乾数九,坤数六,震、坎、艮为七,巽、离、兑为八。与"阳卦奇,阴卦偶"之说合。

⑬ 泰卦的卦象是乾下坤上,否卦刚好相反,乾阳坤阴,所以就有内阳外阴或者内阴外阳之说。至于六十四卦的阴阳问题,《易传》里绝少谈及。《系辞》说:"乾,阳物也;坤,阴物也。阴阳合德而刚柔有体。"似乎包含着以乾坤为阴阳之义,但这很可能只是就八卦中的乾坤而言。

《系辞》一开始就提出"天尊地卑,乾坤定矣;卑高以陈,贵贱位矣。动静有常,刚柔断矣。方以类聚,物以群分,吉凶生矣"之说,认为阴阳之间的正常秩序该是阳所主导之下的阴阳相应,阴阳各有其位,顺之则吉,逆之则凶。为此,特别提出了当位说、应位说和承乘说等。所谓当位说,是指一卦的六位之中,奇数的初、三、五为阳位,偶数的二、四、上为阴位,阳爻居阳位、阴爻居阴位谓之当位。《象传》曾经提出"君子以思不出其位",与此是一致的。社会上阴阳的一方都该找准自己的位置,并依此确定行为的准则。一般而言,当位则吉,不当位则凶。应位说是指在一卦的内外卦(即上下卦)之间存在着"应"的关系,内卦的下中上三爻分别对应着外卦的上中下三爻。即初与四应、二与五应、三与上应。凡两爻为一阴一阳者,为有应,反之,若两爻皆阴或皆阳,则为无应。这是强调阴阳之间的感通关系。至于承乘说,最能体现阴阳秩序。一卦六位之中,相邻的两爻之间,若阴在阳下,为阴承阳。反之,为阴乘阳。《周易》认为,正常的秩序应该是阳尊阴卑,因此,阴乘阳为逆,逆则不吉。这些说法都是在解释《周易》的筮法中提出的,但是其意义早已经不局限于筮法,而进入到一般的世界和社会秩序的领域。

以阴阳来解释卦象仅仅是开始,从此出发,便是以阴阳来解释现实的世界。整个世界可以如卦象般分析为两类,阴和阳。如天为阳,地为阴;君为阳,臣为阴;父为阳,子为阴;夫为阳,妻为阴等。于是这个复杂而混沌的世界就变得豁然开朗,清楚明白起来。凡是属于阳的一方都该效法阳之性质,属于阴的一方则效法阴之性质。阳则如乾一般刚健主导,阴则如坤一般柔顺安贞。《象传》解释乾坤两卦时说道:

> 大哉乾元,万物资始,乃统天。云行雨施,品物流形。大明终始,六位时成,时乘六龙以御天。乾道变化,各正性命。保合太和,乃利贞。
>
> 至哉坤元,万物资生,乃顺承天。坤厚载物,德合无疆。含弘光大,品物咸亨。牝马地类,行地无疆。柔顺利贞,君子攸行,先迷失道,后顺得常。"西南得朋",乃与类行。"东北丧朋",乃终有庆。"安贞"之吉,应地无疆。

乾坤二元就是阳和阴的总根源,也是其精神的集中代表。阳的要点在一个

"统"字,阴的要点在一个"顺"字。乾代表的就是天道、君道、父道和夫道,坤代表的则是地道、臣道、子道和妻道,如此等等。由此,在阴阳的基础之上,人道的秩序得以建立。

《易传》论阴阳,是有两个向度的。其一是定位,其一是流行。定位表现为阳尊阴卑阳主阴从,如"天尊地卑,乾坤定矣;卑高以陈,贵贱位矣"类的表述。流行则表现为阴阳之间的交通成和,如《彖传》解释泰卦时所说的"天地交而万物通也,上下交而其志同也",或者《系辞传》的"天地氤氲,万物化醇;男女媾精,万物化生"。没有流行的定位是闭塞不通的,而没有定位的流行是散漫无序的。两者的平衡才是阴阳关系的理想状态,即创造与秩序共存的太和的状态。

如果说《诗》学从心性论天道,因此注重把价值和秩序建立在内在生命的基础之上。那么《易》学以阴阳论天道显然与此不同,价值和秩序建立的根据是外在的天道。以礼为例,在《诗》学中强调的是其内心的根据,在易学中突出的则是天尊地卑的天道。《彖传》解释代表礼的履卦说:

> 上天下泽,履,君子以辨上下,定民志。

上天下泽是卦象所表现出来的自然事物之间的关系,在这里,成了君子建立"辨上下、定民志"的礼之秩序的基础。其实,如"天行健,君子以自强不息","地势坤,君子以厚德载物"等都莫不体现着同样的精神。君子通过观察象中所蕴含的天道,来确定人道的内容。因此,"观"就成为重要的工夫和手段,《彖传》解释观卦和贲卦说:

> 观天之神道而四时不忒,圣人以神道设教而天下服矣。
> 观乎天文,以察时变;观乎人文,以化成天下。

观的对象是天道(天之神道或天文),据此建立人道以教化天下。由道而教,这是儒家共同的主张。但是在《诗》学中,其基础是内在的性或者心,天即落实在此处,如《中庸》"天命之谓性,率性之谓道,修道之谓教"之说。而在《易》学中,其基础则是客观的天道。与此相关,《诗》学特别注重思的工夫,而《易》学则突出观的作用,其间的分疏是相当清楚的。

三、《诗》学与《易》学的变奏

儒家的经典系统在先秦时期至少存在着五经和六经两种不同的类型。前者以孟子和荀子为代表,孟子多言《诗》《书》《礼》《乐》和《春秋》,但绝口不提《周易》。至于荀子,更是经常把《诗》《书》《礼》《乐》和《春秋》相提并论,[14]虽然也提到过《周易》,却从来没有把它与另外几部书并列过。后者以郭店竹简《语丛一》和《六德》为代表,以《诗》《书》《礼》《乐》《易》《春秋》作为一个整体,《庄子·天下》篇也可以归入此类。[15] 这两种不同类型区别的关键就在《周易》的有无,其中的原因何在,也许我们上述的讨论就可以提供一个初步的答案。

《周易》在何时进入儒家的经典系统,此前的学者曾经有过很多的讨论。上世纪初期的疑古派并不相信司马迁"孔子晚而喜易"并为之作传的说法,甚至否认孔子与《易》的关系。以为秦始皇禁《诗》《书》,而"易以卜筮之书不绝",使得儒者借重《周易》来表达思想,才促成了《周易》的儒家经典化。钱穆《论十翼非孔子作》一文,提出十个证据加以证明。其证据第七是以为《论语》中"加我数年五十以学易可以无大过矣"中的"易"字,依《鲁论》当作"亦"。证据八是孟子书内常称述《诗》《书》而不及《易》,荀子也不讲《易》。证据九是秦人烧书,不烧"易经",以《易》为卜筮之书,不和《诗》《书》同样看待。[16]李镜池也有类似的看法,由孟子不提及《周易》来否认孔子与《易》的关系,并认为《易传》中最早的《彖》《象》二传大概也只是作于秦汉间:

---

⑭ 如《荀子·劝学》:"礼之敬文也,乐之中和也,诗书之博也,春秋之微也,在天地之间者备矣。"《儒效》:"诗言是其志也,书言是其事也,礼言是其行也,乐言是其和也,春秋言是其微也。"均以《诗》《书》《礼》《乐》与《春秋》并称,而不及《易》。

⑮ 如《六德》:"观诸《诗》《书》则亦在矣,观诸《礼》《乐》则亦在矣,观诸《易》《春秋》则亦在矣。"《庄子·天下》:"《诗》以道志,《书》以道事,《礼》以道行,《乐》以道和,《易》以道阴阳,《春秋》以道名分。"

⑯ 顾颉刚编著:《古史辨》三,上海古籍出版社1982年,第90页。

《彖》《象》二传的著作年代,最早不出于战国末,最迟不到汉宣帝。大概以作于秦汉间为最可能。秦皇不是行新政策,焚书坑儒吗,只有《周易》以卜筮之书没有殃及,儒家既把它尊为"经"典,所以在这独存而不禁的书上做功夫,把儒家思想附存上去。⑰

从方法论的角度来看,钱穆等以孟荀的不提及作为孔子与先秦儒家不传《周易》的证据,实在有很大的问题。这种理解忽略了儒家内部的丰富性,以及经典之间的分歧甚至冲突。换言之,以孟子为例,他不提及《周易》并不一定意味着儒家没有关于它的解释,而可能是孟子不认同这种解释。从天道观上来看,孟子显然更接近于《诗》学的传统,而与《易》学有着重大的区别。荀子没有给予《周易》同样的经典地位,也是基于类似的理由。

如前所述,战国时期对于《周易》的解释,以郭店竹简《语丛一》"《易》,所以会天道人道也"和《庄子·天下》篇"《易》以道阴阳"两个说法最为重要。前者恰当地指出了其主要处理的问题,后者则进一步明确了易道的核心内容。以《易传》为例,主张天道的内容就是阴阳,人道在此基础之上得以建立。这里有三点是最重要的,第一,天道和人道是通贯的,三才之道之间有内在的一致性,所以才有《说卦传》"立天之道曰阴与阳,立地之道曰柔与刚,立人之道曰仁与义"之说。第二,此天道的内容,即是所谓的阴阳。道就是阴阳变易的法则,《系辞传》所谓"一阴一阳之谓道"是也。第三,就孟子和荀子都很重视的性和心的观念来说,性有时候还被提起,如《系辞传》"继之者善也,成之者性也",以及《说卦》中"穷理尽性以至于命"之说。心在《易传》中基本上没有任何的地位。复卦《象传》有"复,其见天地之心乎!"的说法,但此处的心很显然和人心无关。如果我们把这三点和孟子与荀子的主张进行一个比较,就会发现,在第一点上,荀子是无论如何不能接受的,他最强调的就是"天人之分",天道和人道在他的哲学中断为两截,落实到人的领域,就是性和伪的断然的分别。因此会通天道和人道的易学宗旨和荀子的精神是矛盾的,这也是荀子批评孟子的重要前提。在第二

---

⑰ 李镜池:《易传探源》,顾颉刚编著《古史辨》三,上海古籍出版社1982年,第117页。

点和第三点上,孟子是无法表示赞同的。孟子把天道理解为"诚","诚者,天之道;思诚者,人之道也"(《孟子·离娄上》)。并且提供了一个尽心、知性、知天的思路。实际上,孟子所谓的天道已经完全摆脱了外在的天象的影响,而落实到生命内部的性和心上的。但是《易传》不同,天对于性和心来说特别是对于心来说仍然是外在的对象。据此,则孟子和荀子把《周易》排斥在他们的经典系统之外,实在是因为当时关于《周易》的理解和他们的思想矛盾的缘故。

从这个分歧来看马王堆帛书《要》的内容,显然充满着在《诗》《书》《礼》《乐》的经典和传统面前为《周易》辩护的味道。该篇借子贡和孔子的对话,首先提出对《周易》的质疑:

夫子老而好《易》,居则在席,行则在囊。子贡曰:夫子他日教此弟子曰:德行亡者,神灵之趋;智谋远者,卜筮之蔡。赐以此为然矣。以此言取之,赐缗行之为也,夫子何以老而好之乎?

这段对话是否为历史的事实并不重要,重要的是对话要铺陈的主题。子贡提出的问题其实就是《周易》对于儒家而言的必要性问题,或者说,儒家为什么需要《周易》? 在一般的意义上,儒家的德行取向和《周易》的卜筮取向是完全相反的,似乎该对《周易》采取排斥的态度。可是孔子为什么会发生一个很大的转变,老而好《易》呢? 孔子的回答是:

……察其要者,不诡其德。尚书多于矣,周易未失也,且有古之遗言焉。予非安其用也。

这里包含了三点:第一是察其要,不能偏离德,这是大的方向,模糊不得。第二是有古之遗言,说明孔子所重在卦爻辞。第三是非安其用,即不主张占筮。概括一下,就是摆脱其占筮的形式,从德义的角度对卦爻辞进行新的解释。这种阅读《周易》的做法是创造性的,因此引起了子贡的进一步质疑:

夫子今不安其用而乐其辞,则是用倚于人也,而可乎?

孔子的阅读是去占筮的,子贡认为这也许是另类的不合理的做法。但是孔子的回答是值得重视的,他借助于历史的还原澄清《周易》的主旨。在他看来,《周易》的创作原本就不是为了占筮:

> 谬哉,赐! 吾告汝,易之道……故易刚者使知惧,柔者使知刚。愚人为而不妄,渐人为而去诈。文王仁,不得其志,以成其虑。纣乃无道,文王作讳而避咎,然后易始兴也……

虽然在要紧的地方有阙文,但大意还是清楚的。文王作《易》的目的并不是占筮,而是成虑避咎,阐明"刚者使知惧,柔者使知刚"的易道。这就使《周易》从根本上摆脱了占筮的领域,因此也给德义的阅读找到了根据:

> 子曰:易,我后其祝卜矣,我观其德义耳也。……吾求其德而已,吾与史巫同途而殊归者也。

同样是面对《周易》(同途),但孔子(儒家)与史巫的态度是不同的(殊归)。后者把《周易》视为占筮的经典,孔子则以之为德义的渊薮。子贡和孔子的上述对话显然有澄清《周易》性质的意味,以应付儒家内部不同的声音。

作为解释《周易》的作品,《要》中颇值得注意的是两次提到了其他的经典。一次是"《尚书》多疏矣,《周易》未失也",以《周易》的完整来对比《尚书》的残缺,其用意是显然的。另一次是"诗书礼乐不□百篇,难以致之",为了更全面地理解该句话的意思,我们且把整个的段落引用如下:

> 故明君不时不宿,不日不月,不卜不筮,而知吉与凶,顺于天地之道也,此谓《易》道。故《易》又天道焉,而不可以日月生辰尽称也,故为之以阴阳。又地道焉,不可以水火金土木尽称也,故律之以柔刚。又人道焉,不可以父

子君臣夫妇先后尽称也,故要之以上下。又四时之变焉,不可以万勿尽称也,故为之以八卦。故《易》之为书也,一类不足以亟之,变以备其请者也,故谓之《易》。又君道焉,五官六府不足尽称之,五正之事不足以至之,而诗书礼乐不□百篇,难以致之。

明君的智慧来自对天地之道的把握,而天地之道就包括在《周易》之中。这里特别强调易有天道、地道、人道、四时之变、君道等,以为其必须以易学的阴阳、柔刚、上下、八卦等来表现。其中的"不可以日月星辰尽称也""不可以水火木金土尽称也"等表述,明显有着针对性。以日月星辰言天道,见于《尚书·尧典》;以水火木金土言地道,见于《尚书·洪范》;以父子君臣夫妇言人道,是礼学的主要内容;以万物言四时之变,则是《月令》类文献的共同特点。由此来看"诗书礼乐不□百篇,难以致之"的说法,显然有贬抑的意义。《要》篇认为,只有《周易》才提供了关于天道、地道和人道的最准确知识和理解。

如果说孟子、荀子的不提或者不重视《周易》让我们看到了儒家的一面,那么以《要》为代表的文献则让我们看到了其轻视《诗》《书》《礼》《乐》的另一面。经典们并不是一个自然的整体,它们是在不断地解释中被构造为一个整体的。在这个解释的过程中,其差异性会以不同的方式呈现出来,就像是《诗》学和《易》学中的天道观念。诗学奠定了儒家"心性与天道"的传统,而易学则奠定了"阴阳与天道"的传统。从儒学史来看,董仲舒显然是偏重在后者的,其以阴阳论天道与性受到了《易传》"一阴一阳之谓道,继之者善也,成之者性也"的影响,整个汉代的儒学大概如此。而到了宋代新儒学那里,心性与阴阳的会通成为一个重要的问题,并在理学和心学中各自获得了某种程度的解决。

【王 博 北京大学哲学系教授、副校长】
原文刊于《中国文化》2010 年 02 期

说《秦风·小戎》

《诗经》名物新证之一

扬之水

因为大规模车战的需要，先秦的制车业格外发达。若夏人奚仲做车的传说不作信史的话，从有实物可征的晚商算起，至《诗经》的时代，车的制造，也已经走过了发明、发展的阶段，有了一套成熟的工艺。因此，在《诗》里边，车、马的形象，特别鲜明——或动或静，或远或近，有声、有色、有形。有王者之车，有卿士之车，有兵车、田车、役车。大到出征、田猎、迎亲、归宁的场面，小到车马器的一个一个零部件，由实用的需要而发展起来的加工方法，和装饰的用心合而为一。车，成为王者卿士的身份，邦国氏族的威仪。

《秦风·小戎》，解诗者说它"每章前六句矜其君子服用之物，古奥质直；后四句自闵妇人思念之情，平易蕴藉"。[①] "平易蕴藉"，固须用心体味，"古奥质直"，则虽用心体味而不能尽得。其写车、写马、写兵、写饰、写御，无一不精，无一不确，故后人言车制，常举《小戎》。但时过境迁，古制不存，又偏恨它笔墨俭省到无可一字增减，以致弄出若干文字葛藤。而今借助出土文物，竟可大致窥其妙谛，原来诗中所涉名物，几乎在在可征。钟惺云："虽是文字艰奥，亦由当日人人晓得车制，即妇人女子，触目冲口，皆能成章。车制不传，而此等语始费解矣。"可谓知言。

---

① 陈子展：《诗经直解》，复旦大学出版社 1983 年版，第 382 页。

　　小戎俴收，五楘梁辀。

　　游环胁驱，阴靷鋈续。

　　文茵畅毂，驾我骐馵。

　　这是《小戎》一章中的前六句。起首两句言车，八个字，概括了先秦驷马车的基本形制。

　　小戎，谓兵车。曰小，有二义，一是对大戎即元戎而言。《小雅·六月》云"元戎十乘，以先启行"，《史记·三王世家》集解引《韩诗章句》："元戎，大戎，谓兵车也，车有大戎十乘，谓车缦轮，马被甲，衡挖之上尽有剑戟，名曰陷军之车，所以冒突先启敌家之行伍也。"②——陕西长安县（今西安市长安区）张家坡西周车马坑出土的二号车，车衡逾两米，渐细、渐向上边翘起来的衡木两端，就横插着尖尖的铜矛，铜矛下边，垂了一串一串的贝和蚌。③北京琉璃河西周燕国墓地也出土有车衡末端的铜矛饰④，都可以与文献相印证。据《司马法》，元戎亦称大前驱，《小戎》毛氏小序曰"美襄公也"，而襄公实居大前驱，小戎却是元戎后面的部队。《国语·齐语》韦昭注"小戎，兵车也，此有司之所乘"，可证。小，又是指小车，此对专为载物的大车即牛车而言。因为牛车之舆是个纵长的车厢，大于驷马车之舆，故有大车之名。陕西扶风下务子出土的师同鼎，记述作器者在一次同北方民族的战事中俘获的战利品，中有车马五乘、大车廿⑤，"车马"，即戎车，"大车"则为载重之牛车，区分是很显明的。⑥（图一）

　　"俴收"，更言车舆轻小。俴，即浅；收，谓车轸，即车舆下面的四条边框。以西周出土的车验之，车舆纵深在八六至九七厘米之间，舆广则一〇九至一六四不等，⑦是一个横置的长方体，有的舆前做出委角，也有四角都向内折成圆弧。车

---

②　《史记》，中华书局 1975 年版，第 2109 页。

③　中国科学院考古研究所：《澧西发掘报告》，文物出版社 1963 年版，第 145 页。

④　北京市文物研究所：《琉璃河西周燕国墓地》，文物出版社 1995 年版，第 218 页。

⑤　《周原发现师同鼎》，《文物》1982 年第 12 期，第 43 页；李学勤：《师同鼎试探》，《文物》1983 年第 6 期，第 58 页。

⑥　小车的概念，似乎直到汉代也还如此。《汉书·梅福传》："数因县道上言变事，求假轺传"，师古曰："小车之传也"。

⑦　杨泓：《中国古兵器论丛》，文物出版社 1985 年版，第 80 页。

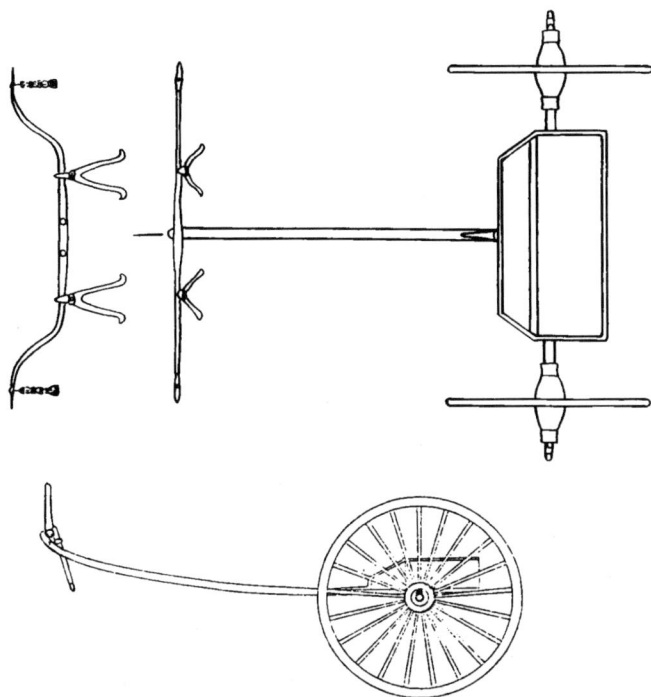

图一　张家坡的西周车马坑第二号车马坑第二号车复原图

上:俯视图　　下:侧视图　　上左:装有铜矛饰的车衡(从后面侧视)

舆四面有矮栏,⑧后面栏杆的正中间,有个一人宽的缺口,是上下车的地方——一身戎装的甲士,手持兵器,从一米高的车后跃身而上,是个非常漂亮的动作,当日称作"超乘"。郑徐吾犯之妹择夫,相中公孙楚,便是为他这一瞬间的潇洒所折服——事见《左传·昭公元年》。车舆通常髹漆,也有的在上面做出各种装饰。从出土文物看,晚商的车舆上,就已经有青铜雕刻的奔行之龙,乃做成一枚一枚的小铜片,嵌在上边。⑨张家坡出土的西周车,车舆上的装饰件,有铜,有蚌,也有骨制的,都镂刻出各种花样。⑩陕西茹家庄西周墓地车马坑则出土有加

---

⑧　小车车舆用栏杆而不用板,也是为了取其轻而牢,即"舆可以轻则轻,栀之视版轻数倍,格格纵横交结,其视版之坚亦数倍,古人盖计之精矣"。——见孙诒让:《周礼正义》,中华书局1987年版,第3200页。

⑨　小屯M40青铜舆饰,中国社会科学院考古研究所:《殷墟的发现与研究》,科学出版社1994年版,第146页。

⑩　中国科学院考古研究所:《沣西发掘报告》,文物出版社1963年版,第154页。

固车轸的青铜饰件,却是用刻着夔龙的长条铜片把车轸包起来,[11]更见出装饰与实用合一的匠心。(图二)

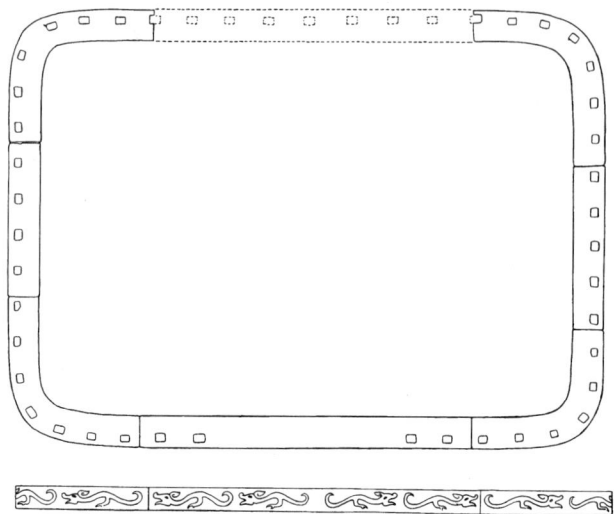

图二　陕西茹家庄西周墓地车马坑出土的青铜轸饰

如此轻小的车舆,驾以四马,奔行之疾速,可想而知,故戎车又称轻车,不仅用为驰敌致师,又兼之田狩,乃至传遽。西周王室掌管外事的大行人或谓之辀轩使者,即因所乘之车与戎车形制相同——辀、轻,义同。

"五楘梁辀",辀即辕,又称曲辕,是用一根整木以火煨就的。辀压在车舆下面的部分和舆底平行,探出车舆底座之后,遂渐次上扬弯作一个浅浅的弧,将及辀首,则渐趋水平,整个外形,便像个草书的"之"字。梁辀,毛传谓"梁上句衡",楘,"历录也"。据《说文》,楘是车历录束交。[12]《广雅》曰:"维车谓之历鹿。"[13]历鹿通历录。维车即纺车。其相维之绳,上下转相萦,束交之状,历录如文章,故

---

[11]　卢连成、胡智生:《宝鸡𢐗国墓地》,文物出版社1988年版,第392页。

[12]　据《说文解字系传》,中华书局1987年版,第117页。

[13]　王念孙:《广雅疏证》,江苏古籍出版社1984年版,第239页。

名。[14] 车辀上面的桼，以左右缠束而称作历录，也是同样的意思。[15] 或曰五桼乃驷车之辕率尺一缚，以《考工记》"国马之辀深四尺有七寸"例之，差合《诗》之五缚。[16] 不过五楘之"五"，也可以视作概指。曲辕上缠束革带，一为加固，二为悦目，未必以五缚为定制。山东临淄西汉齐王墓四号陪葬坑出土的车，独辀上朱绘弦带纹四十周，[17] 此例虽与《小戎》异代，但制作与装饰的用心，却无大别，不妨作为"五桼"的实证。总之，小车一轴贯两轮，辀与轴十字相交，车舆置辀上，辀上缚衡，衡两边缚轭，轭驾于马颈，于是，一驾驷马车的组装便完成了。"小戎俴收，五楘梁辀"，一言形状，二言结构方式，对车制的概括，实在是既简洁又准确的。

下言车马的系驾方式："游环胁驱，阴靷鋈续。"前说骖马的鞁具，后叙服马的鞁具。不过，这几件鞁具的具体形制及系驾方式，是直到秦陵二号铜车马出土，才得到印证的。

从二号铜车可知，两匹骖马曳的是偏套，套绳分别沿着两匹马的内侧向后，通过前轸左右的吊环，结在舆底的桄上。套绳名靷，是骖马套绳的专指。靷在骖马的背上接出一截短短的带子，带端系一环，骖马的外辔正从环中间穿过，[18] 这便是古人所说的："游环在服马背上，骖马之外辔贯之，游移前却，无定处也。"[19]《小戎》则仅以"游环"两个字，概括了这其中的全部内容。

胁驱乃悬吊在左右服马的外胁，即胸腹之间。形状像一只展翅翘尾的飞鸟，不过长尾巴的尖上，却做出锥齿，与贴在服马身上的两个翅膀交接成九十度角。若骖马越了规矩向里靠，尖尾巴上的锥齿就会刺向它的内胁，因迫使骖马总和服马保持至少十四厘米的距离。则胁驱虽装在服马身上，却仍是用来控制骖马的。（图三）"阴靷鋈续"，历来释解纷纭，但不见实物，终究难得要领。至始皇陵铜

---

[14] 《船山全书》第三册，岳麓书社 1992 年版，第 88 页；黄焯：《诗疏平议》，上海古籍出版社 1985 年版，第 170 页。

[15] 《说文》："桼，车轴束也。"桼、楘二字，声义并同；《玉篇》："楘，亦作桼，曲辕束也。"

[16] 马瑞辰：《毛诗传笺通释》，中华书局 1989 年版，第 372 页。

[17] 山东省淄博市博物馆：《西汉齐王墓随葬器物坑》，《考古学报》1985 年第 2 期，第 229 页。

[18] 例见秦陵二号铜车马；陕西省秦俑考古队、秦始皇兵马俑博物馆：《秦陵二号铜车马》，第 36 页。下举诸例，并见此著。

[19] 刘熙：《释名·释车》。

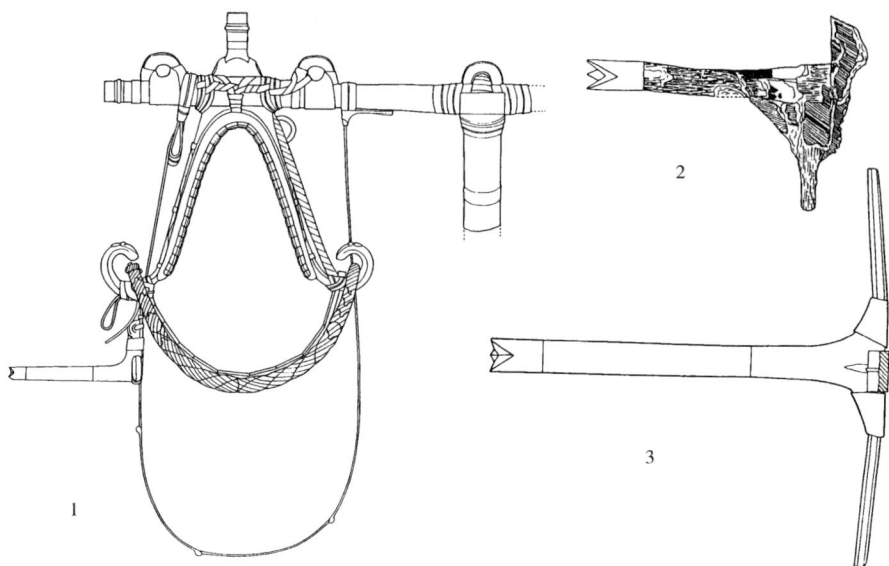

图三　1.胁驱的装置方式 2.始皇陵一号兵马俑坑出土的胁驱
3.始皇陵一号铜车的胁驱

车马出,方见得分明。原来服马的靷,分为前后两段。前段在舆前,系由衡上两轭的内侧牵引过来,两服马各一。后段则在车舆下边,乃两服马共一靷。两段前靷交合后,便系在前舆下边的一个环上,然后用一条粗绳索把环和轴连接在一起。因小车轮径很大——平均约一米三三,马的肩高一般在一米四〇左右,故从轭𬴂引至轴间的连线,大抵接近水平,把靷拴在这个地方,马的力量便可以集中使用,而减少了对曳车前进无效的分力。[20] 所谓“阴靷”,即靷从前舆下边牵向轴的中心;所谓“鋈续”,即指两段前靷交合,续作后靷,系在一个镀了锡的环上。[21] 这是先秦古车独具的轭靷式系驾方式,赖《小戎》选取了最为关键的部件,以极为简洁的语言,留下了唯一的记录。(图四)

至“文茵畅毂,驾我骐馵”,则关合前边四句,转回来合说车、马。文茵,毛传

---

[20]　轭靷式系驾方式,见孙机:《中国古舆服论丛》,文物出版社1993年版,第44—45页。

[21]　一说据毛传、郑笺、孔疏,阴当谓“揜轨”,即孙诒让所称之揜舆版。二号铜车马前舆的车铃上有一块覆箕状的盖板,恰好掩映着舆前一段较平直的轴即轨,故揜轨正是指它而言。同上,第8页。

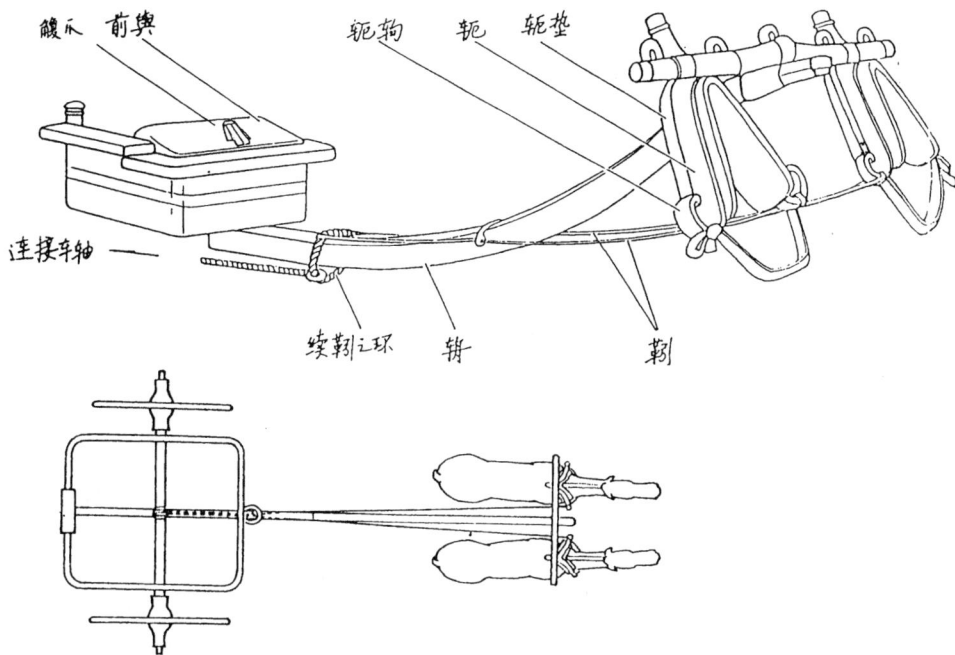

图四　轭靷式系驾法示意图（据始皇陵二号铜车）

上：侧视　　下：俯视

谓"虎皮也"，历来解诗家多从其说。㉒ 不过此释或嫌胶着，文茵，实通谓编有花纹的茵席。殷墟出土的车，就已发现车舆底部铺垫板，垫板上面铺席。始皇陵二号铜车的舆底，则铺设着绘有四方连续彩色菱花纹的铜茵，应是丝织锦茵的仿制。㉓ 但戎车一律立乘，茵席自然不必考究，㉔或虎皮，或编席，都可以称作文茵。

"畅毂"，即长毂，乃特言兵车。《考工记·车人》所言"短毂则利，长毂则安"，固谓大车的制作，却也讲明了毂长则车行稳健的道理。而战车为求保护侧翼，不使敌车接近，毂的外端，还套有铜箍，即軎。所谓长毂，应是把軎也包括在里边的。毂为车轮中心的圆木，毂的周围有一圈凿出来的榫眼，用来装车辐。毂

㉒ 小屯 M40 青铜舆饰，中国社会科学院考古研究所：《殷墟的发现与研究》，科学出版社 1994 年版，第 143 页。

㉓ 例见秦陵二号铜车马；陕西省秦俑考古队、秦始皇兵马俑博物馆：《秦陵二号铜车马》，第 8、23 页。

㉔ 《韩非子·外储说》："赵简子谓左右曰：车席泰美。夫冠虽贱，头必戴之；履虽贵，足必履之。今车席如此，太美，吾将何屦以履之？"可知立乘之车亦须铺席，但通常不是很奢华的。

两端则有一大一小的孔,大端靠车厢一边,称作贤;小端向外,名轵。约三米长的轴,两头贯毂,行车时,转动的是毂和轮,轴却是不动的。毂既在车厢、车辐、车轴间格外吃重,它的制作加工,也就格外精心,以求坚固。《考工记·轮人》中所说的"容毂必直,陈篆必正,施胶必厚,施筋必数,帱必负干。既摩,革色青白,谓之毂之善",在出土的古车上,便可见到实例。如湖北江陵九店东周墓出土的车,毂的加固方法,是先在上面涂一层漆,未干时,即用皮条或麻线在毂上一圈一圈螺旋缠绕,绕一层,涂一层漆,循环缠覆两三层,最后,再髹漆一道。[25](图五)《商颂·烈祖》《小雅·采芑》并云"约轵错衡","轵",便指的是这一道帱革施筋的工序。"约轵"遂又成为礼制中的一种规格。约即"朱而约之""以五彩画其革也"[26],当指最后一道髹漆工序中的错采成文。《周礼》言制度,有"孤乘夏篆"的规定,夏篆便是朱约,则是一种很高的规格了。

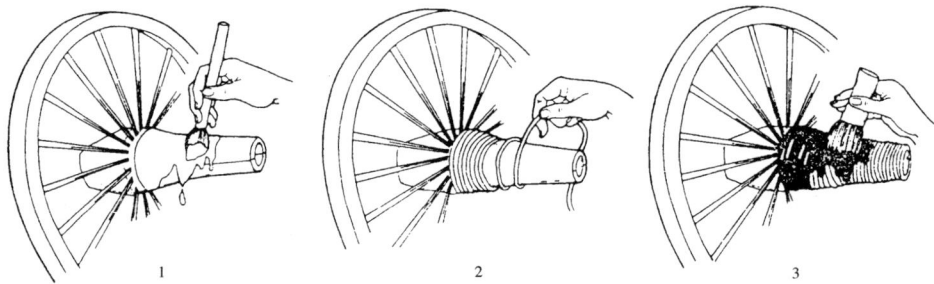

图五 江陵九店东周墓 M104 车马坑车毂加固方法示意图
1.骉漆 2.缠绕 3.髹漆

"驾我骐骝",当与二章"骐骝是中,骝骊是骖"合观,即通言马的毛色。骐,依马瑞辰《毛诗传笺通释》,是说马毛青与骊黑圆纹相杂,有如博棋。[27]《尔雅·释畜》谓马膝以上皆白及左足白,均可名骝。骝,赤马黑鬣;骝,黄马白唇,骊言色黑。《诗》写马之篇,多及马色,如《鲁颂·駉》言牧马,马群中赤黄白黑,斑驳连钱,极为热闹。但《诗》于马色不惜浓墨渲染,却非仅为艺术,乃更为写实。依

---

[25] 湖北省文物考古研究所:《江陵九店东周墓》,科学出版社 1985 年版,第 140 页。
[26] 《小雅·采芑》毛传;《周礼正义》,第 2182 页。
[27] 马瑞辰:《毛诗传笺通释》,中华书局 1989 年版,第 374 页。

《周礼》,凡大祭祀、朝觐、会同,掌管养马的官即校人,皆须"毛马而颁之"。毛马,即"齐其色也";颁,"授当乘之"。一乘四马,须取同色,如《秦风·渭阳》所云"路车乘黄"之类。可知宗庙、田猎、军旅,既尚马力,又尚马色。《小雅·六月》云"比物四骊",《车攻》篇及《石鼓文》并言"我车既攻,我马既同",说的都是这一制度。不过,戎事虽然马亦当各从正色,但恐怕仅限于主帅所乘,小戎当不嫌色杂。

此一章前六句。

四牡孔阜,六辔在手。
骐駵是中,騧骊是骖。
龙盾之合,鋈以觼軜。

二章首先以马之好、驭之良连言,曰"四牡孔阜,六辔在手"。四牡,《诗》中屡见,如《小雅·四牡》《大雅·桑柔》《崧高》《烝民》《韩奕》。《周礼·夏官·校人》言"凡马,特居四之一",特,即牡。注家认为,此指厩牧之马,大多牝多牡少,至若驾乘,当不拘此数。大抵牡贵于牝,故驾车之马纯牝便为贱,[28]若牡间以牝,则无不可。如此,《诗》言四牡,或多以概指而略增夸饰。孔阜,言高大。马之高大与否,关乎品级。所谓国马、田马、驽马,即以此为大别。国马高八尺,田马七尺,驽马六尺,《考工记》中辀人制辀,便是以马的高矮作为车辀尺寸的进退。而辀之长短又关乎轮、舆尺度,则马之高大,即决定了车的规格。故"四牡孔阜"不仅夸其马,且兼美其车。

"六辔",也常见于《诗》中,如"六辔耳耳"(《鲁颂·閟宫》),"六辔如琴"(《小雅·车舝》),"六辔沃若"(《裳裳者华》)。不过,按理四马当有八辔,何以只举其六?故历来注家多以为其中两匹骖马的内辔,即軜,是固定在前舆的觼中,亦六句"鋈以觼軜"之谓。但从始皇陵二号铜车马的复原结果来看,系在舆前觼爪上的,却是两匹服马的内辔。[29]想辔的作用原在于控御,使马左右遂人

㉘ 《韩非子·外储说》:"孙叔敖相楚,栈车牝马……其俭偪下。"
㉙ 例见秦陵二号铜车马;陕西省秦俑考古队、秦始皇兵马俑博物馆:《秦陵二号铜车马》,第37页。

意,而不论向左向右,两服马因有衡相连,内辔都无须牵挽,只牵动左右服马的外辔,便可如意。倒是骖马在左旋右转之时是关键,它的内辔理应持在御者手中。

小车驰骤奔行,速度极快,古人虽然用了很残忍的办法来对待驾车之马——如用有刺的橛作马衔,用一端有尖刺的策作驱马之器,但四马并驾,稍有失调,犹难免互相妨害,若无高超的御术,便绝难胜任。实际上,策并不是经常使用的,御术的关键仍是操纵辔衔。《韩诗外传》记述孔子反对滥用刑罚,即引御术为譬——今犹无辔衔而鞭策以御也。欲马之进,则策其后,欲马之退,则策其前,御者以劳而马亦多伤矣。故《大戴礼记》言政,特以御马拟御政,即所谓"善御者,正身同辔,均马力,齐马心,惟其所引而之,以取长道"。而远行可之、急疾可御,也就是《郑风·大叔于田》中所称道的"抑磬控忌,抑纵送忌"。若实战之车,则更须"御者不失其驰,然后射者能中",《小雅·车攻》云"不失其驰,舍矢如破",也说的是这一番意思。

又由此可见,御术高明者,必最能显现男子汉的刚健英武。《邶风·简兮》写万舞,谓舞者"有力如虎,执辔如组",遂令人顿生钦慕之情。这里的"执辔如组",便是说六辔在手,如同手握柔软的带子,可以磬纵自如。《鄘风·干旄》曰:"素丝纰之,良马五之",则是说,执辔以御马,如同把素丝批成缕以督理旌旗,是以有条不紊,井然有序。《小雅·车舝》中的"四牡骈骈,六辔如琴",谓六辔调和如琴瑟,虽暗与下面一句"观尔新昏,以慰我心"相合,但御术之良,也是实写。而《小戎》不言"如琴""如组",惟淡淡一句"六辔在手",更别见一种从容。

"骐骝是中,骝骊是骖",仍言马,前已道及,略过不提。下面"龙盾之合,鋈以觼軜",则又返回说车。

"龙盾之合",毛传:"龙盾,画龙其盾也。合,合而载之。"合,意为两盾。《左传·昭公二十六年》述鲁、齐炊鼻之战,曰"齐子渊捷从泄声子,射之,中楯瓦。繇胸沃輈,匕入者三寸",楯瓦即盾脊,胸,便是车衡軛上的弯钩,此言箭由胸过輈,再射入盾中,可知盾必树于輈后面的车舆。《周礼·夏官》有司戈盾之职,凡"军旅、会同,授贰车戈盾,建乘车之戈盾,授旅贲及虎士戈盾。及舍,设藩盾,行则敛之"。藩盾即设在车舆左右两藩之盾。这里说"行则敛之",乃特指王之乘车,若凡兵车,则虽行亦设之,即如《小戎》的"龙盾之合"。此制今也可见于实物，如始皇陵一号铜车，前舆右侧嵌挡板，挡板和车軨之间，就插着一面内外满饰花纹的铜盾。此当是漆盾的仿制。铜盾弧肩、亚腰、平底，盾瓦起棱，盾面做出两个凹曲。㉚ 如此，不仅可以挡住正面射过来的箭，且对侧面之矢也有防卫之效。不过弧形盾乃通行于春秋战国之际，陕西宝鸡竹园沟古强国西周墓地出土的十二面髹漆木盾，就全部是梯形的。

"鋈以觼軜"，据旧注，觼是有舌的环，軜是骖马的内辔。觼置于轼前用以系軜，故曰觼軜。从秦陵二号铜车马上可以看到，驭手面前的车轼上有个铜觼軜，形如鸡爪，分作前后两节。后边一节是个短柄，固定在轼上。前面一节是四个长长的纽鼻儿。出土的时候，中间两个纽鼻儿上各系着一条辔。㉛ 复原结果，这两条辔是服马的内辔，而不是骖马的内辔——已如前述。据此可正旧注。鋈，仍指镀锡。

此为二章前六句。

> 俴驷孔群，厹矛鋈镦。
>
> 蒙伐有苑，虎韔镂膺。
>
> 交韔二弓，竹闭绲縢。

"俴驷孔群"，毛传"俴驷，四介马也；孔，甚也"。《诗》言马着甲，又有《郑风·清人》中的"介驷旁旁"，与这里的意思是一样的。车战中，马的重要，自不待言，故与战车上的军将一样，也是头戴胄、身被甲。齐、晋鞌之战，"齐侯曰：'余姑翦灭此而朝食。'不介马而驰之。"——事见《左传·成公二年》，可知马披甲应是常例。湖北随县曾侯乙墓出土的马胄、马甲，乃皮为里，外髹漆，一片一片，用丝带编联成形。甲片的黑漆上面，彩绘各样神兽。以云雷纹、四瓣纹，又或绳索纹（绚纹）勾出单元图案的边框，里边交错蟠卷着鸟首、兽首的行龙，龙身

㉚ 《秦始皇陵一号铜车马清理简报》，《文物》1991年第1期，第9页。
㉛ 秦始皇陵兵马俑坑出土的一件觼，形制与这件铜觼完全一样，却是皮条制成的，上边髹了黑漆；见《秦始皇陵兵马俑坑一号坑发掘报告》，文物出版社1988年版，第226页。

上,却又细细密密的金色圆珠纹做地子,上面再加绘朱红的卷云纹。[32] 如此着装的马,跑起来,该是一叶一叶飞动的画儿吧。驰骋之际,更是一团一团红的云,黑的云。

"厹矛鋈錞",并以下四句,一气贯注,皆言兵。前面一、二章言"驾我骐馵"、"六辔在手",都写的是居于战车中间位置的御手,三章言兵,即车上的武器装备,同时却也写了持兵之士,便是一乘战车备员三名中的另外两名:车右和车左。车左掌弓矢,车右持戈矛。弓矢以距远,戈矛以击近。《周礼》屡言车建五兵、五盾,五兵具体所指,说不一,大抵为戈、殳、车戟、酋矛、夷矛。依旧注,厹矛,三隅矛也。錞,鐏也;鋈秘,以白金沃矛之下端平底者。此三隅矛即五兵中的夷矛。矛通常是扁叶形的刺,三隅矛则矛叶细窄如柳叶,却于细窄的叶上飞出三个小翼,断面成三棱,故更具杀伤力。[33] 战车上用的矛,柄(即矜;戈柄则称作秘)长于步兵所用者。因为在车战中,惟两车交错之际,曲兵(戈、戟)和直兵(矛)或钩或摧,方能显其威力。但战车车毂特长,加以轴头的铜车軎,总长至逾半米,则两车相错,侧面距离总要在一米半以上。以是车右所持的长兵器,柄长,便一定要适应这样的情况。[34] 錞,是套在矛柄下边的铜镈。虽曰"錞,鐏也",其实二者散文得通,对文仍有异。錞用于矛,鐏则用于戈和戟。戈、戟的刺亦即援,是横出的,而且偏长,用起来,便容易掉转;而平日手持,又是需要有援的一面向前,所以戈、戟的柄,必要做成卵圆形,一者可防用兵出击时的掉转,二者持兵而立的时候,只凭手感便可知道上边援的朝向。如此,秘下边的铜镈,即鐏,自然也为卵圆之状。鐏常常做得很精致,上缘装饰出各式花样之外,又或在中腰雕镂出探身向外的凤鸟、夔龙。錞则光素无纹者多,却并非都是平底,也有尾端做成三个尖的。[35](图六)

---

[32] 湖北省博物馆:《曾侯乙墓》,文物出版社 1989 年版,第 344—349 页。

[33] 例见《河南新郑大高庄东周墓》,《文物》1995 年第 3 期;《湖北江陵三座楚墓出土大批重要文物》,《文物》1966 年第 5 期,第 41 页。

[34] 杨泓:《中国古兵器论丛》,文物出版社 1985 年版,第 89 页。

[35] 例见湖北荆州地区博物馆:《江陵雨台山楚墓》,文物出版社 1984 年版,第 83、84 页。至错金银工艺大盛的战国,錞也有了错金、错银,装出云纹图案的,如湖北枝江县(今枝江市)姚家港楚墓所出者——见《考古》1988 年第 2 期,第 166 页。但简报称为鐏,不确。其断面为圆形,应为錞。

下面言盾、言弓,皆为车左所持。兵有五,盾也有五。前言"龙盾之合",当是车藩之盾,这里说"蒙伐有苑",则是将士手持之盾。伐,旧说通戏,即盾。曾侯乙墓出土的竹简(即遣策)录有画戏一项,并且与入葬戎车中的旗帜、兵器连言,可知旧解不误。同墓出土的盾,皮质为里,外髹黑漆。保存较好的一面,通高将及一米,上边,是两个圆弧形的肩,下底平齐。盾背,黑漆做地子,然后用红漆线把盾分作六十四方色块。每方色块又是两道红边线中绘了黄绚纹,中心则满铺纵横有致的勾连云纹,色块之间更似龙非龙、似凤非凤、亦龙亦凤、盘旋翻卷彩绘装填。㉟ 毛传所谓"苑,文貌",于此可得实证。

"虎韔镂膺",虎韔即虎皮做的弓室。此器在曾侯乙墓遣策中也有登录。虎皮又不仅装饰弓室,也或用来做车帷、覆车轼、为车茵。周王室册官封侯,赐物中,便常有此类。㊲ 镂,解作刻金饰;膺,注家多释为马大带。但三章前六句,章法整齐,全言武器装备,忽然一字道及马胸前面的带子,于理不通,于义不合。或

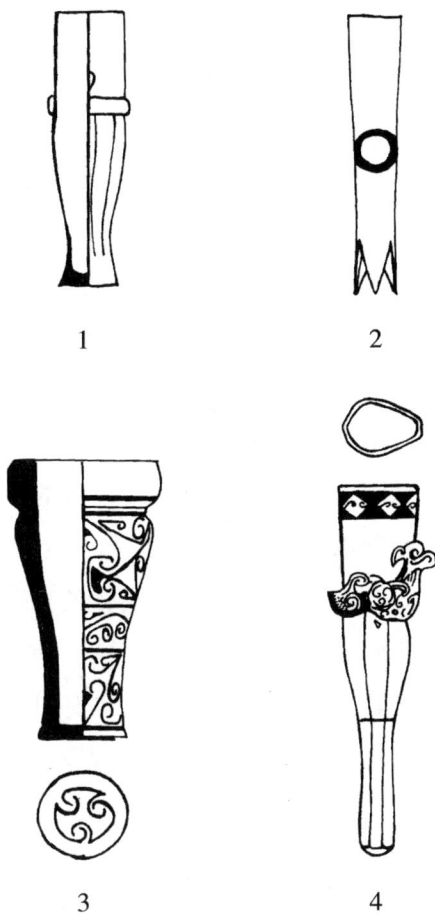

図六

1. 平底的镈(河南洛阳战国墓)
2. 尾端有三尖的镈(江陵雨台山楚墓)
3. 错银的镈(湖北枝江县姚家港楚墓)
4. 戈镈(江陵雨台山楚墓)

㉟ E.161 盾,通高 92.5 厘米,略残;《曾侯乙墓》,第 303—305 页。

㊲ 见毛公鼎、番生殷。

谓膺指弓袋的正面,似可取。㊳ "镂"之类的铜饰件,考古发掘中所见甚多,或大或小,或方或圆,形状各异,有的雕镂极精巧,或一例把它们称作"铜泡"。不过此在当日,大约谓之"镂",㊴原是用来装饰各种器物的。

弓囊之内,则是颠倒安置的两张弓——曰"二",其一乃为备用。"竹闭绲縢",是弓在囊中的状态。㊵ 弓是《诗》里边出现最多的兵器,《考工记·弓人》一节,于弓的制作工艺与流程,有详细的记述。据此,一张弓从取材到完工,合越四度春秋,即须整整三年的时间——此特指一张弓而言,实际上弓总是成批制作的,应年年有大批成品。湖北江陵九店东周墓出土有木弓和竹弓。㊶ 木弓是用两块木片拼合,正中和两端各嵌了细薄的铜片,外边再用麻绳缠绕,然后髹黑漆。与弦同出的一件,弦则缠缚在弓的一端。这大概就是"有缘之弓"了——《尔雅·释器》:"弓有缘者谓之弓,无缘者谓之弭。"《小雅·采薇》中"象弭鱼服"的"象弭",应即后者。此于曾侯乙墓所出木弓可见大概:弓两端的弧度内侧,都装有角质的弓弭,弓弭状略似蝉,"蝉"背紧贴在弓上的和端平齐,"蝉"腹朝上,上边刻了一道横槽,横槽应该就是用来系弦的。屈原《九歌·国殇》"带长剑兮挟秦弓",洪注:"《汉书·地理志》云:秦地迫近戎狄,以射猎为先,又秦有南山檀柘,可为弓干。"《小戎》不言弓之精好,但起首四句密密铺排,一句一义,递接至此,乃以疏疏落落之墨,接连言弓,虽素朴无文,而秦弓之良,不消言矣。

如此运笔之法,实贯穿全篇。通而观之,曰文茵畅毂,曰骐骝是中,曰蒙伐有苑,不用任何颜色之辞,却已见得一片五色缤纷。曰阴靷鋈续,曰鋈以觼軜,曰鋈矛鋈镦,并无"煌煌"之类的形容,而三个鋈字,从车马到兵器,眼前已是明光闪闪。又小戎俴收也,四牡孔阜也,俴驷孔群也,虽不言声,而马奋蹄、车驰骤,一片彭彭旁旁可以盈耳了。曰驾我骐馵,曰六辔在手,曰矛曰弓,虽不言仪容,而将士之威仪棣棣,已宛然目前。

㊳ 严粲《诗缉》:"镂饰弓室之膺。弓以后为臂,则以前为膺,故弓室之前乃为膺耳。"马瑞辰氏赞此说,见《毛诗传笺通释》,第381页。

㊴ 《尔雅·释器》:"金谓之镂";《说文,金部》:"镂,钢铁,可以刻镂。"

㊵ 《考工记·弓人》"恒角而达,辟如终绁",郑笺引《诗》"竹縢绲縢",曰"弓有柲者,为发弦时备顿伤"。柲,通闭。

㊶ 同㉕,第308页。

言念君子，温其如玉。

在其板屋，乱我心曲。

言念君子，温其在邑。

方何为期，胡然我念之。

言念君子，载寝载兴。

厌厌良人，秩秩德音。

《小戎》三章，六句以下，皆一转笔，大声鞳鞳之中，忽出此婉约温丽，却又流转自然。说《诗》者每言"秦人之俗，大抵尚气概，先勇力，忘生轻死，故其见于诗如此"，[42]"此"，自是英雄气长也，其实"尚气概、先勇力"中，尤不废儿女情深——战车之后，便始终牵此一团思念不绝如缕，如同一次一次的"闪回"，"言念君子"，一唱三叹，把镜头遥接到另一边。

《小戎》是一幅画儿——用后世的语言，可以题作"出征图"。画儿的下方，黄土地上，兵车滚滚，烟尘漫漫。画的上方，却是大块大块青灰色的天。就在这青灰的天地相接之处，萧萧疏疏题写着数行绵绵邈邈的念远之辞。"温其如玉，在其板屋"，是遥想今日之远方，抑或追怀昨天之当前？可以不作确解。不过依凭深埋数千年、一旦重现之文物，终于可以为《小戎》敷彩设色了。一切都是那样真切，那样鲜明，而这还仅仅是大型组画中的一帧。

【扬之水　中国社会科学院文学研究所研究员】

原文刊于《中国文化》1996 年 01 期

42　朱熹:《诗集传·秦风·无衣》。

《诗经》的情感世界

杨国荣

　　王夫之在谈到《诗经》时,曾指出:"诗达情。"①在此之前,朱熹也提出了类似的看法。在论及《诗经》时,朱熹认为,《诗经》的特点之一在于"感物道情,吟咏情性"。② 不难看到,二者都把情感的表达作为《诗经》的重要方面。确实,"诗"与"乐"有相通之处,早期的儒家学派对"诗"和"乐"都给予了较多的关注,我们读《论语》就可知道,其中常常提到"诗"和"乐"。"诗"和"乐"的相通之处主要就在于,二者都涉及情感的表达。从总体上看,《诗经》之中确实展示了丰富、多样的情感世界,从日常生活到社会政治领域,从世俗的追求到终极的关切,都不难注意到情感的内涵。《诗经》中的情感表达涉及多重方面,这里将对此作一概要的考察,由此进一步分析《诗经》情感世界的具体内涵。

一

　　在日常生活的层面,《诗经》所涉及的情感表达,具体展开为不同方面。一是情爱之情,它所体现的是男女之间的情感关系。在这一方面,《诗经》所展示

---

① 王夫之:《诗广传》卷一,《船山全书》,第 3 册,岳麓书社 1996 年版,第 325 页。
② 朱熹:《朱子语类》卷八十。

的情感内容也有多样的特点。首先是思慕或爱慕,在《关雎》之中,便可以看到这类情感的表达:"窈窕淑女,寤寐求之。求之不得,寤寐思服。优哉游哉,辗转反侧"③,即对心仪之人心里一直思慕不已,以致在晚上"辗转反侧",不能成寐,写得非常生动;对男女之间思慕之情的表达也十分真切。另如,"有美一人,清扬婉兮。邂逅相遇,适我愿兮"。④ 偶然相遇,一见钟情,邂逅之后,难以忘怀。男女之间的思慕之情,溢于言表。这种情感一方面基于两性间自然的性别差异,具有异性彼此吸引的自然之维,由此引发的情感表露,也相应地体现了一种自然意义上的真情实感,另一方面,又表达了对人与人之间真实情爱的渴求、向往,后者又包含社会的内涵。《诗经》中对这种男女情爱的表达,同时又有其内在之度,呈现相当的分寸感,这一点孔子后来也已注意到。孔子在谈到《关雎》时,便特别提到其特点是"乐而不淫"⑤,这里的"淫"是过度的意思,"乐而不淫"表明情爱之情的表达具有适度性。在孔子看来,《关雎》一方面内含真情实感,另一方面又不过度。

生活世界中情感表达的另一内容,是相思或思念,主要体现于夫妇之间。具体而言,其中既涉及丈夫对妻子的思念,也关乎妻子对丈夫的牵挂。首先是妻子对丈夫的牵挂之情,《诗经》中大量的诗篇都涉及这方面的内容。如"未见君子,忧心忡忡"⑥,表达的就是妻子对远在他乡的丈夫的思念情怀;"未见君子,我心伤悲,亦既见止,亦既觏止,我心则夷"⑦,没有见到丈夫之前心里甚为担忧,见到之后心境就比较平和了。类似的诗句还有:"未见君子,忧心忡忡。既见君子,我心则降"⑧,"降"在此指放下心来,妻子对于远方的丈夫,未见之前充满忧伤,见到之后就放下心来,这里所表达的,主要是妻子对外出服役或在外出征的丈夫的思念。

与以上情感相联系的另一个主题是丈夫对妻子的思念。"念彼共人,涕零

---

③ 《诗·周南·关雎》。
④ 《诗·郑风·野有蔓草》。
⑤ 《论语·八佾》。
⑥ 《诗·召南·草虫》。
⑦ 同上。
⑧ 《诗·小雅·出车》。

如雨。岂不怀归？畏此罪罟。"⑨这里表达的是受命远出的官吏的情感：远在家乡之外，思念家中的妻子，以致"涕零如雨"。难道不愿意早日回来吗？但这是奉命外出，如果随意回去就会难逃法网。这里展示的是一种非常纠结的矛盾心境。夫妇之间的这种思念或相思，较之前述男女之间基于两情相悦的彼此思慕，更多了一些伦理的内容，情感的具体内涵也发生了相应的变化：其中表现的是对所爱对象的关切，以及基于关切的相思，这种关切已不同于仅仅基于自然层面的男女之间的思慕，而是包含更深层的社会内涵。

在《诗经》之中，男女之间的情感不仅以肯定的方式加以表达，而且也以否定的方式得到体现，后者的表现方式之一，是对情变的凄怨。"不思旧姻，求尔新特。"⑩妻子试图另觅新欢，由此导致丈夫的凄怨之情。"子不思我，岂无他人？"⑪这里涉及另一种情形：尽管你已经把我抛弃了，但难道没有其他人来爱慕我吗？其中表达的是妻子对丈夫的怨艾，具体而言，是对丈夫移情别恋的不满。凄怨之情往往包含着怨恨，怨恨则可以视为一种否定性的情感表达。然而，即使在这样一种否定性的情感表达中，也包含具有正面意义的内容：男女对情变的凄怨或怨恨，以承认夫妇之间具有爱与被爱的权利为前提，情变的背景都涉及被抛弃的境遇，而被抛弃也就是对被爱的权利的否定，与之相对的凄怨从正面来看便基于对这种权利的肯定。夫妇的关系既涉及主动意义上的相爱，也关乎被动层面的被爱。在被抛弃或被遗弃的情况之下，被爱的权利常常就被剥夺了，由此引发的是夫妇之间的怨恨之情，后者同样构成了日常生活中情感表达的一个方面。

生活世界中涉及的另一类情感，具有更积极的伦理意义。这种情感首先体现于亲子（父母和子女）之间。其一，子女对父母的关切："哀哀父母，生我劳瘁。"⑫这里表达的，便是对父母因生育、养育自己而过度劳累所表示的伤痛之情。其二，子女对父母的感恩之情："无父何怙，无母何恃，出则衔恤，入则靡至。

---

⑨ 《诗·小雅·小明》。
⑩ 《诗·小雅·我行其野》。
⑪ 《诗·郑风·褰裳》。
⑫ 《诗·小雅·蓼莪》。

父兮生我,母兮鞠我,拊我蓄我,长我育我,顾我复我,出入腹我。欲报之德,昊天罔极。"⑬这是作者对父母如何含辛茹苦、养育关心的回顾,然而,由于父母早逝,却使之失去了回报的机会,作者由此表达了哀痛之情。与此相联系的是"永言孝思,孝思维则"、"有冯有翼,有孝有德"⑭,其中已体现"孝"的观念。从感恩到孝敬,对父母的情怀又深化了一层。其三,子女对父母的责任意识。这里的责任意识并非仅仅以法理意义上的义务为依据,而是基于内在的关切,从而更多地包含情感的内涵。在诸如"王事靡盬,忧我父母"⑮的诗句中,便表达了这一类情感。作者因召出征或服劳役在外,君主要求做的事没完没了,作为子女,没有机会来尽对父母的责任,由无法尽责而导致情感上的忧虑、忧伤。这样的情感明显地带有伦理的内涵。除了亲子之间的情感之外,基于亲缘的情感还包括对祖先或先祖的怀念,如"我心忧伤,念昔先人"⑯,这里的"念昔先人",便渗入了对先祖的思念之情。

除了家庭成员间的相互关联外,日常生活还包括更广的社会交往,后者也涉及不同形式的情感关系,其中,朋友之间的交往具有更突出的意义。如所周知,朋友是重要的社会关系,后来的儒家把朋友作为"五伦"之一,也肯定了朋友是人伦关系的基本形态。《诗经》同样在不同方面涉及了这一关系。"我有嘉宾,中心好之","我有嘉宾,中心喜之"⑰,这里表达的是嘉宾、朋友来访或做客时主人所具有的一种欣喜之情。朋友之间的情感更多地表现为一种友情,这种欣喜之情同时也从一个方面表达了对朋友之情的注重。当然,人与人之间的社会关系,也包含消极的方面,与之相联系的情感也常常呈现否定性的意味。所谓"人言可畏",便表现了这一点:"人之多言,亦可畏也。""无信他人之言,人实不信。""人之为言,苟亦无信。"⑱如此等等。"畏"体现了一种消极意义上的情感:人与人之间的紧张关系,反映在情感中便形成了一种"畏"的情感体验。同样,"无

---

⑬ 《诗·小雅·蓼莪》。
⑭ 《诗·大雅·下武》《诗·大雅·卷阿》。
⑮ 《诗·唐风·鸨羽》。
⑯ 《诗·小雅·小宛》。
⑰ 《诗·小雅·彤弓》。
⑱ 《诗·郑风·将仲子》《诗·郑风·扬之水》《诗·唐风·采苓》。

信"展现的是一种疑虑之情,这种体验也每每基于社会交往过程中人与人之间现实的或潜在的冲突。以畏或疑虑之情来对待他人,与前面所说的朋友之情分别表达了日常交往过程中否定和肯定两个不同的方面。

二

相对于日常的生活世界,社会政治领域似乎更多地与理性的活动相联系。然而,作为人所参与的具体过程,社会政治领域也包含情感之维,《诗经》中的不少内容便涉及后一方面。政治领域的情感体验,在《诗经》中首先表现为愤懑之情:"忧心茕茕,念我无禄。民之无辜,并其臣仆。哀我人斯,于何从禄?"[19]个人生活在社会中,孤独而无依靠,无辜之民,何处去获得福祉? 在这种无助的追问中,蕴含着对当政者的不满。"行有死人,尚或墐之。君子秉心,维其忍之。心之忧矣,涕既陨之。"[20]路边有死之人,尚且有人会去掩埋,而执政者却如此忍心,看着民众遭难,完全无动于衷,每思及此,便心中忧伤,涕泪俱下。字里行间,既可以看到悯人的情怀,也不难注意到政治的愤懑。当时的当政者常常征用民力,对被征的役夫,则往往不以人视之,这种做法,也引起了强烈的不满:"何草不玄,何人不矜。哀我征夫,独为匪民"。[21] 这里既流露了对处于非人境遇的哀怨之感,又蕴含着一种政治的愤懑之情。这种情感不是空洞的,其中包含了对统治正当性的某种质疑:从正面来看,不满与愤懑的前提是当政者应该关心人民,使之安居乐业,而现实的情形却与之相反,人民处于苦难之中。当政者既然没有履行职责,其正当性就成了问题。

社会政治领域中情感的另一表现形态是忧患意识,这一类的意识在《诗经》中多处可见。忧患既蕴含政治上的理性思虑,也表现为情感层面的心境,所谓

⑲ 《诗·小雅·正月》。
⑳ 《诗·小雅·小弁》。
㉑ 《诗·小雅·何草不黄》。

"忧心惨惨,念国之为虐"㉒,便展示了一种情感的体验。"知我者,谓我心忧,不知我者,谓我何求。"㉓这是作者看到西周原来的都城镐京一片破败,到处断垣残壁,由此睹物伤情,想到当时政治上的昏暗而引发的感慨和忧虑。"念彼不迹,载起载行。心之忧矣,不可弭忘。"㉔诸侯、王公大臣不守法纪,以致社会危机四伏,对此,作者甚为担忧。"心之忧矣,如或结之,今兹之正,胡然厉矣,燎之方扬,宁或灭之。赫赫宗周,褒姒灭之。"㉕统治者沉溺声色,以致国家危亡,往日的历史教训,进一步加深了当下的政治忧患。如果说政治愤懑之情内在地蕴含着对当政者的质疑,那么,政治上的忧患意识则更多地体现了对国家、社会的关切,其中渗入了群体关怀的价值倾向,这种价值取向对后来的儒家产生了重要的影响。

与政治愤懑与政治忧患有所不同的情感体验,是对社会不平等的不满之情,后者构成了社会领域中另一种情感表达。"彼有旨酒,又有嘉肴。洽比其邻,昏姻孔云。念我独兮,忧心殷殷。"㉖一方是高朋满座,美酒佳肴,另一方则是孤独、无助,通过这种强烈的对比、反差,作者表达了忧愤、不平之情。从现实的层面看,这种情感体验是由社会现状的不平等所引发的。

三

殷周时期,早期的宗教观念已经萌发,后者在《诗经》中也有不同形式的体现。宗教意义上的情感,在《诗经》中首先表现为敬畏,后者以天为具体对象。在殷周时代,天不仅被视为终极意义上的存在,具有本体论上的意义,而且也被理解为主宰社会、支配个体的超验力量,对天的敬畏也表现出对超验存在的关注。在《诗经》作者看来,"昊天不忒,回遹其德,俾民大棘"㉗,也就是说,天不会

㉒ 《诗·小雅·正月》。
㉓ 《诗·王风·黍离》。
㉔ 《诗·小雅·沔水》。
㉕ 《诗·小雅·正月》。
㉖ 同上。
㉗ 《诗·大雅·抑》。

有差错,当政者一旦犯下过失,便会触怒天,从而使民众遭难。作为超验的存在,天具有安民的作用:"皇矣上帝,临下有赫。监观四方,求民之莫。"[28]天高高在上,保佑着民众的安宁。对统治者而言,应当时时敬天:"敬天之怒,无敢戏豫,敬天之渝,无敢驰驱,昊天曰明,及尔出王。昊天曰旦,及尔游衍。"[29]上天明察秋毫,统治者之一往一来、一举一动,都能看到。同样,对一般民众而言,也需对天怀敬畏之情:"凡百君子,各敬尔身。胡不相畏,不畏于天?"[30]每一个体不仅应自尊自重并相互尊重,而且最终要对天有敬畏之心。

与敬畏相联系的是对天的感恩之情。"曾孙寿考,受天之祜。"[31]周人对先祖自称曾孙,这里的意思即是:我辈得享高年,全赖天的保佑,其中内在地表达了对天的感激之心。敬畏是尊重与畏惧的相互交错,其前提是肯定天有赏善罚恶的能力。同时,在对待天的问题上,敬畏之情与感激之情往往相互关联,而无论是敬畏还是感激,都表达了一种终极层面的关切以及对精神寄托的追寻。

对于超验存在,《诗经》表达的另一种意识是质疑和怨恨。在《诗经》中,可以看到不少对天的怀疑之情。"瞻彼中林,侯薪侯蒸。民今方殆,视天梦梦。"[32]民众处于危难之中,天却昏聩如梦。"天命不彻,我不敢效,我友自逸。"[33]"不彻"即无轨辙,它所批评的是天命之无常。"有皇上帝,伊谁云憎?"[34]这是质疑超验之天究竟憎恨什么人;"瞻卬昊天,曷惠其宁?"[35]意即天到底何时才能给人以安宁?这些疑问中既有质疑,也包含某种不满、失望与谴责,它的前提是对公正的向往:希望天成为社会公正的担保,作者之所以对天不满和失望,是因为天未能履行这种担保作用。此外,在质疑和谴责背后,也表现出某种怀疑的趋向,即对天是否具有奖善惩恶的实际作用表示难以确信,后者在一定意义上渗入了理性的精神。

㉘ 《诗·大雅·皇矣》。
㉙ 《诗·大雅·板》。
㉚ 《诗·小雅·雨无正》。
㉛ 《诗·小雅·信南山》。
㉜ 《诗·小雅·正月》。
㉝ 《诗·小雅·十月之交》。
㉞ 《诗·小雅·正月》。
㉟ 《诗·大雅·云汉》。

四

天作为超验存在,涉及的是终极层面的存在意义。在从超验的层面关注存在意义的同时,《诗经》的内容也指向现实的人生意义,其中多方面地包含着对人生意义的情感抒发。

《诗经》中有如下名句:"天生烝民,有物有则。民之秉彝,好是懿德。"㊱后来的儒家的经典经常引用这些诗句。按照以上表述,人先天便包含了善的根据,这种"秉彝"为人后天向善提供了内在的可能。这里既包含成就善的意向,也渗入了对善的情感认同:人之向善,一方面以人可能成善为前提,另一方面又基于对善的情感认同。

"秉彝"主要提供了先天根据,现实生活中人又应当如何"在"? 对此,《诗经》表达了如下信念:"不愧于人,不畏于天。"㊲"不愧于人"可以理解为在现实生活中所言所行合乎道德准则,从而能够站得住;"不畏于天"则要求同时在终极意义上挺立起来。二者从不同方面展现了对人生意义的看法,其中也包含人生领域中崇高情操的抒发。

当然,现实的人生并非处处完美,人的境遇也远非尽如人意。面对苦难或遭遇困厄时,个体常常也会有生不逢时的感慨,后者在《诗经》中亦时有所见:"忧心殷殷,念我土宇。我生不辰,逢天僤怒"㊳。将个人的遭遇归之于天,固然体现了某种超验的意识,但"我生不辰"则或多或少流露了个体无法把握自身命运这种无奈的人生情感,后者同时也从否定的方面表达了对人生意义的感慨。

人生的不幸,命运的坎坷,常常也会使个体产生人生意义究竟何在的疑问。在以下诗句中,不难看到这一点:"苕之华,其叶青青,知我如此,不如无生。"㊴

㊱ 《诗·大雅·烝民》。
㊲ 《诗·小雅·何人斯》。
㊳ 《诗·小雅·桑柔》
㊴ 《诗·小雅·苕之华》。

"苕之华,其叶青青"是对自然的描述:自然界的植物生机勃勃、生意盎然,相比之下,作者自身却处于如此苦难之境,早知这样,不如不来到这个世界。这是在自然生命和人生痛苦的强烈比照中抒发的人生无意义感,这种人生的无意义感,同时也表现为带有否定性的情感表达。

可以看到,在人生意义的情感抒发方面,《诗经》涉及不同的方面,其中既有对善的向往和认同,也有因现实人生的困厄而引发的对人生意义何在的质疑。由此,《诗经》进一步展现了丰富而多向度的情感世界。

五

从前面的考察中可以看到,《诗经》以诗达情,以情咏性,展示了对情感世界的注重。《诗经》中的情感首先体现了真切性和自然性,这两者往往联系在一起。从生活世界中对爱情、亲情、友情的咏颂,到人生意义的情感抒发,都真切、自然,没有任何矫揉造作、无病呻吟的趋向。王夫之曾指出:"情者,阴阳之机也。"[40]阴阳变迁的特点是完全自然而然,情也是如此,所谓"发乎其不得已者,情也"[41]。在《诗经》中,无论面对的是日常生活,还是政治领域,其情感的抒发都具有真切自然的特点。

对情感的如上关注对后来儒学产生了重要影响。事实上,从先秦开始,儒家便十分注重情感。从孔子对三年之丧的理解中,便可看到这一点。孔子的学生宰我曾认为,"三年之丧期已久矣",意即三年之丧太久。对此,孔子作了如下解释:"夫君子之居丧,食旨不甘,闻乐不乐,居处不安,故不为也。今女安,则为之。……夫三年之丧,天下之通丧也。"[42]父母去世后,子女往往饮食而不觉味美,闻乐而不觉悦耳,这是思念父母之情感的自然流露,而三年之丧便是基于这种自然的心理情感。按孔子之见,服丧作为孝的形式,本身即是仁道的表现,既

---

⑩　王夫之:《诗广传》卷一,《船山全书》,第3册,岳麓书社1996年版,第323页。

⑪　同上,第325页。

⑫　《论语·阳货》。

然三年之丧以人的自然情感为内在根据,那么,以孝悌为本的仁道原则,也就相应地合乎人的心理情感的自然要求,而并不表现为一种人为的强制。可以看到,对儒家而言,仁作为一种普遍的价值原则,有其内在的情感基础。

在谈到《诗经》的意义时,孔子曾提出:"不学诗,无以言。"⑬这里一方面涉及言说过程中修辞等方面的典雅性(学诗可使语言、修辞更雅),所谓文野之别,首先便关乎形式与外在的方面。另一方面,在更实质的意义上,不学诗之所以无法言说,与前面的分析相关。如前所述,情感的真切表达构成了《诗经》的重要方面,与之相联系,诗可以给人以真诚的熏陶,形成真切的意向。从这一视域去理解,则所谓"不学诗,无以言",便意味着:缺乏诗的熏陶,便难以培养真切的意向,由此可能会导致"言不由衷",即言说过程无法表达真诚的意向。通过诗的涵咏,则可逐渐培养真情实感,从一个方面保证言说的真切性。

孔子之后,孟子进一步对情感作了考察,并把恻隐之心视为仁之端。恻隐之心是一种内在的情感,仁则是普遍的价值原则。较之孔子,孟子将情感提到更高的层面。在孟子看来,恻隐之心作为人的一种同情感,构成了仁的出发点。进而言之,这种内在情感可以进一步体现于政治领域,所谓仁政,便以"不忍人之心"为基础,而"不忍人之心"也属内在的情感。由此,可见情感在儒学中的重要性。

情感背后体现的是内在的价值观念和终极关切,具体而言,其价值意义首先表现为对人的注重和关切。情感首先以人为指向。在《诗经》的各种表达中都可以看到这一点。在男女之间的情爱中,所注重的是个体的人:情爱的对象总是一个一个的人;在社会人伦(伦理关系)中,注重的是他人;在政治领域中,突出的是群体,所有这一切方面,都不同程度地是以人为关切的对象。这可以看作是《诗经》中情感的价值内涵的具体体现。

情感的背后同时隐含着对人生意义的追寻:什么样的人生才具有意义? 在情感的抒发中可以不断看到对以上问题的探寻。完美的人生要以良好的现实政治环境为前提,当所处的时代缺乏这种现实政治环境时,《诗经》中便往往会流露出忧患、愤懑之情。社会背景总是外在于个体,就个体本身而言,则既要在现

---

⑬ 《论语·季氏》。

实人生中站得住,又要在人生的终极意义上挺立起来,这也就是前面所提到的"不愧于人,不畏于天"。另外,在《诗经》的作者看来,对个人的幸福也不能持虚无主义的态度,对生不逢时的感慨、"不如无生"的沉重感悟,等等,都以否定的形式表达了对幸福的追求。对《诗经》的作者来说,既有超验层面的追求,又有现实的幸福内涵,这样的人生才具有意义。

《诗经》中情感世界的一个突出特点,是情与理之间的交错,后者构成了《诗经》的感情抒发中的重要方面。在政治、伦理、宗教领域中,各种情感的表达都包含理性的内容。伦理情感包含对父母、对他人自觉的伦理关切和责任意识,这种意识体现的是一种伦理理性或实践理性。在政治愤懑中,一方面体现了正义的原则:对当时政治正当性的责难,其前提就是对正义原则的肯定,后者同样包含着理性的内容;同时,其中又渗入了一种正义感,而正义感则具有情感的意味。情感层面的正义感和理性层面的正义原则交织在一起,体现了情和理的相互关联和沟通。在政治忧患中,理性的推论、判断与忧虑交织在一起:政治的昏暗导致社会混乱,这是一种推论,对这种现象的忧虑则又是一种情感的表达。这里也体现出情感和政治态度之间的联系。同样,对天的质疑既意味着情感认同和情感依归的弱化,又包含了对超验力量的怀疑,其中蕴含了一种理性的精神。

情和理之间的交错,对后来的儒家同样产生了重要影响:无论是对情的重视,抑或情和理的交错这种独特表现形式,在后来儒学的演进中都可以看到其印记。孔子在谈到《诗经》时,曾指出:"诗,可以兴,可以观,可以群,可以怨。"㊹"兴",主要指情感的激扬,由此达到精神的提升;"观",主要侧重对社会现象的冷静地考察,前面的"兴"首先与情感相联系,相对于此,"观"包含更多理性的内容;"群",既涉及不同个体之间情感的沟通,也关乎群体之间的关联:群体之间沟通的重要中介之一,便是情感,正是基于这一事实,儒学对诗和乐都给予了特别的重视:二者都以情感的表达为其重要内容。这种情感的内涵对人与人之间的相互凝聚有重要作用,荀子曾从乐的角度指出了这一点:"乐合同,礼别异。"㊺礼的功能之一在于通过度量分界,把人区分来,并规定其相应的责任与义务;乐

㊹ 《论语·阳货》。
㊺ 《荀子·乐论》。

的特点则在于超越政治上的等级界限而使不同的社会成员之间彼此在情感上相互沟通，从而达到社会的和亲和敬，将人沟通起来，使之彼此融合。就其包含情感内容而言，诗也具有类似乐的功能。

前面提到，孟子以恻隐之心为仁之端，其前提是把恻隐之心同时视为包含着伦理意识的情感：恻隐之心可以理解为一种伦理化的情感，这里也可以看到情与理之间的彼此交织。到了北宋时期，程颐主张"性其情"："是故觉者约其情，使合于中。正其心，养其性，故曰：性其情。"[46]这一观点最早是王弼提出来的，在谈到如何保证情之正时，王弼指出："不性其情，焉能久行其正？此是情之正也。"[47]程颐对此做了进一步的发挥。在理学的论域中，"性"所体现的是普遍天理，与之相应，"性其情"可以看作普遍天理在个体中的内化。相对于"情"，"性"更多地包含理性的内涵。程颐发挥王弼的观点，强调化"性"为"情"，意味着赋予情感以理性的内涵。这种看法一方面固然包含情感的理性化趋向，另一方面也注意到了情感和理性之间的沟通。

从思想的渊源看，儒家对情感的以上理解便可以追溯到早期《诗经》等经典。确实，在把情感的表达和理性的内容结合起来这一方面，《诗经》作为早期经典对后世产生了重要的影响，并构成了中国思想，尤其是儒家思想的理论源头之一。从孔子到朱熹、王夫之，都对《诗经》有独到的理解，并将其作为自身思想的重要资源。由此，也可以看到《诗经》在中国哲学史和思想史上的重要地位。

本文系作者于 2011 年 11 月在"第二届海峡两岸国学论坛"上的发言记录。本文的研究同时纳入国家社科重大项目"中国文化的认知基础与结构"（项目号 10&ZD064）。

【杨国荣　华东师范大学中国现代思想文化研究所暨哲学系教授】
原文刊于《中国文化》2012 年 01 期

46　程颐：《颜子所好何学论》，《二程集》，中华书局 1981 年版，第 577 页。
47　《王弼集》，中华书局 1980 年版，第 631 页。

《尚书·顾命》册仪的讨论

关于《曲礼》"六大"和《小盂鼎》"三左三右"的决疑

邓国光

　　郭沫若《周官质疑》根据《尚书·顾命》的册仪,提出《小盂鼎》的"三左三右"一词所指的人物,属于《礼记·曲礼》所说的"六大"。郭说今多为学界接受,唯平心考察相关的文献,则郭说可疑处甚多,且不合古礼制度。由于问题涉及古代经学和史学等广阔层面,厘辨曲解,并非没有意义。本文乃复原《顾命》册仪的场面,以检讨郭说,并就有关文献以及出土资料讞论《小盂鼎》"三左三右"的性质。以下就四方面加以讨论。

一、论《曲礼》"六大"的渊源

　　所谓"六大",见《礼记·曲礼》:

　　　　天子建天官,先六大,曰大宰、大宗、大史、大祝、大夫、大卜,典司六典。①

　　在这天官"六大"之下,分别是"五官""六府""六工"等一整套国家机构。

---

① 孙希旦:《礼记集解》卷五,中华书局 1989 年,第 132 页。

这系统和《周礼》不同,郑玄注谓"殷时制也"②;最特别的地方,是以事神的六种人物为"天官",以"大"见重,而且亦为《曲礼》天子治官系统中最重要的建置,元人陈澔《礼记集解》释"先"义说:

> 六者所掌重于他职,故曰先。③

从先秦的文献里,这说法亦可以寻得支持的证据。《墨子·明鬼(下)》载:

> 昔者虞夏商周三代之圣王,其始建国营都日,必择国之正坛,置以为宗庙;必择木之修茂者,立以为蕞社(此据王念孙说改);必择国之父兄慈孝贞良者,以为祝宗。④

设置宗庙蕞社,举贤良为"祝宗",是古代封土建国的必要程序;依《墨子》的说法,是源远流长的传统。《左定四年传》载卫大夫子鱼传述周初伯禽受封的情况,比《墨子》所载更为具体:

> 昔武王克商,成王定之,选建明德,以蕃屏周。故周公相王室,以尹天下,于周为睦,分鲁公(案:即伯禽)以大路大旂、夏后氏之璜、封父之繁弱、殷民六族:条氏、徐氏、萧氏、索氏、长勺氏、尾勺氏,使帅其宗氏,辑其分族,将其类丑,以法则周公,用即命于周,是使之职事于鲁,以昭周公之明德。分之以土田陪敦、祝宗卜史、备物典策、官司彝器,因商奄之民,命以《伯禽》而封于少皞之虚。⑤

"祝宗卜史"正是"六大"中的人物。周初封建,"祝宗卜史"与土地财富一并

---

② 孙希旦:《礼记集解》卷五,中华书局 1989 年,第 132 页。
③ 同上。
④ 孙诒让:《墨子间诂》卷八,中华书局 1986 年,第 213 页。
⑤ 杨伯峻:《春秋左传注》,中华书局 1981 年,第 1536—1537 页。

赐封,视为立国的一项必要建置。那么,《曲礼》所说的"先六大",虽不能如郑玄斩截为"殷制",但肯定是古风的遗留。《曲礼》讲的是天子之制,《墨子》《左传》载的是诸侯之制,虽然等级不同,建制的基本构思还是相同的。祝宗等官属与封国为并存的关系,子鱼说的"夫祝,社稷之常隶",正指出这一特点。而《国语·楚语》所载观射父的说话,以设置官职前必须先选拣巫、祝、宗的人选,都是"先六大"的重要参证⑥。孙希旦《礼记集解》诠释"先六大"的意义说:

> 古者以治天道之官为重,故少昊纪官,首为历正,而《尧典》一篇,独详羲、和之命。此言天子建官,先以六大,自大宗以下,皆为事鬼神、治历数之职,盖犹有古之遗意焉。⑦

这分析大体说是正确的,遗憾的是把"大宰"摒弃于外。其实,"宰"职也是和事鬼神有关的,《殷契佚存》五一八片载:

> 壬午,王田于麦菉,只,商戠兕。王易宰丰寷小䐑祝。在五月,隹王六祀肜日。⑧

这片契刻记载了"宰丰"参与"祝"和"肜日"等祝祷祭祀的仪式;《曲礼》把"宰"列入事神的六大,是有根据的。《礼记·表记》载孔子论三代风气,综论殷代说:

> 殷人尊神,率民以事神,先鬼而后礼。⑨

说明殷代是一个以神事至尚的时期,特别从祭祀活动的频繁之中体现出这

---

⑥ 关于《国语·楚语》载观射父语及其相关的问题,参考拙著《中国文化原点新探》第一章"祝、巫的根本考查"第二节,广东人民出版社1992年。

⑦ 孙希旦:《礼记集解》卷五,中华书局1989年,第132页。

⑧ 商承祚:《殷契佚存》,金陵大学1933年,518片。

⑨ 《礼记集解》卷五十一,第1310页。

种色彩;就契文所见,就有"翌""祭""壸"(即索字)、"叠""彡"(即肜字)等五种周祭,不间断地周而复始轮流着举行⑩。频密而且规模巨大的祭祀仪式,必须依赖一大批专职人员主司其事。郑玄称为殷制的"六大",显示了专门而分职的庞大事神集团的出现,与殷代契文所反映出来的频密祭祀仪式的确是相应的。

二、《尚书·顾命》册仪的复原

到了近代,"六大"的问题又有新的理解,并且充分肯定《曲礼》记载的真确。这得从《小盂鼎》铭文的释读说起。《小盂鼎》铭文起笔说:

> 佳八月既望,辰在甲申;昧丧,三左三右、多君,入服酉。明,王各周庙。⑪

郭沫若《周官质疑》一文,根据他自己对《尚书·顾命》的理解,以为《小盂鼎》的"三左三右"即《曲礼》的"六大"⑫。顾颉刚晚年所撰《周公制礼的传说和〈周官〉一书的出现》,亦张扬郭说⑬;而郭氏的意见俨成定论,左右着当今对周代制度的研究。

郭、顾的说法如果成立的话,即是说《曲礼》所载才是周代制度,因为有《尚书·顾命》为证据。而《周礼》这套异乎《曲礼》六大的系统,便不得视为周制,只沦为一套架空的构想;自郑玄以来,以《曲礼》"六大"为殷商制度的一切经说,便被彻底推翻了。因此,《曲礼》"六大"是否即《小盂鼎》的"三左三右",实牵涉到经学和史学的重大课题,绝不能掉以轻心的。

---

⑩ 参考常玉芝《商代周祭研究》,中国社会科学出版社 1987 年。

⑪ 唐兰:《西周青铜器铭文分代史征》,中华书局 1986 年,第 179 页。

⑫ 郭沫若:《周官质疑》,《金文丛考》,人民出版社 1954 年。

⑬ 顾颉刚《周公制礼的传说和〈周官〉一书的出现》谓:"这样看来,那部丛杂无绪的《曲礼》倒保存了真实的古史遗文,胜于《周官》的表面上似乎很有系统而实际上则是拼凑加伪造。……郑玄看了这两者的不同,他的《礼记注》硬说'此盖殷时制也',这真是闭着眼睛的胡言,搅乱了古代思想史的进程。"(《文史》第六辑,第 23 页)顾氏于郑玄可谓毫不留情,但反观其于《曲礼》"六大"的言论取舍,亦未可以许以明察。

为了彻底解决这问题，先分析郭沫若用为论证的《尚书·顾命》的一段册命记载：

> 王麻冕黼裳，由宾阶隮；卿士、邦君麻冕蚁裳，入即位。太保太史太宗皆麻冕彤裳。太保承介圭；上宗奉同瑁，由阼阶隮；太史秉书，由宾阶隮；御王册命。[14]

这段文字记述周康王践祚时的册命仪式，是考究周礼的直接材料。

首先，王"由宾阶隮"，从西面的宾阶上堂，这是"遭变"之礼。因为天子上堂，理应从东面主人专用的"阼阶"登，但以其父周成王刚逝，于是"不忍即父位"[15]，不以主人自居，便从宾阶升堂了。

太保和太宗分别持奉圭与杯瑁，作为册命的礼器，从东面主人用的阼阶登上；郑玄解释说：

> 上宗犹大宗。变其文者，宗伯之长大宗伯一人，与小宗伯二人，凡三人。使其上二人也。一人奉同，一人奉瑁。同，酒杯。[16]

"上宗"实际上包括三人，而上堂的则为二人，拿着介圭、同、瑁等册命礼器，代表那去世的周成王，把权力交付给康王，所以从东阶升。

太史随着周康王，从西阶升。这是一场非常隆重的册命仪式，礼节繁复，主祭的"祝"是必须在场的，《顾命》不曾提到祝，因为是必然的专司。但祝官又如何升堂典礼的呢？《礼记·曾子问》提供了说明的线索：

> 曾子问曰："君薨而世子生，如之何？"孔子曰："卿、大夫、士从摄主，北面于西阶南。大祝裨冕，执束帛，升自西阶。……子升自西阶，殡前北面，祝

---

⑭　孙星衍：《尚书今古文注疏》卷廿五，中华书局 1986 年，第 498—501 页。
⑮　孙星衍语，同上注⑭，第 499 页。
⑯　同上注⑭孙星衍注引，第 500 页。

立于殡东南隅。"⑰

《曾子问》这节所述的是"君薨世子生"的"遭变"之礼,和《顾命》没有分别,正可以补充《顾命》所未记叙的仪节。《曾子问》载新世子升自西阶,与周康王自西阶上的礼意相同。大祝先于主人从西升上,然后站在殡位的东南角,亦即东阶之侧导引礼仪的进行。

周康王从西阶升堂,"不忍即父位",自然不会中立于堂示尊的;况且,周人一向设殡于西阶上⑱,所以郑玄注说:

　　王此时正立宾上,少东。太史东面,于殡西南而读策书,以命王嗣位之事。⑲

康王站在西阶前侧面向西阶的殡位,郑玄因此说"少东";亦即是说,这时周康王还是面朝北向的,因为他尚不是天子。除了天子之外,周制:所有人在庙朝都是必然北面向的。

于是,根据《顾命》和《曾子问》,周康王册命仪典的场面便可以给复原过来,如下图所示。

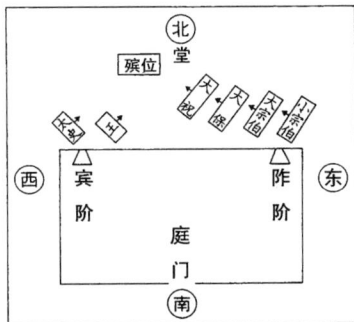

《顾命》的册命康王复原图

---

⑰　《礼记集解》卷十八,第 506 页。

⑱　《檀弓》载孔子语:"周人殡于西阶之上,则犹宾之也。"(《礼记集解》卷八,第 196 页)

⑲　见注⑭孙星衍注引,第 501 页。

三、论《顾命》和"六大"无涉

复原了《顾命》的仪式图,便可以作为以下讨论的基据,审视郭沫若的论断;郭氏说:

> 准《顾命》之文,知大宰、大宗在王之右(以阶而言由西,以位而言则在王右),大史在王之左(《曲礼》:"史载笔,士载言。"《王藻》:"动则左史言之,言则右史书之。"),自亦在王右。如是,则六大之中之大祝、大卜在王左矣。三左即大史、大祝、大卜;三右即大宰、大宗、大士。[20]

郭氏亦自言准《顾命》的记载而肯定六大即三左三右,且绘了一帧平面图如下所引。案:原郭氏图用传统上南下北绘法,今为整一,依自然坐标移转为上北下南。就郭氏图,总结出以下的问题。

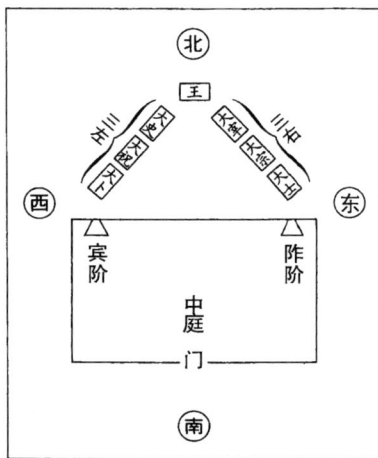

郭沫若"三左三右"复原图

(一)《顾命》没有载"宰""士""卜"三职,《曾子问》亦只有"士"而没有"宰"

---

[20] 郭沫若:《周官质疑》,《金文丛考》,人民出版社 1954 年。

"卜",但郭氏依然置他们于图上,不理会证据足够与否。

(二)时成王刚殡,尚未移柩;但郭氏的图竟略去殡位。

(三)周代除天子外,在庙朝里任何人也不能南面;但郭氏所状的"三左三右"全都南面,几乎与天子共坐论道;有如现代学校举行毕业典礼的排场!

(四)时康王尚未受册命,未得为天子;即使受命,然父仍在殡,亦要避主人之位。但郭氏图,王在中正!

(五)大士明在西阶上,此据《曾子问》可知;但郭氏竟用《玉藻》的"左史""右史"为说,以"右史"为"士",于是排于王右,即东阶之上,完全违制!

就此五方面而言,郭氏的图未可谓"准《顾命》",为了说明"三左三右",不惜比附,浪漫有余而征实不足。但顾颉刚竟全盘接受,亦不免疏忽一点;或者暗于礼学,智者千虑必有一失,无足深怪。

四、《小盂鼎》"三左三右"确义

《小盂鼎》的"三左三右"肯定不是《曲礼》的"六大",那又是什么职位呢?近人斯维至在其《两周金文所见职官考》有这样的说法:

> "三左三右"一词,于《小盂鼎》仅见。
>
> 其铭云:"三左三右","多君。入服,酒。"末又云:"乙酉□三事□□(入服)酒。"以后言"三事"例之,则"三左三右必为六事矣"。《书·甘誓》云:"六事之人",此"六事"之见于古书者。《墨子·明鬼》引《甘誓》云"王乃命左右六人,下听誓于中军。"疑《墨子》所据当有异本,其言"左右六人"与《小盂鼎》言"三左三右"尤合。[21]

斯氏以为"三左三右"即《甘誓》"六事之人";而唐兰《西周青铜器铭文分代

---

[21] 斯维至:《两周金文所见职官考》,《中国文化研究汇刊》第七卷,1947年9月,第24页。

史征》卷三亦据《甘誓》解释：

> 三左三右，当指六卿。《书·甘誓》："大战于甘，乃召六卿。"周官制当承夏、商而来。《顾命》有太保奭、芮伯、彤伯、毕公、卫侯、毛公等六人，即是六卿："太保率西方诸侯入应门左，毕公率东方诸侯入应门右"，即此三左三右。《顾命》所记是康王即位时事，至此已二十五年。从铭中可见当时执政有：荣、趞伯、劂伯、明伯、鑿伯、□伯等人。疑即六卿。[22]

唐氏亦不能摆脱郭氏窠臼，遵此思路而下，必然得出相同的结论；而具指"三左三右"为六卿，亦没有足够的证据。

《小盂鼎》本身的记载，其实才是最重要的考察线索。铭文叙"三左三右"是这样的：

> 佳八月既望，辰十甲申，昧丧，三ナ（左）三右、多君（尹），入服酉（酒）。明，王各周靪。[23]

《小盂鼎》铭文是记公元前 1015 年（即铭文所载周康王二十八年）康王征鬼方获胜后，在太庙所举行的盛大献俘仪式；后文两处提及"服酒"，很明显是一次酒祭。铭文起笔交代祭祀的时间以及准备的工夫。在天未明之前，"三左三右"和"多尹"预先准备酒祭的用品；至天明时，康王亲自到太庙行礼。"尹"是事务性质的工作人员，"三左三右"和他们并列，显示其地位并不高，都是同属低级的事务官员；"左"和"右"既在酒祭的场合出现，反映了他们的职责和酒十分密切的关系，依循这条线索，"三左三右"的问题应该得到合理的解决。

《周礼》官职之中，专司酒的有"酒正"和"酒人"[24]，没有"左""右"的名目；但在出土的周代器铭之中，却发现重要的证据。加拿大人怀特光氏《洛阳故城

---

[22] 唐兰：《西周青铜器铭文分代史征》，中华书局 1986 年，第 182 页。
[23] 同上，第 179 页。
[24] 酒正和酒人之职，分别见孙诒让《周礼正义》卷九，中华书局 1987 年，第 341—368 页。

古墓考》著录了五件刻辞的方壶,器铭分别如下:

四斗司客。四孚廿三豕,盉。右内酉。
四斗司客。五孚三豕,咎。右内酉。
四斗司客。四孚廿豕,盉。右内酉。
四斗司客。四孚十豕,宸。右内酉。
五孚十三豕。四斗司客,□。右内酉。㉕

最值得注意的是"右内酉"和"左内酉"两词。"酉"即"酒"字。日人梅原末治《增订洛阳金村古墓聚英》著录了两件银器,都刻有"左酉"和"右酉"的字样。银铫的刻辞如下:

五两半厉半卅半,左受工,中府,左佰。㉖

银俑的刻辞如下:

右受,再四两半厉八分。中府。右酉。㉗

"左酉"和"右酉",其实是"左内酉"和"右内酉"的简称。而日本平凡社《书道全集》著录了金村一件漆樽所用的银足的刻辞:

卅七年,工右舍口,重八两十一朱□。右。㉘

这个"右"字,是"右酉"的简称;《小盂鼎》的"左"和"右",本来只是司酒的"左内酉"和"右内酉",和"六大"及"六卿"风马牛不相及。

㉕ 怀特光:《洛阳故城古墓考》第一章。上海:奇利及华尔斯公司,1934年,图版一八六。(William Charles White,"Tombs of Old Lo-yang",Kelly and Walsh Ltd.,Shanghai,1936.)
㉖ 梅原末治:《增订洛阳金村古墓聚英》,第一四图,一。
㉗ 同上,第四十五图,一。
㉘ 平凡社编:《书道全集》第一卷,第五十八图。

　　"三"又何所指呢？表面看只是一个数量词，没有特别意思；若从修辞上讲，下句有"多尹"一词，为了避复，改用"数多不过三"的三以示多数；而且，左、右二字用"三"来作修饰语亦比较调和。这解释亦可说合理，但仍未触及关键。铭文作"三左三右"而不作"三左右"或"六左右"，一则因为"左右"一词于周铭文多指"虎臣"一类的近身侍从，不容相混；再则突出"三"字，这种处理方法，正显示了一更深层的意义，非独表示数量那么简单。《小盂鼎》铭文记录周康王于太庙举行的献俘酒祭仪式，若从宗庙所行酒礼加以考索，这问题应可以迎刃而解。《周礼》"酒正"之职"为公酒"（案："牛人"郑注："公犹官也。"）说：

　　　　辨三酒之物，一曰事酒，二曰昔酒，三曰清酒。[29]

"酒人"之职亦谓：

　　　　掌为五齐三酒，祭祀则共奉之。[30]

所谓"三酒"，用于祭祀，所以"酒正"职下又载：

　　　　凡祭祀，以法共五齐三酒。[31]

　　由是而言，周康王的酒祭必用三酒，《小盂鼎》的"三左三右"，应就祭祀的三酒而言，若以语体译读，应作如下的解释："处理三酒的左内酒和处理三酒的右内酒。"于是，《小盂鼎》因《周礼》而得到更确切的理解，而亦从一方面反映了《周礼》一书其来有自，非杜撰之所能为。

【邓国光　澳门大学中文系教授】
原文刊于《中国文化》1993 年 01 期

----

[29] 《周礼正义》卷九，第 347 页。
[30] 同上，第 365 页。
[31] 同上，第 354 页。

"六代乐舞"为《乐经》说

项 阳

　　我的《乐经何以失传》①短文在《光明日报》发表,讲《乐经》是为周代国家大祀所用的"六代乐舞",意在与大学术界交流。这个话题见仁见智已有两千年,相信研讨还将会延续。多位师友意见左右。相右者以为是一种新视角,开拓了思路,相左者则坚持《乐经》仅为文本的意义。

　　学界研究认定"'六经'之名在战国时已经确立"。《庄子·天运》记载:"孔子谓老聃曰:'丘知《诗》《书》《礼》《乐》《易》《春秋》六经,自以为久矣,孰知其故矣,以奸者七十二君,论先王之道而明周、召之迹,一君无所钩用。甚矣!夫人之难说也?道之难明邪?'老子曰:'幸矣,子之不遇治世之君!夫六经,先王之陈迹也,岂其所以迹哉!今子之所言,犹迹也。夫迹,履之所出,而迹岂履哉'!"《庄子·天下》:"其在于《诗》《书》《礼》《乐》者,邹鲁之士,缙绅先生多能明之。《诗》以道志,《书》以道事,《礼》以道行,《乐》以道和,《易》以道阴阳,《春秋》以道名分。其数散于天下而设于中国者,百家之学时或称而道之。"郭店竹简《六德》中有"观诸《诗》《书》则亦在矣,观诸《礼》《乐》则亦在矣,观诸《易》《春秋》则亦在矣"。王中江先生近日撰《"六经"早成》②一文,对六经理念至少出于战国进行了有力的论证。

---

　　① 项阳:《〈乐经〉何以失传?》,刊《光明日报》2008年6月23日"国学版"。
　　② 王中江:《"六经"早成》,刊《光明日报》2010年3月3日"国学版"。

对于六经中的它种经典,由于有文本传世,所指甚为明确,所涉内容一目了然,唯独《乐经》何指,却是两千年来一直说不清楚的问题,关键就在于将其定为经典之时没有明确指认,后世难免把握不住;汉代以降五经传世,《乐经》独失,后世学者见仁见智,更是纠结不清。归结起来问题所在主要有二:一是《乐经》究竟何指,二是《乐经》何以失传。

《乐经》何指

《乐经》何指,涉及两个层面。一是《乐经》究以何种形式存在,二是《乐经》涉及怎样的内容。文史学界认定《乐经》如同其他经籍,应该是文本的意义,其论说与乐相关,但究竟属于怎样性质的内容,则是众说纷纭。《庄子·天下》认定《乐经》以道和,结合为乐"和而不同""神人以和"等论说,显然前者侧重乐本体之把握,而两者均可以为哲学层面;郭店竹简将六经统以"观",却不能明确其乐之形态本身可观还是论乐文本可观者。所谓孔子闻韶、季札观乐,这"闻"与"观",都是达人亲临现场所面对乐本体的作为。从乐与礼为一组论,应为与礼相辅相成之礼乐表达。进一步讲,先秦诸子之于乐,更多把握其礼乐意义,这是那个时代赋予乐功能性的认知。从《周礼》论,礼有数种,且都有用乐的记述,在国家多种礼制的重要场合必须用乐。礼中所用之乐在一般意义上讲都可以称之为礼乐,或称礼中之用乐。我们进一步追问,礼乐之中,何以为尊、何以为重?所谓"国之大事,在祀与戎",国家最重要的大事祭祀——吉礼仪式中所用的乐,当然成为礼乐中的重中之重。那么,这两周之时重中之重仪式之中所用的乐究竟何指?当然是"六代乐舞",这应该是周公制礼作乐时的经典之乐。

说乐,并被后世奉为经典者,是否就是一种离开音乐本体的清谈、空论,一种形而上的把握?空谈"乐德""乐施""乐化""乐教"即为乐之经典?是"无乐"之经典,或称论乐之经典?在下以为,这样讲如同《易经》不涉及八卦本体,显然有违乐之特殊性内涵。周公制礼作乐之时奉为经典,在最为重要的国之大事祭祀仪式中针对不同承祀对象,在特定时间、特定地点为用的乐是为具有时代和国家象征意义的"六代乐舞",这一点毋庸置疑。在下以为,六经中的《乐经》是指由周公钦定、代表两周礼制社会中核心用乐的"六代乐舞",对"六乐"的推崇及其实用性、经典性,成为不仅仅是周王室,而且是周室所辖之诸侯必用的国家乐舞形式。这当然需要制度的约束,《周礼》记载详备。东周时期,群雄并起、诸侯争霸,出现了种种对礼制僭越的行为,对礼制下的用乐造成冲击,如此才会围绕礼乐与俗乐、古乐与新乐、倡乐与非乐等问题展开论战与争鸣,但这些显然不是《乐经》之构成。

实际上,在各诸侯国受封之初,必定承接一整套礼制,其中当然涵盖乐制,这也就是乐悬、佾舞人数以及祭祀乐舞本体使用的规定性。换言之,围绕这种礼制约束下、具有等级化、国之大事中的用乐必为诸侯国承接,这是出于代表国家形象功能性用乐整体把握的考量。各诸侯国建立有司从周王室"以学""以教"地加以传承,除了乐器和乐舞人数上显现等级差异外,在乐器形制和乐舞本体上以保持与王室在国之大事中用乐的一致性,至少在周王室早期所封诸侯国会如此,我们可从各国有司涉及"六代乐舞"诸种记载中认证这一点。有意思的是,它种礼制都可以通过文字描述加以把握,而唯独乐舞之形态本体在当时的条件下却是仅用文字所无法尽显的,只有通过活态加以传承,方能达到一致性延续的效果,这是乐舞传承必需的样态。我们看到,《周礼·春官·宗伯下·大司乐》中涉及乐的内容多是围绕"六代乐舞"展开,无论歌、舞、乐均如此,"乐德""乐语",也是"六代乐舞"的体现。应该明确,这是《周礼》体系中春官所掌大司乐治下关于乐的核心构成③。因此我们说,《乐经》就应该是为这经典乐舞(歌、舞、乐三位一体)自身,这是《乐经》的本体构成。所谓解经之语(对乐舞本体和精神内涵进行描述和释解),一切都应围绕代表国家形象、当时最高礼乐形式和内容展开。

---

③ 大司乐掌成均之法,以治建国之学政,而合国之子弟焉。凡有道者、有德者使教焉。死则以为乐祖,祭于瞽宗。以乐德教国子,中和、祗庸、孝友。以乐语教国子,兴道、讽诵、言语。以乐舞教国子,舞云门大卷、大咸、大磬、大夏、大濩、大武。以六律、六同、五声、八音、六舞大合乐,以致鬼神示,以和邦国,以谐万民,以安宾客,以说远人,以作动物。乃分乐而序之,以祭、以享、以祀。乃奏黄钟、歌大吕、舞云门,以祀天神;乃奏太簇、歌应钟、舞咸池,以祭地示;乃奏姑洗、歌南吕、舞大磬,以祀四望;乃奏蕤宾、歌函钟、舞大夏,以祭山川;乃奏夷则、歌小吕、舞大濩,以享先妣;乃奏无射、歌夹钟、舞大武,以享先祖。凡六乐者,文之以五声,播之以八音。凡六乐者,一变而致羽物及川泽之示,再变而致臝物及山林之示,三变而致鳞物及丘陵之示,四变而致毛物及坟衍之示,五变而致介物及土示,六变而致象物及天神。见《周礼·春官·宗伯·大司乐》。

大司乐首先要教授基础知识，在此基础上再学习乐舞的形式和内容，再后围绕六乐强调对内容和形式的深层认知（乐德、乐语、乐舞），后世再解读有所谓"乐本""乐论""乐礼""乐施""乐言""乐象""乐情""乐化"之意义，强调用乐以教者，在大祀乐舞中心灵升华、体味和谐之境界。之于乐，不仅上层社会成人应明了，对于即将踏入社会的有身份等级的贵族子弟也为必须，所谓"兴于诗，立于礼，成于乐"（《论语·泰伯》），修身必习诗，立命必习礼，成人必习乐。这乐如若不是士以上步入社会的通行证之一，若不是必须教育所得又何必如此呢？既然将乐（礼乐，礼中用乐）视为必须，步入社会之本，若没有一个统一的规定那显然不合逻辑。《周礼》有制度规定性——必习六乐，这六乐不仅周王室需要，而且诸侯国也不可或缺，教习六乐在周王室属春官之职能，诸侯国则在有司（兼有为用之功能），虽在当时的情况下难以文本记录整体，但有司属于活态传承者，如此形成礼制用乐网络。这应该是对于乐—礼乐—经典之乐—《乐经》的基本把握，两周之于乐强调与礼的相辅相成性，礼制中的核心用乐——天神地祇人鬼之乐——吉礼大祀用乐。

《国语·楚语上》云："教之《乐》，以疏其会和而镇其浮"。"教"在这里是非常重要的环节。当下"解经"者往往忽略这乐是要"教"的，非仅是不涉本体空谈乐德之作，似乎这"乐"就是诸子对乐深层认知的挖掘。如果没有乐的本体形态作为被观察、被体验、被思考、被参照的对象，那么，这所谓的论乐将毫无意义。《国语》《左传》等文献中诸侯国多有这种"乐"的记载，则见其时的普适性存在。

两周时期之于这种祭祀礼乐有两个群体参与和把握。一是等级制度规定士以上有身份者及其子弟，一是周王室和各诸侯国有司之乐师和乐工。作为前者，由于乐与礼之相辅相成性，习乐成为步入社会之必需。如同当下的小学生，你要培养和提升他的素质，必须让他亲自参与、训练、感知、体验，如若不然，即便怎样的乐也如同"对牛弹琴"——耳朵是要被训练的，融入仪式同样需要训练，中国古代文人特别是两周诸子何以都习乐的道理就在于此。国子们对经典乐舞先是学习基础，继而在国家规定性的诸种大祭祀中实际体验，重在参与，没有这些基本内容的把握，一切都是空谈、虚妄。有了内容与仪式相统一的切身体验，从中感知具有国家象征意义祭祀场合的用乐，进而被"化"——有礼及雅（孟子），体味和谐,这绝非"艺成而下"者。孔夫子如果不是对于礼乐有直接体认,断然不会对礼乐有这般认知。其实,孔夫子虽然在其立教课业上将乐专设,也不代表其对于乐有精到把握,如若不然,也就不会有向当时的宫廷乐师学习琴艺,更不会有在参与鲁国祭祀之时听不出"商音"与"武音"之谬而向宾牟贾和苌弘求证的记录④。可见,素质教育为必须,但毕竟术业有专攻,即便在两周时期亦如此。后世与两周之最大不同在于社会上层人士之子弟不再参与这种国家意义上最高层面——大祀中的用乐体验,成为专业人士承载者,宋代以降各地学子参与庙学祭孔乐舞倒是有承继两周传统的意义,现代文人包括古礼之研究者知礼不知乐,现代乐人知乐不知礼,甚至既不知古乐亦不知礼那又是另当别论。

就两周掌握礼乐的另外一个群体讲来,更是凸显作为乐的时空特殊性意义。我们不能以当下对乐的认知来把握古代。实际上,在1877年爱迪生没有发明留声机之前,活态传承成为乐之必须。我们现在可以通过录音、录像进行传习,但在两周,要想在不同时间、不同地点、面对不同承祀对象实时进行祭祀仪式,则要固定一批人在有司管理下"学而时习之",届时方可以为用,同时也为后学提供活态样本,这就是周王室及各诸侯国以"师""工"名之的群体。如若不然,各国就不会有这些乐舞存世的记录,各国的达官显贵虽可依制拥有乐器和舞器,却不知活态的"礼乐"为何物,诸子百家也只有"形而上"空论之无奈了。我们说,并非有了金石之乐器就等于有了礼乐,这是为乐特殊性所决定的道理所在。在乐的问题上,的确需要形而下与形而上之统一。

所谓"君子三年不为礼,礼必坏;三年不为乐,乐必崩"(《论语·阳货》),还是在谈礼与乐必须为用的实践意义。在实践之中,大礼必有仪式,仪式程序和内容必须熟悉。如果对仪式都不熟悉,这礼当然"坏了";如果对与礼相辅相成的乐没有基本把握,对不同祭祀对象所用的乐舞本体缺乏感知认同,这乐当然崩毁了。习乐不熟形态,岂不怪哉?一旦习了乐便是"艺成而下",岂不怪哉?

---

④ 见《乐记·宾牟贾篇》:宾牟贾侍坐于孔子,孔子与之言,及乐。曰:"夫武之备戒之已久,何也?"对曰:"病不得其众也!""咏叹之,淫液之,何也?"对曰:"恐不逮事也!""发扬蹈厉之已蚤,何也?"对曰:"及时事也。""武坐致右宪左,何也?"对曰:"非武坐也。""声淫及商,何也?"对曰:"非武音也。"子曰:"若非武音,则何音也?"对曰:"有司失其传。若非有司失其传,则武王之志荒矣。"子曰:"唯,丘之闻诸苌弘,亦若吾子之言是也。"转引中央音乐学院中国音乐研究所编《中国古代乐论选辑》,1962年版,第59页。

只剩"德成而上",在礼的仪式中什么都不懂,什么都不为就是有德？岂不更怪哉？

应该明确的是,两周社会礼制为社会上层之需,而非为底层所用,所谓"礼不下庶民"者。但社会上层之于礼亦需"学而时习之"以为用,如果不是常用,虽有文字记录也会"礼必坏";为乐更是如此,如果没有一个机构能够常态性的传习,并在规定时间、规定地点去用,何必三年,很快就要"乐必崩"了。要防止礼坏乐崩之事的出现,最为要者就是常态化、延续性。《乐记·宾牟贾篇》中讲鲁国有司乐师与乐工在祭先考仪式奏《大武》时混入了祭先妣为用《大濩》的音调,以至遭受诟病。鲁国设有司世代传承和实施礼乐,每年天、地、山川、四望、先妣、先考之祀必须为用,包括孔子等人士通过每年的参与而不断"时习之",如此宾牟贾和苌弘才能够听得出有司乐工奏错了⑤,祭祀年年搞有司却"失其传",可见鲁国有司管理之荒。从另一个角度看,如果不是孔丘等人每年都有机会参与祀典,如果不是对乐曲有基本把握,又如何会有对祭祀之礼乐感受至深并且能够体察有司乐工之误呢？看来,这乐的问题的确不同于它者,其特殊性决定了乐之形态最难以用文字加以表述,学界一些探讨《乐经》的文字,最大的缺失就在于将乐仅仅视为论说乐之义理,而忽略了乐在其时的社会实用性功能和活态传承性,如果我们看不到乐在诸侯国应有的普适性存在,如此对于《乐经》何指也就很难把握了。学界一般认为六经之中《易经》应该早出,但对于《乐经》,人们的探索常常局限在其与六经何时共出,却很少有人探讨《乐经》内容之源。如果说作为礼乐之核心存在的"六代乐舞"本体形态以及围绕着"六代乐舞"描述实施过程中的种种现象、探讨相关内涵的文字是为《乐经》之核心内容,那么,这《乐经》部分以文本样态显现也并非不可能,但应该考虑,是否摈除了"六代乐舞"之本体,或称干脆就是东周时期诸子论乐的记录被奉为《乐经》之本体？《礼记·乐记》是否涵盖了《乐经》的文本并记录《乐经》之解经内容,也就很难把握了。就笔者所见,文史学界有所谓"新见"者,也不过是讲古本《乐记》中有《乐经》的成分,至于《乐经》由谁所作,基本还属于研究空白的状态。

---

⑤ 关于对本段之辨析,参见项阳《"武音"辨》一文,刊《中国音乐》2009 年第 2 期。

《乐经》何以独失

何以六经中《乐经》独失？这是最值得考量的问题,其不可回避的还是乐的特殊性内涵。如果不能认知这一点,即在研究理念上有所缺失。若在研究《乐经》时将为乐的特殊性一并考量在内并加以论证,之后得出是为文本的结论不失为一说,但不予考量则显得有些绕进去出不来的状态。其他诸经仅限于文字记述者都可以存世,唯独乐这种具有音声形态时空特性的"经"失传,不是值得人们反思吗？如果说因"礼坏乐崩"之故而致《乐经》失传,何以所坏之礼经未失,独失乐者？这是一个必须面对的问题。

田君先生近期有两篇关于《乐经》的文章,一篇为《〈乐经〉补作史考》⑥,另一篇为《〈乐经〉的性质与亡佚新探》⑦。前者是对后世补作《乐经》的梳理,后一篇则与我商榷。学术研究本来就是通过辨析使思考引向深入的过程。

田君先生称:"乐家精其律而昧于理,儒者明其义而绌于艺,理艺兼通之才不世出,旷远日久,宜乎《乐经》散失而殆尽。后世纵有兼备之才,苦心孤诣,起而补经,无奈闻道者稀,今人罕有研述。"⑧在下虽在"乐家"圈中,汗颜的是昧于理的同时于律不精,更不敢奢望精于义,只不过近年来受学界师友之启发,误入门中,对经学不通,所发议论难免漏洞百出,昧于理现实存在,研究的确十分吃力,但礼乐相须,涉及乐学也回避不了,只好边学边尝试,由于经学界高功并未解答我的疑问,因此还是有辨析之必要。此外,就后世补经之作,在下以为对《乐经》本身都知之了了,所谓补经,实乃与经无补。更有甚者,《乐经》不必补,也无从补,后人的理解与诠释岂可为经者？ 即便郑康成、贾公彦之说,学界也不会认定其为经,《乐经》属于那个时代,徒有崇奉、追思之意而已,还是乐之特殊性使然。

---

⑥ 田君:《〈乐经〉补作史考》,刊《黄钟》2009 年第 4 期,第 148—152 页。

⑦ 田君:《〈乐经〉的性质与亡佚新探》,刊《音乐与表演》2010 年第 1 期,第 23—25 页。

⑧ 田君:《〈乐经〉补作史考》,刊《黄钟》2009 年第 4 期,第 148—152 页。

对于《苑洛志乐》以下言语:"惟《礼》《乐》之书,当春秋之诸侯僭窃,皆去其籍,未经秦火之前,固已难考矣"。田君先生以"《乐经》规定乐制,各级贵族用乐规制具有等差性。周室东迁,王纲解纽,实权贵族兴起,不满原有分封待遇,提升等级,自我僭越,在用乐规制上突破爵位限制。而此时若有《乐经》的明文规定,以经典的地位时刻提醒,实权贵族如芒在背,于是'皆去其籍',采取文化放逐政策,《乐经》已被打入'冷宫'。后来秦始皇焚书,其实只起到推波助澜的作用,使民间藏书遭受浩劫,到秦末刘邦入咸阳,萧何只关心秦丞相、御史的'律令图书',即法令规章与图籍文书。紧接着项羽又一把火,焚烧秦都咸阳,政府藏书也付之一炬,本来就被打入'冷宫'的《乐经》,历经磨难,彻底失传"⑨。这种对《乐经》失传的解释显然站不住脚。若《礼》与《乐》均为文本,明明讲"皆去其籍",何以后世《乐》失《礼》存?东周之诸侯僭越的核心为制度规范下的"礼",是礼制使其"如芒在背",是礼赋予了乐之功能性意义,无礼便无礼乐,乐与礼相须,乐是礼的外化形式,却为何只将《乐经》放逐,打入冷宫?所谓"礼坏乐崩"者,"礼"未失,失的只是"乐"?既然"皆去其籍",后世却将礼之籍留存,各级贵族统一行动只将乐打入冷宫?要废这种"等差性",其实只要将礼制废除,这是核心之所在,两者都被去籍,失传的只有《乐经》,确有不通情理之处。更有意思的是,依照田君先生所论,秦始皇焚书"使民间藏书遭受浩劫",既而项羽焚烧秦都把"政府藏书也付之一炬",这岂不是两把火先后把民间和政府藏书都烧光了?却为何汉世它种经籍都能够"幸免于火",学者们还能够用所传五经之籍在此发宏论,独有《乐经》历经磨难而"彻底失传"?不知这话语逻辑田君先生如何作解?

此外,在下还有疑问,若《乐经》就是文本,而不涉及乐本体,那就应该是文本失乐存,却为何既无文本又无乐,我们只能够从出土文物中感知金石乐悬宫轩判特之样态?至于说《乐经》因乐制之规定使"实权贵族如芒在背",也还是不通。所谓"乐制",的确具有等差性,《周礼》对礼乐器的使用规定明确,这就是"正乐悬之位,王宫悬,诸侯轩悬,卿、大夫判悬,士特悬,辨其声"⑩;《左传·隐公

---

⑨ 田君:《〈乐经〉的性质与亡佚新探》,刊《音乐与表演》2010 年第 1 期,第 25 页。

⑩ 《周礼·春官·大司乐》,见《周礼注疏》卷二十二,《十三经注疏》(上),中华书局 1980 年版,第 791 页。

五年》记录了乐舞规定性:"九月,考仲子之宫,将《万》焉。公问羽数于众仲。对曰:'天子用八,诸侯用六,大夫四,士二。夫舞所以节八音而行八风,故自八以下。'公从之,于是初献六羽、始用六佾也"⑪。如此说来,这乐制规定性在非属于《乐经》之文献中都有记载,亦不见其失传。我们还可以从孔夫子愤愤之言语中感受对于乐制规定性僭越的例证,所谓"孔子谓季氏,八佾舞于庭。是可忍也,孰不可忍也"⑫。可见,这种制度的规定性是深入人心,或称是众人皆知。以上这些文献并非《乐经》,乐制规定性在《周礼》等文献中明矣,因乐制导致《乐经》失传的言语也有些苍白。

田君先生涵泳《乐记》本文,按三部分归纳以证该书"多类记书体例"。其中有"是故先王之制礼乐,人为之节","大章,章之也。咸池,备矣。韶,继也。夏,大也","礼乐皆得,谓之有德。德者,得也"等等。首先,这些言语明显是在论说礼乐,其次,这其中的大章、咸池、韶、夏,皆为六代乐舞之乐名。还是如同我们在前面所分析的,说这是对于礼乐、围绕六代乐舞之释解应该能够成立。依田君先生所言,这《乐记》表露出"解'经'痕迹",如此是因为文稿并非"整篇呵成",而是"反复其辞,此乃解读笔记之汇集,故呈斯状"⑬。我对田君先生的这些论说表示赞同,毕竟解释需要对象,针对经典之乐从不同角度反复辨析故有此状。至于其上"诸所引述,极可能属于《乐经》遗文",这倒是值得辨析者。问题在于,解经非经,如果将礼乐和六代乐舞作为论说的本体,这《乐记》倒是可以作为解经之作;如果说这解经之语中涉及经的内容也可以通,讲其夹叙夹议,《乐经》仅是文本的意义就值得考量。从另一个角度说来,讲礼乐之道者,并非《乐记》所独有,先秦诸子多有论述,是否都可以称之为解经呢?何以包括《周礼》《仪礼》在内涉及礼乐的内容都没有失传,《礼记·乐记》亦有部分传世,而唯独《乐经》消亡了呢?田君先生称他所涵泳出的这些属于《乐经》遗文,"《乐记》当有所承系、有所依凭,古本《乐记》存在解读《乐经》的内容"。说《乐记》与《乐经》相关联,古本《乐记》有对《乐经》之解读,这值得肯定,但我们所理解的"解读"意义还在于这

⑪ 参见修海林编著《中国古代音乐史料集》,世界图书出版公司 2000 年版,第 29 页。书中注明该段文字据上海人民出版社《春秋左传集解》。

⑫ 《论语·八佾第三》,见《十三经注疏》,中华书局 1980 年版,第 2645 页。

⑬ 田君:《〈乐经〉的性质与亡佚新探》,刊《音乐与表演》2010 年第 1 期,第 24 页。

是解经，而非《乐经》本身，关键还是在于《乐经》究竟何指，又何以失传。讲东周时期诸子对礼乐之认知即为《乐经》的本体内容，还真是要拿出"证据"，否则，这诸子都在各自文论中对礼乐有所表述，将其集合起来就以为《乐经》，真是很难令人信服的论证，如此则显现出独立成篇者即被"打入冷宫"，分于孔孟荀等便可以传世者，实在是不通的逻辑。解经非经，先把《乐经》何指搞清楚再说。我在前面认同《乐记》是围绕"乐"从不同角度之释解，也有考量，那就是其"宾牟贾篇""魏文侯篇"属于六代乐舞实施过程中以及在社会生活中的境遇，至于"师乙篇"，则是谈对六乐之颂词演唱所应具备的技巧，等等，还是那句话，一切围绕"乐"本体的实用性展开。

由礼制而立礼乐，"礼乐相须以为用"。"王者功成作乐"，氏族方国时期均各自拥有乐舞，诸如"葛天氏之乐""朱襄氏之乐""阴康氏之乐""伊耆氏之乐"等，显现出这些乐舞的功能性作用。所谓"国之大事，在祀与戎"，在国家祭祀必须用乐的理念指导下，周公将各方国依然存世的黄帝、尧、舜、禹、汤的乐舞集中供奉，并将本朝所创具象征意义的乐舞乔列，构成"六代乐舞"，以为祀典天、地、山川、四望、先妣、先考之特定功用。在其时并非只有这些氏族乐舞存世，应是周公从所存诸氏族方国乐舞中选定，说明这些氏族方国之首领其作为颇具口碑意义，这应该是具有崇圣情结之周公选择的"标准"与依凭。《吕氏春秋·古乐》⑭展现氏族方国时期颇具丰富性的乐舞画卷，可为周公从氏族方国选定乐舞的有力注脚。

就乐舞说来，在当时情况下，要实现社会传播，唯一的现实性在于活体传承，耳濡目染、口传心授。作为部落氏族象征意义的群体性乐舞创作应该有组织、有设计地进行，诸如"葛天氏之乐"的八阕对应即谓如此⑮。这些乐舞当然是要与精神世界沟通，既祭祀祈福，亦有凝聚族群的作用。在对方国首领——氏族英雄赞颂的同时，用于祭祀场合，更是为祈求本氏族昌盛者。这些群体性乐舞存在于各氏族部落方国人们祭祀仪式的现实之中，这为周公的选择奠定了基础，毕竟这

---

⑭ 《吕氏春秋》卷五《古乐》，文渊阁四库全书全文电子检索版，上海人民出版社。

⑮ 《吕氏春秋》卷五《古乐》：昔葛天氏之乐，三人操牛尾，投足以歌八阕：一曰"载民"，二曰"玄鸟"，三曰"遂草木"，四曰"奋五谷"，五曰"敬天常"，六曰"建帝功"，七曰"依地德"，八曰"总禽兽之极"。文渊阁四库全书全文电子检索版，上海人民出版社。

些乐舞需要活体传承者。恰恰是社会上存在，周公将其采取，并赋予这些乐舞新的功用，以祀天、地、山川、四望、先妣，忝列周公所作之乐舞《大武》以祀先考，并以制度规定之。礼制凸显，所分封各路诸侯众心依附，共同遵守，如此形成普遍性意义。奉"六代乐舞"为周代最高乐舞形式用于祭祀，这就是我们所要强调的乐本体意义。《乐记》云："凡音之起，由人心生也。人心之动，物使之然也。感于物而动，故形于声。声相应，故生变，变成方，谓之音。比音而乐之，及干戚羽旄，谓之乐"（《乐本篇》）。此时乐是"歌舞乐三位一体"，这乐涵盖了以上诸层面，当然包括具有明确指向各承祀对象的"颂"词，如果将这一部分记录在案，则文本意义彰显，诸如《诗经》中"三颂"的内容。需要明确的是，《诗经》中之"周颂"，并非《武》中的内容，《毛诗正义·周颂谱》对此有明确辨析。

如果说，周公赋予诸侯国（天子之侯）之有司"六代乐舞"以为祀典之用，那么，从公元前十一世纪到迁洛之后的东周，业已数百年，当时的状况如何呢？首先，各诸侯国的确依照《周礼》在使用礼器，当然也包括这种"金石之乐"的礼乐器，各国普遍遵循"金石以动之，丝竹以行之"（《国语·周语》）以及六佾之下的乐舞规范性，从礼乐规定性的乐队组合、乐舞人数上显现出一致性。如我们在《合制之举与礼俗兼用》[16]一文中所辨析的，诸侯将这种金石乐悬之乐队组合从庙堂扩展到朝堂、厅堂，从《周礼》规定性使用的最高吉礼祭祀用乐（六代乐舞）到朝堂与厅堂中的多种礼仪用乐，进而扩展到礼俗兼用的样态，以至于所谓魏文侯之"古乐"与"新乐"可能在一种乐队组合中完成，毕竟这种乐悬制度是《周礼》所规定的。但有一点，《周礼》对于这种乐队组合，特别是其中的金石之乐并未像它种礼器那样精确数量，对于这种特殊的礼器——礼乐器只是规定了陈设的方位，所谓"宫轩判特"，如此，就给诸侯在乐的实施过程中提供了扩展空间，乐队组合逐渐扩大，钟磬数量不断增加，毕竟这是用乐特殊性意义上的考量。不管怎样扩展，但有一点是不变的，这就是作为国家赋予的身份、权力、地位象征之金石乐悬的普遍性使用。从这一点说来，意味着直到东周时期依然在遵循周礼制度。从出土文物、文献记载关于乐器的陈设、种类以及乐舞的人数都比较清楚，

---

[16] 项阳：《合制之举与礼俗兼用——对曾侯乙乐悬的合礼探讨》，刊《钟鸣寰宇——纪念曾侯乙编钟出土30周年文集》，武汉出版社 2008 年版。

唯独这乐舞本身很难把握者,还是由于乐本身的特殊性,毕竟这需要活态传承。可见物质的乐器易把握,而非物质的乐舞本身难以把握,如此才会出现在东周时期各国之六代乐舞不能全面记录者。需要明确的是,虽然在孔丘时代的鲁国只记录了祭祀先妣和先考的《濩》与《武》,在齐国则是记录了《韶》,魏国称其为"古乐",秦国所谓"就《韶》《虞》"者,似乎记录已经支离破碎,但这并不意味着它种乐舞不存或称没有存在过。毕竟这些乐舞都是有特定功用,只能在特定时间、特定地点、面对特定承祀对象使用,这是一整套祭祀体系中所用者。正因其是为经典,并且是为必须,人们才会在制度下不断以此为对象进行把握。如果没有了这种具有权威性、一致性,具有规范意义的乐舞,如果各国都各行其是,那又何谈所谓"礼乐制度",难道这种制度仅仅是只有乐器和乐舞人数规定性,而无乐舞实用性的把握? 这种徒具表面形式而无实质性内容的礼乐制度又有何种意义?

乐曲和乐舞是为乐的本体构成,如果没有这种本体,那么,所谓认知与论证礼乐就完全建立在空谈的基础之上。难道这就是学界对于礼乐制度之认知? 如果各国都不见这种制度规定性下的乐舞,只是依制拥有乐器和乐舞的人数,乐舞自制,各自为阵,显然有失礼乐制度的本意,《乐经》就会成为无乐之经,或称无乐状态下的论乐之经,再往深里说则是空谈之经了。所谓"从《乐记》通篇不讲具体的乐奏舞步,可以逆探《乐经》内容的性质,主要是讲'乐德'(《周礼·大司乐》)与乐制,发挥理论指导与行为规范的作用"[17],这里预设了一个前提,即古本《乐记》解经,所以《乐经》"主要讲'乐德'与乐制"。对于"乐制",我在前面已有辨析,《乐记》之于乐制其实不如《周礼·春官·宗伯·大司乐》以及《左传》等文献讲得更为清楚,如此,田君先生所论《乐经》也就只剩"乐德"了,这《乐经》就成为"乐德之经"。可问题又来了,既然这《乐经》付诸文字,是为乐德之经,关于乐德,东周时期先贤大德多有表述,庄子"乐以道和",《荀子·乐论》中"乐也者,和之不可变者也;礼也者,理之不可易者也。乐合同,礼别异,礼乐之统,管乎人心矣。""人而不仁,如礼何? 人而不仁,如乐何?"(《论语·八佾》)甚至后世成书

---

⑰　田君:《〈乐经〉的性质与亡佚新探》,刊《音乐与表演》2010 年第 1 期,第 25 页。

的《礼记》中亦有多处相关论述,诸如"乐所以修内也,礼所以修外也。礼乐交错于中,发形于外,是故其成也怿,恭敬而温文"(《礼记·文王世子》),"德者,性之端也;乐者,德之华也。金石丝竹,乐之器也。诗,言其志也;歌,咏其声也;舞,动其容也。三者本于心,然后乐器从之。是故情深而文明,气盛而化神,和顺积中,而英华发外,唯乐不可以为伪"(《礼记·乐记》)。相关"乐德"之精论多多,不一而足。凡此种种,可为何唯独《乐经》表述乐德就被"打入冷宫"呢?

在《乐经》何以失传的辨析中,田君先生以西方荷马史诗作比,认为"六代乐舞具有上古史诗的性质,而且比史诗更加生动、更富感染力",这种认知非常到位。接下来田先生进一步论道:

> 《韶》《武》为历代推尊,正由于乐舞内容,可以发思古之幽情,起到凝聚族群、巩固王权的社会功能。随着历史的演进,各项制度逐渐健全。特别是秦汉以后,政府的控制力大为加强,冠冕黼黻、仪仗法驾、高阶峻殿,俱已齐备,王者威灵,于此尽显,不必借助乐舞凝聚族群、巩固王权。而史学观念的早熟,使文字记载的历史占据主流,远古历史也逐渐形诸文字。古乐肩负的社会职能被划分出去,只剩下乐舞仪式的躯壳,后世作乐者,徒示正统而已。古乐内容趋于亡佚,这是自身性质使然,即便《乐经》免遭焚燹,也难逃失传的命运。[18]

田君先生这段话倒把我搞糊涂了,田君先生在这里到底是同意《乐经》为六代乐舞本体——乐舞内容,还是认定《乐经》主要表述乐德、乐制呢?如果我们的理解不误,那么,这里的表述似乎是在附议在下的观点:这明明是在讲古乐内容亡佚者!如果是为乐德之探,乐舞内容之亡佚似乎与其关系不那么紧密,难道古乐内容亡佚,这见于文字之乐德的表述也一并亡佚了?至于"秦汉以后""文字记载的历史占据主流","古乐肩负的社会职能被划分出去,只剩下乐舞仪式的躯壳,后世作乐者,徒示正统而已",就这一点,似乎也有失偏颇。

---

[18] 田君:《〈乐经〉的性质与亡佚新探》,刊《音乐与表演》2010年第1期,第25页。

先秦六代乐舞之所以为"经",就在于这是经历了时间检验,而且彰显氏族方国时期贤德伟业的乐舞,具有崇圣情结的周公将其聚拢,并将周之乐舞忝列以成。显然,这些乐舞在其时至少应该在各诸侯国均有使用,而且要贵胄子弟都要参与这种祭祀大典以为"教"、为"承",制度规定有身份的人之广泛参与性。但后世雅乐则不同,应该说,周朝以下三千载这礼乐制度均实施,国家层面上祭祀也一直延续,只是汉魏以降制度规定性使得国家大祭祀之雅乐越来越小众化(只限于宫廷使用),虽然皇帝必须参与,但这大祀雅乐已不再是贵胄、国子们必须参与者,而是仅限于太常机构下的乐人承载。从《中兴礼书》《太常续考》记录的国家大祀雅乐之曲谱和乐舞形式来看,这场面之宏大,乐舞形式之繁复,乐章内容之雅正深邃,乐曲之精细,绝非所谓"只剩下乐舞仪式的躯壳"、"徒示正统而已",历朝历代都循"王者功成作乐",并设有司进行专门训练以为多种祭祀所用,显现其诚其庄,用句通俗的话语:太常乐师与乐工也不是白吃干饭的。这是一份庄严,一份肃穆,我们毋庸怀疑统治者自以为受命于天的一份虔敬,还是应该回到历史语境之中加以认知才好。近期我对《太常续考》中大祀雅乐的曲谱进行了解读,并对邱之稑版《丁祭礼乐备考》中祭孔音乐进行辨析[19],逐渐感知吉礼雅乐的本体内涵。学界人士如论乐,还真是应该对乐之本体进行把握,否则真有若隔山打牛。学界对三代之尊崇完全可以理解,但问题在于,诸如曾侯乙墓出土乐器可以显现其时的辉煌,我们完全可以通过这些乐器以及当时论乐的文字并沉浸于对其时乐舞的合理想象,却不可能听到和看到当时人们究竟有怎样的乐舞形态,六代乐舞无缘得见这是不争的事实。但我们还是不能够过于扬三代而贬后世,至少在乐—礼乐—雅乐的层面上应该对南宋以降的雅乐乐谱和相关文字资料辨析之后再发议论,否则就会有对前者凭空想象——褒扬,对后者视而不见——贬斥之嫌。

这天、地、山川、四望、先妣、先考都被列为国家大祀,且乐舞有规定的对应性,也就不是只演奏哪一种的问题了。如同京城里的天坛、地坛、日坛、月坛、先农坛、太庙,绝不会所有祀典其乐舞内容都相同。更应明确的是,后世推崇《韶》

---

⑲　项阳:《以〈太常续考〉为个案的吉礼雅乐解读》,待刊;《一把解读雅乐本体的钥匙——关于邱之稑的〈丁祭礼乐备考〉》,待刊。

《武》，还是因为前者孔夫子认定"尽善尽美"，后者为后世学人对周礼之治尊崇。六代乐舞在秦汉以降不可能存世，所谓"秦、汉、魏、晋代有加减……有帝王为治，礼乐不相沿"（《魏书》）就是这个道理，我在多篇文章中论证了汉魏以降何以这雅乐既不相沿又不相传[20]者。周公胸怀广阔，对当时各氏族方国的乐拿来可沿、可传、可用，而始皇帝以降，一以为尊，其后尚有时分时合的局面存在，但大一统的理念愈加强烈，虽然魏晋南北朝时期多政权并存，但恰恰在这一阶段没有一部被社会所认同的雅乐。国家吉礼大祀雅乐体系，如果说在两周社会是六代乐舞，恰恰由于始皇帝之"破"，废除了周公大祀用六代乐舞的制度用乐体系，其后直到南北朝的数百年间一直处于探求的过程之中，如此还在于两汉时期要重建却还没有成熟的理念，之后陷入了社会持续动乱，在社会没有长期安定的情状下，不可能有举世公认的雅乐出现。待隋再次一统，有识之士提出了诸种用乐新理念，诸如"国乐以雅为称"，"华夏正声"[21]，等等，却苦于统治期限太短，无从建立"体系"。进入唐代，这新的礼制用乐又经历了百年探索，直到开元间方拿出一整套能够为社会和后世认同的礼乐体系，这也就是宋人欧阳修所言"唐之五礼之文始备，而后世用之，虽时小有损益不能过也"[22]的道理所在。这里所言是为延续五礼之制，却非雅乐相传者，礼乐中各朝所创一整套雅乐既不相沿也不相传，前代雅乐绝不会在后代为用，毕竟这里有祭祖的内容，后世绝不会为前朝祭祖，统治者没有周公的雅量，吉礼大祀之雅乐——天神地祇人鬼之乐总是轰然倒在改朝换代门槛上就是这个道理。

六代乐舞，是在特定时间、特定地点，为特定承祀对象、由特定人群所承载和应用，一旦这些前提不再，空间缺失，则《乐经》必定失传，留下的只是一些从不同侧面解经的文字和曾经用经的记述。其实，这《乐经》失传也有一个逐渐的过程。应该看到，《乐经》之存在是有条件的，若使周礼规定性的六代乐舞在诸侯国得到很好的实施，必定需要各国有司依制培养一大批这样的乐师与乐工以备

⑳ 项阳：《礼乐·雅乐·鼓吹乐之辨析》，刊《中央音乐学院学报》2010 年第 1 期；《中国礼乐制度四阶段论纲》，刊《音乐艺术》2010 年第 1 期。
㉑ 参见《隋书》卷十三《音乐志上》，《隋书》卷十五《音乐志下》，中华书局 1973 年版，第 292 页，第 377—378 页。
㉒ 《大唐开元礼》原序，见文渊阁四库全书全文电子检索版，上海人民出版社。

实时所用,但从东周时期的诸多文献记载实际状况来看,的确出现了如下状况,这就是各诸侯国有司之健全者能够依制完成,而那些国势衰弱、朝不保夕的诸侯国,则必定导致这有司传承六代乐舞和实施祀典的相关问题,诸侯对国家祭祀和六代乐舞的态度直接影响到有司管理的乐工与乐师群体的担当;迁洛之后的周王室衰微,不再像周公时期那样辉煌和强有力,其所辖的王室乐官也纷纷"出逃",这也就是所谓"太师挚适齐,亚饭干适楚,三饭缭适蔡,四饭缺适秦,鼓方叔入于河,播鼗武入于汉,少师阳、击磬襄入于海"(《论语·微子》)。如此江河日下,即便是周王室也很难组织起每年的这种祭祀大典。六代乐舞的存在必须具备为用的诸种条件,使之具有活态传承的延续性,一旦这个链环遭到破坏,则很难接续,所谓"三年不为乐,乐必崩",在当时的社会环境下是真实的写照,我们看到各地对六代乐舞支离破碎的相关记录也就不足为怪。但不管怎样,至少东周时期这些乐舞依然在当年周天子所分封之诸侯国还有部分存在,这就是国君重视祀典之事,其地有着相对好的活态传承,有司尚能够把握部分常以为用者。这样讲是出于以下考量,即《乐经》失传并非完全是秦始皇的作用,其实这个失传的过程一直呈现渐进状态,只不过始皇帝给了这种采用六代乐舞祭祀天、地、山川、四望、先妣、先考的大祀吉礼用乐制度以致命一击:从制度上根除了六代乐舞的承载群体和使用空间而已。这标志着东周时期认定的《乐经》之完结。何以它种经典能够不失,而《乐经》独失?至此我们已经给出答案,一是为乐的特殊性,二是社会动荡、周王室衰微、各诸侯国之于吉礼用乐的重视不足使有司失其传,三是始皇帝的最终作用:在开创"新纪元"时废除周制国家大祀所用六代乐舞,从而使《乐经》彻底告别历史舞台。

应该明确的是,秦始皇所废除的是周代礼乐制度,但这并不意味着礼乐制度彻底消亡。实际上,礼乐制度自周公彰显,其后在中国传统社会中一直存在。中国礼乐制度是一个动态的发展过程,即便是秦始皇也懂得使用礼乐,后世历代君王更是在社会发展过程中不断对礼乐制度有新的诠释。总体说来,这就是承接两周、自汉代以降一直随着礼制变化为用、逐渐归于五礼范畴的礼乐制度,我在《中国礼乐制度四阶段论纲》中已有辨析。应该说,礼乐观念已经深深植入帝王之治的统系之中,从而延续了数千载。对于《乐经》,我们更应该辨析是仅仅将其置于对乐德之解释的层面,还是应该把握其国家最高祭祀仪式代表乐中国家形象的本体内涵? 一定不能够忽略乐(涵盖舞)所具有时空特性,从这种意义上讲,所谓《乐经》,应该是国家意义上用于国之大事中乐之经典,如果说《乐经》就是对乐之解释却无乐之本体内容的把握,岂不怪哉?

周代是一个出经典、产生思想的时代,与礼相须之乐有经典出现自在情理之中。六代乐舞就是周之"国乐"——在国家最高祭祀礼仪、在国之大事中所用的乐舞理应是为经典之乐舞——这是周公以为定制的乐舞。《乐经》已失,《乐经》不再,这是客观存在。作为属于那个时代的《乐经》,显然有其时代的印记,也符合其自身规律和特性者。从文献角度,回归文本,是文史学界之普遍认知。我们对于《乐记》为《乐经》解经一说,有一定程度的认同,但这并不等同于讲《乐记》是为《乐经》者,即便有古本《乐记》,相信在当时的社会和科技条件下也不会有对乐本体形态的整体把握。必须正视乐本体之活态传承的特殊性,围绕《乐经》进行释解和现象记述的文本《乐记》或可全部或可部分保存,而《乐经》不可能有完整的文本意义。郑玄、孔颖达等大儒对五经之注疏显然不会被视为诸经的本体构成;如此,《乐记》虽有解经之考量,但解经非经。说"六代乐舞"为《乐经》者,既关注到乐的特殊性,又把握乐在礼制中的功能性,在社会发展过程中的实用性,更是出于乐本体和礼中用乐的整体考量,如此企盼对两周《乐经》之探讨能够继续深入。

2010 年 3 月完稿,4 月定稿

【项　阳　中国艺术研究院音乐研究所研究员】
原文刊于《中国文化》2010 年 01 期

《三礼通史》序

虞万里

　　礼之起也,源于祀,源于俗,源于人之欲,抑源于物之易？论者莫衷一是者久矣。许慎谓"礼者,履也,所以事神致福"(《说文》),取诸形符之"示",是深得造字之本。礼必体履以见,康成云:"礼者,体也,履也。统之于心曰礼,践而行之曰履。"(《左传·昭公二十五年》疏引)其见之于体履者,若荀卿云:"礼者,以财物为用,以贵贱为文,以多少为异,以隆杀为要。文理繁,情用省,是礼之隆也。文理省,情用繁,是礼之杀也。文理情用相为内外表里,并行而杂,是礼之中流也。"(《荀子·礼论》)虽然,礼之义大矣哉！启自萌心发念,修身立世,处事接物;推及孝敬父母,敦穆家庭,信义朋友,和顺社会;进至治国御民,信及豚鱼,德及禽兽,可谓无乎不在,无所不包。盖"礼者,人道之极也。然而不法礼,不足礼,谓之无方之民;法礼,足礼,谓之有方之士"(《荀子·礼论》)。礼家百方譬喻,言之详矣。兹请略述其要:
　　人者,以心统摄肢体思维,心为礼之本原,外发为仪貌。所谓"礼是仪之心,仪是礼之貌。本其心谓之礼,察其貌谓之仪"也(《左传·昭公二十五年》疏)。礼以德义为内心之基,盖"礼者,德之文"(《人物志·八观》),亦"义之文也"(《韩非子·解老》)。内心具足德义,焕发而为仪态、为精神,韩非所谓"外节之所以谕内也"(《解老》)。以礼外节之精神仪态为何？厥唯曰敬！子墨子云:"礼,敬也。"(《墨子·经上》)《曲礼》曰:"毋不敬,俨若思,安定辞。"《韩诗外传》云:"爱由情出谓之仁,节爱理宜谓之义,致爱恭谨谓之礼。"孔冲远更云:"礼者,谦卑恭谨,行归于敬。"(《左传·僖公二十七年》疏)是皆谓内心有礼,外发于神情即庄敬恭谨。人若不以德充其内,则庄敬不发乎外,恭谨不显于仪,是必无礼,无礼则多有放心驰情、淫逸奢侈、越闲犯奸者矣。孟坚不云乎:"治身者斯须忘礼,则暴嫚入之矣。"(《汉书·礼乐志》)唯礼可以节制人欲,"所以缀淫也"(《乐记》),"所以防淫佚节其奢靡"(《白虎通·礼乐》),使其"不犯者也"(《鹖冠子·学问》)。盖"礼者,禁于将然之前,而法者,禁于已然之后"(《大戴礼记·礼察》)。由此知"礼,所以制中也"(《礼记·仲尼燕居》),"所以正身也"(《荀子·修身》)。制中正身,乃吾人处世之本。夫子曰:"恭而无礼则劳,慎而无礼则葸,勇而无礼则乱,直而无礼则绞。"(《论语·泰伯》)礼既为立身之极则,是知"礼者,人之干也"(《左传·昭公七年》),"君子义以为质,礼以行之,孙以出之,信以成之"(《论语·卫灵公》),曷可为人而不以礼乎?"君子博学于文,约之以礼,亦可以弗畔矣"(《论语·雍也》)。

敬祖祭宗,非礼不成,"天不生,地不养,君子不以为礼,鬼神不飨"也(《礼记·礼器》),故先祖者,礼之本也,可不敬不礼乎?婚姻者,家庭之始也。"昏姻之礼废,则夫妇之道苦,而淫辟之罪多矣"(《大戴礼·礼察》)。夫妇相敬即为礼。夫妇者,家之本;家庭者,国之基:"欲为国家之政,先行于礼,礼谓夫妇之道"(《礼记·哀公问》疏)是也。为人子者,"父母爱之,喜而不忘;父母恶之,惧而无怨;父母有过,谏而不逆;父母既殁,以哀祀之加之,如此谓礼终矣"(《大戴礼记·曾子大孝》)。"君子之孝也,忠爱以敬,反是乱也。尽力而有礼,庄敬而安之,微谏不倦,听从而不怠,欢欣忠信,咎故不生,可谓孝矣。尽力无礼,则小人也,致敬而不忠,则不入也。是故礼以将其力,敬以入其忠"(《大戴礼记·曾子立孝》)。家庭之间,焉可不以曾子之言箴之戒之警之勉之哉!

立身行事,处世接物,以礼为本。"夫行也者,行礼之谓也"(《大戴礼记·曾子制言》)。无论富贵贫贱,一以礼行,盖"富贵而知好礼,则不骄不淫;贫贱而知好礼,则志不慑"(《礼记·曲礼上》)也。人我往来,宾主酬答,不以礼,则无以交往,以"礼是交接会通之道"(李鼎祚《周易集解》引何妥说),"不学礼无以立"(《论语·季氏》),"不知礼无以立"(《论语·尧曰》)也。往来酬答,遇"贵者敬焉,老者孝焉,长者悌焉,幼者慈焉,贱者惠焉"(《大戴礼记·曾子制言》),是礼也。夷吾云:"登降揖让,贵贱有等,亲疏有体,谓之礼。"(《管子·心术上》)礼,"亲疏贵贱相接之体也"(朱熹《中庸章句》);礼,"自卑而尊人"(《礼记·曲礼》),"自后而先人"(《汉上易传》)。唯其交接会通能敬、孝、悌、慈、惠,能等贵贱、体亲疏,能自卑尊人,自后先人,是以和谐生焉。故云"礼之以和为贵"(《礼记·儒行》),"礼之用和为贵"(《论语·学而》)。虽然,行礼于亲疏贵贱、尊卑先后之际,仍当自尊,所谓"礼不妄说人,不辞费"也(《礼记·曲礼上》);仍当自重,所谓"礼不逾节,不侵侮,不好狎"(《礼记·曲礼上》)也。

推而至于治国御民,犹当以礼为主,以法为辅。"以礼义治之者积礼义,以刑罚治之者积刑罚;刑罚积而民怨倍,礼义积而民和亲"(《大戴礼记·礼察》)。"礼者,所以辨尊卑,别等级,使上不逼下,下不僭上"(《礼记·曲礼》疏)。礼与法虽相辅相成,而法当以礼为节制。盖礼者,"法之大分,类之纲纪也"(《荀子·劝学》)。君子"道之以政,齐之以刑,民勉而无耻。道之以德,齐之以礼,有耻且格"(《论语·为政》),是"安上治民莫善于礼,移风易俗莫善于乐"(《白虎通·礼乐》)也。国治之象,君臣万民各安其位,各乐其事。君子曰:"礼,经国家,定社稷,序民人,利后嗣者也。"(《左传·隐公十一年》)散化六典,观照万事,无不以礼为节度:"道德仁义,非礼不成;教训正俗,非礼不备;分争辩讼,非礼不决;君臣上下,父子兄弟,非礼不定;宦学事师,非礼不亲;班朝治军,莅官行法,非礼威严不行;祷祠祭祀,供给鬼神,非礼不诚不庄。"(《礼记·曲礼》)故康成云"礼者,序尊卑之制,崇敬让之节也"(《六艺论》)。序尊卑,崇敬让,则社会安,万民和,故云"礼,所以谐和"(《周礼·天官·太宰》疏)也。民有侈其性、张其欲、伪其情者,则以五礼为之防,以礼"所以节正民之侈伪也,使其行得中"(郑玄《周礼·地官·大司徒》注)也。"为政在人,政由礼也"(郑玄《礼记·中庸》注),"为政以德"(《论语·为政》),"为政以礼"(《诗·卫风·芄兰序》),故礼者,是"国之纪"(《国语·晋语四》)、"国之干也"(《左传·僖公十一年》);是"政之本"(《大戴礼记·哀公问孔子》)、"政之舆"(《左传·襄公二十一年》)、"政之挽也"(《荀子·礼论》)。《左传》云"礼,王之大经也"(《昭公十五年》),"礼,所以守其国,行其政令,无失其民者也"(《昭公五年》),"所以整民"(《庄公二十三年》）、"所以御民"（《说苑·修文》）、"所以恤下"，亦"所以固国家，定社稷，使君无失其民者也"（以上《新书·礼》）。"为国者一朝失礼，则荒乱及之矣"（《汉书·礼乐志》），其不偾者未之有也。

是以七十子传夫子礼说为《礼三本》《礼察》，荀卿撰《礼论》，太史公著《礼书》，贾子传《礼》篇，后之史书因之，殆欲以礼观治乱兴废也。夫"以旧礼为无用而去之者，必有乱患"（《大戴礼记·礼察》），是"礼者，所以兴福祥之本，而止祸乱之源也。人能枉欲从礼者，则福归之；顺情废礼者，则祸归之：推祸福之所应，知兴废之所由来也"（《后汉书·荀爽传》）。由是言之，凡夫六合之内，皆当以礼序之，以"礼之大体，体天地，法四时，则阴阳，顺人情"（《礼记·丧服四制》）也。故"天地位，日月明，四时序，阴阳和，风雨节，群品滋茂，万物宰制，君臣朝廷尊卑贵贱有序，咸谓之礼"（张守节《史记·礼书》正义）也。天地，生之本；先祖，类之本；君师，治之本。"故礼上事天，下事地，宗事先祖而宠君师，是礼之三本也"（《大戴礼记·礼三本》）。

夫礼之义所以充塞宇内而可行之永恒者，以其缘人情而设也。"礼者，理也"（《礼记·仲尼燕居》），"理之不可易者也"（《礼记·乐记》）。理之不可易，则情之不能已，情之不能已，则人之不可离也。其义亘古今充东西而不能废，行天地运日月而不可无，唯人类永存，则礼亦当永存！猗欤伟哉，"礼者，天之经也，地之义也，民之行也"（《左传·昭公二十五年》）。

然则礼又非一成而不变、刻舟以求剑者，其犹须适时应势，因革改易。《曲礼》云"礼从宜"，康成曰："事不可常也。"夫子深于礼，笃于行，依礼循礼，说礼传礼，然每临事制宜，与时偕行，孟子所以许为"圣之时"者也。孔冲远云："其所践履，当识时要，故礼所以顺时事也。"（《左传·成公十六年》疏）其谁曰不然哉？放眼古今，历数兴废，"任己而不师古，秦氏以之致亡；师古而不适用，王莽所以身灭"（《宋书·礼制一》）。古往今来，墨守故常，其不殆者未之有也。

知礼之义盈溢于天地宇宙之内，知礼之仪弥贯于日用伦常之间，而后可悟"礼仪三百，威仪三千，待其人而后行"之礼"优优大哉"（《礼记·中庸》）。夫礼仪三百者，《周官》也；威仪三千者，《仪礼》也。《仪礼》之礼与仪，溯自姬周，握铃公旦，百官述之演之；损益夏商，两周施之行之。逮及王官失守，夫子独任其重，传其礼更说其义,七十子后学书诸绅,礼之仪及义幸未坠失。汉兴,高堂生说解士礼,萧奋、孟卿继之;后苍著记曲台,大小戴及闻人、庆普传之,礼学之辉光由是日新日隆。德、圣传礼,兼采古记,以辅讲疏,七十子传记得以不废。其后充、褒作传,融、植表微,蔚成《礼记》之学。子骏校书,抉发《周官》;子春承教,张大其学。中经郑、贾父子推衍阐发,不绝如缕。及康成遍注三经,并撰目录,三礼之名由是奠定。

三姓鼎立,以启郑王之争;异同合评,衍及两晋更替。方是时也,南北对峙,礼成正统之帜;华夷杂糅,礼为融和之剂。品秩铨叙,等级差次,政权之稳固,社会之安定,皆一系于礼。是故朝廷重三礼之教,民间有学馆之设,朝野相应,礼学勃兴。学者趁势纂礼例,勾书法,释名物,解语词,树新说,标独见。其《丧服》一篇,正例特例,问答辩难,尤为激烈。若辨南北异同,南朝恒自立新义,北朝多笃守郑注。既承汉宣章句之分析,复融佛学科判之程序,登台宣讲,退室疏记,义疏正义之体因以成焉。是时之雷次宗、庚蔚之、何胤、贺场、皇侃、刘芳、崔灵恩、熊安生者,皆礼学翘楚,播应时之声誉,遗后世之学说。

六朝分裂三百年,江南、河北之本,文字每多歧出,异说更呈纷纭。隋唐收拾金瓯,安息域内,纲纪重振,政教并宣,网罗英杰,取径经典,面对文字纷乱、义疏异说之本,自所不容。逮孔贾疏出,维护郑说,一反南朝领新标异之风,渐成李唐经说一统之学。天水一朝,学者多耽玩古物,因嗜古而求实,因求实而疑经,因疑经而校文,因校文而序次章节,是以《考工》之已亡未亡,《周官》之是旦非旦,《大学》之经前传后,征文考献,断断以求,兼以版刻之兴,引发校勘之学。唯朱文公《仪礼经传通解》一书,序次经文,包容注疏,最得孔门师弟问答之微旨,已启秦氏通考五礼之钤键。元明步赵宋余绪,或从或违,推波助澜。而幼清移易《礼记》,重加编纂,伯鲁继之,别开生面。

有清熔十七朝之学术,开三六行之纪元。诸凡三礼之作者纂人、成书年代,经文之辞例、句读、礼例、文字、训诂、声韵、典制、名物,汉学之文本、宋学之义理、注疏之异同,礼图之沿革、版本之源流,无不潜研深考,每能发皇张大。其所以然者,岂不以礼学之重,关涉修齐治平之切者乎?

逮及西风东渐,概论通史因之兴作百有余年,诸凡专史通论无虑成百上千,今犹方兴未艾，却竟无三礼通史。夷究厥因，盖以兹事体大，斯学尤难也。然较以礼学之重与修齐治平之切者，岂可任之以阙而不以为憾者乎？昔刘腴深著《三礼注汉制疏证》、钱小云撰《三礼通论》，虽兼论三礼，犹未成"史"。予以世纪之交访台，适逢《宋代三礼学研究》出，亟购以读。嗣见《清初三礼学》，近年又获睹《二十世纪中国三礼学史》，虽亟可忻怿，然皆断代，不无憾焉。予友丁鼎教授者，莱西奇士也，立身怀涅而不缁之行，治学下坚韧笃实之功，深研古礼，融会儒学，昔著《〈丧服〉考论》，继刊《〈礼图〉校释》。岁在己丑，其《三礼通史》获国家哲社基金立项，予受邀参与开题，深感其发愿之弘，立志之坚，为学术欣，更为礼学幸。嗣后邀约邓声国、郭善兵、张帅、潘斌、林素英、夏微、马金亮诸君，搜讨古今，披览典献，通力协作，各擅其长。凡兹俊髦，皆亲炙名师，各有专著，诚予之畏友，而时之礼学专家也。若台师大林教授素英者，潜研数十年，礼论十余部，尤礼学之翘楚。诸君砺剑适当十年，列目几近八百，行文已逾百万。虽曰统叙历代三礼学之概况，而诸凡礼书之起源，礼学之发生，礼义之辨证，礼节之隆杀，礼仪之繁简，礼说之分疏，礼文之异同，礼例之概括，可谓无所不包。信是一编在手，二千年礼学递嬗盛衰历历如示诸掌矣。予于秦汉经师礼书之文字声韵训诂，礼学文本之传授增衍偶有思索，于文字艰涩、仪节綦繁之三礼学则未尝用功，纵策三余惕厉之勤，难免光驹向若之叹。猥承丁兄屡赐嘉命，三辞不获，星转斗移，运思含毫，犹迟迟未敢走笔，而兄之文稿又复三易矣。今以梓行在即，谨掇拾古来礼家论礼嘉言，缉缀成篇，聊当喤引。既求教于丁兄及执笔诸君，亦祈世之博雅卓识、敏锐果敢者阐幽扶微，光大礼学，是岂周公仲尼礼学之幸，抑亦吾中华民族国家之幸也！

二○一九年五月草于台湾中大寓所

八月十八日定稿于海上榆枋斋

【虞万里　上海交通大学人文学院特聘教授】

原文刊于《中国文化》2019 年 02 期

论《礼记》及其文化内涵

姜义华

一、礼、礼治、礼学缘起

礼（禮），在甲骨文中原作"豊""豊""豊""豊""豊""豊""豊"①。罗振玉案：卜辞玉字作王，亦作丰，像三玉连贯之。卜辞殆从珏也。古者行礼以玉帛，故从珏②。王国维释："此诸字皆像二玉在器之形。古者行礼以玉，故《说文》曰豊，行礼之器，其说古矣。""盛玉以奉神人之器，谓之凵若豊。推之而奉神人之酒醴，亦谓之醴。又推之而奉神人之事，通谓之礼。其初当皆用凵若豊二字，其分化为醴、礼二字，盖稍后矣。"③林沄指出，豊并非从豆，而系从壴、壴、壴等形，像古代鼓形。"豊字何以从珏从壴？这是因为古代行礼时常用玉和鼓。孔子曾感叹说：'礼云礼云，玉帛云乎哉！乐云乐云，钟鼓云乎哉！'这至少反映古代礼仪活动正是以玉帛、钟鼓为代表物的。"林沄特别指出，甲骨刻辞中有专门用鼓的祭祀，鼓或壴本身就成为一种祭名，为一种隆重的典礼，似取鼓声能上震天庭，达于

---

① 参见李孝定编述《甲骨文字集释》第五，"中研院"历史语言研究所专刊之五十，1965 年，第 1679 页。
② 见罗振玉《增订殷墟书契考释》（中），1914 年。
③ 王国维：《观堂集林》卷六《释礼》。

帝所。故中原地区在造字之初,以玉鼓之形以表达礼这一概念。④ 许慎《说文解字》五上释豊为"行礼之器",而在一上释礼为"履也,所以事神致福也,从示从豊,豊亦声。𧾫,古文礼。"豊、礼作这样的分别,显然是后来的事。1977 年河北平山县中七汲村发掘的战国时期中山国墓地出土的中山王𧩙方壶铭文中,"礼义"和"礼敬"之礼,仍作"豊",字形作"𧘑"⑤,铸此壶时已是公元前 314 或 313 年。

其实,早在文字产生以前,礼就已在人们的生活实际中逐渐形成。大量考古发掘资料和人类学、民族学调查表明,在原始时代,人们在一个人出生、成人、婚娶、生育、疾病、老死、安葬之时,在一道居住、饮食、欢会之时,在共同渔猎、农耕、制作之时,在向上天、土地、山川星辰、各种图腾祈祷、礼拜之时,常常举行特别的仪式。人们分别佩戴不同的饰物,使用不同的器皿,或歌或舞,或喜或悲,有一定的规矩、一定的程序,这就是最初的礼。

孔子说过:"夏礼,吾能言之,……殷礼,吾能言之。""殷因于夏礼,所损益可知也;周因于殷礼,所损益可知也。"⑥夏、殷两代在古代礼制形成中,具有重要地位。今夏代礼制只能凭借文献略知梗概,殷代礼制则可凭借甲骨卜辞稍知其详。从卜辞中可以看出,殷代已经初步形成朝觐、盟会、锡命、祭祷、军旅、丧葬、飨宴、馈赠等各类礼仪⑦。

西周初,周公制礼作乐,首次将礼提到治国总纲领和社会生活总规范的高度。《通鉴外纪》卷三引《尚书大传》:"周公摄政,一年救乱,二年克殷,三年践奄,四年建侯卫,五年营成周,六年制礼作乐,七年致政成王。"《尚书·洛诰》孔颖达正义释"朕复子明辟"时说:"王肃于《金縢》篇末云:武王年九十三而已,冬

④ 林沄:《豊丰辨》,见《古文字研究》第十二辑,中华书局,1985 年,第 181—183 页。
⑤ 参见张政烺《中山王𧩙壶及鼎铭考释》,赵诚《中山壶、中山鼎铭文试释》,孙稚雏《中山王𧩙鼎、壶的年代史实及其意义》,俱载《古文字研究》第一辑,中华书局,1979 年。
⑥ 见《论语》中《八佾》《为政》《季氏》《先进》《宪问》《子略》《颜渊》《雍也》《公冶长》各篇。
⑦ 殷代礼典,罗振玉在《殷墟书契考释》中汇辑过二十多个祭名,陈梦家在《古文字中的商周祭礼》(《燕京学报》第十九期)中汇辑了三十七个祭名,并分成七类。沈文倬在《略论礼典的实行和仪礼书本的撰作》(《文史》第十五辑)一文中根据甲骨卜辞和西周彝铭指出,几个主要的祭礼如郊、社、禘、殷、烝,可以相信自殷至春秋一直被王朝所奉行。

十一月崩,其明年称元年,周公摄政,遭流言,作《大诰》而东征。二年克殷,杀管叔。三年归,制礼作乐。出入四年,六年而成。七年营洛邑,作《康诰》《召诰》《洛诰》,致政成王。"两则记载,年代略有差异,当是时间既久,传闻有误,但"制礼作乐"一事则确定无疑。《尚书·洛诰》中有周公所说的一段话:"王肇称殷礼,祀于新邑,咸秩无文。予齐百工,伻从王于周。"说的就是让百工由殷代典礼改行周代典礼。周公去世后,成王作《君陈》篇说:"昔周公师保万民,民怀其德。往慎乃司,兹率厥常。懋昭周公之训,惟民其乂。"足见周公制礼作乐的影响。周公制作的礼典和刑典等,可能流传至春秋时还可见到,所以《左传》文公十八年季文子说:"先君周公制周礼,曰:'则以观德,德以处事,事以度功,功以食民。'作《誓命》曰:'毁则为贼,掩贼为藏;窃贿为盗,盗器为奸。主藏之名,赖奸之用,为大凶德,有常无赦!'在九刑不忘。"《左传·昭公二年》晋侯使韩宣子聘于鲁,"观书于大史氏,见《易象》与鲁《春秋》",也说:"周礼尽在鲁矣,吾乃今知周公之德与周之所以王也。"

礼从风俗习惯变为治国总纲领和社会生活总规范后,礼乐制度由周天子确定。在西周天子权力逐渐衰退之后,诸侯坐大,在礼乐制度方面开始自行其是。孔子说过:"天下有道,则礼乐征伐自天子出;天下无道,则礼乐征伐自诸侯出。自诸侯出,盖十世希不失矣;自大夫出,五世希不失矣;陪臣执国命,三世希不失矣。"⑧春秋前期,礼乐已成了诸侯、大夫们关注的中心。《左传·隐公十一年》记君子肯定郑庄公有礼,指出:"礼,经国家,定社稷,序民人,利后嗣者也。"桓公二年记载晋国大夫师服的论说:"夫名以制义,义以出礼,礼以体政,政以正民,是以政成而民听。易则生乱。"闵公元年记载仲孙湫同齐侯的对话,齐侯询问可否灭鲁,仲孙回答说:"不可。犹秉周礼。周礼,所以本也。臣闻之:'国将亡,本必先颠,而后枝叶从之。'鲁不弃周礼,未可动也。"仲孙并直率地将"亲有礼"即亲近循礼的国家视作"霸王之器"。文公十六年记季文子评论齐侯已则无礼而讨伐有礼者的话:"礼以顺天,天之道也。已则反天,而又以讨人,难以免矣。""奉礼以守,犹惧不终,多行无礼,弗能在矣。"成公十三年记载刘子一段论说:"吾闻

---

⑧　见《论语》中《八佾》《为政》《季氏》《先进》《宪问》《子路》《颜渊》《雍也》《公冶长》各篇。

之：民受天地之中以生，所谓命也。是以有动作礼义威仪之则，以定命也。能者养之以福，不能者败以取祸。是故君子勤礼，小人尽力。"襄公二十一年记载晋国大夫叔向评论齐侯、卫侯对朝见天子及互相盟会态度轻慢的一段话："二君者必不免。会、朝，礼之经也；礼，政之舆也；政，身之守也。怠礼，失政；失政，不立。是以乱也。"昭公二年记叔向又一段论述："忠信，礼之器也。卑让，礼之宗也。"昭公十五年记叔向又一段话："礼，王之大经也。"二十五年记鲁人昭子的一段论述："君子贵其身，而后能及人，是以有礼……贱其身也，能有礼乎？无礼，必亡。"所有这些论述，都表明礼已成为贵族社会普遍关心的问题。

曹元弼《礼经学》卷四《会通》中指出："考之《左氏》，卿大夫论述礼政，多在定公初年以前。自时厥后，六卿乱晋，吴、越迭兴，而论礼精言，惟出孔氏弟子，此外罕闻。"⑨鲁定公以后，进入了所谓"礼崩乐坏"的时期，礼制陷入了混乱。这时，只有孔子及其弟子，深知礼的价值，以"克己复礼"为己任，坚持研习各种典礼，体会这些典礼的真正含义，努力通过礼的新的阐释使国家和社会能够顺利从失范、失衡、无序状态中走出来，构建起一整套新的规范、新的秩序，使国家和社会重新得到均衡、有序的发展。

刘泽华《中国传统政治思维》一书中区别了礼与礼学。他指出："礼与礼学并不完全是一回事。在礼学产生之前，礼多表现为制度性和仪式性的规定；而礼学则是研究礼的学说，它把礼作为认识的对象，以阐发礼义为根本，具有一套系统的理论体系。"根据这一标准，他认为，礼学兴起于春秋时期，孔子是礼学的创始人。⑩杨向奎在《宗周社会与礼乐文明》中提出："孔子重视礼，加工和改造了礼，丰富了礼的内容，美化了礼，目的是使人们的生活丰富多彩，都成为'文质彬彬，然后君子'的君子。"经由孔子，"礼不再是苦涩的行为标准，它富丽堂皇而文采斐然，它是人的文饰，也是导引人生走向理想境界的桥梁。"⑪尽管这些说法不完全相同，孔子在中国古代礼、礼学、礼的文明发展中具有特别重要的地位，则是毫无疑问的。

---

⑨ 引自沈文倬《略论礼典的实行和〈仪礼〉书本的撰作》，见《文史》第十五辑，中华书局 1982 年，第 36 页。
⑩ 见刘泽华主编《中国传统政治思维》，吉林教育出版社，1991 年，第 342—343 页。
⑪ 见杨向奎《宗周社会与礼乐文明》，人民出版社，1992 年，第 373、375 页。

《论语》中有四十多章论及礼。从《论语》中这些论述可以看出,孔子及其弟子不仅坚持了"为国以礼"[12],确认"上好礼,则民易使也"[13],"上好礼,则民莫敢不敬"[14],而且将是否守礼看作能否作一个名副其实脱离了兽性的合格的人的基本条件,断言"不学礼,无以立"[15]。真正合格的人,在孔子眼中,就是达到了仁这一境界的人。而所谓仁,就是"爱人"[16],就是"己欲立而立人,己欲达而达人"[17],就是"己所不欲,勿施于人"[18]。要达到这一境界,就要"非礼勿视,非礼勿听,非礼勿言,非礼勿动"。为此,孔子说:"克己复礼为仁。一日克己复礼,天下归仁焉"[19]礼成为规范人的行为举止和人与人关系的最高准则,它所要达到的目标是使他人都能和自己一样立身于社会并得到顺利的发展,由此,礼具有了更为普及更为确定的人文意义。

春秋时代之末、战国时代,礼更为混乱,礼治受到更为严重的破坏,以孔子的弟子、传人为代表的儒者则更加热衷于礼学,至荀况而集其大成。荀况的著作《荀子》中,有以《礼论》为名的专篇论礼,其他《乐论》《大略》《不苟》《王霸》《强国》等篇中,对礼也有许多精到的论述。在荀况这里,礼被定位为"亲亲、故故、庸庸、劳劳"及"贵贵、尊尊、贤贤、老老、长长",即使所有的人都能"行之得其节"[20]。他特别强调了礼的分界和给养这双重作用:"礼起于何也?曰:人生而有欲,欲而不得,则不能无求;求而无度量分界,则不能不争。争而乱,乱则穷。先王恶其乱也,故制礼义以分之,以养人之欲,给人之求。使欲必不穷乎物,物必不屈于欲。两者相持而长,是礼之所起也。"[21]一方面,贵贱有等,长幼有差,贫富轻重皆有称,另一方面,又通过各种礼仪、礼器来养信、养威、养安、养生、养财、养情,荀子以为,这方才是有别于霸道、危道的王道:"君人者,隆礼尊贤而王,重法

---

[12]　见《论语·先进》。
[13]　见《论语·宪问》。
[14]　见《论语·子路》。
[15]　见《论语·季氏》。
[16]　同上。
[17]　见《论语·雍也》。
[18]　见《论语·颜渊》。
[19]　同上。
[20]　见《荀子·大略》。
[21]　见《荀子·礼论》

爱民而霸,好利多诈而危。"㉒可以说,这是为国家统一后建立新的礼治奠定了理论基础。但是,荀子的礼论直到汉王朝建立后方才结出硕果,它表现在叔孙通为汉代制定礼仪,开启了汉代的礼治新格局。

二、《礼记》论礼、礼治、礼教

什么是礼?《礼记》一书提出了四个命题:礼是"物之致""义之实""政之本""事之治"㉓。

"礼也者,物之致也。"这一命题见之于《礼器》篇,其义和《乐记》篇中所说的"礼也者,理之不可易者也"相同,说的都是礼应当符合并体现客观世界的运行规律。《礼记》中对此曾一再加以强调。《礼运》篇中说:"夫礼,先王以承天之运,以治人之情,故失之者死,得之者生。……是故夫礼,必本于天,肴于地,列于鬼神,达于丧、祭、射、御、冠、昏、朝、聘。"同一篇又说:"夫礼,必本于天,动而之地,列而之事,变而从时,协于分艺。"这里的天、天之运,都是自然界乃至宇宙运行规律的别称。《礼器》篇中说:"礼也者,合于天时,设于地财,顺于鬼神,合于人心,理万物者也。是故天时有生也,地理有宜也,人官有能也,物曲有利也,故天不生,地不养,君子不以为礼。"《乐记》篇中说:"大礼与天地同节。"《丧服四制》篇说:"凡礼之大体,体天地,法四时,则阴阳,顺人情,故谓之礼。"所有这些"合""设""顺""理""同""体""法""则",都突现了礼必须尊重、遵循天时、地理、阴阳、人心、人情及万物自身的运行法则。礼并非随心所欲地做出一些规定,它必须以宇宙万物运行的规律、节奏为其基础。这是《礼记》所提出的关于礼的第一命题。

㉒ 见《荀子·大略》。

㉓ 在《礼记》成书以前,对礼作了最详细阐述的是《荀子》。该书《大略》篇指出:"礼也者,贵者敬焉,老者孝焉,长者弟焉,幼者慈焉,贱者惠焉。"《富国》篇指出:"礼者,贵贱有等,长幼有差,贫富轻重皆有称者也。"《大略》篇更概括地指出:"行之得其节,礼之序也。"《致士》篇指出:"礼者,节之准也。"《法行》篇进而论礼与法的关系:"礼者,众人法而不知,圣人法而知之。"《君道》篇提出:"隆礼至法则国有常。"参见栗原圭介所撰《荀子の礼观について》,《大东文化大学纪要》,人文科学第十四号,1976 年 3 月,第19—32 页。

"礼也者,义之实也。"这一命题见之于《礼运》篇。《礼运》篇中指出:"义者,艺之分,仁之节也。"陈澔注:"艺以事言,仁以心言。事之处于外者,以义为分限之宜;心之发于内者,以义为品节之制。协于艺者,合其事理之宜也;讲于仁者,商度其爱心之亲疏厚薄,而协合乎行事之大小轻重,一以义为之裁制焉。"礼为义之实,指的是礼作为一种规范、定制,它修治约束着人的情感、欲望以及人与人之间的相互关系。《礼运》篇中说:"何谓人情?喜、怒、哀、惧、爱、恶、欲,七者弗学而能。何谓人义?父慈、子孝、兄良、弟弟、夫义、妇德、长惠、幼顺、君仁、臣忠,十者谓之人义。讲信修睦,谓之人利。争夺相杀,谓之人患。故圣人之所以治人七情,修十义,讲信修睦,尚辞让,去争夺,舍礼何以治之?"礼就是人的情感、欲求与人和人关系的一种正确规制、约束。《曲礼》篇上一开始就指出:"敖不可长,欲不可从,志不可满,乐不可极。……夫礼者,所以定亲疏、决嫌疑、别同异、明是非也。礼不妄说人,不辞费。礼不逾节,不侵侮,不好狎,修身践言,谓之善行。行修言道,礼之质也。"礼的核心或礼的灵魂,就是使人归之于"人道之正",为此,《大传》篇中指出:"圣人南面而听天下,所且先者五,民不与焉。一曰治亲,二曰报功,三曰举贤,四曰使能,五曰存爱。五者一得于天下,民无不足,无不赡者。五者一物纰缪,民莫得其死。圣人南面而治天下,必自人道始矣。"《乐记》篇更明确地指出:"是故先王之制礼乐也,非以极口腹耳目之欲也,将以教民平好恶而反人道之正也。"如果不能了解"人道之正"为礼的本质、礼的立身立命之本,那么,礼便会失去生命力而徒存形式、躯壳,即《郊特牲》篇中所说的:"礼之所尊,尊其义也。失其义,陈其数,祝、史之事也。故其数可陈也,其义难知也。知其义而敬守之,天子之所以治天下也。"

"为政先礼,礼,其政之本与!"关于礼的这第三个命题出之于《哀公问》篇。礼为政之本,一指当以行礼为治天下前提,二指当以礼订正法度、刑律,三指以实现礼治为施政的根本任务。

关于行礼为治天下的前提,提出"为政先礼"的《哀公问》篇即指出:"民之所由生,礼为大,非礼无以节事天地之神也,非礼无以辨君臣上下长幼之位也,非礼无以别男女父子兄弟之亲、昏姻疏数之交也。君子以此之为尊敬然,然后以其所能教百姓,不废其会节。"以此,哀公询问为政如之何时,孔子简要地概括为:"夫妇别,父子亲,君臣严,三者正,则庶物从之矣。"《经解》篇中指出:"夫礼,禁乱之所由生,由坊止水之所自来也。"《坊记》篇更全面地阐发了这一观点,说明"礼者,因人之情而为之节文,以为民坊者也","夫礼者,所以章疑别微以为民坊者也",前者使民富不足以骄,贫不至于约,贵不慊于上,后者使民贵贱有等,衣服有别,朝廷有位,这一切也就是所谓"坊民所淫,章民之别,使民无慊,以为民纪"。这就从导引和预防这积极与消极两个方面说明了行礼何以成为治理天下的前提。

礼成为法度、刑律的基准,是礼为政之本的第二层含义。《礼记》一书中《王制》《月令》《文王世子》《明堂位》等篇叙述各种国家政令制度,并非游离于全书基本内容之外,实是表现了礼的应有之义。《经解》篇指出:"礼之于正国也,犹衡之于轻重也,绳墨之于曲直也,规矩之于方圜也。故衡诚县,不可欺以轻重;绳墨诚陈,不可欺以曲直;规矩诚设,不可欺以方圜。"以《王制》篇而论,列述班爵、授禄、祭祀、养老及职官、朝聘、巡狩、田猎、赋税、学校、选举、丧祭、刑法、道路、边裔等各项制度,注者以为其中或为虞制,或为夏制,或为殷制,或为周制,或为汉制,系糅合各代之制而成,其实,它是以周制为骨骼,根据礼的标准而设计出来的方案。《月令》篇也是如此。《曲礼》篇上指出:"道德仁义,非礼不成;教训正俗,非礼不备;分争辩讼,非礼不决;君臣上下,父子兄弟,非礼不定;宦学事师,非礼不亲;班朝治军,莅官行法,非礼威严不行;祷祠祭祀,供给鬼神,非礼不诚不庄;是以君子恭敬、撙节、退让以明礼。"说明了礼成为法度、刑律及各种政治行为的基准,范围多么广泛。

礼治的实现为施政的直接目标与根本任务,是礼为政之本的第三重含义。《冠义》篇中指出:"重礼,所以为国本也。"《乡饮酒义》篇中指出:"古之制礼也,经之以天地,纪之以日月,参之以三光,政教之本也。"三大辰,指三大星辰。《祭义》篇一段话可视为这一重含义较为具体的发明:"先王之所以治天下者五,贵有德,贵贵,贵老,敬长,慈幼。此五者,先王之所以定天下也。贵有德何为也?为其近于道也。贵贵,为其近于君也。贵老,为其近于亲也。敬长,为其近于兄也。慈幼,为其近于子也。是故至孝近乎王,至弟近乎霸。……先王之教,因而弗改,所以领天下国家也。"只有确立了礼治,天下方能安定,政治方能清明,若破坏了礼治,国家便将陷入混乱。《礼运》篇中强调:"礼者,君之大柄也,所以别嫌明微,傧鬼神,考制度,别仁义,所以治政安君也。"国家建立了礼治,犹如容器有了柄,国君执此国柄,便可使国家得到正确的治理。这大约可以称作礼为政之本的终极意义。

第四个命题为"事之治",出自《仲尼燕居》:"子曰:礼者何也?即事之治也。君子有其事,必有其治。"该篇接着就此更加具体地指出:"若无礼,则手足无所错,耳目无所加,进退揖让无所制。是故以之居处,长幼失其别;闺门、三族失其和;朝廷、官爵失其序;田猎、戎事失其策;军旅、武功失其制;宫室失其度;量鼎失其象;味失其时;乐失其节;车失其式;鬼神失其飨;丧纪失其哀;辩说失其党;官失其体;政事失其施。加于身而错于前,凡众之动失其宜。"很明显,所谓"事之治",指的就是处理各类事务,指礼除去共同的原则外,各种不同的礼还为处理这些不同的事务规定了相应的行为规范、行动纪律。《昏义》篇中指出:"夫礼,始于冠,本于昏,重于丧、祭,尊于朝、聘,和于乡、射,此礼之大体也。"《礼记》一书便通过这些不同礼仪的分述与诠释,阐明了应当如何据礼处治好各类事务。

以《冠礼》而论,它被看作"礼之始",因为它标志着已经成年,从此就应负起成人的责任,按照成人的规矩行事,如《冠义》篇所说:"成人之者,将责成人礼焉也。责成人礼焉者,将责为人子、为人弟、为人臣、为人少者之礼行焉。将责四者之行于人,其礼可不重与!故孝、弟、忠、顺之行立,而后可以为人;可以为人,而后可以治人也。"以《昏礼》而论,它被说成"礼之本",其意义不在于教人们结婚时当懂得如何行礼,而在于要求结婚者懂得"敬慎重正而后亲之",如《昏义》篇所说:"男女有别,而后夫妇有义;夫妇有义,而后父子有亲;父子有亲,而后君臣有正"。丧礼,《礼记》中所论篇幅最多,在所有的礼中,也数丧礼最为繁杂琐细,然而,所有这一切,都是为了使整个社会通过亲亲、尊尊而结为有序的整体,犹如《大传》所说:"人道亲亲也。亲亲故尊祖,尊祖故敬宗,敬宗故收族,收族故宗庙严,宗庙严故重社稷,重社稷故爱百姓,爱百姓故刑罚中,刑罚中故庶民安,庶民安故财用足,财用足故百志成,百志成故礼俗刑,礼俗刑然后乐。"祭礼被视为最重要的礼,同样,祭礼所重是在懂得所谓十伦,如《祭统》篇所说:"夫祭有十伦焉：见事鬼神之道焉，见君臣之义焉，见父子之伦焉，见贵贱之等焉，见亲疏之杀焉，见爵赏之施焉，见夫妇之别焉，见政事之均焉，见长幼之序焉，见上下之际焉，此之谓十伦。"同样，朝、聘之礼是为使人明宾客君臣之义；乡饮酒礼是为了使人们明贵贱、辨隆杀，和乐而不流，弟长而无遗，安燕而不乱；射礼是为显示对勇敢强有力者的尊重，天下无事则用之于礼义，天下有事则用之于战胜。凡此，都正如《曲礼》上篇所说："夫礼者，所以定亲疏，决嫌疑，别同异，明是非也。"

物之致、义之实、政之本、事之治，这四个命题对礼所作的新诠释，是对春秋、战国以来礼学的全面总结。礼给作了这样高的定位，礼的教育也就被提到了前所未有的重要地位。《曲礼》篇上已指出："鹦鹉能言，不离飞鸟；猩猩能言，不离禽兽。今人而无礼，虽能言，不亦禽兽之心乎？夫唯禽兽无礼，故父子聚麀。是故圣人作，为礼以教人，使人以有礼，知自别于禽兽。"是否接受礼的教化，是将人与禽兽区别开来的根本条件。《礼运》篇则进一步指明了教化多少将可使君子与小人区别开来："礼之于人也，犹酒之有糵也，君子以厚，小人以薄。故圣王修义之柄、礼之序，以治人情。故人情者，圣王之田也，修礼以耕之，陈义以种之，讲学以耨之，本仁以聚之，播乐以安之。"《礼运》并对礼的教化中所有这些环节的必要性、不可替代性作了形象的叙述："治国不以礼，犹无耜而耕也；为礼不本于义，犹耕而弗种也；为义而不讲之以学，犹种而弗耨也；讲之以学而不合之以仁，犹耨而弗获也；合之以仁而不安之以乐，犹获而弗食也；安之以乐而不达于顺，犹食而弗肥也。四体既正，肤革充盈，人之肥也；父子笃，兄弟睦，夫妇和，家之肥也；大臣法，小臣廉，官职相序，君臣相正，国之肥也；天子以德为车，以乐为御，诸侯以礼相与，大夫以法相序，士以信相考，百姓以睦相守，天下之肥也，是谓大顺。"《经解》篇还特别强调了礼教潜移默化的作用："礼之教化也微，其止邪也于未形，使人日徙善远罪而不自知也，是以先王隆之也。"礼的教化被提到如此重要的地位，表明春秋、战国以来礼的仪文及其意义都已受到严重的破坏，同时，也表明人们企图通过礼的教化来重建礼治，特别是已经作了新的诠释的礼治。

三、《礼记》论制礼与作乐

《礼记》一书的编纂者在选录文章时,于礼家中所列记、明堂阴阳、中庸说、明堂阴阳说之外,又越出礼类,从乐家《乐记》二十三篇中选录十一篇编入《礼记》,这不是偶然的,它表现了编者以乐与礼相制衡,使礼与乐交相为用、相辅相成的深刻见解。

郑玄注《乐记》,说该篇系由十一篇缀合而成一篇,这十一篇的篇名是:《乐本》《乐论》《乐礼》《乐施》《乐言》《乐象》《乐情》《魏文侯》《宾牟贾》《乐化》《师乙》。文中《师乙》篇之末,另有"子贡问乐"四字,很可能另有《子贡问乐》篇,编者抄辑时删削未尽。于此也可以想到,十一篇究竟是全文照录还是有所删削,恐怕难以论定,但辑录时当体现有辑录者本人的见解,则应无疑义。

什么是乐?《乐记·乐本》篇指出:"凡音之起,由人心生也。人心之动,物使之然也。感于物而动,故形于声;声相应,故生变;变成方,谓之音;比音而乐之,及干、戚、羽、旄,谓之乐。乐者,音之所由生也,其本在人心之感于物也。"乐起源于人与外界环境发生接触而产生的心物感应,因而它是人的感情、人的精神的一种表达。《乐记·乐本》篇还进一步指出:"凡音者,生于人心者也;乐者,通伦理者也。是故知声而不知音者,禽兽是也;知音而不知乐者,众庶是也。唯君子为能知乐。"通伦理,突出了人的社会性,突出了乐的社会性,由此,乐就成了人所特有的感情表现方式,成了人的社会精神生活所独有的表现形式,非但禽兽不可能产生这种乐,即一般民众若没有积极承担起社会责任并充分发挥乐的社会效能,那也不能称作懂得了乐。

就这一点而言,《乐记·乐本》篇认为,乐和礼一样,都代表了人按照"天理"来调节、控制"人欲",以使人免于物化、兽化的历史性需要。所以文中强调:

> 人生而静,天之性也;感于物而动,性之欲也。物至知知,然后好恶焉。好恶无节于内,知诱于外,不能反躬,天理灭矣。夫物之感人无穷,而人之好

恶无节；则是物至而人化物也。人化物也者，灭天理而穷人欲者也。于是有
悖逆诈伪之心，有淫佚作乱之事。是故强者胁弱，众者暴寡，知者诈愚，勇者
苦怯，疾病不养，老幼孤独不得其所。此大乱之道也。是故先王之制礼、乐，
人为之节。衰麻哭泣，所以节丧纪也；钟鼓干戚，所以和安乐也；昏姻冠笄，
所以别男女也；射乡食飨，所以正交接也。礼节民心，乐和民声，政以行之，
刑以防之。礼、乐、刑、政，四达而不悖，则王道备矣。

这里所要防止的所谓"物至而人化物"，就是人任由兽欲泛滥，完全为外物
所同化，失去人所应具备的主体性、自我修养的自觉性。

既然有了礼，为什么又必须有乐，二者缺一不可呢？《乐记》各篇分别从情
与理、同与异、合与散、阴与阳、动与静、内与外等不同的角度，说明了礼与乐具有
不同的性质、不同的功能，二者必须互相结合，方才能够充分发挥其正面效能而
防止其负面后果。

首先，从情与理的关系上说，《乐记·乐言》篇指出：

夫民有血气心知之性，而无哀乐喜怒之常，应感起物而动，然后心术形
焉。是故志微噍杀之音作而民思忧，啴谐慢易繁文简节之音作而民康乐，粗
厉猛起奋末广贲之音作而民刚毅，廉直劲正庄诚之音作而民肃敬，宽裕肉好
顺成和动之音作而民慈爱，流辟邪散狄成涤滥之音作而民淫乱。是故先王
本之情性，稽之度数，制之礼义，合生气之和，道五常之行，使之阳而不散，阴而
不密，刚气不怒，柔气不慑，四畅交于中而发作于外，皆安其位而不相夺也。

这里所说的由血气心知之性感物而生的各种音声，表现的是情性，度数、礼
义、生气之和、五常之行，则代表着理。只有二者互相结合，人情方能沿着正道抒
发。所以，《乐记·乐情》篇中说："乐也者，情之不可变者也。礼也者，理之不可
易者也。乐统同，礼辨异，礼乐之说，管乎人情矣。"

《乐情》篇已涉及同与异的关系，《乐记》中对此曾多次论述。《乐论》篇劈头
就说：

　　乐者为同,礼者为异。同则相亲,异则相敬。乐胜则流,礼胜则离。合情饰貌者,礼乐之事也。礼义立,则贵贱等矣;乐文同,则上下和矣。

《乐论》篇中又说:

　　乐者,天地之和也;礼者,天地之序也。和,故百物皆化;序,故群物皆别。乐由天作,礼以地制,过制则乱,过作则暴。

　　人与人总既有相同之处,又有相异之处。只求同而不顾其异,就会导致"流"和"暴";反之,只讲异而不顾其同,就会导致"离"与"乱"。所以,二者必须互相结合,方才能防止这两个极端。《乐礼》篇中就此写道:

　　天尊地卑,君臣定矣;卑高以陈,贵贱位矣;动静有常,小大殊矣;方以类聚,物以群分,则性命不同矣。在天成象,在地成形,如此,则礼者,天地之别也。

　　地气上齐,天气下降,阴阳相摩,天地相荡,鼓之以雷霆,奋之以风雨,动之以四时,暖之以日月,而百化兴焉。如此,则乐者,天地之和也。

　　天地之别,说的是万物之异;天地之和,说的则是万物之同。同一篇就散与合的关系进一步说明了这一点:

　　天高地下,万物散殊,而礼制行焉。流而不息,合同而化,而乐兴焉。……仁近于乐,义近于礼。乐者敦和,率神而从天;礼者别宜,居鬼而从地;故圣人作乐以应天,制礼以配地。礼乐明备,天地官矣。

　　礼表现了万物散殊的特性,乐则表现了万物同化的特性,前者与后者的关系,和义与仁的关系相近,它们只有互相结合起来,宇宙万物、人类社会方才能健全地运行、发展。

阴阳、动静、内外，都是从所列二者不可相离的关系来说明礼乐相辅相成的。《郊特牲》篇中说："乐由阳来者也，礼由阴来者也，阴阳和而万物得。"由阳来者，指发扬、舒畅；由阴来者，指肃敬、收敛；二者相配合，万物方能得宜。《文王世子》篇说："乐所以修内也，礼所以修外也。礼乐交错于中，发形于外。"《乐记·乐论》篇中说："乐由中出，礼自外作。乐由中出故静，礼自外作故文。大乐必易，大礼必简。乐至则无怨，礼至则不争。揖让而治天下者，礼乐之谓也。"《乐记·乐化》篇说："乐也者，动于内者也；礼也者，动于外者也。"凡此，都表明礼乐相结合，正是为了使运动与静止、人的内心活动与外在行为恰当地统一起来。而所有这一切，都是为了防止在实行等级差别非常分明的礼时，不因所使用的器具、物品和仪容动作方面严格的差别而使人们互相分离、隔阂和对立。乐是通过感情的发抒、沟通、共鸣，而打破这种分离、隔阂和对立。乐最能感化人，它移风易俗的效力最强。所以，《乐记·乐化》篇中说：

> 君子曰：礼乐不可斯须去身。致乐以治心……致礼以治躬。……乐极和，礼极顺，内和而外顺，则民瞻其颜色而弗与争也，望其容貌而民不生易慢焉。故德辉动于内而民莫不承听，理发诸外而民莫不承顺。故曰：致礼乐之道，举而错之天下无难矣。

也正因为如此，《礼记》将乐教视为礼教不可或缺的组成部分。《乐记·乐施》篇强调指出："乐也者，圣人之所乐也，而可以善民心。其感人深，其移风易俗，故先王著其教焉。"《乐记·乐象》篇也指出："乐者，乐也。君子乐得其道，小人乐得其欲。以道制欲，则乐而不乱。以欲忘道，则惑而不乐。是故君子反情以和其志，广乐以成其教。乐行而民乡方，可以观德矣。"广泛进行乐教，使民众潜移默化，知道趋向道德，就可以使礼能够较为顺利地将人们引向道德境界。

透过礼与乐的关系的这些论述，就能进一步把握《礼记》一书贯彻始终的基本思想。《礼记》第三十一篇为《中庸》，这一篇所展开论述的"致中和"，便是这一基本思想。

郑玄在《三礼目录》中解释"中庸"这一题目的题义时指出："名曰中庸者，以其记中和之为用也。庸，用也。"中和在全篇中的地位，从题目中就可看出。什么叫作中和？《中庸》篇中说："喜怒哀乐之未发，谓之中；发而皆中节，谓之和。中也者，天下之大本也；和也者，天下之达道也。致中和，天地位焉，万物育焉。"中与和这两个字都很早就被当作认识论和方法论上的重要范畴而为人们所运用，两个字合成一个词并被置于如此重要的位置，则是第一次。以中而言，《尚书·盘庚》篇便有"各设中于乃心"之语，《尚书·酒诰》述周公要求"作稽中德"，《论语·尧曰》篇述尧已提出"允执其中"，同书《子路》篇提出"得中行"，《雍也》篇更提出中庸一词，说："中庸之为德也，甚至矣乎，民鲜久矣！"所有这些"中""中德""中行""中庸"，大体上都是指在作出判断和采取行动时，自觉地考虑到事物所包含着的对立成分，防止走向极端，防止只顾及其中一个方面。以和而言，《商颂·那》篇中就有"既和且平"之语，《论语·子路》篇述孔子提出"君子和而不同，小人同而不和"，同书《学而》篇有子提出"礼之用，和为贵，先王之道，斯为美"，指的都是不同的人和平、协调地相处。《中庸》篇以"中"为"天下之大本"，将"中"提高到本体论层次，并视之为"大本"即终极本体；以"和"为"天下之达道"，是指以"中"为本，发为喜怒哀乐，其轻重大小高下都能恰如其分，这样的"和"为使天下万事万物各得其所的根本方法，具有普遍适用性。致，朱熹注："推而极之"。真正做到"中和"，天地将会正常运转，万物将会生机蓬勃。

致中和，在认知结构与实践方式上，至少包含有以下几个层面的意义。

其一为《中庸》篇所谓"执其两端，用其中于民"，所谓"中立而不倚"，指的是既避免过分，也避免不及，"发而皆中节"。该篇引孔子之语说："道之不行也，我知之矣：知者过之，愚者不及也。道之不明也，我知之矣：贤者过之，不肖者不及也。"《檀弓》上篇引子思之语说："先王之制礼也，过之者俯而就之，不至焉者跂而及之。"同一篇又引子夏之语说："先王制礼，而弗敢过也。"引子张之语说："先王制礼，不敢不至焉。"过与不及都不合适，这两种偏向都会使"道"不明，也会使"道"无法践行。制礼时必须注意避免这两种偏向。《曲礼上》篇所说的"敖不可长，欲不可从，志不可满，乐不可极"及"临财毋苟得，临难毋苟免，很毋求胜，分毋求多"，就具体地说明了在实践中当如何避免"过"与"不及"。

其二为《中庸》篇所说的"赞天地之化育，则可以与天地参矣"，指的是能够将对立的双方都包容起来而形成新的统一物。《曲礼》上篇所谓"贤者狎而敬之，畏而爱之，爱而知其恶，憎而知其善，积而能散，安安而能迁"，《中庸》篇所谓"君子尊德性而道问学，致广大而尽精微，极高明而道中庸"，说的都是包容或兼顾正反两个方面，而形成既区别于正方又区别于反方的第三物。礼和乐互相结合就属于这一情况。《孔子燕居》篇中孔子答子贡时说"达于礼而不达于乐谓之素，达于乐而不达于礼谓之偏"，答子张问政时说"君子明于礼乐，举而错之而已"，都突现了这一点。孔子以虞舜为实行中道的楷模，《表记》篇中说："子言之曰：'后世虽有作者，虞帝弗可及也已矣。君天下，生无私，死不厚其子，子民如父母，有憯怛之爱，有忠利之教，亲而尊，安而敬，威而爱，富而有礼，惠而能散。其君子尊仁畏义，耻费轻实，忠而不犯，义而顺，文而静，宽而有辨。《甫刑》曰：德威惟威，德明惟明。非虞帝其孰能如此乎！'"亲而尊等等，都是兼有正负两个方面而形成第三物。《礼运》篇中讲到人时就指出："人者，其天地之德、阴阳之交、鬼神之会、五行之秀气也。"人本身就是综合天地、阴阳、鬼神、五行而与天地、阴阳、鬼神"参"。

其三为《中庸》篇所说的"万物并育而不相害，道并行而不相悖，小德川流，大德敦化"。这是指不同的事物按照中道当如何相处。坚持做到这一点的代表人物就是孔子本人："仲尼祖述尧、舜，宪章文、武，上律天时，下袭水土，辟如天地之无不持载、无不覆帱；辟如四时之错行，如日月之代明。"《礼器》篇中说，礼有以多为贵者，有以少为贵者，有以大为贵者，有以小为贵者，有以高为贵者，有以下为贵者，有以文为贵者，有以素为贵者，说的是礼有各种各样，各有当然的规则，要让它们各如其分，而不可强行划一，这也是一种"万物并育"及"道并行"。这一层意思，大而言之，当如《中庸》篇所说："天地之道，博也，厚也，高也，明也，悠也，久也。今夫天，斯昭昭之多，及其无穷也，日月星辰系焉，万物覆焉。今夫地，一撮土之多，及其广厚，载华岳而不重，振河海而不泄，万物载焉。今夫山，一卷石之多，及其广大，草木生之，禽兽居之，宝藏兴焉。今夫水，一勺之多，及其不测，鼋鼍蛟龙鱼鳖生焉，货财殖焉。"这是天、地、山、水万物并育而不相害的景象；"大哉圣人之道！洋洋乎，发育万物，峻极于天。优优大哉！礼仪三百，威仪

三千,待其人而后行。"这则是"道并行而不相悖"的景象。㉔

其四为《中庸》篇所说的"时中":"仲尼曰:'君子中庸,小人反中庸。君子之中庸也,君子而时中;小人之反中庸也,小人而无忌惮也。'"如果说,上一点是从空间范围立论,那么,就可以说,这一点是从时间范围上立论。《乐记·乐礼》篇指出:"五帝殊时,不相沿乐;三王异世,不相袭礼。"《曲礼》篇指出:"礼从宜,使从俗。"《礼器》篇中指出:"礼,时为大,顺次之,体次之,宜次之,称次之。"这些论述,都强调了礼必须随着时代的推移而变化,方能达之天下。但是,这个变化又不是无条件的,"时"与"中"结合在一起,"中"又寓于"时"中。这就是《大传》篇中所说的"立权度量、考文章、改正朔、易服色、殊徽号、异器械、别衣服,此其所得与民变革也。其不可得变革者则有矣,亲亲也,尊尊也,长长也,男女有别,此其不可得与民变革者也"。君子们方才能做到这一点,小人"无忌惮",是指他们既不能随着时代而变化,也不能坚守不可改变的原则。㉕

《仲尼燕居》篇中说:"子曰:'礼乎礼!夫礼,所以制中也。'"《礼记》一书就"中""中和"提出了一整套认知结构与实践原则,全书对冠、昏、丧、祭、乡、相见、朝、聘诸礼的叙述、诠释,充分体现了这一认知结构与实践原则。在中国历史发展中,这一中庸思想在社会与文化上的影响是如此广泛而深入,远远超出了《礼记》中其他论述,阐述中庸思想的《中庸》篇,宋、明以来列为四书中的第二部,正是这一影响的表现。㉖

㉔ 万物并育而不相害,道并行而不相悖,康有为《中庸注》解释说:"以古今世言之,有据乱、升平、太平之殊,不可少易;而以大地之世言之,则亦有据乱、升平、太平之殊,而不可去一也。……故今者,大地之中,三世之道并行,法则悖矣,而治世之意各得其宜,则未尝小悖也。"

㉕ 关于"时中",康有为《中庸注》也用三统三世说作过解释:"孔子之道有三统三世焉,其统异,其世异,则其道亦异。故君子当因其所处之时,观其会通,以行其典礼。上下无常,惟变所适。别寒暑而易裘葛,因水陆而资舟车。道极相反,行亦相反,然适当其时,则为此时之中庸,故谓之时中。若守旧泥古,而以悍狂行之,反乎时宜,逆乎天运,虽自谓中庸,而非应时之中庸,则为无忌惮之小人而已。"可以说,"时中"论在这里成了康有为变法维新的理论基础。

㉖ 近代以来,中国文化中影响极深的中庸思想一度被对立面斗争学说所取代。二十世纪大部分时间中,在中国占支配地位的是生存竞争、优胜劣败的进化学说,在哲学上的最高表现,则是渊源自黑格尔的对立面斗争、对立面的一方压制另外一方以及由此而达到理想境界的哲学。直到二十世纪最后这二十年,中国方才逐渐走出这一思想的统制,重新评定中庸哲学。任继愈主编《中国哲学发展史》(秦汉卷)对中庸哲学的新解释,就是一个代表。参见人民出版社1985年2月出版的该书第236—245页。而最早提出这一问题的则当数庞朴,1982年10月他在山东第二次孔子讨论会上以"中庸平议"为题作了发言,参见庞朴所著《沉思集》,上海人民出版社1982年6月版,第82—128页。

四、伦理本位社会的新设计

《礼记·礼运》篇描述过理想中的大同世界的情景：

> 大道之行也，天下为公，选贤与能，讲信修睦，故人不独亲其亲，不独子其子，使老有所终，壮有所用，幼有所长，矜、寡、孤、独、废、疾者皆有所养，男有分，女有归。货，恶其弃于地也，不必藏于己；力，恶其不出于身也，不必为己。是故谋闭而不兴，盗窃乱贼而不作，故外户而不闭。是谓大同。

《礼记·礼运》篇中以五帝之世为大同，而以禹、汤、文、武、成王、周公之世为小康。小康世界的情景被描绘为：

> 今大道既隐，天下为家，各亲其亲，各子其子，货、力为己。大人世及以为礼，城郭沟池以为固，礼义以为纪，以正君臣，以笃父子，以睦兄弟，以和夫妇，以设制度，以立田里，以贤勇知，以功为己，故谋用是作，而兵由此起。禹、汤、文、武、成王、周公，由此其选也。此六君子者，未有不谨于礼者也，以著其义，以考其信。著有过，刑仁讲让，示民有常。如有不由此者，在势者去，众以为殃。是谓小康。

这里所描绘的大同世界和小康世界，可以说，都是一种伦理本位社会，只是大同世界为亲情全面泛化的社会，而小康世界则是按宗法关系使亲情有序扩大的社会。

然而，小康世界的秩序也在崩解。《礼运》篇中就列举了这样一些现象：

> 孔子曰："呜呼哀哉！我观周道，幽、厉伤之，吾舍鲁何适矣。鲁之郊禘，非礼也，周公其衰矣。"

> 祝嘏辞说,藏于宗、祝、巫、史,非礼也。是谓幽国。
>
> 醆斝及尸君,非礼也。是谓僭君。
>
> 冕弁兵革藏于私家,非礼也。是谓胁君。
>
> 大夫具官,祭器不假,声乐皆具,非礼也。是谓乱国。
>
> 以衰裳入朝,与家仆杂居齐齿,非礼也。是谓君与臣同国。
>
> 刑肃而俗敝,则民弗归也,是谓疵国。

《礼记·坊记》篇中也列举了诸如此类许多现象:

> 子云:"天无二日,土无二王,家无二主,尊无二上,示民有君臣之别也。……以此坊民,民犹得同姓以弑其君。"
>
> 子云:"利禄先死者而后生者,则民不背。……以此坊民,民犹背死而号无告。"
>
> 子云:"父母在不称老,言孝不言慈。……君子以此坊民,民犹薄于孝而厚于慈。"
>
> 子云:"长民者,朝廷敬老,则民作孝。……以此坊民,民犹忘其亲。"
>
> 子云:"敬则用祭器,故君子不以菲废礼,不以美没礼。……以此示民,民犹争利而忘义。"

其下,《坊记》还列举了"诸侯犹有薨而不葬者""子犹有弑其父者""民犹忘其亲而贰其君""民犹贵禄而贱行""民犹忘义而争利以亡其身""民犹有自献其身""民犹以色厚于德""民犹淫泆而乱于族""妇犹有不至者"等十余项。

凡此种种都表明,小康之世适应宗法社会而形成的各类礼仪规范现在已经失去了过去的约束力,无论是贵族社会,还是平民社会,在各个方面都出现了大量"非礼"的行为。

在世界各大文明中,没有一种像中华文明这样重视家庭、家族、宗族,没有一种形成过中国那样以家庭关系为中心的完备的伦理本位社会秩序。伦理,不仅涉及家庭内部父子、夫妇、兄弟等各种关系,而且包括家庭之外君臣、朋友等关系。然而,事实表明,原先的伦理本位社会已动摇。《礼记》论礼、礼治、礼教,论制礼作乐及其理论基础致中和,可以说,都属于通论性质。《礼记》中关于政治制度和冠、昏、丧、祭、乡、相见等各种礼仪制度的论述,则可以说,都围绕着伦理问题而展开。《礼记》一书实际上为重建伦理本位社会提出了一种新设计,或者说,提出了一种新的伦理本位社会的构建蓝图。

芮逸夫1961年在夏威夷大学第十届太平洋科学会议上提出的《递变中的中国家庭结构》报告中指出:中国的家庭结构,自周代以来,三千年中已经过一系列改变。他认为,自周初至战国,凡八百余年,是宗族单位占优势时期,政治组织为封建制;自秦、汉至清末,凡二千一百余年,是家族单位占优势时期,政治组织为帝国。这一时期又分为两个阶段,从秦、汉至隋末,凡八百余年,为主干家庭占优势时期;从唐至清末,凡一千三百余年,为直系家庭占优势时期。他认为,在周代封建制下,贵族实行扩大家庭的制度,其特点是嫡长子继承,庶子分立出去,对前者属小宗,在本家为大宗;平民则实行主干家庭制度,分立者仍与前者相联系而使前者成为核心家庭。秦、汉以后,宗法家庭解体,主干家庭占据优势,并趋向于核心家庭。唐、宋鼓励建立大家庭,但以"父母在,诸子不别籍异财"的直系家庭为主㉗。《礼记》一书对伦理本位社会所做的新设计,可以说,主要就是使这一社会从原来以宗法关系为基础转到以家族关系特别是以主干家庭关系为基础。

《礼记》为构建与社会变迁相适应的伦理本位社会,首先提出了一套有别于往昔的伦理规范体系㉘。

在《论语》中,《学而》篇提出"弟子入则孝,出则弟,谨而信,泛爱众,而亲仁",《公冶长》篇提出"有君子之道四焉,其行己也恭,其事上也敬,其养民也惠,其使民也义",《颜渊》篇提出"君君,臣臣,父父,子子",《微子》篇提出"长幼之

㉗ 引自朱岑楼《中国家庭组织的演变》,见朱岑楼主编《我国社会的变迁与发展》,东大图书有限公司,1981年10月出版。

㉘ 《礼记》一书关于宗法伦理的说法,历代治经者根据注不破经、疏不破注的原则,将它们看成周代实际的制度。但也早已有人怀疑。如清初毛奇龄在《大小宗通释》中指出:"夫天子宗法已不可考矣,只诸侯、公子略见于《丧服小记》及《大传》二篇,而说又不详。且即以其说遍核之他经及春秋时宗姓氏族诸所记,又无一验,此固三代以前不传之制。封建既废,原可弃置勿复道者,顾后儒纷纷,无所折衷,即郑注孔疏,亦大率周章无理,而赵宋以还,立说倍多,则倍不可信。"自毛奇龄以来,尤其近代以来许多史学家都对此作了不同的解释,但是,几乎都没有从伦理本位社会的新设计这一角度来对此进行分析。

节"和"君臣之义"为"大伦"。一系列伦理规范已经提出了,并已形成了"君君,臣臣,父父,子子"系统。

《左传·隐公三年》,卫国大夫石碏说:"且夫贱妨贵、少陵长、远间亲、新间旧、小加大、淫破义,所谓六逆也。君义、臣行、父慈、子孝、兄爱、弟敬,所谓六顺也。"《左传·昭公二十六年》,齐国晏子说:"君令臣共,父慈子孝,兄爱弟敬,夫和妻柔,姑慈妇听,礼也。君令而不违,臣共而不贰,父慈而教,子孝而箴,兄爱而友,弟敬而顺,夫和而义,妻柔而正,姑慈而从,妇听而婉,礼之善物也。"在这里,伦理规范体系更加充实了。和《论语》一样,这些伦理规范体系都将君臣之义放在第一位。

《孟子·滕文公》上篇,孟轲说:"圣人有忧之,使契为司徒,教以人伦:父子有亲,君臣有义,夫妇有别,长幼有序,朋友有信。"这是最早提出五伦,而且是将父子有亲放在第一位。

《礼记》各篇对人伦的概括不完全一样。《丧服小记》篇说:"亲亲,尊尊,长长,男女之有别,人道之大者也。"讲了四伦,将亲亲放在第一位。《大传》篇说:"圣人南面而听天下,所且先者五,民不与焉:一曰治亲,二曰报功,三曰举贤,四曰使能,五曰存爱。五者一得于天下,民无不足,无不赡者。"同一篇又说:"服术有六:一曰亲亲,二曰尊尊,三曰名,四曰出入,五曰长幼,六曰从服。"两段论述都不是直接叙述人伦,但都将亲亲放在首位。

《中庸》篇说:"君臣也,父子也,夫妇也,昆弟也,朋友之交也,五者,天下之达道也。"在次序上,似乎是将君臣关系放在第一位,但是,在这段话之前,《中庸》篇就说:"仁者,人也,亲亲为大;义者,宜也,尊贤为大。亲亲之杀,尊贤之等,礼所生也。"仍是以亲亲为所有人伦关系的前提。《礼记》中也有多处从更多方面对人伦做出概括者,如《礼运》篇中说:"何谓人义?父慈,子孝,兄良,弟弟,夫义,妇听,长惠,幼顺,君仁,臣忠。十者谓之人义。"《祭统》篇述祭有十伦:"见事鬼神之道焉,见君臣之义焉,见父子之伦焉,见贵贱之等焉,见亲疏之杀焉,见爵赏之施焉,见夫妇之别焉,见政事之均焉,见长幼之序焉,见上下之际焉,此之谓十伦。"《中庸》篇说:"凡为天下国家有九经,曰:修身也,尊贤也,亲亲也,敬大臣也,体群臣也,子庶民也,来百工也,柔远人也,怀诸侯也。"但这里一从祭祀列论,一从天子治国立论,与通论人伦者有所差别,它们不足以否定《礼记》以亲亲为人伦之首的基本倾向。《大传》篇对于亲亲同其他伦理规范的关系有一番专门的说明:

> 自仁率亲,等而上之至于祖;自义率祖,顺而下之至于祢。是故人道亲亲也。亲亲,故尊祖;尊祖,故敬宗;敬宗,故收族;收族,故宗庙严;宗庙严,故重社稷;重社稷,故爱百姓;爱百姓,故刑罚中;刑罚中,故庶民安;庶民安,故财用足;财用足,故百志成;百志成,故礼俗刑;礼俗刑,然后乐。

这一段论述不仅突现了"亲亲"在新的伦理规范体系中的决定性地位,而且说明了"亲亲"所最重的是由祖、父、子构成的父统家庭。《丧服小记》篇中说:"亲亲,以三为五,以五为九。上杀,下杀,旁杀,而亲毕矣。"以自己为中心,上有父,下有子,是为三代;由父而祖,由子而孙,是以三为五;由祖而曾祖、高祖,由孙而曾孙、玄孙,是以五为九。上杀,指对上辈的亲情由父亲而上依次递减至高祖而止;下杀,指对下辈的亲情由儿子而下依次递减至玄孙而止;旁杀,指对和上述直系亲人同辈的亲属,亲情只限于高祖的后裔,同样也是由近而远依次递减。表现在丧服上,就是斩衰、齐衰、大功、小功、缌麻依次递减直至无服。

"亲亲"正是以家族、家庭为依托而形成的伦理规范。宗族关系淡化了。《大传》篇中对宗法制作了说明:"别子为祖,继别为宗,继祢者为小宗。有百世不迁之宗,有五世则迁之宗。百世不迁者,别子之后也;宗其继别子之所自出者,百世不迁者也;宗其继高祖者,五世则迁者也。"宗族形式上仍然存在,但是,除去"庶子不祭,明其宗也"即只有宗子方能主持宗族祭祀这一项之外,宗子已没有其他什么权力。与此相异,家族、家庭中家长的地位上升了,总掌治家之权。《曲礼》上篇详述了人子之礼,特别指明"父母存,不许友以死,不有私财",《内则》篇述子、妇之礼更详细,也强调了"子妇无私货,无私畜,无私器,不敢私假,不敢私与",家庭经济一统于家长。和父家长权威的确立相联系,家庭中男女之别越来越严格。如《曲礼》《内则》等篇所述,男女不杂坐,不同椸枷,不同巾栉,不亲授。叔嫂不通问。女子已嫁而返家,兄弟亦不得与之同席而坐、同器而食。

男不言内,女不言外。走在路上,也要男子由右,女子由左。至于家庭内部其他各种关系,丈夫与妻子,媳妇与公、婆,姑与嫂,嫡与庶,都有了更加细密化的规定。而其中影响最大的,恐怕要数《郊特牲》篇提出妇女三从:"妇人,从人者也。幼从父、兄,嫁从夫,夫死从子"及"夫死不嫁",《昏义》篇提出妇女四德:"妇德、妇言、妇容、妇功"。《礼记》对这"三从""四德"还作了相当具体的甚至可以说是非常周密的规定。这一切,都是为了通过礼仪而使父家长制的家庭、家族稳固地保持下去。

《哀公问》篇孔子答复鲁哀公"为政如之何"时说:"夫妇别,父子亲,君臣严,三者正,则庶物从之矣。"由家庭中夫妇关系,父子关系一跃而至国家中的君臣关系,这就由"亲亲"而"尊尊"。《表记》篇有一段论述,详论君主应当如何作"民之父母",揭露不如此做所导致的危害:

> 子言之:"君子之所谓仁者,其难乎? 诗云:'凯弟君子,民之父母。'凯以强教之,弟以说安之。乐而毋荒,有礼而亲;威庄而安,孝慈而敬。使民,有父之尊,有母之亲。如此而后,可以为民父母矣。非至德其孰能如此乎? 今父之亲子也,亲贤而下无能;母之亲子也,贤则亲之,无能则怜之。母,亲而不尊;父,尊而不亲。……夏道……亲而不尊,其民之敝,蠢而愚,乔而野,朴而不文;殷人……尊而不亲,其民之敝,荡而不静,胜而无耻;周人……亲而不尊,其民之敝,利而巧,文而不惭,贼而蔽。"

这一段论述,是借孔子批评夏、商、周三代说明君主对于民众为什么必须既有"父之尊"又有"母之亲",二者缺一不可。这是从君主方面说明如何以治家之道以治国。《祭统》篇又从臣民方面说明了"忠臣以事其君,孝子以事其亲,其本一也",只有孝子方能做到"上则顺于鬼神,外则顺于君长,内则以孝于亲",臣民们能够在家孝敬父母,在外就能忠于君王。为此,《祭义》篇借曾子之口宣称:"夫孝,置之而塞乎天地,溥之而横乎四海,施诸后世而无朝夕,推而放诸东海而准,推而放诸西海而准,推而放诸南海而准,推而放诸北海而准。"《丧服四制》篇在解释为什么要为国君服三年斩衰之丧时,便是由孝子对父亲的关系推演的:

"其恩厚者其服重,故为父斩衰三年,以恩制者也。门内之治恩揜义,门外之治义继恩。资于事父以事君而敬同。贵贵尊尊,义之大者也。故为君亦斩衰三年,以义制者也。"

以父子关系来规范君民关系,于是,一面通过祭天的专有权力、祭祖的特殊规格、宫殿服饰车马等各种独有的待遇凸显君王至高无上的权威,另一面,又反复强调君王为政,必须以爱与敬为政之本。《哀公问》篇孔子说:"古之为政,爱人为大。所以治爱人,礼为大。所以治礼,敬为大。"《曲礼》上篇说:"夫礼者,自卑而尊大。虽负贩者,必有尊也。"《缁衣》篇说:"民以君为心,君以民为体。心庄则体舒,心肃则容敬。心好之,身必安之。君好之,民必欲之。心以体全,亦以体伤。君以民存,亦以民亡。"《燕义》篇说:"礼无不答,言上之不虚取于下也。上必明正道以道民,民道之而有功,然后取其什一。故上用足而下不匮也。是以上下和亲而不相怨也。和宁,礼之用也。此君臣上下之大义也。"凡此等等,都是希望以伦理规范对君主至高无上的权力加以制约,以避免权力的滥用。

以亲亲、尊尊这些新的诠释为核心,《礼记》对父子、君臣、夫妇、昆弟、朋友这五伦的礼仪进行了全面的调整。冠、昏、丧、祭、乡、相见、朝、聘等各种礼仪,一部分因袭往昔的做法,一部分适应新的情况对旧的礼仪作了改造或变通,还有一部分属于新创。因袭往昔或略作变通者,也常常对原先的礼仪做出新的解释。这些内容,占了《礼记》近一半篇幅。

在为构建伦理本位社会所进行的新设计中,在对各种礼仪作调整、改造和创新时,有三个倾向特别值得注意:

其一,坚持"反本修古",承认礼器、礼品和仪文都越来越丰盛,但确认愈往古,愈简朴原始,礼仪愈重。《礼器》篇中便说:"礼也者,反本修古,不忘其初也。故凶事不诏,朝事以乐。醴酒之用,玄酒之尚;割刀之用,鸾刀之贵;莞簟之安,而稿鞂之设;是故先王之制礼也,必有主也。"有主,就是反本修古。这是以礼仪的原始性、长期性来树立礼仪的权威性。

其二,坚持"礼尚往来"。《曲礼》上篇指出:"太上贵德,其次务施报。礼尚往来。往而不来,非礼也;来而不往,亦非礼也。"《乐记》篇论礼与乐的关系时也说:"乐也者,施也;礼也者,报也。乐,乐其所自生;礼,反其所自始。乐章德,礼报情,反始也。"对于神权、君权、父权、夫权,尽管《礼记》努力引导人们尊崇它们,但也不忘神人之间、君臣之间、父子之间、夫妇之间的施报关系。比如,《郊特牲》篇在诠释郊天之祭和社稷之祭时,便是以施报关系来解释的:"郊之祭也,大报本反始也。"这是因为"万物本乎天,人本乎祖";"社,所以神地之道也,地载万物,天垂象,取财于地,取法于天,是以尊天而亲地也。故教民美报焉。家主中霤而国主社,示本也。……唯社,丘乘供粢盛,所以报本反始也。"神人关系如此,其他关系也是如此。

其三,吸取和利用"天人感应"论。《昏义》篇在说明天子听男教、后听女顺、天子理阳道、后治阴德时便说:"是故男教不修,阳事不得,适见于天,日为之食。妇顺不修,阴事不得,适见于天,月为之食。是故日食则天子素服而修六官之职,荡天下之阳事;月食则后素服而修六宫之职,荡天下之阴事。故天子之与后,犹日之与月,阴之与阳,相须而后成者也。"天人感应说这时还在雏形时期,还不如其后董仲舒时那样发达,但是,它毕竟已成了《礼记》重构伦理本位社会的理论基础之一。

《礼运》篇在总述礼制的演变过程时,说明行礼凡应俭者不可丰,凡应隆者不可简,这是为使人的情感欲望不致骄纵,使上下和合而不致危乱,圣王制礼以顺应民情,"用水、火、金、木、饮食必时,合男女、颁爵位必当年德,用民必顺,故无水旱昆虫之灾,民无凶饥妖孽之疾",这当正是《礼记》为重新构建伦理本位社会时所立志追求的目标,大同的理想、小康的国家则正是推动《礼记》的编作者们进行这一设计的动力。

五、论君子之德与化民成俗之道

为建立一个适应变化了的形势的新的伦理本位社会,《礼记》绘出了相当详尽的蓝图,那么,它们怎样方才能够成为现实呢?《礼记》寄期望于君子,以他们为全社会的表率,并要求他们作为社会的主干,通过教化,引导社会全体成员共

同建成礼仪之邦。㉙

《曲礼》上篇说:"博闻强识而让,敦善行而不怠,谓之君子。"《礼记》以众多篇章从各个不同的角度、不同的层面展示了君子所具有的德行。

《中庸》篇中多处论"君子之道"。该篇借孔子之口宣布"君子之道四",这就是"子以事父""臣以事君""弟以事兄""朋友先施之"。君子之道不是随意形成的,"君子之道,本诸身,征诸庶民,考诸三王而不缪,建诸天地而不悖,质诸鬼神而无疑,百世以俟圣人而不惑。"这里的君子之道,其实就是伦理本位社会的基本规范,但在君子这里,变成了他们自觉的要求。正因为如此,"是故君子动而世为天下道,行而世为天下法,言而世为天下则"。

《礼器》篇曾专论君子与礼的关系,指出:"君子之于礼也,有所竭情尽慎,致其敬而诚若,有美而文而诚若。"竭情尽慎,致其敬,是内心至诚至实,美而文,是外在仪文举止,同样至诚至实。正因为有着这种至诚至实的态度,君子便能在各种不同的情况下坚持行礼:"君子之于礼也,有直而行也,有曲而杀也,有经而等也,有顺而讨也,有撙而播也,有推而进也,有放而文也,有放而不致也,有顺而摭也。"这九种情况差异很大,但君子都能守礼、行礼。

君子正是以其守礼的言行来引导人们。《坊记》篇指出:"君子之道,辟则坊与坊民之所不足也。"君子以其道、以其守礼的楷模防民之失,犹以堤防遏止水横流。君子贵人而贱己,先人而后己,则民作让;君子信让以莅百姓,则民之报礼重;君子不以菲废礼,不以美没礼,君子不尽利以遗民,故君子仕则不稼,田则不渔;君子远色以为民纪,故男女授受不亲;凡此等等,都是为了给人们做出表率。《缁衣》篇特别强调:"可言也不可行,君子弗言也;可行也不可言,君子弗行也。则民言不危行,而行不危言矣。"为此,《缁衣》篇说:"君子道人以言,而禁人以行,故言必虑其所终,而行必稽其所敝,则民谨于言而慎于行。"《表记》篇则从另一个侧面说明了君子与众人正确的关系:"君子不以其所能者病人,不以人之所

㉙ 孔子已将君子看作行礼的中坚力量。《论语·公冶长》篇:子谓子产:"有君子之道四焉:其行己也恭,其事上也敬,其养民也惠,其使民也义。"《论语·泰伯》篇:子曰:"恭而无礼则劳,慎而无礼则葸,勇而无礼则乱,直而无礼则绞。君子笃于亲,则民兴于仁。"荀子在这一方面作了更为具体的论述。《君道》篇中便指出:"法者,治之端也;君子者,法之原也。故有君子,则法虽省,足以遍矣;无君子,则法虽具,失先后之施,不能应事之变,足以乱矣。"只有君子方才能真正掌握礼的实质并加以施行。

不能者愧人。是故圣人之制行也,不制以己,使民有所劝勉愧耻以行其言。礼以节之,信以结之,容貌以文之,衣服以移之,朋友以极之,欲民之有壹也。"一切都从民众的实际出发,君子对自己的言论、行为都不忘在民众中造成的实际后果,这样方才能使君子在民众中真正起到导引作用。

君子在民众中能够发挥导引作用,归根结蒂,是因为君子自身的德行,尤其是在他们自处时照样异常严格地要求自己。《儒行》篇历述儒者的品性,实际上就是君子应有的品性,如:

其自立:"夙夜强学以待问,怀忠信以待举,力行以待取";"有忠信以为甲胄,礼义以为干橹,戴仁而行,抱义而处,虽有暴政,不更其所"。

其行止:"坐起恭敬,言必先信,行必中正";"不宝金玉,而忠信以为宝;不祈土地,立义以为土地;不祈多积,多文以为富";"见利不亏其义,……见死不更其守"。

其刚毅:"可亲而不可劫也,可近而不可迫也,可杀而不可辱也";"身可危也,而志不可夺也,虽危起居,竟信其志,犹将不忘百姓之病也"。

其举贤援能:"内称不辟亲,外举不辟怨,程功积事,推贤而进达之";"闻善以相告也,见善以相示也,爵位相先也,患难相死也,久相待也,远相致也"。

其特立独行:"上不臣天子,下不事诸侯,慎静而尚宽,强毅以与人,博学以知服";"博学而不穷,笃行而不倦,幽居而不淫,上通而不困"。

《大学》篇更特别强调了君子必须诚意正心而修其身,方能实现其齐家、治国、平天下的理想。"所谓诚其意者,毋自欺也。"这就是不管是否有人看见,都能严格自持。"所谓修身在正其心者,身有所忿懥,则不得其正;有所恐惧,则不得其正;有所好乐,则不得其正;有所忧患,则不得其正。"这就是超越个人的愤怒、恐惧、喜爱、忧患而以平正的态度去观察周围的事物,不偏颇地去待人接物治事。"君子必慎其独",因为这一时刻最能考验一个人的道德、行为及其信仰、追求是否出于至诚。

《礼记·中庸》篇集中地对于"诚"的意义作了阐发。"诚者,天之道也。"诚,这里指真实无妄,指事物之本然,指自然运行的真理具有客观实在性,所以,"诚者,不勉而中,不思而得,从容中道"。而对于君子说来,"诚之者,人之道也",诚之,代表着人的行为应当遵循自然乃至社会运行的客观法则,并把这种遵循变成自身高度自觉的主观要求,这就是"诚之者,择善而固执之也"。《中庸》篇又指出:"诚者,自成也;而道,自道也。诚者,物之终始;不诚,无物。是故君子诚之为贵。诚者,非自成己而已也,所以成物也。成己,仁也;成物,知也。性之德也,合外内之道也,故时措之宜也。"诚是外在与内在、客观与主观的统一。就客观世界而论,诚与道是一致的,道是客观世界自身的运动规律,诚是对这一运动规律的确认,所以,它包含着物质世界的运动全过程。如果不承认客观世界有规律的运动,那就会否定客观世界本身,否定主观与客观相统一的可能。所以,君子要有高度的主客观相统一的自觉。达到了这样的统一,不仅使自己可以由自在上升到自为,而且可以使客观世界的运动从自发上升到自由。这样,对于君子说来,诚就超出了一般意义上的真诚、诚实、诚敬的含义,而代表着对宇宙、社会运行法则的深切体认和道德礼仪实践中的高度自觉。

可是,并不是所有君子很自然地就能达到这一境界。《哀公问》篇中孔子就哀叹:

> 今之君子,好实无厌,淫德不倦,荒怠傲慢,固民是尽。午其众以伐有道,求得当欲,不以其所。昔之用民者由前,今之用民者由后。今之君子莫为礼也。

好实,指追求货财等所谓"实惠";淫德,指行为放荡;固民,指榨取民众;午其众,指违逆众心。凡此,都是为了满足其私欲,而不问理之所在。过去是遵照礼与民同利,现在则按照这一套完全与之相违背的方针对待民众。这里所批评的显然不仅有孔子时代的"君子",而且有孔子以来直至《礼记》编定时的"君子"。

《中庸》篇指出:"自诚明,谓之性;自明诚,谓之教。诚则明矣,明则诚矣。"人们有了至诚的自觉,就能明德,这是人之所以成为人所应秉有的人性;而由明德达到主客观相统一的自由境界,又必须经由教育。所以,《中庸》篇在"诚之者,择善而固执之者也"之后,紧接着就强调:

博学之，审问之，慎思之，明辨之，笃行之。有弗学，学之弗能弗措也；有弗问，问之弗知弗措也；有弗思，思之弗得弗措也；有弗辨，辨之弗明弗措也；有弗行，行之弗笃弗措也。人一能之，己百之；人十能之，己千之。果能此道矣，虽愚必明，虽柔必强。

只要百倍努力地学习、思考、明辨及实践，就能达到至诚的境界。所以，《杂记》下篇指出："君子有三患：未之闻，患弗得闻也；既闻之，患弗得学也；既学之，患弗能行也。君子有五耻：居其位无其言，君子耻之；有其言无其行，君子耻之；既得之而又失之，君子耻之；地有余而民不足，君子耻之；众寡均而倍焉，君子耻之。"君子所最害怕的就是不学习，不思考，不能去实践！《中庸》篇以此说："好学近乎知，力行近乎仁，知耻近乎勇。知斯三者，则知所以修身；知所以修身，则知所以治人；知所以治人，则知所以治天下国家矣。"

君子除了自身必须经过不断学习、不断实践达到至诚明德的境界外，还要重视对民众的教化。《学记》篇发端就指出："发虑宪，求善良，足以謏闻，不足以动众。就贤体远，足以动众，未足以化民。君子如欲化民成俗，其必由学乎？玉不琢，不成器；人不学，不知道。是故古之王者建国君民，教学为先。"《学记》还指出："虽有至道，弗学，不知其善也。是故学然后知不足，教然后知困。知不足，然后能自反也；知困，然后能自强也。"君子也只有在教化中才能发现自己的困惑，激发自己加倍努力奋进不已。

关于学习的程序和学习的内容，《学记》篇中有一段专论："古之教者，家有塾，党有庠，术有序，国有学。比年入学，中年考校。一年视离经辨志，三年视敬业乐群，五年视博习亲师，七年视论学取友，谓之小成。九年知类通达，强立而不反，谓之大成。夫然后足以化民易俗。近者说服，而远者怀之。此大学之道也。"《学记》篇还谈了其他许多教与学的方法，如正业和课外学习相配合及禁于未发、教当及时、循序渐进、相互切磋等教学原则，导而弗牵、强而弗抑、开而弗达的启发式教育和"长善而救其失"的教育思想，严师善学的进学之道，如是等等，对后世教育的发展都产生了深远的影响。

学习所要达到的最高境界,则如《大学》篇所述:"大学之道,在明明德,在亲民,在止于至善。"明明德,是彰明德性;亲民,是引导民众不断革新:止于至善,指"为人君,止于仁;为人臣,止于敬;为人子,止于孝;为人父,止于慈;与国人交,止于信"。这是大学教育的三大目标。知止,就是每个人都明了自己的角色地位,都不逾越自己所应受到约束的特定界限。《大学》篇断言:"知止而后有定,定而后能静,静而后能安,安而后能虑,虑而后能得。"天下就此长治久安,这就是君子们致力于化民成俗所希冀获得的结果。

《孔子闲居》篇所提出的五至三无、五起三无私,以孔子名义就君子如何方能真正成为"民之父母","三王之德"何以能够"参与天地",进一步阐明了教化与政治乃至天地运行的关系。子夏问何如斯可谓民之父母,孔子答复说:"夫民之父母乎? 必达于礼乐之原,以致五至而行三无,以横于天下,四方有败,必先知之,此之谓民之父母矣。"何谓五至?"志之所至,诗亦至焉。诗之所至,礼亦至焉。礼之所至,乐亦至焉。乐之所至,哀亦至焉。"凡真正有志于民者,必有言志之诗发露于外,并有治民之礼使为民之志得以落实,然后可以与民同乐,也可以与民同哀,这就是"五至"。何谓三无?"无声之乐,无体之礼,无服之丧,此之谓三无。"无声之乐,指心与民相应和而无待于发出乐声;无体之礼,指心与民相敬而无待于举行礼仪;无服之丧,指心与民同样至诚恻怛而无待于身穿丧服。《礼记》认为,只有达到这一境界,才真正称得上"民之父母"。何谓五起? 指无声之乐、无体之礼、无服之丧,由内以发于外,由近以发于远,由当世以发于子孙,其次第共有五层。如无声之乐,由"气志不违"而"气志既得"而"气志既从"而"日闻四方"而"气志既起";无体之礼,由"威仪迟迟"而"威仪翼翼"而"上下和同"而"日就月将"而"施及四海";无服之丧,由"内恕孔悲"而"施及四国"而"以畜万邦"而"纯德孔明"而"施及孙子",这就是横于天下的步骤。何谓三无私?"天无私覆,地无私载,日月无私照,奉斯三者以劳天下,此之谓三无私。"天生万物,地载万物,日月照临万物,都没有私意、私欲、私利,三代之王之所以能够与天地相参伍,就是因为他们具有同样无私的胸襟与品德。孔子认为,所有这一切,其实都是基于教化。"天有四时,春秋冬夏,风雨霜露,无非教也;地载神气,神气风霆,风霆流行,庶物露生,无非教也。"天与地都被人格化了,这是极而言之,但是,在中国文化与中国历史发展中,政教合一不是政治与宗教合一,而是政治与教化合一,教化成为政治的基础,也成为政治所追求的目标,这一中华文明的重要特征,从这里不难窥见其端倪。

无论是君子的人格、品行,还是化民成俗的构想,都充满了理想主义的色彩。但是,作为一种价值追求,这一方面的内容,对后世产生的影响却极为深刻,因为它给人们提供了一套相当完整的坐标系统,激励和引导着人们不断地向这一方向努力,从而对中华民族所特有的民族精神的锻铸,所起的推动作用当不可忽视。

【姜义华　复旦大学历史系教授】
原文刊于《中国文化》1996 年 02 期

从古史重建到经义新诠

吴　飞

提　要：本文由孙庆伟的考古学研究入手，谈到现代中国的三代考古学虽然基于西方学科方法，却迅速成为一个非常成熟的学科，在现代中国的古史重建中发挥了中坚作用。而现代的古史重建工作，是《史记》开启的史事系统的现代版本，其核心是对三代文明理想的历史学解读。司马迁的史事系统和郑玄的经义系统，共同构成了传统经史之学的主干。与古史重建配合，现代的经学研究应该走经义新诠的道路，即以现代人为主体，理解三代所形成的文明理想的基本精神。

关键词：古史重建　经义新诠　三代文明理想　六经

一、从孙庆伟的考古学研究谈起

2018 年，考古学家孙庆伟教授的大著《鼏宅禹迹——夏代信史的考古学重建》出版，旋即引起学界内外的广泛关注，夏代是否存在，这个"中国考古学的哥德巴赫猜想"迅速成为各界讨论的热点话题。此书副标题中的"信史"二字尤其引起读者的注意，在不少人还不确定夏代存在与否的时候，他居然大谈夏代信史，这不是有意引发争论吗？

此书与作者三年前出版的《追迹三代》是姊妹篇。在《追迹三代》的"后记"里，孙庆伟写道："这里的十篇文章基本上都是'照着讲'前贤的成就，照理我还应该有我的考古学《贞元六书》，写一部阐述自己学术观点的书，才算得上是一项完整的研究。'接着讲'无疑比'照着讲'更为艰难，但还是愿意立此存照，以敦促自己黾勉前行。"①在《鼏宅禹迹》的"后记"里，作者也坦承这两本书之间的关系，并郑重表示，要花十年时间完成三代五书，"即对夏、商、周、秦、楚各写一书，将五族的文化来源问题做一彻底的清理"②。这五部书，应该就是孙庆伟的"贞元六书"，而这部《鼏宅禹迹》就是其中第一部了。向公众庄严承诺自己的研究规划，并逐步践行，这是一个学者最值得敬佩的品质。

我是考古学的门外汉，读考古学的书只能是看看热闹。多年前，我曾经随一批考古学家看过辽宁牛河梁红山文化遗址，完全不明所以；近年来，因为对礼学的兴趣，也越来越关注考古学家发掘的各种礼器和礼制建筑；去年与庆伟兄合作，在周原考古基地开了一个研讨会，深入到考古发掘现场，既有了更多的感性认识，也愈加意识到自己对考古学传统一窍不通。只有在认真读了庆伟兄的这两本书之后，我才真正看到了考古学的学科使命，并对自己的研究有了深切的反思，这便是草此小文的初衷。

在《追迹三代》里，孙庆伟首先以一个考古学史家的面目出现。他不仅将三代考古学最主要的问题脉络梳理得异常清晰，使我这样的外行读起来完全不费力，而且像一个说书人一样，将考古学家那么专业枯燥的观点之争描述得跌宕起伏、惊心动魄，使学术争论像宫斗剧一样引人入胜，但读者们并不会由此觉得考古学家心胸狭窄、党同伐异，反而看到了三代考古学在争论中前行的勃勃生机。此书是孙庆伟"考古学通论"课程的教材，通过这样一个个生动的故事学习考古学，学生们真是幸福了。孙庆伟反复强调，他在此书中是"照着讲"，尽可能忠实地叙述三代考古学的发展，而不轻下判断。书中呈现的学术争论一个回合接着一个回合，往往在意想不到的地方发生戏剧化的逆转，作者不断吊起读者的胃口，却始终不给出自己的观点，哪怕在描述他非常尊敬的前辈、老师、同门、同事

① 孙庆伟：《追迹三代》，上海古籍出版社，2015年版，第577页。
② 孙庆伟：《鼏宅禹迹》，三联书店，2018年版，第596页。

的时候,孙庆伟也丝毫不露破绽。

可以说,《追迹三代》中异常细致和深入的学术史梳理,为作者自己后来的研究,不仅打下了坚实的基础,更是埋下了足够的伏笔。读过此书的读者,应该就等着他的三代五书了,因为孙庆伟自己的著作,会是考古学史的下一个章节,将读者期待很久的答案隆重推出。果然,孙庆伟不负众望,《鼏宅禹迹》中回答了《追迹三代》中夏代部分提出的考古学问题,以翔实的史料和考古发掘,高调推出了作者对夏代信史的论证,当然,同时也使读者更加好奇——他将如何回答关于商、周的问题呢?对此,我们只能继续期待着他的另外四本书了。

《鼏宅禹迹》与《追迹三代》的口吻明显不同,作者不再像那个悠然神往于前贤身影,又不时狡黠地卖卖关子的说书人,而成为一个正襟危坐的著史者,因为他要立一家之言了。《鼏宅禹迹》的文笔更加严肃,更加专业,作者已经不再需要刻意讲故事,因为这本书处理的本来就是一个大故事。《追迹三代》中曾经把李济与邹衡的商代研究分别概括为"著史"与"分期",但在《鼏宅禹迹》中,孙庆伟却以著史为目的,以分期为方法,充分吸收了前贤的双重遗产——其实,邹衡先生的分期,又何尝不是一种著史?这种分期工作的意义,就在于以更加可靠的方法重建古史。我这样的外行读者在看《追迹三代》时,对于那些争论的细节,往往并不太能理解,但学者之间的唇枪舌剑,可以逼迫我记住争论的焦点究竟在什么器皿,在哪些地层,等等。但到了《鼏宅禹迹》就不一样了,书中不厌其烦地介绍各个考古遗址,详细对比各个文化地层,比前书更加细致地比较不同说法,有大量的插图、表格、数据,引导我们接着前书,对二里头遗址、偃师商城、郑州商城等诸多问题进行更加深入的了解,从而相当自信也足够审慎地,确定了作者对夏代上下限的判断。

此前,我们会关注博物馆中的各种精美文物和珍贵的出土文献,以为这就是考古学的价值所在。但后来听庆伟兄讲到,若是考古学的意义仅仅在于寻宝,那与盗墓有何区别?他曾经说:"盗墓贼之所以可恨,不在于他可能毁坏文物,而在于他破坏了文物所在的语境,这就对考古学研究造成了不可弥补的损失。"读了他的这两本书,才知此说渊源有自。傅斯年就说过:"近代的考古学更有其他重大之问题,不专注意于文字、彝器之端也。"③李济也说:"现代考古家,对于一切挖掘,都是求一个全体的知识,不是找零零碎碎的宝贝。"④因而,像董作宾那种不顾地层专门找甲骨文的做法,在傅斯年和李济看来,就不仅缺乏专业意识,甚至会破坏研究的进展。

所以,读这两本书的第一感觉是,虽然庆伟兄也会经常向朋友们炫耀他发掘出的文物精品,但那其实只是他对外行说的话,真正的考古学家更关注的是墓葬、地层、陶片、灰坑。其貌不扬但大量出土的小对象,可能要远比难得一见的奇珍异宝重要。通过各地遗址中的灰坑、陶片上的蛛丝马迹,根据挖破与叠加的痕迹来判断年代先后,是相当烦琐而又巧妙的推理游戏,我读起来虽然觉得扑朔迷离,却连连叹服,比起自己熟悉的哲学思辨、丧服计算、注疏比对,其考验智商的程度一点也不弱。中国考古学家将这种推理游戏发展到炉火纯青的程度,高手可以准确地推测出附近某地可能有的埋藏物,其对年代的分期与测定令人叹为观止。

中国考古学起步虽晚,却很快走到了世界的前列,训练有素,硕果累累,这不仅是因为中国历史久远,考古对象异常丰富,更重要的是,中国考古学家一开始就为自己确立了一项神圣使命:重建古史。这是孙庆伟反复强调的主题。读他的著作,给我印象最深的还不是那些考古争论,也不是某个遗址的发掘过程或考古细节,而是这个始终挥之不去的主题。

如此强调"信史"的孙庆伟,为什么会在《追迹三代》里花了两章的篇幅先来谈疑古的顾颉刚,并且不是以批判的语气,而是充满同情的态度?这是理解"古史重建"的一个要害。他自己说:"高举'疑古'大旗的顾颉刚其实并不认为疑古是古史研究的主要工作,反而是认为'要建设真实的古史,只有从实物上着手的一条路是大路',而他本人对古史系统的破坏,也是为了'使得破坏之后得有新建设,同时也可以用了建设的材料做破坏的工具'。"⑤孙庆伟之所以将疑古派纳入讨论的范围,而不是简单批判,就在于,他深知顾颉刚是现代中国学术界古史重建的一个重要环节。无论疑古、信古,还是释古,其自身都不是目的,而是古史

③ 傅斯年:《本所发掘殷墟之经过》,《安阳发掘报告》第 2 期,1930 年;转引自孙庆伟《追迹三代》,第 395 页。
④ 李济:《中国最近发现之新史料》,《李济文集》卷一,第 322—324 页;转引自孙庆伟《追迹三代》,第 395 页。
⑤ 孙庆伟:《鼏宅禹迹》,第 522—523 页。

重建的一条思路。正如《鼏宅禹迹》的结尾所说："中国考古学因古史重建而生，考古学者理应不忘初心，牢记学科使命，奋发向上，追慕太史公之遗风，为建设真实可靠的夏代信史贡献力量。"⑥孙庆伟谦虚地说，此书要为古史重建提供一个个案，这何止是提供个案，简直是为古史重建确立新的典范和标杆，是对考古学者的当头棒喝：千万不要忘了古史重建的学科使命。

自从王国维强调二重证据法，地下出土材料被当作古史重建的有力工具，考古学也就逐渐成为古史重建的担纲学科，而中国考古学家在近百年的探索中，逐渐摸索出了一套非常系统、行之有效的学术路数，稳步走在了现代学术的专业之路上。但也正像孙庆伟所担忧的，"中国考古学者对于理论方法的探讨天然地缺乏热情"⑦，本来，考古材料是用来补充历史文献的，但现在，情况逐渐颠倒了过来，很多考古学家不再相信文献材料，当然更不相信文献中有什么信史，他们不愿意使用传世文献中的概念，不愿参照传世文献来解释考古发掘，甚至将传世文献完全当作虚构。这样一来，考古学与古史重建的使命渐行渐远，成为一个完全自娱自乐的学科。正是因为这样的研究倾向，才会有许多学者在找到文字材料之前，不能认可夏的存在。考古学界的主流是要脱离"证经补史"的阶段⑧，但孙庆伟的工作，恰恰是反其道而行，以大量的古史材料与考古学发现相互参证，拒绝"考古学纯洁性"。

孙庆伟著作的最大意义不在于对考古细节的描述或是他个人的某个观点，而是在于，他在反复提醒，三代考古的使命是古史重建。他对我们这些考古学门外读者最大的启发，正在于对古史重建的强调。

二、古史重建与三代之治

从梁启超、王国维、胡适、顾颉刚、徐旭生、傅斯年、李济、夏鼐、苏秉琦、邹衡、

---

⑥ 孙庆伟：《鼏宅禹迹》，第489页。
⑦ 同上，第582页。
⑧ 详见孙庆伟：《鼏宅禹迹》，第14页。

张光直、李学勤，一直到雷兴山和孙庆伟，一百多年来，这些立场不同的学者关心的都是古史重建。那么？到底何为古史重建？它对我们的意义究竟何在？

20世纪初，中国学术界先后发生了两件有里程碑意义的大事：甲骨文的发现和古史辨学派的兴起。前者将商史定为信史，后者却将大禹说成一条虫，这两件看似相反的事件，却有着内在的关联，都极大影响了其后古史重建的走向。而这两件事，虽然是现代学科建立之时发生的，又与清代学术界的文字学研究、历史研究、经学研究都有着千丝万缕的关联，与清代的阎若璩、段玉裁、章学诚、崔述等人的著述一脉相承。⑨ 简单说来，所谓古史重建，就是以现代学术方法重新理解中国文明的源头。但是，这绝不仅仅是一个简单的史学问题。在中国几千年的历史中，为什么学者们对后来的王朝就没有那么深的情感，为什么就特别钟情于夏、商、周三代，以致直到当代还会有夏商周断代工程这样的项目？李济先生说：

> 现代中国新史学最大的公案就是中国文化的原始问题。要研究这个问题，我们当然择一个若明若昧的时期作一个出发点，这个时期，大部分的学者都承认在秦汉以前的夏商周三个朝代。因为我们中国文化的基础是在这"三代"打定的。⑩

李学勤先生在谈到夏商周断代工程的时候也说：

> 中国古代文明的发展有一个升华、提高的过程。文明从远古一直到夏商周，逐渐演变过来，到西周形成了一套很系统、非常发达的礼乐制度，到东周的时候它就升华到了学术的高度，这就好像希腊、罗马，出了苏格拉底、柏拉图、亚里士多德这些哲人一样，我们国家也出现了一批圣贤哲人。⑪

---

⑨ 林庆彰：《顾颉刚的学术渊源》，台北万卷楼图书股份有限公司，2017年版。
⑩ 李济：《中国古器物学的新基础》，《李济文集》卷一，第334页。孙庆伟：《鼏宅禹迹》，第543页引。
⑪ 李学勤：《中国古代文明及其研究》，《齐鲁学刊》，2002年第4期。

相隔半个多世纪的两位先生讲得都非常清楚,三代古史之所以重要,是因为这是中国国家文明的起源时期。现代中国人的古史重建,焦点是文明起源,因而才会出现中国文化西来说、传说与信史的辨析、夏代有无,等种种争论。其他朝代的考古学和历史学研究,固然有其独立的学科意义,却与此有相当大的差别。正是主流考古学家所不喜的"证经补史",道出了三代古史重建的意义。

说考古学"证经补史",并不是取消考古学的独立价值,不是将它贬为仅仅是依附性的学科,而是强调,中国考古学虽然是从西方输入的现代学科,却已经深深扎根于深厚的经史传统当中,这一传统,恰恰赋予考古学无限的生命力,而不是将它局限于现代学科体系中的小小一隅。作为中国传统学问主干的经史之学,无不是围绕三代之治展开的。

在古代经学家的眼中,五帝三代都是圣王,其中三代更加切实,是六经形成的时代,无论在文明理想还是政治制度上,都是后人向往的黄金时代,所以恢复三代之治,曾经成为历代儒生的梦想。[12] 六经,便是三代文明的载体。"行夏之时,乘殷之辂,服周之冕",便寄托着孔子的文明理想。在汉代,经学体系形成之时,究竟该如何区分夏、商、周三代之治,并如何以此标准确立汉家制度,成为经生争论的核心问题。郑玄经学"述先圣之元义,整百家之不齐",之所以能超出其他经学家,原因之一就是,他在诸经之中(特别是三《礼》之间)划分出夏、商、周三代的明确区别,且为后人所普遍接受,成为理解三代异同的标准。[13] 简单说来,经学作为一个学术体系,就是将三代之治为什么是理想的圣王之治,三代的异同何在,为后世确立了怎样的原则,系统地阐发出来。郑玄更关心的是经书文字和义理的疏通,将许多彼此矛盾、不易讲通的地方解为三代差异,而不是特别关心从史实、制度的角度去考证真伪,他所谓的夏、殷之制,也往往缺乏历史学的依据。但他能更好地贯通群经,形成一个较为系统的经义体系。[14]

司马迁的《史记》之所以成为正史之祖,并不是因为他要与经学区别开来,

---

[12] 五帝与三代之间的关系也反映在考古研究中。如陶寺遗址的早中期,研究者已多把它纳入尧舜时期,见孙庆伟《鼏宅禹迹》,第 290 页。

[13] 此为陈壁生教授 2018 年 5 月 25 日北京大学礼学中心讲座"三代异物——郑玄的三代元义"中的主要观点,他将在以后的研究中详细阐释。

[14] 参考华喆《礼是郑学》,三联书店,2018 年版。

另立史学学科。太史公的观念中本就没有经、史之间的学科差别，又与董仲舒等经学家颇有渊源，对于当时的今古文之学都极为留意。两代太史公的志向，都是继承孔子，"绍明世，正《易传》，继《春秋》，本《诗》《书》《礼》《乐》"（见《史记太史公自序》）。其书起于陶唐，终于武帝获麟，五帝三代史事，首先取材于诸经，且颇参考当时经学家解经之说。比起董仲舒到郑玄的经师来，司马迁当然更加看重历史的真实，因而才会"南游江、淮，上会稽，探禹穴，窥九疑，浮游沅、湘，北涉汶、泗，讲业齐、鲁之都，观孔子之遗风，乡射邹、峄，厄困鄱、薛、彭城，过梁、楚以归"。太史公的"田野工作"几乎遍布九州，当时要有考古学方法，他一定会使用。这样的治学精神，使我们很难轻易否定《史记》的可信度。他不会像郑玄那样，为了经文之间的协调而牺牲史事，这是经史之学的差别所在。但从对待诸经的基本态度上，两条路向并无根本不同。司马迁说的"厥协六经异传，整齐百家杂语"，与郑玄说的"究先圣之元义，整百家之不齐"，简直如出一辙。可以说，太史公是以另外一种方式，将六经勾连成了一个史事体系。《史记》作为正史之首，并不仅仅是因为它是第一部，也不仅仅因为写得好，而是因为书中包含了五帝三王的历史。后世人读经，很难不参考《史记》中记载的传记、制度、世系、年表、史事等等，其价值恐怕不输于注疏。而后世的正史，虽然不可能有《史记》这样直讲三代的机会，但其对《史记》的继承并不仅仅在于体裁、写法等上面，更重要的是史观上的接续。

因而大致可以说，司马迁缔造的史学系统和由郑玄集大成的经注系统，从不同的角度，以不同的方式，各自构成了对三代文明、六经义理的诠释体系：经义体系与史事体系。经义体系更加注重经书文本的一致，史事体系更加注重三代制度的演进；经义体系重在阐发先圣的元义，史事体系重在考察圣人的生活世界；经义体系中所特别看重的《周礼》，史事体系并未给以特别关注。两个体系之间当然有张力，但更多的是相辅相成，基于对三代文明的共同信念，为后世儒生描绘了这个文明理想的丰富面向：尧、舜、禹各自的理想人格、丰功伟绩和禅让制度，其后夏、商、周的天命转移与礼乐传承，特别是周公制礼与一系列基本制度和基本原则的确定，到孔子述六经，以及七十子之徒的传经活动。尧、舜、禹、汤、文、武、周公、孔子的传承，便成为此一文明理想的线索。对于这一文明理想，经生通过辨析六经文本予以传承,史家通过考察史事予以赞颂,二者实为你中有我,我中有你,密不可分。

但由诸经经义与三代史事共同构成的经史体系,一直存在很多层面,留下了争论的空间。在《史记》庞大的史事体系和郑注繁复的义理体系中,都有诸多解释的可能性,因而就潜藏着多种角度、多种学派的可能性。可以说,传统中国大的学术争论与范式转移,关键即在于对三代理想的重新理解,因而就少不了对经义体系与史事体系的重新清理。

郑玄以《周礼》为纲统摄三礼与群经,本就面临着很多质疑。在义疏学衰亡之后,[15]唐宋之间的儒生中更是涌动着重新理解诸经和三代史事的诉求,而其思想实质,乃是重新理解三代文明理想。于是,对经学架构的重新调整、对道统传承的重新认定,乃至对经书真伪的重新讨论,就逐渐成为越来越多人关心的问题。特别是在经历了盛汉强唐之后,距离三代越来越远的儒生们,也需要重新思考三代之治到底意味着什么。经过相当复杂的学术和文化论争,"四书"成为新的经书,《孝经》《周礼》《仪礼》的地位都有不同程度的下降,《诗》《易》《春秋》的解释都有巨大的变化,孟子被放进了道统之中,《古文尚书》中的十六字心传被当作连接三代圣王与孔子和思孟学派的纽带,而成为三代文明理想的概括。继郑君之后,朱子再次将经学体系讲得极为高明。但与此同时,《古文尚书》的地位却在逐渐撼动。一旦对《尚书》生疑,相关的一些史事就必然会受到怀疑。

清代是对中国古代学术做全面整理和总结的时代,对三代经书与史事的重新考辨与诠释蔚然成风。阎若璩、毛奇龄、姚际恒、崔述、程瑶田等对经书、史事、经义等都在不同程度上产生了怀疑,因而也推动了对很多具体问题的考辨。和汉学与宋学一样,清学的新范式背后是对三代文明理想的重新认识。随着小学各个领域的展开,清代学者重构文明理想的努力也逐渐显露出来。如章学诚著名的"六经皆史"说,便是对经义体系与史事体系的一个综合解读。其言曰:"六经皆史也,古人不著书,古人未尝离事而书理,六经皆先王之政典也。"其释《易》道云:"夫子憾夏、商之文献无所征矣,而坤、乾乃与夏正之书同为观于夏、商之

---

⑮　乔秀岩:《义疏学衰亡史论》,三联书店,2017年版。

所得,则其所以厚民生与利民用者,盖与治宪明时同为一代之法宪,而非圣人一己之心思,离事物而特著一书以谓明道也。"⑯所谓六经皆史,绝不是说六经都应划归历史学,更不是将六经都当作史料,而是强调经义都在政典史事当中。⑰ 清代今文经学的兴起,也是在民族与国际环境发生巨大变化之际,通过对《春秋公羊学》的重新解读,寻找中国在新的世界格局中的可能走向。⑱ 晚清康有为的孔子托古改制之说,对三代史事、经书真伪、六经经义都有一个全方位的重新解读,而其核心,则落在《礼记·礼运》一篇对五帝之大同与三代之小康的辨析上。

孙庆伟谈到,顾颉刚晚年说对自己影响最大的是康有为⑲,固然有抹杀胡适的知遇之恩之嫌,却也未必没有道理。古史辨派承清儒疑经辨伪之余绪,将康有为托古改制说发挥到极致,以上古的许多人物与史事为伪造,其实质含义,乃是不再相信历代相传的文明理想,试图通过对古史的重新解读,来重构一个文明理想。康有为就是非常自觉地这样做的,因为他依然将自己当作一个经学家,许多现代学者自觉不自觉地使自己投入重建文明理想的事业当中,其工作可能只是这一宏大事业中的一个环节,所以其意义未必那么清晰。顾颉刚所认的另一个学术渊源王国维⑳,在《殷周制度论》中,则也是非常自觉地,以现代历史研究的方法,重述了周公制礼的过程与意义。民国时期章太炎、刘师培、刘咸炘等人的工作,都算是比较自觉地通过重建古史阐释现代中国人的文明理想的学者,尽管其成功与否还有商榷的余地。中国考古学,便是在这样的大背景之下,毅然承担起了古史重建的使命。

三、古史重建呼唤经义新诠

若是顾颉刚这样极端疑古的做法都可以被当作古史重建,是否凡是对夏商

---

⑯ 章学诚:《文史通义》卷一《易教上》。
⑰ 顾涛:《"六经皆礼"说及其延伸路径》,《中国哲学史》,2018 年第 2 期。
⑱ 汪晖:《现代中国思想的兴起》上卷,第二部,三联书店,2004 年版,第 589—736 页。
⑲ 孙庆伟:《追迹三代》,第 32 页。
⑳ 同上,第 33 页。

周三代的研究,都可以看作古史重建呢? 当然不是。古史重建,并不只是对夏商周三代历史、制度、人物、文化的研究,而是围绕三代所体现的文明理想的研究。在古代的疑经辨伪学当中,有学者否定某本书、某个人、某件事的存在,对某些经说和某些记载产生怀疑,但很少有人否定《史记》中的史事体系和经注中的经义体系。即如康有为的孔子改制说,其怀疑已经到了极限,但仍未推翻史事体系和经义体系的基本架构。顾颉刚在最极端的时候,怀疑大禹是条虫,但也并未否认夏代的存在,而只是试图以层累进化的方式理解古史诸说的形成,观点虽然惊世骇俗,却标志着现代中国古史重建的一个新阶段,其意义不在于疑古,而与甲骨文类似,在于以现代的学术方法来重构古史。像钱穆先生认为老子在庄子之后,认为孙武、孙膑为同一人,进一步推进疑古的范围,却并不妨碍他对三代文明精神的认同与敬意。李济开启的三代考古学,沿着现代学术的思路继续前行,当这一研究路径成熟起来之后,却使得很多被民国学者乃至清人怀疑的经典与历史,得到了出土材料的证明,使我们发现,古人的记载比我们想象的准确得多,今天才有可能走出疑古时代。但走出疑古时代并不意味着回到古代。无论如何,我们对待经义体系和史事体系的态度,都已经被现代学术方法大大改变了。因而,现代学术史中的疑古、释古和信古的态度,都是以现代人为主体,无论哪一种都不是简单地回到从前,而是从现代人的角度对中国文明理想的重构。孙庆伟以陶片研究、地层分期、族群辨析构成的信史研究,使我们清晰地感到这一点。正是在这个意义上,无论甲骨文对商史的确证,还是古史辨对大禹的怀疑,都是现代古史重建的起点,这是一个现代学术范式的开端,使我们必须在新的语境下,以新的工具、新的方法、新的范式来面对几千年前的史事体系和经义体系。

但是,若是使"六经皆史"变成"六经皆史料"[21],使考古学放弃"证经补史"的定位,甚至连传世文献都完全无视,放弃古人建构的经义体系与史事体系,将三代研究等同于随便一个朝代的历史研究,各专业固守其学科畛域,那就完全忘记了古史重建的使命。孙庆伟一再强调,"考古材料自身有着难以克服的局限性"[22],出土材料再多,也有着极大的偶然性和限制,不可能单靠考古材料建构一

---

[21] 参考陈壁生《经学的瓦解》,华东师范大学出版社,2014 年版,第 143—144 页。

[22] 孙庆伟:《鼏宅禹迹》,第 582 页。

个古史系统。完全放弃传世文献,不仅是对大量宝贵史料的放弃,更是对理论架构与文化使命的丢弃。

古史重建,就是史事体系的现代形态,是以现代眼光重构三代古史。《史记》中确有相当多的观念,现代人不可能再无条件接受。夏、商、周之间的朝代更迭,《史记》中的叙述与后世周、秦、汉的更迭似无不同,但现代学者不会再以这样的方式来看待三代关系,而是认为它们来自不同的族群;《尚书》和《史记》中所称颂的尧舜禹盛德禅让,今天的学者也不会轻易接受,而会以更加客观的历史眼光来看待其族群之间的关系,而禅让制变为世袭制,现代学者也多理解为国家的出现;包括汤、武革命,今天的学者也不会简单以道德话语来理解,而是认为其间的力量对比、族群兴衰,自有其可解释的原因;至于对具体史事的记载和判断,今人凭借现代手段,发掘出司马迁未曾见过的史料,推测出司马迁不可能有的判断,当然是非常自然的事。现代人面对三代古史,会思考中国国家制度的形成、族群文化的融合、宗教形态的演变、文字的出现与演化,等等,这些现代学者特有的问题,成为解决中华民族文明起源的关键之处,当然不在古人的视野当中。视角的转换使现代人必须依赖现代的学术工具,依赖出土文献与地层划分,但这并不意味着要全盘否定《尚书》和《史记》中的古史系统,反而需要现代人对这一系统重新解读。

面对三代文明,古人的史事体系与经义体系,是不可或缺的两翼;面对中华文明的丰厚遗产,现代人除了古史重建,也必然需要经义新诠。孙庆伟的书让关注经义的我们非常羡慕考古学,同时也不免汗颜。

现代人古史重建的工作在疑古的风潮中蹒跚而行,终于初具规模,时时都在呼唤着经义新诠携手同行。古史重建的同仁,通过大量的发掘工作,已经牢牢确立了商、周历史的基本脉络,在夏代的问题上争论正酣,却也卓有成效;考古学家发掘出来的大量卜辞、铭文、简牍、帛书,也已为经义新诠提供了丰富的材料。中国考古学家能够有效地将考古材料与传世文献相互参证,成功地将现代考古学技术纳入了传统经史的大传统中,这个传统赋予了中国考古学以灵魂,而现代考古学又为传统经史之学打开了新局面。与之相比,六经义理的现代诠释,还只是在摸索的阶段。

与古史重建相配合的经义新诠，当然也不是简单的复古，而是对六经义理的现代诠释。三代作为中国国家文明的起源，不仅因为在时间上是源头，而且因为确立了基本的文明精神，就像希腊罗马确立了西方文明的基本精神一样。古史重建的任务，是以现代学术方法描述中国国家文明在这个时期如何起源、如何兴盛、如何建立其一系列基本制度，形成其一系列文化观念，以及形成一系列著述的；经义新诠则要告诉人们，三代所形成的这些制度、这些观念、这些著述，究竟传达了怎样的文明理想，诸如如何看待天地自然，如何思考人伦物理，如何理解家国天下，与其他文明的观念有何不同，并如何将它讲得更高明。

郑玄在区分三代异物之时，主要依据的是经书文本，史学家既没有什么材料证明，也没有什么材料反驳。清代以来文字、文献、制度等方面的丰富考证，现代古史重建的诸多成果，以及古人未见的大量出土文献，都已经在相当大的程度上决定了今日解经的空间，使郑君、朱子、康有为的做法都已不可能。

近些年经学研究异军突起，方兴未艾，但对于经学研究该如何做，究竟什么是经学，在儒家不再独尊的时代为什么称之为"经学"，研究者讲不清楚，旁观者满腹狐疑，使得经学研究要么只能限于小学研究或经学史的清理，要么完全失去学术趣味，变成民族主义的空话。古史重建的经验启示我们，现代经义新诠的使命，并不是将十三经重新奉为圭臬，而是诠释其中的文明理想。我们未必将尧舜禅让当作最高的礼法境界，但可以研究中国古代国家的形态中蕴含着中华文明对国家制度的独特理解；我们未必靠《周易》占卜来看待死生祸福，却可以在阴阳五行的思想体系中体会生生的智慧之源；我们未必将《诗经》中的每一篇都与天子诸侯联系起来，却可以在风雅颂中看到中国思想对待喜怒哀乐的态度。现代学者不大可能以复见三代之治为志业，却可以去辨析三代文明体系中对天地、人伦、家国的思考方式，从而寻求更适合现代人的生活形态。就如同现代西方民主政治与希腊民主已完全不同，却始终在古希腊吸收思想资源；现代法律体系与古罗马的十二铜表法早已大异其趣，却仍然自称来自罗马法传统；信息时代的基督徒与中世纪的基督徒早已判若云泥，却仍然在解读同一部《圣经》。我们之所以对经学体系仍然有信心，不是因为它碰巧是中国的，我们碰巧又是中国人，而是因为我们相信，其中所蕴含的三代文明构成了一个力量强大的文明体系，其深度与广度都不输于希腊、罗马或希伯来的文明体系,其最高明之处,可以帮助我们面对现代世界的问题,建构新的文明理想。从这个角度出发,各经文字之间的矛盾,具体说法之间的差异,乃至史事上的一些错误,都是小节,并不妨碍这个文明理想的表达。

《周礼》和《礼记》诸篇,在宗庙庙数上有相当大的差异,郑玄为了弥合矛盾,就将不同的说法解释成三代异礼,我们今天知道这并无根据,也不需要再弥合矛盾,却需要结合考古挖掘来理解,宗庙为什么那么重要,为什么需要确定宗庙庙数的不同。商祖契与周祖稷,究竟是否天帝感生,在《诗经》的古文家和今文家之间会有激烈争论,我们今天清楚地知道,这应该来自各个族群的传说,不必再陷入争论,却需要理解争论背后的义理趋向。天子祭天,所祭究竟是一个天帝还是六个不同的天帝,不仅是郑玄与王肃争论的焦点,而且影响了其后历代祭天大礼的设置,我们今天已经没有祭天之礼,当然不必再参与这种争论,却需要理解,天帝在经学体系中意味着什么,一天说和六天说共享怎样的宗教观念,分歧出在什么地方,诸如此类,不一而足。今天的经学与古代的经学已经相当不同,究竟是一天还是六天,对于我们不再重要;但为什么经学争论会在六天和一天之间展开,而不会往三位一体的方向发展,对我们却相当重要。古代经师的那些争论背后,其实有一些共享的前提,没有人会质疑,因而不必争论,就不需要多说,甚至根本就不说。但在今天的世界文明格局中,这些不说的前提反而变成最重要的,我们需要在经书的字里行间去研究、去探索、去分析,这便是今日经义新诠的一个使命。

从今日的学术角度来看,六经体系,便是在三代中逐渐形成,到东周趋于成熟,再经汉人整理诠释而系统化的文明理想。对《尚书》中周代的部分,多数学者还是认为反映了相当大程度的历史真实,周代以前的部分或为后人假托,或为相传多年的典章制度,在后人手中成文的,但都体现了古代帝王的政治理想。即如《古文尚书》,其书或为后代写定,其中传达的内容与思想,未必没有研究的价值。《诗经》被认为是产生于先秦的诗歌总集,现代人无论是像古人那样,将它理解为与典礼密切相关,还是仅仅当作文学作品,都会关注其中面对自然、家国、祸福的情感表达,即礼乐文明中诗言志的方式。《周易》本是周人卜筮之书,因其中包含了对天地万物的基本理解,而逐渐成为群经之首,它的现代意义也不在于可被用于占卜、预测,而在于其中理解天地万物的丰富资源。《仪礼》为孔门弟子记录周代诸礼,且予以整合、调整之作,其中反映了孔门对礼乐文明之基本理解。《周礼》为战国之时一规模宏大的政治理想,且以天地四时的自然架构安排之,虽然几乎无人相信是周公致太平之迹,但对中国政治架构产生了深远影响,也是无人可以否认的。今本《春秋》是否为孔子所作,仍有巨大的争论空间,但《左传》被当作春秋历史的第一可靠文献,《公羊传》《穀梁传》中蕴含着对历史、政治、礼制的理论解释,都有待进一步的阐发。这些经书既来自三代圣王典章制度之遗迹,亦无不经过孔子及其弟子整理诠释而成。《孝经》《论语》《孟子》,以及大小戴《礼记》诸篇,则是对六经体系所蕴含的文明理想的义理阐发,其体裁虽为儒家子书,却逐渐获得了经的地位。

经学体系越是发展,便越体系化。《书》《诗》可谓原始经书,保留了三代典章制度的更多遗存,体系性的义理阐发较少;《春秋三传》《周礼》《周易》却有了更加严密的架构、更明确的理论取向;到了《孝经》《礼记》《四书》,其理论更加系统和明晰;至如汉注唐疏,宋人章句,则将其经义体系更系统地阐述出来。后代经师的体系化工作,可以说明我们把握经学义理的整体,但直接记录三代典章的原始经书,却又不断突破过于整齐的体系化总结,丰富我们对经学的理解。经学因其能够更系统、更全面、更深刻地阐释三代文明理想,而成为中国古代学术的制高点,历数千年演进仍保持着旺盛的生命力。现代学者曾在经子诸家中寻找到不少的思想资源,或于老庄见其自然,或于岐黄见其脉理,或于玄学见其旷达,或于仙佛见其虚寂,或于陆王见其心性,这些当然都属于中国文化的精华,需要仔细参详,却都仅是一个方面,一个完整的文明理想却远为丰富和广阔,需要我们不断从原始经书中汲取资源。今日谈经学,当然也不可执着于门户之见,对外需要参照诸多文明体系,对内需要兼顾诸子之学,方能体会经学体系的全面与丰富,可使我们更好地理解和阐发三代文明理想之精髓。

因而,古史重建与经义新诠的共同使命,乃是诠释中国的文明理想。在中华文明起源的夏、商、周三代,是这个文明理想形成的时期,三代之治与六经文本的丰富性,使这一文明理想有着诸多解释的可能性。汉代形成的史事体系和经注体系,开辟了诠释其基本精神的两条脉络,其后的学术形态,在重新诠释三代文明时给出了不同于汉学的答案,却无不借助于汉人确立的这两条脉络。现代中国的时代气质与文明格局,与古代的任何时期都已不同,因而对这一文明理想提出了严峻的挑战。疑古派是这种挑战的一个集中体现,却也为古史重建提供了新的可能性。中国考古学家借助西方考古学的方法,已经逐渐走出一条古史重建的路来,这无疑是这一文明理想伟大生命力的体现。与古史重建相比,经义新诠面对着更多的困难和挑战,其成熟必将更加滞后。但古史重建的成果激励着对经学义理有兴趣的同仁,共同面对现代学术的挑战和古代文明的遗产,以建构现代中国的经史之学。

【吴　飞　北京大学哲学系教授】
原文刊于《中国文化》2018 年 02 期

论中国古代社会自然经济与城乡对立等有关问题

徐中舒

一、自然经济

经典作家多次指出,自然经济是封建社会的基础,它是一种生产规模狭小的自给自足的经济。马克思在《路易·波拿巴政变记》中对于这样的小农经济有具体的说明。他说:"小农是一个广大的群众,其成员生活在相同的条件下,但是彼此并不发生繁杂的关系。他们的生产方式,不是使他们互相交往,而是使他们互相隔离。……每一单个农民差不多都是自给自足的,都是直接生产着自己消费品中大部分,因而多半是在自然交换中而不是在与社会交往中取得自己借以维持生活的资料的。一小块土地、一个农民和一个家庭,旁边是另一块土地、另一个农民和另一个家庭。一群这样的单位就形成一个村子;一群这样的村子就形成一个州区。这样法国的广大群众是由一些同名数简单相加而成的,好像一袋马铃薯是由袋中一个个马铃薯所集成的那样。"(《马恩文选》两卷集一卷,第310—311页)马克思在《资本论》中又提到亚洲封建社会的自然经济说:"农村经济和家庭手工业的结合是不可缺少的,因而农民家庭是几乎完全自给的,因为它和市场和它以外的那部分社会内进行的生产运动和历史运动是完全独立的。总之,因为一般地说,有自然经济的性质,所以这个地租形态(指实物地租)对于我们,例如在亚洲看到的静止的社会(指封建社会)状态就完全适合它们的基础。"(《资本论》第三卷,第1039页)马克思指出,自然经济适合成为亚洲静止的社会状态的基础。在这里马克思是说自然经济,在欧洲和亚洲并没有任何差异。

这样的自然经济,生产规模虽然狭小,但在古代这还是一种最先进的经济。在这里每一单个农民和他的家属,按年龄和性别都有一定的自然分工。在这里虽不需要有什么深远计划,就自然构成一种农业与家庭手工业紧密相结合的自给自足的生产单位。他们为要达到自给自足的目的,积极的劳动和熟练的技能,都有一定水平。生产品除了满足他自己和他的家属必需的物质生活资料以外,还要有一定的剩余产品,作为祭祖祀神、接待宾客以及交换他们所不能生产的生活必需品。封建社会必须有这样小农经济像一个个马铃薯所集成的一袋一袋的群体一样,然后封建统治者在军事征服的过程中,才可以一个一个的、一袋一袋的顺利地分割,赏给他的臣属。马克思说:"分散的劳动是私人占有制的源泉。它使得诸如牲畜、货币,有时甚至奴隶和农奴等动产有集中起来的可能。"(《史学译丛》1955年3期,第23页,"答维·拉·查苏里奇的信和草稿")过去这些小农所能生产的一部分剩余的产品虽然成为统治者掠夺剥削的对象,但是他们和他们的家属也得到暂时的安定,无疑仍然是可以生活下去的,因此也就很容易驯服地被束缚在土地上,统治者也不复像奴隶主那样,日夜担心他们的奴隶逃亡。封建制必须要以这样的小农经济作为它的基础。

从西周开始的一夫耕种百亩,这是一个很高的定额。古亩比今亩小,百亩约当今亩三十亩左右,以现代农业技能水准,要完成这样的定额,也是不容易的。《吕氏春秋·上农篇》云:"齿年未长,不敢为园囿(圃),量力不足,不敢渠地而耕";古代分田以沟渠为界,分地而不能耕与弃地同,因此不能胜任百亩的就不敢占用这块土地。《上农篇》又云:"上田夫食九人,下田夫食五人,可以益不可以损":把农夫分为上、中、下三品,他们所能养活的人,从五人至九人,这是当时的一般要求,在《周礼》和《孟子》书中都有同样记载。这是一个不低的要求,据此言之,古代一夫耕种百亩并不是低标准,而是要辛勤的劳动才能达到这个要求的。《国语·齐语》云:"令夫农,群萃而州处,察其四时,权节其用,耒耜枷芟。及寒,击槁(枯草)除田,以待时耕;及耕,深耕而疾耰之,以待时雨;时雨既至,挟其枪刈(镰刀)耨镈,以旦暮从事于田野。脱衣就功,首戴茅薄,身衣袯襫(蓑衣),沾体涂足,暴其发肤,尽其四支之敏,以从事于田野。"古代农夫生活就是这样艰苦。

西周以来的一夫百亩,也有它的发展过程。《孟子·滕文公上》云:"夏后氏五十而贡,殷人七十而助,周人百亩而彻。"孟子此说过去有两种不同的解释:一说三代农夫耕种面积是有多少不同;一说不应有多少不同,这里五十、七十或百亩,只是古今丈尺的差异。我是同意前一说的。因为每个时期,都有与它相适应的耕种面积,这是历史发展应有的现象:夏代每夫所能耕种的面积最小,为五十;殷代较大,为七十;周代最大,为百亩。清代学者多同意后说。顾炎武《日知录》"其实皆什一也"条下,以为《周礼·遂人》治野,沟、洫、浍、川是一成不变的制度。他说:"使夏必五十、殷必七十、周必百,则是一王之兴必将改轸涂,变沟洫,移道路以就之。为此烦扰无益于民之事也?岂其然乎?盖三代取民之异,在乎贡、助、彻,而不在乎五十、七十、百亩;其五十、七十、百亩,特丈尺之不同。"(钱塘《溉堂考古录》说略同)清代学者锐意稽古,其实他们对于文字记载以前的古代社会的知识,还是非常缺乏的。古代分田而耕都是在农业公社下统筹支配,换土易居每年都有改变。《月令·孟春月》下云:"王命布农事,命田(田官)舍东郊,皆修封疆,审端经术(道路)。"又云:"农事既饬,先定准直,农乃不惑。"古代田土,既属公有,封疆之内原无阡陌;如果田制一成不变,则"修封疆,审端经术"以及"先定准直",都成了虚文,而《管子·地员篇》有"田渎悉徙,五种无不宜"之说,不更是烦扰无益于民之事吗?因此,赵岐《孟子》注云:"民耕五十亩,贡上五亩;耕七十亩者,以七亩助公家;耕百亩者,彻取十亩以为赋。"东汉人的意见,还是值得我们考虑的。

西汉时代有三种不同的亩制。《礼记·王制篇》云:"古者以周尺,八尺为步,今以周尺六尺四寸为步。古者百亩当今东田百四十六亩三十步。(郑玄注:当今百五十六亩二十五步。当从郑注)"《王制》是汉文帝时博士所作,其所称今东田,是战国以来六国相沿的亩,今尚通行于关东(指秦地以东言);其所称古亩,是秦时亩制,今已不行。秦亩以周尺八尺为步,东田以周尺六尺四寸为步,百亩约大于东田约三分之一,这是秦以前所存在的亩制。汉代关中通行的又有一种亩制,《盐铁论·未通篇》云:"先帝哀怜百姓之愁苦,衣食不足,制田二百四十步";《盐铁论》的作者桓宽是汉武帝、昭帝时人,书作于昭帝时,其称先帝乃指汉武帝言。他说这样的大亩是汉武帝所制,以当时人记当时事,当属可信。但《玉篇》田部云:"秦孝公以二百四十步为亩。"《新唐书·突厥传》论引杜佑说又云:"商鞅佐秦,以为地利不尽,更以二百四十步为亩。"此两说又以大亩始于商鞅。商鞅变法重本抑末,奖励生产,后来秦始皇刻石还说:"上农除末","诸产繁殖"(琅邪刻石),"诸产得宜"(泰山刻石),"惠被诸产"(碣石刻石),奖励生产是秦人屡代遵行的政策,因此秦亩在民间就不断发展扩大。古亩以及大亩,都是秦民先后约定俗成的事,汉武帝不过就当时关中通行已久的大亩整齐划一,作为征收赋税的准则。这样无形中就减少了人民将近一倍半的负担,所以桓宽说这是"先帝哀怜百姓"的惠政。此三种亩制虽属步尺不同,但它仍是跟着时代发展的,时代愈后,亩制也就愈大。

孟子所称三代贡助彻的制度,可能是就他所能掌握的史料加以综括的论断,大体上可能有这样的差异。就我们现在所能理解的,贡是公社成员共同交纳的贡赋(谷物等),新中国成立前松潘羌民以村落为单位,共同交纳谷物于当地县府,称为棚粮,数量是很少的(此据胡鉴民同志言)。夏代的贡或与此相似。助在孟子书中又有"九一而助"及"八家皆私百亩,同养公田"之说,这已属周代劳役地租性质,殷代助法是否如此,殊可怀疑。《蛮书》记南诏的生产关系云:"蛮治山田殊为精好,悉被城镇蛮将差蛮官遍令监守催促,……收刈已毕,官蛮据佃人家口数目支给禾稻,其余悉输官。"唐代的南诏还停留在奴隶制阶段中,奴隶主居在城镇内,派了蛮将在他的领地内监守,催促奴隶耕种,收刈已毕,仅按奴隶家口数目留下禾稻,维持他们的生活。清代八旗制下的生产关系也类似于此,每年收获之后,除输纳旗主之外,则共同储存,共同支用。殷代助法或即与此相似。周代的彻法,如理解为孟子时代的所通行的实物地租,那也不是错误的。当时"八家各私百亩,同养公田"的助法,以及什一自赋的彻法,都是同时存在的。彻为彻取,如彻取公社土地为公田,而使农民各私百亩之外,再耕公田十亩,这样的彻法,即属劳役地租。《大雅·崧高》诗云:"彻申伯土田"、"彻申伯土疆",则是彻取公社的土地以为申伯的土田土疆。又《韩奕》诗云:"实墉实壑,实亩实藉";"实墉实壑"是指韩侯就封修筑城池之事。"实亩实藉"是指尽分私田(亩)公田

(藉)之事。可见周初的彻法,仍然是劳役地租。后来宣王不藉千亩,才是实物地租的开始。这两种地租,都是以小农经济作为它的基础。

二、奴隶社会不是自然经济

奴隶制经济与封建制经济最大的区别,是它们的出发点不同。奴隶制是从氏族社会的废墟上发生发展起来的,它是从氏族社会全体成员共同生产出发的,它只能以极为惨酷的超经济强制,在简单协作的基础上进行榨取和掠夺。封建制经济则异于此。它是以生产力较高水平的小农经济为出发点,而这种小农经济在东方如中国和印度,在西方日耳曼民族、斯拉夫民族则以家长制的农业公社(或称家族公社或农村公社)的分田耕种为其先驱;在罗马则以隶农制的小农民小经营为其先驱。在这里超经济的剥削,仍然是沉重的;但是他们已经有自己的私有经济,对于生产是要感到一定的兴趣的。马克思、恩格斯在《德意志意识形态》中对于蛮族占领了罗马帝国所起的变化做出如下的结论,他们说:"定居下来的征服者所采纳的社会制度形式,应当适应于他们面临的生产力发展水平,如果起初没有这种适应,那么社会制度形式就应当按照生产力而发生变化。"(《马恩全集》第三卷,第83页)如上所述,氏族制的简单协作的共同生产与隶农制的小农经营,就是代表两种不同的生产力水平。奴隶制与封建制就是按照这两种不同的生产力水平而形成的两种不同的经济结构,前者是掠夺经济,后者是自然经济。

奴隶制经济最初虽落后于封建制,但这种简单协作的共同生产,其发展又必然要超过分散的规模狭小的小农经济。恩格斯在《反杜林论》中说:"如果要使奴隶劳动成为整个社会的支配生产方式,那么还需要更大的生产、商业和财富积蓄的增长。"(第165页)按照恩格斯的说法,这样的生产方式,当然要突破自然经济的范畴。奴隶制最初不是自然经济,但最终又突破了自然经济。在奴隶制下真正的自然经济也只保存在隶农制这一小部分了。

在封建制下,直接生产者的小农经济,是自然经济,封建主的经济基本上也是自然经济,这是构成封建制一环一环的递相倚赖的统一的经济基础。在奴隶制下,大部分直接生产者是奴隶,他们并没有自己的经济。列宁对于自然经济曾经做出简单扼要的解说,他说:"自然经济即生产者为着自身消费需要而进行的经济。自然经济是与商品经济相对立的。在自然经济下,社会是由许多单一的经济单位(原注:宗法式的农民家庭、原始村社、封建领地)组成的。每个这样的单位从事各种经济工作。从采取各种原料开始,直到最后把这些原料造成消费品。"(《列宁全集》第三卷,第 17 页)列宁在这里所下定义:第一,"自然经济即生产者为着自身消费需要而进行的经济",在奴隶制下作为直接生产者的奴隶,就不能为自身消费需要而进行生产;第二,"自然经济是与商品经济相对立的",这又与发达的奴隶制经济要求有"更大得多的生产商和财富积蓄的增长"不合;第三,列宁所列举的自然经济单位,如宗法式农民家庭和原始村社,都属于阶级社会以前的农业公社的性质,前者是家族公社,后者是农村公社,它们都是封建制的前驱,至于封建领地属于封建经济,那就更不必再谈了。根据列宁的说法,奴隶社会显然不是自然经济。

奴隶制经济虽然不属于自然经济范畴,但这里并不排斥奴隶制经济,也开始孕育了自然经济要素。马克思在《资本论》中指出:奴隶制度"在它在农业、工业、航业等上面还是生产劳动的支配形态的限度内(原注:希腊、罗马各进步国家的情形,就属如此),还保存自然经济要素。"(第二卷,第 599 页)这里所谓自然经济要素是说农业还是与工业、航业相互结合的,工业、航业还没有从农业分化出来。马克思又指出,"自然经济以各种隶农制(原注:其中包括农奴制)基础上并且更加在多少原始性共同体(原注:不管是已有隶农关系或奴隶关系从中混杂着)基础上流行的自然经济。"(《资本论》第二卷,第 60 页)马克思在这里把自然经济要素和自然经济流行分得很清楚。根据马克思的说法,奴隶制经济只保存了自然经济要素,而自然经济流行的社会,则限于隶农制、农奴制和原始性共同体的农业公社(包括家族公社和农村公社在内)。马克思在《资本论》又一处提到真正的自然经济,举例说:"例如古罗马许多 Latifundien(大领地)和查理大帝时代的 Villen(领地)就是如此。在整个中世纪也多多少少有这种情形。"(第三卷,第 1026 页)这里所指的罗马大领地,是隶农制,查理大帝时代的领地,是中世纪农奴制。据此言之,只有隶农制和农奴制才属于真正的自然经济,而整个中世纪城市工商业兴起之后,形成了民族市场,在城市中真正的自然经济,只能是多多少少有这种情形了。

我们说奴隶制经济有自然经济要素,不等于说奴隶制经济是自然经济。这犹如我们说封建社会有资本主义因素,不等于说封建经济是资本主义经济。农业是古代生产的主要部门,在农业与手工业大分工之前,一切生产都带有自然经济因素,那是肯定的。就是资本主义时代也还有一部分生产还保存了自然经济因素,也是不足为奇的。我们对于每一种社会经济的主流(流行的)和非主流(仅具要素)必须分别看待。如果说奴隶制经济基本上也是自然经济,那也只能是隶农制出现以后的现象。恩格斯在《法律家社会主义》说:"在帝政时代中罗马农业的发展,一方面招致了牧场经营的扩张到莫大的面积和地方人口的减少,另一方面引起了下述结果,即把土地细分成小小的租佃地,并把它交给移住耕种者(科洛尼)。这样罗马农业就成了半奴隶的小农民(原注:后世农奴的先驱)的小经营,从而带来了一个生产方式,孕育着中世纪的生产方式。"(《新建设》第一卷七期,第15页)隶农制是作为农奴制的先驱而存在,说隶农制基本上是自然经济,那就没有什么问题了。

三、奴隶制城邦国家

殷王朝是一个建立在黄河中下游广大平原之上的城邦国家。《商颂·玄鸟》诗云:"邦畿千里,维民是止。"《商颂》是春秋时代宋人颂扬其先祖功烈之诗,宋为殷后,应当是他们累世相传的信史。邦即殷墟所在的城邦,畿与圻同,是门限,是边界。据诗言,这是一个方圆千里的城邦大国,而且到处都有人民居住其中,显然是充实繁荣的。

有关殷代的历史知识,因为殷墟遗物及甲骨的陆续出土,我们所能掌握的新旧资料,超过了过去的任何时代;但是我们对于这个城邦的经济结构以及上层建筑,在我们的知识领域里,还不是那么清楚。《三国志·东夷传》有关夫余、高句丽的历史记录,我们如果加以充分利用,或者可以获得一些有益的启示。兹将有关文献摘录于下：

> （夫余）国有君王，皆以六畜名官，有马加（家）、牛加、猪加、狗加……邑落有豪民，名下户皆为奴仆。诸加别主四出道，大者主数千家，小者数百家。……有敌，诸加自战，下户俱担粮饮食之。
>
> （句丽）其国中大家不佃作，坐食者万余口，下户远担米粮鱼盐供给之。
>
> （东沃沮）臣属句丽。（句丽）复置其中大人为主者，使相主领。又使犬加统责其租赋，貊（貂）、布、鱼、盐、海中食物，千里担负致之。又送其美女以为婢妾，遇之如奴仆。

以上记载固属简略，但比起我们所能掌握的大量有关资料，如甲骨文、《史记·殷本纪》，还要具体。《夫余传》说夫余耆老自谓为"古之亡（逃亡）人"，《高句丽传》又说句丽出自北夫余，夫余、高丽原来就不是东北土著部族。他们的原住地在哪里呢？我以为夫余就是殷部族蒲姑的后裔，夫余就是蒲姑（或作薄姑、亳姑）的对音。周初武庚以三监叛，周公东征远至海隅，"蒲姑商奄"成为周之东土，迄于汉魏千有余载，他们的遗族又在东北建立两个奴隶制国家。如夫余，诸加豪民都有下户为奴隶，高句丽仅占朝鲜半岛一部分地区，就有万余口不佃作而坐食的贵族，这都是属于奴隶制国家最基本的事实。汉魏时代生长在封建社会的历史家，对于他们所不熟习的社会，是不大了解的。如说"不佃作坐食"，奴隶主对于劳动是轻视的，他们认为佃作只是奴隶下户的事，但他们并不是坐食者。他们都是脱离生产的武士，能征惯战，且有强大的军事潜力，因此高句丽就能征服千里外的东沃沮，建立奴隶殖民地。夫余、高句丽建国远在殷代以后，在社会发展相同的阶段上，是可以出现同一类型的国家：何况这两个国家还是出自殷部族一脉相传的后裔呢！

奴隶制国家是从原始社会的废墟上建立的，它不同于原始社会的地方，就是这个社会一开始就要开辟道路冲破原始时代孤立闭塞、老死不相往来的状态。夫余"国有君王"，国即城邦国家，"诸加别主四出道"，四出道即由城邦控制四方的交通要道。"国"与"四出道"，就是奴隶制国家政权所借以实现的具体条件。

殷王国"邦畿千里",邦畿之间有许多交通要道,也是无可置疑的。甲骨有"二封方""三封方""四封方"的记载,如:

> 于二封方。(后上 2·16)
>
> 己酉王卜,贞,余正(征)三封方。(后上 18·2)
>
> 余其尊遣侯田,册**叡**方盖方,余其从侯田口笺四封方(续 3,3·1)。

封,甲骨文作**♌**,像树有枝条叶形,金文作**對**,从又从**♌**在土上,像手持树壅土艺植之形。邦,《说文》古文作**峀**,甲骨文作**峀**,从**♌**在田上,像田上封树之形。古代封邦建国,划分疆土,即在边疆上封植树木作为疆界,同时这些树木也就成为道路的标识。《国语·周语》云:"列树以表路";划分疆土开辟道路,原是相互为用的。金文《散氏盘》关于封和道有较详的记述,兹摘录一节如下:"自**椃**木道左至于井邑封,道以东一封,还以西一封,陟刚(冈)三封,降以南,封于同道,陟州刚**嵛**(升)**柝**,降棫二封"这里的一封、二封、三封,与甲骨文的二封、三封、四封名称内容应当都是一样的。在这里封与道是交互错综的。甲骨文中既然有这样重复的疆界,就应当有通达封方的交通要道。《大雅·绵》诗云:"柞棫拔矣,行道兑(成)矣。"《皇矣》诗云:"柞棫斯拔,松柏斯兑,帝作邦作对(配天)。"这是周迁岐山开辟道路列树松柏的诗。《左传》宣公十二年载楚国先君若敖、蚡冒"筚路(素木车)蓝缕(无缘的布衣)以启山林",这是楚国兴起之初开辟山林道路的故事。开辟道路,划分疆土,这是由原始社会进入阶级社会所当首先解决的问题。欧洲人说:"条条道路通罗马",汉代"县有蛮夷旧道"(《汉书·百官公卿表》),对蛮夷所能控制的是道路而不是地面。夫余有四出道,都是在同样的社会情况下产生的。

四、殷代的内外服制度

殷王朝以城邦为中心,按道路远近制定了一套合于城邦国家的制度。《尚书·酒诰》称殷代官制有内服、外服之分。服是服役，服役就是奴隶的事，服就是中国古代奴隶制的专名。后来匈奴日逐王在西域设置"僮仆都尉"(《史记·匈奴传》)，《魏略》称匈奴的奴隶为"赀虏"；僮仆就是奴隶，都尉是军事大总管，它的地位可以与明清时代总督相比拟(罗马统治奴隶殖民地的军事首领译为总督，是很恰当的译名)，赀为财产，奴隶就是奴隶主的财产。凡此诸名：如服、僮仆、赀，都是奴隶制的专名。古代东亚大陆有奴隶制存在，历史文献中早就如实地反映了。

《酒诰》称殷代的内服有百僚(许多同僚)，庶尹(许多官长)，惟亚(次长官)，惟服(事务官)，宗工(主百工的官)以及百姓(氏族长)，里君(原误作居，从金文改，里君是里长或乡长，是由血缘关系进入地缘关系的编制)。以上内服官制，都是殷王朝管理城邦及其近郊大小相联的官吏以及氏族长、里长或乡长。《夫余传》所谓"邑落有豪民"，邑落是城邦近郊的邑落，豪民是一般氏族成员或自由公民中的富有者，当然这里面还有氏族长、里长或乡长。殷代的内服实际上就已具备了一套完整的城邦国家的官制。

《酒诰》称殷代外服有"侯、甸、男、卫、邦伯"，这是在城邦以外按道路远近规定的四种不同的职役。关于这四种职役，过去我曾根据《逸周书》孔晁注作了初步解释(见"试论周代田制及其社会性质"，载于《四川大学学报》1955 年第 2 期)。为便于说明起见，再迻录如下："《逸周书》孔晁注云：'侯为王斥侯也'，'甸、田也，治田入谷也'，'男，任也，任王事'，'卫，为王捍卫也'。侯是斥侯，是分布在邦畿千里边缘上被征服的部族，为殷王朝守卫边疆。卫为王捍卫，是奴隶主的卫队，是分布在邦畿千里之内的殷部族，它是维持殷王朝统治权的军事贵族。甸是治田，甲骨文金文'侯甸'都作'侯田'，就是殷王朝耕田的生产奴隶。……男作任解，古男、任是同音字，又与'南'通，如《左传》昭公十三年云：'郑伯男也'，《周语》就作'郑伯南也'，《礼记·明堂位》云：'任，南蛮之乐也'，这都是古代男、南、任三字通用之证。……春秋时代称男爵的诸侯如姜姓的许男、风姓的宿男和任姓的薛国、风姓的任国，可能都是殷代的男服。"以上说明仅从文字表面加以推测，没有触及殷代实际。孔晁注又往往以后来周代社会故事为依据，实与殷制不合，现在就我所能理解的为补充厘订于后。

《大盂鼎》云"惟殷边侯田"，是侯甸两服并在殷边之证。殷代侯服之可征者,如周侯、鬼侯,都在殷畿之外。它们对于殷王朝时叛时服,甲骨文有哉(伤害)周、扑(扑伐)周的卜辞,《易·既济》有高宗(武丁)伐鬼方的爻辞,叛则称方,服则称侯,有类于后来历史上的羁縻朝贡国。甸在殷边,则应读如"入我郊甸"之甸,杜注"郊外曰甸"。古代邑外曰郊,郊外曰甸,即郊为近郊,甸为远郊。《左传》桓公二年称"晋为甸侯",金文有告田(部在今山东城武县),陈蔡之陈,古与田同,如陈氏代齐之后又称田侯:晋、部、陈可能都是属于殷代的田服或其旧地。这些国家都应在殷畿的境上而去城邦较远。这是大氏族长的领地,实与夫余诸加别主四出道相似。孔晁注"治田入谷",乃畿内甸服,周代"邦内甸服"(《周语》)其地直隶于王朝,既不在边境,亦不统属于邦伯。

殷代男服存于周代的许、宿、任、薛之外,还应有桧国。《左传》昭公十三年载子产称"郑伯男也",东周之初,郑灭桧而有其国(今郑州),其地实在殷城邦的近郊,这是殷王朝直属的领地。甲骨文有"商受年"、"中商受年"、"东土受年"、"南土受年"、"西土受年"、"北土受年"(或作受中商年、东受年、南受年、西受年、北受年)、"王贞受黍年"、"王立(莅)黍"、"观耤"、"省啬"、"省宙"、"劦田"诸辞(参看胡厚宣《甲骨学商史论丛》第二集"卜辞中所见之殷代农业");其地都应在殷城邦及其近郊。而殷王的多子、多妇、多卫的领地,也应当在这里。殷灭之后,这里的多方(邦伯)、多士(侍卫)或被周人迁往洛邑,或为周人驱迫南迁,周代所谓子男之国,都应是殷代男服或多子多妇的后裔。

殷代卫服是殷王直属部族,捍卫城邦卫士的居地,后来康叔居殷故墟,其国即称为卫,这就是卫服近于城邦的最适当的证明。

总之,殷代内外服是以城邦为中心,在城邦的周围布置着一层一层、一环一环的为王朝服役的侯、甸男、卫四服。城邦居中,甲骨文称为大邑商,或中商。卫在城邦之外,是保卫城邦服兵役的殷部族所居。男在城邦及其近郊诸地,是殷王及其多子多妇的领地。侯甸并在殷边:甸在远郊,是大氏族长的领地;侯则为接近远郊边境上的羁縻或联盟部族的居地。奴隶制国家以城邦为中心,统治着邦畿千里的近郊与远郊,必须有严密周环的外围作有效的控制。甲骨文有"不丧众""其丧众"的卜问,奴隶制王国如果没有侯、甸、男、卫这样一层一层、一环一环的外围,它的人民群众(包括自由民、奴隶在内),随时都有逃亡溃散之虞。它不像封建社会广大的小农群众,在自然经济统治下,很容易地被束缚在土地上,据此言之,殷代的侯、甸、男、卫四服,也是为它的经济基础所决定的。

五、殷代城乡对立问题

城的建筑是从穴居时代开始的,龙山文化的城子崖就是现存的新石器时代晚期筑城穴居的遗迹。筑城穴居不仅是原始社会的旧俗,即在殷代或西周较早的年代中,黄河流域还是普遍存在的。《大雅·绵》诗称周人居幽之时,还是过着"陶复陶穴,未有家室"的生活。陶为烧土,穴为地下穴居,复为半穴居。(说详见我旧作《黄河流域穴居遗俗考》,见《中国文化汇刊》第九期)现代考古学者在晚新石器时代遗址中所发现的具有两面台阶的竖穴,就是半穴居类型的居宅。殷墟陵墓地也是模仿当时生人居穴修建的,它是具有量或亚形,即具有两面台阶形或四面台阶形的竖穴,反映在甲骨文中就有量、量形的象形字。穴,像从上面开一孔出入,复,象从两面或四面台阶形出入。因此,偏旁从复之字,有重复、复道诸义。

南北朝时期,居住在中国东北黑龙江、松花江下游以迄海参崴以北滨海地带的勿吉部族(亦称靺鞨),他们还是过着筑城穴居的生活。《魏书·勿吉传》云:"其地下湿,筑城穴居。"筑城穴居,在降丘宅土长期居在地面的人是不易了解的,唐代《北史》的作者遂改易原文为"其地卑湿,筑土如堤,凿穴以居,开口向上,以梯出入"。《北史》所说的穴居,很像居在内外兴安岭大山傍的深穴居,卑湿之地,只能半穴居,而从复道中出入,外面更加以城堤作为防水设备。古代城与堤都为防水而设,其初并没有多大差别。历史上有关鲧的传说:《国语·周语》称共工"淫失(夫)其身,欲壅防百川,堕高湮庳以害天下",其后"有崇伯鲧,播其淫心,称遂共工之过,尧用殛之于羽山"。这是说,鲧继承了共工的过失,筑城湮洄水,为尧殛死。这是传说的一面;《世本·作篇》又称:"夏鲧作城",这是传说的又一面。同是一鲧,一说他筑堤,一说他作城,其实堤与城在古代是没有什么区别的。如果说夏代已经开始筑城,我们就可以把这件事作为奴隶制下城邦国家开始的信号。

筑城穴居在殷代则称为"邑"。甲骨文邑作🐾,从口像城垣形,从🐾在口下像人在城垣下穴居之形。邑有大小,殷墟所在甲骨文称之为"大邑商"或"天邑商"。这样的大邑,显示它已是奴隶制城邦类型的国家。殷墟有城垣存在,仍可从下列甲骨文中找出它的迹象:

□□□𣪊贞,洹其作兹邑🐾(祸):□□□贞,洹弗其作兹邑🐾。(续4、8、4)
辛卯卜,大贞,洹弘,弗🐾邑。七月(珠393)

殷墟三面为洹水环绕,统治者对于洹水能否为这个城邦的灾祸是非常关心的。后一卜辞以"洹弘,弗🐾邑"为问,洹弘言洹水盛大,弗🐾邑是不迫近城邑,(弘大也,🐾迫也。)当时除了求神问卜之外,也必然要倚靠城垣发挥它的防水作用。

甲骨文又有"作邑"作大邑的记载,如:

其作兹邑;贞惟龟令。(殷契192)
王作邑,帝若。(后下16、7)
贞,王作邑,帝若。(藏龟220)
甲寅卜,央贞,我作邑。(前5、7、1)
余其作邑。(前4、10、5)
癸丑卜,作邑五。(乙3060)
贞,作大邑于唐土。(金611)

甲骨文"作邑"、"作大邑"与周初"作邑于丰"、"作邑于镐",同是建筑一种防御性质的城垣。杨树达先生《积微居甲文说》下"作邑令龟"条下云:"作兹邑,谓筑造此邑。……《诗·鄘风》'定之方中',毛传说九能云'建邦能命龟',此辞(其作兹邑,贞惟龟令)首云作邑,继云令龟,所谓建邦命龟也。"甲骨文是殷代晚期二百余年间累积的遗物,这正是奴隶制昌盛繁荣的年代。就上引引文言之,大邑商之外还有唐土大邑的修建。周初晋封于唐称为夏墟,即夏人故居,夏以前则为尧都,这里是中国文化的摇床,在殷代仍然是殷墟以外的一个城邦。此外在黄河沿岸也有城邑存在。如"癸酉卜在云,奠(郑)河邑,泳贞,王旬,亡畎(祸),惟王来正(征)夷方。"(金728又86)云为郑之河邑,郑地属邑甚多,下面引用的甲骨文有"㗊方正(征)我奠(郑)载四邑"的记载,即其证。又殷畿边境上也还有许多城邑,如"□□【卜】贞旬亡田□□□□允㞢(又)来娥(艰)自西㞢告曰【㗊方正】弋□(龚)厷(陕)方,罳四邑,十三月"(前7、5、1。前7、31、1合)"壬辰亦㞢来娥自西,㞢乎(告曰㗊方)正我弋四邑。"(续551、又5、12、1又5、3、1合)"鉞告曰,土方正于我东鄙,弋二邑,㗊方亦㥻(侵)我西鄙田。"(菁二)据此,知殷畿西鄙与㗊方接壤的,有龚、陕、方、罳四邑及郑四邑,东鄙与土方接壤的,也有二邑。以上仅就翻检所及加以征引,不求其备,其不见于甲骨的邑更当不少。从这里我们就可以看出殷代社会的繁宁荣象了。

甲骨文邑之外还有许多市的地名,如齐市、县市、刚市、宁市、盅市、涉市等。殷代邑的发达,因为有更多的市作为它的基础。市,甲骨文作䏡、帥(金文《兮甲盘》亦作䏡,),从自,像杖或棰之形,这是用作鞭扑的刑具,在文字中则作为统治权的象征。偏旁从壴诸字,有官(官府)、管(管束)、追(追捕)、遣(差遣、谴责)、师(师旅)、归(自在寝内为归,从帚即从壴之省),综此诸字言之,无一不与官府职权有关,其作用实与后起的符、节、玺相当。市从自,即市亦为官府所在之地。郡县制兴起以后,县为基层政权所在,市则降为自治区,因此在旧文献中市字皆不从自。这两个不同性质的市,我们不能把它混为一谈。

奴隶制的城邦、邑、市,就是贵族奴隶主工商业者聚居的中心,他们就从这里对四周的农村进行统治和剥削,城乡之间的对立,显然是存在的。《后汉书·东夷列传》云:"其官有侯、邑君、三老",这里的侯、邑君和三老,就是居在城邦、邑、市的统治者,侯和邑君都是出自阶级社会里的贵族,三老则是地方原有的乡官,是出自人民推选而不是世继的官吏。这样的乡官,在汉代的乡、县中还是普遍存在的。《汉书·百官公卿表》及《续汉书·百官志》都说:"三老掌教化。"《尚书大传》对于三老有较详的记载,录之如下:"大夫七十致仕退老,归其乡里,大夫为父师,士为少师。新谷已入,樱钮已藏,祈乐已入,岁事既毕,余子皆入学。距冬至四十五日始出学,传农事。上老平明坐于右塾,庶老坐于左塾,余子毕出,然后皆归。夕亦如之。"封建社会长子世代继承为士,统率于国君的太子或庶子,受士的训练。余子(长子以下的诸子)则在乡里从事农业生产,每年收获既毕,始入学,在学四十五日,开春又出学,传农事;而主持教化的则以士大夫致仕退老归其乡里的上老、庶老充任其事。古代三老虽然不是国家正式任命的官吏,他还是地方的乡官,但是到了汉代,它的职权就只剩了"掌教化"了。

三老是地方乡官,从奴隶制时代到封建制汉魏时代,都是存在的。春秋时代齐国也有三老。《左传》昭公三年载晏婴说齐国"三老冻馁",当时人民在封建统治者大量搜刮之下,所能供给三老的廪给,已经是非常微薄了。因此三老才不免于冻馁之虞。而这样不能免于冻馁的三老,他也不可能是封建社会致仕退老的士大夫。《左传》服虔注云:"三老者,工老、商老、农老也。"(见昭公三年疏引)。这是以在生产上富有经验的三老为推选的标准,而与封建社会士大夫阶级完全无关。古代分田而耕,工商业者不可能完全脱离农业生产,因此在城邦、邑、市中才有工、商、农三老并尊的局面,也只有这样,三老才能胜任工商业城市行政的职责。服虔东汉末人,夫余建国即在此时。濊有三老而夫余"以濊为民",这是奴隶制邑有三老之证。服虔此注哪非得自经师传授,也必然有当时工商业城邑如涉的事例作为依据。据此言之,殷代社会既有城邦、邑、市的存在,而这些城市又成为王、侯、邑君、三老这些奴隶主贵族以及工商业的乡官聚居的中心,当时城乡之间的分裂对立,那还有什么问题呢?

六、周初的畿服制

周王朝原是殷代的侯服。灭殷之后,因周故土,并殷旧畿,以为周王畿,其外以为诸侯封地,谓之邦国,邦畿名称虽与殷同,却已赋有新义。《大雅·文王》诗云:"周虽旧邦,其命维新。"当时诗人就已经有这样真实的体会了。如果说殷王朝是以城邦及其近郊为中心,统治一个邦畿千里的大国;那么,周王朝则是以广大的乡村（王畿的六乡）为中心，统治一个更为广阔的四海之内地方五千里或地方万里的天下。这就是奴隶制与封建制的差别所在。马克思、恩格斯在《德意志意识形态》中说："如果说古代（奴隶制）的中心是城市及其近郊，那么，中世纪（封建制）的中心便是农村。"（第 27 页）这和殷、周两代的实际情况又有什么不同呢？

侯、甸、男、卫原属殷代外服。周继殷后，对于这样的上层建筑，既有因袭，也有变革。《周书·康诰》云："侯、甸、男邦、采、卫"，《顾命》云："庶邦：侯、甸、男、卫"，这已是在周王朝统属下的侯、甸、男、卫了。周初侯、甸、男、卫名虽并列，实际上这四服都是作为侯服而存在的。金文《夨令尊》云："诸侯：侯、田、男"，即以田、男二服系于诸侯之下，侯服在周代是大大地扩充了，即殷王后裔，也成为周代的侯服。《大雅·文王》诗云："商之孙子，其丽（数）不亿（不止亿数），上帝既命，侯服于周"；侯服的扩大，是周初最显著的事实。跟着侯服扩大之后，殷代内外服的关系，也有所改变。《国语·周语》云："先王之制：邦内甸服，邦外侯服，侯、卫宾服，夷蛮要服，戎狄荒服。"甸服原在殷边，现在则成为周之内服。侯服（周初分封的诸侯）原为殷畿境上叛服不常的羁縻部族，现在则成为周王畿屏藩的外服，其地位则与殷代卫侯相当：而原为殷代外服的侯、甸、男、卫，则成为周代的宾服，所谓宾服，即以宾礼相待，以示不臣之义，此即后来三恪说所从出。韦昭在"侯、卫宾服"下注云："侯、侯圻也；卫、卫圻也。言自侯圻至卫圻，其间凡五圻。圻，五百里也，五五二千五百里，中国之界也。谓之宾服，常以服贡宾见于王也。五圻者：侯圻之外曰甸圻，甸圻之外曰男圻，男圻之外曰卫圻，《周书·康诰》曰：'侯、甸、男、采卫'是也。凡此服数，诸家之说纷错不同，唯贾君（逵）近之。"韦昭此注本于贾逵，贾逵则兼采《禹贡》《职方》为说。《禹贡》《职方》原有两种不同的畿服说。《禹贡》五服，每服相去五百里，加以王畿千里，五服则方五千里。《禹贡》成书当在春秋时代，当时中国地方五千里，恰可以将五服容纳于内。《职方》九服，每服五百里，加以王畿千里，九服方万里。《职方》成书当在战国时代，当时中国经过秦、楚、吴、越、燕、赵向外开拓，地方已达万里。恰可将九服容纳于内。五服九服两说，不可能不受时代的影响。周自东迁以后，畿服旧规既不复存，《禹贡》《职方》的作者各以己意为说，其中仍有许多共同事实为素地。《禹贡》五百里侯服中包括了："百里采、二百里男邦、三百里诸侯"，并男服于侯服之中,实与《矢令尊》系田、男二服于诸侯之下相同。周居西土原属殷之侯服,因此《职方》王圻之外即为侯服,侯服之外即为甸服,甸服之外即为男服,男服之外即为卫服,其次第恰与殷代相反。这完全是殷、周两代政治中心所在地不同之故。《酒诰》称"侯、甸、男、卫邦伯",侯、甸、男、卫四服,并统属于邦伯之下,这是殷制。《康诰》称"侯、甸、男邦、采卫",周初只侯、甸、男为诸侯,故称"侯、甸、男邦";采是采邑,卫是侍卫,不是诸侯,故别于侯、甸、男邦之下。《顾命》"庶邦:侯、甸、男、卫",庶邦中有卫,则此卫非他,除了康叔居故殷墟以外,就更无所谓庶邦卫了。

殷、周两代畿服制的不同,仍然是由它们的经济基础所决定。

在奴隶制下,奴隶主私有的领地和奴隶,如非出自先代所遗,即属战争掳获或私财购置所得。奴隶主在长期军事联盟之下,军事酋长取得王位以后,逐渐形成了奴隶主之间的军事从属关系;但这一种从属关系,其初也仅限于军事方面,在经济方面,他们还是保存了自己的独立地位。如辽代的头下军州,即为皇帝以下的大奴隶主的私有财产。《辽史·地理志》云:"头下军州,皆诸王、外戚、大臣及诸部,从征俘掠或置生口(购买的奴隶),各团集建州县以居之。横帐诸王、国舅、公主,许创立州城,自余下得建城郭。朝廷赐州县额,其节度使朝廷命之,刺史下皆以本部曲充焉。官住九品之下及井邑商贾之家征税,各归头下,唯酒税纳上京盐铁司。"头下亦作投下,指在头目之下或投充在头目下。头下州是辽代诸王、外戚、大臣的私产。殷代侯、甸、男、卫邦伯,积压有领地,与辽代头下军州的性质大致是相同的。他们对王或皇帝只有军事的或政治的隶属关系,而没有经济的依附关系。如辽代节度使属于军事性质,即由朝廷任命,井邑商贾之家征税,属于经济范畴,即各归头下。后来元代的投下也是"各私其人与有司无关"(《元史·王玉汝传》),这都是奴隶制下的生产关系。辽代头下军州的酒税纳上京盐铁司,输纳虽然很少,但这也就是向封建制转化的开端了。元代的投下,后来也从耶律楚材定义,定天下赋税每二户出丝一斤以给国用,五户出丝一斤以给诸王功臣汤沐之资,这样改变之后,元代的奴隶制也就转化为封建制了。以奴隶制下,小奴隶主的土地和奴隶,在名义方面和实质方面,都属于小奴隶主所有,而与大奴隶主无关。相反的,大奴隶主的领地和奴隶,属于大奴隶主的私产,除了亲属继承关系以外,他也不能慷慨地分赐他的臣属。据此言之,《康诰》采卫并列,采邑制当属周初封建制体系,原非殷制所有:或者在殷代男、卫两服中,因为亲属关系,采邑先已存在,采卫并列,仍属继承殷制的遗规。

在奴隶制下,奴隶主既各有其独立的经济,因此原始社会所遗存的民主制,在奴隶主之间,就没有遭到破坏或削弱。《三国志·高句丽传》云:"其公会,衣服皆锦绣金银以自饰";又云:"无牢狱,有罪诸加评议便杀";在这里有公会而无朝谒,有评议无独裁,这也是奴隶主之间的民主制。新中国成立前大凉山黑彝中有一种流行的口语说:"鸡蛋一般大",这句话的意义,是说奴隶主之间是没有大小差别的。奴隶制的等级关系,就没有封建制那样显著。

封建社会君主等级制,每个人都是互相倚赖的,只有天子高踞各级君主之上,拥有绝对君权,为天下臣民所共戴。《小雅·北山》诗云:"溥天之下,莫非王土;率土之滨,莫非王臣。"这样的意识形态,只能产生于君主等级制绝对君权之下,而奴隶制下"鸡蛋一般大"的思想,是和这样的意识形态绝对不能相容的。

七、周初的自然经济

恩格斯说:"在欧洲一切国家中,封建的生产都以土地分给尽可能多数的臣属这件事作为特征。"(《封建的解体及资产阶级的兴起》第 14 页)西周开国之初,在军事征服中也像欧洲中世纪封建国家一样,采取了大规模的分封制度。《左传》昭公二十八年载晋成鱄云:"昔武王克商,光有天下,其兄弟之国十有五人,姬姓之国四十人。"《荀子·儒效篇》亦云:"周公兼制天下,立七十一国,姬姓独居五十三人。"将全国土地分封了尽可能多数的臣属,周王朝要它们作王室的屏藩,当时还举行了一种授土授民的典礼,《左传》定公四年载祝鮀说康叔封卫,还是"聃季授土陶叔授民"的。诸侯土地人民既由天子所授,因此天子与诸侯就构成了一种君臣依附关系。在周王朝大规模分封的同时,还有许多早已存在的邦伯,慑于声威,不得不臣服于周,事实上也不得不纳于侯服之中,让他们继续存在为新王朝服役。西周分封制,就是在这样军事影响下次第完成的。

封建社会的诸侯是仅下于天子一级的国君，《左传》昭公七年载楚芋君无宇云："天子经略（征服），诸侯正封（授土授民），古之制也。封略之内，何非君土？食土之毛，谁非君臣？"无宇是春秋时人，当时天子诸侯并列，这完全是东迁以后王室衰微的现象，实际上只有天子这一级的君权，才是绝对的，没有限制的。诸侯对天子还是一种互相依赖的君臣关系，诸侯依赖天子取得土地、人民，因此他对天子就要负担一定的职役与贡赋。《左传》僖公五年载晋灭虞而"归其职贡于王"，东迁以后诸侯对天子的职贡，依然是要担负的。

封建社会诸侯建国之外，周天子和诸侯又将畿内或国内土地、人民作为采邑分给卿大夫，而卿大夫又将采邑内土田分给从属于他们的武士，因而构成封建社会"王臣公、公臣大夫、大夫臣士"的君臣等级关系。马克思说："欧洲的黑暗的中世纪，在那里我们看不见独立的人，却看见每个人都是互相倚赖的——农奴与领主、家臣与封建诸侯、俗人与僧侣。"（《资本论》第一卷，第60页）封建社会的君主等级制，在中国西周时代和欧洲中世纪几乎是一模一样的。所不同的，只是中国政教合一，祀祖配天，没有欧洲中世纪"俗人与僧侣"那样的宗教关系。

封建社会各级君主都要按领地大小完成一个一个自给自足的经济结构。《礼记·王制篇》云："凡居民：量地以制邑，度地以居民，地、邑、民居，必参（三）相得也。"这里所谓地，即领地；邑即君所居；民居，即直接生产者所居的农村。封建社会要量度领地大小，安排君主和农民各等各级的经济生活。在这样的经济结构之下，领地愈大则依附的臣民（包括自由小农在内）愈多，自然经济的统治便越发占优势，工商业市场便越发失去其应有的作用。因此社会封建化的过程，便成为工商业城市衰落解体的过程。同时，在军事征服中，有的城市被摧毁了，成为黍离麦秀之场；有的城市也只被作为附庸而存在。《孟子·万章篇下》云："不达（《王制》作合）于天子，附于诸侯，曰附庸。"庸同墉，墉即城，附庸不达于天子，即王畿六乡（近郊）内无附庸。据此而言，殷畿内城邑是被摧毁了，后来秦灭六国，堕坏名在城，在军事征服中也采取了同样的政策，剩下的或附于卿大夫，或附于诸侯。《召伯虎簋》云："仆庸土田"，《鲁颂·闳宫》诗云："锡之山川，土田附庸"，（《左传》定公四年作培敦，仆、附、培声同，敦为庸之误）这都是西周时代存在于召及鲁的附庸。在自然经济势力越发占优势的条件下，这里的工商业,也必然要日趋衰落了。

封建社会的初期,旧城市或被摧毁而归于消灭,或沦为附庸而趋于衰落,新建的城邑,如周王朝"作邑于丰"、"作邑于镐"、"作大邑于东国洛";如诸侯国:申伯之封"于邑于谢",韩侯就封,韩城为"燕师所完"。这些城邑,只是一种军事堡垒,同时作为封建主及其族属官守的宫室住宅而存在,并没有任何经济价值。这样的城邑,春秋时代还是存在的。《国语·晋语》载周襄王赐晋文公以阳樊之田,阳人不服,文公围阳,将残阳人,仓葛呼曰:"阳人有夏商之嗣典,有周室之师旅,樊仲之官守在焉,其非官守,则皆王之父兄甥舅也。"仓葛历数阳邑所有的人,除了周王室师旅官守之外,就是王的宗族(父兄)、姻族(甥舅)这些贵族,这里并没有一般居民或工商业者。再以诸侯邦国言之,《国语·齐语》载管仲治齐,"参(三)其国而伍其鄙",国鄙异制。国是国人(周部族)所居的邦国及其近郊之地,鄙是边鄙,是被征服的野人(小农直接生产者)所居的远郊及边境之地。国野的对立,在春秋时代还是普遍存在的。管仲治国分二十一乡,工商之乡不从戎役,士乡之士为武士,从戎役是他们光荣的职业,士乡十五,五乡出军万人,十五乡出军三万人,为三军,《齐语》所谓"参其国"即指此而言。这里只有乡(近郊)而无国,国只是诸侯及其族属(贵族)以及大小官守的宫室宅区,它不能离开广大的乡(近郊)而孤立的存在,国与乡只是一个整体,国与乡不是分裂对立的,它们必须合为一体,然后才能完成一个政治军事的中心。如果说周王朝以王畿为中心,那么,诸侯就是以乡为中心。王畿之内分为六乡六遂(见《周礼》),乡是国人所居,遂(远郊)是野人所居,周王朝乡遂的对立,与诸侯国野的对立,只是规模大小不同,按其内容并无任何差异。

西周一代是自然经济全盛时期,诸侯经济首先要满足王朝的要求。《小雅·大东》诗云:"小东大东,杼柚(纺织品)其空";周居西土,当时诸侯皆在东方,无论近东(小东)、远东(大东),作为货币用的纺织品都被王朝搜刮一空了。这就造成了东西两土经济文化绝对不平衡的现象,"东人之子,职劳不来(赉,即赏赐):西土之子,粲粲(鲜明貌)衣服";因此西周社会,只繁荣了一个王朝,所有各方面的人才,也集中在王朝,诸侯列国的发展是非常迂缓的,甚至是停滞的。这样的局面沿袭至春秋初期,都不能有多大的改变。

春秋时代卿大夫领地都以邑为单位,大夫多至数十,"唯卿备百邑"(见《左传》襄公二十七年),金文《素命镈》载齐侯锡鲍叔邑多至"二百九十又九邑",这些邑都属于小农的住宅区,规模是很狭小的。《周礼·小司徒》"四井为邑",如井八家,则四井不过三十二家。《齐语》载管仲制鄙,也是以三十家为邑。春秋战国之际,以书社为贵族领地的单位,社二十五家,与三十之数极为接近,当即由邑转化而来。邑大约以三十家为其常数,少于三十的有十室之邑,如《论语·公冶长篇》称"十室之邑";多于三十的有百室之邑,如《左传》成公十七年载鲁施氏有"百室之邑"。春秋时代的邑大不逾百,小也在十室以上,因此《穀梁传》云:"十室之邑,可以逃难,百室之邑,可以隐死"(庄公九年)。《逸周书·作雒解》云:"郡鄙不过百室,以便野事";超过百家的邑,在公社内授田合耦都有所不便。春秋时代邑的大小,都是为它的经济基础所制约的。据此言之,早期封建社会所谓邑,无论是各级君主所居或民居,都只是一种住宅区,这里面并没有任何工商业经济存在,这就是西周以来自然经济的面貌。

八、战国时代的工商业都市

东迁以后,王室解纽,西周二百余年所积累的财富与人才,散而之四方,这才为诸侯列国经济发展提供了有利条件。

西周一代经历了二百五十余年,人口繁庶,改变了过去土旷人稀的现象。各级君主领地以及武士占有的土田,在一次分割、世代继承的制度下,积久之后即达饱和状态;而孳生不已的新贵族,其势必至于无地可分。这是统治阶级的内部矛盾。在生产关系方面,劳役地租公田与私田的矛盾,也是存在的。公社内的土田,由每年换土易居的受田制,逐渐转化为授田制,它是有一个长期的转化过程。过去学者对于这一种田制转化过程,就没有弄清楚。一般说"男子三十受田,六十还田",实际上这样的田制,并不是西周初年所有,而且西周晚期劳役地租即将转化为实物地租前夕的制度。如说"三十受田,六十还田",这样,每个农民就可以连续使用他所受的田达三十年之久。事实上父亲还田之日,即为儿子受田之时,虽说田有还有授,实际上即等于长期占有。私田在一家长期使用之下,灌溉、积肥、除草、深耕,各方面都较公田为优,因此,公田私田生产量悬殊,必然与年俱增,到了"无田甫田(甫田即大田,亦即公田),维莠骄骄","无田甫田,维莠桀桀"的时候,劳役地租向实物地租转化,也就成为必然的趋势了。

劳役地租向实物地租转化,在西周宣王时代早已开始了。《国语·周语》载:"宣王即位,不借千亩";千亩是公田,是百家共同耕种,千亩较百亩为大,故又称大田或甫田。"不借千亩"就是废止劳役地租而改为实物地租的开始。实物地租的实行,对于统治者的地租额得到一定数量的保证,而腾出来的公田,又可以暂时满足一部分贵族分田的要求,这对于统治者各方面都是有利的。因此,春秋时代列国君主对这样生产关系的改革,就很顺利地推行了。如齐国"相地而衰征"(《齐语》),鲁国"初税亩",郑国"作丘赋"(《左传》宣公十五年及昭公四年),许多形式不同的实物地租,都开始实行了。

实物地租对于农业生产有一定的促进作用,地租额逐渐提高,由什一、什二以至"二犹不足"(《论语·颜渊》)。生产量增加之后,封建君主所能搜括的实物地租愈多,这又为后来俸给制的推行,准备了充分条件。

在君主等级制下,土地分割既达饱和状态之后,首先无田可分的是士这个等级,周初士有世禄,即指土田而言。《大雅·文王》诗云:"凡周之士,不显亦世";世即谓世袭土田。后来士无田可分,世袭土田就转为禄田(鲁称役邑,今或称职田),有其职则有其田。这样禄田,最初还是父退职退田之日,即子袭田之时,仍与世禄无异。但如新进的士,既非世职,即无禄田可袭,因此禄田制又必然为食禄(亦称谷禄)的俸给制所代替。齐桓公葵丘之会的载书,有"士无世官,官事无摄,取士必得"的规定(《孟子·告子下》),春秋时代对于士的选拔和要求也都提高了,他们不能世袭,不能兼职,而必须按才录用。他们既然分享了国君多方搜刮得来的谷禄,国君对他们的使用,当然也就不能漠不关心了。封建社会的俸给制,应当是从这个等级开始的,然后才推行于士以上各个等级。战国初年魏成子"食采千钟"(采以钟计,当指谷禄而言,《韩诗外传》三则作"食禄日千钟",此出《说苑·臣术篇》),其后孟子为齐卿,食禄十万钟(《孟子·公孙丑下》),燕王哙"收印自三百石吏已上而效之子之"(《史记·燕世家》),战国末期俸给制也就在列国间普遍实行了。《战国策·秦策》载范雎说秦昭王云:"其令邑中自斗食以上至尉内史",由此可见汉代自斗食以至三百石吏以上的俸给制,完全都是承袭战国时代列国已有的旧规。封建社会的采禄,从封国、分地以至禄田、俸给,每一个阶段无一不是为它的经济基础所制约的。

春秋时代原来就有许多贵族显宦,他们虽然有许多采邑、禄田,但是他们生活消费的必需品,跟着经济、文化的发展,早就不能自给自足了。如齐国的晏婴,贵为国相,他的生活就不能远离市区,他说:"小人近市,朝夕得所求。"以此例之,春秋时代大部分贵族的生活必需品,都已经不能离开工商业市场而自足自给了。

俸给制的普遍推行,更为工商业市场提供了更多更好的顾主,这对于国都所在的工商业发展,可以说是一个决定性的因素。当时为保护这些新兴的工商业都市,如果不在国邑的外围增筑郛郭,就要在国邑之旁增筑外城,把这些工商业集中于一个设防区内。《左传》僖公二年载:齐桓公"封卫于楚丘",十年之后又使"诸侯城卫楚丘之郛",卫文公在这里"务材训农,通商惠工",二十五年之间,使卫国的革车由三十乘发展到三百乘(《左传》闵公二年)。又如《左传》载襄公十八年齐围鲁成邑,鲁于是城成郛,它的作用就是要保卫这个城邑近郊的市场。战国以后这样的郛郭,日增月盛,城郭并称,就成为一个专名了。不过郛郭的修筑规模过大,且不易防守,还不如在国邑之旁增筑小城,既较简便,又坚固易守。现在我们从地下发现的春秋后期以及战国时代旧城遗址,往往是两城并列,如燕下都、齐临淄、晋曲沃。《华阳国志·蜀志》载张仪筑成都城,也是大城小城并列,大城以居官府,小城以居人民(工商业者)。春秋战国时代,工商业都市规模,大致如此。必须有这样的郛郭或小城,然后才能产生"百工居肆以成其事"的市场。

春秋战国时代,列国边境上因为战争与交聘来往的频繁,也出现了许多新兴的工商业城市。

都原边界之称,都市之都乃后起的意义。《周礼·小司徒》"四井为邑,四邑为丘,四丘为甸,四甸为县,四县为都";都居邑的最外围,它就是位于远郊边界上的地方。《周礼·大司徒》"造都鄙",又以都鄙并称,二郑注云:"都、鄙,王子弟公卿大夫采地,其界曰都,鄙所居也";周代王畿内及诸侯境内王公子弟及卿大夫的采邑,都分布在远郊(鄙),而都则是远郊的边界。都为边界,其本字则当作图。都、图古音并在鱼部,故得相通。《冘侯簋》称"武王成王伐商图",这是继灭商之后又远征至商的边界。图、鄙二字,并从晑义,晑从口、从㐭,从口像城邑形,从㐭队野外露积的仓廪之形。古代禾穗收获之后,并不脱粒即露积野外。金文㐭作 ▲,甲骨又作 ♣,上像谷物堆积,下像有石础之形。古代又称这样的仓廪为庚。《汉官解诂》云:"在邑曰仓,在野曰庚。"《国语·周语》亦云:"野有庚积",韦注:"庚,露积谷也。"这样的露积,在后来的少数民族中还是存在的。如《魏书·东夷传》称乌洛侯"慢藏野积而无寇盗"。新中国成立前的南方少数民族中,如苗族、傣族,露积也是堆在干栏(居屋)之外的。㐭从㐭在口下,正像露积邑外之形。图复从囗,囗正象都的边界形。《周礼》注"其界曰都,鄙所居也",正与图鄙二字形义密合。图为原始象形兼会意的字,都乃后起的形声字。都从邑者声,凡从者声的字,皆有聚集、会合、众多之义。故人之所聚为都,水之所聚为渚(又通作诸、作都,如孟诸又作孟都),财之所聚为储,数之所聚为诸,土之所聚、为堵、为睹,费财过多为奢,而籀文奢又从多作奓。因此,在边境上出现的人民自由聚居的都市,就称之为都。《左传》庄公二十八年载骊姬使人教晋献公筑蒲屈两城云:"狄之广莫(空旷),于晋为都:晋之启土,不亦宜乎!"(《国语·晋语》同)蒲、屈原为晋狄边境上自由都市,晋强狄弱,晋人筑此两城,狄不敢争,因此蒲、屈遂成为晋国边境上的都市。韦昭注:"下邑曰都",封建时代邑为天子诸侯所作,都乃边境上人民自由聚居的都市,其规模地位皆在邑下,故称下邑。春秋时代都的意义,就应指这样的下邑而言。

春秋战国是中国封建社会变动最急剧的时代。当时诸侯邦国中和国境上两种新兴的工商业都市冲破了过去孤立的、静止的自然经济,从而形成了新的城乡之间的分裂对立。同时步兵兴起,代替过去的兵车,各国间兵源扩大,成为当时军事上最迫切的需要,过去不服兵役的野人现在也要与国人同样从军,因此,就使旧日国野差别,根本上归于消失,当此之时,新的城乡分裂日趋对立,与旧的国野差别归于消失,相反相成,对于当时新兴的工商业都市经济,更有促进的作用。于是原为下邑的都,就超居邑上而成为国家政治经济中心的都会。到了战国末期,君主等级制向君主专制制过渡的前夕,在全国各地就形成了"千丈之城万家之邑"到外相望的局面。《盐铁论·通有篇》云:"燕之涿蓟(今北京),赵之邯郸,魏之温、轵(河南温县济源县),韩之荥阳,齐之临淄,楚之宛丘(河南淮阳县),郑之阳翟(河南禹县),三川之两周(西周洛都,东周巩县),皆为天下名都。"这些名都就成为秦始皇统一六国并在统一过程中实施郡县制的基础。没有这样的基础,郡县制是无从实现的。

一九六一年九月一日脱稿

整理者后记:

1997 年年底,遵从先祖父的生前嘱咐,将他一生所藏书籍捐献给四川大学图书馆。在清理书籍的过程中,找到了先祖父于 1961 年 9 月 1 日写成的一篇论文手稿。先祖父生前常对他的学生讲:"一篇论文写好后不要急于交出发表,先放一放。半年一年后再拿出来看一看,检查一下,当时写此文时论点是否成熟,有没有错漏之处,还需不需要进一步修改,……若确实觉得已无大问题,则可交出发表。这样做学问,方可经得起时间的检验。"该文稿应当即是先祖父实践这一做学问的原则而"放一放"后未能发表的手稿之一。该文是先祖父在 20 世纪 50 年代参加"中国古史分期"讨论后,对这一问题作进一步探讨的一些体会。文中的某些观点,如"古史分期"问题,以今日的学术眼光来看,似乎已不太合于潮流。然而它却真实地反映了像先祖父这样一批老一代学者,学习和运用马列经典作家理论来研究中国古史的过程。而本文中所涉及的殷周时期城乡对立问题,则是至今学术界仍未深入研究的领域,应当说还是具有一定的学术意义。今年 10 月是先祖父诞辰百年纪念,承刘梦溪先生厚意,在《中国文化》上拨出宝贵篇幅,发表先祖父的这一未刊稿。在此,我对刘先生深表谢意!

徐亮工谨识　戊寅初夏于四川大学

【徐中舒(1898—1991)　四川大学历史系教授】
原文刊于《中国文化》2001 年 Z1 期

历史上的中国

宁　可

　　建设中国特色社会主义,实现现代化,需要了解中国的国情。中国的国情,不仅是中国的现状,也包括现状发展而来的历史,因此需要了解历史上的中国。

　　了解历史上的中国,有许多途径,其中之一,是从整体上,从历史发展的全过程的角度,看看中国在历史上有些什么值得注意的、属于中国所特有的现象。或者说,与其他国家的历史相比较,历史上的中国有些什么样的特色。这些现象或特色有时往往是很普通的、常识性的,时常挂在口头上而成为人们的共识的,如"地大物博人众""历史悠久"之类,却不能因其普通或属于常识就认为不重要。很可能,正是因为它们为人熟知,成为常识,而更反映出了中国的一些基本特色。了解这些重大现象或特色的形成,探寻它们之所由来,也就更有助于了解今天的中国。

　　描述某些重大的历史现象或特色并不困难,但了解它们何以形成,其深层的内涵是什么,经历了什么样的发展途径形成了今天的现实,它们又给我们今天的发展带来什么样的基础,什么样的优势、困难和问题,则需要深入的探索。本文只是描述一些重要的、普通的、常识性的历史现象或者特色,提出一点思考、发掘、探索的线索。

一、中国是一个国土辽阔的大国

从国土面积看,中国是当今世界上的第三大国。大陆及岛屿面积 960 万平方公里(另有 37 万平方公里的领海和内水,主权海域约有 300 万平方公里),以大陆和岛屿计,次于俄罗斯(1708 万平方公里)、加拿大(997 万平方公里),超过美国(937 万平方公里)、巴西(855 万平方公里)、澳大利亚(768 万平方公里),是印度(297 万平方公里)的三倍多,同具有四十几个国家的欧洲(1016 万平方公里)相差无几。

上述那些当今世界上国土最大的国家,都是近代形成的①。中国则不同,从悠远的古代开始,中国在历史上始终是个大国,而且在很长的一段时间里,还是世界上最大的大国。其他一些历史上出现过的大国,几乎都是经过一段或长或短的时间就消逝了,只有中国一直延续下来。

关于中国历史上的疆域,我们以统一的中原王朝的版图作为依据②。当然,同世界历史上的许多国家一样,国界线不是很明确的,只能是一个政治权力管辖地区的大致的界限,而疆域内也还有些地区没有归附或没有完全归属于中央,另外,疆域也在不时变化。如果以各个王朝最大疆域与其他历史上的大国的最大疆域作比较,则如下表(疆域面积数为约计数):

面积单位:万平方公里

年代	中国		世界		
	王朝	面积	国家	面积	控制地区
前 15 世纪	商	80	埃及	100 多	埃及、东地中海边缘
前 10 世纪	西周	150			

---

① 也许印度例外,但印度在古代多数时期没有形成过统一的国家。只有 16 世纪兴起的莫卧儿王朝几乎控制了整个印巴次大陆,但二百年后完全沦为英国的殖民地,到 1946 年才获得独立。

② 这里没有涉及分裂时期的版图。其实,在分裂时期,如战国、三国东晋南北朝、五代、宋辽夏金,在世界历史上也还是把它们当成一个中国,两个或多个政权。即使分立时期人们的心态也区分正统和"异闻"、"僭伪",从来没有把对立的王朝排除在中国之外。而且这终究是中国历史上的一个比较短的时期,而且总是复归于统一。

续表

年代	中国		世界		
	王朝	面积	国家	面积	控制地区
前 7 世纪			亚述	200	两河流域、小亚细亚一部、埃及
前 6 世纪			波斯(阿基梅尼德帝国)	600	伊朗、小亚细亚、印度河、两河流域、中亚一部
前 4 世纪			亚历山大帝国	700	巴尔干、埃及、两河流域、伊朗、印度半岛西北
前 3 世纪	战国	180			
公元前后	西汉	1100			
2 世纪			罗马	500	意大利半岛、北非、英格兰、法国、巴尔干、两河流域
4 世纪			波斯(萨珊王朝)	500	伊朗、阿富汗、两河流域、阿拉伯半岛一部,中亚一部,印度河流域
7 世纪			拜占庭 大食	250 1000	巴尔干、小亚细亚两河流域、北非、小亚细亚、伊朗、中亚一部
8 世纪	唐	1300			
13 世纪	元	2000 (四大汗国不计)			
15 世纪	明	900 (如加上鞑靼、亦力巴里的 600 万平方公里,则为 1400 万平方公里以上)	帖木儿帝国	500	伊朗、中亚、印度半岛西北
16 世纪			奥斯曼帝国 印度莫卧儿王朝	600 400	小亚细亚、巴尔干、埃及、两河流域 印巴次大陆、阿富汗
18 世纪	清	1300			
20 世纪初			英帝国(1909) 沙皇俄罗斯(20 世纪初) 法国(1914) 美国(20 世纪初)	2914 2300 1050 940	
20 世纪中	中华人民共和国	960 (大陆及岛屿)			

可见，在历史上的任何一个时期，中国都是世界上有数的大国。而且在一段长时间内，即从公元前后到18世纪，也就是中国的封建时期，中国是当时世界上最大的大国。而在两头，即公元前和18世纪近代资本主义兴起之后，中国是大国，但还不算是疆域最大的大国。

这些近代以前的大国，都位于旧大陆中段的一条广阔的地带上。西起地中海周边，东延到中东，再东向到印度和东亚，长约10 000公里，其宽度大致在地中海为北纬45度到30度，中东为北纬40度到20度，印度为北纬30度到10度，东亚为北纬40度到20度，略呈一条中间向南弯曲的带弧。这条地带气候多属暖温带与亚热带，也有少部分地区属冷温带和热带。其北面是西起阿尔卑斯山和喀尔巴阡山经黑海北岸、高加索、中亚以迄蒙古高原的草原、干旱草原和沙漠戈壁，其西北则是气候湿润、植被发达、宜于农业的西欧、中欧、东欧。这里后来是产业发达的欧洲主要地区，但在古代，这里并不发达。这条地带以南，是西起撒哈拉，中经阿拉伯半岛，再到印巴次大陆西部的沙漠和印度中部高原，然后再向东南延展到印度半岛的热带草原和东南亚的热带季风带。这条地带面积宽阔，从古代历史条件看，比南北两方的自然条件好，人口稠密，农工商业和交通发达，民族的交往和迁徙也最多。其中尼罗河、两河流域、意大利半岛、巴尔干半岛南端及爱琴海诸岛屿、小亚细亚和外高加索、伊朗高原、印度河恒河流域、黄河长江流域，都是古代文明的发源地。近代以前的大国，就都出现在这个地段上，可以称之为古文明带或古大国带。

在这个地段中部，即地中海东部、中东乃至印度半岛西北部，是所谓的欧亚大陆桥，交往便利，唯独中国处于远东，与其他地域隔着广袤高寒的青藏高原和中亚沙漠，南边又有阻隔东西的横断山脉与热带丛林，与西边各地域的交往不那么便利，再加上中国的地势西高东低，面向太平洋，与其他各文明地区正好以背相向，造成了中国在这个古文明带中的特殊势态。也许这是中国文明的发展较之其他文明地区较少受到外来影响，更具独特性的一个原因。

如果分析一下中国以外的这个地带近代以前出现的世界大国，有四个具有共同性的情况值得注意。

第一，从自然条件看，这个地带可以分成相当多的地区，其中重要的是意大利半岛、埃及、巴尔干半岛、小亚细亚、两河流域、伊朗高原、印度河恒河流域等，每个地区都可以发展农业，繁育较多的人口，都可以形成一股强大的政治力量和军事力量。由于各地区之间地形阻隔不大，交往与民族迁徙不难，商业来往亦颇频繁，因此，某一地区的力量强大起来以后，可以向其他地区扩展，乃至延伸到西北面的西欧，中部的黑海以北乃至中亚南部。一个地区兴盛起来的力量一般扩展到两个地区以上，即可以形成历史上的大国（见前表）。但是，这个地带中的任何一个地区对其他地区并不占有面积、人口、经济、政治、文化等方面的较大优势，因而缺乏一种能长久维系不同地区的力量。

第二，这个地带民族众多、种属不一、变化多端、迁徙不已。这些不同的民族，有些是在这个地带各地区之间，如巴尔干、小亚细亚、两河流域、伊朗高原和印度半岛之间迁徙，进入新的地段。更多的是自这个地带北面的森林草原地带、干旱草原地带南下，经过法国、阿尔卑斯山、喀尔巴阡山、高加索、中亚南部进入这个古文明带。此外，这个地段以南的阿拉伯半岛上的游牧民族势力也常北上西进，使这个地带充满了民族和文化的置换，呈现了多元化的混杂态势，就像一锅香味四溢的时刻沸腾着的什锦汤。而历史上出现过的众多民族，往往在这种复杂纷繁的交往中消失，而让位给新来的民族。这种情况，尤以地中海东岸、两河流域乃至波斯这一带为最。有的西方史学家认为 16 世纪以前世界历史的中心或枢纽在中东，这不是没有道理的。

第三，这个地带中各地文化各别，而且一般说来文化都相当发达，彼此间交流影响可以，一方完全被消灭也可以，但完全融合则很困难。最极端的如犹太民族和犹太文化，在中东地区历史久远，尽管一度被驱逐消灭，却扩展至全世界，最后终于又回到中东，顽强地生存下来。因此，好些地区虽在一段时期内同属一个大国，但其文化性格是各别的，各具独立性，一旦大国统治削弱或者崩溃，这些不同文化地区就出现了分离的局面。

第四，这个地带各个地区经济上的差别也很大，而且具有独立性，把它们联系起来的是商业，商业交往的需要成了大国征服其他地区的一种因素，然而商业的交往并非必须有统一的大国，或者换句话说，统一的大国并非必须倚靠商业来维系，像古代希腊地瘠人少，它的繁荣、强大和文明的先进，相当大的程度上得益于希腊的葡萄酒和橄榄油与东地中海沿岸各地区的粮食的交易。但是希腊并没有去建立大的统一国家，至多是在东地中海和黑海建立一些殖民点。就连希腊半岛也是城邦林立，最大最强的也不过三四十万人。直到马其顿崛起时这种局面才一度改变。这个地带跨地区的大国的建立和维持，更多的是靠军事的征服与政治力量的统治，这类大国要维系一个很长时间是困难的。

因此，这个地带近代以前虽然出现过很多大国，但并不具有统一的趋势。相反，是分离的趋势占了上风。那些历史上出现过的跨地区大国，延续时间最长的是拜占庭，约一千年。然而作为一个大国，它经历的时间并不长，其后国土日蹙，国势日衰，等到 15 世纪灭亡前夕，已经沦为一个无足轻重的小国，仅保有不断遭到围困的君士坦丁堡和希腊半岛东南一小块土地了。此外，波斯帝国、罗马帝国、奥斯曼帝国、莫卧儿王朝，延续的时间各有二三百年、四五百年不等，但真正形成跨地区的大国的时间没有那么长，像罗马帝国，在公元 2 世纪达到了它的疆域最大期，但公元 3 世纪中叶就趋于衰微，东西边远行省分别遭到日耳曼蛮族和波斯帝国的侵犯，到公元 3 世纪末 4 世纪初，戴克里先和君士坦丁重振了罗马，但国土被一划为二，分区治理，帝国的重心逐渐移到巴尔干和小亚细亚交接处的君士坦丁堡，原来的核心区意大利即西罗马和都城罗马失去了往日的光辉，终于在不可克服的内部矛盾和日耳曼蛮族的长期侵扰下灭亡了。至于马其顿帝国、大食、帖木儿帝国等，则纯粹是靠军事力量的征服在极短时间建立起来的，完全没有稳固的基础，一旦首脑死亡或某些因素作用，就立刻分崩离析了。其兴也暂，其亡也速。

现在，这个地带不具备统一趋势就更清楚了。除去印度，这个地带很难说有什么大国。反之，这里成了世界上大国争夺的地方，由于地区内的矛盾和大国的插手而纠纷不断，战火不息，成为世界上最不稳定的地带。

至于 16 世纪以后形成的大国，如西班牙、葡萄牙、英、法、俄等，那是近代资本—帝国主义掠夺与分割殖民地的产物。这是一些靠分布在世界范围内的广大殖民地而形成的大国。从 18 世纪后半叶的北美开始，特别是在 19 世纪，南北美洲殖民地上的欧洲移民纷纷起事，争取脱离母国而独立，第二次世界大战以后，亚非殖民地的民族解放运动风起云涌，出现了许许多多的新国家。失去殖民地的欧洲国家虽然仍有雄厚的实力,但已不再具有大国的规模。当今世界上几个疆域辽阔的大国,像美国、加拿大、巴西、澳大利亚,都是这种从殖民地转化过来的以欧非移民及其后裔为主体的国家,与近代以前的大国以及近代的那些殖民大国都不一样了。

作为历史上的和当今的世界大国,中国与上述古代的大国和近代的大国都不一样,恐怕是唯一的古代而兼现代的历史大国。

第一,与上述那些古代大国不同,中国在历史上一直只有一个而不是几个核心地区。而且这个核心地区面积广大并不断扩展。最早是在黄河中下游,夏、商、西周就是凭借这个地区成为奴隶制时期的大国的。春秋战国时期这个核心区域开始扩展到长江流域,加上周边地区,形成了版图大大超过先秦的西汉王朝,此后又扩大到了东南沿海和珠江流域。这个核心区域是世界上有数的大农业区,在古代,则是世界上最大的农业区,人口众多,民族主要是汉族,经济实力雄厚,文化高度发展,并且具有共同性。因此这个地区就像滚雪球一样越滚越大,扩大发展而兼统一和凝聚是它的主要历史走向。

第二,汉族以外的其他民族多数分布在这个大核心区的周边。其经济文化发展程度都不能同核心地区相比。中原的"花花世界""上国衣冠",对周边民族有莫大的吸引力,形成一种向心的而不是分离的趋势。当在这个核心区所建立的中原王朝力量强大时,就控制了这些周边地区,使之纳入自己的版图,从而加强了周边与核心地区的联系。当周边地区的民族(主要是北方和东北方的民族)强大而适逢中原王朝衰微与发生动乱时,他们往往进入核心地区,并建立自己的王朝。这也同样加强了核心地区与周边地区的联系。而且周边民族一旦进入中原,他们原有的经济及生活方式,往往就在先进的汉族影响下改变为中原式的农耕与生活方式,经过一段时期,这些民族及其文化就融入汉族及其文化之中,成为汉族及其文化的一部分了。

第三,东亚大陆面积广阔又有一个大的核心地区,又是坐西朝东,背向亚欧非其他文化区域,比较遥远的距离和其间绵亘着的青藏高原、中亚沙漠、横断山脉和热带丛林的阻隔作用,使得东亚地区可以独立地而且少受其他地区影响而发展。从西面来的军事压力绝无仅有,西来的民族运动也缺少规模。西方和西南方的文化可以渗入但不致倾泻而来,因而可以使之逐渐渗透融汇到原来文化之中,不致引起破坏或发生激烈的冲突,反而使得原有文化能从中吸收营养,得到消化,成为原有文化丰富和发展的因子。源于印度的佛教的传入及其逐渐中国化就是明显的一例。

第四,东亚大陆的核心地区经济发达,交通便利,形成一个大的经济区,周边地区的游牧经济、原始农业经济乃至采集渔猎经济与核心地区的农耕经济与手工业经济有互补作用。这个地区内部的经济具有很大的自给性质,而贸易则具互补性质,基本需求在地区内部都可以满足。而对西方、南方的长途贸易,输出的主要是丝绸以及后来的茶叶、瓷器,输入的则是珍宝香药,当时多半具有奢侈品的特点。这种贸易在历史上很著名,但是在东亚经济、贸易总体中所占的份额并不大,影响也有限。

总之,中国古代虽然也不断出现各种矛盾、战争、征服、分裂、朝代更替,但从总体上和历史全过程看,作为一个历史大国,中国社会具有稳定性、延续性和发展性,同前述世界历史上的其他古代大国是不同的。这个特点,不仅对中国历史有很大影响,而且对今天的中国,也有很大的作用。

二、中国是一个人口众多的大国③

中国今天不仅是陆地国土居世界第三的大国,而且是人口居世界第一的大国。目前人口 13 亿多,占世界人口 22%,大大超过其他大国。如面积居世界第一的俄罗斯人口为 1.481 亿,第四的美国人口为 2.5 亿,第五的巴西人口为 1.4 亿,各当我国人口的 11.6% 到 28.3%,相去甚远。至于面积居世界第二的加拿大,人口 2300 万,第六的澳大利亚 1600 万,那就更不能相比了。唯一例外的是印度,人口 11 亿,约当中国的五分之四,而国土面积不到中国的三分之一(300 万平方公里),人口密度也比中国大。至于另外一些国家,如巴基斯坦、孟加拉

---

③ 本节及下节所引用的中国和其他各国的人口数字,除注明者外,均据 1995—2000 年间公布的材料。

国、日本、印度尼西亚,人口在 1 亿到 2 亿之间,居世界前列,但不过相当我国人口的 9% 到 16%,国土面积就更不能同中国相比了。

在历史上,中国一直比同期的其他大国的人口多,始终是世界上人口最多的国家,见下表(人口为约计数):

人口单位:万

年代	中国		世界	
	王朝	人口	国家、地区	人口
前 4 世纪	战国	2500—3000	亚历山大帝国	2000(其中希腊 300,埃及 350,中东 1200,印度西北、中亚 150)
前 3 世纪			印度孔雀王朝	3000
公元初	西汉(公元 2 年)	6000	罗马(公元元年)欧洲	700(意大利半岛)3100
2 世纪			罗马帝国	4600(其中欧洲部分 2800,亚非 1800)
4 世纪			印度笈多王朝	4000
7 世纪			大食	3000
8 世纪	唐	7000		
13 世纪	宋	10 000 以上		
14 世纪			欧洲 奥斯曼帝国	6000(黑死病流行后减为 4500)600
17 世纪			印度莫卧儿王朝	14500
17 世纪末			奥斯曼帝国	2800(北非 830,中近东 1200,巴尔干 750)
19 世纪	清	40 000 以上		
20 世纪初			英帝国(1909)法国(1914)俄罗斯(1914)	32340(其中本土 1900 年为 4200)本土 4500,连属地近 10 000 13 500
20 世纪末	中华人民共和国	122 000		

(本表世界其他国家地区历史人口数据来自科林·麦克伊佛迪、理查德·琼斯《世界人口地图集》中译本,东方出版社 1985 年版。)

从人口的分布来看,古代中国人口最密集的部分是长城以南,贺兰山、陇东川西山地、横断山脉以东的地区,即过去的明朝南北十三布政使司和南北两直隶,清朝的本部十八省地区,即黄、淮、海、长江流域、东南沿海、珠江流域和云贵高原,这片地区面积大约是412万平方公里,占今天中国总面积43%,不到一半,人口102000万(1995年),占今天中国总人口的88%。东北、内蒙古、新疆、青藏今天面积为548.8万平方公里,占今天中国总面积57%,即一半还多,人口为14256万,占全国总人口的12%。历史上东北不属核心地区,近代以来,人口增加很快,与历史上大不一样。在历史上,东北、内蒙古、新疆、青藏等边缘地区在全国总人口中比例更小,见下表(人口为约计数):

人口单位:万

年代 \ 人口 \ 地区	东北、内蒙古	新疆、西藏、青海	蒙古
公元元年	200	100	
10世纪	400	200	80
19世纪		300	
现在	12 076	2180	200

(参考《世界人口地图集》)

这就是说,在10世纪左右,表中的那些中国边沿地区人口总数约为700万,在全国人口数中不到10%。

上述中国人口最集中的地区,今天人口密度平均为每平方公里248人,为全国平均人口密度121人的两倍多点。这样大的地区有这样密集的人口,只有印度可以与之相比(平均每平方公里267人)。有些国家人口密度比中国、印度还大,面积却不能与之相比(如孟加拉国143 998平方公里,10 700万人,平均每平方公里740人,日本377 748平方公里,12 278万人,平均每平方公里325人)。

不仅今天中国能在这样大的地域里容纳如此多的人口,而且在古代也是如此,因为这里是一个世界历史上独一无二的大农业区。在历史上,农业远比其他经济形式(畜牧、渔猎)能容纳更多的人口,几亩十几亩耕地可以养活一家人,而40亩草地才能养活一头羊。农业能容纳大量人口,也需要大量人口。但中国还不仅止此。中国古代的农业即传统农业有很突出的特点，可称之为大陆集约型农业，即在广大面积的土地上，把土地分成小块，以一家一户作为生产单位，进行精耕细作，投入高，产出也高。投入高，当时主要是投入更多的劳动；产出高，能养活更多的人口。这种类型的农业需要大量的劳动力，也可以容纳大量的人口，因此对人口的增长是一种刺激的因素，所以在古代，中国的人口一直超出其他的大国很多。今天就更为突出了。

人口多好不好，这要具体分析，对我国的发展有利也有弊。

人口多，劳动力也多，生产力要素中，人占重要的乃至决定性的地位。生产力的发展需要增加人口，人口多，反映了生产力发展的程度，这在古代手工操作、简单劳动为主的农业社会尤其如此。甚至在工业社会初期也是如此，欧洲从中世纪到近代，各地区人口增长速度呈波浪状，增长最快的地区从意大利逐步推向西欧、英国，即是工业生产力在不同地区先后以不同速度发展的结果。当然，到了现代，由于科学技术的高度发展，生产力中的人的因素中，人的素质的重要性大大超过了人的数量的重要性，这种人口增长与生产力发展有一种同步的趋向的情况才发生了变化。

然而，即使在古代国家，人口数量也不能无限制地增长，在一定的历史时期，一定的国土面积、资源、生产力发展的水平等所能供养的人口是有一个限度的。在这个限度以内，人口的增长有利于生产力的发展，超出这个限度，即使在古代，也会出现人口过剩。这种人口过剩又会阻滞生产力发展。中国古代国土面积广阔，但各地发展不平衡，发展次序有先后。因此在某些时候某些地区还会发生局部性的人口过剩。但是中国国土广袤，交通便利，核心地区的自然条件各处相差不多，某一地区人口过剩的压力，可使多余的人口转移到地广人稀、开发不足的地方去。封建时期的农业的特点是农业劳动力与生产资料（土地）的紧密结合，而以一家一户为经济单位、从事农业生产全过程的家庭农业能使农民在最恶劣的条件下继续从事生产，以维持粗劣低下水平的生活。因此，一般来说，只要还能勉强生活下去，农民是不会迁徙流动的，即所谓"安土重迁"。然而一旦外来力量冲击过大，如天灾、战乱、苛政等，农民只好被迫与土地分离，或转死于沟壑，或流散于他乡，从而对一些地区的人口过剩的压力起了疏散缓解的作用。中国文明最早在黄河中下游产生,中国的传统农业也最早在这里形成,这里也就成为中国古代早期经济最发达、人口最繁密的地区。从汉代起,这里就开始出现了地少人多,人口过剩的情况,有所谓"十亩共桑之迫"的说法。在灾荒、战乱、苛政的驱迫下,黄河中下游的人口一次又一次地如同浪潮般地向四外流散,主要的去向则是南方。先是到长江流域,然后是东南沿海、珠江流域、云贵高原。这种人口的迁徙,不仅缓解了黄河中下游的人口压力,也使迁徙过去的地区得到开发,从而使人口的分布趋于适当,也在更广袤的地域里发展了生产力。所以,这种局部地区的人口压力如果从根本的、历史的全过程的角度来看,也并非全然是起消极作用的。

人口多,古代有些需要大量人力的事就好办些。中国历史上以兴建巨大工程、设施而著称,长城、运河、道路、水利工程,乃至宫室、陵寝,动辄征调数万、十数万、几十万甚至成百万人来兴建,而多在较短时间里完成;没有巨量人力,这些事是办不成的。战争,在古代双方技术、装备、战法差不多的情况下,往往也是人力数量的拼搏。战国时期,一场战争动员几万人、十几万人甚至几十万人是常事,秦赵长平之战,秦一次即坑杀赵降卒40万人。王翦攻赵,一个秦国就发兵60万。汉武帝马邑之谋,在代北一地即出动兵员40万包围匈奴骑兵。淝水之战,前秦兵力号称87万。隋炀帝第一次攻高丽,发兵113万人,支援的民夫达数百万。这样的例子不胜枚举,只有在中国才有可能。

人口多也有难处。人口多,消耗也多,需要的物资多,生产的很大一部分物资都需供人们生存,而用于再生产和扩大再生产,用于发展的就少了。在劳动生产率不高、产品不丰富的古代,能用于发展的物资积累就更少了。而人口多、劳动力多的古代,劳动生产率和剩余产品率的提高相对来说就更困难一些。像中国古代的精耕细作的传统农业,单产是较高的,据我估算,汉唐亩产在140斤原粮左右,宋代200斤,明清250斤,近代近300斤,比起欧洲中世纪的粗放农业,汉唐亩产要超过一倍。但精耕细作的农业每个劳动力平均垦种土地面积较少,人口多了,每个劳动力平均垦种土地面积就更少了,单产高的优势被人均耕地面积少的情况所冲销,以"单产×每个农业劳动力平均占有土地面积"为标志的农业(粮食)劳动生产率就不算高了,只同欧洲中世纪时单产低、但人均占有耕地面积较多的粗放农业的劳动生产率相当甚至有时还要低一些。从汉至近代,粮食亩产从140斤增到近300斤,提高到2.2倍,耕地面积从汉代的4.8亿市亩增加到新中国成立前的14亿余市亩,即增加到3倍,二者相乘,总增约6.7倍,而人口则由汉代的6000万人增到新中国成立前的5亿多,约达10倍。这样,尽管单产有提高,从汉到近代每个农业劳动力每年生产的粮食仍在2000斤上下徘徊,这种情况,甚至一直延续到改革开放以前。在古代前期,因为中国是大国,人口多,地方也大,可耕地还多,资源、自然条件尚可,人口增长与生产力发展水平还能适应。宋代以后,可供开发的地区少了,人口压力开始在全国范围内出现。到了近代与现代,这个问题就更加突出了。人口多了,剩余产品增加得少了,能用于发展的比例不大,社会进步受到影响,人口素质的提高也慢,而这又反过来影响了社会的进步。当前在生产发展中,科学技术的进步越来越重要,生产发展不再单纯靠劳动者的数量,而更多的是看其质量素质,人口多而素质不高的问题愈来愈突出了。

三、中国是一个多民族的大国

中国地大、人多,众多的人口,是由许多民族构成的。

今天中国有56个民族,历史上就更多了,这在世界上是少有的,当然也并不是唯一的。苏联有130多个民族和部族,现在的俄罗斯也少不了多少。印度也不少,有十几个大民族和几十个小民族,美国也有一百多个民族(几乎全是移民及其后代)。中国是个多民族国家,这一点,对中国历史来说很重要。中国的历史是中国各个民族共同创造的。

中国这个多民族国家,与其他的多民族国家比较起来,有以下一些特点。

第一,汉族占全国人口91.02%,109932万人,少数民族占8.98%,1.0846万人(前几年的统计)。汉族集中居住的地区约占全国面积的一半,少数民族聚居地区约占全国面积50%—60%。苏联是多民族大国,但俄罗斯人只占一半,即52.4%,其他130多个民族部落,有的在边沿,有的在内地。苏联解体了,俄罗斯境内的俄罗斯人占总人口的81%还多,但境内各处仍有大量其他民族,有16个民族自治共和国,5个自治州,10个自治区。印度的大小几十个民族,区别颇大,印度斯坦人为主,占46.3%,不到一半。美国也是多民族国家,居民绝大多数是外来移民及其后裔。从16世纪开始,欧洲人开始陆续移入,最早的来自英国、荷兰、法国、德国、爱尔兰,然后是非洲黑人、南欧、中欧、东欧、北欧人,还有日本人、华人等。以欧洲移民后裔为主体的白种人占全国总人口的73.1%,黑人占12%,拉美裔人占10.02%,亚裔3.3%,这些民族散居各地,没有形成集中的民族聚居区。至于原来的原住民印第安人,不到100万,只占总人口的0.004%。这些多民族的大国的情况与中国都不一样。

第二,汉族不仅占了全国人口的绝大多数,而且集中居住在全国的核心地区——东部地区,包括松辽平原、海河、黄河、淮河、长江、珠江流域、东南沿海地区和云贵高原(东北历史上不在核心区内)。这块地区约占全国总面积的一半,人口密度大,经济文化发达。少数民族在这里也有相当数量,但多采取大杂居、小聚居的形式。边沿地区则为少数民族聚居区,如内蒙古、新疆、宁夏、青海、西藏、广西、云南。这些地方约占全国总面积一半,人口则只占全国人口数的十分之一。其中汉族占了相当的比重,有些地方超过了少数民族的数量。

全国有一个比较先进的主要的大的民族,又主要居住在一个较大的核心地区,这对多民族统一国家的形成与维系有重要的作用。这一点与苏联和印度都不同,原来的印度后来分成了印度、巴基斯坦、孟加拉国三国。由15个加盟共和国组成的苏联解体了。像南斯拉夫这样的多民族国家,在第一次世界大战后形成,经历了70年,结果很短期间就分解成了五六个国家。

俄、美那样的多民族大国,主要是在近代形成的,而且是殖民主义或移民的产物。至于历史上的一些多民族大国,像埃及、罗马、波斯,直到奥斯曼帝国、莫卧儿王朝,都已在历史上消逝,这些国家中有些今天还存在,但已经不再具备大国的规模,其中有些国家如埃及,主体民族也与历史上的完全不同了。

中国古代民族发展大势大概是这样的,汉族最早起源于黄河流域,逐渐四向拓展,其形式就像滚雪球,越滚越大。主要方向是朝南,先到长江流域,东南沿海,然后再向珠江流域、云贵高原。在这种滚雪球式的发展中,由于汉族经济文化发展程度高,融汇了当地许多少数民族,使汉族不仅活动地域越来越大,人口也越来越多。另一方面,北方游牧民族和东北方向的民族则波浪式地向南推进,与汉族接触,其中相当大的一批,或定居塞下,即蒙古高原与华北的结合部,或再进入中原,建立政权。这批边沿民族终于或先或后地融汇于经济文化水平较高的汉族。这也使得汉族分布的地区越来越大,人数越来越多,以至形成了今天汉族占全国人口的绝大多数而地居重要的核心地区的局面。

这种民族的滚雪球式和波浪式的运动,再加上核心地区的经济的和政治的因素起作用的带周期性的内乱和农民大起义的结合交替,形成了中国历史上时间与空间结合的脉动现象。其直接的表征即为重要王朝的更迭。一个强大的中原王朝,四向扩展,顶住了北面(包括西北和东北)方向少数民族的南下浪潮,彼此进行交往、战争和融合,而把自己的版图扩展到边缘地区。中原王朝衰落时,内部矛盾严重,往往爆发农民大起义和统治阶级之间的内战。这时,北方民族往往乘机越过长城进入中原,形成少数民族统治黄河流域乃至中国全境的态势,使得少数民族与汉族的交往加强,融合加快。在这种情况下,边缘地区当然也属于这些少数民族政权的版图,这对边沿地区少数民族与汉族的交往与融合也有积极作用,在这样的政权更迭与动乱中,汉族则大规模地南徙,形成一种波浪式的南下,而又与南方的少数民族融合,也使得中国版图向南和向西南方扩展。这样就形成了中国历史上一种时间和空间结合的脉动现象——扩展、收缩、再扩展。但不论是收缩还是扩展,边缘地区与核心地区的联系都在加强,边沿地区也正是在这种脉动中逐渐进入中国的版图,而且其与核心地区的关系也越来越巩固。今天中国的疆域,是在18世纪的清代确定的,但在此之前的几千年中,这个版图已经在逐渐形成、逐渐巩固之中,并非简单地仅靠一时的战争或征服而来,实际上是各个民族多年交往、融汇的结果。这同那些古代多民族大国多靠军事征服不一样,同近代多民族大国的形成是靠对殖民地的征服、掠夺或移民的情况也不一样。中国悠久的历史是中国各民族共同创造的。中国这个多民族大国是各民族在长时间内共同缔造的。

四、中国是一个自然条件相对不算丰厚的大国

人们常说，中国是地大物博人众，这不全对。中国地则大矣，人则众矣，物博却不见得。

中国山地多而平原少，山地约占国土的 33%，高原占 26%，丘陵占 10%，而平原只占 12%。耕地不到 20 亿亩，只占国土总面积的 14%，而沙漠、戈壁及沙漠化土地达 149.6 万平方公里，占国土总面积的 15.5%。

至于气候条件，处于东亚季风区的地方气候较好，但降水量分布不匀，只有长江流域及其以南水量较充裕，而且比较稳定，黄河流域年降水量少，偏旱。西北地区则是干旱区。黄淮海河流域及东北、西北地区占全国耕地面积 63.7%，人口占 46%，年径流量仅占 17%。东南、西南、华南耕地占全国的 36.3%，人口占 54%，年径流量则占 73%，很不平衡。而且，水资源与农业供需时间相差很大。黄淮海河每年各期水量大小之比常差 14—16 倍，而最小水量时又是农作物的需水期。春季农作物出苗初长的时候，水量小，加上这时华北气候易旱，干热风又使土壤中的水分迅速蒸发，因此易形成春旱。华北的雨量集中在七、八、九三个月，正是作物孕籽成熟期，这本对作物生长有利，但降水量各年不平衡，易于形成水、旱灾。东北地区雨季正值作物收割期，遇雨倒伏，粒脱霉变，很影响产量。总之，中国东部虽有广大的连片的农业区，但发展农业的条件并不算特别好，尤其是天灾对农业的影响至大。

中国森林的覆被率为 13.92%（1995 年），为世界平均覆被率的 22%。

草原面积广大，四大草原中，内蒙古草原草质最好，北疆次之，青藏高原高寒区草质很差，总的载畜率都不高。

森林覆被率不高，草原草质差，加上滥垦滥伐，大大影响水土保持，影响了气候，影响了农业和牧业。

矿产品多种多样，有的蕴藏量居世界前列。煤藏丰富，但集中在内蒙古、陕西、山西，距缺煤而又需煤的南方较远，运输是一大问题。铁矿多数品位低，以致

需从国外输入大量优质矿石。石油在新中国建立以后有重大发现,但目前已探明储量尚不足以适应国民经济发展需要,已有产量也嫌不足,需要进口,新发现的新疆油田,开发较难,也有个运输问题。水力蕴藏量最大的地区是西南,而需电地区在东、北部,也有个电力输送问题。

总之,中国的自然条件、自然资源尚称丰厚,但并非特别优越。

更大的问题在于众多的人口。再丰富的自然资源,分之于众多的人口,也就失去了优势。以综合国力而论,据说我国居世界第八(一说第六或第七),但人均国内收入落到了世界 100 位以下,132 个国家和地区中我国属倒数第 28 名(1992 年),人均 470 美元。20 亿亩耕地占世界耕地总数不到 10%,却要养活占世界 22%的人口。印度国土为中国的三分之一,人口 8 亿(80 年代),人口密度比中国大,但耕地面积为 26 亿亩。人均耕地 3.27 亩(中国现为 1.68 亩),都比中国多。其他自然资源如以人均计,就不算多了,而且分布不均匀,好些是在交通不便、开发困难的地方。如水资源 2.8 万亿立方米,居世界第六,人均 2700 立方米,排在世界第 109 位(一说 84 位),为世界人均占有量的四分之一,美国的五分之一。

自然条件、自然资源对社会的作用,古代与今天是不一样的。第一,在古代,农业是主要的生产部门,工业的作用不像今天。第二,人口总量和密度比今天小,人均国土面积、人均耕地面积比今天大。然而,在核心地区一些人口众多、密度较大的地方,人口的压力已经显现出来,先是黄河中下游,然后是长江中下游,到明清时期,人口的压力已遍及核心区各地。人口与耕地的比例在古代世界各国中仍是较突出的。第三是生态平衡问题比现在好一些,森林覆被率比现在高,水土流失情况比现在好,但黄河流域植被被破坏,水土流失至少从汉朝开始就是一个问题了,水旱灾之频仍,其严重程度在古代世界也是少见的。至于土壤、气候等,与今天基本上差不多。耕地相对不甚充裕,这使我国古代农业基本上面临着与今天同样的问题。

作为工业重要原料的矿藏,在古代需要量远比现在为少,基本上够用。也许金银的产量有不足之处,这或许是中国古代不像其他地方一样以贵金属金银作为铸币使用,而长期以铜钱作为主币的原因之一。

　　自然条件和自然资源的这种状况,对中国的历史究竟有什么样的影响,是一个值得探究的问题。应该说,有不利的一面,但同样的自然条件也可以成为对历史发展的有利的一面。

　　作为一个大国,自然条件在各地不一样,影响到历史,就会出现各地发展的不平衡性,有的地方自然条件较好,有利于发展,有的地方自然条件较差,发展便受到影响。在古代,社会的发展常以农业的发展程度为依归。气候、位置、地形、土壤、水文等往往会影响到农业的发展。山地、高原、沙漠、戈壁地带的发展当然不如平原,水量少的地带不如水量多的地带,交通不方便的地带也不如交通方便的地方,这就给中国各地的历史发展带来不平衡,发展有先后。一直到今天,东部、中部、西部,南方、北方的发展不平衡,仍旧可以看到。

　　各地自然条件、自然资源不一所带来的差别使各地发展进度不一,既有它影响整个社会发展速度的一面,也带来经济上的分工(如农、林、牧、渔、工、矿等),有利于各地物资的交流和整个社会的发展。古代中国是一个大国,各地自然条件、自然资源不同,产业有别,彼此分工交流,起着互补的作用,无须过多地依赖境外,也不好依赖境外,因为中国地理位置居于东亚,地形又与西方相背,与境外的经济交流,路途远、交通不便。而境内广大地区却有充分发展的余地,而又具备一个大的经济发达的核心区,并且充分地吸引着周边地区,形成古代一个具有极大的独立性、自给性而多少有些封闭性的经济大国。直到鸦片战争前夕,欧洲已经开始产业革命时,中国的国内生产总值仍居世界第一,在对外贸易上也一直居于出超地位。中国人之所以长期形成了"中土""中国""中朝""天朝"这类观念,似乎中国是世界上独一无二、处于中心、发展最高的国家,其中的一个原因,恐怕就是中国是一个独立发展而又略带封闭性的经济大国。乾隆在由来华要求通使通商的英国使臣马戛尔尼交给英王的敕谕中充分说明了这种观念:"天朝物产丰盈,无所不有,原不假外夷货物,以通有无。特因天朝所产茶叶、磁器、丝绸为西洋各国及尔国必需之物,是以加恩体恤,在澳门开设洋行,俾得日用有资,并霑余润。"

　　自然条件不利与自然资源不够丰厚对社会发展起不利作用只是相对而言。自然条件极差如北极,确实不利发展;自然条件有利,自然资源丰富,但如果缺乏多样性,或交往不便,如热带的某些地区或某些中南太平洋岛屿,也会由于人们过分倚赖丰饶的自然界或缺少分工与交往而影响发展。相反,像中国这样处于温带的大国,多样化的自然条件与自然资源往往有利于促进分工和交往。自然条件中的不利因素和自然资源的不甚丰厚与分布不平均又往往能促使人们努力进取,刺激人们辛勤劳动和发挥自己的智慧,克服不利条件,征服自然,以创造较好的生存与发展条件。中国人民勤劳、勇敢、智慧的传统的形成,恐怕与这种不利的自然因素与克服这些不利因素的努力有相当关系。"艰难困苦,玉汝于成"。不利的自然条件与不甚丰厚的自然资源反而在这种情况下成了中国历史发展的一种起促进作用的因素。因水量不足与旱涝时生而大力发展水利、灌溉等工程,大规模地有组织地进行防灾救灾,就是一例。早在先秦,人们对于水利及水灾就有一套办法。"以潴蓄水,以防止水,以沟荡水,以遂均水,以列舍水,以浍写水……"④以后各代更有越来越完善、越来越细致的做法。传统农业则是另外一例,人多地少是中国古代核心地区的某些地带以及以后整个核心地区的现实。中国的传统农业的基本目标是在较少的土地上投入较多的劳力以提高单产来保持与提高劳动生产率。或者说,用高投入高产出的办法来容纳更多的人口并维持其供应。而具体做法则是精耕细作,或者说是走集约型农业的道路。在黄河流域的旱作农业技术是以抗旱保墒为主,并力争在有条件的地方实施灌溉。长江流域的水稻区则以灌溉排水为主。各种技术包括深耕多耕、起垄培畦、平整土地、密植、移苗栽秧、中耕耨苗、除草、施有机肥、治虫病、灌溉、排水,细收细打、家庭圈养牲畜利用厩肥等,田地不但不休耕,反而用轮作、连作、间作等方法提高复种指数。在汉代,有的地方已是"四年而五获",即复种指数达125%。今天,全国范围内的复种指数在160%以上,即一亩地能当1.6亩地用。适应这种耕作方式的农具多是小型而专门化,分工很细。而适应这种耕作方式的经济单位则是以一家一户为单位,独立从事农业生产全过程的个体小生产农业。这种精耕细作为特征的个体小生产农业在中国延续了几千年,它以高的单产,较少的土地养活了大量人口,支持了中国历史的发展。这是中国人民利用自然、征服

---

④ 《周礼·地官·稻人》。

自然所取得的伟大成就。直到今天,我国仍以占世界不到 10% 的耕地养活了占世界 22% 的人口,这是多少年积累下来的传统农业所带来的成就。当然,这种农业承受的压力是很大的,本身有其脆弱性,尤其经不起灾变。中国历史上的变乱往往与天灾相连,造成极大的破坏与苦难,就与这种传统农业的脆弱性有关。中国历来重农、重民食,"民以食为天","洪范八政,一曰食,二曰货",士农工商,农居第二,不是没有原因的。当然,传统农业的发展有其限度,一定技术水平下的农业所能供养的人口也有其限度。今天的农业必须改造,那也是毋庸置疑的。

五、中国是一个历史悠长的大国

中国是世界上历史最悠长的大国。

中国是古人类发源地之一。目前可以追溯到约 200 万年前,这就是 1985—1986 年发现的巫山猿人(四川巫山县庙宇镇龙骨坡)化石。与东非发现的猿人化石年代相差不多。而且从同时发现的同一地质年代层的巨猿化石来看,此时正是处于猿人分化时期,可以说是人类起源地之一。以后各个时期的古人类化石和遗迹在中国各处都有发现(如河北原阳小长梁、云南元谋、陕西蓝田、北京周口店等),旧石器及新石器时期遗址几乎遍布全国。似乎可以推测,古代人类遗址从起源的西南地区逐渐辐射到全国各地。

中国古代国家的形成约在 4000 年前(夏),虽比埃及中东、印度的古代国家形成时间晚一些(埃及、两河流域的苏美尔人、印度的达罗毗荼人的国家形成于5500—5000 年前),但那些古代国家并没有延续下来,而后来形成的一些大国,像亚述、波斯、罗马、拜占庭、奥斯曼等,历史都中断了,或者分崩离析,即使今天还存在,有的已经换了民族,文化也改变了(如埃及),也不再具备大国的规模(如伊朗、土耳其)。至于印度,印度河流域的早期文明在 4000 年前已达到鼎盛期,3600 年前被来自伊朗的游牧民族即所谓的雅利安人毁灭,这种早期文明在印度河流域消失了(遗存还保存在南部地区),此后又迭经变乱,公元前 3 世纪的孔雀王朝和 3 世纪的笈多王朝在印度北部(印度河和恒河流域)建立统一国家,但为期短暂,此后又分裂。到16世纪莫卧儿王朝再度把印巴次大陆纳入自己统治之下,但莫卧儿王朝势力来自西境以外,建立的则是伊斯兰帝国。随后印度成了英国的殖民地,最后又分成了印度、巴基斯坦、孟加拉国等几个国家。总之,印度并非长期处于统一状态,民族文化等变化极大,同中国历史的情况大不一样。至于今天世界上的一些大国,历史都不算长,大多是近代形成的,美国建国220多年,俄罗斯较长,从基辅罗斯(9世纪)算起是1000年多点,从伊凡雷帝摆脱鞑靼人压迫后建立统一的俄罗斯集权国家算起(15世纪末)是500年多点;加拿大、巴西、澳大利亚就更不用说了。可以说,世界上古老而又一直延续下来的大国,只有中国了。

为什么中国是唯一的一个古老而又能延续下来的大国,值得探讨,下面所说的三点可能是应当考虑的。其中有些情况,在前面已经提到过了。

第一,中国有一个历史悠久、文化发达、人数众多的主要民族——汉族,和一个与汉族主要聚居区重合的大的核心地区。这个汉族聚居区与核心地区在不断扩大,后来大致即清朝本部十八省的地方,占全部国土面积43%,人口的88%,经济力量的绝大部分;并且长期在经济政治文化诸方面比周边地区更为先进发达,而且在古代亚洲乃至世界都处在先进地位。在古代很长的时间内,那些世界历史上的大国,经济文化很难说都超过了中国,国力一般也没有超过中国的,内部凝聚力也没有超过中国的。

可以比较几个历史上大国的情况:

从表即可看出古代中国核心地区的面积与人口在全国的比重与世界其他古代大国相比所处的地位了。至于有些古代大国,如马其顿、大食、帖木儿帝国,其核心地区及人口的比重都很小。如马其顿帝国,核心地区是希腊,面积10万—15万平方公里,人口300万,只相当于马其顿帝国面积700万平方公里的2%、人口2000万的5%。亚历山大死后,这个短促的帝国立即一分为四,分别控制了埃及、希腊、中东和波斯,恢复了亚历山大以前的政治态势。至于帖木儿帝国,很难说有什么核心地区,也是随帖木儿之死而消亡。这种大国纯属短期军事征服的产物,是一种极不稳定的军事政治集合,因而也就倏起倏灭,无法长久存在下去。

古代中国具有这样一个经济力量雄厚、政治文化先进而又人口众多的广大核心地区,对周边地区有很大的吸引力、向心力和凝聚力,而不是起发散、排拒的作用。这是古代中国周边的地区和民族能够逐渐地、长期地参加到中国这个多民族国家里来,而且联系越来越紧密的原因。当然这中间也有军事的征服与民族的压迫的因素,但不仅仅是,而且主要不是军事的征服和民族的压迫。仅靠征服和压迫是不能长久维系多民族统一国家的。

	面积(万平方公里)			人口(万)		
	核心地区		全国	核心地区		全国
	数字	百分比	数字	数字	百分比	数字
中国今天 元朝(13世纪) 清朝(前期)(17世纪)	412 412 412	43 20+ 30+	960 2000 1300	102000(2000) 38600	88 96	120000(2000) 40000
波斯 阿基梅尼德帝国 (前6世纪)	伊朗 160	27−	600			
萨珊王朝 (4世纪)	伊朗 160	33+	500			
罗马帝国 (2世纪)	意大利半岛 30	6	500	意大利半岛 700	15	4600
拜占庭帝国 (7世纪)	小亚细亚、 巴尔干半岛 80	32	250	小亚细亚、 巴尔干半岛 1000		
奥斯曼帝国 (17世纪)	小亚细亚西部、巴尔干半岛东部 80	13	600	小亚细亚西部、巴尔干半岛东部 800	28	2800

在古代,中国以外的大国带,其民族的和政治军事力量的迁徙、扩展和转移既有南北方向,也有东西方向,使得这个地区的民族关系、政治变化出现了错综复杂、形势多变的格局。

古代中国则有所不同,民族关系主要呈南北方向,东西方向的民族迁徙、交往乃至战争不是没有,但更多的是经济、文化的关系,而非军事的、政治的征服、统治。中国处于古代大国带或文明带的最东端,与西方的文明世界与历史大国间阻隔了难于通行的青藏高原和辽阔的中亚沙漠、草原。直接处于中国西方的民族比较分散,而且不大可能形成一股强大的军事政治经济力量。东亚大陆北面由蒙古高原北部经阿尔泰山、萨彦岭以北的草原带及由准噶尔盆地向西是一条游牧民族大规模迁徙的通道,但它离欧亚非大国带或文明带距离颇远,而且历史上游牧民族大规模迁徙的走向多是自东而西,如匈奴、突厥、契丹、蒙古等,而绝少自西而东。对古代中国历史发生重大影响的天山以南的通道即丝绸之路较近古大国带,但只宜商队和少量人员往来。因此古大国带的国家东向不易,至多至中亚而止。在历史上,中国与古代西方大国直接交战只有一次,那就是751年唐与大食及中亚联军的战争——怛罗斯之战。此战唐军失败,唐的势力退出中亚。这并不是一次涉及国家存亡的大战,而只是争夺中亚的局部战争,双方军队并没有出动主力,大食更是大量利用了中亚一些小国和民族的武装力量,这次战争对以后唐和大食的关系也没有起到决定性的作用。另外还有一次战争没有打成,即1405年(明成祖永乐三年),兴起于中亚、征服了波斯、伊拉克及部分俄罗斯与印度的帖木儿,起兵20万拟从中亚进攻中国,途中病死未果,没有改变东西方这种政治大势的格局。

至于南北方向的民族关系与民族交往与斗争、融汇,如前所述,影响中国历史至巨,与东西方向的民族关系不能相比。但这是一种周边地区与核心地区之间的关系,或者说,它是这个历史上逐渐形成的统一的多民族国家内部的事情,这和东西方向的那条古大国带上的民族关系是不一样的。如前所述,古代中国的核心地区与周边地区正因为民族的关系、交往乃至斗争而加强了联系,而这种联系越来越密切。

近代欧洲殖民者的世界征服,造就了一些殖民大国,也消灭和瓦解了好些地区的国家,包括一些历史上的大国,如印度莫卧儿王朝、奥斯曼帝国。近代以前建立的大国,唯一没有被征服或瓦解的就是中国了。这原因,一是中国距欧洲较远,西方殖民者从欧洲由海路向东,先向非洲、中东、印度、东南亚,然后才到中国,所达也是中国沿海边境,如澳门、台湾,从沿海进向内地,已是19世纪下半叶的事了。另一个殖民者沙皇俄国从陆路来,其路线是越乌拉尔山脉到西伯利亚贝加尔湖以北,再东向到达鄂霍次克海,都在中国北部边境以外,然后再南下进入贝加尔湖以南及黑龙江,与中国接触,历时二三百年,向中国东北及蒙古地区进入也是19世纪后半期的事了。二是中国很大,一时灭亡不了,瓜分又因互相牵制,也不大容易。三是中国的抵抗虽然屡屡失败,但很强烈,而且越来越强烈,任何一个殖民国家,都难于一下子征服中国,这与印度的情况有些不同。19世纪末以后,日本成为对中国的最大侵略者,20世纪30年代,日本向中国发动了最大的也是最后的一次侵略战争,不仅占领沿海,而且侵入腹地。中国人口最多、经济最发达的核心地区大部分沦陷了,中国损失之惨重是空前的,死伤3500万人,约占全国人口7%上下,财产损失5000亿美元。即使如此,中国还是与世界反法西斯力量一起取得了反侵略战争的胜利。这和中国是一个具有汉族为主体的广大的核心地区而又与周边地区关系紧密,结为一体的世界大国的格局不是没有关系的。

第二,中国不仅有一个面积很大、人口众多、力量雄厚的核心地区,而且这个核心地区一直呈现一种凝聚与扩大发散的趋势。凝聚与扩大发散看来似乎有矛盾,但在历史上这二者很好地结合起来了。这种凝聚与扩大发散的趋势的结合,其具体表现,一是核心地区的逐渐扩大,二是与周边地区的关系日趋紧密,三是在古代中国统一的趋势长期占着上风。

地中海、中东的那些历史上的大国,核心地区面积相对不大,要成为大国,需要保持两个以上的地区。各个地区经济、文化相当发达,但各区之间民族、政治、经济、社会的差异也比较大,不易融合,并不具备长久统一的趋势,而且北方一线长大宽广,草原游牧民族从各处均可南下,进入那条大国带,一旦进入某一地区,那里立刻会有很大改变。因此,从一个核心地区扩展到其他地区是形成一个大国的必要条件,但扩展开去,所控制的区域越大,原核心地区的影响及控制力就相对地减弱。在民族林立、政治经济文化各异的各地区间,原核心地区并不占优势,矛盾越来越多,从北方草原来的威胁也越大。在这一带地区,各地凝聚力并不强,分散的趋势却很明显,统一往往只是军事征服的结果而不是经济文化交往的必然趋势。一旦形势有变,这些历史上统一的大国就会突然消失或者逐渐分崩离析,核心地区扩展的权力只能回到原来的地区,广大的统治地区也不再回归。换句话说,这些历史上的大国的统一,主要靠的是军事的、政治的力量,带有强加的性质,然后才是经济上的、文化上的联系。自然,有些时候,一个地区的文化借助军事政治的力量扩散到其他地方去,使那些地方深深打上它的烙印,像马其顿帝国带来了一个希腊化时期。希腊文化影响遍及东地中海、中近东,一直到印度河流域。此后,阿拉伯人的扩展也使伊斯兰文化遍及北非、东非、西非、西班牙,一直到中亚、印度、东南亚。但这种文化的传布只是开始时借助大国的征服,大国消失衰落,文化反而更快速地深入地扩展,它借大国的兴起而扩展,但它的扩展并不只是倚赖大国。而且,这种文化的影响不管如何巨大深远,它也没能根本改变这些地区的政治、经济社会乃至文化的基本格局,也没有促成过这些地区的再度统一。

历史上的这些大国,存在的时间有长有短,长的达几百年甚至上千年(如拜占庭),但始终都不能在其控制地区内建立一种稳定的社会秩序,也始终未能做到大规模的民族融合。换句话说,即没有一种强有力的可靠纽带把各地区结合起来,即使像罗马帝国那样一种世界性的帝国,其与边沿地区的联系很重要的一个内容是奴隶的掠夺,罗马帝国正是靠它而繁荣与运转的,这种掠夺奴隶的行为与征战对各个地区的经济造成很大的破坏,并不是维系各地区的好手段,反而不时激起反抗,一旦奴隶来源趋于枯竭,各地分裂趋势加强,而意大利本土也出现危机,罗马帝国就衰落了。至于那些不稳定的军事征服形成的大国,寿命就更其短促了。直到今天,东地中海、巴尔干、中近东分散的民族与国家间的纠纷还是不少,延续时间也最长,还是世界上纠纷的热点。这个地带的历史大势不是凝聚而是分散,不是统一而是分立;那些历史上的大国形成的或长或短的统一,并不反映这个地带历史发展的基本趋势。

中国的历史与此不同,具备着统一的趋势,这是凝聚和扩大发散两种作用结合的结果。这种统一的趋势，首先表现在经济和文化以及民族关系上，然后才形成在政治与军事上。

先看汉族聚居的核心地区，两千多年来，形成于黄河中下游的汉族不断扩展，从黄河、淮河而长江，而东南沿海与珠江，再加上西北、西南和东北，不断地与当地民族融汇，在地区与人口上不断扩大，即属于滚雪球式的运动，而北方民族与东北民族不断南下，形成波浪式的运动，与中原汉族融汇，又促使汉族南下，二者结合，即出现中国历史上的脉动现象。发散的另一面是凝聚，汉族越来越多，本身的凝聚力也越来越强，对周边各族的吸引力也越来越多，扩大发散与凝聚的结果，就出现了以核心地区为中心的统一趋势。这种趋势不仅表现在汉族，也表现于周边各族特别是入主中原乃至全国的那些民族，他们不认为自己是异国异类，而认为自己也是炎黄子孙，是中国人的一部分，他们的统治者也以"正统"自居，同样认为统治中国是"天命所归"。

这个地区也有分裂的时候，先秦不说，秦以来的2200年，统一的时间约占一千四百多年，即三分之二。政治上分立的时期约占三分之一，不到八百年（三国东晋南北朝、五代、宋辽夏金）。这种分立有核心地区内部的原因，也有民族斗争的原因，往往二者交织。但这种分裂只是政治上的分立，经济的联系始终不断，而文化上的割裂则从未有过。即使在这样的分立时期，人们的心态可能有正统和僭伪之别，但从来没有认为分裂是正常的，也从来没有自认为是处于中国之外。人们总是力求统一，最后也终归于统一。这种统一的趋势，越到后来越强烈，最后600年的元、明、清三朝，尽管改朝换代，统治者还换了民族，但中国从此再也没有出现过分立的局面了。

统一对中国历史的发展究竟有利还是不利，是一种起积极作用的因素还是一种起消极作用的因素，是一个可以讨论的问题。有一种看法，认为欧洲不统一，分成几十个国家，调动了各地的积极性，有利于社会经济文化的发展；中国春秋战国，出现了各国争雄、竞相发展、社会变革、百家争鸣的局面。但不管怎样，统一是中国历史发展的主流，是客观存在的事实。我们今天这个960万平方公里的大国就是继承自历史上的统一的中国的遗产，特别是元、明、清的遗产。虽然由于近代资本—帝国主义的侵略，现在已经比18世纪乾隆时奠定的版图少了

300 多万平方公里了。

这种统一的趋势,可以在经济、文化和政治上反映出来。

先看经济。以海河、黄河、淮河、长江、珠江流域与东南沿海地区为主体的东亚大陆东部地区的经济有共同性,这里主要是平原、丘陵和部分山地,是个大农业区,地形不算险阻,交往方便,各地又有若干分工,逐渐形成一个大经济区,有时政治上南北分立,但经济上差别不大,往来也未断绝。这个经济区有巨大的实力,而在很长一段时间里,经济比较繁荣、先进。这个地区的发展不仅相对地比较稳定,而且有发展余地,不仅支撑了国家政权,也有条件向外扩展,并且也吸引了周边地区和民族。

再看文化。人口众多的汉族有共同的文化,源远流长,根基深厚。举几个例子:

祖先崇拜家族制度与浓厚的家土乡国观念,使汉族在时间上与地域上维系起来。

汉字不同于西方拼音文字,单音独体,形音义有机结合,起源很早,一直延续使用下来,"书同文"对维系汉族的联系有巨大作用。西方拼音文字,看看就能拼读,这是它的优点,但也有问题,欧洲罗马以后的共同文字是拉丁文,与各地语言有别,各地语言用拉丁字母拼写出来,就成了各地各族的不同文字。结果跟中国差不多大小的欧洲有几十种文字,甚至一国之内,也使用几种文字,有的民族语言其实是方言,一用拼音写出就成了一种文字。像早期的斯拉夫文是一种,把各地方言分别拼出来,就成了十种文字,再加上或用拉丁字母,或用西里尔字母,或用希腊字母,就更复杂了。中国各地方言有时差别也不小,别处人听起来困难或者简直不懂,但写下来全是一样的。成千成万的人语音虽然不一,但文字完全能沟通,这对各地的联系与统一的趋势无疑起了积极的作用。

中国的意识形态中,儒家思想居于主流的地位,尤其是它的伦理道德观念和政治思想,形成了汉族主要的行为、关系的规范。儒家思想里当然也有排斥、独占的成分,但更多的是一种统一、宽容、和谐、启迪、协调的思想,而且用和平的、教化的手段来宣扬;儒家思想中也有消极、落后、反动的成分,历史上人们也往往是各取所需。统治者尤其如此。对儒家思想及其历史作用还须多作研究和深入分析,但是就其总的方面而言,这种思想是统一趋势的反映,也促进了统一趋势的发展。

政治上,中国长期实行的是专制主义中央集权制度,这种制度在历史上究竟起什么作用可以讨论。它当然有消极乃至反动的一面,但也要看到,它是统一趋势下的产物,而且在诸多场合下有利于统一的形成与维系,应当是没有疑问的。

第三,有丰富深厚的历史传统、积淀,但又具有并非停滞的发展趋势。这个问题在这里只能简单地提一下。

长期的没有中断的历史,使中国的历史积淀非常沉厚。中国古代历史在这样沉厚的历史积淀中运转,量的积累较易实现,质的飞跃却比较困难。这使得中国历史发展呈现缓慢、凝滞甚至出现重复、循环等表征。历史中的各种因素,经济的、阶级关系的、民族的以及其他一些矛盾着的因素,都有一种循环式的表现,而且往往在交互作用下同步或近乎同步,结果就形成了前述的那种中国历史上的周期性的脉动现象,其集中而突出的表现,就是一些重要王朝如秦汉、隋唐、明清的兴替。

这种看似重复与循环的历史运动绝非是单纯的重复与循环,而是一种螺旋式的上升。表面上似乎回到原来的局面,实际上已经发展、前进了。这里可从前面说过的情况中举几个例子。

人口:从汉朝的 6000 万经过多次反复,上升到清朝的 4 亿。

疆域:从汉朝的 1100 万平方公里经过多次反复,到清朝的 1300 万平方公里。

核心地区:从黄河到长江再到珠江、东南沿海以及西北、东北、西南。

粮食亩产:从汉朝的 140 斤左右上升到清朝的 250 斤左右。

商品经济:汉朝除了奢侈品外,只有少数日用品(如盐、铁)在大的地区范围内流通。政府对手工业和商业的控制极强。唐宋时,日用品大的地方性市场已经形成,政府对手工业和商业的控制已经放松。明清时,农产品商品化程度加深,全国性市场开始萌芽,政府对手工业商业的管制基本上松弛,江南一些经济发达地区已经出现了资本主义生产关系的因素。

民族:汉代主要是在边疆地区与匈奴的关系。两晋南北朝时北方、东北和西部少数民族进入黄河流域,先后建立了许多政权,但大多短暂而不稳定。宋时,北方建立了相对稳定而为时较长的三个少数民族政权(辽、夏、金),随后的少数民族建立的元、清,更统一了全国。

从总的趋势看,中国的历史是发展的,不间断的。这与其他一些历史上的大国不一样,它们有的已经消逝,有的变了样,如古埃及之于今埃及,古希腊之于今希腊,古罗马之于今意大利,古两河流域之于今中东阿拉伯国家,古拜占庭、奥斯曼之于今巴尔干、土耳其,等等。

这种历史的悠久传统、深厚积淀对中国历史的发展是好还是不好呢? 好的是根基深厚,源远流长,发展有所依傍,能承受重大的打击。不好的可能是陈陈相因,垃圾太多,积重难返,变革不易。恩格斯说过,传统是一种巨大的保守力量,不是没有道理的。像美国,建国才二百二十多年,与中国相比,几乎没有历史,外来移民带来的是欧洲文化,凭借北美丰厚的自然条件迅速发展,成了今天世界上唯一的超级大国,历史的包袱小,也许是一个因素。

因此,我们应当为我国悠长的历史、古远的文化而骄傲,充分吸收其中优秀的精华,作为我们现代化的基础、出发点和材料,但又绝不应该全盘保留当成包袱背上,影响我们前进的步伐。

这里只说了对中国古代历史的一些感性的、常识性的认识,这种认识如果大体上能成立的话,我们还可以问:

这些现象是怎样形成的? 为什么会形成?

这些现象之间有什么关系? 如果有关系,这些关系的主从、层次、形式、交互作用又是怎样的?

这些现象及关系之下,还有没有更深层的东西,或者说,有没有规律性的东西? 这里所说的现象和关系,是不是中国历史发展规律或历史普遍规律在中国的具体的或特殊的一种表现?

这些,都是需要也值得进一步深入探究的。

【附记】这是一份讲稿,讲于 1987 年至 2008 年间。

【宁　可　首都师范大学历史系教授】

原文刊于《中国文化》2009 年 02 期

论中国历史上的年号

来新夏

一、论年号

"年号"是中国历史上纪述年代的一种特有标识。它经常随着新的元年而变换，所以也称"元号"。于是把建立年号称为"建元"，改换年号称为"改元"，而记述年号的书也多以纪元为名，如《纪元编》《纪元通考》《纪元要略》等。

"元"在古代典籍和传统认识上都有重要的地位。《易·乾文言》和《春秋》都很重视"元"。因此建元也就成为中国历史上的大事，而在史籍中多有此一笔。清代史学家赵翼在《陔余丛考》卷二五中说：

> 后世始以孔子书元年为《春秋》大法，遂以改元为重事；而董仲舒亦云春秋谓一元之意，万物所从始也。元者，辞之谓大也，谓一为元者，视大始而欲正本也。是建元之视为重事，由来久矣。

"元"虽然较早地受到重视，建元（年）号却始于汉朝。汉文帝是以前、后字样冠于年次之上而有前后元年之称；汉武帝则在年次上冠以具有含意的称号。据《汉书·武帝纪》建元元年条颜师古注说："自古帝王未有年号，始起于此。"不过，这一开始是后来追加的。据《史记·封禅书》和《汉书·武帝纪》等记载：创制年号的事是元鼎四年（前113）开始的。

为什么汉武帝时突然有此创举呢？据《史记·封禅书》说："有司言，元宜以天瑞命，不宜以一二数。"换言之，这是当时官吏企图把年号作为歌功颂德新工具的一次行动。从此以后，在两千年来的封建社会里，年号便被用作"章述德美，昭著祥异""弭灾厌胜，计功称代"①的工具了。但是，应当承认，年号在客观上具有一定的作用。它使我国历史的纪年完全摆脱了呆板枯燥的数字顺序，而是在数字上增加了一个具有一定含义的特殊标识。它给人们的社会生活带来了一些便利。清代史学家赵翼曾一再推重它的作用。他在《陔余丛考》卷二五中说："……于是上自朝廷，下至里社，书契记载，无不便之，诚千古不易之良法也。"他在《廿二史札记》卷二《武帝年号系元狩以后追建》条中又说："至武帝始，创为年号，朝野上下，俱便于记载，实为万世不易之良法。"

今天我们在记述历史事件的年代顺序，历史人物的生卒经历以及考古、版本、校勘等专门学科的研究中，也还常借助这个特有标识。

年号的字数，一般是两个字，如建元、熹平、永乐、宣统等。也有多字数的，如三字年号有王莽的"始建国"、梁武帝的"中大通"和"中大同"；四字年号有汉光武帝的"建武中元"、唐武则天的"天册万岁""万岁登封"和宋太宗的"太平兴国"；六字年号有西夏李元昊的"天授礼法延祚"。

年号的变换，最初较有规律，如汉武帝自建元至元封每六年一改元，太初至征和每四年一改元。其后渐无规律，甚至有一年数改者，一代多号者。武则天在位二十一年中十七改元，晋惠帝在位十七年凡十改元。这种频繁改动完全失去了年号的积极作用而给人们带来了混乱和不便。与此同时，有的帝王终其在位之年只用一号而不改易者，如唐太宗的贞观有二十三年，汉明帝的永平有十八年。这种一帝一号的方法既简要，又便利，可惜未能普遍做到，直到明太祖洪武

---

① 《册府元龟》卷一五。

一号以后,年号频繁更换的局面始告结束(英宗虽有正统、天顺二号,但这是由于政局变动,中间隔了景帝的景泰)。这种良好的纪年方法继续使用到清代宣统。

年号既使用了几千年,便难免重复。细检历代年号,少者二同,数量较多,如晋惠帝与北魏孝武帝都用永熙年号,多者如太平、建平等年号都是八同。清人叶维庚撰《纪元通考》卷九《古今年号相同》节专载此事。今人荣孟源先生的《中国历史纪年》第三编《年号通检》也可查用。这种异代相重的情形,可供考古利用。

异代重复成因,年代相隔久远,失于考察,尚不可怪。其最可怪者,莫如本朝相重。赵翼的《廿二史札记》卷十九《唐有两上元年号》条说:

> 年号重袭,已见《丛考》前编,皆异代之君,不知详考,致有误袭前代年号者。至唐则高宗有上元年号,而肃宗亦以上元纪年。高之与肃,相去不过六七十年,耳目相接,朝臣岂无记忆,乃以子孙复其祖宗之号,此何谓耶?元顺帝慕元世祖创业致治,而用其至元纪年,故当时有重纪至元之称。衰乱之朝,不知典故,固无论矣。

这段札记所记高宗、肃宗相重,并非最早,在它之前已有晋惠帝与晋元帝之重建武,惠帝改元建武在甲子七月庚申(304);元帝改元建武在丁丑三月辛卯(317),相距不过十三年,较高宗、肃宗之相距八十七年为时更近,可见当时之不明典制掌故,而札记所记则失之详考。至于重上一字或下一字的年号则比比皆是。其中有的是有意截取前代年号之上一字或下一字而制成新号,用以缅怀前代盛世者。如唐德宗用李泌建言合贞观、开元之名而制贞元年号。

年号在典籍记载中常有异书,如贞观之作正观,显庆之作光庆、明庆。其主要原因乃出于避讳。明人黄瑜所撰《双槐岁钞》卷四《秦新名讳》节说:"宋仁宗名祯,讳贞为正,如贞观则曰正观,贞元则曰正元。"又顾炎武的《日知录》卷二三《以讳改年号》节也说:"唐中宗讳显,玄宗讳隆基,唐人凡追称高宗显庆年号多云明庆,永隆年号多云永崇;赵元昊以父名德明,改宋明道年号为显道。……"这种以讳改年号的事例,很有助于鉴定版本的刊刻时代。

年号在使用时常有用简称者,就是割取相连年号各一字而作合称,如明末之称庆历启祯(隆庆、万历、天启和崇祯),清初之称康雍乾(康熙、雍正和乾隆)等。这对熟悉历史的人,偶从文省,尚无大碍,但对一般人则颇不便利。

年号还有拟议而不用者。这大都是因为不吉祥:或因文字字形、含义不佳,或以拟议后屡呈不祥现象。如唐高宗曾拟用通乾年号,后因不断出现不祥征兆,而文字也不佳,遂废弃不用。《旧唐书》卷五《高宗纪》中说:

> (仪凤三年四月)戊申,大赦,改来年正月一日为通乾。……九月……癸亥,侍中张文瓘卒。丙寅,洮河道行军大总管中书令李敬玄、左卫大将军刘审礼与吐蕃战于青海之上,王师败绩,审礼被俘。……十月丙午,徐州刺史密王元晓薨。闰十月戊寅荧惑犯钩钤。十一月乙未,昏雾四塞,连夜不解。丙申,雨木冰。壬子,黄门侍郎、同中书门下三品来恒卒。十二月,诏停明年通乾之号,以反语不善故也。

通乾的反语是什么? 据《通鉴》胡注释:"通乾反语为天穷。"

宋神宗也曾拟议过"丰亨""美成"而不用,乃因文字字形不佳而不采。清人梁章钜的《浪迹丛谈》卷四《改元》条引王得臣《麈史》说:"中书许冲元尝对客言,熙宁末年,神宗欲改元,近臣拟美成、丰亨二名以进,上指美成曰:羊大带戈不可用。又指亨字曰为子不成,可去亨而加元,遂以元丰纪年云。"

年号在使用过程中,曾遭到唐肃宗的反对而一度被废除。《旧唐书》卷十《肃宗纪》曾记其上元二年九月壬寅的命令,说:"钦若昊天,定时成岁,《春秋》五始,义在体元,惟以纪年,更无润色。至于汉武,饰以浮华,非前王之茂典,岂永代而作则。自今已后,朕号唯称皇帝,其年号但称元年,去上元之号。"这一命令可能由于社会习惯势力的抵制,不久又恢复并出现了新的宝应年号。又有经过几次变换而仍用原年号者,如《后汉书·献帝纪》说:"(中平六年十二月戊戌)诏除光熹、昭宁、永汉三号,还复中平六年。"

年号不仅封建统治政权使用,农民起义政权也使用,如黄巢之号金统、方腊之号永乐、钟相之号天载、李自成之号永昌、张献忠之号大顺、朱红灯之号天龙等都是。

一些宗教典籍中也使用年号,如道经中有延康、开皇、永寿等号。

年号对中国周边地区和友邻国家也产生一定的影响,如安南有建中、元和、天顺、太和等号,日本有文明、景云、宝历、天元、至德、贞观、贞元、元和、天授等号,新罗有建元、太和等号,高丽有天授、光德等号。它们采用这种年号纪年法,正说明我国历史上年号的影响和它的实际意义。

二、论改元

改元是使用年号历程中一个重要问题。自从有年号以后史书中都记载了改元。改元的原因,大致有两种情况。

一种是循例改元。凡改朝换代,新旧交替都照例改元,只是政权更迭时则当年废旧立新,而旧君死新君继则往往逾年改元,旧号可使用到年底。循例改元例子比比皆是,无烦列举。但也有例外情况:

其一是新旧交替,当年改元。如唐睿宗即位于中宗景龙四年六月,七月即改元景云,未按旧例将景龙四年用到年底。这种改变曾引起后人的讥评。清凌扬藻的《蠡勺编》卷十三《孙之翰论改元》条说:"孙之翰名甫,蜀人,著有《唐论》。杨升庵称其笔力在范祖禹之上。中宗景龙四年,临淄王隆基起兵诛韦氏迎相王,入辅少帝(名重茂,中宗四子,为韦氏所立)。已而睿宗即位(即相王旦,废重茂,复为温王,立隆基为皇太子)。未逾年,即改元景云,之翰去其元字而书景云年。论曰:古之人君继体即位,必逾年而改元者,先君之年,不可不终也;后君继位,不可无始也。一年不可二君也,不终则忘孝矣,不始则无本矣,一年二君则民听惑焉,故书景云年,戒无礼而正不典也。"

其二是新建政权继续沿用旧朝年号。如唐昭宗天复四年而前蜀王建沿用到七年十二月。唐昭宣帝天祐四年,而后唐太祖、庄宗沿用到二十年四月。秦李茂贞沿用至二十一年四月。吴杨渥、杨隆演沿用至十六年四月。这种沿用旧君年号的目的,多半是自雄一方的割据政权,借用旧君年号以表示它是正统所在,并借此招揽人心，以维护和巩固自己的政权。

另一种情况是由于特殊原因而改订年号，年号的文字也表现了一定的含义。这种原因较多，据史书的记载大致有：

（一）因政局变动而改元。统治集团内部的争夺往往影响政局的动荡。随着这种变动，新的政治集团就要改元以新耳目。如唐昭宗时，宦官刘季述、王仲先等曾在宫中发动政变，以"禽酒肆志""喜怒不常"的罪名，废昭宗并幽禁其于东内问安宫，另立太子裕监国。这种行动引起某些官僚的反对，于是宰相崔胤等便告难于朱全忠。朱全忠是一个在等待时机篡夺政权的野心军阀，所以毫不迟疑地从定州大营回来，诛杀宦官，恢复昭宗帝位，而他自己也"跻膺重任，绾扼虎符，积功以至使相"，并为达到进一步夺取政权的目的，便"命爪牙，进迁都之议"，把昭宗从长安迁到洛阳，同时改元"天祐"②。当时的改元往往与大赦并举，因此，这种改元即表示了新政局的稳定，又借以迷惑人心，掩盖他利用迁都以便控制唐政权的阴谋。其他如汉灵帝的光熹，唐僖宗的光启、文德都是类似情况。

废立储君是封建社会中重大的政治事件，所以也改元。如唐高宗于永徽七年废皇太子忠为梁王，立代王弘为皇太子，即改元显庆。调露二年废太子贤为庶人，立英王哲为皇太子，即改元为永隆③。

（二）因制度改革而改元。凡一种新制度的改订和颁布时，往往会改元。它主要是为引起人们对新制度的重视。如汉武帝的"太初"，据《汉书·郊祀志》说："以正月为岁首，而色上黄，官更印章以五字，因为太初元年。"唐武则天之号"载初"，据《旧唐书》卷六《则天后纪》说："载初元年，春正月，神皇亲享明堂，大赦天下，依周制，建子月为正月，改永昌元年十一月为载初元年，十二月为腊月，改旧正月为一月。"这都因改订历法而改元。又唐高宗号"总章"，据《旧唐书》卷五《高宗纪》下说："乾封三年春……二月……丙寅以明堂制度历代不同，汉魏以还弥更讹舛，遂增古今，新制其图，下诏大赦，改元为总章元年。"这是因为改订明堂制度而改元者。

（三）因军事胜利而改元。凡军事上的一次胜利就标志着政权的暂时稳定

---

② 《新唐书》卷十《昭宗纪》。
③ 《旧唐书》卷四、五《高宗纪》上、下。

或进一步巩固,统治者为了计功称伐而改定元号。如武则天之"垂拱"就是因这年击平了反对者徐敬业,从此可以垂拱而治了。汉武帝之号"征和",则因"征伐四夷而天下和平也"④。又如汉元帝之号"竟宁",据《前汉书》卷九《元帝纪》引诏书说:"匈奴郅支单于背叛礼义,既伏其辜。呼韩邪单于不忘恩德,向慕礼义,复修朝贺之礼,愿保塞传之无穷,边陲长无兵革之事,其改元为竟宁。""竟宁"者,颜师古解释为"永安宁"之意。应劭、钱大昕、王先谦等人解释竟与境通,即"边境得以安宁之意"。按诸事实,以应劭等说为洽。

(四)因灾异祥瑞而改元。为了昭著祥瑞和被除不祥而改元,就是想以美好的文字来祈求福祉。祥瑞可以从三方面体现:

其一是天象的祥瑞,如汉武帝追加的"元光"年号,则以当时曾经"三星见"⑤。

其二是物象的祥瑞。龙凤麒麟当时都被目为珍禽异兽,它们的出现象征着天降福庥。如汉武帝之号"元狩",唐高宗之号"麟德"都以"麟见"而改。汉宣帝之号"五凤"、唐高宗之号"仪凤"都以"凤凰见而改"。汉宣帝之号"黄龙"、唐高宗之号"龙朔"都以"龙见"而改。这种所谓祥瑞的出现,是否实有其物,抑或地方官吏的附会逢迎,姑不详论,但它无疑地反映了统治者的精神状态。另一种物象的祥瑞是古器物的发现,也往往被解释为"皇天储祉""天降之宝"而必须"尚瑞物之象而改元"。汉武帝之号"元鼎",就因"得宝鼎后土祠旁"。

其三是人事的祥瑞,如唐高宗之改"开耀"为"永淳",就因"太子诞皇孙满月"⑥。武则天的"延载""证圣""天册万岁"等号都因臣下对她上尊称徽号而改;"久视"则因她"所疾康复"而改⑦。

灾异改元的目的是为了去不祥。这种灾异包括"自然"和"人事"两个内容。自然灾异往往被目为上天示警,必须去旧更新。当时人们认为上天示警的最主要象征是日食。日食自古以来就受到注意,《诗》《书》《春秋》都有所记载,并以此警惕人主修德行政。虽然不是每次日食都改元,但因日食而改元的次数也不

---

④ 《前汉书》卷六《武帝纪》师古注。
⑤ 《前汉书》卷六《武帝纪》。
⑥ 《旧唐书》卷五《高宗纪》下。
⑦ 《旧唐书》卷六《则天皇后纪》。

少,如汉献帝的"延康"、唐高宗的"开耀"、武则天的"如意"、唐文宗的"开成"等号都因"日有食之"而改元。其他天象变化如唐高宗总章三年以"日色出如赭"而"改元为咸亨元年"⑧。武则天嗣圣元年以"彗星见西北方长二丈余,经三十三日乃灭",而"改元为光宅"⑨。天象以外某些自然灾害的发生或消除也常常用改元来表示庆祝或禳解,如汉宣帝本始四年"郡国四十九地震,或山崩水出","于是改元曰地节,欲令地得其节"⑩。汉成帝之号"河平",则以"河决东郡,流漂二州,校尉王延世隄塞辄平"而改⑪。至于人事灾异,往往指人君疾病而言,如唐高宗永淳二年,"(帝)自奉天宫还东都……疾甚,宰臣以下并不得谒见",遂改元为"弘道"⑫。

(五)因祭祀活动而改元。此类大致也有三种情况:

其一是封天禅地。封禅之名,首见于《管子·封禅篇》。《汉书·郊祀志》曾解释说:"齐人丁公年九十余,曰:封禅者,古不死之名也。"唐王泾《大唐郊祀录》卷二说:"封者,封高增厚之义;禅者,明以成功相续,故以禅代为称。"它多在功成之后举行。《汉书·郊祀志》说:"元封元年冬,上议曰:古者先振兵释旅,然后封禅。"《白虎通》中也说:"王者,易姓而起,故受命之日,改制应天,功成封禅,告太平也。"封禅的地点多在山岳高地。它不仅为统治者所重视,也为豪绅地主阶级所瞩望。《史记·封禅书》说:"今天子初即位,尤敬鬼神之祀。元年,汉兴已六十余岁矣,天下乂安,缙绅之属,皆望天子封禅,改正度也。"甚至如汉太史公司马谈因未获参加祀典而"发愤且卒",并以此为余恨,遗嘱其子司马迁⑬。足见封禅影响之巨,也就无怪要因它而改元。汉武帝之号"元封",唐高宗之号"乾封",都因封禅泰山而改。

其二是享祀明堂。明堂是明政教之堂,祀五帝五神之所,朝诸侯而分尊卑之地。其建制历代各有不同。王泾的《大唐郊祀录》中说:"明堂制度,历代不

---

⑧ 《旧唐书》卷五《高宗纪》下。
⑨ 《旧唐书》卷六《则天皇后纪》。
⑩ 《前汉书》卷八《宣帝纪》。
⑪ 《前汉书》卷十《成帝纪》。
⑫ 《旧唐书》卷五《高宗纪》下。
⑬ 《史记·太史公自序》。

同……夏后氏曰世室……周人曰明堂……蔡邕云以为明堂与太庙为一。又马宫以议行时令，卢植兼之望云气。……皇唐典制，依周礼以五室为准。"可见明堂制度一直为各代所重视，所以享祀明堂而改元是不足怪的。汉顺帝的永和、汉安帝的永宁、武则天的永昌、万岁通天、圣历等号都以享祀明堂而改。

其三是有事郊庙。郊是统治者祭祀天地的处所，郑玄说："郊谓祭上帝于南郊。"《汉书·郊祀志》说："祭天于南郊，就阳之义也；瘗地于北郊，即阴之象也。"历代对郊祀天地都很恭谨，如汉成帝时丞相匡衡等曾奏言："帝王之事，莫大乎承平之序，莫重于郊祀，故圣王尽心格虑，以建其制。"庙指统治者的宗庙。它除循例的月祭和四时祭之外，遇有重大事件也有告于宗庙之祭，所以祭祀宗庙的典制既盛且重，而也有因此而改元者，如汉献帝的"建安"、唐穆宗的"长庆"、敬宗的"宝历"、武宗的"会昌"、宣宗的"大中"、懿宗的"咸通"、僖宗的"乾符"等，都因有事于郊庙而改元者。

上述的几方面原因只是概述。不过，仅就这些可以了解到，年号不止是一种特殊的年代标志，而且从年号的含义中还可以反映出某些历史事件和问题。年号和改元是应予以注意的历史现象。年号与古籍整理工作有相当关系，应加适当的注意。

【来新夏　南开大学历史系教授、图书馆馆长】

原文刊于《中国文化》2009 年 02 期

中国古代的井田制、私有产权与市场经济

[美]赵　冈

【内容提要】中国是世界上最早实行私有财产制的国家之一，两三千年来绝大部分的时间是以私有财产制为主流，这方面的文献资料和地下发掘汗牛充栋，不难理出其发展演变过程。但完整而充分的私有财产权必须包括业主自由处分及自由出卖其财产之权，这只有建立在市场制度的基础上才有可能。儒、法两家虽然都很欣赏私有财产制所激发的工作意愿，对私有财产制导致的市场经济却缺乏了解。只有司马迁似乎感觉到了亚当·斯密所说的那只"不可见之手"，他写了《货殖列传》，比亚氏的《原富》早一千多年。

有人说：财产私有权的观念是在资本主义发展以后才从欧洲输入亚洲国家。国内许多学者接受了这个说法。其实，这个说法是不正确的，起码与中国的史实不符。中国是世界上最早实行私有财产制的国家之一，两三千年来绝大部分的时间是以私有财产制为主流。这是中国历史与欧洲历史最主要的差别之一。

在中国，产权私有的观念，首先出现在动产上，然后扩大伸延至不动产；而不动产的私有化是先发生于住宅，因为住宅也是以个人的劳力所建造的；最后私有化才扩展至农田及其他土地资源。考古学家研究历年发掘出来的史前时期墓葬，从随葬品之种类与数量判断，早在此时中国人民已经产生了私有产权之观

念。最早的产权观念,只适用于耐久性消费财产,如珠宝装饰品等,然后扩大至生产工具。

至于耕地的私有化,则是经过长时期的演化形成。先秦的土地制度是当时许多特有的因素所造成的。因素之一就是自然环境。中国古代人口集中于华北地区,因此区的降雨量四季分布不匀,集中于夏季。在商周之前,此地区的天然排水状况不良,夏季农作物生长期中降下的暴雨无法快速宣泄,对于正常的农业生产威胁甚大。要想发展农业,必先改善地面的排水系统。大禹是否确有其人,可以不必深究,但当时有明智之士,出来领导人民改良排水系统,应是可信之事。《尚书·益稷》说大禹"决九川距四海"及"浚畎浍距川",应是有所本而述。《尚书》以后,还有不少有关修筑农田排水工程的记载。《礼记·月令》说:

> 季春之月……时雨将降,下水上腾,循行国邑,周视原野,修利堤防,道达沟渎。

《论语》说夏禹曾经"卑宫室而尽力乎沟洫"。《管子·揆度》则形容在夏禹修筑排水工程以前的情况是:"水处者十之七,陆处者十之三。"西汉初人陆贾在《新语·道基》中说:

> 当斯之时,四渎未通,洪水为害。禹乃决江疏河,通之四渎,致之于海,大小相受,百川顺流,各归其所。

这些记载并非都是出于想象。

早期的水利工程就是著名的沟洫制度。最具体的说明见于《考工记》:

> 匠人为沟洫……广尺深尺谓之畎。田首倍之,广二尺深二尺谓之遂。九夫为井,井间广四尺深四尺谓之沟。方十里为成,成间广八尺深八尺谓之洫。方百里为同,同间广二寻深二仞谓之浍,专达于川。

畎、遂、沟、洫、浍的渠道网络系统，也曾载于其他古代文献。《考工记》所言的整齐分级，当然是过于理想的规划方案，难以精确构筑。但整个工程系统的结构特征则很明白：愈接近田面之水道愈浅，逐级加深。这种结构与灌溉工程的要求，完全相反，水只能由田中向外流出，而不能由外引水流入田中。只能排水，不能引水灌田。所以郑玄注《周礼·小司徒》说："沟洫为除水患"，这是古人对沟洫制度的一致了解。

早期的排水工程决定了田制，农田规划不得不配合排水系统的特征。换言之，在沟渠纵横分布的状况下，农田很自然地被切割成小块，而大面积土地连成一片的农场无法存在。在沟渠纵横切割的状况下从事人数众多的集体耕作，监督之事甚难。此时最自然，也是最适合的办法是将零星切割的农田分配给个别农户，让他们独立经营，利用农民自动自发的工作意愿，来代替自上而下的监督工作。

为了适应与配合坡地农田中的水流方向，先秦的农业很早就发展出条播的农作技术。其次，华北地区黄土高原的土壤物理性能不是十分理想，自然肥力也不是很高。在这种条件下，中国农民很早就发展出深耕细耨的耕作方式，这样方能增加土壤耕作层，较大地发挥土地潜力，以提高种植的成果。《吕氏春秋》中强调：

> 五耕五耨，必审以尽，其深殖之度，阴土必得，大草不生，又无螟蜮。

不过，条播、深耕、细耨等耕作方式虽增加了精耕细作的程度及单位面积产量，却也增多了生产环节，环环相扣，错综复杂，监督工作的难度也随之增加。

总之，中国华北地区的早期自然环境与随之发展出来的耕作方式，都极不适宜使用监督为主的集体劳动方式，必须依靠农业劳动者自发的工作意愿。以个体家庭为单元，也就是小农制，最能发挥劳动者的积极性。于是，中国古代出现了以个体农户为基础国有土地平均分配计户授田的井田制。

这里自然环境的背景因素，后来又配合上政治因素。周民族之人数远比殷人为少。周灭殷商以后，无法以一个少数民族来奴役一个人数庞大的民族。这与欧洲的罗马帝国不同。罗马帝国有强大的军力,以压倒性的优势征服了附近的小国,于是有足够的人力来役使大批奴隶,监督他们从事集体生产工作。周人无此能力来对付被征服的殷民,只能笼络他们,取得他们的合作。所以周代无法实行以奴隶为生产者的大规模集体农场。

从现有的资料及当时的环境条件来判断,先秦的土地制度就是井田制度这一系列的办法。大部分的耕地被平均分配给个体小农户去独立使用,也就是分田到户的办法,由农民靠自发的工作意愿去努力经营,所有的收获物归农民自己掌握占有。在这同时,统治者保留了一部分耕地,作为"公田",由农民提供劳力耕作,以为换取份地的条件。

在这个时期,土地的所有权属于统治者,但是农民获得了份地的使用权。至于农产品的所有权则分为两大类,公地上的产品归公家,份地上的产品归农民自己享有。在这种制度下,私有权的观念便发生于农业生产中,也就是适用于农业收获物上。

这一点可以从中文字源上明显看出。《诗经》中已有"我私"及"尔私"之词句,都是与农业生产有关。"私"字从"禾",也显示私有之观念从农业开始。"私"字的另一半"厶"即是指产权之观念而言。"公"字也从"厶",是另一种性质的田地。于是,我们可以理解,"公""私"两字,最早是指性质不同的两种田地,公田称为"藉",农户份地则称为"畝"。《诗经·大雅·韩奕》说:"实墉实壑,是畝是藉。"即是畝与藉的二分法。"畝"字古写是"畂"或"畮",都是从"厶",也是指涉及所有权问题,与"我私""尔私"有同样含义。不过,这里所涉及的所有权只限于田中产物,不及田地本身。私田之产物归农户,公田产物归统治者;至于田地,不论公田私田,所有权均在统治者手中,农户对份地只享有使用权,不得私相买卖及转让。

公、私、畝、我私、尔私等字样之出现,正表示所有权的观念已深植民心,人民对此已十分计较。即令在当时的土地制度下,人民在公田与份地中的工作情绪已有明显的区别。

今天的中国史学家已经不再怀疑中国古代有过井田制。商代后期的甲骨文中已出现有整齐田块的象形文字,很接近井田的形状。古书提及井田者,除《孟

子》外,尚有多处。《管子·小匡》说:

> 陵陲丘井田畴均,则民不惑。

《管子·侈靡》又说:

> 断方井田之数,乘马甸之众。

《左传》襄公二十五年记曰:

> 町原防,牧隰皋,井衍沃。

此文中之"井"显然是指一种土地而言。《周易·井卦》说:

> 改邑不改井。

此处之"井"也是指一种土地制度或土地区划而言,与"邑"是相对称,相连属的,不是指水井而言。水井之"井",古写为"丼",中间多一点,可能是表示在井田制度下,八家共挖一口井,同享此水源。

更重要的是,井字有一个引申义,作形容词用,表示有条理,即"井井有条"或"井井有理"之用法。《周易·井卦》已说:

> 无丧无得,往来井井。

《荀子·儒效》也有:

> 井井兮其有理也。

此字义一定是从井田之井引申而得,而非从水井之井引申而得,水井没有什么条理可言,整齐规划的井田才是有条不紊的。一个制度名词能引申出其他字义,则表示此制度不是少数人空想与虚拟的空中楼阁。只有在这个制度经过长期实施后,才会产生引申字义。这种实例不少。例如"社稷"原是指一种制度而言,即古代天子祭土神与谷神之场所与典礼。古之有国者必立社稷,以社稷之存亡,示国家之存亡。久而久之,社稷一词便产生一个引申义,即象征"国家"或"政权"之抽象名词。基于此理,井字字义之演变可证井田制度长期实施之历史。

目前对于井田制之争论主要是:耕种井田之人具有什么身份? 许多学者认为耕种井田的农夫都是奴隶,而且为数众多,成千上万的奴隶在奴隶主的驱使下,集体在农地上工作。这些学者最喜欢举《诗经·周颂·噫嘻》一诗为证:

> 噫嘻成王,既昭假尔,率时农夫,播厥百谷;骏发尔私,终三十里,亦服尔耕,十千维耦。

有些学者们解释这是两万名奴隶,在三十里大农场上,用一万台称为耦的农具在集体操作。

这样的解释难以成立。周代征服殷人后,曾以武力殖民是实,但是没有大批奴役人民的记录。所称之"众人""庶人""野人""农夫"等,都享受若干公民权,独立而自由。而且,使用奴隶的大农场没有整齐划分耕地的必要,奴隶们被派到哪块田地上耕作,他们就得遵命在哪块土地上操作,根本无权计较面积是否均等或田界是否整齐。整齐划分的耕地,正显示这是一种公平分配计口授田的制度。根据战国时人孟子对西周井田制度的研究,其办法是方里而井,井九百亩,其中为公田,外面八个方块田分授八户农民耕种,各得百亩,其农产物归八家个别私有,同时八家共耕当中之公田,其收获物归政府所有,从授田之方式与每单元之耕地面积,可以判断这是小农耕作制,以户为单位,除公田外,各户自负亏盈。这绝非集体耕作制度。

其次,要组织两万名奴隶,绝非简单之事,必须用严格的军事管理方式。不幸农业生产工作是所有产业中最难有效监督的部门。农业生产的周期长,环节多,任何一个时间段落或生产环节上的疏忽,均会严重影响到最终产量,无法事后补救。直到如今,人类尚无法为农业生产设计出一套良好的品质管制办法。而且农业生产工作是在平面上展开,数万人生产占地很广,无法像军队那样列队集聚,监督者必须在广大田间来往穿梭,既十分辛劳,又难收实效。除了某些简单划一的经济作物之种植园外,以今天最先进的管理技术,配备电讯设备与机动车辆,尚难以经营数万名员工的大农场,只是不懂农业生产与管理学的外行人之想象,实际上是不可能出现的。

《汉书·食货志》曾有一段文字,追述殷周时代农民劳动的情况,也助长了近人的想象。该文说:

> 春令民毕出在野,冬则毕入于邑……春将出民,里胥平旦坐于右塾,邻长坐于左塾,毕出然后归,夕亦如之。入者必持薪樵,轻重相分,班白不提挈。

于是许多学者据此结论说:可见当时庶人的劳动受到严格的管理和监督,毫无自由可言。其实,今天的任何农村干部都可以告诉我们,每天早晚派两个人在村口监视村民出入,根本谈不上是农场管理与工作监督。

《周颂·噫嘻》一诗所描写的,实际上是井田制度计户授田下的农业生产景象,《司马法》一书曾明言,当时的农业区是划分为五级,即同、终、成、通、井。其他史料也提供佐证,例如《左传》襄公二十五年记道:

> 昔天子之地一圻,列国一同。

及《汉书·刑法志》所说的:

> 一同百里,提封万井。

"终"是第二级农地区划,占地一千平方里,合纵长各三十一点六里。历来学者如朱熹及程瑶田都说此诗之"终三十里"是指一终之地,举成数而已。一终之地可得千井,分配给八千户农民耕种。春耕之期,"骏发尔私",主管农政的干部动员农民拿着各家的耕具下田,便出现了"十千维耦"的农忙现象,与前引《汉书·食货志》所描述大体吻合,并无奴隶耕作。

在井田制度下,农民领得份地后,便享有充分的使用权,独立经营。《尚书·大传·大哉篇》说:

> 各安其宅,各田其田。

"各田其田"就是农户各自耕种其份地之意,这里看不出一点统一指挥密切监督的集体农场之影子。战国中期,李悝为魏文侯作尽地力之教,所言更为具体:

> 今一夫挟五口,治田百亩,岁收亩一石半,为粟百五十石。除十一之税十五石,余百三十五石。

所言之农户都是五口之家的小农户。他们只有土地使用权,而无所有权,故言"治"田百亩,"治"即经营之意也。他们除纳什一之税外,完全自负亏盈,是独立核算的小农制。

不过,计户授田的办法未必是通行全国的统一制度。八家各耕百亩,然后合耕当中的公田,这种制度只能视为一种中心模式,各地区可能略有出入变通。即令是这个中心模式,也未必是如传说中那样整齐划一。为了迁就地形,比较不规则的划分想来也是有的。

这种井田制度虽然比较适合当时的自然条件与人的因素,但也有其本身的缺点,以致导出后来的土地制度之变化。

井田制的一个大缺点是不易安排休耕制度。休耕制在北魏及隋唐的均田法中都有明文规定。甚至晚至宋及明初,中国某些地区还在实行休耕制,想来在先秦休耕一定是维持地力的必要措施。若将农田划为井字形,分给八家,再由八家合种公田,此制将如何安排休耕?譬如说,一组八家的井田中若有四家或五家因休耕而离开此组井田,公田的耕作人力问题将如何解决?又如果公田本身轮到休耕之年,又该如何处理?从理论上推想,一个可能的解决办法是以八家一井为单元,实行集体同时休耕。也就是八家农户结合在一起,每若干年换一新井地,旧井地便令休闲。不过,这样以井为单位休耕,涉及的面积很大。今年耕这一井,邻井未必空闲,以供明年调换耕种。如果明年要跑到很远的一块井地去耕种,则八家农户不但要更换农地,而且要更换居所,随休耕之井搬来搬去。古书中也确曾提到过这种制度。东汉何休在《春秋公羊经传解诂》宣公十五年的注中有"三年换土易居,财均力平"之解。孟康注《汉书》时也说:

> 三年爰土易居,古制也。

此事也非何休及孟康等人之猜想,近年出土文物已予以证实。一九七二年山东临沂银雀山汉墓发现的竹简"田法"中即有如下之记载:

> 州、乡以地次授田于野……三岁而壹更赋田,十岁而民毕易田,令皆受地美恶□均之数也。

虽是汉墓出土竹简,所记却非汉制。言及州、乡、野,皆系春秋时期或更早之行政区划,所记当系历史上之制度,而确有此爰土易居之办法。当然,为了休耕而令人民定期迁居,是一个很麻烦的制度。

井田制另一缺点是,在助法制度下留有公田,农民要提供力役,共耕公田。但是农民对此没有积极性,常常是敷衍了事,留下精力在自己的份地上工作。《诗经·齐风》中就有形容公田中是"维莠骄骄"及"维莠桀桀"。《食货志》中也说鲁国君臣深知"公田不治"的现象。《吕氏春秋·审分》说得更明白:

> 今以众地者,公作则迟,有所匿其力也,分地则速,无所匿迟也。

《公羊传》宣公十五年何休注说:

> 民不肯尽力于公田。

所言均指同一现象。据何休说,宣公所采之对策是:

> 故履践案行,择其善亩谷最好者税取之。

大概的办法是,政府不收每井中公田的产物,而是择九块农地中产量最高的一块,取其产量归公,而以原来公田之产量充抵此农户之所得。当然,此措施颇为不公平。"不治公田"是人之常情,八家皆然,但遭受损失与惩罚的却是私田生长情况最佳的一户。

比较彻底的解决办法是索性取消公田,将公田也配授给农户耕种,所有农户都按统一的什一税率向政府缴纳田赋。这个关键性的变化就是春秋时期的"初税亩"之事。《春秋左氏传》说:

> 初税亩,非礼也。谷出不过藉,以丰财也。

这里很明显尚维持"亩"与"藉"两类田地,即私田与公田。农民提供劳力耕种公田,其产品归公,私田产品便完全免税,一概归农户所有。现在突然实行对私田中的产品征税,于是变成了公田私田双重课税,与现行制度的基本原则不合,故称之"非礼也"。换言之,这是一种十分重大的变革。要避免双重课税,就不必再区分公田与私田双轨制,一切农田都分派给农户为份地,按既定税率统一课税。这就是井田制演化成的"彻法"的过程。

实行彻法,取消公田,最重要的效果是提高了人民的工作意愿。《管子·乘马》说分地之后:

> 是故夜寝早起,父子兄弟不忘其功,为而不倦,民不惮劳苦。

真是立竿见影。

没有公田的彻法,另有一项好处,那就是在安排休耕方面更具灵活性。现在是以每户为单位,不是以八家为一组。于是每家可按土地之等级及肥沃程度分得不同数量的耕地,然后每家在自己的份地上自行安排休耕。《汉书·食货志》说:

> 民受田,上田夫百亩,中田夫二百亩,下田夫三百亩,岁耕种者为不易上田,休一岁者为一易中田,休二岁者为再易下田,三岁更耕之,自爰其处。

荀悦《汉纪·食货志》载道:

> 民受田,上田夫百亩,中田夫二百亩,下田夫三百亩,岁更之,换易其处。

《春秋公羊经传解诂》宣公十五年之何休注说:

> 司徒谨别田之高下,善恶分为三品,上田一岁一垦,中田二岁一垦,下田三岁一垦。

所谓"司徒"即指《周礼·大司徒》。该处说:

> 不易之地家百亩,一易之地家二百亩,再易之地家三百亩。

这些都是记述彻法制度下的休耕制。甚至于有的良田可以连续种植两年再休耕一年。《周礼·地官》中云:

> 上地夫一廛,田百亩,莱五十亩,余夫亦如之;中地夫一廛,田百亩,莱百亩,余夫亦如之;下地夫一廛,田百亩,莱三百亩,余夫亦如之。

这里的莱即指休耕地。上地共一百五十亩,分为三块,每年休耕五十亩,耕种百亩,即每块地种植两年再休耕一年。《尔雅·释地》所说:

田一岁曰菑,二岁曰新田,三岁曰畬。

似乎也是每三年种两年休一年之制度,"菑"即养草休耕之年。

彻法取消公田,在地方行政及农民编组方面也增加了灵活性。有的地方仍维持八家农户为一组,有的改为九户,有的改为十进位,有的改为四进位。于是八夫、九夫、十夫等等计算方式分别出现。

不过,彻法造成的最大影响是逐渐导致土地的私有化。在彻法下,农民无须为了休耕而爰土易居,可以长期使用其受领的份地与住宅。久而久之,农民可能根据自己的需要而私下进行交换。再进一步就是把公有土地视为私产,非法买卖。换言之,彻法使私有财产权的观念逐渐由动产伸延到不动产。在长期使用的制度下,最稳定的使用权是住宅及其基地。民宅虽然使用公地,但却是人民自己动手建造的,所以首先出现住宅之买卖。《韩非子·外储说》云:

中牟之人弃其田耘,卖宅圃,而随文学者邑之半。

赵襄子时土地尚不得公开买卖,只能弃去不要,但住宅可以出卖。后来,连土地亦可买卖。《史记·廉颇蔺相如列传》中说:

王所赐金帛归藏于家,而日视便利田宅可买者买之。

只是,土地买卖尚未完全合法。

社会上实际情况的演变导致观念上的创新。春秋战国时期在产权观念上发生了大的变化。李悝为魏文侯制订《法经》六篇,其中一篇是《盗篇》,想来此时私有财产权的观念已有雏形,盗人财物者是对财产权的侵犯,应绳之以法。换言之,私有财产权已初步得到承认,并立法加以保护。

　　此时期民间各派学者也纷纷提倡私有财产制,其中尤以儒、法两家最为突出。他们在两千多年前已经为中国社会选择了一个经济制度——私有财产制。当时许多学派都有"富民"的口号,但是这个概念相当含混。"富民"可能是指提高国民每人平均所得,这样就不必限定于何种产权制度,因为不论是在公有财产制下或私有财产制下,平均国民所得都有提高的可能。儒家提出的口号则是"藏富于民"。这便涉及产权制度。只有在私有财产制下才可以"藏"富于民;在公有财产制下,"藏"富于民是极大的犯罪行为——盗窃国家财产。孟子则直接主张为民制产,并且明说"有恒产者方有恒心"。所谓"恒心"就是坚持不懈努力工作的意愿。

　　平心而论,私产制度在中国之建立,法家的贡献可能大于儒家,实际立法,以法律来保障私有财产权则是经法家人士之手完成的。李悝在《法经》中列有《盗篇》。管仲也注意到分田到户后人民"为而不倦,不惮劳苦"的高昂工作意愿。法家更进一步观察到人民在享有私产后发生护产之心理,愿意抵抗外来的侵略,可以守,可以战,符合军事上的需要。

　　战国时期,各国以不同的方式将农田分给农民:有的将土地赏给有功之将士和臣僚;有的以授田来吸引外来之移民;有的则全盘规划,分田到户。在名称上,有的称"辕田";有的称"爰田";有的称"行田"。"行"者,犹付予也,即授田,新出土的《孙子兵法·吴问》曾有记述。《左传》僖公十五年,晋惠公自秦归:

　　　　晋于是乎作爰田。

《国语·晋语》记同一事件,却说:

　　　　且赏以悦众,众皆哭。焉作辕田。

《汉书·地理志下》云:

　　　　(秦国之)孝公用商君,制辕田,开阡陌,东雄诸侯。

由以上三条可见"爰田"即"辕田",即"赏众以田"之大规模赐田。"爰"通常训为"易",即换或改变之意。以前所述之"爰土易居"或"自爰其处",是改易土地耕种之休耕制。晋制爰田则是改易土地的所有权制度,由公有土地转化为私有土地。

商鞅的辕田制比晋之爰田制,规模更大,办法更彻底。商鞅在秦创行私有土地登记制度,以法律明文保障之,并允许公开买卖。《史记·商君列传》说:

> 各以差次名田宅,臣妾衣服以家次。

"名"即是在某人名下登记,取得完全合法的私产所有权。《商君书·徕民》说:

> 民上无通名,下无田宅。

即是批评晋国,虽曾制爰田,但范围不广,而又没有国家的正式立法加以保障,为其很大弱点。相比之下,晋国百姓不免向往秦国的名田制度,而移民来秦。商鞅在《徕民》篇分析晋国民情是:

> 意民之情,其所欲者田宅也。

故采取投其所好的对策:

> 今利其田宅,而复之三世,此必与其所欲,而不使行其所恶也。

秦国以私产制度号召外来之移民,使地旷人稀的国境获得充裕人力及高昂的工作意愿,努力开发经济资源,卒致国力富强,并吞了其他六国。秦始皇统一六国后,下令"使黔首自实田",即是将正式的私有土地制度推行于天下,令土地的所有人前来申报其所有权。这是在全中国境内土地私有化过程之完成。

秦汉保护私有土地之立法可从出土的秦简中看出。睡虎地秦墓竹简中之一项法律问答如下：

> 盗徙封，赎耐。可如为封？封即田千佰，顷半封殴，且非是？而盗徙之，赎耐，可重也？是，不重。

此段说明私自移动田界，任意徙置，是侵犯了他人的私有财产权，应罚款，并且申明此种处罚丝毫不过重。

除了产权之法律保障外，秦律允许人民自由买卖土地。《汉书·食货志》引董仲舒语，说商鞅：

> 改帝王之制，除井田，民得卖买。

从西汉遗留下来的众多地券可以看出，当时土地所有权的定义相当周延，包括地上"根生土着"之物（即非人力附加之地上物），以及地下之埋藏物。与现代的土地产权规定相比较，唯一遗漏的就是关于土地上方空间使用权的限制——土地所有人的"领空权"高到什么程度。秦汉时期的产权交易之契约，在结尾处大多写上"如律令"，也就是政府承认私人间之契约具有与政府"律令"同样的约束力。

以后历代立法都有保护私有财产的条文。例如《唐律疏议》中的：

> 盗耕种公私田
> 妄认盗卖公私田
> 在官侵夺私田
> 盗耕人墓田

等条，都规定对侵权者加以严厉处罚。明、清律条大体遵从唐律典范，有类似的规定。

不幸,在中国历史上,一向是执法不严。法律条文虽有规定,但对民间私有财产的实际保护却不够。豪强之家与在职官员非法侵夺人民私产,主管官署往往不敢过问,听任发生。这类事例,经常出现,不可胜数。此外,中国社会的宗法制度,对于私有财产产权之完整性,也加了若干限制。例如,各地惯例,有意出卖田地之人,必先征询近邻与亲族。这些虽非法律明文规定,但官署判案时却尊重此惯例,赋予以上述人等优先购买权。

在这一点上,欧洲的历史就大不相同。欧洲的私有财产制发生很晚。中世纪的城市兴起时,许多人民摆脱了封建领主的管辖与控制,变成了城市中独立自由的工商业者。这些城市在形式上是自治的,于是工商业者根据自己的需要,制订了各城市的法律条文。其中最大的特色之一就是承认财产私有制,并加以严密的保护。城市居民为了自我的利益,对于有关保护私有财产之法律条文执行认真。这些后来就变成了西欧及美国的法制典范。在这些地区,私有财产制发生很晚,但发展快而完整。最后就奠定了资本主义社会的立法基础。

完整而充分的私有财产权必须包括业主自由处分及自由出卖其财产之权。因此,私有财产制必须建立在市场制度的基础上,尤其是生产要素之市场。市场交换与买卖就是所有权之交换与买卖,进行交易之人以自己所有的东西来换取自己所要之东西,所有权经过市场上正常交易而转手。古代社会的诸种财产中最重要的一项就是土地,所以,在土地市场没有合法建立以前,私有财产制不能算是完整的。商鞅相秦,除井田,使土地买卖合法化,中国开始有了完整的私有财产制及市场经济。

儒法两家虽然都很欣赏私有财产制所激发的高昂工作意愿,但是对私有财产制所导致的市场经济却缺乏了解,论述也不多。事实上,他们对于在私产制度下人民的最大化经济行为有些担心,恐怕人民为了追求私利而出现极端行为,于是希望再创立一些规范与约束,对牟利的动机加上一层外在的制衡。以儒家为例,儒家主张"仁""义"等等道德规范,对"藏富于民"的制度加以约束,于是"为富"不可"不仁";"不义"之财,不应取,更不应"藏"。也就是儒家"义"贵于"利"的原则。

孔孟对于市场经济缺乏信心,主要是由于他们生于"普天之下莫非王土"的时代,还没有机会观察到市场经济的实际运作。私有财产制导致强大的自利心理及人民最大化的行为,但是另一方面每个人都有护产的心理,不甘心平白蒙受经济损失。所以私有财产制有其自然的内部制衡机制,也就是市场上的均衡点。在一个竞争性的市场上,卖者都希望以最高价将自己手中之货品卖出,但是价钱太高就没有人来买,相反的,买者希望以最低价买入,但是给价太低就没人愿意出卖。这就是形成市场均衡的基本机制,可惜孔孟先贤未能观察到。

亚当·斯密就与孔孟的看法不同。亚当·斯密是在欧洲的市场经济已实地运作了几百年之后才出生,他有机会对私有财产制及市场经济仔细观察,并详加分析,然后写成他的《原富》之书。他很清楚地看到人们的自利心与最大化的经济行为构成彼此相互的制约,形成市场制度内在的制衡机制,于是导出了他的市场均衡之概念,也就是"不可见之手"。

孔孟的时期太早,没有机会看到一个完整市场经济之运作,也无由产生一种和谐观。但是司马迁作《史记》时已经具备了这种条件。他在《史记·货殖列传》中对于市场均衡的原理,有简明而精彩的阐述:

> 人各任其能,竭其力,以得所欲。故物贱之征贵,贵之征贱。各劝其业,乐其事,若水之趋下,日夜无休时,不召而自来,不求而民出之。其非道之所符,而自然之验邪?

司马迁与亚当·斯密的分析结论相同,"若水之趋下"、"道之所符"、"自然之验",就是亚当·斯密所说的不可见之手。但是,在时间上司马迁却比亚当·斯密早了一千八百年。

【[美]赵 冈 美国威斯康星大学经济系教授】
原文刊于《中国文化》1990 年 01 期

中国法律史上的民间法

兼论中国古代法律的多元格局

梁治平

一

　　1962 年,一位名叫 Sybille van der Sprenkel 的英国人类学家出版了一本关于清代法律的书,这部书虽然也谈到地方衙门,谈到大清律例,但是更多的篇幅被用来描述和讨论普通的社会组织和日常生活场景:村社、亲族、家户、市镇、会社、行帮、士绅、农民、商贾、僧道、婚姻、收养、继承、交易、节日、娱乐、纠纷及其解决,等等。① 如此处理法律史,显然是假定,法律并不只是写在国家制定和施行的律例里面,它们也存在于那些普通的社会组织和生活场景之中。所以,尽管 Sybille van der Sprenkel 重点讨论的只有宗族的、行会的以及地方习惯性的法律,她这部小书却表明了一种更具普遍意义的研究视角的转换。借用人类学家的术语,她使中国法律史的研究者不再只注意"大传统",即由士绅所代表的"精英文化",而将"小传统",即乡民所代表的日常生活的文化,也纳入他们的视野。

---

① 参阅 Sybille van der Sprenkel, *Legal Institution in Manchu China.* 尤其"导言"以及第 1、8、10 诸章。Londen: The Athlone Press, 1962.

　　大传统和小传统概念的提出,以所谓文明社会为背景,在这种社会形态中,社会阶层和知识的分化业已达到这样一种程度,以至于乡民社会不再是人类学上完整自足的认识对象,相反,它们只是一个更加复杂的社会的一部分,对它们的认识必须通过考察其与知识中心长时期的联系才可能获得。② 毫无疑问,把这种视角引入中国法律史的研究当中将是极富启发意义的。不过,我们也注意到,提出大、小传统概念所针对的恰好是人类学研究而不是历史学,而这可能意味着,我们在史学领域中运用这一对概念时,不能不对它们加以适当的调整。就目前的中国法律史研究来说,这种调整可能表现在两个方面。首先,强调的重点将不是人类学研究中的"历时性",而是历史研究中的人类学视界。其次,当中国法律史的研究由传统的"官府之法"拓展到更加广阔的领域时,它甚至不能只限于"小传统"。部分是出于这两种考虑,我选择了"民间法"而不是"小传统"作为本文将要讨论的题目。此外,正如我将在下面指出的那样,"民间法"并不是一个仅在范围上略不同于"小传统"的概念,毋宁说,它是一种更加切合中国历史和社会形态的分类。当然,以下对无论"民间法"还是"小传统"的讨论,都只能满足于一种粗略的勾画,更详尽的研究还有待于来者。

二

　　如果把比如清代社会作为一个历史的横剖面来观察,我们就会发现,当时的法律形态并不是单一的,而是多样的和复杂的。像在历史上一样,清代"国家"的直接统治只及于州县,再往下,有各种血缘的、地缘的和其他性质的团体,如家族、村社、行帮、宗教社团,等等,普通民众就生活于其中。值得注意的是,这些对于一般民众日常生活有着绝大影响的民间社群,无不保有自己的组织、机构和规章制度,而且,它们那些制度化的规则,虽然是由风俗习惯长期演变而来,却可以

---

② 参见 R. Redfield, " The Social Organization of Tradition", in *Peasant Society：A Reader.* pp. 25 – 34. ed., by Jack N. Potter. Boston：1967.

在不同程度上被我们视为法律。③ 当然,这些法律不同于朝廷的律例,它们甚至不是通过"国家"正式或非正式"授权"产生的,在这种意义上,我们可以统称之为"民间法"。

民间法具有多种多样的形态。它们可以是家族的,也可以是民族的;可能形诸文字,也可能口耳相传;它们或者是由人们有意识地制定,或者是自然生成,相沿成习;其规则或者清楚明白,或者含混多义;它们的实施可能由特定的人群负责,也可能依靠公众舆论和某种微妙的心理机制。民间法产生和流行于各种社会组织和社会亚团体,从宗族、行帮、宗教组织、秘密会社,到因为各种不同目的暂时或长期结成的大、小会社。此外,它们也生长和流行于这些组织和团体之外,其效力可能限于一村一地,也可能及于一省数省。大体言之,清代的民间法,依其形态、功用、产生途径以及效力范围诸因素综合考虑,或可以分为民族的、宗教的、宗族的、行会的、帮会的、地区习惯的以及会社的几类。这些民间法上的不同源流一方面各有其历史,另一方面在彼此之间又保有这样或那样的联系。

"民族法"是一个令人费解的概念,事实上,中国历史上从来没有"民族法"这种东西,有的只是各个民族的法律。因此,当我们由民间法中辨识出所谓"民族的"方面时,我们所针对的毋宁是这样一种情况,即在历史地形成的中华帝国版图之内,一直生活着诸多民族,它们各有其历史、文化、风俗习惯、社会制度,而且,尽管有统一的帝国背景以及民族之间的长期交往和相互影响,这种社会生活的多样性始终存在着,它们构成了民间法乃至一般法律史上多元景观的一个重要背景。在这样的意义上谈论"民族法",自然包括汉民族在内。不过,由于下面将要就汉民族的民间法作更细致的讨论,这里谈的"民族法"将暂不包括汉民族在内。当然,汉民族的概念本身也不是自明的。所谓汉民族和汉文化在很大程度上是历史上不同民族和文化长期交往和融合的结果,因此,这里所说的其他民族,应当既不是那些入主中原实施统治的民族,也不是那些逐渐融入汉文化终被同化的民族,而是那些虽在帝国治下但始终保持自己文化、习俗和社会组织的

---

③ 这里可以考虑的是作为一种社会行动和正当秩序的法律概念,这个概念被认为是"团体多元主义"的和"法律多元主义"的。参见林端:《韦伯法律社会学的两大面向》,载《儒家伦理与法律文化》,台北巨流图书公司,1994 年,第 153—168 页。

民族。对于这些民族,朝廷向以特殊政策待之。

　　早在秦汉帝国形成之始,中央政权即对西北、西南多民族聚居或杂居地区实行特殊的管理办法,并设置相应的机构和职官。唐宋"羁縻府州"之设,明清土司之制,就是这类特殊政策的制度化发展。这种制度的主要内容包括:就地方土酋原辖区域建政,不变动或调整其领土;任原有酋长以官职统治其固有地区和人民;官职世袭;不变地方固有制度与习俗。④ 这种制度的推行,自然有利于不同法律制度的保存。当然,这些边疆民族本身在社会组织、经济发展以及宗教、礼俗诸方面也有相当大的不同,把那些生长于其中的形态各异的法律不加分别地视为民间法的一部分显然是不恰当的。因此,民间法中这一方面所关涉的实际只是各民族内部那些直接由社会习俗以及村寨组织中产生的法律。事实上,也正是这部分法律构成了这些边疆民族法律的主要样态,因为直到 20 世纪中叶,这些民族的多数仍生活在生产方式较为原始、社会分化程度较低和组织相对简单的社会之中。

　　讨论民间法中的民族源流,不能不注意其中的复杂关系。首先,与汉民族相比较,诸边疆民族不但在地理上,而且在政治、经济和文化上都处在帝国的边缘,如果说,帝国政治法律制度("国法")的哲学基础是"天理"、社会基础是"人情"的话,那么,其主要载体肯定是汉民族,而其他民族则成为"化"的对象。⑤ 其次,各民族之间不但有社会形态上的差异,而且有发达程度的不同,其中较发达者如西藏,已有数百年的法典编纂传统,因此人们有可能发现区别于西藏古代法典的藏族民间法。⑥ 类似因素的存在无疑增加了问题的复杂性,尽管如此,提出民间法的概念仍有助于我们认识中国古代法律制度和社会秩序的复杂性。

　　宗教法的概念也像民族法概念一样令人费解。首先,这个概念很容易让人想到比如犹太教法、欧洲历史上的教会法或者伊斯兰法一类法律制度,而在中国

④ 江应樑《略论云南土司制度》,载《江应樑民族研究文集》,第 313—337 页。民族出版社,1992 年。
⑤ 极端的情形是整个民族的消失,如广东瑶人之命运。详见江应樑:《广东瑶人之过去与现状》,载《江应樑民族研究文集》,第 1—41 页。具体"改造"之例则甚多,如清代云南丽江地方衙门为移易当地边民火葬习俗制定的法令。详见吴泽霖《么些人的婚丧习俗》,载《吴泽霖民族研究文集》,第 183—209 页。民族出版社,1991 年。
⑥ 关于藏族古代法典,可以参阅《西藏古代法典选编》选收的两部法典和书后的"附录"。中央民族大学出版社,1994 年。

历史上,从来没有这种意义上的宗教法。其次,以往的法制史研究者极少甚至完全不曾注意到中国古代法律中的宗教源流,以至人们对于(中国的)宗教法概念茫然无知。然而,这两点恰好是我们应当就中国历史上的宗教法概念作进一步探求和说明的理由。

中国传统所谓儒、释、道是否为宗教?甚至,中国历史上究竟有无宗教?在今天,这类疑问多已经不成为问题,应当弄清的只是中国宗教的特定形态以及它们的历史。[⑦] 有学者分宗教为制度化的与普化的或分散的两种。前者即佛教、基督教、伊斯兰教等世界性宗教,后者则是所谓民间宗教,此种宗教与普通民众的日常生活密不可分。[⑧] 实际上,这两种形式的宗教在中国历史上都有充分的表现,因此,我们不但可以借此去了解中国古代的宗教,而且不妨以之为参照去梳理民间法上的宗教源流。

在中国历史上,制度性宗教的著例即是佛教。佛教由东汉末年传入中土,经历数百年发展之后,逐渐成为一种中国化的宗教,其势力在魏晋南北朝及隋唐前期达于极致。当时,不论对达官贵人还是普通民众,佛教都有极大的吸引力,因能广占田宅、大造寺院、僧众无数。[⑨] 佛教既如此发达,其内部的组织与管理自应达到相当程度。可惜,史料欠缺,要了解当日的情形甚为不易。不过我们也确知,佛教首重戒律,而早在东晋中叶,戒律和仪规就已传入和逐步建立。南朝时,朝廷设立僧官,僧司均用僧人。僧人讼事由僧官及寺主执掌,依佛戒处断,不由国法科罪。北朝亦然。[⑩] 隋唐以降,禅宗日盛。宗匠聚徒修禅,逐渐形成丛林(按指禅宗寺院)制度。宋代,丛林建制臻于完备,凡名德住持的丛林,住众常在千人以上。与之相应,寺院管理的各项制度也都逐渐完善。先是唐代怀海和尚制定了《百丈清规》,以后则有宋之《禅苑清规》、元之《敕修百丈清规》等,一直传于后世。清规对寺院组织、职分、仪规、法器以及住众日常活动都有详尽的规定,

---

⑦ 参阅秦家懿和孔汉思《中国宗教与基督教》,吴华译,三联书店,1990年。

⑧ 此系杨庆堃教授的提法。又参见李亦园《人类的视野》,上海文艺出版社,1996年,第274页。

⑨ 南朝梁武帝时,京师寺刹多至七百。北魏末年,洛阳一地的寺庙就有一千三百余所。而在唐会昌五年,武宗下令灭佛,凡毁寺四千六百余,毁招提兰若四万余,收良田数千万顷,奴婢十五万人。这些数字即使有些夸大,仍可令人想见佛教当年盛景。

⑩ 参见汤用彤《汉魏两晋南北朝佛教史》,中华书局,1983年,第324、372—376页。

违反清规者要受到轻重不等的处分。⑪ 佛教以外,道教也可以被视为一种制度性的宗教。事实上,道教自始就是佛教最大的对手之一。道教也有整套的戒律、仪规和经典,有在历史中形成的组织和派别。不过,可以注意的是,早期道教最重要的源流,东汉末年的五斗米道和太平道,恰好不以制度性宗教的形式出现,说它们是民间宗教可能更为恰当。当然,道教从来也不是民间宗教的唯一渊源。后者的特点恰是兼容并包,自成一体。

早期民间宗教如五斗米道,组织严密,延续数代,并曾建立政权。太平道存在时间较短,但也曾联结郡国,徒众数十万。这些组织内部的规章制度应当是很齐备的。⑫ 隋唐以后,尤其是宋元明清诸朝,民间宗教更加发达,其表现形式与组织方式也是多种多样。有历代士大夫的宗教结社,僧人结社;有民人为行善而组织的各种经社与社邑,为进香而组织的香会与香社;还有民间的社会与庙会以及佛道风俗之会。此外,许多所谓秘密宗教会社,如元明清之白莲教,明代之罗教、夏教和在理教,清之黄天教、弘阳教、天理教、圆教、长生教、大乘教、青莲教等,也都是民间宗教的重要部分。⑬ 这些民间宗教组织,虽然性质不同,规模不一,功能有别,但都不乏内部的规则或章程,否则它们便无法在会众之间分配利益和负担,因此也无法结合会众,维系团体。至于那些秘密宗教会社,它们往往跨越数省,规模庞大,且时时为官府所猜忌、限制和迫害,所以通常组织严密,等级森严,号令严明。

在各种宗教组织之外,我们还可以注意民间宗教中的经典。这些经典数量庞大,历史久远,对于民间社会生活的渗透力极强。比如明清时代流行的《太上感应篇》《文昌帝君阴骘文》《关圣帝君觉世真经》以及各种善书宝卷,都有很强的俗世性格,并且具有强化现世秩序的功用。其中最能够表现这一点的莫过于一种被叫作"功过格"的善书了。功过的观念与赏罚相连,"格"则无疑是一种法律的概念,这一点显然与赏罚的量化有关,不同的只是,这里要赏罚的行为有许

---

⑪　参见林子青《丛林》、《清规》,载《中国佛教》(二),知识出版社,1982 年。

⑫　参见奥崎裕司《民众道教》,第 104—106 页,载福非康顺等《道教》(第二卷),上海古籍出版社,1992 年;杨联陞:《〈老君音诵诫经〉校释》,载《杨联陞论文集》,中国社会科学出版社,1992 年。

⑬　参见陈宝良《中国的社与会》第四章第 4、5、6 诸节;金非德幸:《社神和道教》,载福井康顺等:《道教》,第 129—161 页。

多与民间的宗教信仰和道德伦理相关,而赏罚的内容乃是个人的福寿和家庭福祉。换言之,功过格所代表的乃是所谓阴律。⑭尽管如此,考虑到善书中大量与现世秩序有关的内容,考虑到善书在民间的广泛传播和深刻影响,以及考虑到中国古代家、国一体,体、法合流的基本特征,在讨论民间法上的宗教源流时,对上述民间宗教经典的重要性是不应忽略的。

历史上还有一些其他宗教值得注意,如唐代传入中国的摩尼教、景教和伊斯兰教等,它们存在的时间或久或暂,影响或大或小。这里,只能简单地讨论一下伊斯兰教的情况。据考,唐宋时期,中国穆斯林不但有自己的教长,而且有自己的法官。元以后,此种制度才被取消。⑮明清时代,伊斯兰教在中国业已发展和分布于西北、西南和内地的许多省份,而且已经完全地中国化。与制度化的佛教和道教不同,伊斯兰教乃是入世的宗教,所以,尽管寺庙在穆斯林的生活中占有极重要的位置,但是宗教才是同他们的家庭生活和社会生活融为一体的。这样,宗教信仰和生活习俗便紧密地结合在了一起。部分地因为这一原因,伊斯兰教徒在城市和乡村大都聚居一处,这更使得他们易于保持自己的习俗、组织和生活方式。⑯只是,有关伊斯兰社会内部组织的形式、规则的运用、纠纷的解决和秩序的维持这类问题,远未得到人们充分的认识,也就是说,我们对中国伊斯兰社会日常生活的法了解甚少。

比较而言,宗族法的概念应当较少争议。没有人否认宗族或家族在中国历史上的特殊重要性,也没有人能够否认宗族或家族内部的组织规则、程序等具有法的意蕴。而且事实上,已有的关于宗族法的研究使我们对它有了一些基本的了解。⑰因此,尽管直到目前为止,有关中国历史上宗族法的研究还有待深入,我们在这里至少可以节省一些说明的篇幅,而只需指出以下几点。首先,中国历史上的宗族有过不同的形态,除历史阶段不同造成的差别以外,还有因阶层和地

⑭ 参见奥崎裕司《民众道教》第109—125页,载福井康顺等《道教》。
⑮ 参见白寿彝《元代回教人与回教》,第200页;薛文波:"明代与回民之关系"第211—221页。均载《中国伊斯兰教史参考资料选编》(1911—1949)上册,宁夏人民出版社,1985年。
⑯ 参见郑安仑《回教问题》,载同上书,第280—286页。
⑰ 参阅朱勇《清代宗族法研究》,湖南教育出版社,1987年;冯尔康等:《中国宗族社会》,浙江人民出版社,1994年,第225—231、343—362页。

域而来的差异。民间法上所考察的宗族,出现于秦汉以后,且经历了不同的发展阶段。[18] 其次,一个相对完整的宗族法概念应当建立在对历史上不同时期和不同形态的宗族组织的研究之上,不过,宋以后宗族的发展至为重要,因为,宋时出现的所谓"庶民化"的宗法伦理业已超出传统的亲属关系范畴,而具有极大的适应性和包容性,结果是民间宗族组织的高度发展。[19] 考虑到这一点,宗族法的研究以明清时代为限是很不够的。再次,就文献资料而言,宗族法大多以家规、宗规、条例、祠规、家约、家礼、戒例、规条等形式列于宗谱或家谱。然而,若将法律理解为一种社会实践,则宗族法必不以此为限。宋元时代文献缺乏,规条简单,但在聚族而居的地方,民众的日常生活必不如此简单。[20] 即使明清时代,宗族法规条大备,情形亦复如此。因为,宗族法在根本上仍是一种习惯法,成文规条并不能囊括其全部,更何况,这些规条本身也并不总是完备的。

行会法的概念并不像它初看上去那样清楚明白。首先,行会一词容易引起争议。由于今天使用的这个词与欧洲中世纪的"基尔特"同义,人们可能会说,中国历史上并没有真正意义上的行会。其次,与此相连,人们即使使用这个词,通常也只想到手工业和商业行会,而它们实际上只是中国历史上所谓行会的一个部分。这个意义上的"行会",可以大体上等同于传统的会馆公所这类组织。本文也是在这样的范围内谈论所谓行会法。

一般认为,中国的行会源起于唐("行"),发展于宋("行""团"),而发达于明清("会馆""公所""堂"等)。其中,明清时代的行会组织形态多样,也最为普遍和民间化,是当时社会生活中非常重要的一个方面。下面就根据现有资料和研究,对明清时期的行会稍加介绍。

大体上说,会馆乃是建立在异地的同乡组织,其主要功能是联络乡情,兼营善举。会馆亦称公所,皆有自己的馆所以为居住、集会和日常各种活动之用。会馆的类型依其性质可分为两种,一种是为同乡士绅官宦提供往来便利的行馆、试馆,系由公众筹捐,各省公立;另一种则是商人或商帮组织的会馆,即所谓货行会

---

⑱ 参阅冯尔康等《中国宗族社会》,第12—18页以及相关章节。
⑲ 参阅郑振满《明清福建家族组织与社会变迁》,湖南教育出版社,1992年,第227—241页。
⑳ 《宋史》"儒林四"所记陆九韶的事迹可以为例。

馆,系由私人合资。不过,这类会馆不单是同乡商人间的组织,也有些是同业组织,或者二者兼有。行馆、试馆类型的会馆明代即已出现,至清代数量大增,多集中于京师,亦分布于省城。货行会馆则遍布全国大小商埠,其数量更远过于前者。㉑ 二者之中,行馆、试馆功能比较单一,尽管如此,它们都有自己的组织、机构和财产,有管理甚至经营的需要,有为满足这些需要和维持其团体而制定的各种规章制度,以及对犯规者的处罚办法。至于货行会馆,它们更主要的功能是管理和调节行内生产或经营上的各个环节,如生产组织的形式和规模、原料的获得和分配、产品的数量和品质、业务的承接、销售的范围、度量衡的标准、货物的价格、结账的日期,以及同行之人的行为、福利和相互关系,等等。由于工商活动中关系的复杂性和利益的多样性,也由于相近行业之间的竞争,各工商行会的行规自然也都细致、具体和相对完备,其对违反行规者的处罚,从罚钱、罚戏、罚酒席,直到逐出本行。㉒ 需要说明的是,也像宗族法一样,行会法同样是一种习惯法,只考察行规并不能使人们了解行会法的全部,因此,广泛利用其他文献数据和碑铭器物等也是必要的。㉓

上面讲明清会馆组织时提到商帮,实际上,"帮"也是行会上通用的一种名称,不过,在很多情况下,"帮"被用来指无须某种专门训练,单纯从事体力劳动的职业组织,如挑夫、河工、码头工中的组织。换言之,"帮"往往与社会下层组织有关,也是在这样的意义上,"帮"转义而指以社会下层人士为主要分子的秘密组织,因有"帮会"一词。最典型的例子是中国近代史上著名的"青帮"。据考,"青帮"的前身即是清代专门从事漕粮运输的水手行帮。康熙中叶,清代的漕运组织发生了重大变化,漕运水手的主要成分由军人变为雇佣劳动者,而其主要来源是社会游民。这种变化遂带来新的需求,如水手的雇佣、工价、福利以及各种利益的分配和协调,等等,漕运水手中的行帮组织即因此而产生。最初,"青帮"只是漕运水手行帮中的一个组织,后则凭借其组织严密等优势而逐渐成

㉑ 参见彭泽益编《中国工商行会史料集》"导论",中华书局,1995 年,第 5—15 页。关于北京地区的会馆,参见胡春焕、白鹤群《北京的会馆》,中国经济出版社,1994 年。

㉒ 参见彭泽益编《中国工商行会史料集》,尤其第三篇。

㉓ 参见李华《明清以来北京工商会馆碑刻选编》,文物出版社,1980 年;《明清苏州工商业碑刻集》,江苏人民出版社,1981 年。

为一种垄断势力。十九世纪中叶,漕运制度被取消,水手行帮亦随之瓦解,但是
"青帮"依然延续下来,它重新找到自己的生存空间,并与其他帮会势力相结合,
形成了著名的"青红帮"。㉔ 帮会的形成、发展、组织和活动等,是过去三百年历
史中极为突出的现象。这种现象的产生被认为与清代的人口激增有直接关系。
事实上,帮会在很大程度上是社会流民的组织,是数量众多的流徙人口在特定历
史条件之下利用他们所能利用的各种文化资源构建其生存空间的制度化手
段。㉕ 清代著名的帮会,除上面提到的"青帮"和后来的"青红帮"外,还有"天地
会""哥老会""小刀会"以及可以名为"丐帮"的各种组织。这些帮会往往支派
蔓延,会众繁多,联结数省,声势浩大,因此成为官府防范、限制乃至取缔和镇压
的对象。部分因为这个原因,帮会的组织较任何其他民间社会组织都更加严密,
举凡入会的办法和仪式,内部的管理与分工,首领的产生,号令的下达,权力的传
递,规则的制定,会众的行为守则,以及对各种违反帮规行为的惩处,都有明白严
格的规定。如"青帮"有所谓"三祖训诫""十大帮规""十禁""十戒""十要""家
法十条"及相应制度;洪门法规有所谓"十条三要""五伦""六条""八德""九章"
"十禁""十款""十要"以及刑法例书等。㉖ 这些组织及其制度安排虽然不为官
府所承认,但却构成了民间社会秩序一个相当重要的方面,不能不为研究者所
关注。

以上讨论的各种法律源流,如民族的、宗教的、宗族的、行会的,等等,广义上
都可以说是习惯法,因为在由日常生活中的习俗、惯行、常规逐渐向明白制定的
规则过渡的连续体中,它们都更多地偏向于惯习一端。那些经由制定程序而产
生的规则,大都是对已有惯行的认可,而且,与有关群体内通行的规范相比,已
经制定的规则既不能代表其全体,也不一定总是其中最重要的部分。不过,下面
要谈到的所谓地区性的习惯却是一种更严格意义上的习惯法,因为它比上面所
提到的那些法律形态更接近于惯习:它很少有成文的规则,甚至没有确定的组织
或机构来负责其实施。尽管如此,它仍然可以并且应当被我们视为法律。

㉔ 参阅周育民和邵雍《中国帮会史》,上海人民出版社,1993 年,第 31—41 页、第 257—722 页。

㉕ 参阅上引书,第 66—69 页。

㉖ 参见《民国帮会要录》,档案出版社,1993 年;关于天地会和哥老会,参阅周育民和邵雍《中国帮会史》,
第 76—96 页、第 227—236 页。

习惯法的历史极其久远,这一点,从中国古代契约文书发展演变的历史上可以得到很好的证明和说明。㉗宋代以后,随着社会经济的发展和人口的增加,习惯法在民间社会活动尤其是民间经济活动方面的重要性日益突出。明清时代与人口激增现象相伴随,出现了经济活动的商品化和货币化,以及地权的进一步分化和田土交易的日渐频繁。在此过程中,习惯法既得到了进一步的发展,也有力地推进了这一过程,从而对缓解因资源稀缺而造成的巨大社会压力起到了重要的作用。㉘把狭义上的习惯法与民间法上其他渊源区分开来的原因主要有两条。首先,在内容上,习惯法所涉及的主要是古人所谓“户婚田土钱债”一类事务,这其中,有关土地的各种安排、交易以及金钱的借贷往还等,既是当时民间经济生活最为重要的方面,也构成了习惯法上的基本制度。其次,在形式方面,习惯法最令人惊异的地方在于,它的存在既不以成文的规则为条件,其适用也不依赖于特定的监督和执行机构。习惯法是那种非常贴近于实际社会生活的制度,而且不是被人为地按照某种原则设计出来的东西。这当然不是说习惯法的产生和发展无需有“人”的参与。相反,它是由无数个人反复进行的劳作、交往和冲突,由长时期的生活实践中分散地形成的。因此之故,它表现出程度不同的地方色彩,不但一省一地的习惯可能不同,一县一村的习惯也可以互不相同。此外,习惯法既非“立法者”所创造,也就没有专门机构来执行。习惯因俗而生,随风而变,倘某种做法占据上风,且为众人群起效尤,就可能推衍成风,变成所谓“乡例”“土俗”。当然,有一些“乡例”“俗例”可能在诉讼过程中为官府所认可,但是仅此一点并不足以保证习惯法秩序的有效性。事实上,习惯法秩序的基础在很大程度上要在民间社会内部去寻找,而这一项工作现在才刚刚开始。㉙

最后来看看所谓会社法。

与上述各种概念相比,会社法这种说法也许是最不能够让人感觉满意的一

㉗ 参见张传玺《秦汉问题研究》之“契约问题”(第140—208页)以及收于该书的《论中国封建社会土地所有权的法律观念》一文(第109—139页),北京大学出版社,1985年。又见张传玺主编《中国历代契约会编考释》(上、下),北京大学出版社,1995年。这是晚近有关这一主题的最好的数据汇编。

㉘ 参阅梁治平《清代习惯法:社会与国家》,中国政法大学出版社,1996年,第167—179页。

㉙ 参阅梁治平《中国历史上的习惯法》,载《文史知识》,1997年第2期;有关习惯法更详尽的研究,参阅梁治平《清代习惯法:社会与国家》。

种了。根据会、社这两个字在传统语文中的含义和用法，上面讨论的大部分内容都可以被归入会社法。而且，如果把法律主要与团体或组织的概念联系在一起的话，我们也很难在比如宗族法或行会法之外谈论所谓会社法。事实上，一位研究者在其讨论中国历史上的社与会的专书里面，确实也不无道理地包括了行会、帮会、合会以及宗教性结社和地域性的村社组织等。⑳ 因此，这里的所谓会社法毋宁是一个补充性的概念，意在提示我们注意存在于上述诸法律源流之外的其他各种团体及其内部规则。这些我们在上面没有提到的团体和组织，小如各种诗文社、怡老会、学会、书院，大到团练、义社、善会、乡约，都是民间社会秩序中不可或缺的部分。这些会社，虽然其名称、性质、功能、规模等各不相同，但通常都有自己的规章制度，名之为会约、约法、盟词、课程、规条、章程、科条、条例等，以规范其组织，约束其成员，明确其界线。对违反社规会约者的处罚通常包括规劝、训诫、记过、罚酒、罚钱，而止于开除。㉛ 这里可以顺便指出，表面上看，许多会社组织尤其是文人会社的内部规范远不如家族或者帮会的规约来得严厉和细密，但这并不意味着它们缺乏足够的凝聚力。由于我们所讨论的这类组织的自愿性质，也由于这些组织置身其中的社会的性质，它们那些看似温和的规约所具有的约束力量当远超出现代人惯常想象的范围。

三

通过对民间法上不同源流的梳理，我们已经粗略地勾画出了中国历史上的法律多元格局。应当承认，这远不是一幅完整的图景。首先，上面的讨论仅限于民间法，而不曾涉及"官府之法"，当然更没有探究它们二者之间的互动关系。其次，有关民间法上不同源流的描述重在各个支脉本身，而很少揭示它们之间的复杂联系，因此最后，未能将所谓民间法置于一个更加完整的背景之下加以了解，也没有指明中国历史上的法律多元格局所独具的特征。考虑到这些，在结束

---

⑳　参见陈宝良：《中国的社与会》。
㉛　同上，第434—445页。

本文以前对上述问题作进一步的说明是非常必要的。

以往的法制史研究专注于古代国家的典章制度,或我们所谓"官府之法",而对民间法传统注意不够,这也是本文着力于展示后者而略于前者的主要原因。然而,这种情况并不意味着对"官府之法"的研究业已取得了令人满意的结果。至少,从本文所取的法律多元的立场看,以朝廷律令为主体的国家法律体制既非单一的制度,也不是某一孤立发展的产物。首先,能够并且应当被人们视为"官府之法"的并不只是一套成文的律例,而是包括体现于经典和礼义之中的一些原则和规范的一套相当复杂的制度。因此,完美地贯彻这套法律制度,用古人的话来说,就不仅要"执条据例",而且要"原情制义"。㉜ 所谓"礼之所去,刑之所取","出礼则入刑",即包含了这一层意思在内。问题是,"礼义"和"条例"并不总是一致的,在有些场合,它们还可能相互冲突。事实上,这种礼法之争以及因此而产生的礼法之间的互相影响和渗透,正是理解中国古代法律发展的关键所在。㉝ 其次,"官府之法"的内部差异不仅表现在法的渊源的类别上,而且也存在于审判制度的层级上。古人以刑罚的轻重来划分审级把所谓"民间词讼"交给州县官自行处断,以至于造就了一种与儒家经典原则、地方官吏(包括幕友)的教育质素、地方衙门日常活动以及民间惯习而不是朝廷律例关系更为密切的法律。然而,这部分法律也恰好是有关"官府之法"研究中最为薄弱的一环。㉞ 最后,"官府之法"不仅是礼法相互作用的产物,也是在同民间法的长期互动过程中发展起来的。这种互动在不同的历史时期采取了不同的形式,经由了不同的途径,并且产生了不同的结果。这些无疑都是法律史研究中极有价值的课题。㉟

关于民间法本身的历史发展,应该说,其实际情况远较本文上面所做的说明为复杂。这里只想指出一点,即把民间法上的渊源区分为宗族的、宗教的、习惯

㉜ 语出司马光。转见沈家本《寄簃文存》卷四,《宋阿云之狱》。

㉝ 参阅瞿同祖《中国法律与中国社会》,尤其第一章和第六章,中华书局,1981 年;梁治平《寻求自然秩序中的和谐——中国传统法律文化研究》(重印本),尤其第十、十一章,中国政法大学出版社,1997 年;蓝德彰《宋元法学中的"活法"》,载高道蕴等编《美国学者论中国法律传统》,中国政法大学出版社,1994 年,第 302—349 页。

㉞ 参阅梁治平《清代习惯法:社会与国家》,第 9—20 页、第 134—139 页以及第 186 页以下。这些部分介绍和讨论了日本和美国学者的相关研究。

㉟ 关于习惯法方面的情况,参阅梁治平《清代习惯法:社会与国家》,第 127—130 页。

的、行会的,等等,主要是为了讨论的方便。如果把这种分类简单地加于现实,甚至以为现实本身即是如此,那就会导致严重的混淆。更何况,用于这种分类的名称并不都是恰当的,关于这一点,上面已经作了必要的说明和限定。事实上,民间法上的各种渊源是很难判然划分开来的。比如,清代的帮会和秘密会社往往同时也是宗教性的;宗族和行会组织通常也都具有宗教的职能;至于民族的法律与习惯,也都与宗教有着或深或浅的联系。反过来,中国的宗教如佛教和道教,深受儒家伦理的影响,而所谓民间宗教,更是三教合流的产物。此外,地方习惯在内容上与家族法有重合之处,其运作方式也与家族组织有密切关联;帮会组织的基本规则系由家族伦常中衍生;习惯法上的典当制度可以溯源于魏晋时期佛教寺院的放债活动;㊱有些边疆少数民族的契约制度明显地受到汉族制度的影响,㊲等等。当然,对所有这些民间制度具有普遍和深远影响的还是"官府之法"。由最后这一点,我们可以看到中国古代法律多元格局的特别之处。

从比较法的角度看,法律多元不但是一种普遍的法律现象,而且它本身也是"多元"的。换言之,法律上的多元现象并非只有一种模式。因此,在描述中国历史上法律多元现象的同时,我们也应当探究这种现象的特殊性。

伯尔曼教授在其讨论西方法律传统生成的巨著《法律与革命》一书中,为我们勾画出了一幅色彩鲜明的法律多元图景。在十一世纪以后长达数百年的时间里,欧洲社会同时为一些不同的法律所统治:教会法以及世俗法的各个分支——封建法、庄园法、商法、城市法和王室法,等等。这些法律各有其渊源,并由不同的权威机构、组织或团体负责其实施。它们互相刺激,也互相影响,并且在争夺管辖权的斗争中此消彼长。㊳ 这当然是一种法律多元现象,然而,与其说这是一种典型的法律多元状况,不如说这只是法律多元现象的一种。与这种模式相比较,中国历史上法律多元现象的突出特点在于,这里并没有管辖权之争,法律上的多元也不是通过横向的竞争来表现,相反,它主要表现为一种自生自发的民间

㊱ 参见曲彦斌《中国典当史》,上海文艺出版社,1993 年,第 19 页以下。

㊲ 关于广西壮族和瑶族的土地契约,参阅杨国桢《明清土地契约文书研究》,人民出版社,1988 年,第 380—394 页;关于贵州炉山黑苗之借贷习俗和"请会"之俗,参见吴泽霖《炉山黑苗的生活》,载《吴泽霖民族研究文集》,第 56—154 页。

㊳ 参见伯尔曼《法律与革命——西方法律传统的形成》,贺卫方等译,中国大百科全书出版社,1993 年。

秩序与直接出自官府的法律秩序的结合。我们可以把这种结合称之为"官民秩序格局"。

粗略地说,所谓"官民秩序格局"具有这样一种特点,即一方面,这是一种等级式的格局,其核心是上与下、治与被治的关系。以朝廷律令为主干的"官府之法"凌驾于民间法之上,体现并且保证了帝国法律秩序的统一性。具体说来,所有民间纷争,最终都可以被提交官府裁断;体现于"民族法"中的有限"自治",也只是朝廷权宜之策的产物,并不能用来与帝国政府抗衡;㊴更有甚者,官府自上而下地看待各种民间习俗、惯例,并不把它们视为法律,更不会受其约束。然而在另一方面,官府并没有足够的财力和人力对州县以下的广大地区实施直接统治,朝廷律例也远不曾为社会日常生活提供足够的指导原则,因此不能不在很大程度上依赖于民间的组织和秩序,以维持整个社会的秩序。这也意味着,不但人们的日常生活大都受习惯支配,一般纷争也很少提交官断,而且地方官在审理所谓"民间词讼"的时候,也经常要照顾到民间惯习和民间的解决办法。㊵ 值得注意的是,这种官府对民间秩序的依赖以及在此基础上产生的二者之间"分工与合作"的关系,并不是通过官府对民间组织及其活动的层层批准和授权而建立起来的。从根本上说,民间组织和民间秩序是自生自发的,本无待于官府的审察和特许。㊶ 事实上,只要无违于教化,无害于秩序,自发的民间组织及其活动就不会受到官府的干预,即使卷入纷争,通常也能够得到官府的认许甚至支持。

最后要指出的一点是,尽管官与民的界线可以说是清楚的,这种所谓官—民秩序格局却不是建立在官与民严格界分甚至相互对立的基础之上。从比如治与

㊴ 清朝即针对不同情况,制定了与藏、蒙、回、苗有关的各种章程和条例。详见刘广安《清代民族立法研究》第一至六章。中国政法大学出版社,1993 年。

㊵ 除了自然的和正常的一面外,这样做也有不得已的一面。清代一个地方官在一篇处理行会事务的禀文中说:"……各埠役夫,各行纲首,多属祖遗世业,或有一定股份,外人不能混入,或有一定地界,畛域各自分明,甚而至于乞丐下流,亦分地段。巫医贱业亦有门市,类难枚举。此皆俗例而非官例,私禁而非官禁,地方官要不能不俯顺舆情。若欲稍事更张,则讼争蜂起。窃恐日坐堂皇,亦有应接不暇之势。"(汤肇熙:《出山草谱》"札饬详复讯断杨连升等控案禀",载彭泽益编《中国工商行会史料集》,第 944—947 页)。这种看法应当是颇具代表性的。关于习惯法方面的情况,可以参阅梁治平《清代习惯法:社会与国家》,第 127—166 页。

㊶ 所谓"同业开行,例所不禁"(引据汤肇熙),颇能表明官府对于民间自发活动的一般态度。此外,很早就有西方的观察者注意到,中国的行会并不是根据官府的授权或特许而成立和开展其活动的。参阅马士《中国行会考》之"手工业行会",载彭泽益编《中国工商行会史料集》,第 58—75 页。

被治的方面看,实际具有"治"的职能的不仅是国家官吏,也包括民间士绅;不仅是官府衙门,也包括家族、行会等。又从帝国秩序的基本原则看,治国与治家所遵循的乃是同一种原则。其结果,治人者也是父母官,治于人者即是子民,整个帝国则是一个大家庭。这里,上与下、治与被治、公与私以及国与家的界线都是相对的、变动的。[42] 因此,中国古代的法律多元格局就呈现为一种多元复合的统一结构:它既是杂多的,又是统一的;既是自生自发的,又是受到控制的;既有横向的展开,也有纵向的联系;既是各个分别地发展的,又是互相关联和互相影响的。这些彼此对立的方面,一方面包含了造成动荡的因素,另一方面也蕴涵了解决社会问题的创造性力量。正是因为同时存在着这些不同的方面,也正是通过这些不同方面持续不断的相互作用,帝国秩序才可能在长时期的变化当中保持结构的平衡。

【梁治平　中国艺术研究院中国文化研究所研究员】

原文刊于《中国文化》1997 年 Z1 期

---

[42]　关于这一现象之社会理论意义的初步研究,参阅梁治平《清代习惯法:社会与国家》"导言"部分。

究天人之际　通古今之变

历史生态学试论

[美] 汪荣祖

一

历史生态学旨在探讨历史时间中人与生态环境间的相互关系。生态环境属于大自然界的范畴,科学家诸如生物学家、动植物学家、土壤学家、森林学家、生化学家、环保学家以及地理学家等等,皆可按其专业与兴趣,作生态方面的研究。但历史生态学乃历史学者的天地,因其重点仍在历史——过去的生态环境中所产生的历史,也就是历史及其环境的研究。

历史生态学势必开拓史学研究的境界与视野,可以说是一种新史学。史学的新旧,原是相对而言,因时而言。二十世纪初,梁启超的新史学是"国民的史学",以相对于旧时代的"帝王将相"史;美国鲁滨孙氏(James Harvey Robinson)提倡新史学,要历史能为"国民之用"(History for the Common Man),须超越传统政教史的窄门,以包揽思想文化、社会经济各方面的历史,庶几免于烦琐,具有意义,始能古为今用①。而晚近所谓的新史学,其境界更为宽广,诸如"心解史学"(Psycho history)、"量化史学"(Quantitative history)、"心态史学"(Mentalite

---

① 参阅 James Harvey Robinson, *The New History* (New York: The Free Press, 1965), pp.1-25。

history)、"新马克思史学"(New-Marxist history)，以及"新社会史学"(New social history)等等。历史生态学像这些新史学一样，必须跨越科际，作些科际的整合。它所需跨越和整合的科际应包括历史气候学、历史地理学、历史人口学、历史病理学、历史生物学等等。但跨越须不离其宗，其宗乃历史研究，不能依人作嫁。就像乾嘉时代考据派，以金石、小学、天文、地理、职官、名物等为考证的辅助或工具，自不至于本末倒置，或反宾为主。

历史学者最重时间观念，盖非如此莫明古今之变。古今之变可说就是时间之变，"今日之今，霍霍栩栩，少焉瞩之，已化为古"②。时光刻刻流转，知其变而后能知今由古来，而古有异于今。与时间相对的空间，好像是永恒的。古人常说："天不变，道亦不变。"明清之天，固然仍是秦汉之天，但如把天视为包括生态在内的自然环境，则沧海桑田未尝不变，只是自然环境之变不如人事之变那样骤速而已。近年逝世的法国史家布贺岱(Fernand Braudel)曾将历史时间分为"短时"(Courte durée)、"中时"(Moyenne durée)与"长时"(Longue durée)。所谓"短时"，即在短时间内就能分晓的历史知识，如瞬息万变的战争、政治史。"中时"则如社会经济史之类，需要半世纪或整个世纪的时间来测量与评估。"长时"可长达千年而不变的地理、气候、生物、心智等状态，故必须在极长的时间中，以窥其变化。布氏认为"短时"历史知识，虽五光十彩，甚是热闹，只是史学致知的表象，从"长时"中，才能获得历史知识的深层结构。③

历史生态学所致知的，应属"长时"之知。不过，自然生态环境不一定长达千年不变，往往在千余年中已面目全非。我们读《资治通鉴》，知苻坚举兵伐晋，败于八公山，"射伤坚走，是日南风吼于秦军之上，若交战于击斗之声，山烟木树，皆如人马，故论曰：风惊鹤唳尽为战斗之声，草木山烟悉为人马之状"④。据知今之八公山童山濯濯，早已无草木山烟的景象。由这个例子，可知自然生态在历史时间中的骤变，而且生态景观之异，密切与历史有关：如果八公山没有草木

---

② 袁枚甚喜此一《心史》所载四言诗，见《随园诗话》，上海：大达图书供应社，1934 年，下册，第 116 页。

③ 参阅汪荣祖《白德尔(布贺岱)与当代法国史学》，《食货月刊》，复刊卷 6 期 6(1976 年 9 月)，第 1—8 页；汪荣祖《史传通说》，台北联经出版事业公司，1988 年，第 115—6 页、第 172 页、第 180 页、第 209 页、第 212 页、第 285—6 页、第 312 页。

④ 参阅司马光《资治通鉴》，台北新象出版社印本，1975 年，第 5 册，第 3311—3312 页。

山树,便不会有"风声鹤唳,草木皆兵"之典。自然环境与人文发展如可以说是一种天人的关系,则历史生态学即欲究天人之际以通古今之变。

二

历史生态学不必是一"决定论",即主张生态环境决定历史发展之论。史学中"决定论"(determinism)与"自由意志论"(free will)之争,由来已久,自然环境决定一切的论调也早有人发之。如米尔氏(C.A.Mills)认为气候因素决定一个国家或一种文明的兴衰⑤,贝雷氏(T.A.Baily)认为两洋的地理位置决定了早期美国不与欧洲结盟的政策。⑥ 我们认为自然环境对人文发展有一定的影响,是毫无可疑的,但是否足以控制甚至完全决定人文的命运,则又当别论。历史经验告诉我们,人虽不能完全胜天,却一直不断地在征服或克服自然,以突破环境的限制。崇山峻岭、江洋大海,以及苍天太空,都曾经是限制人类活动的障碍,而逐步被人类所突破。哥伦布之前,已有人(包括中国人)克服了浩浩远洋,"发现"了美洲新大陆,但到哥伦布的世代,由于欧洲科技的发展,才出现新大陆的征服与开发。可见环境固然影响人,人也可能改变环境。不过,人定胜天之后,却又带来新的后果与影响,如洲际导弹的发明,使靠两洋保护的美国安全感顿失。是以,环境(天)与人之间是一错综复杂的关系,而历史生态学就是要一究历史上的这种天人之际的复杂关系。

有一种流行的说法,征服自然或人定胜天,乃西方文化的表现。中国文化受道家的影响,顺其自然,以自然环境为友而非敌,不会去征服它。此中西文化之异,尤可见之于园林艺术的异趣:中国庭园略无斧凿之痕,而西洋庭园则处处可见力的表现。不过,老庄道家的无为与齐物思想虽对中国文化影响深远,但这种中西文化二分法并不确实。欧洲地中海一带原有大批原始森林,经不断的人力

---

⑤　参阅 C.A.Mills, *Climate Makes the Man* (New York Harper, 1947).

⑥　见 Thomas A. Baily, *A Diplomatic History of the American People* (New York: Appleton – Century – Crofts, 1945), p.7.

采伐,为时既久,成为无林区。但中国中原一带原也有大森林区,虽中西文化不同,中原林区也因人力而逐渐消失。其实,文明本身可以说是征服环境的产物。"蜀山兀,阿房出",阿房宫此一"文明"的出现,令蜀山光秃,造成蜀山一带生态环境的改观。中国文化中的建筑,几全取木料,历经数千年,必然与林区大幅消失有关,更可见中国文化并非不施"力"于自然环境的文化。

此外,天人之际,人尚有选择的余地。例如十五世纪时明代中国的郑和成功地七下西洋,克服大洋的障碍早于欧洲人约一百年,然而明代的中国人却作了不发展远洋事业的选择与决定。此一决定显然不是受自然环境(大海航行)的限制,而是受政治与文化上的限制。如若不然,"则近代帝国殖民主义者将是东方人,而非白种人"[7]了。这个例子也可说明,地理因素之外,尚有别的决定因素。

不过,中国的政治与文化因素不可能和中国的大陆型自然环境无关。人文色彩必然与其周围的自然环境具有微妙的适应和呼应关系,牵涉生理上以及心理上的反应,也就是必须要深究天(自然)人之际的互动关系。政治上或文化上的决定,很可能受到四周自然环境的影响。如果说明朝中国人不发展海洋事业的决定受到大陆内向环境的影响,则英国的岛国环境(insularity)很可能促使近代不列颠海上王国的建立。历史生态学不必将生态环境作为历史发展的唯一决定因素,而是发见环境与人文之间的双向交流,为史学研究拓一新境。

三

自然生态景观的改变,不外由于"天变"——气候异化、地震、火山爆发,以及河流改道、淤塞等——和"人力"。从长时间看,"人力"似较"天变"更能改变自然景观。人用手和脑开辟田地,建筑殿宇道路桥梁,盖起高楼大厦,兴建水坝,

---

[7] 引文见 Alfred W. Crosby, *Ecological Imperialism: The Biological Expansion of Europe*, 900–1900 (Cambridge University Press, 1986), p.106.

都能改变地貌,同时战争破坏,滥伐森林、污染环境,也是"人力"的杰作。是知同一个自然空间在不同的历史时间中,由于"天变"或"人力",会呈现不同的生态面貌。如黄土高原在历史初期有广大的林区,与今日的面貌大不相同,林区之间还杂有草原,为浓郁的森林草原地带,隋唐以后才逐渐成为无林区⑧。这种研究历史时期某一阶段的地理及其变化,称之为历史地理学。历史地理学仍是地理学的一部分,不是地理学家讲历史,而是地理学家讲历史上的地理。而作为史学一部分的历史生态学,则必须把历史事件联系到历史地理上去研究,例如研究黄土高原生态景观如何影响到中国政治、经济,以及文化中心的逐渐向东迁移,研究黄土高原生态的改观如何影响到文明的兴衰,等等。

又如研究唐代泉州的形势、建置、人口、港埠、贸易等,是地理学家的历史地理研究。历史学家的研究则须从历史地理中去了解唐代泉州的生态环境,及其对人文的影响,或人文对生态的相互影响,进而探索唐代泉州的贸易史、经济社会史,或中西交通史。是以历史生态学可说是从生态看历史,如果更扩大视野,则可从唐宋到明清泉州生态环境与人文景观的变化,来研究千余年来泉州的兴衰史。

扬州的兴衰史也可从历史生态学的角度来深入研究。十八世纪扬州成为财富聚集的中心,印刷发达、书院鼎盛、学术昌明,显然有生态环境的因素在。及至清朝末年,黄河一再决口,运河受阻,更失维修,再加上政治上和社会上的动乱,生态凋疲与人为破坏的交迫下,整个扬州地区变得萧条没落。是以若将历史时间放在发展的地理空间上来观察,才能相得益彰,彰明昭著。布贺岱的最后遗著《法国史》(The Identity of France)第一卷书名为"历史与环境",尽是历史地理的研究,第二卷才写到法国的人口、工商业的生产与发展等等。这位当代大史家之重视地理环境,可说是毕生一以贯之⑨。近年有美国学者,从生态环境出发,研讨义和团的起源。他利用人类学家施金纳(G.WilliamSkinner)所设中国九大经济区域说,专注华北区域,而后集中义和团的故乡——鲁西北一隅。从这一带的

---

⑧　参阅史念海《祖国锦绣河山的历史变迁》,载史念海编《中国历史地理论丛》,陕西人民出版社,1981年,第一辑,第21页。
⑨　此二卷本《法国史》已有英译本,先后由纽约哈泼出版社出版。

人多地贫,运河淤塞,天灾人祸等生态情况,进而探究这一地区的通俗文化,以及宗教迷信组织的兴起与外国帝国主义势力不可避免的冲突。此一新的角度为义和团的起源提供了一种新的解释,而此一新解释较旧说如团练说或秘密社会说,似更有据而具深度。[10]

历史气候学的成立,说明即使在历史时期内(更不必说极为辽远的史前时代),气候的变化并不是极有规律地周而复始,而是有趋冷转暖的各种周期。法国气候学家马通(Emmanuel de Matonne)有三十年为一周期的说法。意大利气候学家孟特里尼(Monterini)更指出阿尔卑斯(Alps)山区,自 1300 年后渐渐干燥而逐步趋暖,然而自 1600 年以后渐渐潮湿而逐步趋冷,理由是因北极的伸张或收缩之故[11]。中国学者竺可桢也曾发表极为著名的《中国近五千年气候变迁的初步研究》一文。竺氏的研究指出五千年中的前二千年间,平均温度高于现在摄氏二度左右,此后每四百年或八百年间,可分以五十或一百年为周期的小循环,温度范围是摄氏一至半度,循环周期的最冷期,每由东亚太平洋开始,寒波向西传布,或从北向南传送。例如曹魏时正值冷的周期,最冷时渤海可结冰,但到冷的极限后,又逐渐趋暖。[12]

历史气候学家利用考古、文献、古树年轮与纹泥(冰湖季泥)等资料和方法,以探索往古气候的种种周期和变化,志趣要在理解古气候变化之迹,画出波动的曲线。历史学者的兴趣则在气候变化对生态环境所发生的影响,如在冷的周期中,终南山不长桃李,热的周期中则可生长,以及此类生态环境的改观对历史人文起何等作用,有何种影响,也就是把历史事件放在历史气候中来观察。

笔者曾试从十七世纪气候的异变,来观察明亡清兴此一史事。朱明覆亡的表象——民变蜂起——十分明显,然而民变由于饥荒,而明季的饥荒不仅严峻而

---

[10] 参阅 Joseph W. Esherick, *The Origins of the Boxer Uprising* (Berkeley: University of California Press, 1987), pp.1-38. 另有一书 Elizabeth Perry, *Rebels and Revolutionaries in North China*, 1845—1945 (Stanford: Stanford University Press, 1983)则从淮北的自然环境来研究十九至二十世纪的捻军与红枪会等之乱,也颇可参考。

[11] 参阅 Fernand Braudel, *The Mediterranean and the Mediterranean World in the Age of Philip II*, vol.1, p.269.

[12] 见竺氏之《中国近五千年来气候变迁的初步研究》,载《考古学报》第一期,英文本为 Chu Ko-Chen, "How China's Climate Changed Over 5,000 Years", *China Reconstruct*, vol.22, no.9(1973), pp.14-17.另参阅徐近之《我国历史气候学概述》,载史念海主编《中国历史地理论丛》,第一辑,第 176—195 页。

且普遍,并不限于黄河以北的秦晋地区,即江南三吴之地亦不能免。当时人如吴梅村已觉察到天象异变,但不知此乃全球的气候骤变。学者蓝布(H.H.Lamb)曾指出:"自十六世纪中叶以来,气候有显著的变化,此后一百五十余年间,日趋寒冷,为一万年前冰期结束之后所仅见,可称之为'小冰期'(The Little Ice Age)。"此一"小冰期"正与《明史·五行志》所载"恒寒"相应。竺可桢的研究也指出,自万历三十六年(1608)到万历四十五年(1617),湖北省的桃杏花晚开了七至十天,北方中国至少减短了二个月的生长季。再自天启六年(1626)至崇祯十三年(1640),气候变得更加严厉,旱涝交加,造成极为严峻的生态问题,生产锐减,饥荒严重。与饥荒相关的还有瘟疫问题,营养不足使人容易感染病毒,一经感染且易致死。因此干旱成灾、饥馑遍地、瘟疫蔓延都与自然环境中的气候异变有密切的关系。异常寒冷的气候显然极为严重地影响到人文景观与历史,甚至于决定了明、清的代兴。[13]

较之历史气候学,历史病理学更为新出,可说是一块尚未开发的处女地。再由于资料的缺乏,可能是一难以耕耘的园地,但其重要性并不亚于历史气候学。历史病理固为病理学家所关注,但历史病理可直接影响生态环境,再间接影响到人文和历史。在此可举一例以说明之。

有一个事实:中国人从黄河流域向南方拓殖,甚是缓慢。西元前六百年黄河流域已经开发,但到汉末才有较具规模的南向移民,再经五六百年,才有大批中国北方移民定居于长江流域。南方佳壤、雨水充足、天气暖和、生长季较长,何以北方的中国人向南移殖在历史上如此的缓慢? 事实上,好几次因北方战乱,等同被迫南移,如东晋南朝之在长江流域建国。一般的说法是,中国人安居重迁,不愿离开祖宗庐墓。这种说法并不很实际,大多数的平民不可能为了某种感情而不去追寻更好的生活。美国史家麦克尼尔(William McNeil)便从历史病理上发现中国南方的自然条件虽好,但湿热的气候也容易让病菌繁殖,而许多病菌不可能在既冷又干的黄河流域生存。此一发现使他觉察到,早期中国的拓荒者在南进的过程中必然遭遇到疾病的顽强阻碍。南进的民众必须要冒生命的危险,大

---

[13] 汪荣祖《气候变化与明清代兴》,载《纪念陈寅恪先生诞辰百年学术论文集》,北京大学出版社,1989年,第333—336页。

批人得传染病亡故,必使其他人却步。因此,要在南方定居,必先要克服南方瘴疠之乡的病毒。麦克尼尔并断定疟疾乃阻止中国人自华中移向华南的主要病菌。此一从历史病理——疟疾——来解释历史事实——华南开发之迟缓——颇见史事解释的深度,至少开阔了史学的视野。⑭

四

历史生态学的概要,已如上述,其功效无非为历史学者提供新的方法与视野,以提高史学研究的水平。史学原是传统中国文化中的主要部分。按文化一词拉丁文 Cultura 原意为垦辟以后的成绩,倘用之于精神方面,即应解为智慧领域之垦辟,其成绩即为科学、艺术、文学、史学等各方面之收获。既有成绩经过长期的肯定与持续,久而有惰性,形成似乎是一成不变的传统。但传统在强烈的刺激下常常不得不以变应变,以进一步创造新的传统。我们要回顾传统中国文化,展望二十一世纪,必须重视传统承继与创新的问题。作为中国文化中主要部门的史学,也必须有承继与开创。

一九九一年六月十三日初稿

【［美］汪荣祖　美国弗吉尼亚州立大学历史系教授】
原文刊于《中国文化》1991 年 02 期

---

⑭　参阅 William H. McNeill, *Plagues and Perple*(New York：Anchor Press, 1976)。

序《中国历代奏议选》

丁守和

在中国众多的文化典籍中,历代奏议可说是独具风采的文献之一。无论是它的思想内容、文章风格或社会影响、历史意义,都有重要价值和特色。研究或欣赏历代的奏议文,整理和出版这类文献资料,继承和利用这份遗产,对于人们了解历史演变、朝代兴替,增长知识和鉴赏能力,都是有益和重要的。

一

奏议,在各朝代的名称很多。或曰奏对、奏说、奏本、奏疏、奏折,或曰进谏、谏诤、讽谏、奏参(弹劾),亦云上奏、上陈、上表、条陈、密陈、封事,乃至封驳、札子,等等,实际上都是臣下就朝政大事(包括许多具体和实际的问题),用口头或书面向君王或皇帝所陈述的意见、建议或方案,所提出之批评、谏诤,所反映的情况和所做的报告等。有些则是应诏对策,或奉诏陈述等。

奏议起于何时,尚未有具体的考证,不过很明显,在原始社会,氏族公社或部族、部落虽也有上下关系,但很难说是君臣隶属关系。随着私有制和阶级的出现,世袭制代替禅让制,国家成为一种统治机器而产生,并逐渐完备,从而形成君臣隶属关系。君臣间的谈话或问对,君说的话成为命、诰、诏、御、敕、册、谕、制或旨等,而且前面还要加上"圣"字,如圣谕、圣旨,或诏书、朱批等;臣说的话或意见则是奏说、奏疏、上书表等,还要加上"臣"字,如臣奏、臣疏、臣上表等。开始臣疏导君也有称"诏"的,以后诏则为君所专有。

《礼记·礼运》篇虽然也提到"大同世"的"先王",甚至是"茹毛饮血"时代"先王",但它明确指出,只有到"天下为家"的夏、商、周三代,才"正君臣""设制度",形成君臣隶属关系。"大道既隐,天下为家,各亲其亲,各子其子,货力为己,大人世及以为礼,城郭沟池以为固,礼义以为纪,以正君臣,以笃父子,以睦兄弟,以和夫妇,以设制度,以立田里,以贤勇知,以功为己,故谋用是作而兵由此起……是为小康。"并且作刑罚、制贡赋等,所谓"致政安君也"。远古三皇五帝"以大道为纪",三代则"以礼义纲纪为纪",设官分职以正君臣上下,定制度以别尊卑贵贱,作刑罚以治乱,征贡赋以为君国用,且"示民有常"。这正是国家形成的基本标志。

在中国,从夏代开始形成世袭制的君主专制国家,正式确立君臣间的隶属关系和臣向君的奏对或奏议。史载,夏禹时,"皋陶作士以理民",曾奏说:"信其道德,谋明辅和。"禹曰:"然,如何?"陶曰:"慎其身修。思长,……在知人,在安民。"禹曰:"然,皆如是。"皋陶敬禹之德,乃"令民皆则禹,不如言,刑从之"(《史记·夏本纪》)。就是要民以禹的德行为行为的准则,听命服从于禹,否则即以刑罚制裁,迫使其从命。传说夏有《禹刑》,事不虚矣。太康立后,"游畋弃民",经常游玩打猎于洛水之北,其弟五人从之,怨其不返,便以大禹之训作歌劝诫,指出他"尸位逸豫,盘游无度",有违祖训,"弗慎厥德,虽悔可(何)及?"这就是《五子之歌》,类似讽谏。太康不听,终于失国。夏桀是一个暴君,《尚书》说桀"弗克庸德,慢神虐民","灭德作威",不用贤良,不听劝谏,不恤百姓,甚至诛杀忠谏大臣关龙逢,以致灭亡。

成汤灭夏桀,建立商王朝,伊尹是重要谋士。《史记·殷本纪》据说他初见成汤,即"言素王及九主之事,汤举任以国政"。为汤出谋划策,提出许多建议,当是奏言。太甲即位后,庸蔽不明,暴虐无常,不尊法度。伊尹作书呈于太甲,即所谓《伊训》,说明"先王肇修人纪,从谏弗咈","代虐以宽,兆民允怀",所以代夏而兴。劝他"慎乃俭德","修厥身,允德协于下,惟明后"(《尚书·太甲》),即希望太甲以俭为德，从谏如流，修其身，使信德合于群下，做一个明君。武丁即位，亮阴三年，仍不理政事。"群臣咸谏于王曰：知之曰明哲，明哲实作则。"于是武丁访贤任能，立傅说为相，并且命其曰："朝夕纳诲，以辅台德。""启乃心，沃朕心，以匡乃辟，以康兆民。"（《尚书·说命》）就是要傅说经常进言诲谏，多动心思、想办法，以辅佐君王、匡正违失，因而殷道复兴。殷纣王"知足以拒谏，言足以饰非"（《史记·殷本纪》），他厚赋税，重刑辟，暴虐无道，"淫乱不止"，微子屡谏不听而逃去，箕子谏阻无效而佯狂为奴，复被囚系，比干"强谏"而被剖心，结果落得自焚国亡。

周文王重德纳谏，日益强盛。周武王伐殷纣，建立周王朝。武王死后，其弟周公旦辅周成王继位，恐其年幼逸豫放纵，于是作《无逸》，恐其怠忽不慎，又作《立政》，进呈于成王（均见《尚书》）。曰："君子所其无逸，先知稼穑之艰难。"劝其以殷纣"迷乱酗酒""惟耽乐"为戒；而以文王"克自抑畏""卑服""即康功田功"（即重视安民和奖励农耕，以知稼穑之艰难）为训。告诉他立政之本在知人安民，选贤与能；"勿以憸人，其惟吉士"。与臣民"胥训告，胥保惠，胥教诲"，"恭行九德"，"恤民慎行"，勿听小人"诪张"（即诳惑），"勿乱罚无罪，杀无辜"。这也是箴谏之类。周康王即位，太保及芮伯等人奏言："惟陟新王，毕协赏罚，勘定厥功，用敷遗后人，张皇六师，无坏我高祖寡命。"（《尚书·康王之诰》）希望新王能继承文王之业，无违先王之命。周厉王暴虐无道，"国人谤之"。召公谏奏曰："民不堪命矣！"劝他改正，厉王非但不听，且使佞臣卫巫监告谤议者，皆杀之。于是"国人莫敢言，道路以目"。厉王喜曰："吾能弥谤矣。"（《国语·周语上》）然而三年后即受到国人的惩罚，被流放于山西彘地。

春秋战国时期，礼乐崩坏，"周衰道弊，六艺道息"。周天子虽名义上仍为天下"共主"，但诸侯国日益强大，割据一方。强者要向外发展，争霸称雄，弱者亦图强自保，于是争相招贤纳士，以求强盛，卿相大夫及策士、说客等献计献策，陈说纷纭，甚为活跃。自秦以后，君权益重，封建专制主义统治愈加严厉和严密。朝臣、言官谏官等尽管谨慎小心，但因朝政和庶事愈来愈繁多，所以奏议、上疏和谏言等不断增多，而且从唐宋以来篇幅也增大，奏议的内容也愈为丰富多样和重要了。由于君主、皇帝的不同态度、不同爱好，奏议和奏议者们的命运后果也就愈为曲折复杂了。

奏议,在相当长的时间里,主要是面陈,即口头陈说。《汉书·艺文志》曰:"古之王者世有史官,君举必书,所以慎行,昭法式也。左史记言,右史记事,事为《春秋》,言为《尚书》。帝王靡不同之。"所谓记言,就是记录帝王的问话、指示、诰词和朝臣的奏对意见等。其实"记事"也有不少问答奏对。甲骨文、金文、《尚书》《逸周书》等均有"史"字,即指史官,或左史、右史,或太史、内史之类。许慎《说文解字》云:"史,记事者也。从又(右)执中;中,正也。"这里说的只是记事之"史"。后人亦有不同的解释。如清人江永《周礼疑义举要》说,"史"字是"从手持簿书"。吴大澂《说文古籀补》说,"史"字"象手持简形"。近人王国维在《观堂集林补·释史》中则认为,"中"是"盛算之器";"史"字"义为持书之人"。章太炎的《史始》卷七又提出,"史字从中,谓记簿书也"。尽管这都是从字形上解释,说法不一,但史官是记言记事则无疑。而且从"手持简""手持簿书",或"持书之人",不是又可以明显看到书奏本章的形象或雏形吗?

所谓"简"或"簿",就是写有文字的竹板或木板。古代朝会时所持的"笏",也是手板,有奏事或受命书于上,以备遗忘。古时自君王至卿臣士大夫皆持"笏"。后世唯品官执之,清代始废。《礼记·玉藻》曰:"笏,天子以球玉,诸侯以象,大夫以鱼须之竹,士竹本,象可也。……凡有指画于君前,用笏造;受命于君前,皆书于笏。"郑玄注云:"凡臣见君皆执笏,笏所以记事,射所以正威仪。"《晋书·舆服制》谓:"手版即古笏矣。尚书令、仆射、尚书手版头复有白笔,以紫皮裹之,名曰笏。""笏者,有事则书之,故常簪笔。"可见臣下开始奏事建言,是先将要点写于笏板上,指画于君前,这是口头奏陈;继而书写于竹简或木簿以进,即将简簿送上去;再继则写于绢帛进呈;造纸发明后,则书之于纸并折叠上呈,是为奏折。

奏议或上疏是向帝王上言陈事,只有宰辅、阁臣、部堂、卿监等朝臣和地方高级长官才能直接面陈或面呈;不够品级者,所言事即使再重要,也只能由有司转递。但是,言官谏官则除外。言官谏官品秩不高,却可以直接向帝王面陈或上封事。《周礼·地官》曰:"立地官司徒,使帅其属掌邦教,以佐王安邦国。"疏云:"教所以亲百姓,训五品。"地官所属中有师氏、保氏二官。"师氏掌以媺(美)诏王。"当是帝王之师或言官,"告王以善道","以三德教国子",曰至德以为国本,敏德以为行本,孝德以知善恶。"教三行",曰孝行、友行、顺行。"保氏掌谏王恶",当是谏官。释曰:"师氏掌三德三行以美道诏王;保氏以师氏之德行审喻王,王有恶则谏之,故云掌谏王恶。"班固《白虎通·谏诤》:"君至尊,故设辅弼,置谏官。"汉制御史大夫掌论议,"受公卿奏事,举劾按章",置谏议大夫掌谏诤。唐制规定:"谏议大夫掌侍从赞相,规谏讽谕。"又设"拾遗补阙之职,掌供奉讽谏"(《旧唐书·职官志》)。宋制谏官"掌规谏讽谕,凡朝政厥失,大臣至百官任非其人,三省至百司事有违失,皆得谏正"(《宋史·职官志》)。可见其权力之大。

汉代以后,朝臣或谏官言官的谏议权有所扩大,不仅可以批评朝廷的施政措施、谏奏皇帝和阁臣用人决事刑罚之失当,而且可以封还或驳正皇帝的御旨诏书,谓之"封驳"。如西汉哀帝封侍者董贤为侯,丞相王嘉封还诏书以谏阻。东汉明帝"性褊察,好以耳目隐发为明",朝臣"莫不悚栗",唯尚书仆射钟离意"独敢谏诤,数还诏书"(《后汉书》本传)。汉代有关封驳,尚无专职司掌。唐制规定,凡诏书均须经门下省,如认为有失宜者可以封还,其不当者由给事中驳正。白居易《郑覃可给事中制》谓:"敕给事中之职,凡制敕有不便于时者,得封奏之;刑狱有未合于理者,得驳(驳)正之。"《新唐书·百官制》给事中条则有:"诏敕不便者,涂窜而奏还,谓之涂归。"五代废置,宋复唐旧,规定门下省"审命令,驳正违失"。给事中掌读内外出纳,"若政令有失当,除授非其人,则论奏而驳正之"。又谓:"谏官之职,凡发令举事,有不便于时、不合于道,大则廷议,小则上封。"(《宋史·职官志》)明代废门下省,但保留六科给事中,诏旨有不便者可以驳正。设都察院,有都御史、副都御史、御史、十三道监察御史等,"凡政事得失、军民利病,皆得直言无避"(《明史·职官志》)。这也反映了谏官言官和御史监察在朝政中的重要性。

奏谏和御史监察制,实际上是君主专制的制衡或调节。由于君主专断或昏庸,经常造成政治不稳,乃至王朝覆灭,统治阶级不得不寻求补助办法,于是设谏官言官以纠正君主和朝政的缺失,设御史机构以纠察百官。周公总结夏商盛衰的历史教训时,虽着重于天命和君主德行,但也涉及纳谏和监察,以为鉴戒。如说"古人有言:'人无水监(鉴),当于民监。'今惟殷厥命,我其可不大监?"(《尚书·酒诰》)故周礼规定设师保以"谏王恶"。《管子·形势解》也说:"谏者,所以安主也。……主恶谏则不安。"秦汉设御史大夫、谏议大夫等官,隋唐以后则设御史台、谏垣、谏院、给事中、都察院等,奏议谏议和监察均有发展,言官谏官和朝臣可以直接上言反映情况,一些地方官吏和乡绅也可上呈由有司代转。奏谏和监察逐渐形成君主专制下的一种监督制约制度。虽然其中也有不少流弊,但总的说是起了积极作用。

清末张之洞在《劝学篇·正学》中反对民权和议院,认为:"或曰民权固有弊矣,议院独不可设乎?曰:民权不可僭,公议不可无,凡遇有大政事,诏旨交廷臣会议,外吏令绅局会议,中国旧章所有也。即或咨询所不及,一省有大事,绅民得以呈达于院司道府,甚至联合公呈于都察院。国家有大事,京朝官可以陈奏、可请代奏。方今朝政清明,果有忠爱之心,治安之策,何患其不能上达?如其事可见施行,固朝廷所乐闻者。但建议在下,裁择在上,庶乎收群策之益,而无沸羹之弊,何必袭议院之名哉?"在君主专制下固然可以"廷议""公议""陈奏""代奏""公呈",反映了奏议谏议的功能和意义,但这与在民主基础上的议院还是性质不同的两码事,其要在反对民权和变法维新。孙中山也重视古代的谏议和监察制,认为西方的"三权分立",没有独立的监察和考试权,流弊甚多。他根据历史上的科举考试制度和"御史台主持风宪"的监察制度,提出于立法、行政、司法之外,设立监察院和考试院,以便实行分权和制衡,是谓"五权宪法"。这种在民主基础上吸取优秀传统的考虑,自然是有益的。

二

奏议所涉及的范围很广,提出和涉及的问题很多。即使同样的问题,在不同朝代或同一朝代的不同时期,也有不同的提法和看法,有不同的解决方式或方案。内容极其丰富多样而又驳杂纷呈。诸如建储、封爵、祭祀、贵戚、宦官、兴佛、求仙长生,乃至统治集团内部斗争等。但是,从总体上看,从其主要倾向来看,绝大多数都是有关治国安邦、国计民生、安定和兴盛社会的大事,涉及政治、经济、军事、文教、民族关系和社会风尚等各方面的重大问题。诸如选贤任能、亲贤远奸,知人善任、随才器使,进谏纳谏、善听忠言,大事谋及众议、庶政顾及万民,君臣相宜、与国人交止于信,实行仁政、反对暴政,惩贪官、抑豪强、除暴安良,忧国恤民、居安思危,知稼穑之艰难、除侈节欲无逸,缓兴土木、息役安民,戒骄横、慎刑罚、抚百姓,切勿乱罚无罪、杀无辜,体察民情、轻赋税敛,控轻重、畅货流,重礼义、善教化、警游惰,重教育、举贤良,勤练兵、慎举兵、善用兵,修武备以防外患,变革成法、裁汰冗官、兴利除弊、发展生产等。在清末,则是抵御外侮、励精图治,富国强兵、发展工商,废科举、兴学堂、倡西学,变法维新,实行君主立宪、废除君主专制等,所有这些,都是关系到朝代兴衰的大事,触及朝政乃至皇帝本身的深层问题,从而反映出朝代嬗替和历史演变的轨迹。

历史上朝代兴盛的原因当然很多,但主要是政治修明、施政有当。而政治能否修明,在君主专制的人治时代,关键在于知人纳谏、安民抚众。许多帝王都知道知人纳谏、博采众议的重要,而做起来实在是难。据《尚书》载,早在皋陶与夏禹奏对时,就提出知人安民的问题。陶曰:修身治国之道,"在知人,在安民"。禹闻而惊曰,人君之"知人安民",帝尧其犹难之,况他人乎?"知人则哲,能官民,安民则惠,黎民怀之。"只有大智慧的人能知人善任、安民抚众,民则归之。周公谈立政,言商汤和周文王"用贤大治"。孔子则强调"亲君子,远小人";并提出"听其言,而观其行",以识贤奸。"用人唯贤"还是"用人唯亲",成为政治明暗、朝代兴替的重要原因。所以,诸多奏议总是谈论和赞美"选贤与能""任人唯贤"及"赏功罚过""不以禄私其亲,不以官随其授"的明哲;然而众多的历史事实,却又总是给人们以亲贤远奸还是亲佞远贤的深刻的历史教训和戒鉴。

商汤用伊尹、武丁用傅说、周文王用姜尚,以及秦穆公用五张羊皮赎回百里奚拜相等等,都是用人唯贤而成就大事业的著名事例,被后人传为美谈。燕昭王礼贤下士,擢乐毅于宾客之中,立于群臣之上,拜将伐齐而复仇,下齐七十余城;其子惠王则听信谗言,怀疑乐毅而以骑劫代将,弄得几乎灭亡。楚汉相争,汉弱楚强,而汉卒胜之,何也?汉高祖刘邦说得很清楚:"夫运筹策帷幄之中,决胜于千里之外,吾不如子房;镇国家,抚百姓,给馈饷,不绝粮道,吾不如萧何;连百万之军,战必胜,攻必取,吾不如韩信。三者皆人杰,吾能用之,此吾所以取天下也。项羽有一范增而不能用,此其所以为我擒也。"司马迁在评议汉得天下时说:"周秦之间,可谓文敝矣。秦政不改,反酷刑法,岂不缪乎?故汉兴,承敝易变,使人不倦,得天统矣。"(《史记·高祖本纪》)隋文帝统一南北,勤于政事,亦"励精之主"。唐太宗曾与群臣议论之,他说:"此人至察而心不明。心暗则照有不通,至察则多疑于物。"不信任臣下,不听谏言,事皆自决,虽劳神苦形未能尽于合理。"夫以天下之广,岂能独断一人之虑?朕方选天下之才,为天下之务,委任责成,各尽其用,庶几于理也。"(《旧唐书·太宗本纪》)广揽人才,各尽所用,唐兴可见。而唐玄宗于天宝年间,骄奢恣纵,信用口蜜腹剑的李林甫、权贵杨国忠,导致安史之乱,几乎亡国。宋徽宗逸豫奢化,亲奸佞,远鲠臣,致被虏蒙尘。宋高宗昏庸无能,宠信奸臣秦桧,罢斥乃至杀害忠良,只能做一个偏安的小朝廷、儿皇帝。这些用人之理和明显的历史教训,在许多奏议中是常被引用为鉴戒,以劝谏和疏导当朝的皇帝的。

用人与纳谏不可分。朝廷任人施政均须"与众议",多方征求意见,听取批评。《尚书》曰:"辟四门,明四目,达四聪。"只有打开通向四方之门,广开言路,广致贤者,才能广视野、远听闻,以免壅塞之弊。而诸臣的奏议即所以正其不当,纠其违失也。古时有谏鼓、善旌和诽谤木之说。所谓诽谤,原意为非议、指责过错。《淮南子·主术训》曰:"尧置敢谏之鼓,舜立诽谤之木。"尸子云:"尧立诽谤之木。"(《史记索引》)管仲谓:"舜有告善之旌,而主不蔽也;禹有谏鼓于朝,而备讯唉。"(《管子·桓公问》)《吕氏春秋·自知》说得更清楚:"人主欲自知,则必直士。故天子立辅弼、设师保,所以举过也。……尧有欲谏之鼓,舜有诽谤之木,汤有司过之士,武王有戒慎之鼗,犹恐不能自知。今贤非尧舜汤武也,而有掩蔽之道,奚由自知哉?"历史上是否真有这类事,当然可以探讨。不过汉文帝是相信的。《史记·孝文本纪》二年,上曰:"古之治天下,朝有进善之旌、诽谤之木,所以通治道而来谏者。今法有诽谤谣言之罪,是使众臣不敢尽情,而上无由闻过失也。将何以来远方之贤良?其除之。"

所谓"旌",就是一种旗幡,置于街市的繁华之地,国人可以在其下畅所欲言,发表意见,批评时政,谓之"进善"。谤木即一种木柱,立于通衢要道的路口或桥头,国人可在上面"书政治之愆失也"(《史记集解》引应劭语),以纠偏弊。有趣的是,这种旌幡和谤木,便是最早的华表,或是华表的来源。其作用在于进善纳谏,广招贤者,广听意见。《史记索引》引韦昭语云:"虑政有阙失,使书于木,此尧时然也,后代因以为饰。今宫外桥梁头四植木是也。"郑玄注《礼》云:"一纵一横为午,谓以木贯表柱四出,即今之华表也。"晋人崔豹《古今注·答问释疑》谓:"尧设诽谤之木……今华表木也,以表王者纳谏,亦以表路衢也。"这说明此时华表已只是表示"王者纳谏",同时又增加了指示路向的作用。为了便于保存,后世帝王便以石代木,并雕刻龙凤图案,点缀于宫廷和陵园的附近,作为装饰物,也象征自己虚心纳谏,是个明主。但已失去它原来的意义和作用,只是象征性而已。

能否从谏纳谏,直接关系到朝代的兴衰治乱。《尚书》载傅说曰:"惟木以绳则正,后从谏则圣。"周代专设谏官言官,"掌谏王恶"。《国语》载晋大夫范子文云:"兴王赏谏臣,逸王罚之。"《墨子·非儒》亦云:"务善则美,有过则谏。"从道理上讲,帝王也知道从谏纳谏和鼓励诸臣进谏的重要,而实际上则经常出现纳谏与拒谏、责己与罪人的矛盾,并导致截然相反的后果。据说,禹、汤都能虚心纳谏,接受批评意见,有错下诏罪己,承担责任;而桀、纣非但拒谏,不接受批评,且诿罪于人,杀害忠良。所以《左传》有:"禹汤罪己,其兴也浡焉;桀纣罪人,其亡也忽焉。"这是鲁庄公十一年,臧文仲劝说宋国国君时说的话。齐威王接受邹忌的劝谏,乃下令曰:"群臣吏民能面刺寡人之过者,受上赏;上书谏寡人者,受中赏;能谤议于市朝,闻寡人之耳者,受下赏。"(《战国策·齐策一》)因而进谏者群至,朝政大进,多国来朝齐,此所谓"战胜于朝廷者也"。这与周厉王杀人"弭谤"以拒谏,致被放逐,恰成鲜明的对比。唐太宗可谓一代英主,能多方听取意见,重视纳谏,鼓励诸臣上谏。魏徵提出"兼听则明,偏信则暗",他深表赞同。当唐朝统治巩固时,魏徵又提出"居安思危","善始善终"。唐太宗有时对魏徵犯颜直谏也很不高兴,曾说:"当时且应,更别陈论,岂不得哉?"魏徵则说,昔舜诫群臣:"尔无面从,退有后言。"若面从而后谏,岂非有违圣训?后太宗尝谓群臣:"夫以铜为镜,可以正衣冠;以古为镜,可以知兴替;以人为镜,可以明得失。朕常保此三镜,以明己过。"(《旧唐书·魏徵传》)可知贞观之治,事非偶然。隋炀帝、明崇祯帝等则刚愎自用,不听劝谏,不恤民生,杀谏官以掩己过,终于身弑国亡。许多奏议者以"文谏死,武战亡"为职志,直谏帝王;而上述纳谏、拒谏的例证,也是他们所常引用和乐道的。

朝代兴替的根本原因,是能否安民抚众。"得民者昌,失民者亡",乃事之至理。所以中国自古以来,安民重民、保民惠民、利民为民等民本思想,就相当发达。尽管这与近代民主思想并不相同,甚至相反,即不是"民作主""民为主""民是主人",而是"作民主""为民作主"、恩赐惠施于民。但是,在君主专制时代,能顾及民,能安民利民重视民,于民生、社会毕竟是有利的。《尚书》《左传》《国语》等古籍中有关的论述较多,其中既有君言,也有臣谏。如《五子之歌》讽谏太康,提出"民为邦本,本固邦宁"。《泰誓》周公云"民之所欲,天必从之"。季梁谏随国君曰:"夫民,神之主也。是以圣王先成民,而后致力于神。"史嚚谓虢国君曰:"国将兴,听于民;将亡,听于神。"逢滑亦谓陈国君曰:"国之兴也,视民如伤,是其福也;其亡也,以民为土芥,是其祸也。"周景王时单穆公云:"绝民用而实王府,犹塞川源而为潢污也。其竭也无日矣。"这些都是劝谏当时的君主的,并被后世许多奏议所引用以谏劝皇帝安民恤民,"施实德于民"。孟子的"民贵君轻"论、荀子的"载舟覆舟"说及《尚书》中所谓"君临兆民,懔乎若朽索之御六马"等,也常被用来告诫帝王必须战战兢兢、危惧谨慎,否则就会被颠覆倾倒,是很危险的。

许多奏议者关心国事民瘼,体察民间的苦痛,为民请命,为民负担过重而呼喊,令人触目惊心。诸如:"民不见德""民不堪命""民弗堪也","民不康""民疲劳""民贫困","民人苦病""民人痛疾""民人日骇","民力不堪""民力凋尽""民生不遂","民有兵乱""民有苛政""民被鱼肉","民有饥色""民之憔悴于虐政","民之无辜""民何罪焉","民多流亡""民多逃亡""民无所依","民知有辟""民今方殆""民堕涂炭","民震动""民不安""民不平""民怨愤","民不依""民不静""民恨之",乃至"民心不稳""民慢其上""民恶其上""民犯其上""民犹犯贵","民将弃我""民将叛之""民为寇盗""民不可得而治也",等等。许多奏议结合具体情况反复陈说减轻民的负担,要求朝廷体察民情,薄赋税、省劳役、免杂税,查恶吏、惩豪强、平民愤,扶助贫困,奖励农耕,节用民时,藏富于民,"民生厚而德正国安"。

在这方面常被奏议者所嘉誉的有卫文公、汉文帝、唐太宗等,卫文公继位于国亡之际,他经常穿粗布衣、戴粗缯冠,四处访问,重视"务财、训农、通商、惠工、敬教、劝学、授方、任能",使卫亡而复兴(《左传·文公二年》)。汉文帝承秦末战争破坏未复和诸吕乱政之后,勤以恤民,俭以节用,罢建露台,重视农桑,与民休养生息,轻徭薄赋缓刑,减免租税,弛山泽之禁,促进生产的一定发展,景帝继之,被称为"文景之治"。唐太宗亲身经历了隋末农民大起义,对民的力量深有体会,故尝谓太子及重臣曰:"君者,舟也;民者,水也。水能载舟,也能覆舟。""若损百姓以奉其身,犹割股以啖腹,腹饱而身毙。"(《贞观政要·君道》)因而能体察民情,恤民节用,轻徭薄赋,与民休息,出现"贞观之治"。不少奏议以这些为正面依据和榜样,来批评时政,劝谏当朝帝王,应该说是有力而有利的。

为了政治修明,国泰民安,许多奏议都直接简捷地批评或涉及帝王,提出建议或改进措施,奏议者谏诤或指责最多的是帝王疏于政事或专断独裁,偏听偏信,不听诤言,分亲疏、宠信近臣、权贵、宦官,任用奸邪,"左拥右抱"、骄奢淫逸,大兴土木、广造宫苑陵寝、挥霍无度,横征暴敛、苛捐杂税、民不堪命,乃至尊崇佛道,广求仙丹圣药等等。鲁哀公问其臣有若曰:"年饥,用不足,如之何?"有若对曰:"盍彻乎?"是说何不实行什一税?"彻",即周朝所定的什一通税,又问:"二,吾犹不足,如之何其彻也?"对曰:"百姓足,君孰与不足?百姓不足,君孰与足。"(《论语·颜渊》)正是说明薄赋节用,藏富于民和民富国强的道理。贾谊、晁错、东方朔等疏奏贮粟、贵粟,谏猎、谏起苑陵。路温舒、张衡、韩愈、裴潾等疏奏尚德缓刑、禁绝图谶和抨击佛道。陆贽疏陈抚民节税,量入为出而不能量出为入,认为所谓"足不足",关键在"节不节",若奢侈滥用,虽多亦亏,而黜侈节用,虽少亦足。范仲淹、王安石、张居正等主张改革,整顿吏治,变革财赋,鼓励生产等。海瑞直斥嘉靖帝二十年不坐朝,重用权奸严嵩独擅朝纲,崇信道士,弄得国弱民穷,"家家皆净"。李三才请罢矿税的奏疏,批评万历帝的病源是"溺志货财",欲"黄金遍地,珠玉际天",道出"神人共怒,大难将作"的声音。许多奏议者最尊崇的自然是尧舜禹汤周文武王,还有汉文、唐宗及当朝开国帝王。而作为鉴戒的则是夏桀、殷纣、周厉王幽王等暴君;还有秦始皇、汉武帝、隋炀帝等,并不是对他们作全面评价，主要是说他们不恤民，不纳谏，大兴土木，恣意挥霍，民财耗尽等。但三者亦有不同，秦皇、隋炀至死"不悟"，完全败亡；汉武"中悟"，下诏罪己而复盛。这些是向他们面对的皇帝说的，希望他以先王为训，而以秦隋败亡及唐玄宗侈欲失邦为戒。即使这个皇帝已很不好，也希望他能"中悟"而改过。

自然，奏议涉及的问题还很多，特别是不同朝代或不同时期所具体针对和议论的问题更多、更复杂；也有宫廷斗争、派别斗争等，难以详谈。另外，在各朝代的众多奏议中，也有权臣佞臣和奸诈之辈的欺罔之作，有误国害民、诬陷忠良之类的东西，为历代史家和忠良之士所不齿，在历代名臣奏议中是不收录这类货色的。

大多数奏议者是忠贞之臣，忧国忧民之士。他们的陈言奏议，无论是施政建议、抚民措施、建储封爵、用人赏罚，或批评皇帝、指斥奸佞，或所提各种意见，甚至是强谏死谏，实际上都是为了维护统治阶级的利益，为了稳定和巩固他们所赖以安身立命的王朝。传统的民本和仁政思想是统治阶级长远利益和意志的反映，同时又是对这种利益和意志的一种限制。诸多奏议也是这样，是从长远或较长远考虑问题，要求对帝王及王室的利益和欲望有所规范和加以限制，以使该王朝的江山社稷能长治久安，因而常常表现出以道统压皇统、限制皇权的倾向，如常引用《书》曰、《传》曰，或"子曰""先王曰"等，有时则以灾异说警告帝王，正因为他们是从统治阶级的长远利益出发的，看得比较远些，能体察民情、关心民生，较为实际，所以经常与帝王发生矛盾，被撤职罢官者有之，坐牢流放者有之，就是斩首赐死者也不少。皇帝居于至高无上的地位，拥有无限的权力；而每个帝王的作为如何，又无不受其自身经历、意欲嗜好、品德行为素质和个性特点的制约，受其所处环境的影响。因而很容易从个人权威、个人好恶，或巩固个人地位出发，而不能从长远和全面考虑问题，为维护皇权尊严和个人所好，即使奏议是对的，也难以骤然接受，特别是犯颜直谏，更难忍受，以致造成奏议者的种种悲剧。在那君主专制的时代，尽管这些奏议和奏议者的出发点是维护封建王朝的统治，但他们看得远些，忧国忧民，为民请命，希望朝廷知稼穑之艰难，能安民恤民，顾及于民，使民能生活或生存下去，这对民生和社会的某些发展当是有利的。忠良与奸佞、清官与赃官、循吏与酷吏，还是有原则性区分的。认为清官比赃官的作用还要坏,并不符合历史唯物论,人们总是称赞忠良、清官和好皇帝,而诟诽昏君暴君和奸邪,即是明证。自然,在现代社会人民是主体、是主人,人民对政府和官员实行监督,不应再寄希望于圣君贤相"作民主""为民作主",或靠谁恩赐惠施,那不是国家主人的态度。但是了解历史变迁的经验教训,知道治国理政的某些道理,还是有益的。

三

奏议的内容固然丰富,而其风格亦大有异趣,仅就谏议来说,《大戴礼》即载有五谏:"讽谏、顺谏、窥谏、指谏、陷谏。"所谓讽谏,即知祸患之萌而讽告之;顺谏,即出辞逊顺,不逆君心;窥谏,即视君颜色而谏;指谏,是实指其事而谏;陷谏,谓言国之害忘生为君而谏。《旧唐书·职官志》也载有五谏,大体相同,只是后三者为规谏、致谏、直谏。某些史书还出现过"强谏""死谏"。卫国大夫史鳍临死时嘱其子,不要"治丧正室",以此劝告卫灵公进用贤良的蘧伯玉,斥退佞臣弥子瑕,被称为"尸谏"。海瑞上书时买好了棺材,而南朝的郭祖深则是"舆榇诣阙上封事",是谓强谏或死谏,谏已如此之多,那么全部奏议的风格就更多了。从奏议的文体和风格看,大体上可分为政论文、散文、骈文、讽喻和寓言等,而且每种文体的文风也不一样。另外,许多奏议还有重要的和丰富的史料价值。

无疑,奏议都是论政的,即使是有关经济、军事、文教、风俗乃至游猎、建造等,也都涉及政治的明暗、奢俭和礼仪教化等重大问题。在文体上也以政论文为多。奏议是臣下说给或写给帝王听和看的,有时还冒着丢官坐牢甚至杀头的危险,总希望帝王能够倾听和采纳,因而其陈说或奏疏一般都是小心翼翼、事实确实、思虑周到、措辞严谨,还要引经据典、征古喻今,说理性很强,文气或曲折委婉,或尽情直言,且富于哲理。

在先秦的奏议中,像伊尹的《伊训》、周公的《无逸》等,是用先王的教导训诫今王,但均循循善诱,多方开导。或劝其敬德修身,切戒巫风、淫风、乱风及"十愆"(即恒舞于宫、酣歌于室,专寻求货、色、游、猎,侮圣言、逆忠直、远耆德、比顽童);或教其戒骄戒侈、"无逸豫",对民之"怨汝詈汝"则深切责己,"不敢含怒",更不能听信谗言"罚无罪,杀无辜",道理讲得深透。春秋战国时的奏议,对问答解,辩驳申说,议论滔滔。如管仲、晏婴、伍员、范蠡、商鞅、范雎等人的论说,多具策士风格,说理性辩论性并兼而俱美。特别是李斯的《谏逐客书》,皇皇大论,慷慨陈词,语言激烈,词句瑰玮,奇诡豪迈,无限曲折变态,将诸客对秦的贡献和秦王的逐客之非,说得头头是道,指出其"不问可否,不论曲直,非秦者去,为客者逐。然则是所重者在乎色乐珠玉,而所轻者在乎人民也,此非所以跨海内、制诸侯之术也"。可谓语语中的,掷地有声。此文对后世影响很大,康有为在评论中国古典文学时,即称其为天下第一奇文。而康有为自己的条陈、奏折,尤其是《公车上书》,确有些模仿谏逐客书,而气势更为宏伟,古今中外无所不包,洋洋一万八千言,表现了在民族危亡关头要求变法维新、图强御侮的强烈爱国主义精神。这中间,贾谊、晁错、贾山、路温舒、魏徵、范仲淹、王安石、海瑞、李三才等等的奏疏,也都是后世所称道的范文。就是唐太宗的妃子、二十二岁的徐惠所写请《息兵罢役疏》,辽道宗皇后萧观音的《谏猎疏》等,也都是议论时政的优秀政论文。

在不少奏议中含有深刻的哲理。这不仅因为其逻辑性强,而且能揭示事物的本质,发人深思。譬如,何以治理天下? 舜提出"辟四门,明四门,达四聪",皋陶则认为"在知人,在安民","知人则哲,安民则惠",就都有哲理。周幽王时,郑桓公问史伯:周的命运如何? 史伯认为周王室已临末运,原因是幽王"去和而取同",即听不得不同意见,只喜欢阿谀奉承。他指出,百物是由土与金木水火相杂而生,人也是"和五味以调口,刚四肢以卫体,和六律以聪耳,正七体(七窍)以役心"。就国家来说,就要设百官、择臣僚、纳谏议,仅靠君主一人是不能治理的。如果万物和社会只是一声、一色、一味、一貌,事事相同,物物相同,就不可能存在下去。所以,"以同裨同","同则不继"(《国语·郑语》)。《左传》昭公二十年,晏婴劝齐景公纳谏,并进而指出,君绝不是事事皆当,臣对君也不能事事皆应。他说:"君所谓可而有否焉,臣献其否以成其可;君所谓否而有可焉,臣献其可以去其否。"是为"和"。而"同"则是君谓可,臣亦曰可;君谓否,臣亦曰否。这就只能听顺耳之言,信任像梁丘据之类的阿谀佞臣。这种"和""同"论,就在哲学上论证了君臣关系中进谏和纳谏的重要与合理。"和而不同",这也是中国古代哲学的精华。

一些奏议反映了朴素辩证思想。如周厉王暴虐无道,国人谤之,厉王则杀人弥谤,"国人莫敢言,道路以目"。召公谏曰:"防人之口甚于防川;川壅而溃,伤人必多,民亦如之。"故为川者决之使导,为民者宣之使言,"民虑之于心而宣之于口,成而行之,胡可壅也? 若壅其口,其与能几何?"(《国语·周语上》)防人之口是不会得好结果的。贾谊的《治安疏》、魏徵《十思疏》和《十不克终疏》等,以及"开天下之口,广箴谏之路","诽谤之罪不诛,而后良言进","兼听则明,偏信则暗","偏听生奸,独任成乱","居安思危","安不忘危,治不忘乱","善始善终","善始者实繁,善终者盖寡","勤俭兴盛,侈欲失邦","朝无秕政,人无谤言","众怒难忍,蓄怨终泄","负薪救火,扬汤止沸,以乱治乱,与乱同道,莫可则也",等等,都是富于哲理,发人深思的箴言和警语。

从文学上看,许多奏议实际上也是很优美的散文。孔子说:"言之无文,行而不远。"春秋战国以来,行人出辞,史官记事,哲人立论,都很注重文采,从而形成我国散文的优良传统。《左传》《国语》《战国策》等所载许多奏议,不但内容丰富,语言简练,而且生动、形象,常常是熔叙事、状物、辩答、议论于一炉。如臧哀伯、季梁、宫之奇、范雎、庄辛等文,都极具文采。孟子周游列国,娓娓然游说诸侯,愤愤然指斥国君,其与梁惠王、齐宣王等的奏对,文采华赡,清畅流利,尤以气盛。汉至六朝,辞赋和骈文兴盛,这期间的奏议文自然也受影响,如讲对偶、音律、声韵等,而且有些奏议也是用赋或骈文写的。但主要的还是散文,如贾谊、邹阳、东方朔、张衡、蔡邕、曹植、郭祖深等的奏文,都是语言质朴、内容丰富、笔锋犀利、气势纵横。就是辞赋大家司马相如,他的《谏猎疏》也是散体。唐宋以来,逐渐形成一种奏疏的格式,如开头和结尾那些恭维皇帝和自我卑称的套语,又有"文以载道"和"代圣贤立言"之说,明清八股文盛行和文网周纳,禁忌颇多。然而诸多奏议还是有为而发,议论时政,针砭时弊,现实性很强的。如韩愈、李翱、白居易、范仲淹、欧阳修、苏轼、辛弃疾、夏言、杨廷和、汤显祖、田大益、林则徐、郭嵩焘等的奏文,都是内容翔实,语言生动,行文或精练工整,或流畅自然,颇多描述,被称为散文名作。

讽谏文也很重要。《后汉书·李云传》论云:"礼有五谏,讽为上。"按《大戴礼》所说:"讽谏者,知祸患之萌,而讽告也。"是说当祸患还处于萌芽状态,即已看出而婉言相告。讽谏亦曰讽告、讽谕或讽喻,就是不正面设辞,而用婉词、隐语相告之。这种讽喻文在先秦和汉代为多。如师旷的《论五墨墨》,晋平公因旷双目失明称其为"墨墨",甚表叹息。师旷则以天下有"五墨墨",而臣不得其一相回答,诸如众臣行贿买誉,百姓侵怨无告,忠臣不用、用臣不忠,下才处高、不屑临贤等,而君不悟,此"墨墨"者实在是国家的危害,劝平公改正。邹忌很善于讽谏,他始以谈说"琴理",喻齐威王应该善理朝政;又以自己与城北徐公"孰美"这样的生活琐事,说赞美自己的有私于己者、畏己者、有求于己者的道理,讽喻齐威王纳谏除弊。司马迁说:"作辞以讽谏,连类以争义,《离骚》有之。"(《史记·太史公自序》)司马相如的《子虚赋》《上林赋》,也都是讽谏赋文。《汉书》本传云:"相如以'子虚',虚言也,为楚称;'乌有先生'者,乌(无)有此事也,为齐难;'亡是公'者,亡(无)是人也。欲明天子之义,故虚借此三人为辞;以推天子诸侯之苑囿,其卒章归之于节俭,因以讽谏,奏之天子。"三国时,孙权问阚泽:"书传篇赋,何者为美?"泽欲讽喻以明治乱,因对:"贾谊《过秦论》最善。"隋何妥也曾以乐理讽劝隋文帝亲君子,远小人。

另外,还有讽刺文,即以婉言隐语讥讽人。《诗经·周南·关雎序》云:"上以风化下,下以风刺上,主文而谲谏。言之者无罪,闻之者足以戒,故曰风。""风"者,即"讽"也,实际上也是讽谏,不过带有讥讽的味道。如晏婴使楚,楚王闻其贤智,欲辱之。乃缚一人于堂前,王问:何者? 答曰:齐人,坐盗。于是楚王视晏子曰:"齐人固善盗乎?"晏子避席对曰:"婴闻之,橘生于淮南则为橘,生于淮北则为枳。叶徒相似,其实味不同。所以然者何? 水土异也。今民生于齐不盗,入楚则盗,则无楚之水土使民善盗耶?"楚王表示歉意(《晏子春秋》卷六)。又如楚霸王项羽占领秦都咸阳后,蔡生说项王曰:"关中阻山河四塞,地肥饶,可都以霸。"项王心怀思乡,欲东归,曰:"富贵不归故乡,如衣绣夜行,谁知之者?"蔡生讥讽曰:"人言楚人沐猴而冠,果然。"项王闻,乃烹之(《史记·项羽本纪》)。蔡生的讽刺,固然可恶,然而项王量小无大志,其后别姬自刎亦为自然。

在奏议中也有寓言比喻,像说故事似的进行说项。如著名的"鹬蚌相争",

就是赵将伐燕,苏代为燕游说赵惠王时讲的,述其路过易水,见到鹬蚌相争,渔夫得利,进而说:"今赵且伐燕,燕赵久相支,以弊(疲)大众,臣恐强秦之为渔父也。故愿王之熟计之也。"惠王曰:"善。"乃止(《战国策·燕策二》)。又如"螳螂捕蝉,黄雀在后"的故事,庄辛说楚王则以蜻蛉啄虻、黄雀啄粒、黄鹄啄鳝,或飞翔于天地,或仰栖于茂树,或游于四海,自以为无患,与人无争,优哉游哉,结果被顽童、公子王孙或射猎者所擒灭,由小及大,由物及人,以喻居安思危,随时都应警惕,劝说楚襄王再不能像过去那样"左拥右抱",听信奸佞,形象生动,寓意深刻,颇能发人思虑。

近些年来,出版不少有关古诗词曲和散文等鉴赏的著作,也有民族优秀传统汇典、历代文献精粹大典之类的大型语录摘编,以及历代从政鉴戒等书籍,颇为人们所重视。实际上众多奏议这种古代文献,其思想内容和文章风格,也是很有特色和价值的,如果鉴赏或品尝这类作品,亦会感到其味无穷。

四

中国历代的奏议极其繁多。在《全上古三代秦汉三国六朝文》《昭明文选》《全唐文》《全宋文》《全辽文》及《金文最》《元文类》等大型集书中,都载有许多奏对和奏议。宋代还有专门的《宋朝诸臣奏议》。明代黄淮、杨士奇在前人工作的基础上加以收集整理,分类编为《历代名臣奏议》,共三百五十卷、九千余篇。明清两代亦编有各自的《名臣奏议》或《诸臣奏议》。在《经世文编》及各类文集或别集中,也收有不少奏议。这些奏议历来为政治家、思想家所看重,也为史学家、文学家所重视。但是,除二十四史及若干文集所收载者外,绝大多数尚未整理分段和标点,且折叠损伤,文字不清之处甚多。作为史料查阅使用自无不可,而如果研究或阅读欣赏,就困难多了。

这部《中国历代奏议选》,从大量奏议中选录了三百多篇,主要是供广大读者阅读欣赏,也供研究工作者参考,从政者读读亦会有益处,选录的标准是名人名篇,特别是名篇,重视奏议的文采,尤其重视它的思想内容,并兼顾到各个方面。如隋炀帝时的一个侏儒、宦官王义《上炀帝书论成败》，就既非名人，也难说是名篇。但所谈问题重要，对隋炀帝必将败亡的分析评论相当尖锐实际，颇有见地，故亦选入。也有其他类似情况。由于篇幅所限，可能有些名篇未能选入。

在先秦的奏议中，除一部分保留全文外，多数是在古代典籍中所记载的一些君臣间的对话，并不完整。有些则是春秋战国或秦汉时代的人所记之遗闻佚事，或是根据某些传说所讹托。然而，这在《全上古三代秦汉三国六朝文》或《历代名臣奏议》等书中均被收录，而且后世许多奏议经常谈到，引为论据，或比喻当朝。由此可以看到古代思想传统的渊源演变，有其历史价值。故本书也从中选录了一些，以供读者阅读和参考。

本书所选各篇奏议都做了一些注释，主要是生僻的字句、人物、典故、年号、重要史迹及引语出处等。所谓评析，着重介绍了奏议者的情况、所任官职、性格特点及其建树，上该奏议的时代背景，来龙去脉、前因后果和影响，并对奏议的主要内容和文风特点及有关的问题作些分析评论，供读者阅读时参考，以便对原文理解有所助益。本书按写成或上奏时间编列，有极少数略有变动。由于水平所限，不当之处，尚盼批评指正。

【丁守和　中国社会科学院近代史研究所研究员】
原文刊于《中国文化》1992 年 02 期

中国社会封建论驳议

冯天瑜

把秦朝至清朝的中国定性为"封建社会",是近大半个世纪以来中国的流行说法,此说被认定为唯物史观的论断,似乎不容置疑。然而,我们通览马克思、恩格斯的有关论著却会发现:唯物史观创始人马克思反对滥用"封建"概念,不仅从未将前近代中国、印度称作"封建社会",而且对某些论者抹杀西欧与非西欧(东欧及亚非诸国)历史的差异,将西欧从封建制到资本主义的路径普世化的做法给予严厉批评。因为唯物史观创始人的持论,不仅关涉到对"封建社会"的确切把握,而且关涉到一个更宏大的议题:世界诸民族、诸国度的历史路径究竟是网状的还是单线直进的?

一、"封建"的本义及其与 feudal 对译

"封建"本为表述中国古代政制的汉字旧名,意谓"封土建国""封爵建藩",近代以前在汉字文化圈诸国(中、越、朝、日)未生异议。19 世纪中叶西学东渐以降,最早"开眼看世界"的林则徐(1785—1850)在《四洲志》(1840)、魏源(1794—1857)在《海国图志》(1842)中以"封建"指称欧美的分权政制;日本学者西周(1829—1897)、福泽谕吉(1835—1901)等于 19 世纪 70 年代用"封建"对

译 feudal；中国翻译家严复（1854—1921）1903 年在其译著《社会通诠》中以"封建"对译西洋史学术语 feudalism。上述中西对译，使"封建"从指称分封制的旧词衍为一个表述普世性历史阶段和社会形态的新名，但"封建"仍是在"封土建国""封爵建藩"基本义上引申的。

中日两国近代启蒙学者先后以"封建"译 feudalism，大体准确，因为"封建"的汉语古义（封土建国）与 feudalism 的西义（封土封臣、采邑领主）具有通约性。当然，中西封建制又有差异，简言之，前者是"宗法封建制"（西周有完整形态），后者是"契约封建制"（西欧中世纪中期有完整形态），而二者的差异并不能否定以"封建"对译 feudalism 的基本合理。但是，时至 20 世纪 20 年代以降，随着苏俄和共产国际建立在单线直进历史观基础上的"五种社会形态说"传入中国，将具有"君主专制"和"地主经济"等"非封建"社会结构的秦至清朝称之"封建社会"，又经由 1929—1933 年中国社会史论战，使这种泛化封建观逐渐普被中国，成为从学界到大众"日用而不辨"的术语。

将秦汉至明清两千余年称之"封建时代"，使"封建"概念被大为泛化和扭曲——

甲、泛化"封建"把"土地可以买卖的地主经济、中央集权的专制君主政治"等"非封建"乃至"反封建"的意义塞进"封建"的内涵，不仅与"封建"本义（土地由封赐而来、不得转让买卖，政权分散、诸侯林立）脱钩，而且同本义指示的方向恰相背反；

乙、泛化"封建"又与相对译的英语词 feudalism 西义（封土封臣、采邑领主、人身依附、超经济剥夺）大异其趣，有悖于"中外义通约"的译名规则；

丙、汉字词"封建"的上述泛义超出词形提供的意义空间，全然是在词形之外强行注入的。因而泛化的"封建"违背了汉字文化"制名以指实"的造词规则。

用这样的"概念"与"所指"错位的新名"封建"作词干，形成的一系列新词组——"封建制度、封建社会、封建主义、封建时代"等等，也随之偏离正轨。于是，因为关键术语失准，一部中国历史的宏大述事，失却构制网络的坚实纽结。由此出发，史学界长期探讨的"中国历史分期""中国封建社会内部分期""封建土地所有制形式""中国资本主义萌芽""中国封建社会为何长期延续"诸问题，都缺乏议论得以健康展开所必需的严密的概念坐标系。对于"封建"概念的误植,钱穆(1895—1990)在《国史大纲》(1948)中称之"削足适履";侯外庐(1903—1987)在《中国思想通史》第2卷(1950)更将"封建"的误译严厉批评为"语乱天下"①。

二、马克思是突破"西方中心主义"的先驱,他认为中国、印度等绝大多数东方国家没有走西欧由封建主义通向资本主义的路径,他从来不曾将前近代中国、印度称之为"封建社会"

将周秦之际至清中叶的两千年中国社会称之"封建社会",之所以在现代中国得以流行,并在1949年以后成为主流史观,一个重要原因是,泛化封建观曾被视为"马克思主义史学"的产物,是唯物史观指导下做出的判断。然而,认真研读马、恩论著,尤其是马克思晚年的民族学笔记,便会发现,上述看法其实是一种误解。

马克思(1818—1883)致力于人类社会发展规律研究,坚持历史演进统一性与多样性相结合的学术理路。如果说,前期马克思用力于阐述历史发展的普遍规律,那么,后期马克思更强调各地区、各民族历史发展的多样性,从而在更高层级概括历史发展的普遍规律。

马克思1859年在《〈政治经济学批判〉序言》中讲过:"大体说来,亚细亚的、古代的、封建的和现代资产阶级的生产方式可以看作是经济的社会形态演进的几个时代。"此一论说曾被诠解为单线直进历史观的根据,斯大林主持的《联共(布)历史简明教程》进而把由单线直进历史观推演出的"五种社会形态"说宣布为人类历史进化的不二法则。其实,将马克思关于诸民族历史进程的一系列言

---

① 侯外庐:《中国思想通史》第2卷,生活·读书·新知三联书店1950年版。又见《论中国封建的形式及其法典化》,《侯外庐史学论文选集(上)》,人民出版社1987年版。

说贯通起来考察可以得见,马克思并未将西欧史的发展轨迹(原始社会—奴隶社会—封建社会—资本主义社会)泛化为普世性规则,对于这样做的论者始终抱持批评态度。马克思所讲到的"亚细亚的、古代的、封建的和现代资产阶级的生产方式",是指原始社会解体后人类社会出现的几种所有制形式,所列四种"生产方式"按发展水平高低排列,而并非指各民族普遍存在一种前后递进的不变次序。马克思的多篇论著力斥那种"不变次序"论,阐发最为明晰的,是马克思1877年11月《给〈祖国纪事〉编辑部的信》。在这封著名的书札中,马克思针对俄国民粹主义者米海洛夫斯基(1842—1904)对《资本论》的曲解,尤其是米海洛夫斯基把西欧社会由封建社会演进到资本主义的发展道路套用于东方社会的做法,讲了这样一段话:

> 他一定要把我关于西欧资本主义起源的历史概述彻底变成一般发展道路的历史哲学理论,一切民族,不管它所处的历史环境如何,都注定要走这条道路——以便最后都达到在保证社会劳动力极高发展的同时又保证人类最全面的发展这样一种经济形态。但是我要请他原谅,他这样做会给我过多的荣誉,也会给我过多的污辱。[②]

马克思在这里明白昭示了自己与历史发展单线直进论者的原则区别,尤其明确地指出:西欧资本主义的起源(即从欧洲中世纪的封建制度演化出资本主义),并非是人类各民族必然经历的道路。在分析从封建社会向资本主义社会过渡时,马克思曾不含糊地指出:"我明确地把这一运动的历史必然性限于西欧各国。"这就为探索中古世界的多元发展路径保留了广阔空间。在讨论包括中国在内的东方民族的历史进程时,我们尤须重视马克思批评俄国民粹派时发表的郑重申明,重视马克思研究历史问题所表现的注意特殊性的谨严态度。而持泛化封建观的论者恰恰忽视了马克思的这一重要提示,陷入了与米海洛夫斯基同样的单线直进史观的误区。

———————————

[②] 《马克思恩格斯全集》第19卷,人民出版社1962年版,第130页。

近代流行的"欧洲中心主义",将欧洲价值观、历史观作为普世性理念,以之衡量全人类事物。黑格尔(1770—1831)的《历史哲学》将这种"欧洲中心主义"的历史观发挥到极致,孔德(1798—1857)、兰克(1795—1886)有类似的历史观,费正清(1907—1991)的"冲击—反应"模式也是由"西方中心主义"推衍出的历史解释。直到今天,在西方和中国,"西方中心主义"的历史观还或显或隐地左右着人们的思想。当然,也有西方哲人不赞成此种意识,马克思就是这种健全的历史理念的弘扬者。时至20世纪,随着西方文明弊端展露和东方崛起,超越"西方中心主义"的全球历史观勃兴。20世纪初叶,德国思想家斯宾格勒(1880—1936)的《西方的没落》(1918)一书,突破以西欧为中心的世界史框架,探讨多种文化的兴衰。斯宾格勒提出并存的"8种文化":埃及、巴比伦、印度、中国、古典、玛雅、伊斯兰、西欧。每一种文化都经历起源—生长—衰落—解体的过程。20世纪中叶,英国史学家汤因比(1889—1975)的《历史研究》(1934—1961)提出"多个文明单元论"(初称21个,后称37个),其中希腊-罗马模式、中国模式、犹太模式最为重要。20世纪末叶,美国史学家斯塔夫里阿诺斯(1913—2004)的《全球通史》(第1版1970—1971,第7版1999)进而阐发"文化多元论",都在超越以"西方中心主义"为基点的单线直进史观。美国汉学家柯文(1934—   )的《在中国发现历史》更直接就中国史研究论及突破"西方中心主义"。

在某种意义上,马克思是突破"西方中心主义"的先驱。马克思在这方面的努力,从他19世纪50年代提出"亚细亚生产方式"中已经显示出来。马克思的这一重要提法虽然比较模糊,导致后之论者的聚讼不决,然而其昭示的路向则是颇有价值的:以"农村公社、土地国有、专制主义"三位一体的东方诸国的历史进程不同于西欧,日本之外的绝大多数东方国家的前近代社会并不是"封建"的。

《马克思恩格斯选集》第1卷(人民出版社1995年版)集中了马克思、恩格斯论中国与印度的文章12篇,对前近代中国与印度,绝不以"封建"相称,而冠以下列名目:

"天朝帝国"(马克思:《中国革命和欧洲革命》,1853)

"亚洲式专制""东方专制制度"(马克思:《不列颠在印度的统治》,1853)

"中华帝国"(马克思:《俄国的对华贸易》,1857)

"半文明制度""世界上最古老的帝国"（恩格斯:《波斯和中国》,1857）

"官僚体系""宗法制度"（马克思:《鸦片贸易史》,1858）

"不稳定的亚洲帝国"（恩格斯:《俄国在远东的成功》,1858）

"那种小农业与家庭工业的结合"的"天朝帝国"（马克思:《对华贸易》,1859）

这些名目中的不少例项,如"亚洲式专制""东方专制制度""官僚体系""那种小农业与家庭工业的结合"的"天朝帝国"都是直接与以领主经济、贵族政治为特征的封建制相差异的制度。马克思、恩格斯以这些"非封建"的名目界定中国、印度的前近代社会,绝非偶然之举,而是他们坚守科学、严肃的学术规范的结果,是运用唯物史观及其社会形态学说的成功范例。

三、土地可以自由买卖的地主经济、君主集权的官僚政治与封建主义不相兼容

马克思、恩格斯从来反对将前近代中国、印度称之"封建社会",昭显了他们维系学术概念准确性的态度。

（一）马克思、恩格斯严守"封建主义"概念的规定性,反对概念滥用

作为严肃的社会科学家,马克思一向注重概念、范畴内涵及外延的精准,拒绝滥用"封建"的做法。

马克思立足于对西欧中世纪特定的社会、经济、政治状况（如封君封臣,农奴制,庄园采邑制,领主垄断土地,土地不能自由买卖,与人身依附并存的领主与附庸间的契约关系,等等）来论说欧洲封建社会(feudalismus)。他指出:

> 在欧洲一切国家中,封建生产的特点是把土地分给尽可能多的臣属。同一切君主的权力一样,封建主的权力不是由他的地租的多少,而是由他的

臣民的人数决定的……③

这里将封土封臣视作封建生产关系的前提,强调封建主控制臣民及土地是封建制度的基础。马克思又把人身依附作为封建主义的特色,他论及欧洲中世纪时说:

> 在那里,我们看不见独立的人,却看见每个人都是互相依赖的——农奴与领主,家臣与封建诸侯,俗人与僧侣。物质生产的社会关系及建立在其上的各个生活领域,都是以人身的依赖性为特征。④

恩格斯(1820—1895)的见解与马克思类似,他在论述封建所有制时,把采邑制度和领主制度视作"基础",而这类制度都沿袭着人身依附性的"隶属形式"。恩格斯还指出,封建制度是由"采邑和保护关系(依附形式)"得以发展的。⑤

马克思研究中古社会,十分注意做经济层面的分析,尤其注意于土地制度的分析,认为农业是中古经济的主体,而农业的基础是土地,故考察土地制度是研究封建社会的入手处。

马克思指出,封建社会的土地制度不同于古典的和近代的,他就资本主义社会与封建主义社会的土地所有权作比较说:前者是"运动的所有权"(bewegliche Eigentum),后者是"非运动的所有权"(unbeweglieche Eigentum)。⑥ 所谓"非运动的所有权",指封建领主的土地由王者或上级领主封赐而来,不得买卖与转让。这种对土地的特权占有,具有"不动产的性质",马克思称之"已经硬化了的私有财产"⑦。是否保持土地的"非运动性"(或译作"稳定性"),是区分封建制

---

③ 《马克思恩格斯选集》第2卷,人民出版社1965年版,第223页。
④ 《资本论》第1卷,人民出版社1956年版,第60页。
⑤ 见《马克思恩格斯选集》第4卷,人民出版社1972年版,第147—153页。
⑥ 见《马克思恩格斯全集》第1卷,人民出版社1960年版,第384页;又见马克思《经济学—哲学手稿》,人民出版社1960年版,第71页。
⑦ 见《马克思恩格斯全集》第1卷,人民出版社1960年版,第369页。

与非封建制的重要标准。

马克思在研究日本社会史材料后,发现日本的中古时代存在深重的人身依附,土地是受封领主的政治特权,不得转让与买卖,形成与西欧中世纪类似的庄园经济,这种领主庄园是自给自足和闭关自守的整体,土地具有"非运动性",领主对农奴化的庄民实行超经济剥夺,因而马克思对日本一再以 feudalismus 相称。形成对照的是,马克思认为印度的情形另具一格。

(二)非贵族性土地所有制与封建主义不相兼容

马、恩晚年都把视野从欧洲扩及亚洲、非洲、美洲,通过研讨广大地域的人类学材料和经济、社会史材料,描绘出人类历史进展的丰富图景。

作为探索人类历史发展规律的努力的一个重要组成部分,马克思晚年(1879—1882)对摩尔根(1818—1881)、柯瓦列夫斯基(1851—1916)、梅恩、拉伯克、菲尔等人类学家、民族学家论著做了大量笔记,这些文稿曾"藏之深山无人识",它们公之于世是晚近的事。20世纪40—70年代陆续由联共(布)及苏共发表,但并未展开研讨。美国人类学家劳伦斯·克拉德对马克思几种笔记加以整理,于1972年以《卡尔·马克思的民族学笔记》之名出版,引起学界重视。至于在中国,这些笔记的中文译本,则迟至1985年12月出版的《马克思恩格斯全集》第45卷方基本刊出(关于菲尔的笔记还在此后发表),距马克思笔记书写时间已逾百年。时值20世纪二三十年代之交的中国社会史论战各派诸公,当然不可能读到马克思这些以研讨历史多途演进为重心的笔记,他们片面强调社会发展共性论(或曰历史单线进步论),把从西欧史提炼出的"原始社会—奴隶社会—封建社会—资本主义社会"递进阶梯视作普世性的不二路径,并将此种模式当成马克思主义的历史观加以信从,也就不足为怪了。然而,今天我们有条件完整地把握马克思关于资本主义社会以前社会诸形态的论说,即可发现,这位视野开阔的哲人十分重视各地区、各民族历史演进的特殊性。

马克思的年轻朋友、俄国学者马·柯瓦列夫斯基(1851—1916)的《公社土地占有制,其解体的原因、进程和结果》一书论及13—17世纪印度被穆斯林征服后的封建化问题,认为在英国殖民主义侵入以前,印度因扩大了采邑制和等级制,已发展成一种"印度封建主义"。马克思重视柯瓦列夫斯基的学术贡献,对其论著作详细摘录,但不赞成柯瓦列夫斯基将印度及伊斯兰的社会—经济制度与欧洲封建社会混为一谈,他在摘录《公社土地占有制,其解体的原因、进程和结果》一书时批写的评述指出,农奴制和土地不得买卖等特点均不存在于印度,故被穆斯林征服后的印度不是封建社会。马克思在按语中说:

> 由于在印度有"采邑制""公职承包制"(后者根本不是封建主义的,罗马就是证明)和荫庇制,所以柯瓦列夫斯基就认为这是西欧意义上的封建主义。别的不说,柯瓦列夫斯基忘记了农奴制,这种制度并不存在于印度,而且它是一个基本因素。⑧

马克思还专门就土地占有的"贵族性"问题加以辨析,因为这是一个社会是否为封建制的分水岭。马克思说:

> "至于说封建主义(执行监察官任务的封建主)不仅对非自由民而且对自由农民的个人保护作用(参看柏尔格雷夫著作),那么,这一点在印度,除了在教田方面,所起的作用是很小的";"罗马—日耳曼封建主义所固有的对土地的崇高颂歌(见毛勒的著作),在印度正如在罗马一样少见。土地在印度的任何地方都不是贵族性的,就是说,土地并非不得出让给平民!"不过柯瓦列夫斯基自己也看到这个基本差别:在大莫卧儿帝国特别是在民法方面没有世袭司法权。⑨

马克思的结论是,印度不同于罗马—日耳曼因素混合成的西欧式封建主义,因为印度的土地占有形式并非是贵族性的,也即并不是"非运动的所有权"(unbewegliche Eigentum),西欧封建主义派生出的对土地的崇高颂歌,在印度也就罕见。如此种种,印度社会不能纳入封建主义行列。马克思还不赞成柯瓦列夫

---

⑧ 《马·柯瓦列夫斯基〈公社土地占有制,其解体的原因、进程和结果〉一书摘要》,《马克思古代社会史笔记》,人民出版社 1996 年版,第 78 页。

⑨ 同上。

斯基把土耳其的军事移民区命名为"封建的",认为"理由不足"。足见马克思在使用"封建"概念时对泛化倾向的严格防止。

(三)中央集权君主专制与封建主义不相兼容

马克思反对滥用"封建",还鲜明地表现在,他把政权分裂视作封建主义的要素,因而明确主张:中央集权的君主专制制度与封建制度是相背离的。

马克思晚年的民族学笔记集中显示了专制主义与封建主义不相兼容的观点,如他在柯瓦列夫斯基《公社土地占有制》一书的笔记批语中指出,印度存在集权君主制,阻碍了印度社会向西欧式的封建制度演化。马克思引用柯瓦列夫斯基的书中文字说明此点:"到蒙古人的帝国末年,所谓封建化只发生在某些区,在其他大多数区,公社的和私人的财产仍然留在土著占有者的手中,而国家公务则由中央政府所任命的官吏办理。"⑩

马克思还说:

> 根据印度的法律,统治者的权力不得在诸子中分配,这样一来,欧洲封建主义的主要源泉之一便被堵塞了。⑪

统治权不得在诸子中分配,确保了中央集权的传延,这正是印度政制不同于西欧主权分割的封建制之所在。

此外,马克思指出,印度"没有农奴制"⑫,又引述柯瓦列夫斯基的论断说,印度"在民法方面没有世袭司法权"。而"农奴制"与"司法世袭权"正是封建制度的显在标志。无此标志的印度当然不应归入"封建社会"。

马克思更尖锐地抨击英国人约翰·菲尔对孟加拉国和锡兰社会的性质的错误判断,他在《约翰·菲尔爵士〈印度和锡兰的雅利安人村社〉一书摘要》中说:"菲尔这个蠢驴把村社的结构叫作封建的结构。"⑬

---

⑩ 《马·柯瓦列夫斯基〈公社土地占有制,其解体的原因、进程和结果〉一书摘要》,《马克思古代社会史笔记》,人民出版社 1996 年版,第 78—79 页。

⑪ 同上,第 68 页。

⑫ 同上,第 70 页。

⑬ 《马克思古代社会史笔记》,人民出版社 1996 年版,第 385 页。

可见，在马克思看来，"封建"（feudalism）是不得滥用的，他对封建社会有明确界定，反对以西欧中世纪的 feudalism 套用东方国家，并严厉批评机械类比者。

（四）君主专制发生在封建等级制衰亡的过渡期，并非封建主义的固有之义

有学者在论证泛化封建观时，常举西欧中世纪晚期专制君主制之例，以此说明中央集权的专制君主制是封建主义的题中之义，进而佐证中国秦汉以下两千年的专制王权是封建主义。其实，这种论证在逻辑上是有疏误的。从概念的内涵规定性而言，政权由上而下层层封赐，造成政权分裂，这是"封建"的本义，中国、西欧、日本的某一历史时段实行此种政制，故称"封建"。这本是顺理成章、名实吻合的历史学表述。至于在"封建社会"的晚期，出现君主专制，分权走向集权，贵族政治走向官僚政治，这正是"封建"的变性以至衰亡，是"非封建"乃至"反封建"的历史走势。如中国春秋战国的郡县制及专制君主制，西欧中世纪末期的专制王权及统一民族国家，日本江户时期通过参觐交代实行中央掌控藩国，这都是与封建主义相背离的趋向，是一种过渡形态，而并非封建主义的本有内容。马克思就此发表过题旨鲜明的意见：

> 现代历史编纂学表明，君主专制发生在一个过渡时期，那时旧封建等级趋于衰亡，中世纪市民等级正在形成现代资产阶级，斗争的任何一方尚未压倒另一方。因此构成君主专制的因素决不能是它的产物……
>
> 君主专制产生于封建等级垮台以后，它积极参加过破坏封建等级的活动……⑭

马克思用明白无误的语言指出，君主专制与封建等级制是相背反的两回事，就西欧而言，君主专制是封建等级制向近代资本主义转化的过渡阶段。因此，把君主专制纳入封建主义的基本内涵，是直接违背马克思本意的。

---

⑭ 《马克思恩格斯全集》第 4 卷，第 341—342 页。

四、用马克思封建论逻辑判断周秦以下中国社会形态：绝非"封建社会"

马克思虽然没有就秦至清朝中国的社会形态发表具体意见，但依照马克思对柯瓦列夫斯基和菲尔著作的评论逻辑（土地可以自由买卖的地主经济与封建主义不相兼容，君主集权的官僚政治与封建主义不相兼容）来分析，中国秦汉至明清社会形态主流显然不属于封建社会，因为——

秦汉至明清，农业生产者的主体是人身自由的农民而并非有法定人身依附的农奴，不存在长期占优势地位的农奴制；

自战国以降，土地可以买卖、转让，地主制渐成主流，封建贵族世袭土地制（即领主制）不占主导；

中国又有着比印度更加完备、更加强势的中央集权君主制度，官僚政治取代贵族政治，阻止向西欧国家权力分散的领主封建制那样的社会形态发展。

综上诸点，将秦汉至明清称"封建社会"的泛化封建观，显然与马克思、恩格斯的封建社会原论相悖。而将主流已是"非封建"的秦至清套上"封建"名目，归根结底，是单线直进史观的产物，根据这种史观，中国古史必然经历"原始社会—奴隶社会—封建社会"，于是，并无大规模生产奴隶的商周一定要归入"奴隶社会"，实行官僚政治、地主经济的秦至清必须归入"封建社会"，以至名实错置、语乱天下。如今无论有多大困难，我们必须走出单线直进史观设置的误区，好在当我们亡羊歧路之际，有一鲜明的指南，这就是马克思、恩格斯创建的唯物史观及其社会形态学说。

以上所论，当然无意主张对马克思取"凡是"态度，马克思的观点可以讨论、需要完善，但马克思的原论又是必须尊重的，不能把违背马克思原论的说法强称之"马克思主义历史观"。

【冯天瑜　武汉大学中国传统文化研究中心教授】

原文刊于《中国文化》2008 年 01 期

试论轪侯利苍的籍贯

王利器

轪侯姓甚名谁,过去有关记载,出入很大,长沙马王堆二、三号汉墓的发掘,出土了"利苍"的玉印,一切疑团,可以涣然冰释了。现在我们进一步要问,利苍究竟是何许人也?据我初步的考察,认为他是江夏郡人氏,更确切地拿当时的话来说,他的世县①是江夏郡竟陵县。汉代之所谓世县,犹后世之所谓祖籍、祖贯或原籍也。

我是从五个方面去考察这个问题的。

一、利氏

楚汉相争之际,项羽有个将军叫作利几,后来降了刘邦。《史记·高祖本纪》和《汉书·高帝纪》下提到此人,都作利几,《汉书·贾谊传》载谊上疏,也作利几,又查《广韵·六至》引《风俗通》:"利氏,汉有利乾为中山相。"《元和姓纂》卷八《六至》:"利氏,汉有利几,又仙人利贞元②汉阳人。《风俗通》:'汉有利乾为中山相。'"则利氏在汉代当为望族之一。利是个稀姓。在姓氏作为氏族社会

---

① 《史记·淮南衡山列传》:"真定,厉王母之家在焉,父世县也。"《索隐》:"谓父祖代居真定也。"
② 宋章定《名贤氏族言行类稿》卷四十二"利"氏下用此文,"元"作"源"。

标识的最初发展和形成的过程中,其定居是比较集中的。后世之所谓"土著",以及士大夫阶级所标榜之"郡望",就指这种落地生根、安土重迁的社会现象而言。邵思《姓解》卷三《刀部》:"利,《左传》:'楚公子食采于利',后以为氏。今之葭萌也。汉有中山相利乾。"邓名世《古今姓氏书辨证》卷二十九《六至》"利"下引《姓解》:"今为蜀利州。"罗泌《路史·国名纪》三"利"下引《邵姓录》云:"楚公子采为氏,为今利州。"此利氏得姓原委,明白可据。利几之为楚将,余意当楚霸王的江东八千子弟数中。《盐铁论·国疾篇》:"高皇帝龙飞凤举于宋、楚之间,山东子弟萧、曹、樊、郦、滕、灌之属为辅。"刘邦的"山东子弟",和项羽的"江东子弟"意义相同,都是包举他们手下的谋臣猛将而言,而这些谋臣猛将,绝大部分都是他们的同乡。利氏既由楚公子食采于利得姓,而仙人利贞元又是汉阳人。由此言之,则利氏在当时为楚国才有的族氏,可无疑义。

二、利苍

《史记·惠景间侯者年表第七》:"軑,长沙相侯,七百户。孝惠二年四月庚子,侯利仓元年。"《集解》:"軑,音大。"《索隐》:"軑音大,县名,在江夏也。"又云:"《汉书》作'轵侯朱仓,故长沙相。'"《汉书·高惠高后文功臣表第四》:"軑侯黎朱苍,以长沙相侯,七百户,(孝惠)二年四月庚子封。"师古曰:"軑音大,又音第。"《水经》卷三十五《江水》三:"又东迳軑县故城南。"注:"汉惠帝元年,封长沙相利仓为侯国。"是三书于軑侯姓名有作"利仓""朱仓""黎朱苍"之异文。今案:据《说文·刀部》"朱"为"利"字小篆偏旁"𣏟"形近之误。"黎"则为古文"𣏟"形近之误。《广韵·六至》:"利,亦姓,古文作秒。"《集韵·六至》同。且"朱""黎"音俱与"利"近,由是以音形俱近之故,"利"遂误为"朱"或"黎",而《汉书》传抄者则并存"黎""朱"异文,而误衍其一;《史记索隐》引《汉书》作"朱仓",不重"黎"字,但又误"軑侯"为"轵侯";唯軑侯之名作"苍",则与马王堆汉墓出土玉印符合。《水经注》作"利仓",其姓则与出土玉印相符,足知《史》《汉》作"朱"作"黎朱"之误也。唯《水经注》作"汉惠帝元年",仍当从《史》《汉》作

"二年"为是。又案:《史记》云"利仓元年"者,汉诸侯王得称元年,《淮南子·天文篇》:"淮南元年冬,太一在丙子。"高诱注引一曰:"淮南王安即位之元年,以纪时也。"《鲁孝王石刻》:"五凤二年,鲁世四年。"俱其证也。

三、利狶

利狶,这个名字,带有浓厚而鲜明的地方色彩。狶是战国、秦、汉时代江淮一带地方——也就是当时之所谓三楚的方言③。《庄子·大宗师》:"狶韦氏得之,以挈天地。"《释文》:"狶韦氏,许岂反;郭,褚伊反;李,音豕。"这里所谓"狶韦氏",即见于《左传》襄公二十四之"豕韦氏"。《列子·黄帝篇》:"食狶如食人。"《音义》:"狶,虚岂反,楚人呼豬作狶。"《楚辞·天问》:"冯珧利决,封狶是射。"《史记·天官书》作"封豕"。《淮南子·修务篇》:"封狶修蛇。"高诱注:"封狶,大豕,楚人谓豕为狶也。"《史记·高祖本纪》:"赵相国陈狶反代地。"《集解》引邓展曰:"东海人名豬曰狶。"《汉书·高帝纪》下:"代相国陈狶反。"注:"邓展曰:'东海人名豬曰狶。'"《汉书·食货志》下:"莽大募天下囚徒人奴名曰豬突狶勇。"颜师古注:"东方名豕曰狶。"扬雄《方言》卷八:"豬,……或谓之豕,南楚谓之狶。"狶字广泛地出现于《庄子》《列子》《楚辞》《淮南子》诸书,而且注家、小学家们还一再地举楚人、南楚人、东海人、东方人的读法来说明它,充分说明这种语言是从这一地区的人民群众中来的,尤其是"豕韦"之作"狶韦","封豕"之作"封狶",这种同词异音的现象,正是楚语之不同于当时之所谓"正言"④的具体例证。汉人荀悦也曾就书籍古今"异家别说不同"的现象,指出这是由于"言有楚、

---

③ 《史记·货殖列传》:"夫自淮北、沛、陈、汝南、南郡,此西楚也。……彭城以东、东海、吴、广陵,此东楚也。……衡山、九江、江南、豫章、长沙,是南楚也。"《史记·项羽本纪》《集解》引孟康曰:"旧名江陵为南楚,吴为东楚,彭城为西楚。"《汉书·高帝纪》:"以砀郡、薛郡、郯郡三十六县立弟文信君为楚王。"文颖曰:"薛郡,今鲁国是也。"则当时楚境直北至于薛鲁了。

④ 正言,犹如后代之所谓官话或普通话。《史记·袁盎晁错列传》正义引卫宏《诏定古文尚书序》:"伏生年九十余,不能正言,言不可晓,使其女传言教错;齐人语多与颍川异,错所不知者凡十二三,略以意属读而已。"这里,看得更清楚,就是齐语也和正言有所区别。颜师古注《汉书·王莽传》云:"尔雅,近正也。""近正"之"正",就是"正言"之"正"。

夏"之故⑤。说"东方"是就地望而言,说"东海"是就郡县而言,说"楚""南楚""吴楚"是就国别而言,其实都是指的江淮流域这一地区的语言,自己形成了一个系统,不过立说的出发点不同而已。清代顾炎武《日知录》卷二十九《方言》条引《宋书》:"高祖虽累叶江南,楚言未变,雅道风流,无闻焉尔。"又:"长沙王道怜,素无才能,言音甚楚,举止施为,多诸鄙拙。"《世说·豪爽》:"王大将军年少时,旧有田舍名,语音亦楚。"《梁书·儒林传》:陆倕言"孙详、蒋显亦经听习(《周官》),而音革楚、夏,故学徒不至"。《文心雕龙·声律》:"诗人综韵,率多清切;《楚辞》辞楚,故讹韵实繁。及张华论韵,谓士衡多楚,《文赋》亦称不易,可谓衔灵均之余声,失黄钟之正响也。"这些材料,很好地说明了楚音即随时代之迁移,而犹自保存其特殊之风格,成为研究方言不可多得的历史文献。《孟子·滕文公》下篇有一个学习语言的故事,说的是,有一个人想教他的儿子学齐语,请一个齐人来作教师,却让一些楚国人去干扰他。这样学齐语,一辈子也学不会的。孟子还把当时口操楚语的嘲笑为"南蛮𫓧舌之人"⑥。这些,充分说明了楚语是当时这个地方特有的语言,是楚人祖祖辈辈的习惯用法,不仅和"正言"有所不同,就是和齐语也是有所区别的。《史记·高祖本纪》:"子肥为齐王,王七十余城,民能齐言者皆属齐。"《集解》:"《汉书音义》:'此言时民流移,故使齐言者还齐也。'"《正义》"此言齐国形胜,次于秦中,故封子肥七十余城,近齐城邑,能齐言者,咸割属齐,亲子故大其都也。"这两种说法,虽然有所不同,但有一个重要因素,就是不管流移在他乡能说齐语的人也好,近齐城邑能说齐语的地方也好,总之,都是从齐语的角度来考虑这个问题的。这就不难看出,方言不仅具有特殊的社会基础,而且还往往是一种政治凝聚力。《史记·韩信卢绾列传》载陈豨是宛朐人,宛朐当时属于东楚范围,如楚元王的儿子刘执封宛朐侯⑦,就是以楚元王的封地分封的。《汉书·王子侯表》上:"卢⑧侯豨,城阳共王子,东海。"陈豨,宛朐人而名豨,刘豨分封东海郡之卢国,则城阳王封地一部分在东海郡,而即以

---

⑤ 见荀悦《申鉴·时事篇》。
⑥ 见《孟子·滕文公》上。
⑦ 见《汉书·王子侯表》上。
⑧ "卢",原作"雷",从王念孙、王先谦说校改,见《前汉书补注》卷十五上。

东海人的语言名其子为豨;很显然,陈豨、刘豨的名字,和利豨一样,都是和方言有直接联系的,《荀子》就曾经指出,这种习惯现象,叫作"楚人安楚",[9]或叫作"居楚而楚"[10],不然的话,如陈豨、刘豨、利豨他们的原籍或寄寓的地方,都与楚无关,而以楚语来起名字,那是不可想象的。

又案:《左传》桓公六年:"周人以讳事神,名终将废之,故……以畜牲则废祀。"杜预注:"名猪则废猪,名羊则废羊。"豨即猪也,中原之人讳猪,而三楚之人则广泛地以豨为名,虽曰或取"豨勇"之义,然必名之以畜牲之贱者,此又何说也? 曰:是则楚文化之所以为楚文化也。《左传》庄公四年:邓曼叹曰:"王禄尽矣。"杜预注:"楚为小国,僻陋在夷,至此武王始起其众,僭号称王。"又庄公:"十年秋九月,荆败蔡师于莘。"杜预注:"荆,楚本号,后改为楚。楚辟陋在夷,于此始通上国,然告命之辞,犹未合典礼,故不称将帅。"又庄公:"二十有三年夏,荆人来聘。"杜注:"荆子使某来聘,君臣同辞者,益楚之始通,未成其礼。"《正义》引《释例》曰:"楚之君臣,最多混错,此乃楚之初兴,未闲周之典礼,告命之辞,自生异同。"又僖公二十有三年,成公二年,《正义》俱引《释例》此文。实则楚之未闲周之典礼,犹襄公十四年,诸戎之"不与华同",服习积贯,岂止限于楚之初兴乎? 明乎此,则楚人之纷纷以豨为名者,思过半矣。

四、利汉

《汉书·高惠高后文功臣表》"轪侯"项,"曾孙"栏记载:"(建元元年,前140年)侯扶(秩)嗣,元封元年(前110年),坐为东海太守行过擅发卒为卫[11],当斩,会赦,免。""玄孙"栏,以国除未记名。"六世"栏写道:"元康四年(前62年),苍

---

⑨ 见《荀子·荣辱篇》。

⑩ 见《荀子·儒效篇》。

⑪ 《汉书·吴王濞传》:弓高侯告胶西王曰:"未有诏书虎符,擅发兵,王其图之。"印遂自杀。按,汉代发兵,须有虎符,否则为擅发兵。《周礼·春官》"牙璋"注:"以牙璋发兵,若今时以铜虎符发兵。"《汉书·文帝纪》:"初与郡守有铜虎符、兵使符。"注引应劭曰:"铜虎符第一至第五,国家当发兵,遣使者至郡合符,符合乃听受之。"

玄孙之子竟陵簪褒汉诏复家。"根据这三栏记载，结合起来研究，可得出如下结论。

轪侯四世扶（秩）以罪免，免就是夺爵失侯，国除。免有三种下场：（1）为士伍。按汉代沿用之秦爵二十级⑫无士伍，《史记》《汉书》亦数言"削爵为士伍"或"夺爵为士伍"，⑬则士伍非爵甚明。士伍未入爵，盖不属于"在军赐爵位等级"⑭之范畴，而止于"在军吏之例"⑮而已。

（2）为庶人。《史记·卫世家》："二世废君角为庶人，卫绝祀。"《史记·建元以来侯者年表》，出为庶人国除的有高利侯王山、安平侯杨翁君，免为庶人的有高平侯魏相。庶人犹言齐民，奴婢获免得为庶人⑯。秦爵二十级，第十级以上多以庶为名，如左庶长、右庶长、肆车庶长、士庶长等，都是指的庶人之长，刘劭《爵制》所谓"自左庶长已上至大庶长，皆卿大夫、皆将军也，所将皆庶人更卒也，故以庶长为名"是也⑰。

（3）为家人。《史记·鲁世家》："顷公亡，迁于下邑，为家人，鲁绝祀。"《晋世家》："静公迁为家人，晋绝不祀。"家人指奴婢，《史记·卫将军骠骑传》："青为侯家人。"（又见《汉书·卫青传》）

这三种夺爵方式，除因其情节严重，特别注明其为迁徙某地者而外，在当时的具体安置是：一是停留原国；二是徙居三辅；三是徙居诸侯王国；四是放回原籍。试以见于《汉书·功臣表》之簪褒一爵而论，失侯后仍得停留原国者，如南安严侯宣虎，景帝中元元年（前149年），孙宣千秋坐伤人免，宣帝元康四年（前62年），曾孙宣护以南安簪褒诏复家；广阿懿侯任教，元鼎二年（前115年），曾孙任越坐为太常庙酒酸免，元康四年，玄孙任定以广阿簪褒诏复家是也。其次，由于当时经常徙豪右于三辅，因之，国除的列侯后裔，在汉宣帝元康四年诏复家时，多以三辅爵里恢复了早已失去的天堂。如平皋炀侯刘它，元鼎五年（前112

---

⑫ 二十爵，详《汉书·百官公卿表》上。

⑬ 《史记·淮南王传》："削爵为士伍。"《汉书·景帝纪》《陈汤传》："夺爵为士伍。"

⑭ 详《续汉书·百官志》五注引刘劭《爵制》。

⑮ 同上。

⑯ 《汉书·高帝纪》下："诏民以饥饿自卖为人奴婢者皆免为庶人。"又《丙吉传》："诏免（宫婢）则为庶人。"

⑰ 《续汉书·百官志》五注引。

年),曾孙刘胜坐酎金免,元康四年,七世孙刘胜之以长安簪裹诏复家;曲逆献侯陈平,元光五年(前 128 年),曾孙陈何坐略人妻弃市,元康四年,六世孙陈莫以长安簪裹诏复家;历简侯程黑,景帝中元年(前 149 年),孙程灶有罪免,元康四年,六世孙程以长安簪裹诏复家。复次,徙居诸侯王国而以簪裹诏复家的,则有清简侯室中同,元鼎五年(前 112 年),玄孙室中生坐酎金免,元康四年,玄孙室中武以高苑簪裹诏复家;高苑侯国,丙猜所封。其不从簪裹诏复家的,则有:汾阴悼侯周昌,建元元年(前 140 年),孙周左车有罪免,元康四年,曾孙沃侯国士伍周明诏复家。梁邹侯武虎,元鼎五年(前 112 年),曾孙武山柎坐酎金免,元康四年,玄孙之子武充竟以夫夷侯国公乘诏复家。至于放回原籍的,《汉书·孔光传》注引《汉旧仪》:"丞相有它过,使者奉策书,即时步出府,乘栈车,归田里。"在《汉书·陈万年传》有陈咸,《薛宣传》有薛宣,《孔光传》有傅嘉,《元后传》有王况,《王莽传》有严尤。至于夺爵之后,虽未明言其下落,而实为归田里者如:严敬侯许猜,元鼎五年,玄孙许广宗坐酎金免,元康四年,六世孙许任寿以平寿公士诏复家,平寿属北海郡;阳羡侯灵常,文帝十三年(前 167 年),孙灵胜卒,亡后,元康四年,玄孙灵横以南和大夫诏复家,南和属广平郡;河阳侯陈涓,文帝三年(前 177 年),子陈信坐不偿责过六月免,元康四年,玄孙陈元以即丘公士诏复家,即丘属东海郡;宣曲侯丁义,景帝中五年(前 145 年),子丁通有罪免,元康四年,曾孙丁年以阳安公士诏复家,阳安属沙南郡。上面所举这些例证,包括竟陵簪裹利汉在内,所出邑里,一非边荒,二非远恶,三非侯王国,而汉代官人命爵,一般都以乡举里选为必由之路。《汉书·循吏黄霸传》:"黄霸淮阳阳夏人,补左冯翊二百石卒史。"注:"如淳曰:'三辅郡得仕用它郡人,而卒史独二百石,所谓尤异者也。'"这是说三辅情况特殊,得仕用他郡人,其余郡国则不得任用他郡人。《汉书·京房传》:"为魏郡太守,自请得除用它郡人。"由于要除用他郡人,而特向朝廷奏请,尤足见其余郡国用人非本郡人不可。仕宦如是,作为仕宦进身之阶的爵命,当然不能例外。据此,则诸侯王后裔之以非原封国、非其他侯王国、非三辅之爵里复家者,当是失侯夺爵后放回原籍之故,史虽无明文,然以《汉旧仪》的条文和陈咸、薛宣、傅嘉、王况、严尤的事例推之,其为罢归故郡,是毫无疑义的。因之,现在根据"苍玄孙之子竟陵簪裹汉"这一重要线索,证之以当时历史实际,来断定利苍是江夏郡竟陵人氏,这和想当然尔之辞是有所区别的。这里,还有一个值得注意的问题,就是马王堆轪侯家墓地。没有利豨以下墓葬,其唯一原因,就是长沙非利氏原籍,因而利氏子孙没有归葬长沙之必要。归葬是"周公之礼"在丧葬方面推行其迷恋故乡的奴隶制典章制度之一,《礼记·檀弓》上:"太公望封于营丘,比及五世,皆重葬于周。君子曰:'乐,乐其所生;礼,不忘其本。古之人有言,狐死正丘首,仁也。'"自从儒家者流,借此大肆宣传,在漫长的封建社会时期,人们都不敢打破这个框框。《汉书·韦玄成传》:"玄成别徙杜陵,病且死,因使者自白曰:'不胜父子恩,愿乞骸骨归葬父墓。'上许焉。"《太平御览》卷五百五十六引桓谭《新论》:"扬雄为郎居长安,素贫,比岁亡其两男,哀痛之,皆持归葬于蜀。"《后汉书·儒林孔僖传》:"孔僖拜临晋令,卒官,遗令即葬,……蒲坂令许君然劝令返鲁。"《晋书·王祥传》:"祥二子烈、芳同时而死,将死,烈欲还葬旧土,芳欲留葬京邑。祥曰:'不忘故乡,仁也;不恋本土,达也;惟仁与达,吾二子有焉。'"王祥和《檀弓》所载周公、孔子的化身君子都认为归葬是"仁",因之,归葬不仅受到"周公之礼"的制约,反之,不搞归葬,还要受到封建制法令的制裁。如陈寿以不归葬贬官,即其明证。由是可知,长沙非利氏原籍,利苍虽留葬长沙,然其祖茔并不在长沙,故利豨以下没有归葬长沙;而利汉之以竟陵簪褭复家,尤足证明利氏之原籍是竟陵而非长沙,所以利豨之死不能归葬长沙,而利秩之失侯也不能放归长沙。

簪褭是二十爵等三级,即"御驷马者。要褭,古之名马也。驾驷马者,其形似簪,故曰簪褭也。"[18]刘劭释簪褭,颇能道出其命名之故。《论衡·谢短篇》写道:"名曰簪褭上造,何谓?"盖汉承秦制,自商鞅论述二十爵以来,多历年所,即如王充之博物,也不知其为何语了。诏复家,是汉宣帝元康元年(前65年)事,而史表列在元康四年者,盖倡始于元年,至四年才得一一施行耳。《汉书·宣帝纪》:"元康元年,复高帝功臣绛侯周勃等百三十六人家,[19]子孙令奉祭祀,世世勿

---

⑱ 详《后汉书·百官志》五注引刘劭《爵制》。

⑲ 荀悦《前汉纪·宣帝纪》二作"复高祖功臣绛侯周勃等三十六人",误脱"百"字。

绝,其毋嗣者复其次。"⑳轪侯位次为百二十,故于是时得诏复家。复家,就是孔子所说的"兴灭国,继绝世"㉑之意。汉承秦制,虽废封建,但自始至终,还是推行郡国并存的双轨制,并没有完全把"封国土,建诸侯"一扫而光。复家之家,即《史记》的"世家"之家的意思。《史记·吴太伯世家》索隐引董仲舒曰:"王者封诸侯,非官之也,得以代为家也。"《史记·三王世家》:"今诸侯支子封至诸侯王,而家皇子为列侯。"《索隐》:"时诸王称国,列侯称家也。"这些都是列侯称家的例证。轪国在四世侯利秩(扶)时因罪国除,中间绝一世,到了汉宣帝元康元年,乃诏利苍六世孙利汉复家,也就是恢复轪侯爵位的意思,俾得世其家,因而在元康四年实施复家,利汉遂以二十爵第三级——竟陵簪褭晋升到第二十级的彻侯了。

五、利苍之衣锦还乡

利苍既然是江夏郡竟陵县人氏,据《汉书·地理志》轪县属江夏郡,轪与竟陵同属一郡。自汉以来,君临本郡,都认为是很光彩的事体;则利苍以竟陵人而封轪侯,这是汉家对利苍的特意安排,这是当时所谓"衣锦还乡"的又一次庸俗的登场表演,这种以富贵骄人、炫耀乡里的封建官场俗套,打从项羽创始以来,一直是封建官僚们毕生寻求的黄粱美梦。《史记·项羽本纪》:"项王见秦宫室皆以烧残破,又心怀思欲东归,曰:'富贵不归故乡,如衣绣夜行,谁知之者。'"《华阳国志》卷一《巴志》:"帝将东讨关东,賨民皆思归,帝嘉其功而难伤其意,遂听还巴,谓目曰:'富贵不归故乡,如衣绣夜行耳。'徙封阆中慈凫乡侯。"《汉书·朱买臣传》:"拜会稽太守,上谓之曰:'富贵不归故乡,如衣锦绣夜行。'"《三国志·魏书·张既传》:"出为雍州刺史,太祖谓既曰:'还君本州,所谓衣绣昼行矣。'"《南齐书·刘善明传》:"足下今鸣箎归乡,衣绣故国。"《北齐书·封隆之传》:

---

⑳ 王先谦《汉书补注》:"《通鉴考异》云:'《功臣表》诏复家者,皆云元康四年,其数非一,不容尽讹,盖《纪》讹耳。'钱大昕云:'考《功臣表》诸功臣之后,诏复家者,实百二十三人,与《纪》人数不合,或《表》有脱漏矣。《表》称元康四年,而《纪》书于元年,盖有司奉诏检校得实,请于朝而复之,非一时所易了,《纪》所书,下诏之岁,《表》所书者,赐复之岁也。'先谦案:钱说是。"

㉑ 见《论语·尧曰篇》。

"衣锦昼游，古人所贵。"《唐书·张士贵传》："士贵虢州人，授虢州刺史，帝曰：
'顾令卿衣锦昼游耳。'"像这样的例子，真是举不胜举。虽然汉高祖刘邦"寤戍卒之言，断怀土之情"②，然而"人情同于怀土"②，习惯势力也不是一手一足之烈所能克服掉的，因而汉惠帝于二年（193年），封长沙相为轪侯时，仍复封之于本郡以宠之耳。

从上面所述五种理由来看：

（1）利氏是楚人的稀姓；

（2）利豨取名，显然是楚国语言的影响；

（3）利豨以竟陵簪裹复家，竟陵是其原籍；

（4）利苍之封为轪侯，这是当时"衣锦还乡"封建官场传统陋习。

因此，我们有理由认为利苍是江夏郡竟陵县人氏。《汉书·高帝纪》下："五年（前202年）春正月，下令曰：'楚地已定，义帝亡后，欲存恤楚众，以定其主；齐王信习楚风俗，更立为楚王。'"（又见《史记·高祖本纪》）由于利苍是楚人，像韩信一样，"习楚风俗"，因而置为长沙国相，有以"存恤楚众"而"定其主"云尔。

【王利器　中国社会科学院特约研究员】

原文刊于《中国文化》1991年01期

---

② 班彪：《王命论》，见《汉书·叙传》上。

㉓ 《文选》王仲宣《登楼赋》。

暨艳案及相关问题

田余庆

【内容提要】暨艳案是孙吴历史中的一桩重要公案,学界讨论尚不多见。作者深入审视了此案的幽微之处,认为暨艳等人以澄清郎署雇罪,除应究及"清浊太明",违背了孙权用人"忘过记功"之旨的原因以外,还应放在孙吴政权经历了一个以淮泗人为主体到以江东人为主体的"江东化"过程这一结构性变化的背景中加以分析。暨艳主持铨选,正值孙吴处于"江东化"的转折过程之中。当时吴郡顾、陆、朱、张四姓子弟通过郡举等途径大量出仕孙吴政权,而郎署为其居停待调之所。暨艳检核郎署,损害了吴郡四姓的利益,也违背了朝廷擢拔江东士族的要求,所以四姓反应强烈,而孙吴也不能不对暨艳等人加以惩治。经作者考释,暨艳、张温等人检核郎署之举,承继的是汉末士大夫的清议风习;其被谴黜,又和暨氏家族与孙吴统治者早年的对抗有关。

一、关于暨艳案

吴黄武三年(224 年)选曹尚书暨艳坐检核三署郎官事,与选曹郎徐彪一起被诬自杀,连及名士吴郡张温废黜终生。这是吴黄武政局的一件大事。《三国志·吴志·张温传》载暨艳案梗概曰:

艳,字子休,亦吴郡人也,温引致之,以为选曹郎,至尚书。艳性狷厉,好为清议。见时郎署混浊淆杂,多非其人,欲臧否区别,贤愚异贯。弹射百僚,核选三署,率皆贬高就下,降损数等,其守故者十未能一。其居位贪鄙、志节污卑者,皆以为军吏,置营府以处之。而怨愤之声积,浸润之谮行矣。竞言艳及选曹郎徐彪专用私情,爱憎不由公理。艳、彪皆坐自杀。温宿与艳、彪同意,数交书疏,闻问往还,即罪温。①

关于暨艳案,我在 1959 年所撰一篇讨论曹操的文章中曾经提及,主要是感慨暨艳以举清厉浊遇祸,谴责孙权不能励精图治,并以此衬托曹优孙劣。现在看来,这完全是皮毛之见,未究及暨艳案情的幽微,因而也未能说清此案的实质所在。其实,崔琰、毛玠为曹操典选,号称亮直,也终于不见容于曹操,一死一废,与较晚出现于吴国的张温、暨艳见逼于孙权事,不也有相似之处吗?《资治通鉴》宋元嘉二十二年载孔熙先说范晔之言,论及"昔毛玠竭节于魏武,张温毕议于孙权。彼二人者皆国之俊乂,岂言行玷缺然后至于祸辱哉!皆以廉直劲正,不得久容"②。孔熙先以毛玠、张温并论,就是由于此二人事相似而理相通。

典选拔士,从来都是十分敏感的事,因为这不但是被选者个人的荣途所系,而且往往涉及权势阶层和当途家族的现实利益。在世局转折的时候,这类问题甚至可能干犯帝王,引起政治风浪。历史上有些由于典选而产生的个案,事关大局而情多隐秘,成为千百年难发之覆。崔琰、毛玠一案比较著名,历来议论纷纭;张温、暨艳一案则史家关注者少,事遂湮没。《十七史商榷》卷四十二有"张温党暨艳"条,只说到孙权既衔张温称美蜀政,而其废张温令又不及此意这样一个枝节问题,没有探究暨艳案的根本。

胡守为先生《暨艳案试析》一文③,是我所见专论暨艳案的唯一的一篇论文。胡文认为暨艳案之发生,主要是由于暨艳为选曹尚书清浊太明,违背了孙权"忘

① 《通典》卷二十三《职官》五引此文,字句微异。又,此案《通鉴》系于黄武三年,案情涉及是年冬曹丕南侵退军后张温之事,可能迁延至四年始结案。《张温传》于案情梗概之下载孙权幽张温所下令文和骆统疏理张温表文,均包含不少与此案有关的材料,文长不录。
② 《宋书》《南史》范晔传载孔熙先说范晔之言,皆略去毛玠、张温句。
③ 见《学术研究》1986 年第 6 期,广州版。

过记功""以功覆过"的选士宗旨,因而招致"怨愤之声"和"浸润之谮"。胡文用
《陆瑁传》《朱据传》中当时人物责难暨艳的言论来解释暨艳案发生的原因,是言
之有据的。创业者用人都应轻其过而重其功,否则不但难于网罗人才,而且还可
能为丛驱雀,为渊驱鱼,对自己不利。曹操创业用人,也是赏功而不罚过。曹操
别驾毕谌和操所举孝廉魏种均于兴平元年附兖州之叛而离弃曹操,后来又都被
曹操擒获,曹操释其罪而复用之,事在官渡之战前夕。官渡战后,曹操得许下及
军中人与袁绍书,一皆焚之,概不追究。士大夫清议获谴,曹操也不许追究。
《魏志·陈矫传》注引《魏氏春秋》载曹操令曰:"丧乱已来,风教凋薄,谤议之言,
难用褒贬。自建安五年以前一切勿论;其以断前诽议者,以其罪罪之。"这大略
可见,建安五年官渡之战的胜利使曹操地位稳固下来,对臣下的功过赏罚才得以
比较全面地执行。尽管如此,《周官》八议议功之条到曹魏时正式入律,说明以
功覆过已具有法律效力。《魏志·夏侯玄传》注引《魏略》许允谓袁侃曰:"卿,功
臣之子,法应八议,不忧死也。"曹操赏功而不罚过和魏时八议议功之条入律,有
助于理解孙权"忘过记功""以功覆过"的用人宗旨。

暨艳案发的江东黄武之世,离孙策过江近三十年。孙吴虽然内外有成,但毕
竟帝业未立,所以用人仍当"忘过记功"。暨艳为选曹尚书而悖此旨,以此获谴
是不无道理的。即令黄龙称帝以后,孙权犹以天下未一,不敢备郊祀之礼,因而
还不能改变"忘过记功"宗旨。可以说终孙权之世,"忘过记功"宗旨都有存在的
理由。

《吴志》所记此一用人宗旨,除胡文所用《朱据传》《陆瑁传》涉及暨艳检核三
署的黄武时二事以外,还有数处,年代涵盖孙策过江之初以至孙权嘉禾之时。试
举如下。

《吴志·妃嫔·吴夫人传》注引《会稽典录》:

> 策功曹魏腾以迕意见谴,将杀之,士大夫忧恐,计无所出。夫人乃倚大
> 井而谓策曰:"汝新造江南,其事未集,方当优贤礼士,舍过录功。魏功曹在
> 公尽规,汝今日杀之,则明日人皆叛汝。吾不忍见祸之及,当先投此井中

耳！"策大惊,遽释腾。④ ——案:这是建安五年或稍前的事。

《吴志·陆逊传》逊在武昌上疏陈时事曰:

> 然天下未一,当图进取……且世务日兴,良能为先,自不奸秽入身难忍之过,乞复显用,展其力效。此乃圣王忘过记功,以成王业。——案:这是黄龙中事。

《吴志·潘璋传》陈寿评曰:

> 潘璋之不修,权能忘过记功,其保据江南,宜哉！——案:此条胡文亦用。潘璋数不奉法,孙权惜其功而辄原不问,故陈寿有此评。事载嘉禾三年潘璋死前不久。

以上所引连同黄武时朱据、陆瑁诸条,可见"忘过记功"宗旨孙吴是数十年一贯的,以之解释魏腾之死、尊陆逊之议、原潘璋之过诸事皆可,以之解释暨艳案亦可。扩而言之,建安五年以前曹操用人,亦同此宗旨。从这个意义说来,胡文所见是通达之论,是符合吴、魏历史实际的。

不过,我觉得这毕竟只是从一般意义立论,理由似宽泛了一些。如果要探究暨艳个案,说明其所以在吴国、在黄初年间出现的原因,弄清其特定意义,只究及此一宗旨是不够的。一般说来,这样的大案,与吴国黄武年间的特定条件不能没有更为紧密的关系。此案幕后人物张温,出吴四姓之一,其父张允为孙权东曹掾⑤,张温本人曾为吴选曹尚书,两代典选,不为无功,依孙权"忘过记功"宗旨,对张温处置也当有所宽贷才是。然而张温一涉此案,身在不宥,废弃终生。而且家门株连惨酷,甚至累及己出。据《张温传》注引《文士传》,温姊妹三人均不得

---

④ 《吴志·吴范传》及注引《会稽典录》载孙权时魏滕被孙权谴,吴范救之之事,魏滕与魏腾当是一人。可知魏腾后来在孙权左右。

⑤ 魏东曹掾典选举,见《魏志·崔琰传》。吴制当亦如此。

免,已嫁者皆见录夺;《陆绩传》注引《姚信集》,温弟白为陆绩婿,"遭罹家祸,迁死异郡",温弟祗亦废。这样重的处置,是与"忘过记功"宗旨大相径庭的。这岂不是说"忘过记功"并非统一的、准确的尺度,还须要看是对待何人,并且要看是何功过吗?

所以我认为,为弄清暨艳案问题,有进一步作纵横探索的必要。这里拟先就横向探索,剖析暨艳检核郎署所涉问题,然后再作纵向探索,究明此案在孙吴政权江东化过程中的意义。

二、暨艳案与吴四姓

暨艳检核三署之事,涉及人物上自丞相孙邵⑥,下至百僚,但最集中、最主要的是三署郎官。案五官、左、右三署各以中郎将统领郎官之制,沿于东汉,魏、吴皆承之⑦。郎有郎中、中郎、侍郎等名目,无员数,来自察举、征拜、任子诸途。郎官日在帝王左右,宿卫扈从,有被甄选升进的便利条件。所以三署实际上是吴国官员养成和储备机构,是贵游子弟汇集之所。《后汉书·杨秉传》秉上桓帝疏:"太微星积,名为郎位,入奉宿卫,出牧百姓。"这即指三署郎官。汉制王国置郎中令,郎中令统领三署郎将。吴有郎中令及三署中郎将,当始于孙权受封为吴王之时。但是孙权以前,其将军幕府不能没有官员待职机构,只是不具有正式名称而已。

吴国黄武时的郎中令,已知有汝南陈化⑧、东莱刘基⑨,但二人行迹均与三署职事无关。以张温、暨艳奏孙邵事观之,似其时制度草创,三署职务暂由丞相承

---

⑥ 《吴志·孙权传》黄武四年注引《吴录》:孙邵"黄武初为丞相……张温、暨艳奏其事,邵辞位请罪,权释,令复职",黄武四年卒。张温、暨艳奏孙邵何事,于史无考。以情理言,当为坐三署混浊,丞相失职事。

⑦ 三署中之五官署,其郎将一职在曹操为丞相魏王时,以世子曹丕为之,副贰丞相,为时特例。

⑧ 《吴志·孙权传》黄武四年注引《吴书》。

⑨ 《吴志·刘繇传》。

吴王命直接领之,所以三署有事,只责丞相而不责郎中令[10]。黄武时吴三署中郎将姓名无考。三署中之五官署,其郎官可考者有吴郡朱据(郎中)、沛国薛综(中郎)[11]、会稽谢承(郎中)[12]。此外,确知为黄武时三署郎官而不明在何署者,尚有云阳殷礼[13]、陈郡郑泉[14]、河南褚逢[15]。以黄武时可考郎官[16]的籍贯言之,侨寄的宾旅之士为数尚多,江东人数量也已不少。这种地域分布有一定的参考价值。当然,这只是偶然留下的几个例证而已,只能窥其一斑,不是郎官籍贯的准确统计。

自汉以来,郎署猥杂是常有的事,诏令难于澄清。孙吴"郎署混浊,多非其人",也不只是黄武时如此。《孙权传》赤乌二年注引《江表传》载诏曰:"郎吏者宿卫之臣,古之命士也。间者所用颇非其人。自今选三署皆依四科,不得以虚词相饰。"这反证黄武选郎吏不依科目,漫无准则,情伪之多是意料之事[17]。所以当暨艳检核三署酿成事端之时,劝阻者及评论者并无人否认郎署混浊淆杂的事实,只是认为积弊深重,难以澄清,强行之易致祸难。陆逊评暨艳之举,"以为必祸";陆瑁劝阻,说暨艳欲使善恶异流,厉俗明教,事虽必要,"恐未易行";朱据则认为只需"举清厉浊,足以沮劝"就够,切忌用贬黜等激烈手段,否则"惧有后

---

⑩ 汉代郎中令(后改称光禄勋)有选拔郎官以供朝廷任用之责。三国以来禁军制度变化,光禄勋不复居禁中,郎官实际上已无宿卫之责,为居位享俸待调之"散郎";三署中郎将至晋罢省。《通典》卷二十三《职官》五引《华谭集》"尚书二曹论"(案二曹指贼曹与选曹),记刘道贞(《晋书》作刘道真,即刘沈)语称"吴、晋重吏部",又称"今吏部非为能刊虚名、举沉朴者,故录以成人,位处三署,选曹探乡论而用之耳,无烦乎聪明"(案"选曹"原作"听曹",据《全晋文》所引改)。是吴、晋之三署郎,由选曹据中正品第(案即"乡论")擢用选拔(参见阎步克《从任官及乡品看魏晋秀孝察举之地位》,见《北京大学学报》1988 年第 2 期)。故孙吴选曹尚书暨艳有权直接检核郎署,郎中令及中郎将不预其事。

⑪ 《吴志·薛综传》:"士燮既附,孙权召综为五官中郎。"按士燮遣子入质在建安末,燮死于黄武五年,故可定薛综为五官中郎在黄武中。

⑫ 《吴志·妃嫔·徐夫人传》:"权为讨虏将军,在吴,聘以为妃,使母养子登。"同书《谢夫人传》:"权纳姑孙徐氏,欲令谢夫人下之,谢不肯,由是失志,早卒。后十余年,弟承拜五官中郎。"案据《孙登传》,登赤乌四年死,年三十三,则生于建安十四年,徐夫人母养登当即此年或略后事。谢夫人"失志早卒"当在此后不久。从此时再"后十余年"谢承拜五官中郎。据此推算,谢承拜此官只能在黄武时。

⑬ 《吴志·顾雍传》注引《通语》。

⑭ 《吴志·孙权传》黄武元年注引《吴书》。

⑮ 《吴志·孙权传》黄武五年,郡望原书失载,但据知褚氏只此一望。

⑯ 以上所考,参考了洪饴孙《三国职官表》及杨晨《三国会要》。

⑰ 其实赤乌以后郎署污浊问题也未解决,读《抱朴子·吴末》记吴末"贡举以厚货者在前,官人以党强者为右"可知。党强,主要指吴公族及四姓子弟等大族操纵选举,垄断仕途。本文下面就要说到这种情况。

咎"⑱。这些都是深明底细而又谙练官场的言论,以清议为己任的狷介书生暨艳却不明白。暨艳差断三署时"颇扬人暗昧之失,以显其谪",这就不只是暴露三署郎吏本人的贪鄙污卑,还触及举主及有关官员的黑暗腐败,影响这些人的仕进和其家族利益,甚至牵动敏感的政局,引起怨愤之声和浸润之谮。孙权站在郎吏及其家族一边,企图稳定已有秩序,反对暨艳检核,因此暨艳、徐彪、张温的厄运是无可避免的。

如前所考,黄武时三署郎官,江东子弟已占相当比例。吴郡太守朱治选大姓子弟入官事,提供了一个考察暨艳检核郎署问题的重要线索。朱治,丹阳故鄣(今浙江安吉境)人,以州从事随孙坚外出征战,又扶掖孙策还定江东。孙策、孙权先后自领会稽郡时,朱治一直为吴郡太守。孙策、孙权屯吴,吴郡吴县实际上是江东首邑。朱治守吴郡历三十一年,直到黄武三年即暨艳案发之年病死为止。朱治既是从龙勋贵,又是帝城守将,其地位之特殊可知。他在郡先后举孙权、孙翊、孙匡兄弟三人为孝廉。朱治之子朱纪,妻孙策女;朱治养子朱然,吕蒙临死时举以自代。这些都说明朱治与孙氏关系,既久且深。

《吴志·朱治传》治在吴郡,"公族子弟及吴四姓多出仕郡,郡吏常以千数。治率数年一遣诣王府,所遣数百人"。这是一条很值得重视的资料。案刺史、太守在任,使管内士人仕进路泰,本是他们自认的职责所在,也是稳固他们自己地位之所必须⑲。朱治汲汲于贡举公族及四姓子弟,目的是十分明显的。"遣诣王府"泛指遣诣孙权原来所居的将军幕府和后来的吴王府,因为朱治数年一遣,累计至数百人,绝非都是黄武元年至三年即孙权称吴王至朱治之死的两三年内所遣。可见朱治为孙氏公族子弟及吴四姓铺设仕宦之路,为日已久。孙权称吴王前,朱治所遣当居停将军幕府;称吴王后有三署之设,所遣当以三署为居停之所,从郎吏迁转他官。吴四姓之一的朱桓给事孙权幕府,即是孙权为将军时事,朱桓弟朱据黄武初征拜五官郎中,补侍御史,则是孙权为吴王时事。朱氏兄弟二人入仕,当经太守朱治荐举,其时入仕程序固当如此。我们知道,吴四姓并称,起于三

---

⑱ 分见《吴志》陆逊、陆瑁、朱据等传。

⑲ 《吴志·陆逊传》逊至荆,以荆土仕进或未得所为虑,上疏请曰:"今荆州始定,人物未达,臣愚惓惓,乞普加覆载抽拔之恩,令并获自进,然后四海延颈,思归大化。"陆逊所虑,可为参考。

国。《世说新语·赏誉》注引《吴录·士林》曰"吴郡有顾、陆、朱、张,三国之间,四姓盛焉"。吴四姓之起与日后江东历史关系至大,他们勃兴于三国之世,朱治当起了重要的促进作用。

据上引《朱据传》,知朱治遣诣王府之公族子弟及吴四姓,一般不是白衣入选,而是先仕郡为吏,从郡吏中选拔。郡吏并非都是大姓,非大姓的郡吏要获得被拔擢的机会,往往须有大姓的提携。《吴志·顾邵传》:"初,钱唐丁谞出于役伍,阳羡张秉生于庶民,乌程吾粲、云阳殷礼起乎微贱,邵皆拔而友之,为立声誉。……谞至典军中郎,秉云阳太守。礼零陵太守,粲太子太傅。世以邵为知人。"顾邵为顾雍长子,吴郡首望。他虽未曾做过吴郡太守,但是对于上列四名吴郡寒庶出身的士人,却以其家族势力和个人在乡党的影响,对他们"拔而友之,为立声誉"。不过他们正式得官,还是必须经郡办理,一般是不能超越的。四人中之殷礼,"少为郡吏,年十九,守吴县丞。孙权为王,召除郎中"[20]。这无疑是经郡举得官而被吴王召入三署。暨艳为官,亦当如此。

《吴志·张温传》载骆统疏曰:暨艳"先见用于朱治,次见举于众人,中见任于明朝……",出仕轨辙与前面所举诸人相同,其中包括一个"见举于众人"的程序,这就是乡论。暨艳出仕大概也需要本郡大族扶持,始能获乡论而立声誉,如顾邵之于丁谞、张秉、吾粲、殷礼一样。扶持暨艳的吴郡大姓应当不是别人而是张温。乡论程序,于仕途至关重要,特别是在孙权为吴王、立王国制度以后更是如此。《朱治传》朱治之子朱才,以父任为校尉领兵,未循一般士人的仕进途径,"本郡(案指丹阳郡)议者以才少处荣贵,未留意于乡党。才乃叹曰:'我初为将,谓跨马蹈敌,当身履锋,足以扬名,不知乡党复追迹其举措乎!'于是更折节为恭,留意于宾客,轻财尚义,施不望报,又学兵法,名声始闻于远近。"丹阳郡乡党所议论于朱才者,吴郡乡党于吴士亦然。此外,本州举命,于士人前途也深有关系。《陆逊传》注引《吴书》,陆逊身为上将军,列侯,年近四十二时,孙权为嘉其功德,欲殊显之,"令历本州举命。乃使扬州牧吕范就辟别驾从事,举茂才"。州辟掾,举茂才,按照东汉制度,也须要采择舆论。吴时偶见大族子弟以不就辟举

---

[20] 《吴志·顾邵传》注引殷基《通语》。殷基,殷礼之子。又,《张温传》载孙权令,谓殷礼本为"占候召";《赵达传》谓达"治九宫一算之术","自阚泽、殷礼皆名儒善士,亲屈节就学,达秘而不告"云云。

而增身价者。陆逊弟陆瑁，"州郡辟举皆不就"，必待公车征拜，始出仕朝端。这也是东汉遗风，不过吴时并不多见。

黄初年间，公族及四姓子弟经朱治遣诣王府者已有数百人之多，此数以外，不能排除还有不经郡而以他途入王府仕进的四姓子弟。他们云集郎署，以次补官。这就使吴四姓尤其是其中的顾、陆诸人在孙吴政权中的地位迅速上升。我们知道，东汉后期，顾、陆诸族已有在朝人物，所以陈琳说"吴诸顾、陆，旧族长者，世有高位"[21]。不过像黄武年间以及以后几十年中这样多的顾、陆子弟充斥于江东小朝廷的局面，却是以前所没有的。三国之间是顾、陆等四姓家族的跃进时期，也是他们与江东政权结合最为紧密的时期。孙皓时陆凯上书陈事，说到孙权"外仗顾、陆、朱、张，内近胡综、薛综，是以庶绩雍熙，邦内肃清"。这当然不是指孙权统治的全部时间，而是特指黄武以后。吴四姓以顾、陆为著，顾、陆又以陆氏更强。《世说新语·规箴》"孙皓问丞相陆凯曰：'卿一宗在朝有几人？'陆曰：'二相，五侯，将军十余人。'皓曰：'盛哉！'"注引《吴录》曰："时后主暴虐，凯正直强谏，以其宗族强盛，不敢加诛也。"

三国时期，吴四姓在政治地位、社会地位日益提高的过程中，逐渐形成了各自独特的门风。《世说新语·赏誉》："吴四姓旧目云：张文、朱武、陆忠、顾厚。"案"旧目"之"目"当是人物题目之义，而非版本文字之讹误[22]。名士题目人物，起于后汉之末，三国时南北此风相同。《世说新语·品藻》"庞士元至吴，吴人并友之，见陆绩、顾劭（案当依《吴志》作邵）、全琮而为之目。……或问：'如所目，陆为胜耶？……'"[23]又，《吴志·潘濬传》注引《襄阳记》，习温为荆州大公平（案犹魏之大中正），潘秘谓习温曰："先君昔曰君侯当为州里议主……"何焯校改"因"为"目"，即题目之义[24]，甚是。《吴志·孙登传》注引《江表传》，谓胡综作《宾友目》，亦题目品藻之作，以赞孙登诸宾友。《通鉴》太和三年胡注曰："目者，因其

[21] 《文选》卷四十四陈琳所撰《檄吴将校部曲文》。
[22] 景宋本"旧目"作"旧日"，如此则全句不似六朝文字，当以作"旧目"为是。
[23] 《蜀志·庞统传》无"而为之目"，但注引《吴录》有"或问统曰：'如所目，陆为胜乎'"之语，与《世说新语》同。
[24] 黄惠贤《校补襄阳耆旧记》"习温"条有"秘过辞于温，问曰：'先君昔曰君侯当为州里议主，今果如其言。'"案"曰"似亦"目"之讹字。

人之才品为之品题也。"由此可知,"旧目"当为吴国流传的人物题目汇集,旧目所说四姓各有特点,必舆论认为四姓代表人物中有足当此所谓文、武、忠、厚的特点者。据今见吴国人物资料论之,以张温为文,朱桓为武,陆逊为忠,顾雍为厚[25],完全合辙。旧目无疑是以题目此四人者概括此四族,而且其说当形成于黄武之时或者略后。

从朱治大量遣送公族及四姓子弟诣王府一事推知,检核郎署对吴四姓触动不小,因而他们反应最强。《吴志》中所见非议暨艳的陆逊、陆瑁、朱据,都是吴人,而且都出于吴四姓。当然,《吴志》中所见郎吏也有其他江东大族,如会稽谢承[26];也有江东的非大族子弟,如吴郡殷礼。而且,在一个时期内,北方(主要是淮泗)宾旅寄寓之士在郎署占有相当比例是不可避免的。所有这些人入居郎署,也并非没有混浊淆杂问题。不过,随着吴人、其他江东人中人才的成长,随着宾旅寄寓之士来源的断绝,郎署中吴四姓数量将日增,淮泗人数量将日减,这是必然的趋势。所以郎署中的问题,以吴四姓子弟更为突出,也是必然的。在暨艳案中与暨艳同主其事的选曹郎徐彪是广陵人,《吴志》所见同情暨艳所行的唯一人物文士陈表是庐江人。他们都不是江东人,与非议暨艳的陆逊、陆瑁、朱据等人有显著的地域差别。这与上述三署郎籍贯变化即江东人日多,淮泗人日少的趋势符合,也许不是偶然的。至于张温、暨艳均吴人而不苟同于吴四姓的眼前利益,断然检核三署,其原因将在本文下节解释。

《吴志·诸葛瑾传》"吴郡太守朱治,权举将也。权曾有以望之",诸葛瑾为之解说,事遂得释。"有以望之"的望字,梁章钜训为怨望[27],与瑾传文义切合。赵一清更谓孙权有望于朱治者,"殆谓暨艳"。若依赵说推之,或者是说暨艳本见用于朱治,而朱治荐之于孙权之朝,卒成乱阶,因而孙权怨望朱治。这只是猜测,难于确说。

㉕ 徐震堮《世说新语校笺》有此说,但谓此条"张文"之张为"张昭之族",当为笔误。

㉖ 会稽大族在孙吴早年被诛戮者多,所以我估计其子弟在郎署者比吴四姓少。《世说新语·政事》谓吴中强族骂吴郡太守会稽贺邵为会稽鸡,贺邵遂至诸屯邸检校诸顾、陆役使官兵及藏逋亡事,罪者甚众。"陆抗时为江陵督,故下,请孙皓,然后得释"。这说明顾、陆门户力量特大,也说明吴、会二郡大族有矛盾。

㉗ 《吴志》中所见望字作怨望解者,还有一些例证。《吕范传》范为孙权主财计,孙权私有所求,范不敢专许,"当时以此见望"。《胡综传》注引《吴历》:"怨望朝廷。"

三、张温与暨艳

张温、暨艳都是吴郡人。张温是大族名士，大族名士居职选曹是当然的事。暨艳出自小户，非张温引致难入选曹，更难于以选曹郎代张温居选曹尚书职。他们二人社会层次不同，居然"更相表里，共为腹背"㉘，演出检核郎署这样一台大戏，招致严重后果，其中有许多问题值得我们琢磨。

我们知道，江东大族蜂拥入仕，产生严重弊端，因而出现要求检核郎署与反检核的冲突。这是暨艳案的实质。江东大族经由郎署登朝，是江东大族特别是吴四姓利益所在。为什么支持暨艳检核郎署，从而阻滞四姓仕宦之路的，偏偏是出于四姓的名士张温呢？这个问题，我觉得须从当时士大夫中的清议风气和张温的个人特点来回答。

张温其人，品格、文才、言议、容止无不出众，加上他的家族地位，具备汉末以来名士首领的各种特征。所以《张温传》顾雍谓张温"当今无辈"。《会稽典录》云：会稽虞俊"至吴，与张温、朱据等会清谈干云，温等敬服"㉙。可见北方名士清议之风也吹扇于江东的吴会地区。清议的中心内容是臧否人物，激浊扬清，江东不会例外。江东题目人物之风盛行，当与清议有密切关系。《张温传》骆统疏理张温时，说张温"亢臧否之谭，效褒贬之议"。张温所引致的暨艳，其人也是"性狷厉，好为清议"。张温与暨艳正是由于同具清议志趣和好尚而结合在一起的。他们臧否所指，自然容易集中到当时社会所注目又为他们所熟知的公族子弟及四姓入仕的各种弊端和郎署混浊淆杂问题，同汉末名士清议所指往往是宦官外戚以及依附宦官外戚的士人一样。

骆统为张温疏理，说他以荷宠恃才，肆情褒贬招嫉，是得实的。《张温传》注引《会稽典录》说，曾在暨艳案发之前与张温清言议论的虞俊，预言张温"才多智

㉘　《吴志·张温传》孙权罪张温令。

㉙　《太平御览》卷四百九十一引。又《朱据传》谓据"有姿貌膂力，又能论难"。他们是吴国少有的善清言的人物。

少,华而不实,怨之所聚,有覆家之祸"。这透露张温议论已涉及当时深为敏感的政治问题。陆机《辨亡论》论及吴国人才,曰:"奇伟则虞翻、陆绩、张温、张惇,以讽议举正。"㉚以讽议举正者,应当就是狂直之辈,不以人主喜怒为意。暨艳案发之后,曾在张温使蜀时与之交往的诸葛亮,"初闻温败,未知其故,思之数日,曰:'吾已得之矣。其人于清浊太明,善恶太分。'"再后,陈寿著《吴志》,评张温"才藻俊茂,而智防未备,用致艰患";裴松之注《吴志》,也说张温"名浮于德","华伤其实"。张温同辈和后代史家评论张温,都认为他的名士气质和所受清议影响,是他罹祸的主要原因。

汉末以来,涉足清议的士大夫,议论的着眼点和具体人物对象或有不同,但多事关时政,触及权势,具有多方面的社会政治影响。就臧否人物而言,其所激所扬既可能有助于朝廷选士用人,澄清吏治,也可能干犯皇权,扰乱已成的政治秩序。有些名士所论问题,具有更为直接、更为敏感的犯上性质。如"清议峻厉"的沈友,关注的是孙权的"无君之心"㉛;以"直道见惮"的陆绩,临终犹自称"有汉志士"㉜,以示不赞成孙权的僭越。张温所议被虞俊认为有"覆家之祸",正是属于这一类型。至于暨艳,不但是"好为清议",影响舆论,而且以选曹尚书的权位,行检核、黜陟以至于拘束人身之实。他不满足于举浊厉清,而是大加挞伐,以至于百僚震惧,郎吏自危,使澄检淆杂演变为一场尖锐激烈的政治冲突,导致孙权干预,张温、暨艳覆败。

清议造成政治纠纷,甚至导致相当规模的废黜和杀戮,这样的事魏、蜀皆有,不独吴国为然。三国之间,此种风气彼此激荡,彼此影响,而以魏国为著。魏有孔融,浮华交会,讥刺侮慢,影响及于蜀、吴。孔融生前,江东人物与之交往者颇不乏人㉝。张温晚出,与孔融年辈相错,没有直接接触,但孔融立身行事诸端,张

㉚ 据《文选》卷五十三。《晋书·陆机传》载此论作"以风义举政",所举人物只有虞翻、陆绩和张惇而无张温,当为唐人删削。

㉛ 《吴志·孙权传》建安九年注引《吴录》。

㉜ 《吴志·陆绩传》。

㉝ 江东人物,包括北人南人,与孔融有过联系的计有:盛宪(《吴志·孙韶传》注引《会稽典录》)、孙邵(《吴志·孙权传》注引《吴录》《建康实录》卷一)、王朗(《魏志·王朗传》注)、张纮(《吴志·张纮传》注引《吴书》,《吴志·虞翻传》)、虞翻(《吴志·虞翻传》)、徐宗(《吴志·潘濬传》注引《吴书》)等。

温当是熟悉而景仰的㉞。蜀有来敏，诸葛亮谓"来敏乱群，过于孔文举"㉟。张温其人，就其清议的影响和作用说来，就是吴国的孔融、来敏。张温、孔融、来敏都出自名门，有文学，尚浮华，敢于干犯当轴。他们三人的结局也大略相似：孔融被杀，张温废黜，来敏废而复起，居职而已。这是一代士风在各国的相同反映。

暨艳一案，毕竟重在主其事者的暨艳本人，不在张温。前引暨艳"性狷厉，好为清议"，以此成为张温的同道是无疑的。不过暨艳之不能免死于孙权之世，除了他以选曹尚书主司检核以外，还有一层比较隐晦的原因，即暨氏家族染于"恶逆"问题。这是孙吴早期历史遗留的问题，须要略加探讨，以明究竟。

《张温传》载孙权废黜张温令曰："昔暨艳父兄附于恶逆，寡人无忌，故进而任之，欲观艳何如。察其中间，形态果见。"骆统疏理张温，亦有言曰："国家之于暨艳，不内之忌族㊱，犹等之平民。"孙权由于暨艳家庭身世的原因而加重对暨艳一案性质的认定，加重对暨艳的惩处，其事在当时人是知之甚稔的，所以孙权令中只是一提了之，未曾多着笔墨，但是后来读史的人却不易明白这一背景。

《吴志》中屡有"恶逆""旧恶""宿恶""恶民""奸叛"等称，迭见于顾雍、陆逊、张温、骆统、朱治、潘璋、诸葛恪等传及注，所指皆扬州山区守险不服的山民，或称"山寇""山贼"。有的地方也有山越人包括在内㊲。他们的魁帅往往是大姓英豪，坚持与孙氏为敌，孙策、孙权兄弟对之仇恨甚深。"暨艳父兄附于恶逆"，无疑指他们早先参与了山民阻险反抗活动，与孙氏有过较量，孙权不曾忘怀此事。

"附于恶逆"的暨艳父兄并非江东大族，所以不可能是"恶逆"的魁帅。据知"恶逆"经扑讨者，如《孙策传》注引《吴录》的邹他、钱铜诸例，是要一概族诛，亦即"内之忌族"的。孙权对暨氏不但不"内之忌族"，而且"犹等之平民"，才有后来暨艳得以出仕之事，这大概与暨氏只是"附于恶逆"而非为其魁帅有关。还

㉞ 《后汉书·孔融传》融"辟司徒杨赐府。时隐核官僚之贪浊者，将加贬黜。融多举中官亲族"云云。此事与江东检核郎署混浊淆杂之事相似。清议名士志趣相同，孔融如此盛名，张温对之应当是感同亲炙的。

㉟ 《宋书·王微传》。参《蜀志·来敏传》及注引《诸葛亮集》。

㊱ 忌族即圯族。《书·尧典》"方命圯族"；孔传："圯毁族类。"

㊲ 《吴志》薛综、吕岱、钟离牧等传及注中也有类似称谓，指荆州、交州山民聚众阻险者。其中蛮、俚等族占相当比例。

有,暨艳父兄大概是出山投降的。"恶逆"降者称为"去恶从化",史有其例。《吴志·诸葛恪传》恪"敕下曰:'山民去恶从化,皆当抚慰,徙出外县,不得嫌疑,有所拘执。'臼阳长胡伉得降民周遗,遗旧恶民,困迫暂出,内图叛逆。伉缚送官府。恪以伉违教,遂斩以徇。"我疑"旧恶"之从化者不得拘执,当是诸葛恪循孙吴旧规。暨氏如果真是"旧恶"之从化者,暨艳得"等之平民",并获出仕机会,就更便于理解了。

据骆统上表所言暨艳仕宦经历,所谓"先见用于朱治"者,当谓初为吴郡吏;"次见举于众人"者,当谓获得乡论荐举;"中见任于明朝"者,当谓与吴四姓子弟一样经郎署而贡于吴王府。这本是当时便捷的出仕升迁途径。但是如骆统所说,瑕衅一出,暨艳家族"附于恶逆"的旧事被重新揭出,反而成为处置暨艳的最严重的罪名。孙权所谓"欲观艳何如,察其中间,形态果见",指的是对暨艳在观其后效之中,从检核三署一事发现了他的异心,终于证成他与其父兄一致的动机和态度,因此使他罹叛逆之罪。这当然是诛心之论。暨艳因新账旧账算在一起而被穷究,以至于无人(包括骆统在内)敢于从整饬郎署、区别清浊的初衷来为暨艳开脱。

值得注意的是,骆统疏理张温表中,针对孙权废张温令所说张温"何图凶丑,专挟异心"之言,为张温细加辩解。骆统说张温"实心无他情,事无逆迹",这当然是要表明张温的过失与暨艳家族"附于恶逆"者根本不同。这是骆统表中最着意之笔。孙权令中谓张温受命以重兵讨豫章"宿恶",会曹丕兵出淮泗,张温"悉内诸将布于深山,被命不出",因此引起孙权疑惑。骆统为之申述,辩明张温"取宿恶以除劲寇之害,而增健兵之数",并无他意。豫章太守王靖"以郡民为变,以见谴责"[38],其事涉及豫章"宿恶"问题,而弹劾王靖的正是张温。骆统欲以此事证明张温在对待"宿恶"问题上既无隐私可言,更无任何"逆迹"。骆统谆谆以张温与"宿恶"无染为说,孙权还是不纳骆统的请求,张温终于废黜。

前面论及清议酿成巨案,除了名士以矫时慢物为荣的风气使然以外,往往还有更直接更具体的政治原因。孔融被杀,涉及刘姓皇位问题,这是众所周知的。

---

[38] 《吴志·周鲂传》。参《张温传》。

来敏一度被废,关系蜀政中新旧客主两类臣僚的利益之争,拙文《李严兴废与诸葛用人》㊴有论。张温支持暨艳检核郎署,确似带有针对孙权的用意,所以才有孙权之令"昔令召张温,虚己待之,既至显授,有过旧臣。何图凶丑,专挟异心"等等,很像有言外之意。

据《张温传》,张温被召廷见,在刘基为大司农、顾雍为太常之时。以刘基、顾雍所居九卿之官可以看出,张温出仕一定是在孙权称吴王的黄武之时,而其时张温年已三十有二。这对于当时大族名士起家拜官的年龄说来,已经是非常晚了。《陆逊传》"逊年二十一,始仕幕府",言其晚仕。张温三十二始仕,晚之又晚。有盛名的张温虽然生长在朱治、孙权眼睑之下的吴郡吴县,年轻时却未为太守朱治所用,更未荐诣孙权的将军幕府,必待岁月蹉跎之后,大局有了变化㊵,张温始有脱颖而出的机会。张温既仕,两三年内迅速擢升,由议郎、选曹尚书而至太子太傅,以辅义中郎将使蜀,又率宿卫重兵入豫章董督三郡,周旋于"宿恶"之薮,部伍出兵事宜。这就是说,张温其人以才以地,早就具有担当大任的潜在优势,一旦有机会出仕,立即扶摇而上。这是一个方面。另一个方面,他起家拜官如此之晚,又说明在孙权看来,用不用张温涉及某种利害,必须思考再三,犹豫至十年之久,才在就吴王位的黄武时拿定主意,重用张温㊶。究竟是什么原因影响孙权对张温的估量,历史上没有留下可供考证的资料,只有依情理稍作推测。我疑孙权在处置暨艳之后,幽张温而罗织其罪,与暨艳家世附逆之事夹杂言之,言外之意,似张温家族与孙吴之间也有过某种嫌隙之事,因而对张温难于信任。从后来对张温处置严酷情节看来,要说孙氏借此以报其家仇宿怨,也是不无理由的。

我们知道,直到建安中期后期,吴四姓代表人物尚无一人被委以文武重任。顾雍曾为会稽郡丞行太守事,而孙权领会稽太守居吴,所以顾雍长期不在孙权身

㊴ 见《中华文史论集》,中华书局 1981 年出版。
㊵ 这里所说大局变化,指孙权加速其政权的江东化过程,说详下节。
㊶ 张温出仕时年三十二,温传所载如此,本文据温传立说。但骆统表中说温"年纪尚少,镇重尚浅",似与年三十二之说不合。《太平御览》卷四百零七引《吴录》谓温使蜀,与诸葛亮结金兰之好。此年亮年四十四,温年似亦不能太小。疑骆统为张温开脱,故有此含糊之说。

617

边,至黄武初始擢居吴王府为卿。至于陆氏,与孙氏本有深酷家仇[42]。孙策领会稽郡时以丞行郡事的陆昭,当出吴郡,但不悉与陆氏嫡宗的亲疏状况。陆氏嫡宗陆康,其子陆绩被孙权贬谪,死于贬所。陆逊谨慎处世,腼颜事吴。陆逊领县,陈便宜召募伏匿(案此当包括阻险山民),得二千兵自领,为孙权讨伐"恶逆"立功,没有通山民以反孙氏的嫌疑,但是在吕蒙荐举以前,迄未获得孙权的显授。顾、陆吴郡首望,孙权不得不有所借助,所以与顾、陆联姻。顾、陆拔起于侪辈之中,都比较晚,在建安末,黄武初。此外,吴郡朱桓以讨伐山民闻,黄武以前亦不显。余下的就是本节所论张温一族。张温父允虽有高名,曾为孙权东曹掾,却无事迹可述。而且虞俊对张温,早有"有覆家之祸"的警告。这是我疑张温于孙氏或有嫌隙的理由之一。这种嫌隙或是与山寇事有某种关系,或是其他,现在都无所知。不过张温出仕如此之晚,废败如此之速,而且一人之废,影响一族,与陆氏很不一样,当不是偶然的。

《张温传》张昭谓张温:"老夫托意,君宜明之。"似觉话里有因。但张昭所托何意,为何托于张温,概莫能明。又《太平御览》卷八百九十九引《吴录》载张温自理表,用百里奚以养牛讽养民干秦穆公故事,其文不全,难明张温申诉主旨。姑志于此,以待后证。

四、孙吴政权的江东化与暨艳案

现在,转到对暨艳案作纵向考察。孙权严惩暨艳,并及张温,表现了孙权维护江东大族特别是吴四姓仕宦特权的决心。我们知道,孙吴立国以江东大族特别是吴四姓为支柱,这是毫无疑义的,但是形成这种局面却是较晚的事。孙氏渡江,以淮泗人物为主体,对于不亲附的特别是对敢于聚众阻险的江东大族曾予严厉处置,掀起了诛戮吴会英豪的风波,牵动面颇为广泛,历时亦颇长久。所以孙

---

[42] 孙策昔为袁术攻破庐江,太守吴郡陆康宗族百余人,遭饥厄,死者将半,陆康旋死。见《后汉书·陆康传》。陆绩即陆康子,陆逊即陆绩侄,逊、绩均曾居庐江围城中。

吴与江东大族的结合,亦即孙吴以淮泗人为主体的政权转变为以江东人为主体的政权,经历了一个曲折复杂的过程,可以称之为孙吴政权的江东化。它大体可分为年代交错的三个阶段,即(一)群吏爪牙兼用江东人,在建安末年以前;(二)顾、陆先后成为当轴主政人物,在建安末年至黄武年间;(三)全面的江东化,在黄武年间及以后。暨艳案是第二阶段的产物、第三阶段的前奏。

孙权统事以后,山民继续阻险反抗,大姓名士清议峻厉,意味着孙氏淮泗集团被视为移植江东的异物,受到江东本土上下的排斥。但是从另一方面看来,北士南流运动既已停止,淮泗集团无法获得人才的补充,孙吴所需群吏早已参用江东人。武职中也出现了一批江东籍的高层将校。这说明孙权在继续固结淮泗轴心的时候,地域性转化迹象已经出现,只不过在当时还是一股潜流,未被人们充分注意。

《吴志·陆凯传》陆凯表上孙皓,陈述孙皓时用人取士标准比孙权时有明显变化。他说"先帝简士不拘卑贱,任之乡间,效之于事,举者不虚,受者不妄。今则不然,浮华者登,朋党者进",云云。此表是否为陆凯所作,陈寿存疑,但表中指责孙皓之失,都符合实情,可断孙权、孙皓时取士标准确有变化。这种变化实际上就是孙氏淮泗集团江东地域化的表现,只不过此事在建安、黄武之间已经明显,无待孙权之死,孙皓之立。

孙权群吏参用江东人,其中虽有大姓如陆逊、全琮辈,但多数可信出自寒微卑贱的社会较低阶层。前举吴郡顾邵拔丁谞、张秉、吾粲、殷礼于微贱而友之之事,颍川周昭论之曰:"昔丁谞出自孤家,吾粲由于牧竖,豫章(案指顾邵)扬其善,以并陆、全之列。是以人无幽滞而风俗厚焉。"⑬为顾邵所拔而友之的人,都得到孙权重用,可见陆凯表中所说孙权简士"不拘卑贱,任之乡间,效之于事,举者不虚,受者不妄"属实,而且时间较长。在孙氏杀戮吴会英豪风波稍稍平息,大族尚有所警惕而与孙氏保持距离之时,孙权简士自然难拘族姓,只能从孤寒南人中寻觅,以应淮泗集团的急需。孤寒之士一旦见用并获升迁,其门户地位也将逐渐变化。周昭评顾邵拔孤寒"以并陆、全之列",必然导致这种结果。

---

⑬ 《吴志·步骘传》。

《陆凯传》中所说孙权、孙皓取士标准的变化，实际上是指孙权在建安时取士和在黄武、黄龙及以后取士标准的变化，其宗旨与曹操行之有效的"治平尚德行，有事赏功能"并无二致。有事赏功能的宗旨，就曹操、孙权的早年说来，一个谓之赏功而不罚过，一个谓之忘过记功，实质是一样的，只是在实行的年代上，曹操比孙权要早得多。有国者在创业和守业的不同阶段，选士本有不同的要求。孙权之初，江东犹在草创之中，淮泗轴心求群吏爪牙于本地，取士用人重在功能，即所谓"效之于事"。有功能事效者不究过误，也不辞卑贱，所以往往在江东大族以外的寒微中寻求。后来孙权立足已稳，赤壁战后又形成了三分鼎足的外部环境，虽然名义上尚未自王自帝，但是局面已成，按治平的要求来用人选士就逐渐成为必需，因此"尚德行"的标准就自然而然地被重视起来了。"尚德行"必重姓族，所以《陆凯传》中所说的变化，主要就是孙吴政权转而靠近江东大族，想让他们发挥较大的统治作用。这是孙吴政权江东化的一个重要标志。其实，这种变化本来就是孙策临死时所期待于孙权的。《孙策传》策"呼权佩以印绶，谓曰：'举江东之众，决机于两陈之间，与天下争衡，卿不如我；举贤任能，各尽其心，以保江东，我不如卿。'"这不只是兄弟二人能力长短的比较，而且是对古人创业者马上得之不能马上治之的经验的传授。而要举贤任能，必不能忽视此在江东的淮泗士人多得多的江东本土士人。孙权统事后的若干年内，由于内外条件不具备而未得实现由得天下到治天下的转折，到建安末和黄武初始得逐步实现。

《陆凯传》还说到孙权简士"任之乡闾"。乡闾之论在九品官人法实施以前，原则上需要地著的条件。《鲁肃传》肃说孙权抗拒曹操，曰："今肃迎操，操当以肃还付乡里，品其名位，犹不失下曹从事，……累官故不失州郡也。将军迎操，欲安所归？"这话是说，鲁肃临淮东城人，乡里在北，归曹操后可以付乡里品其名位；孙权品第必在吴郡，曹操无能为力。事实上，孙权兄弟三人品第察举，皆吴郡太守朱治通过乡闾为之。朱治之子朱才初以父任领兵，后来必经丹阳乡议，始获名誉。建安时江东人士颇有郡察孝廉、州举茂才之例，前者如孙权兄弟和贺齐，后者如虞翻和陆逊，都是江东大族和公室子弟。这是他们按旧制仕进的正途。孙权主政，承袭旧制，所以江东子弟虽在淮泗集团主轴当权之时犹得有此晋身之阶。后来九品官人法移植江东，乃有襄阳习温、武陵潘濬为荆州大公平（大中正）㊹，桂阳谷朗为郡中正、州大中正㊺，丹阳葛洪之父为郡中正㊻等例，南士出仕遂循此以为保障。江东的宾旅寄寓之士与南士不同，他们考评无地，出仕得不到乡论和九品官人法的凭借，只能指靠任子或特殊征拜为官，或者代父兄领兵。这是他们出仕的主要途径。也有很多重要的淮泗人物，子孙因细故被废，或者完全无闻于世。而淮泗子孙如果改注江东籍贯，当可依江东子弟之例仕进。沛郡薛综及子薛莹两代仕吴，薛莹子薛兼生于吴世，《晋书》本传谓为丹阳人，而且与同时的顾荣、贺循、纪瞻等南士齐名，号为南金东箭。彭城张昭曾孙张闿亦生于吴世，《晋书》本传作丹阳人，而且累官至丹阳郡中正。薛兼、张闿二例，足以说明仕进制度和程序促进了江东的淮泗子弟土著化这样一种事实。当然这是一代两代以后的事，是事物演变的后果。

孙吴政权江东化的第一阶段就是如此。

建安末、黄武初，孙吴政权江东化进入第二阶段，当轴人物进行地域更换，由淮泗人更换为江东人，特别是吴人。这种地域更换，主军者先于主政者。武将和文臣在转型期的代表人物，前者是吕蒙—朱然—陆逊，后者是孙邵—顾雍。替换时机都是旧人病故，所以替换具有和平性质，没有出现冲突，这对于巩固孙吴统治是有利的。

主军者的地域替换，不是指驰骋疆场的"虎臣"，而是指任专方面的统帅。孙权早年，孙吴开拓性的军事活动主要在荆州地区，指挥者周瑜、鲁肃均淮泗人，兼具文武气质。建安二十二年鲁肃死，孙权本欲以严畯为代。严畯，彭城人，避难江东，张昭荐用，具有人望基础和淮泗集团的地域条件。但是《严畯传》畯自谓"朴素书生，不闲军事"；《步骘传》周昭谓其人"学不求禄，心无苟得"。可见严畯根本不是一个富有进取心的军事人才，孙权属意于他，除文才以外，显然是看重他的地域、人事背景，淮泗本位的考虑是一目了然的。后来孙权改用吕蒙，其人出自淮泗，长于江东，以武勇事孙策。吕蒙为上游统帅，基本条件合适，而且兼

㊹ 《吴志·潘濬传》注引《襄阳记》。
㊺ 《八琼室金石补正》卷九《九真太守谷朗碑》。
㊻ 《抱朴子·自序》。

具淮泗、江东的双重地域条件,欠缺的是不学无文。所以他当途掌事后孙权特别嘱他留意术学,他也发愤于此,多所开益,弥补了孙权所望于统帅的兼具文武的要求。无武的严畯和少文的吕蒙先后为孙权属意,与周瑜、鲁肃相比皆逊,这正说明严格地从淮泗人物中求帅,是越来越不容易了。吕蒙任职不久即死,时在襄樊战役之后,荆州形势未全明朗。孙权求帅,淮泗既难有适当人选,于江东人物中求之,就成为势所必须的了。

吕蒙破关羽前以疗疾为名还建业,吴郡陆逊建取关羽之言,与吕蒙意合。后来吕蒙答孙权"谁可代卿"[47]之问,遂荐陆逊。孙权拜陆逊为偏将军右部督,以当荆江上流之任,领宜都太守。吕蒙死前,孙权又有"谁可代者"[48]之问,吕蒙曰:"朱然[49]胆守有余,愚以为可任。"孙权遂以朱然假节镇江陵。

孙权两次以上流任寄询问吕蒙,吕蒙两次荐代,所答不同,但都是江东人。这是孙吴统治集团地域性转化中的又一件大事。陆逊(183—245)和朱然(182—249)从其个人条件和家庭背景说来,都具有替代吕蒙的资格。朱然是朱治养子,少年时与孙权"同学书,结恩爱",稍长,受兵征战。他兼得淮泗武将家庭和江东丹阳籍贯双重地域背景,但淮泗特点较为强烈一些。陆逊则出吴四姓,门户地位比朱然突出,但与孙权关系本远,为海昌屯田都尉领县事时,陈便宜乞募伏匿,始得有兵。陆逊、朱然先后被荐,说明孙吴荆州统帅由淮泗人转入江东人手,已是不移的趋势,只是转变是骤是缓,还将视形势需要和孙权意向为定,欲骤则用陆逊,欲缓则用朱然。孙权初意似不在陆逊,故有向吕蒙的第二次询问。看来孙权对此问题有所犹豫,由于荆州军情态势发展迅速,他才做出最后的决断。

朱然被荐代在陆逊之后,但他得以假节镇守荆州首府,位置自然在陆逊之上。孙权荆州用兵,例置左右都督,指挥不专一人,取其制衡之意。《吴志·孙

---

[47] 《吴志·陆逊传》。

[48] 《吴志·吕蒙传》。

[49] 朱然墓于1984年在安徽马鞍山市郊发现,其地吴时属丹阳郡。出土文物甚多,其中有木刺十四枚,木谒三枚,所书姓名、籍贯、封爵、官职与《吴志·朱然传》合。参看《文物》1986年第3期有关发掘报告和文章。

皎传》皎,孙权从弟,为孙权所重,以将军、都护督夏口,"都护诸将于千里之外"⑤。建安二十四年吕蒙袭公安,孙权欲令孙皎、吕蒙分别为左、右都大督,吕蒙拒绝受命,说孙权曰:"'若至尊以征虏(案孙皎为征虏将军)能用,宜用之;以蒙能用,宜用蒙。昔周瑜、程普为左、右部督,共攻江陵,虽决于瑜,普自恃久将,且俱是督,遂共不睦,几败国事,此目前之戒也。'权寤,谢蒙曰:'以卿为大督,命皎为后继。'"如吕蒙所陈,赤壁战后,孙权并用周瑜、程普为左、右部督袭江陵而事决于瑜;襄阳战前吕蒙袭南郡,孙权用孙皎、吕蒙为左、右都督而吕蒙为大。此后吕蒙、孙皎均死,朱然、陆逊二人均有显授而朱然居上。夷陵之战,刘备倾国来攻,按照孙权用兵遣将成规,以陆逊、朱然分督左、右部以应敌,非不可能⑤。但是孙权却"命逊为大都督,假节,督朱然、潘璋、宋谦、韩当、徐盛、鲜于丹、孙桓等五万人拒之"。这样,陆逊始得专上游之任,位在朱然等上,朱、陆在荆州战场的地位颠倒过来,孙吴上游统帅之职的地域性调整正式确定,陆逊作为吴四姓代表人物终于破茧而出,执掌了孙吴上游兵权。这是孙吴当轴武职地域变化的重要标志。

孙权改用江东大姓为上游统帅,淮泗老将和贵戚并不心服。《陆逊传》"当御[刘]备时,诸将军或是孙策时旧将(案如韩当),或公室贵戚(案如孙桓),各自矜持,不相听从"。陆逊制之以军令,又以书生受命为谦退之辞。他在答孙权之问中说:"此诸将或任腹心,或堪爪牙,或是功臣,皆国家所当与共克定大事者。臣虽驽懦,窃慕相如、寇恂相下之义,以济国事。"夷陵战中陆逊表现了优异的指挥才能,获得大捷,巩固了统帅地位,也巩固了这一地域性的替代过程。从此以后至吴亡,陆氏子孙专上流之任达五十余年之久。

孙吴政治上当轴人物的地域性替换,比军事统帅的地域性替换要曲折一些,时间延续较久,黄武中始得完成。

中枢政要人物,莫过张昭。张昭有主迎曹操而拂孙权意之失,但他毕竟是顾

---

⑤ 从其时孙权用将的情况看来,他似有以孙皎为荆州上游统帅之意。孙皎比朱然更为亲近。但孙皎有以小忿侮大将甘宁的过失,似不协诸将之心,所以吕蒙拒绝与孙皎分任左、右都督。孙皎虽然原已都护诸将,终不得统帅之职。

⑤ 其时陆逊有右都督衔,见《陆逊传》,但《朱然传》未说朱然有左都督之授。

命之臣,人望所在,南北知名。赤壁战后阮瑀《为曹公作书与孙权》[52],犹有责孙权"内取子布,外击刘备"之语。张昭是谋谟之臣,并不直接主事;孙权大权在握,也不特仗张昭。黄武元年吴国初置丞相,其时陆逊已为荆州统帅,照理说孙权径用江东人为丞相以与武职统帅之江东地域性转化同步,是最合理的选择。但是朝议仍在张昭,这显然出自淮泗人物的固执要求。孙权未用张昭而用孙邵,引出后世史家许多议论猜测。在我看来,除了孙权以方严惮张昭、以往事怄张昭等旧说以外,还应当估计一种情况,即用张昭则相权太重,孙权所不能容,更不利于完成中枢人物的江东化。孙邵北人,颇有声誉,老成持重,这些与张昭条件相当。他随刘繇过江[53],仕于刘繇州府,孙策时无闻,孙权时始复出仕,非淮泗从龙勋贵和顾命重臣之比,无权重难制之虞,可以由孙权自由进退。所以孙权放心用他。孙权用孙邵为第一任丞相,还可以显示自己与刘扬州甚至与东汉法统的继承关系,有利于改善孙吴政权的形象。孙邵旋死,孙权再一次排除了请以张昭为相的朝议,相位移至顾雍之手,完成了当轴文臣江东地域化的转换过程。

张昭(156—236)、孙邵(163—225)、顾雍(168—243)三人生年相次,有数岁之差,他们交替当权,年龄结构是合适的。孙权择相,本来不是以万机相期待,而重在得心应手。按此要求,孙邵、顾雍都合适而张昭不合适。朝议两度请以张昭为相,反映了淮泗人物在朝的势力和强烈的愿望,与数年前公室及旧将反对陆逊为上游统帅事件性质一样。顾雍与孙权有旧而非孙氏近臣,拜相后"其所选用文武将吏各随能所任,心无适莫"。这意味着他安排适度。并不以江东人排斥淮泗人,而且成为风尚。所以当孙吴当轴文武地域转换过程大局已定之后,孙吴将相人物出自淮泗者还是不少,他们与江东人之间的畛域之见是越来越淡化了。考虑到前举彭城张昭、沛郡薛综家族数世之后已落籍为丹阳人的事例,可以认为刘禹锡《乌衣巷》诗中"王谢堂前燕"句所反映的历史变迁,在吴晋之际已经一度出现过了。

---

[52] 见《文选》卷四十二。此书未署年月。书谓"往年在谯,新造舟舸",事在建安十四年,知书作于十五年以后;而书谓"外击刘备"者,必备仍在荆州时事,知书作于刘备十六年入益州之前。又《魏志·王粲传》附《阮瑀传》注,谓瑀死于十七年。

[53] 《吴志·孙权传》黄武四年注引《吴录》载孙邵事迹,说孙邵"从刘繇于江东";《建康实录》卷一径谓孙邵"汉末随刘繇过江归国"。

以陆逊出任统帅、顾雍出任首辅为标志的孙吴政权江东化的第二阶段,就是如此。接着就是第三阶段,即孙吴政权的全面江东化。

发生于黄武三年的暨艳案,是孙吴政权江东化进程中的插曲,是全面江东化的前奏。全面江东化急需用江东士人充实各级政权,这种从政人才正由各种渠道进入官府。其中重要渠道之一即是由各郡贡举,在郎署快速养成。人才的贡举和养成中出现混浊腐败现象是意料中事,可是一些受清议之风影响,执着于激浊扬清的士子,以先后居吏曹之任的张温、暨艳为代表,却坚持澄清检核郎署,兼及百僚,而且使用严厉的处置手段,引起强烈反抗,于是暨艳案就发生了。暨艳案出现在黄武年间而不是更早或更晚,并非偶然。孙权严惩暨艳,并及张温,正是为了维护江东大族特别是吴四姓的仕宦特权,巩固孙吴政权江东化这一历史进程。

孙吴政权完成了江东地方化,彻底改变了淮泗入侵者的形象,政权大大巩固,但是孙吴的偏霸地位也从此确定了。用黄武、黄龙年号表示土德代汉,只是一种徒然的粉饰。吴王之封受之于魏,是不移的事实。孙权即帝位告天时自认"权生于东南",旋又接受与蜀汉交分天下之议,实际上自居东南之帝,所以不敢行郊祀之礼。一直到吴亡,孙吴始终未能改变法统相争中的劣势。

但是就江东大族特别是吴四姓而言,由于孙吴的江东地方化而获利甚多,黄武以后大为发展。张勃断言四姓盛于三国之间,陆凯向孙皓自诩家门人物之盛,左思赞美四姓威武富实,张华谓晋灭吴"利获二俊"陆机、陆云,葛洪则感慨江东仕宦之路全为大族操纵。这些都说明四姓门户势力凭借孙吴而获得突飞猛进。在吴四姓突飞猛进之中,像张温、暨艳那种敢于遮道作梗的人物,却是再也看不见了。

【田余庆　北京大学历史学系教授】

原文刊于《中国文化》1991 年 01 期

西晋之"清议"呼吁简析及推论

阎步克

一、西晋之"清议"呼吁

西晋初年社会进入短暂统一,似有小康景象;但这仍如业师田余庆先生所论,这个统一只是个"低层次的统一"。魏晋以来,官僚帝国体制开始呈现衰败和变态,西晋时权贵奢华,士族放诞,法纪松弛,政治萎靡。对此古人和今人多有论说。东晋史学家干宝《晋纪·总论》云:"朝寡纯德之士,乡乏不二之老;风俗淫僻,耻尚失所。学者以庄老为宗而黜六经,谈者以虚薄为辩而贱名检,行身者以放浊为通而狭节信,进仕者以苟得为贵而鄙居正,当官者以望空为高而笑勤恪。……由是毁誉乱于善恶之实,情慝奔于货欲之途。选者为人择官,官者为身择利。而秉钧当轴之士,身兼官以十数,大极其尊,小录其要,机事之失,十恒八九。……"范文澜:"封建统治阶级的所有凶恶、险毒、猜忌、攘夺、虚伪、奢侈、酗酒、荒淫、吝啬、放荡等等龌龊行为,司马氏集团表现得特别集中而充分。"[1]对西晋之政治衰败,学者从各个方面多有探讨,本文则准备就政治文化、政治心理方面的某几个关节点,试做补充论述。

---

[1] 《中国通史简编》修订本第二编,人民出版社,1949年,第286页。

我们注意到,西晋诸多尚有远见的政治家们已曾为此忧心忡忡,并为之发出了"清议""乡论"呼吁,这很引人注目。《晋书》卷四十六《刘颂传》,约晋武帝太康年间,刘颂上疏论时政:

> 今间阎少名士,官司无高能,其故何也?清议不肃,人不立德,行在取容,故无名士。下不专局,又无考课,吏不竭节,故无高能。无高能,则有疾世事;少名士,则后进无准。故臣思立吏课而肃清议。……是以官长顾势而顿笔,下吏纵奸,惧所司之不举,则谨密网以罗微罪,使奏劾相接,状似尽公,而挠法不亮固在其中矣。非徒无益于政体,清议乃由此而益伤。……故不轨之徒得引名自方,以惑众听,因名可乱,假力取直,故清议益伤也。凡举过弹违,将以肃风论而整世教,今举小过,清议益颓。

刘颂认为"清议不肃"是个重大政治问题,他力倡"肃清议"并使之与考课相辅相成,谴责了监察机关避重就轻、吹毛求疵,未能完成"肃风论而整世教"的职责。又《晋书》卷三十四《杜预传》,杜预受诏为黜陟之课,亦论曰:

> 简书愈繁,官方愈伪,法令滋章,巧饰弥多。昔汉之刺史,亦岁终奏事,不制算课,而清浊粗举。魏氏考课,即京房之遗意,其文可谓至密。然由于累细以违其体,故历代不能通也。……夫宣尽物理,神而明之,存乎其人,去人而任法,则以伤理。……今每岁一考,则积优以成陟,累劣以取黜。以士君子之心相处,未有官故六年六黜清能,六进否劣者也。监司将亦随而弹之。若令上下公相容过,此为清议大颓,亦无取于黜陟也。

《资治通鉴》系其事在晋武帝泰始四年,其末句作"若令上下公相容过,此为清议大颓,虽有考课之法,亦无益也",文义显然更为清晰。其大旨,是申说若无"清议",则考课、监察之法再繁密,也是徒具其文。

刘毅、李重、卫瓘等人,则针对选官而呼吁"清议"。《晋书》卷四十五《刘毅传》,刘毅上《请废九品疏》,谴责九品中正制"废褒贬之议",造成了"清浊同流"，并赞扬了汉代选官"隆乡党之议"之法：

> 昔在前圣之世，欲敦风俗，镇静百姓，隆乡党之义（议），崇六亲之行，礼教庠序以相率，贤不肖于是见矣。然乡老书其善以献天子，司马论其能以官于职，有司考绩以明黜陟。故天下之人退而修本，州党有德义，朝廷有公正，浮华邪佞无所容措。今……中正知与不知，其当品状，采誉于台府，纳毁于流言……既无乡老纪行之誉，又非朝廷考绩之课。遂使进官之人，弃近求远，背本逐末，位以求成，不由行立，品不校功，党誉虚妄……废褒贬之义（议），任爱憎之断，清浊同流，以植其私。

按汉末民间士人舆论称"乡议"或"乡论"，朝廷选官每以为依据。又《晋书》卷四十六《李重传》，李重上疏斥九品中正制之弊，也赞扬了汉代察举"贡士任之乡议"之法：

> 秦反斯道，罢侯置守，风俗浅薄，自此来矣。汉革其弊，斟酌周秦，并建侯守，亦使分土有定。而牧司必各举贤，贡士任之乡议，事合圣典，比踪三代。……且明贡举之法……又建树官司，功在简久……诚令二者既行，即人思反本，修之于乡，华竞自息，而礼让日隆矣。

又据同《晋书·刘毅传》所记："后司空卫瓘等亦共表宜省九品，复古乡议里选。"推测卫瓘等人意见同于刘毅，都是在斥责九品中正之法同时，呼吁在选官中崇隆"乡里清议"。

傅玄等则从政纲和"清议"的关系上立论。《晋书》卷四十七《傅玄传》，晋武帝初即位，与皇甫陶共掌谏职的傅玄上疏曰：

> 臣闻先王之临天下也，明其大教，长其义节；道化隆于上，清议行于下，上下相奉，人怀义心。亡秦荡灭先王之制，以法术相御，而义心亡矣。近者魏武好法术，而天下贵刑名；魏文慕通达，而天下贱守节。其后纲维不摄，而

虚无放诞之论盈于朝野,使天下无复清议,而亡秦之病,复发于今!

学者每每把汉末魏晋之"清议""乡论"视为世家大族的政治舆论,选官、行政上对"清议""乡论"的屈从,乃是士族政治权势的标志。但我们仍要强调,"清议"或"乡论"的意义不止于此。刘颂、杜预、刘毅、李重、傅玄等人,都是西晋事功派官僚的代表,且多是"清议"的身体力行者,如刘毅"少厉清节,然好臧否人物,王公贵人望风惮之",见《晋书》本传;干宝《晋纪·总论》:"刘颂屡言治道,傅咸每纠邪正。"恐怕不能说他们代表了士族利益。其"清议"呼吁,是对朝廷上缺乏清廉、振作风气的回应。刘颂认为,"清议不肃,人不立德,行在取容",是造成人才衰败、造成考课与监察名存实亡的重要原因。杜预乃著名法学家,但他并不相信法制万能,而是指出法制必以"清议"为基础,否则考课制度再完备,亦将徒具其文而无济于事。刘毅说"乡党之议"的废弛,"遂使进官之人,弃近求远,背本逐末,位以求成,不由行立,品不校功,党誉虚妄"。李重相信"贡士任之乡议",方能令"人思反本""华竞自息"。在傅玄看来,当世的"纲维不摄",与"虚无放诞之论盈于朝野""天下无复清议",是密切相关的。

对上述杜预之论,王夫之曾颇加赞许:"清议者,似无益于人国者也,而国无是不足以立。"京房在汉、卢毓与刘邵在魏曾作考课法,而王夫之以为其法并无"清议"的支持,必不能行。[2] 王夫之所面对的政治体制,与汉魏无本质不同,他之所论,应是个感同身受的体察。"法不能独行",一种政治文化秩序构成了官僚法制的基础,在传统中国这种秩序有时与"清议"相关。在他们看来,一个精干向上而富于活力的政治机器的运转,尤其他们所着重讨论考课、监察、选官等王朝命脉所系者的顺利实施,都须依赖于一种文化秩序的支持;汉代那种民间与士林的"乡论""清议",本是可以或曾经提供过这种支持的;然而在西晋中朝,这种"清议"正在或业已丧失。

汉末"清议"世近可征而时隔不远,在痛感朝纲不振时,西晋诸贤由追忆而生发出"清议"呼吁,是很自然的。史料显示,那种"清议"的"称述清劭""叹美

---

② 王夫之:《读通鉴论》卷十,中华书局,1975 年,上册第 327 页。

高洁"，对官员的清廉正直，确曾起过重大促进。③ 不过问题不止于此。从另一些角度看，西晋诸贤对"清议"的求助，所反映的其实又是某种政治困境。

在传统中国，如仅就官僚风纪的维系而言，我们认为"清议"其实并非必备条件。傅玄语有"天下无复清议，而亡秦之病，复发于今"，而我们知道"亡秦之病"，并不在于缺乏"清议"，也无关乎"虚无放诞之论"。自商鞅变法以来秦"以法术相御"，它残酷压制"处士横议"，却也建立了一个卓有成效的官僚体制，达到了"百吏肃然，莫不恭俭敦敬忠信而不楛"，"听决百事不留"，"吏争以驱疾苛察相高"。当然，秦之法治下"其生民也陿陋，其使民也酷烈"，"权使其士，虏使其民"；不过"天地不仁，以万物为刍狗"，历史是无情的，它并不总以民心民意经心关怀。秦汉帝国的大部分时间，甚至下溯到隋唐王朝对中古帝国颓势的扭转和对专制秩序的重建，都并不依赖于士人的"激浊扬清"；"清议"和"乡论"对政治的支配，看来主要只是汉末的一时现象而已。我们也看到，这块土地上征战杀伐经常孕育出一位位严酷的君王，他的铁腕恢复了法纪朝纲。

汉末激越的"清议"和惨烈的"党锢"，实是显示了社会结构的深刻变化：知识文化群体由秦帝国时的弱小卑微，在数百年中获得了重大发展。热烈的交会品题，大大小小的名士领袖，遍及各地的官学私学，以及"海内名士""海内士林"这种提法，都标志着士人的重大政治影响力，逐渐要超出专制皇权所能控制的程度了。申屠蟠曾比之于战国"处士横议"，以为将见坑儒烧书之祸，这是个颇为敏锐的体察。"清议"在相当程度上生发于专制官僚体制之外，晋人仍作此观，视之为"私法"而有别于"官法"。④ 士人"穷臧否，定是非，触卿相，凌万乘"，"幽深牢、破室族而不顾"，其激烈的政治批评，曾与专制权势形成正面对抗。这"清议"实是个双刃的利剑。在现代民主社会中，社会舆论构成了维持政府法纪与官僚士气的重要力量，但在传统中国则并非如此，它缺乏把民间清议纳入政治调

---

③ 参看仲长统《昌言》的有关描述："在位之人，有乘柴马弊车者矣，有食菽藿者矣，有亲饮食之蒸烹者矣，有过客不敢沽酒市脯者矣，有妻子不到官舍者矣，有还俸禄者矣，有辞爵赏者矣；莫不称述以为清邵。……好节之人，有遇君子而不食其食者矣，有妻子冻馁而不纳善人之施者矣，有茅茨蒿屏而上漏下湿者矣，有强居僻处求而不得见者矣；莫不叹美以为高洁。"见《群书治要》引。文中"柴马弊车"应作"弊马柴车"。

④ 《晋书》卷六十二《祖纳传》：祖纳"尝问梅陶曰：'君乡里立月旦评，何如？'陶曰：'善褒恶贬，则佳法也。'纳曰：'未益。'时王隐在坐，因曰：'《尚书》称三载考绩，三考黜陟幽明，何得一月便行褒贬？'陶曰：'此官法也；月旦，私法也。'"

节的合理机制。帝国统治需要士人的协助,但其所需要的并不是锋芒毕露、时时生发异议的清议名士。

汉末的士林舆论,其实也具有多种倾向性。士人一时获得了颇大的活动空间,其自由活跃的月旦品题决不限于维护官僚风纪,而广及于孝子、才子、隐士、侠客、经师、名流以及各种特立独行之士,广及于学识、个性、才华以至风神气质、音容笑貌。党同伐异之言,毁誉异同之论,也在在而有之。今人或将之视为正常社会现象;不过对那种尚无合理容纳机制的社会,情况就不同了。其时王朝州郡行政、选官,深受"乡论"左右。徐幹称为"序爵听无证之论,班禄采方国之谣",阮武称为"朝有两端之议,家有不协之论",曹丕斥其"位成乎私门,名定乎横巷"。晋文经、黄子艾居京师,"三公所辟召者,辄以询访之,随所臧否,以为与夺"。宰相的此类举动,既不见于秦之李斯,又不见于汉萧何。故汉魏间颇有对名实相贸的谴责、对循名责实的呼吁。曹操曾"整齐风俗",严禁阿党比周、更相毁誉。民间士林纷纭无定的议论,反曾被认为是干扰了帝国行政的。⑤ 由此而言之,虽西晋官僚刘颂等力崇"清议""乡论",希望以此对付考课、监察、选官的颓败,不过它们所曾提供的,未必都是其所期待的东西;那呼吁也表现为对汉末士人运动的一种不尽真实、不尽全面的记忆。

"清议"的行使者来自士林。汉魏以来士人的发展,与官僚世家的发展逐渐重合,并由此演化出一个士族阶级,这是此期最重大的政治变动之一。汉末风云人物已多出大姓名士,世入魏晋经正始名士、竹林名士、中朝名士,其间文化士族遂占据政坛要津。曹氏父子对名士颇有压抑,而司马氏政权的建立,则被认为是士大夫或士族门阀的胜利。士族门阀的充分发展,以其家族势力和文化实力大大地削弱了专制皇权,弱化了其对官僚生杀予夺的宰制能力。皇权的软弱,使得官僚们得以充分扩展其"自利"取向,并把法纪和职责弃若敝屣。正是为此,西晋事功派诸贤们乞灵于"清议"。不过面对蒸蒸日上的士族门阀和弥漫于时的奢华放诞,其呼吁只是杯水车薪。作为参照,在孙吴政权开始"江东化",江东士族子弟泥沙俱下地涌入朝廷时,曾有暨艳"好为清议",欲举清厉浊,打击贪鄙卑

⑤ 汉末士林舆论对选官的复杂影响,可参看拙著:《察举制度变迁史稿》第四章第二节《以名取人》,辽宁大学出版社,1991年。

污者,结果因不识时务而得罪当途,坐罪自杀。⑥ 西晋诸贤呼声,当然也无法穿透门阀权势的重重屏障。

西晋诸贤求助于"清议",不过汉末"清议",此期却又在另一方向上发生了重大的转化变质。魏晋间的"九品官人法",中正品评及升降品第之举,在当时便称为"付之乡论""付之清议"。然而这一制度的本质,已被认为是维护士族权益的。日人有"乡论主义"概念,认为地方"名望家"凭借"乡论",即可获得相应品阶,这意味着贵族已拥有了独立于皇权的重大"自律性"。而这一变迁,正与"清议名士"演化为"士族名士"这一进程相应。

进一步说,昔日的"清议"本已不是朝廷所能完全左右的,而此期已成为既得利益者的士族名士们承担的文化论说,已逐渐变质为更适合于其精神气质的"清谈"。曹魏以来玄学昌炽而儒术不振,傅玄所谓"虚无放诞之论盈于朝野,使天下无复清议"。不过这种"虚无放诞之论",其实倒是从昔日民间的自由舆论发展而来,它们同样具有"非体制"的意义,只不过一个是政治对抗性的,而另一个则是文化消解性的——消解、侵蚀着官僚们法纪和士气。尽管学者或强调玄学名士们"自然名教将毋同"之旨并不否定"名教",可是当把"名教"归结到"自然"甚至"以无为本"的时候,"名教"及皇权的神圣性,较之昔日就将黯然失色了。更重要的是,这种讨论弥漫于时本身就意味着一种困境:它使政治运作受制于玄微的文化论说和哲理研讨。裴頠"深患时俗放荡,不遵儒术,……乃著崇有之论,以释其蔽",可他也不能不采用玄学的方法和语言以证其说。而这种论说研讨,本身就已远离兵刑钱谷的实际政务。将此"以玄言论政"比照秦帝国的以法律和法吏治国,就不啻有天渊之别了。西晋诸贤呼吁"清议",也同样是求助一种文化氛围;不过面对这群玄学名士,西晋诸贤又如何能呼唤出昔日的"清议"来呢?

魏晋间也有些激越的知识分子,其论说具有强烈抨击性,如抵制司马氏政权的阮籍、嵇康。就其勇气而论,应该说是上承汉末清议名士的流韵余风;但其思

⑥ 参看田余庆《暨艳案及相关问题——兼论孙吴政权的江东化》,载《秦汉魏晋史探微》,中华书局,1993年。

想资源,却来自道家学说,以上古自然为"治道"之至境,以礼乐法度为"衰世"产物,以君臣之道为掠夺压迫之源。进而阮、嵇之后,还出现了鲍敬言的"无君论"。司马氏集团在权力之争中是胜利者,但其统治集团的子弟对阮、嵇放达作风趋之若鹜,反使其在文化上成了失败者。景仰阮、嵇的贵公子们,不会读不到阮、嵇诗文中那些"无君"申论;这将增进还是消解其对皇权的毕恭毕敬、诚惶诚恐之心,可想而知。司马氏残杀嵇康,却不得不优容阮籍等以示宽于士林,这种皇权受制于文化群体的情况,在秦帝国以至汉初那法吏独尊的朝廷下,也是未曾有过的。而士林的这种重大政治影响力,在汉末的"清议"时代已是如此了。

总之,西晋事功派在欲挽回官僚法纪的衰颓时,采取了呼吁"清议""乡论"方式,这是个特定背景下的特定产物。这种呼吁并非没有意义,但毕竟是回天无力。进一步说,专制官僚体制对"清议"的容纳是相当有限的。汉末"清议""乡论"的影响力,并非帝国体制的常态,其中也包含多种这个体制不能充分整合的异己因素;故"清议"本身,原本也是官僚秩序衰颓的促成因素之一,它使"非体制性"的文化论说及其承担者与帝国政治行政,以一种不是相互助益而是相互牵制损耗的方式纠结在一起。在"清议"已蜕变为"清谈"、党锢名士已演化为玄学名士时,皇权和官僚政治继续受制于文化群体和文化论说,因而经受着更大的衰颓损耗。在最高君权已不足以振作纲纪之时,西晋诸贤企图诉之于民间士林舆论,这本身已显示为一种政治窘态,显示了官僚政治与文化论说的一种"变态"的纠结整合。这标志着秦汉帝国政治文化形态,此期确已陷入了危机和衰败,尽管西晋有过短暂的社会统一和一定的经济复苏。

二、围绕"禅代"的政治文化纠葛

为"肃清议"而大声疾呼的刘颂,还曾经从汉魏以来政治弊端的积累和司马氏集团夺取政权的特定方式,来讨论所面临的困境的缘由,我们觉得这个讨论很可注意。众所周知,魏晋的政权交接形式上用"禅让"之法,因而异于秦汉。在上一节中,我们论及强大的专制皇权是官僚政治的主要支撑;而包括"禅让"在内的取得皇权的形式,既深深地涉及了利益再分配的方式和结果,也紧密关乎皇权合法性的形态、内容和强度,并进而就影响到官僚法制的维系上来了。围绕这一点,魏晋间确曾生发出了诸多纠葛,不可不究。

下面我们来引述刘颂之说。《晋书》卷四十六《刘颂传》记其上疏晋武帝:

> 伏惟陛下虽应天顺人,龙飞践祚,为创基之主然所遇之时,实是叔世。何则? 汉末凌迟,阉竖用事,小人专朝,君子在野,政荒众散,遂以乱亡。魏武帝以经略之才,拨烦理乱,兼肃文教,积数十年,至于延康之初,然后吏清下顺,法始大行。逮至文、明二帝,奢淫骄纵,倾殆之主也。然内盛台榭声色之娱,外当三方英豪严敌,事成克举,少有愆违,其故何也? 实赖前绪,以济勋业。然法物刑政,固已渐颓矣。
>
> 自嘉平之初,晋祚始基;逮于咸熙之末,其间累年。虽铁钺屡断,剪除凶丑,然其存者,咸蒙遭时之恩,不轨于法。泰始之初,陛下践祚,其所服乘皆先代功臣之胤,非其子孙,则其曾玄。古人有言,膏粱之性难正。故曰"时遇叔世"。当此之秋,天地之位始定,四海洗心整纲之会也。然陛下犹以用才因宜,法宽有由,积之在素,异于汉、魏之先;三祖崛起,易朝之为,未可一旦直绳御下,诚时宜也。然至所以为政,矫世众务,自宜渐出公涂,法正威断,日迁就肃。譬由行舟,虽不横截迅流,然俄向所趣,渐靡而往,终得其济。积微稍著,以至于今,可以言政。而自泰始以来,将三十年,政功美绩,未称圣旨,凡诸事业,不茂既往。以陛下明圣,犹未反叔世之弊,以成始初之隆,传之后世,不无虑乎? 意者,臣言岂不少概圣心夫!

刘颂如上之论,提示了一个相当重大的问题。专制官僚体制在初创时往往是较有活力的,不过随后它注定要不断生发和积累着僵化、老化和腐化因素,难以逆转；⑦而在中国古代，改朝换代造成的万象更始，就常常构成了官僚帝国重新振作、自我更新的机制之一。⑧ 这非仅今人之推断，西晋刘颂就先指出汉魏弊政的积累，其"法物刑政"之颓，已使得晋初处于"叔世"当口，并随即明揭"泰始之初，陛下践阼……天地之位始定，四海洗心整纲之会也"一义，表达了对"始初之隆"的转折的殷殷期待：这说明古人对此早有深切认识。

魏晋易代用"禅让"，王夫之曾称其"祸不加于士，毒不流于民，……故司马篡曹，潜移于上而天下不知"，"苟易姓而无原野流血之惨，则轻授他人而民不病。魏之授晋，上虽逆而下固安，无乃不可乎！"⑨王氏以此申其"天下者，非一姓之私也"之旨，其意甚好；且魏晋之劝进及受禅者之所标榜，实已近此。⑩ 在古代这只是儒者之真诚理想、君主之虚伪标榜而已，并无现代民选制度加以保障，当然这一点必用以绳今世，未可苛责古人；不过我们依然以为，王氏所论仅及一隅而已，未见这和平过渡的"禅代"方式的另一些后果。

如刘颂所言，魏晋禅代也曾"铁钺屡断，剪除凶丑"，不过它确实也没有遇到民众的广泛抵制。面对高度组织化的政治强权，广大小农往往只构成了"消极群体"。然而这和平的"禅让"，却未能实现刘颂所期待的那种"四海洗心整纲"的大规模革故鼎新。它未经战火的充分洗礼，未能因此崛起一个经过磨难、考验而成熟起来的全新政治集团，未能彻底打破前朝政府而另起炉灶。这样，旧的统治集团成员及所积累的腐化、老化、贵族化因素，几乎原封不动地进入了西晋朝廷。刘颂对此体察痛切：由于西晋创立"异于汉、魏之先"，相应地，"泰始之初，陛下践阼，其所服乘皆先代功臣之胤，非其子孙，则其曾玄"，"其存者，咸蒙遭时

---

⑦ 可附带提及，道恩斯（Anthony Downs）在其《官僚制解析》（*Inside Buraucracy*，little Brown and Company，Boston，1967）一书的第13章中，曾专门讨论了官僚制内在的僵化、老化趋势及相关问题，并使用了"僵化周期"（rigidity cycle）这一概念。这个概念，开辟了解析官僚体制的动态视角和时间维度。对于理解中国传统官僚政治，我相信它是颇有益的。

⑧ 金观涛、刘青峰在其合著的《兴盛与危机——论中国封建社会的超稳定结构》（湖南人民出版社，1984年）一书中提出，周期性改朝换代的"振荡"，反而构成了中国古代社会的"超稳定系统"的机制之一。特别参看其第四、五、六章。

⑨ 《读通鉴论》卷十，上册第302页；卷十一，中册第345页。

⑩ 如《三国志·魏志·武帝纪》注引《魏氏春秋》，夏侯惇劝曹操代汉："自古以来，能除民害为百姓所归者，即民主也。"又如《宋书》卷二《武帝纪》晋恭帝《禅让策》："汉既嗣德于放勋，魏亦义轨于重华，谅以协谋乎人鬼，而以百姓为心者也。"又其《禅让玺书》："盖闻天生蒸民，树之以君；帝皇寄世，实公四海。崇替系于勋德，升降存乎其人。……及刘氏致禅，实尧是法；有魏告终，亦宪兹典。"

之恩,不轨于法"。王朝对之无法绳之以法,却必须以优容甚至纵容以换取效忠:"法宽有由,积之在素","未可一旦直绳御下,诚时宜也"。作为本朝大臣,刘颂多少要委婉其辞;不过其所提示,却不是无关宏旨的。政权更迭的渐进性,为门阀的崛起铺平了康庄大道。就在其间,士族权贵大大地膨胀了其家族势力和政治特权。所以这个朝廷的腐朽,也就来得分外迅速而严重。无怪它建立不久,大臣们就痛感于"清议"之不肃、风纪之不振了。它并未显示出王朝初创的崭新气象,给人的观感竟如刘颂所说:"犹未反叔世之弊。"钱穆先生亦有见于此:"其时佐命功臣,一样从几个贵族官僚家庭中出身,并不曾呼吸到民间的新空气。故晋室自始只是一个腐败老朽的官僚集团,与特起民间的新政权不同。"[11]

问题还不止于此。叶适云:"嘉平之役,极是异事。曹氏造基立业,虽无两汉本根之固,然自操至此已五六十年,民志久定,司马懿再世受遗,信非忠贞,何遽盗夺。而况虚位无权,势同单庶,一旦因人主在外,闭门截桥,劫取事柄,与反何殊,此至愚者不敢为,懿号有智,而披猖妄作,自取灭族,然竟以胜。一异也。"[12]晋武帝称"晋之有大造于魏",而叶氏云:"魏未尝有内外之难,司马懿受遗作相,一朝劫夺,弑二君,夷灭王凌、毌丘俭、诸葛诞等,皆决溃魏人膏肓,做自家计。以此反称'有大造于魏',举一世之乱臣贼子,公肆诬罔,是真以天为可欺欤?"[13]司马氏曾为夺权而苦心经营,但其取胜的偶然性也相当之大,那多半是来自阴谋、残酷与侥幸,而非立功积德;尽管民众并无大扰,士大夫却不怀其德。详下。

以为晋之创业"异于先代",这并非刘颂一家之言。请就各种线索加以考究。据《晋书》卷八十二《习凿齿传》,东晋史学家习凿齿临终上疏有言:

> 昔周人咏祖宗之德,追述豳商之功;仲尼明大孝之道,高称配天之义。然后稷勤于所职,聿来未以豳商,异于司马氏仕乎曹族,三祖之寓于魏世矣。且夫魏自君之道不正,则三祖臣魏之义未尽。义未尽,故假途以运高略;道

---

⑪　钱穆:《国史大纲》,商务印书馆,1994年,上册,第230页。
⑫　叶适:《习学记言》卷二十七,第233页。
⑬　《习学记言》卷二十九。

不正,故君臣之节有殊。然则弘道不以辅魏而无逆取之嫌,高拱不劳汗马而有静乱之功者,盖勋足以王四海,义可以登天位,虽我德惭于有周,而彼道异于殷商故也。

习凿齿仍是在力崇晋朝的,这因为他的《汉晋春秋》所论在于晋承蜀汉,魏非正统("彼道异于殷商")。这是一桩有名的公案,学者已辨其旨,在于东晋与蜀汉之偏安相类。但是在此,习凿齿仍不得不为司马氏"仕乎曹族、寓于魏世"一点做回护辩解;并且,最终他仍不回避"我德惭于有周"一点。可以想见,自魏晋之交必定有过许多公开或私下的非议;而这些涉及"惭德"的议论,对司马氏皇权的神圣性、正统性,肯定是相当地不利。

史学家干宝的《晋纪·总论》⑭,就更为直言无忌了。他认为西晋自初就"树立失权,托付非才,四维不张,而苟且之政多也"。在申明"民情风教,国家安危之本也"之旨后,他就由晋之建立异于前朝一点,来深入探讨其"苟且之政"的由来。他先用大段不无理想化的文字,论述了西周是如何"积基树本,经纬礼俗,节理人情,恤隐民事",因立仁立德而逐渐发展、奄有天下,并进而实现了长治久安的。随即,他就与司马氏之夺权做了对比:

> 今晋之兴也,功烈于百王,事捷于三代,盖有为以为之矣。宣、景遭多难之时,务伐英雄、诛庶桀以便事,不及修公刘、太王之仁也。受遗辅政,屡遇废置。故齐王不明,不获思庸于亳;高贵冲人,不得复子明辟。二祖逼禅代之期,不暇待三分八百之会也。是其创基立本,异于先代者也!

"三分八百",指周文王、武王三分天下有其二,八百诸侯会孟津之事,这向来被用以赞颂周之仁德积厚。"二祖",《文选》六臣注:"善曰:二祖,景、文。铣曰:二祖谓太祖文皇帝、世祖武皇帝。……既篡而取,不暇如武王兴兵而会诸侯也。"《晋书》习凿齿本传谓其《晋纪》"直而能婉,咸称良史",而上述议论,却如

---

⑭ 《文选》卷四十九,中华书局,1977 年,下册第 692 页。

此坦率肆直。如王应麟所赞："干宝论晋之创业立本,异于先代,后之作史者不能为此言也,可谓直矣！"[15]干宝比刘颂更明确地表达了如下看法:司马氏是以阴谋与残酷夺取政权的,因而其统治并不具有因"吊民伐罪"而来的强大号召力;这与其"苟且之政"及"民情风教"的败坏,原有内在关联。

士大夫对本朝的创立居然无多崇仰之感,甚至颇有微词以至非议,这颇引人注目。后赵石勒曾说:"丈夫行事当磊磊落落,如日月皎然,终不能如曹孟德、司马仲达父子,欺他孤儿寡妇,狐媚以取天下。"[16]又南朝沈约亦言:"及魏室衰孤,怨非结下。晋借宰辅之柄,因皇族之微,世擅重权,用基王业。"又云刘宋建鼎"功实靖乱,又殊咸熙之初"之语,[17]也是认为西晋创立不是基于"功实靖乱"。石勒、沈约之言,都应来自两晋论者的旧有看法。或说东晋史家之发言立论,不足以见西晋人心。但事实并不如此。干宝即两晋之际人。且对司马氏篡位的异议,在西晋就存在了。例如,这就特别体现在对司马氏死党贾充、何曾等人的憎恶之上。

钱大昕言:"作史者恶充之奸,故于《贾后传》及此篇,缕述其女淫秽之迹。"[18]贾充其人,在高贵乡公曹髦欲与司马氏决死相争之时,率成济悍然刺杀曹髦,从而成为司马氏之功狗。这个血腥事件结束了曹氏的反抗,使司马氏站定了脚跟,但却立刻引起持儒家信念的士大夫的强烈反感和极端厌恶。不仅是阮籍、嵇康等倾向曹党的名士们,并且也震动了马党成员。如陈泰"枕帝尸于股,号哭尽哀"之行,"独有斩贾充,少可以谢天下"之语;司马懿三弟司马孚,"枕尸于股哭之恸",并请追查主谋,请以王礼葬曹髦,"后逢废立之际,未尝与谋",称"臣死之日,固大魏之纯臣也！"司马懿七弟司马通的儿子司马顺,"叹曰:事乖唐虞,而假为禅名！遂悲泣,由是废黜,徙武威姑臧。顺虽受罪流放,守意不阿而卒"。类似情况甚至出在贾氏家族之内:"初,充母柳见古今重节义,竟不知充与成济事,以济不忠,数追骂之。侍者闻之,无不窃笑";"赵王伦之败,朝廷追述充勋,议立其后。欲以充从孙散骑侍郎(贾)众为嗣,众阳狂自免。"贾充、成济之举,固有大功于晋,但也使晋武帝陷入了深刻的政治被动。

---

⑮　王应麟:《困学纪闻》卷十三,商务印书馆,1935年,下册,第1089页。
⑯　《太平御览》卷一百二十引崔鸿《十六国春秋·后赵录》。
⑰　《宋书·武帝纪·论》。
⑱　钱大昕:《廿二史考异》卷二十一,"《晋书·贾充传》"条。

《晋书》卷三十五《裴楷传》，晋武帝问"天下风声何得何失？"其时"性宽厚，与物无忤"的裴楷却径直答曰："陛下受命，四海承风，所以未比德于尧舜者，但以贾充之徒尚在朝耳！方宜引天下贤人，与弘正道，不宜示人以私。"查臧荣绪《晋书》，裴楷语中尚有"夫逆取而顺守，汤、武是也"一句，⑲可补唐修《晋书》之不足；且其言颇可深究：魏晋更代本用禅让，而裴楷却明以"逆取"为说，比之汤、武革命。司马氏自称"大晋继三皇之踪，蹈舜禹之迹"、其受禅是遵"唐虞故事"的，而裴楷却并不认为那可以"比德尧舜"——以"贾充之徒"也。诸如贾充、成济所为，使那个冠冕堂皇的"禅代"，暴露出了"逆取"性质。如此解析裴楷语义，非本文求之过深。前引刘颂叙"晋祚始基"亦有"钺钺屡断"等语；又司马顺反对禅代曰："事乖唐虞，而假为禅名！"又如段灼上晋武帝疏："陛下受禅，从东府入西宫，兵刃耀天，旌旗翳日。"⑳这杀气腾腾之景，何尝有传说中尧舜禅让的熙熙融融之风！东晋干宝《晋纪·总论》以周、晋相形时，云周"伐独夫之纣，犹正其名教，曰逆取顺守。保大定功，安民和众，犹著《大武》之容，曰'未尽善也'"。按儒者旧说，尧舜禅让高于周武征伐，故武王灭纣犹属"未尽善"㉑；那么，"不及修公刘、太王之仁"的司马晋，显然又等而下之了。形式为"禅让"而实际是"钺钺屡断"的"逆取"，这到底该如何定性呢？干宝作《晋武革命论》："尧舜内禅，体文德也；汉魏外禅，顺大名也。"以"内禅""外禅"为区别，自是极费心机。谢灵运《晋书》"禅位表"："夫唐虞内禅，无兵戈之事，故曰文德；汉晋外禅，有翦伐之事，故曰顺名。"其说或承于干宝。李善注"顺名"，一语道尽干宝之意："以'名'而言，安得不僭称以为禅代邪！"㉒而干宝之旨，已先见于西晋裴楷矣！出身诸生的司马炎岂不知"逆取顺守"旧典？不过他只是装聋作哑。裴楷公然在皇帝面前以"逆取"为说，则士大夫的私下意见，更可想而知了。

对曹马二党，本文自无左右祖之意，但时人对司马氏篡权和贾充行凶的态度，却可供探求那个政权赖以立足的心理基础。我们看到同属马党的裴楷，都在

⑲ 《群书治要》卷二十九、二十八引。
⑳ 《晋书》卷四十八《段灼传》。
㉑ 《论语·八佾》："子谓《韶》：尽美矣，又尽善也！谓《武》：尽美矣，未尽善也。"《韶》为舜乐，舜位由尧禅让而来，故曰"尽善"；《武》为周武王之乐，武王翦商用征伐，故"未尽善"。
㉒ 《文选》卷四十九，中华书局，1977年，下册第687页。

极力与贾充划清界限。《裴楷传》又云"时任恺、庾纯亦以充为言"。同书卷五十《庾纯传》，一次宴会上庾纯与贾充正面冲突，直斥"天下凶凶，由尔一人"，且公然悲愤地质问："高贵乡公何在！"矛头所向，非止贾充而已！此后贾充解职以示抗议，庾纯亦缴出印绶。不过有趣的是，众多参与辩论者多纠缠于庾纯是否"不孝"；来自晋武帝的诏书也颇为宽容，惟责庾纯以"醉酒"，"疑贾公亦醉"。这只能说明统治者在此是何等心虚和软弱，希望尽快地大事化小，小事化了。可从人心中抹去血腥却并不容易。博士秦秀疾贾充如仇，闻其为伐吴大都督，"心所不平，遂欲哭师"；贾充死，秦秀议应谥"荒"。又，司马氏另一功狗何曾死，秦秀议应谥"缪丑"。

徐高阮对这一系列事件，曾有深入分析："晋朝政府里的亲曹力量并不完全掩饰他们的面貌。武帝一朝的不断的政争听得见对于司马氏谋篡的陈迹的公开追诉。……有（庾）纯那样公开的犯忌，还有这样迂远的辩论和这样宽容的诏书，可见在司马氏皇权之下偏向旧朝的势力还有何等分量。……（秦）秀论这两个人虽然只说他们的私行，但何、贾的事业与晋室的兴起有那样不可分的关系，他们在晋朝有那样的权势、地位，秀为他们前后拟的恶谥就不能不说足以表示一种总不只是一个人的对禅代的不满与憾恨。秀能够两次发泄这样强烈的情绪，他的背后必有一个很大的力量。"徐氏认为，如山涛、羊祜、阮籍、张华等，都属于这一阵营。[23] 确实，拒不与司马氏合作的嵇康被处死刑，有多达三千名的太学生敢于请以为师，于时豪俊皆随嵇康入狱，几酿成风波；经一番"解喻"方才罢散。其事距曹髦被刺不过数年。[24]

直到南北朝，贾充、何曾之流一直都被视为反面典型。齐萧道成欲篡宋，沈攸之有"吾宁为王凌死，不为贾充生"[25]之语；北魏孝文帝诏，有"故何曾虽孝，良史载其缪丑；贾充有劳，直士谓之荒公"[26]之说。《世说新语·尤悔》："王导、温峤俱见明帝，帝问温前世所以得天下之由。温未答。顷，王曰：'温峤年少未谙，臣为陛下陈之。'王乃具叙宣王创业之始，诛夷名族，宠树同己；及文王之末，高贵

㉓ 徐高阮：《山涛论》，见《历史语言研究所集刊》第四十一本第一分。
㉔ 嵇康被杀，季镇淮说在景元四年，参其《司马昭杀嵇康的年代》，《来之文录》，北京大学出版社，1992年。汤球云在景元三年，参《众家编年体晋史》，天津古籍出版社，1989年，第97页。
㉕ 《资治通鉴》卷一百三十四《宋纪》顺帝升明元年。
㉖ 《资治通鉴》卷一百三十七《齐纪》武帝永明十年。

乡公事。（刘孝标注：宣王创业，诛曹爽、任蒋济之流者是也。高贵乡公之事，已见上。）明帝闻之，覆面著床曰：'若如公言，祚安得长！'"唐修《晋书·宣帝纪》亦载此事，但云王导，不言温峤，盖略之也。我颇疑王导在讲述时很加了一番渲染，下意识中流露了他对本朝创业史上那不光彩的一页的由衷嫌恶，故使年幼纯真的晋明帝都感到恐怖震惊。体会其时情景及王导之对，温峤之默而不答，似乎也是一时耻于言及：如其记忆中有许多"光辉业绩"足资称扬的话，他为何居顷不答呢？东晋元勋王导尚且如此，这显然就不应是一人一时的态度。在今人看来，高贵乡公的性命并不比平民更为高贵；但我们必须了解，那场血案不仅是终结了曹氏政权而已，尤其在当时，它对儒家士大夫所珍视的一整套理念，是一次粗暴的蹂躏践踏。篡权弑君于古固是屡见不鲜，但在魏晋那个特定时代，情况就复杂得多了。"东汉重名节"，汉末曾有一个清议名士如日中天之时，"权强之臣，息其窥盗之谋；豪俊之夫，屈于鄙生之议：人诵先王言也，下畏顺逆势也"。[27] 枭雄曹操因而不敢自置炉火之上，只能"拿皇袍当内衣穿"。曹魏禅代以来"名节"观念日趋低落，而成济"抽戈犯跸"，遂又给士大夫的信念情感，以沉重一击。

司马氏曾想通过御用文人曲解历史，来缓和、摆脱这种不利氛围。于是，修史者们围绕晋史断限发生了一场争论。一个王朝的开端，当然应从取得政权、建立新朝之日算起，而当时荀勖却主张，晋史应从魏齐王曹芳正始元年（240 年）写起，惠帝时荀藩、荀畯（这二人分别为荀勖子、孙，而荀勖乃贾充死党）、华混继之；而王缵又主张从魏齐王曹芳嘉平元年（249）开始，惠帝时有荀熙、刁协继之。对这伙人的企图，周一良先生有精细揭露："按照荀勖的继限，齐王芳的废黜，高贵乡公的被害，都已经是大晋王朝至少在史书文字上矗立以后"，"这样就使这两桩大事件在当时的非正义性多少有所减轻"，也就是要"以向上延伸晋朝历史的办法来掩饰冲淡禅代过程中的阴谋与暴力"。后来王戎、张华、王衍、乐广等人支持贾谧的意见，以泰始为晋之始；但从一些情况看，这一意见并未被采纳，断限仍是被提前了。[28]

西晋史书，对成济行凶事多讳以曲笔，如魏末王沈等作《魏书》44 卷，《晋书》本传称其"多为时讳"，《史通·直书·古今正史》言其"殊非实录"，是"假邪

㉗ 《后汉书·儒林传论》。

㉘ 周一良：《魏晋南北朝史学与王朝禅代》，载《魏晋南北朝史论集续编》，北京大学出版社，1991 年。

回以窃位"。高贵乡公将攻司马氏,王沈竟驰白于司马昭,其为人如此,必不能直书时事可知。陈寿《魏志》于此亦隐约其辞,并不副唐修《晋书》"实录"之誉。[29] 东晋史家,则已无多顾虑。《史通·直书》:"案金行在历,史氏尤多。当宣、景开基之始,曹、马构纷之际,或列营渭曲,见屈武侯,或发仗云台,取伤成济。陈寿、王隐,咸杜口而无言,干宝、虞预,各栖毫而靡述。至习凿齿,乃申以死葛走达之说,抽戈犯跸之言。历代厚诬,一朝如雪。考斯人之书事,盖近古之遗直欤!"习凿齿《汉晋春秋》确曾直书其事,其"刃出于背"四字触目惊心,且及百姓"或掩面而泣,悲不自胜"之情节,以示人心所在。前述习凿齿上疏称"我德惭于有周",这当即包括对"刃出于背"的感受在内。但《史通》对干宝的指责,则是莫须有的,干氏《晋纪》明文直书"抽戈犯跸",及郑泰"可诛贾充以谢天下"语。[30] 明人郭孔延《史通评释》:"抽戈犯跸之言,出自干《纪》,不出习《书》。子玄乃谓'干宝栖毫靡述,凿齿近古遗直',何其厚诬干也!"[31] 而干宝坦言晋朝之创"不及修公刘、太王之仁"事,亦为刘知几视而不见。又,孙盛《魏氏春秋》,亦直述"济以矛进,帝崩于师",且在其后又加以"时暴雨,雷电晦冥"一句,[32] 自非闲笔,感天动地之意也。

或说东晋史家直书其事,在于其距晋初已远,我们以为并不全然如此,而认为这与东晋皇权继续衰落也有关联。可顺便提及,孙盛《晋阳秋》还有"牛继马后"之说:"又初,《玄石图》有牛继马后,故宣帝深忌牛氏,遂为二榼共一口,以贮酒。帝先饮佳者,以毒者鸩其将牛金。而恭王妃通小吏牛钦,而生元帝,亦有符

---

[29] 据《魏志·三少帝纪》裴松之注所引,记此事者还有《世语》《晋诸公赞》《魏末传》。《隋书·经籍志》"杂史"部载《魏晋世语》十卷,晋襄阳令郭颁撰。《魏志·三少帝纪》裴注,谓郭颁乃晋之令史,撰《魏晋世语》,"蹇乏全无宫商,最为鄙劣,以时有异事,故颇行于世,干宝、孙盛等多采其言以为《晋书》"。不过裴氏对《世语》的批评未必得当。《世说新语·方正第五》刘孝标注:"郭颁,西晋人,时世相近,为《晋魏世语》,事多详核,孙盛之徒皆采以著书。"《隋志》"杂史"部又载《魏末传》二卷,章宗源、姚振宗《考证》均称撰人不详;《晋诸公赞》二十一卷,晋秘书监傅畅撰,《晋书》本传作"《诸公叙赞》二十二卷",亦西晋人。就诸书所引看,上述三书对曹髦被害案所记似颇疏略,故注家要引《汉晋春秋》《晋纪》等以补述其事。尤其是《世语》,有"高贵乡公之难,王沈、王业驰告文王,经以正直不出,因沈、业以申意"语,刘孝标《世说新语·贤媛》注:"《世语》既谓其'正直',复云'因沈、业申意',何其相反乎?"程炎震谓"正直"乃是"以尚书在直"之意,但亦以为"因沈、业申意"为"诬善之辞"。见余嘉锡《世说新语笺疏》引,中华书局,1983年,第679页注[四]。是《世语》于司马氏也有偏袒曲笔。

[30] 见《世说新语·方正第五》《魏志·三少帝纪》等注引干宝《晋纪》。

[31] 赵吕甫《史通新校注》引,重庆出版社,1990年,第452页。

[32] 《世说新语·方正第五》引。

焉。"㉝两晋之交的王隐《晋书》,似乎也有这类记载。㉞ 此说固属捕风捉影,史家已有辩驳;不过他们身为东晋臣子,竟厚诬开国皇帝为私生子,也见士大夫对皇权已颇为不恭,无多敬畏。这在魏晋禅代时已开其端。

今人自不应拘泥于传统忠奸观念,不过围绕贾、成而生发的纠葛确实影响深刻。其曹马党争背景,已如徐高阮所揭示。那么首先,晋武帝便要全力保护其佐命功臣,同时也要笼络调和潜在亲曹势力,这个困境,便已分散了其振作法纪的精力和能力。进一步说,我们还不能不指出,许多对曹髦事件持反感或异议者,如裴楷、任恺、庾纯等,他们并不反对这个朝廷,也无复魏之意,徐高阮云其是"亲曹势力"未必确切。他们的强烈反应,往往出自内心的深厚儒家信念和情感。相应地,上述纠葛的更广泛意义,还在于它大大降低了司马氏皇权的合法性和神圣性。对此有必要略加分疏。

对皇权的渊源,古人向有多种说法,如皇权神授、受命于天,汉儒董仲舒等有其论;如民不能相治,故立圣人以治之,贤者为帝;而在实际政治层面,也不乏刀枪里面出政权的"霸道"之说,如"秦失其鹿,高才捷足者得之""一根齐眉短棒,打得天下八百座军州都姓赵"之类。东汉末年有个极可注意的矛盾现象:一方面王莽篡权时"人心思汉"的情况至此大变,不仅许多士人已预见汉朝将亡,民间起事亦颇有称帝者。至"汉朝倾覆,天下崩坏,豪杰之士,竞希神器",㉟三国鼎立,"正朔有三",更令人"不知所归"㊱。曹氏代汉,不敢厚葬,说是怕后人掘墓,皇权衰微和皇权神授观念的淡漠可想而知。而另一方面,如前所述,"东汉重名节"风气却也构成儒家正统理念的重要维系,尤为汉末的特出现象。不过这后一方面,却在不断遭受着挫折消解。曹氏代汉当然带来了一次信仰危机;至司马氏代魏,诸如贾、成行凶一类作为,"创业立本异于先代"或"德惭有周"一类讥刺,显然更将大大淡化了对当朝皇帝的敬畏:这皇权已非来自天授或民意,而是

㉝ 《太平御览》卷九十八注引孙盛《晋阳秋》。

㉞ 《太平御览》卷七百六十一:"王隐《晋书》曰:宣帝既灭公孙渊,还作榼,两口、两种酒,持着马上,先饮佳酒,塞口而开毒酒与牛金,金饮而死。"我们推测,由于《御览》编者是为"器物部·榼"摘引此文,故其下文恭王妃通小吏牛钦事为其所略,本有其文也。

㉟ 《三国志·蜀书·诸葛亮传》裴注引张俨《默记·述佐》。

㊱ 《三国志·蜀书·吕凯传》。

通过阴谋暴力就能占有维持的东西,如此而已。

正是透过这一线索,我们进而解析如下事实:许多士大夫对贾、成行凶表示了本能震惊、由衷厌恶,但他们并不反对司马氏。我们以为,这除了身家考虑使之不能不拥戴晋廷外,现实大约也使他们明白:所谓皇权,不过如此而已;强者为王,是个无法回避的现实。尤其是在经历了汉末"生民百余一"的多年动乱之后,眼下的"小康"毕竟弥足珍惜,尚可苟安;司马氏皇权固然颇多劣迹,但士大夫们难道还有其他更好选择吗?被取代的曹魏,很可能也是一丘之貉;那种"膺天受命""顺天应人"的理想圣君,至少在其可以看到的将来,已是个迷茫遥远的淡淡幻影了。(即令阮、嵇这样的抵制司马氏者,他们的激愤,也主要不出自对曹魏的依恋,而出自对君主制度本身的质疑。)

不过这样一来,所涉及的就是一个比"亲曹"更深重的政治文化危机了:皇权的神圣维系和道义维系,将因此而大为松弛销蚀。当人们感到这个王朝是伴随着残酷卑鄙而矗立于此的时候,君主朝臣各种振作朝纲的努力,就将大大丧失了号召力,并随即就波及官员的忠诚、守法和敬业精神。鲁迅先生曾言,司马氏标榜"以孝治天下","因为天位从禅让,即巧取豪夺而来,若主张以忠治天下,他们的立脚点便不稳,办事便棘手,立论也难了"[37]。当然晋廷不是不讲"忠",但那声音总显得分外空洞虚假。无论是士大夫的政治理想还是官员的职业荣誉,都在日益淡漠而渺茫。既然司马氏为其家门私利尽可把名教纲常弃置一旁,而且他们居然就成了胜利者,那么即使是其党羽们,心底也很明白,这天地间其实并无惩恶褒善的最高正义裁断,个人拥戴政权不过出于身家权势所系,并随即起而效尤,争先恐后地把私利最大化奉为圭臬。这也就是说,西晋所面临的危机,不是土崩,而是瓦解;不是"亲曹"者的复辟,而是人心的涣散。

在此背景下,事功派官僚的"清议"呼吁,能产生多大效果,就可想而知了。加之玄学清谈的弥漫和门阀特权的膨胀,就雪上加霜地促成了干宝《晋纪·总论》所说的"风俗淫僻,耻尚失所",以及"黜六经""贱名检""狭节信""鄙居正"……《困学纪闻》引唐人李华:"干宝著论,近王化根源。"原注:"谓《晋纪·

㊲ 鲁迅:《而已集·魏晋风度及文章与药及酒之关系》,见《鲁迅全集》第三卷,第 501 页。

总论》以民情风教,国家安危之本。"㊳王鸣盛谓:"愚谓此文摹《过秦论》处,虽有规仿之痕,借周形晋,文势亦似迂缓,然其以老庄虚空为致乱之由,归罪阮籍、贾充辈,又以妇女淫妒为风俗所由坏,实能深探祸本。宝本晋臣,自不便显黜晋德,然言外已见懿、昭、炎作法于凉矣!《晋书》当直用此篇作论,其前不必赘加一帽子。"㊴干宝"民情风教"之旨,与本文所论"政治文化秩序"相干。在一个特定历史条件下,魏晋间政权交接的手段、方式和过程一点,也构成了破坏这个秩序的众多因素中的荦荦大端者。

三、论"刻薄"与"仁俭"

以上诸多考察,意在揭示西晋政治文化基础的脆弱一面。不过全盘否定这个政权曾有善政——姑且使用这个词语,指其完善统治之诸多措施——也失之公允。问题恰恰在于,尽管不无善政可称,但由于种种矛盾的错综纠结,晋廷仍未能摆脱政治衰败的困境。

《资治通鉴》晋纪晋武帝泰始元年:

> 帝承魏氏刻薄、奢侈之后,矫以仁俭。

此说或承于唐修《晋书·武帝纪》:武帝"承魏氏奢侈、刻弊之后,百姓思古之遗风,乃厉以恭俭,敦以寡欲"。唐太宗谓:"武皇承基,诞膺天命,敷化众民,以逸代劳,以治易乱。绝缣纶之贡,去雕琢之饰,制奢俗以变俭约,止浇风而反淳朴。"此言其代奢以俭也。又孙吴张悌曾谓:"曹操虽功盖中夏,威震四海,崇诈杖术,征伐无已,民畏其威而不怀其德也。丕、叡承之,系以惨虐,内兴宫室,外惧雄豪,东西驰驱,无岁获安,彼之失民,为日久矣。司马懿父子自握其柄,累有大功,除其烦苛而

㊳ 王应麟:《困学纪闻》卷十三引,商务印书馆,1935年,下册,第1074页。
㊴ 王鸣盛:《十七史商榷》卷四十四"晋纪总论"条,商务印书馆,1959年,上册,第397页。

布其平惠,为之谋主而救其疾,民心归之亦已久矣。"⑩此言其变苛为宽也。

王夫之对魏晋政治有如下评说:

> 曹孟德惩汉末之缓弛,而以申韩为法,臣民皆重足以立;司马氏乘之以宽惠收人心,君弑国亡,无有起卫之者。然而魏氏所任之人,自谋臣而外,如崔琰、毛玠、辛毗、陈群、陈矫、高堂隆之流,虽未闻君子之道,而耿直清严,不屑为招权纳贿、骄奢柔诏猥鄙之行,故纲纪粗立,垂及于篡,而女谒宵小不得流毒于朝廷,则其效也。晋武之初立,正郊庙,行通丧,封宗室,罢禁锢,立谏官,征废逸,禁谶纬,增吏俸,崇宽弘雅正之治术,故民借以安;内乱外逼,国已糜烂,而人心犹系之。⑪

张悌"民心归之"及王夫之"人心犹系"之说恐非,我们宁愿作如下表述:当时民众对政权更迭持淡漠态度。不过王氏所论,仍有两点值得注意:一是魏用法术而晋用"宽弘雅正"之政,二是晋廷确有一系列完善统治之措施。

先就第二点而言,晋初之善政确不宜一笔抹杀。泰始之初,便下令约法省刑,除魏宗室及汉宗室禁锢,罢部曲将长吏以下质任,录囚徒、理冤枉;复百姓徭役,亲率王公卿士耕藉田千亩;诏行俭约,省郡国御调,禁乐府靡丽百戏之伎及雕文游畋之具,焚异服雉头裘于堂前;令考课令史之尤异者,岁以为常;等等。在风纪教化上,晋武帝非无所为:幸辟雍,行乡饮酒之礼,以示尊师重教;建谏官"开直言之路",下令使侍中、散骑常侍"正色弼违、匡救不逮者";诏郡国"士庶有好学笃道,孝悌忠信,清白异行者,举而进之;有不孝敬于父母,不长悌于族党,悖礼弃常,不率法令者,纠而罪之";甚至对"清议"也曾力倡:"扬清激浊,举善弹违,此朕所以垂拱总纲,责成于良二千石也。"又颁五条诏书于郡国:"一曰正身,二曰勤百姓,三曰抚孤寡,四曰敦本息末,五曰去人事。"司马氏规划兼并蜀、吴,结束分裂而完成了国家统一大业;进而推动了经济恢复,太康年间在籍人口,比魏

---

⑩ 《三国志》卷四十八《三嗣主传》注引《襄阳纪》。
⑪ 《读通鉴论》卷十一,中册,第301—302页。

末三国总数增加近一倍。如干宝《晋纪·总论》所言:"太康之中,天下书同文,车同轨。牛马被野,余粮栖亩。行旅草舍,外闾不闭。民相遇者如亲,其匮乏者,取资于道路。故于时有'天下无穷人'之谣。"其语虽有夸饰,却并非无根之谈。

除此之外,晋廷曾有大规模的创制活动,尤其引人注目。这包括王夫之所说的"正郊庙",即并魏之圜丘、方丘于南北郊,合二至之祀于二郊。"自是后,圜丘、方泽不别立至今矣",[42]"这本是郊祀礼仪的重大改革"。[43] 以及"行通丧",许大臣行三年丧制。晋武帝身为表率以其礼终三年,尽管实仅"心丧",[44]毕竟不同凡响。在咸熙年间,司马氏组织制定了官品制度,[45]它比汉代官秩更为清晰合理,逐渐成为官阶制主流而沿袭千年以上。同时以周制为本而复五等爵,于汉代爵制为一大变革,并影响了历代爵制。[46] 又采周制,欲并建国子、太学、四门之学,实所成者仅国子学,遂成国学、太学之二学并立体制。北朝君主承其构想,三学并立,隋唐承之,后代之中央学校遂皆以"国子"为名。[47] 贤良策试时,武帝一策之后又有再策,马端临曾赞其"于策试之事,究心如此![48] 后世亦不过付之有司,视为具文耳"。[49] 又组织修订《晋律》,它以"宽简"而"周备"著称;[50]同时所成

㊷ 《宋书》卷十四《礼志一》。

㊸ 陈戌国:《魏晋南北朝礼制研究》,湖南教育出版社,1995 年,第 108 页。

㊹ 司马炎之行三年丧实不服衰麻,不尽同古礼,时称"心丧三年"。参看陈戌国:《魏晋南北朝礼制研究》,第 152—153 页。

㊺ 《通典·职官十八》所载之《魏官品》,祝总斌先生认为它"决非曹魏前期的制度","此魏官品的时间,不得早于咸熙元年"。参看其《两汉魏晋南北朝宰相制度研究》,中国社会科学出版社,1990 年,第 155—156 页。我同意这一意见,并已有文辨之。

㊻ 曹魏时已有国公、郡公、县公、乡公、亭伯等爵号,或说五等爵始于黄初年间。但据杨光辉先生考证,曹魏并未以系统的五等爵形式立;其正式形成,应在咸熙年间。参看其《魏晋南北朝封爵制度》,北京大学历史系 1988 年博士论文,藏北京大学图书馆。

㊼ 查《通典》卷三十六《职官十八》所载"魏官品",其中"国子、太学助教"外,另有"诸京城四门学博士"。如前所论,这"魏官品"是西晋前夕、曹魏咸熙年间拟定的制度。知其时有三学并建之意,不过四门小学一项后未落实而已。刘氏前赵曾设小学于长安未央宫西,石氏后赵大学外亦有小学;北魏孝文帝始用刘芳议,正式设置"四门小学"及博士,与国子学、太学并立。这三学体制,初始于司马氏之规划;"魏官品"至唐犹存,当为刘芳所得见。检《魏书》卷五十五《刘芳传》,刘芳谓自周以上,学惟以二;爰暨周室,学盖有六,国学、太学及四门小学也;引经书以证之,且云"案王肃注云:天子四郊有学,去王都五十里"。王肃为司马炎之外祖父,故王学得崇于晋世。推测司马氏筹建四门小学,所用为王氏经说。且三学设想,与司马氏行通丧、建五等相应,都是为了以复兴儒家推崇的"郁郁乎文哉"的"周制"为标榜。其"通丧"取《丧服》,"五等"取《周官》,"三学"则取《礼记》也。陈寅恪谓司马氏尊经复古,为"古今之巨变"(《崔浩与寇谦之》),所论独具只眼;"三学"一事,又可为陈说增添证据矣。

㊽ 参看拙作《察举制度变迁史稿》第七章第二节,辽宁大学出版社,1991 年。

㊾ 马端临:《文献通考》卷三十三《选举六》,中华书局,1986 年,上册,第 311 页。

㊿ 参看祝总斌《略论晋律的宽简与周备》,《北京大学学报》1983 年第 2 期。

有《晋令》《晋故事》和《晋五礼》，这不仅完善了行政规范体系，还结束了《汉律》律令不分、礼律杂糅之弊，成为法制史上的重大成就，为汉代律令科比体系发展到唐代律令格式体系之重要中介。这一系列重大的立法创制活动，不仅给后世留下了深远影响，构成了汉唐制度发展的重要环节，且就当时而言，这正合于王朝初期"制礼作乐""立制垂范"的通常举措。换言之，这些举措还有颇大的意识形态意义：王朝可以由此显示其新朝气象。

然而这一系列措施，并未带来一个欣欣向荣的政权，这是很发人深思的。只要社会较为安定，古代经济恢复和人口增长，原有重大潜力。[51] 时至魏晋，统治思想已相当成熟，各种教条的援引唾手可及。由于官僚制度的发达，知识雄厚的士大夫群体的存在，政治创制活动亦非难事。但是充分调动经济、思想、制度等各种因素而组织起一个强大高效而富于凝聚力的政治实体，就不那么容易了。我们强调"政治文化秩序"，也是为此。统一了国家、恢复了经济的西晋统治者，却未能进而达致这一目标，一番努力之后，政治依然处于散乱颓弛、萎靡不振之中。

如学者所论，东汉以来自然经济抬头，豪族大土地所有制发展，依附关系日益强化，士人向文化世族发展，"无为""无君"之论消解着君主的神圣性。这与东汉以来专制官僚制度在体制上的强化，恰成反比，构成了一个极引人注目的现象。

曹魏为救其弊，用法术以治之，而这汉末已见其端。章太炎："东京之末，刑赏无章也，儒不可任，而发愤者变之以法家。……名法之教，任贤考功，期于九列皆得其人，人有其第，官有其位。"[52]又吕思勉：汉末"一时通达治体之士，若王符、仲长统、崔寔等，咸欲以综合名实之治救之，当时莫能行，然三国开创之君臣，实皆用此以致治。"[53]曹操法术之治确曾收效，一时有"吏有着新衣、乘好车者，谓之不清；形容不饰、衣裳敝坏者，谓之廉洁"之风。不过举用"不仁不孝而有治国用兵之术者"之类措施，仍如傅玄所说，也使得天下"贵刑名"而"贱守节"。魏明帝一方面重"法理"，一方面又"尊儒贵学"以矫之。晋武帝自称"本诸生家，传礼已

---

[51] 马尔萨斯说，人口如果没有受到抑制，每二十五年可增加一倍。赵文林、谢淑君认为，这个估计是比较保守的，只要人口增殖率达到2.8%，就可达到这个增长额，而东汉初人口增长率曾达2.68%，隋初曾达2.5%，北宋、清初曾达3.1%。参见其《中国人口史》，人民出版社，1988年，第551、557页。

[52] 章太炎：《检论》卷三，"学变"，《章太炎全集》（三），上海人民出版社，1984年，第444—445页。

[53] 《吕思勉读史札记》，"魏晋法术之学"，上海古籍出版社，1982年，第861页。

久”,其对儒术名教的推崇更甚。陈寅恪先生定司马氏为礼法大族,“西晋篡魏亦可谓之东汉儒家大族之复兴。典午开国之重要设施,如复五等之爵,罢州郡之兵,以及帝王躬行三年之丧礼等,皆与儒家有关”。(54) 东汉魏晋的王朝官僚已来自文化雄厚的知识群体,因而意识形态问题在此帝国中就具有了特殊意义。从重刑名法术到重礼法名教这一转变,实已显示出治术之趋于迂缓。重刑名有压抑名士豪族、振作法治之意,而重礼法,而意味着向士族的迎合妥协。

且如前述,禅代过程的种种纠葛,使司马氏的名教呼吁无法收其成效。当然,曹氏代汉也曾有相应问题。东晋孙盛:“且魏之代汉,非积德之由。”(55)又袁山松,斥曹操为“回山倒海,遂移天日”的“窃国”“盗贼”。(56) 石勒以曹、马等量齐观,不过沈约以为曹操略胜一筹,似乎代表了更多人的看法。至于习凿齿以“魏武虽受汉禅晋,尚为篡逆”,《晋书》说是为了警告桓玄不得篡位,而周一良先生则云此说过于迂曲,主要原因还在东晋偏安有类蜀汉。(57) 但这是出于现实需要,非平心论史。范晔《后汉书》指出“天厌汉德久矣,山阳其何诛焉!”汉献帝已沦落潦倒,尺土一民皆非汉有。曹操扫平群雄的功业恢复了北方秩序,其统治集团显然较具“新兴”色彩;司马氏的“作家门”,则相对更富“窃夺”意味。

进之,古人并不认为一个王朝会万世长存,“三统”“五德”说就表明定期的改朝换代是可以接受的。但问题是,习惯认定的这个周期并不太短。“五百年必有王者兴”,(58)是说它在五百至七百年左右;依“三七之厄”说,约为二百一十年;(59)而汉末的通行说法,是以七百二十年为准,在八百至四百年之间浮动。(60) 东

---

(54) 陈寅恪:《崔浩与寇谦之》,《金明馆丛稿初编》,上海古籍出版社,1980年。

(55) 《三国志》卷十九《魏志·陈思王传》注引孙盛。

(56) 《太平御览》卷九十二引。

(57) 周一良:《魏晋南北朝史学与王朝禅代》,收入《魏晋南北朝论集续编》。

(58) 《孟子·公孙丑下》。

(59) 《汉书》卷五十一《路温舒传》:“温舒从祖父受历数天文,以为汉厄三七之间,上封事以豫戒。成帝时,谷永亦言如此。及王莽篡位,欲章代汉之符,著其语焉。”颜师古注:“张晏曰:三七二百一十岁也。自汉初至哀帝元年二百一年也,至平帝崩二百十一年。”王莽代汉,曾利用了“三七之厄”说,以二百一十年为一阶段。同书卷九十九《王莽传·中》王莽册命孺子:“(汉)历世十二,享国二百一十岁,历数在于予躬”;后其诏书有语:“深惟汉氏三七之厄,赤德气尽。”

(60) 《三国志》卷二《魏志·文帝纪》注引《献帝传》,太史丞许芝条曹魏代汉谶纬:“臣闻帝王者,五行之精,易姓之符,代兴之会,以七百二十年为一轨。有德者过之,至于八百,无德者不及,至四百载。是以周家八百六十七年,夏家四百数十年,汉行夏正,迄今四百二十六岁。又高祖受命,数虽起乙未,然其兆征始于获麟,获麟以来七百余年,天之历数将以尽终。”

汉统治已二百年了,两汉之统治已达四百年,看来真像又到了五德更代的关口了,因而喧嚣一时的"黄家当兴"谶书,对曹氏代汉仍能提供相当的观念支持。而司马氏宣称以金德代魏土德,则未免有太多的窒碍难通处:曹魏王朝不过数十年,它怎么这么快就气数终结了? 就是按"阳九百六"说,至少也要一百零六年,且"阳九之厄"只是"前元之余气",未必改朝换代之时。(61) 这就意味着,即便依儒者"五德"说,司马氏代魏比曹魏代汉,所处地位也更为不利。时人对晋朝是否"膺天受命",或根本就不存在"膺天受命"这么回事儿,都很可以打上个大大的问号。

司马氏求助于儒教,可经两次禅代之后,"天命"或"民意"的神圣性已大为淡薄;对阴谋暴力见惯不惊的士人那里,名教纲常的感召力也日益丧失。晋武帝终不肯疏远贾充,反使其担任尚书令总理国务;明知其反对伐吴,仍命之为大都督总统六师;谥之以"武",以示对其旧功的肯定;(62)太子以师保礼为贾充发哀临丧,(63)而此贾充,在时人看来大约毫无"师范"可言。又何曾以"至孝"名世、以"礼法之士"自居,同时又穷极奢丽、日食万钱,这恐怕反令人对礼法名教避之不及。

王夫之在论晋武帝尚有善政后,又云:

> 然其所用者,贾充、任恺、冯紞、荀勖、何曾、石苞、王恺、石崇、潘岳之流,皆寡廉鲜耻贪冒骄奢之鄙夫;即以张华、陆机铮铮自见,而与邪波流,陷于乱贼而愍不畏死;虽有二傅、和峤之亢直,而不敌群小之翕訿;是以强宗妒后互乱,而氐、羯乘之以猖狂。小人浊乱,国无与立,非但王衍辈清谈误之也。(64)

---

(61) 参《汉书》卷二十一《律历志·上》及颜师古引注孟康。

(62) 《晋书·贾充传》:"及下礼官议充谥,博士秦秀议谥曰'荒',帝不纳。博士段畅希旨,建议谥曰'武',帝乃从之。"贾充本文官,长吏治,谥之为"武",其事可异。这可能因其伐吴之役担任了大都督。《谥法》:"克定祸乱曰武。"注:"以兵征,故能定。"不过考虑到贾充本反对伐吴,"及师出而吴平,大惭惧,议欲请罪",则此一可能较小。又贾充曾自称曾"荡平巴蜀",但这只是在钟会反后一度都督关中而已。另一可能,是因其主持修成《晋律》。《谥法》:"刑民克服曰武。"注:"法以正民,能使服"。不过我更疑晋武帝还欲以"武"之一辞,来曲折地肯定贾充在曹髦事件上"克定祸乱"之大功。谢灵运《晋书》"禅位表":"汉晋外禅,有翦伐之事,故曰顺名。"这"翦伐"岂就不是"武"吗?

(63) 《续汉书》卷六《礼仪志下》注引刘道荟《晋起居注》。贾充曾任太子太保,见唐修《晋书》本传。

(64) 《读通鉴论》卷十一,中华书局,中册,第302页。

所列"鄙夫",多贾充一党。不过平心而论,贾充一党原非乏善可陈。如贾充雅长法理,有刀笔才,其为政务农节用、并官省职,《晋律》即其主持修成;荀颛为政能综核名实,主持制成《晋礼》165篇;荀勖与贾充共定律令,修律吕、创图书四部分类法;石苞亦"有经国才略"。不过,他们确有"寡廉鲜耻贪冒骄奢"之劣迹,魏晋禅代中种种纠葛又加重了时人的恶感,他们的政治才能,就难以从积极方面得到发挥了。与秦、与十六国北朝都不相同,汉末魏晋是士林舆论特具社会影响力的时代;而在士人源远流长之"君子治国"观念中,君主权臣的道德形象是政治凝聚力的重要来源。西晋统治集团虽转尚礼法名教,其道德形象却难以令其获得这种政治凝聚力。

不止事功派诸贤,就是司马炎本人,最初也何尝没有励精图治之心。对诸贤的"肃清议"之呼吁,他实有同感,却无从措手。刘颂疏上,他答以"具知卿之乃心为国也,动静数以闻";刘毅疏上,"帝优诏答之";傅玄疏上,"上嘉纳其言,使玄草诏进之,然亦不能革也"。还可指出,当时诸贤曾力斥九品中正之法,武帝态度也恰是"善之,而卒不能改"。正如刘颂所云,他对权贵高门已无法绳之以法;其"宽政",实际成了意在换取支持的优容以至纵容。篡位前他"奏录先世名臣元功大勋之子孙,随才叙用",甫即位就"亡官失爵者悉复之",泰始三年"议增吏俸",此后还多次赏赐百官。建"五等"以"录旧勋",是一次优容功臣的权益大分配;品官占田荫客制的颁行,又一步扩大了官僚特权,尤其是占有依附人口的权利。面对门阀的崛起,司马氏的对策是扶植宗室封王出镇。如唐长孺先生所剖析:这显示的实是"西晋政权结构是以皇室司马氏为首的门阀贵族联合统治,皇室作为一个家族驾于其他家族之上"。[65] 这种通过自身贵族化而维系皇权的宗王政治,并不说明皇权强大,秦汉大帝国反是实行"尺土不封"或"削藩"政策的。它不仅进一步示人以私,而且皇族王公在靡财乱政上,比权贵豪门毫不逊色。"尚俭"的方针与奢华的世风,遂形成了反讽似的对照。

这样,晋武帝的励精图治,就不能不以虎头蛇尾而告终。他后来意气渐销,耽迷享乐,掖庭近万,羊车恣行,本人就成了"尚俭"方针的直接破坏者,并

---

⑥⑤ 唐长孺:《西晋分封和宗王出镇》,《魏晋南北朝史论拾遗》,中华书局,1983年。

因"卖官钱入私门"而被刘毅讥为桓、灵不如。刘颂曾说"今陛下每精于造始而略于考终",其实这也可视作对其统治的总概括。如下插曲也很有意思:"初,(何)曾侍武帝宴,退而告(何)遵等曰:'国家应天受禅,创业垂统,吾每宴见,未尝闻经国远图,惟说平生常事,非贻厥孙谋之兆也。及身而已,后嗣其殆乎!此子孙之忧也。汝等犹可获免——'指诸孙曰:'此等必遇乱亡也!'"⑥⑥按,何曾死时不过咸宁四年。在王朝初创时,其心腹重臣就已有"必遇乱亡"预感,这确令人惊异不已。不过联系到刘颂断当朝为叔世,刘毅比武帝于桓灵,那就不是偶然的了。西晋一朝之人心又如此,后杨准"见王纲不振,遂纵酒,不以官事为念,逍遥卒岁而已";范隆见天下将乱,"隐迹不应州郡之命";王接于惠帝永宁初举秀才,曰"今世道交丧,将遂剥乱";乐广"值世道多虞,朝章紊乱,清己中立,任诚保素而已";董养游太学,叹曰:"朝廷建斯堂,将以何为,天人之理既灭,大乱将作矣。"索靖"有先识远量,知天下将乱,指洛阳宫门铜驼,叹曰:会见汝在荆棘中耳!"

曹氏用法治,但这已如钱穆所论:"要提倡法治,起码的先决条件,在上应有一个较稳定的政权,政权之稳定,亦应依附于此政权者先有一番较正义,至少较不背乎人情的理想或事实"——这也正是本文之大旨;但"东汉末年乃至曹魏、司马晋的政权,全是腐化黑暗,不正义、不光明、不稳定,法治精神如何培植成长?"而"乘隙而起的司马氏,暗下勾结着当时几个贵族门第再来篡夺曹氏的天下,更没有一个光明的理由可说","司马氏似乎想提倡名教,来收拾曹氏所不能收拾的人心。然而他们只能提出一个'孝'字,而不能不舍弃'忠'字,依然只为私门张目。"高门华族更是弃名教如敝屣,对玄谈放诞趋之若鹜。钱穆:"西汉初年,由黄、老清净变而为申、韩刑法。再由申、韩刑法变而为经学儒术。一步踏实一步,亦是一步积极一步。现在是从儒术转而为法家,再由法家转而为道家,正是一番倒卷,思想逐步狭窄,逐步消沉,恰与世运升降成为正比。"⑥⑦政治文化秩序衰败之时,必然会面临"宽""严"皆非的两难困境;从曹氏"刻薄"到司马氏之

---

⑥⑥ 《晋书》卷三十三《何曾传》。这个记载,我以为大致可靠。按《传》云何曾因党于贾充而"为正直所非";"永嘉之末,何氏灭亡无遗种焉"。那么,就不大可能有他人或何氏后人为美化其忠忱与远见而编造其说。

⑥⑦ 钱穆:《国史大纲》,上册,第十二章第四节,"新政权之黑暗"。

"仁俭",政治仍未找到光明的出路。西晋诸贤的"清议"呼吁,表现为振作政纲风教的最后努力;但在如上情势中,其呼声是如此微弱,收效可知了。

吕思勉先生叙"晋初情势",以"政俗之弊"开篇:"后汉以来,政治、风俗之积弊,百端待理者,实皆萃乎武帝之初。此其艰巨,较诸阴谋篡窃,殆百倍过之。虽以明睿之姿,躬雄毅之略,犹未必其克济,况如武帝,以中材而涉乱世之末流乎?"⑥⑧百年以来之社会矛盾交织纠结、萃于晋初,使此王朝初建即呈现"乱世末流"景象。田余庆先生更一针见血地指出:"以司马氏为首的西晋统治者,在西晋建立以前已有了十几年顺利发展的历史,形成了一个新的庞大的贵族集团。晋武帝依靠这个贵族集团取代了魏室,因此他也就尽可能满足这个集团对财富和权势的要求。国家统一后生产的发展,使这个集团的贪欲越来越大,挥霍也就越来越厉害。所以西晋统治集团一开始就异常贪婪、奢侈、腐败、残暴,和汉初、魏初的统治集团有所不同。"⑥⑨

内部的"八王之乱"和外部的"五胡乱华",不久就使西晋统一成为昙花一现。平吴中势如破竹的晋军,此时面对区区刘、石却溃不成军、一败涂地。至于东晋比中朝更为萎靡衰败,却又延续百年,这乃是出于民族大义之所系:面对"五胡"的兵锋铁蹄,为中华文化种族计,江左吏民除了拥戴司马氏政权之外,还能有什么其他选择呢? 如此而已!

1996 年 6 月挥就于燕园

【阎步克 历史学博士,北京大学历史系教授】

原文刊于《中国文化》1996 年 02 期

---

⑥⑧ 吕思勉:《两晋南北朝史》第二章第一节,上海古籍出版社,1983 年,上册,第 11 页。
⑥⑨ 《中国史纲要》,人民出版社,1979 年,第二册,第 27 页。

《史记笺证》编写中的若干尝试

韩兆琦

　　《史记》是我国古代最有名的历史与文学名著,有关此书的注释与白话翻译近年已经出过不少,但我多年以来所想象的更详尽、更具有多方面研究资料的那种本子还是没有,因此我在几位志同道合者的帮助下用了十多年的功夫尝试着完成了这部五百五十多万字的《史记笺证》。有关这部书的编写动机,最早是四十五年前在复旦大学跟着蒋天枢先生读《史记》时,蒋先生就深深慨叹《史记》从"三家注"以后我国学者一直没有对之进行新的整理;接着是1991年白寿彝先生又将我邀至其家,当面叮嘱我要推开其他事情用七八年乃至十多年的时间彻底整理《史记》。我就是在两位先辈的感召下从1993年开始从事这项工作的。到2004年底将该书清样全部校阅完毕,正好用了十二年。今天面对着这套九大册的《史记笺证》,我一方面感到欣慰,因为它有一定的知识厚度,也有一些令人高兴的新特点;但同时自己又"如临深渊,如履薄冰",因我知道它还有些地方显得薄弱,以及更难免会有许多知识或技术上的差错。为了帮助历史与文学界的同仁和关心这部书的读者了解这部书,我想在这里谈谈我们在编写过程中的一些想法,或者说是向大家汇报一下我们在编写《史记笺证》时所做出的一些新尝试。以下分六方面举例说明。

一、有关《史记》原文的校勘与标点

自二十世纪六十年代以来,大陆、港、台以及国外出版的各种《史记》,其原文几乎都是依据中华书局本的校勘与标点,这是理所当然的,因为中华书局的校勘标点本是现有《史记》中最好的本子,我自己也是念着中华书局的本子逐渐成长起来的。但中华书局本的确也存在着许多校勘与标点方面的不合理,为此中华书局在八十年代曾进行过一次校改,但至今值得讨论之处依然不少。我们这次就是本着一种既虚心学习又实事求是的态度,既以中华书局的本子为底本,同时又广泛参考其他本子、其他校勘书,对当前通行本《史记》原文的字句和一些重要标点之应讨论者,提出了二百多处,试举例如下。

1.《廉颇蔺相如列传》在写到赵奢所进行的阏与之战时,开头便是"秦伐韩,军于阏与。"

首先这"军于阏与"者到底是谁。若从本文的"秦伐韩,军于阏与"看,则"军于阏与"者应是秦军。若从本文最后的"遂解阏与之围而归",再结合《赵世家》所说的"秦韩相攻,而围阏与",则可分明知晓阏与城内被围的是韩军,而对之实施包围的是秦军。如此说来,这开头的七个字应作"秦伐韩军于阏与",中间不应该逗开。这是其一。

接着进一步讨论,当时的阏与究竟属韩还是属赵,被围在阏与的是韩军,还是赵军。《史记·秦本纪》曰:"(昭王)三十八年,中更胡阳攻赵阏与,不能取";《御览》一六三引《史记》作"攻赵阏与";《战国策·赵策三》作"秦王令卫胡阳伐赵,攻阏与";《御览》二九二引《战国策》作"秦师围赵阏与";《通鉴》赧王四十五年书此事作"秦伐赵,围阏与";即如《廉颇蔺相如列传》在叙述到秦将分析赵奢刚率军离开赵国都城的情形时也是说:"夫去国三十里而军不行,乃增垒,阏与非赵地也。"可见阏与分明属赵,只是司马迁在《史记》的不同篇章中记事有些混乱而已。故《廉颇蔺相如列传》这里只能作"秦攻赵军于阏与"。

与此相同,《赵世家》里的"秦韩相攻,而围阏与",也应作"秦赵相攻,而围阏与"。《六国年表》周赧王四十五年的赵格，黄善夫本、武英殿本、金陵局本之原文皆作"秦拔我阏与"，"拔"字应该作"攻"，但所属关系原不错。而通行本依据《廉颇蔺相如列传》的错误提法将其改为"秦攻韩阏与"，遂使本来不错的所属关系也错了。

2.《韩信卢绾列传》："陈豨者，宛朐人也，不知始所以得从。及高祖七年冬，韩王信反入匈奴，上至平城还，乃封豨为列侯，以赵相国将监赵代边兵，边兵皆属焉。"

近些年来出版的本子大都是这样写的。但陈豨没有任过赵相国，当时的赵相国是周昌。陈豨是以代相国的身份为将军，节制代、赵两国的边防部队。故本传的下文有云："豨常告归过赵，赵相周昌见豨宾客随之者千余乘，邯郸官舍皆满。豨还之代，周昌乃求入见。见上，具言豨宾客盛甚，擅兵于外数岁，恐有变"云云。《高祖本纪》曰："九月，代相陈豨反，上曰：'代地，吾所急，故封豨为列侯，以相国守代，今乃与王黄等劫掠代地！'"《汉书·韩彭英卢吴传》曰："陈豨为代相监边。"皆可证明陈豨是为代相国，同时又以将军的身份节制代、赵两国的军队。赵相周昌之所以告陈豨的刁状，实与对此不服有关。总之，陈豨是以"代相国将，监赵、代边兵"，本传将"代"字误书为"赵"，《高祖功臣侯者年表》亦同误。

3.《商君列传》："孝公既见卫鞅，语事良久，孝公时时睡，弗听。罢而孝公怒景监曰：'子之客妄人耳，安足用耶！'景监以让卫鞅。卫鞅曰：'吾说公以帝道，其志不开悟矣。'后五日，复求见鞅。"依此标点，这最后两句的主语只能理解为是秦孝公。秦孝公在听卫鞅讲话时已经是"时时睡"了，有何乐趣还要"复求见之"？其实这"后五日，复求见鞅"乃是卫鞅对景监的祈请语，应接连上文一气读下，犹言"五日后，请你再引见我一次"。此与下文"吾说公以王道而未入也，请复见鞅"的句式完全相同。此处也应该标点作："卫鞅曰：'吾说公以帝道，其志不开悟矣。后五日，复求见鞅。'"

4.《李将军列传》："居无何，匈奴入杀辽西太守，败韩将军，后韩将军徙右北平。于是天子乃召拜广为右北平太守。"

按：韩安国刚刚徙于右北平，汉武帝又拜李广为右北平太守，这右北平不是一下子就有两个将军了吗？而且句子中的"于是""乃"三字就显得分明不合情理。而泷川资言《会注考证》本在"韩将军徙右北平"下有一"死"字。泷川曰："'平'下'死'字，各本脱，今依枫、三本，《汉书》。"按：泷川说是也。检《韩长孺列传》云："（安国）将屯又为匈奴所欺，失亡多，甚自愧。幸得罢归，益东徙屯，意忽忽不乐。数月，病呕血死。"知此处"后韩将军徙右北平"下必须有一"死"字，没有是绝对不行的。

5.《淮南衡山列传》："南海民王织上书献璧皇帝，忌擅燔其书，不以闻。吏请召治忌，长不遣，谩言曰'忌病'。"

依通行本，此句的意思是南海郡的百姓有名叫王织者，他给皇帝上书，说是要向皇帝献璧，而淮南王刘安的中尉蕑忌擅自烧毁了王织的上书，不向皇帝报告。一个普通的平民百姓有什么条件能给皇帝上书献璧呢？故陈仁锡、梁玉绳等都认为"民"字是衍文，而《汉书》作"南海王织"。"织"是"南海王"之名。王先谦引周寿昌曰："'织'，南海王名，见《高纪》，《史记》多一'民'字。若是民，何以能'上书献璧'乎？"按：《史记》全书无"南海王"其人，而《汉书》则确有之。除《汉书》之《高祖纪》《西南夷传》有"南海王织"外，《汉书·严助传》所载淮南王安之上书中尚有"前时南海王反，陛下先臣（指刘长）使将军蕑忌将兵击之，以其军降，处之上淦（约当今之江西省清江县，当时属豫章郡）。后复反，会天暑多雨，楼船卒水居击棹，未战而疾死者过半"云云。有人以为此段所述即上文"淮南吏卒"讨庐江郡内之"南海民"反者事，或史公误将"豫章"书为"庐江"。此"南海王"盖为南海郡北部丛山中所屯聚的少数民族部落，为当年南越王赵佗所未能削平者。因其邻近淮南国内的豫章郡，故被刘长派兵击降，迁之于豫章郡之上淦。后又反，故刘长二次派兵讨之，牺牲甚大。今则上书欲献璧于皇帝。此事之首尾详悉，可证"民"字为衍文，应削。

6.《高祖本纪》："楚汉久相持未决，丁壮苦军旅，老弱罢转饷。汉王项羽相与临广武之间而语。项羽欲与汉王独身挑战。汉王数项羽曰：'……吾以义兵从诸侯诛残贼，使刑余罪人击杀项羽，何苦乃与公挑战！'"

按：是项羽向刘邦当面提出挑战，若刘邦回答项羽"何苦乃与公挑战"，"公"字称呼项羽，则彼此榫卯不合。依照当时问答的逻辑关系与刘邦其人的说话习惯，此处的"乃与公"应作"与乃公"。《项羽本纪》叙项羽向刘邦挑战时说："天下匈匈数岁者,徒以吾两人耳。愿与汉王挑战决雌雄,毋徒苦天下之民父子为也。"所以刘邦回答他:"我将打发囚徒去收拾你,你哪配向你老子叫阵!"乃公:犹言"你老子""你爸爸",正是刘邦习用的骂人语。若作"乃与公",则问答既不对碴,更谈不上表现刘邦的心理神情了。

类似以上问题,约有一半在原文上做了处理,同时也在注释中进行了说明与论证;另外一半则只是在注释中提出了问题,指出了应该如何处理,但对原文未作变动。

二、有关考古资料、出土文物的吸收与引用

近几十年来,我国考古发掘的成就可以说是极其灿烂辉煌的,这为我们广泛地运用考古资料、出土文物以验证《史记》文本所叙述的史实,或提高史实的清晰度,或纠正文本叙事的偏差提供了极大方便,这是我们这次注释《史记》最引为自豪的一点。试举例如下。

1.《殷本纪》:"中丁迁于隞。"

据今本《竹书纪年》,中丁名"庄"。隞,也作"嚣""敖",旧说在今河南省荥阳东北,即《集解》引皇甫谧与《正义》引《括地志》所说的"敖地""敖仓"。但近年来经考古发掘研究,许多学者认为即今郑州市的商城遗址。杨育彬说:"商代遗址遍布整个郑州市区,面积达二十五平方里。1955 年在遗址中部又发现一座长近七公里的商代城垣。在郑州商代城南北城墙外各发现一处铸造青铜器的手工业作坊遗址;西城墙外发现有一处烧制陶器的手工业作坊遗址;在北城墙外还发现了一处制作骨器的手工业作坊遗址。在西城墙外地面下近六米深处,出土了两件大型铜方鼎;在东南城角外侧出土了十三件商代青铜器,其中包括两件铜方鼎和一件大型铜圆鼎,造型浑厚,纹饰华美,气势磅礴,实为商代奴隶们的不朽杰作。在西城墙中段外侧出土了十二件商代青铜器,其中包括四件大型铜方鼎。上述三处青铜器窖藏坑可能是祭祀的遗存。在城内北部和东北部还发掘出三座大型宫殿遗址。在宫殿区东部,还发掘出蓄水池和石砌输水管道等贮水设施。

郑州商城很可能是'帝中丁迁于隞'的隞都。1959 年 7 月,郭沫若同志曾亲笔为河南省文化局工作队题《颂郑州》一诗,诗中就写郑州商城可能是隞都。"(《新中国考古五十年》)

2.《周本纪》叙武王伐纣说:"二月甲子昧爽,武王朝至于商郊牧野,乃誓。"

二月甲子昧爽,即武王十一年(前 1046)周历二月的甲子日拂晓。《集解》引徐广曰:"一作'正'。此建丑之月,殷之正月,周之二月也。"牧野,地名,在殷都朝歌(在今河南淇县)南七十里。按:1976 年陕西临潼曾出土西周铜器,名曰"利簋",高二十八厘米,其内底铸有铭文三十二字,其词为:"武征商,唯甲子朝,岁鼎,克昏,夙有商。辛未,王在阑次,赐右史利金,用作檀公宝尊彝。"大意为:周武王征伐殷纣,甲子那天的早上,夺得了鼎,打败了商纣,得到了商王朝。灭商后的第八天,武王在阑这个地方把青铜赐给了右史利,于是利就铸造了这件祭祀檀父的礼器。以前武王灭商这一重大事件只见于《周书》《尚书》《韩非子》等历史文献,利簋这篇铭文出自参加武王灭商的当事人之手,因此这一事件得到确凿的见证,铭文内容与历史文献的记载完全吻合。(见乔吉祥《历史文物知识》)

3.《秦始皇本纪》叙始皇之葬说:"穿三泉,下铜而致椁,宫观百官奇器珍怪徙臧满之。"

穿三泉,指挖地宫向下挖到三层泉水以下。但"三层泉水"究竟是多深?过去无法回答。近年来随着始皇陵排水工程的发现,秦俑博物馆馆长袁仲一认为,"三泉之深在二十三米至三十米之间";同一博物馆的朱思红、王志友根据始皇陵东、南、西三侧的排水沟渠深度为三十九点四米,认为"秦陵地宫的深度要小于排水沟渠的深度,即小于三十九点四米"。下铜而致椁,郦道元《水经注》理解为在地宫为秦始皇铸造铜椁,似乎不对。胡三省曰:"冶铜锢塞之也。"意即用铜汁铸塞地宫的缝隙,而后再向地宫放置棺椁。朱思红、王志友引证《汉书·贾山传》也以为"'下铜'即以铜水浇灌石缝,达到堵塞地下水的目的",说法明晰可信。

4.《秦始皇本纪》写秦二世肆意诛杀自己的兄弟姊妹,有所谓"六公子戮死于杜";《李斯列传》叙此事作"公子十二人戮死咸阳市,十公主碟死于杜"。

杜,秦县名,在今西安市西南,当时阿房宫的南面。秦俑考古队曾有简报综述此事说:"(始皇陵的)陪葬墓有两处,一处在陵园东门外,另一处在始皇陵坟丘北边。东门外已发掘的八座,葬者皆一棺一椁。尸骨经鉴定,死者为五男二女,年龄都在二十至三十岁左右,皆肢解入葬。推测被葬者可能是被胡亥处死的秦公子、公主,可能还有秦始皇原来的近臣。"

5.《白起王翦列传》叙白起破杀赵括于长平后,"乃挟诈(赵卒四十余万)尽坑杀之,遗其小者二百四十人归赵"。

挟诈,使用欺骗手段。而尽坑杀之,遗其小者二百四十人归赵,武国卿、慕中岳引《水经注》曰:"长平城西有秦垒,秦坑赵卒,收头颅筑台于垒中,迄今犹号'白起台'。"《括地志》曰:"头颅山在县西五里,白起台在其上。"又曰:"冤谷,在今高平城西二十里,旧称'杀谷'。唐玄宗到潞州,路过致祭,又名'省冤谷'。"按:山西省高平县(今高平市)之永禄乡已发现尸骨坑多个,靳生禾、谢鸿喜《长平古战场巡礼》认为"以韩王山麓为中心的三角地带"是当时秦国出动奇兵以分断赵军,和两军最后决战以及白起大规模屠杀战俘的地方。

6.《南越列传》:"至建元四年,佗孙胡为南越王。……胡薨,谥为文王。"

按:南越文王墓在今广州市象冈山,墓室平面像"早"字形,全部用石块构成。墓室有前室,东、西耳室,主室,后藏室,东、西侧室。墓主遗体在主室,身着丝缕玉衣,身上有印章八枚,最大者为龙纽金印,阴刻篆书曰"文帝行玺",是目前见到的最大的西汉金印。其余七枚分别是"泰子"龟纽金印,"赵眜"覆斗纽玉印,"帝印"蟠龙纽玉印,余三枚玉印素面无文字。东侧室是姬妾葬处,出土有"右夫人"龟纽金印,"左夫人印""泰夫人"印等多枚;西侧室为庖丁、厨役之室;后室与东西耳室出土了大量器物。据出土印章知墓主为南越文帝赵眜,《史记》记载为"赵胡",推断可能系史公误记。

三、有关古代地面遗存的考查与引用

《史记》所叙述的尽管都是两千多年以前的史实,但地面遗留的古迹还是非常多的。随着我国的经济发展与各级政府、各地人民对文物、古迹保护意识的提高，许多春秋、战国、秦、汉以来的古代遗迹，诸如城垣、关塞、楼台、陵墓、碑碣等等可与历史人物、历史事件相互印证的东西都得到了不同程度的保护与修缮。凡此对读者可资博览、可广异闻的材料我们在注释中都努力进行了搜求。试举例如下。

1.《秦始皇本纪》二十八年，载始皇帝东封泰山，"刻所立石，其辞曰……"

泷川引聂剑光说："秦篆刻石，先在岳顶玉女池上，后移置碧霞元君祠之东庑。石高四尺，四面广狭不等，载始皇铭辞及二世诏书，世传李斯篆，字径二寸五分。近年摹本仅存'臣斯'以下二十九字。"陈直曰："《山左金志》云：'宋时《泰山刻石》存二百二十三字，绛帖刻有全文。至清初存二十九字，乾隆五年毁于火。蒋因培后在玉女池检得残石，今存十字。"按：今泰山顶石壁上有此十个字的仿刻文，而这块仅存十个字的刻石现在保存于山前岱岳庙内。其介绍文字称："'秦刻石'为泰山现存最早的刻石，原立于泰山顶玉女池旁，计有二百二十二字，由李斯篆书。宋代刘跂曾摹其文可读者尚有一百四十六字。明嘉靖年间移于碧霞祠东庑，存二世诏书二十九字。清乾隆五年（1740）又毁于火。仅存'斯臣去疾昧死臣请矣臣'十字。"秦刻石为研究泰山封禅与我国碑刻、文字、书法等提供了珍贵的实物资料。

2.《秦始皇本纪》："三十五年，除道，道九原，抵云阳，堑山堙谷，直通之。"

按：此即秦朝之所谓"直道"。主持此役者为蒙恬，过程见《蒙恬列传》。徐卫民引史念海曰："秦直道起由秦林光宫，沿子午岭主脉北行，经旬邑县石门关、蔍陵县艾蒿店、陕甘两省交界的五里墩，至黄陵县的兴隆关（沮源关）后，沿子午岭西侧的甘肃省华池县东至铁角城、张家嶕岘，又直北经陕西省定边县东南，复折东北方向达内蒙古乌审旗红庆河、东胜县西、昭君坟东，至内蒙古包头市西，至秦九原郡治九原县。"按：今陕西富县之张家湾乡、甘泉县之桥镇乡以及志丹县都留有秦时之直道遗址，平均宽度为三十米，最宽处五十八米，最窄处十余米。

3.《高祖本纪》："楚汉久相持未决，丁壮苦军旅，老弱罢转饷。汉王、项羽相与临广武之间而语。"

广武之间，即广武涧，王叔岷曰："《御览》引此无'之'字，《项羽本纪》《汉书·项籍传》《汉纪》《通鉴》皆同。"王先谦引《西征记》曰："山上有二城，东者曰东广武,西者曰西广武,各在山一头,相去二百余步。其间隔深涧,汉祖与项籍语处。"按:今河南荥阳市北之广武山上有东、西广武城,当地称"二王城",即刘邦、项羽当年所对峙处。西城为刘邦所建,曰"汉王城";东城为项羽所建,曰"霸王城"。中间隔大沟,即"广武涧",也称"鸿沟"。沟宽八百多米,深二百米。今"二王城"的北部都已被黄河水冲刷掉,仅南部尚存。汉王城东西长一千二百米,南北仅存三百米;霸王城东西长一千米,南北尚存四百米,城厚二十六米。

4.《田单列传》:"唯田单宗人以铁笼故得脱,东保即墨。"

即墨,齐国东部的重要都邑,在今山东省平度市东南。据《山东风物志》,"即墨故城在今山东平度的古岘乡大朱毛一带,俗名朱毛城。又因西汉胶东康王刘寄都此,故也称'康王城'。故城分内外两城,东西约十里,南北约五里,现存城垣千余米,基四十米全为夯土版筑,十分坚固。直到东汉时期,才逐渐废弃。"

5.《朝鲜列传》:"自始全燕时,尝略属真番、朝鲜,为置吏,筑鄣塞。秦灭燕,属辽东外徼。"

按:有关这段话的史地详情,他书多注释不清。关于战国与秦、汉长城的东端究竟是怎样一种状态,前几年出版的通史甚至是专门研究长城的出版物都语焉不详。我们认为,所谓"筑鄣塞",是指在真番、朝鲜的周围帮助两国构筑防卫工事。鄣塞:界墙、城堡。属辽东外徼,属于辽东郡的境外管区。按:早在战国时代,燕国就已经设立了辽东郡,设郡的时间普遍认为应在燕昭王在位时,有人认为可能在乐毅伐齐之后的前 280 年左右;有人认为应在乐毅伐齐之前的前 290 年左右。关于辽东郡的东南部边境,也就是司马迁所说的"徼",实际即指燕国最东南端的长城。程妮娜《辽东设郡县考》说:"燕昭王发兵伐东胡等后,'取地二千余里,至满番汗为界'。朝鲜侯国尽失辽东之地,全部退至朝鲜半岛。过去多数学者认为辽东郡东南端的满番汗在今鸭绿江附近,然近年不仅在鸭绿江右岸辽宁省宽甸县境内发现了一段间断的燕长城遗址,其东端直抵鸭绿江畔(王德柱《鸭绿江畔发现燕秦汉长城东段遗迹》,《中国文物报》,1991 年 5 月 24 日);而且朝鲜考古工作者发现燕长城超过了鸭绿江,基本沿着大宁江及其支流昌城江向南逶迤延伸,最后抵达入海处,这段长城的构筑方法与中国境内的燕北长城相同（孙永钟、南宇明译《关于大宁江长城的调查报告》，《博物馆研究》，1990 年第 4 期）。朝鲜学者称为'大宁江长城'，当地朝鲜居民一直沿用古老习惯称之为'万里长城'。在朝鲜西北部地区发现许多燕国的明刀钱和建筑瓦件等遗物，说明战国时期燕国的疆界已经达到这个地区，燕与朝鲜侯国的边界地'满番汗'，在今朝鲜半岛的清川江入海口之北。"

四、对近年来《史记》研究与相关其他研究成果的收集与引用

改革开放以来的近二十多年，是我国经济获得重大发展的时期，也是我国文化学术获得重大发展的时期。这些年来对《史记》的研究，对相关著作如《尚书》《国语》《左传》《国策》《汉书》《通鉴》等等的研究，对春秋、战国、秦汉时代许多国别史、区域史、断代史、民族史的研究等等，都为我们今天的整理《史记》，为我们纠正那些欠妥的传统说法、解决那些模糊不清的问题提供了良好条件。试举例如下。

1.对于《秦始皇本纪》《蒙恬列传》中"隐宫"一词的解释。

《秦始皇本纪》中有所谓"隐宫徒刑者七十余万人，乃分作阿房宫，或作丽山"。《正义》注释"隐宫"说："余刑见于市朝，宫刑一百日隐于荫室养之乃可，故曰隐宫，下蚕室是。"《蒙恬列传》有所谓"赵高昆弟数人，皆生隐宫，其母被刑戮，世世卑贱"。《索隐》对此解释说："其父犯宫刑，妻子没为官奴婢，妻后野合，所生子者皆承赵姓。并宫之，故云兄弟生隐宫。"1979 年陈直的《史记新证》出版，开始提出"隐宫"是"隐官"之误的新说。随后马非百的《秦集史》更根据新出土的《云梦秦简》做出结论说："所谓隐官，乃是一个收容受过刑罚而因立功被赦之罪人的机关。处在隐官之罪人，必须从事劳动，其性质约与后世之劳动教养所大致相同。'赵高兄弟数人，皆生隐官，其母被刑戮，世世卑贱'，是说高母曾受刑戮，后因获释，得处隐官，故高兄弟皆能相继生于隐官。由于隐官是属于劳动教养所性质，是罚罪犯之所，而赵高兄弟皆生于此，此其所以称之为'世世卑贱'也与。"马氏之说明白可信。

2.关于《陈丞相世家》《匈奴列传》中"阏氏"一词的解释。

《陈丞相世家》有所谓"高帝用陈平奇计,使单于阏氏,围以得解"。《集解》引苏林注解"阏氏"曰:"如汉皇后。"《匈奴列传》有所谓"单于有太子名冒顿。后有所爱阏氏,生少子,而单于欲废冒顿而立少子"云云。师古《汉书注》曰:"阏氏,匈奴皇后号也。"《索隐》亦曰:"(阏氏)匈奴皇后号也。"并引习凿齿与燕王书曰:"匈奴名妻曰'阏支',言其可爱如胭脂也。"但《匈奴列传》下文又有所谓东胡"欲得单于一阏氏",而冒顿亦有所谓"'奈何与人邻国爱一女子乎?'遂取所爱阏氏予东胡"。则匈奴单于固不止有一个阏氏。于是王先谦引沈钦韩曰:"按此传,是匈奴妻妾并称阏氏。大抵胡俗,乌孙左夫人、右夫人;元亦有第二皇后、第三皇后。匈奴正妻则称'大阏氏'。"近年林干《匈奴史》乃曰:"匈奴人称妻、妾为'阏氏',称母亲曰'母阏氏'。"又说:"匈奴人许多都是过着一夫多妻的生活,特别是统治阶级的上层人物无不妻妾成群。"并指出有人说"'大阏氏'是匈奴单于的'正妻'也是不对的。"看来,称阏氏曰"嫔妃"、曰"姬妾"均无不可,惟定其为"如汉皇后"则未免过于严肃、过于尊贵了。因为中国古代的"皇后"是"统率后宫""母仪天下",皇后与其他妃嫔的差别是非常悬殊的。

3.春申君是何如人也。

过去人们大都按照《春申君列传》所说的"楚人也,名歇,姓黄氏。游学博闻,事楚顷襄王"理解,也就是说,春申君是楚国的一个异姓贵族,与楚国王室没有什么关系。三家注对此没有异说,于是人们遂也长期没有任何疑问。对此,几十年前金正炜、钱穆曾提出过问题,但《史记》研究者们反响不大。近年来杨宽又加以申说,我以为该引起人们的注意了。金正炜、钱穆、杨宽都以为春申君为楚顷襄王之弟。金正炜说:"春申与孟尝、平原、信陵并称四公子,当亦楚之疏属,故朱英说以代立。《韩非子·奸邪弑臣》谓(春申君)为楚庄王之弟,庄王即襄王。后章'庄辛谓楚襄王',《荀子注》作'庄辛谓楚庄王'可证。其言必当有据。"钱穆《先秦诸子系年考辨》中有《楚顷襄王又称庄王考》与《春申君乃顷襄王之弟,不以游士致显辨》,其说甚详。今杨宽《战国史料编年辑证》又补充说:"《史记·游侠列传》云:'近世延陵、孟尝、春申、平原、信陵之徒,皆因王者亲属,藉于有土卿相之富厚,招天下贤者,显名诸侯。'可知司马迁亦知春申君非游士致显,乃王者亲属。孟尝君之父田婴为齐宣王弟,平原君为赵惠文王弟,信陵君为魏安釐王弟,春申君为楚顷襄王弟。韩非亲与春申同时,其言不致有谬误。"三家的说法是颇为有力,可以信从的。楚顷襄王又称"楚庄王",这不仅解决了《西南夷列传》中庄蹻年代的问题,而且还解决了《滑稽列传》中在齐威王"百余年后"而有"楚庄王"的问题。不然真的令人难以置信,难道司马迁竟会将春秋五霸的"楚庄王"置于战国齐威王的"百余年"之后吗?

4.《文帝本纪》的"太史公曰"云:"汉兴,至孝文四十有余载,德至盛也,廪廪乡改正服封禅矣,谦让未成于今。"

谦让未成于今,意即由于文帝谦让,一直到今天也没有搞改正朔、易服色以及封禅等那些哗众取宠的活动。按:根据此语,赖长扬、赵生群等都以为《孝文本纪》乃是司马谈所作。赵生群《太史公书研究》说:"司马谈作史之时,封禅、改正朔、易服色三件大事都未能举行,所以《孝文本纪》赞语说'谦让未成于今';司马迁作史时,此三事都已大功告成,如果他作《孝文本纪》,不可能出现'谦让未成于今'这样的话,这是《孝文本纪》为司马谈所作的铁证。"按:赵说可从。

5.《太史公自序》说《史记》记事的时间跨度,先是说"卒述陶唐以来,至于麟止";而最后又说"余历述黄帝以来,至太初而讫"。

对于这种前后矛盾的说法,人们长期以来找不出一种合理的解释。惟顾颉刚《史林杂识》对此解释说:"《自序》记《史记》之断限有两说,一曰'于是卒述陶唐以来至于麟趾',一曰'余历述黄帝以来至太初而讫',一篇之中所言全书起讫之异若此。求其歧说所以发生之故,颇疑谈为太史令时,最可纪念之事莫大于获麟,故讫'麟止'者谈也;及元封而后,迁继史职,则最可纪念之事莫大于改历,故'讫太初'者迁之书也。《太史公自序》一篇本亦谈作,迁修改之而未尽,故犹存此牴牾之迹耳。"赵生群《太史公书研究》又说:"顾颉刚先生以父子共同作史来解释《史记》的两个断限,指出《自序》也是司马谈开始写作,可谓发前人所未发。在此特为顾先生补出两点论据:一,《自序》前半部分叙述的主语是司马谈。如言'太史公学天官于唐都''太史公仕于建元、元封之间',又如'太史公既掌天官,不治民,有子曰迁'等等;二,名为《自序》而全录司马谈《论六家要旨》,亦可证《自序》实从司马谈开始创作。"我觉得顾颉刚、赵生群两家对《太史公自序》中出现两种断限的解释比较合理、完满，似乎可以成为定论。

五、对中外政治家、军事家关于《史记》政治问题、军事问题评论资料的收集与引用

我之所以注意这个问题，主要是鉴于以往引用的评论文字往往多是出于历代文人之手，我以为让文人评论政治问题、军事问题总有些难以令人心服。如果能看看政治家、军事家对这些问题如何理解，可能会有新的不同。试举例以下。

1.关于《项羽本纪》所写的刘邦彭城之败。

陈梧桐等《中国军事通史》说："项羽所以能取得这次反击会战的胜利，主要在于他握有一支强大而精勇的骑兵，以迅雷不及掩耳的神速行动，给汉军以突然猛烈的打击。项羽不是由北而南实施正面攻击，也不是由东而西将汉军击溃，而是由城阳东北经鲁、胡陵至萧，走了一个反'S'形绕至汉军的侧后，然后由西而东猛攻，企图全歼汉军于彭城、谷水、泗水、睢水之间，并基本实现了这一目标。项羽仅以三万骑兵的绝对劣势，居然对数十万汉军实施迂回歼灭作战，这一决心、勇气和战术，都是战争史上所罕见的。正因为项羽高度发挥了骑兵快速突击的优势、部队破釜沉舟的勇敢精神和奇袭战术的特殊效果，所以才取得了彭城反击会战的决定性胜利，给了汉军以毁灭性的打击，弥补了楚汉战争开始以来项羽的许多失误。"又说："彭城之战虽然楚胜汉败，但综观楚汉战争开始以来双方的得失，刘邦之得大于失，而项羽之失大于得。刘邦虽然在彭城惨败，损失严重，功败垂成，但他夺得了关中及关东部分极为重要的战略地区，人力、物力和领土都成倍地扩张，处于进可攻、退可守的有利地位，完全摆脱了在鸿门宴前后有可能随时被项羽消灭的危险境地。项羽虽然取得彭城会战的巨大胜利，但他的所得仅仅是收复了自己失去的西楚领土，失去的则是关中和关东部分地区的大量与国；北方出现齐、赵等独立的割据势力；其最重要的盟友九江王英布已离心离德，居然在刘邦进占彭城时未能助项羽一臂之力；加上长期以来项羽缺少对汉作战的思想准备，兵力明显不足，彭城大捷后无力发展成全局性的胜利，不能越荥阳

而西,更不能把战争引向关中和巴蜀。因此,项羽的战略优势,已较战争开始前大大减弱。"按:陈氏所说的前一部分为人所共见,后一部分的分析相当精彩,这点很容易被读书者所忽略。

2.关于刘邦其人。

毛泽东主席说:"项王非政治家,汉王则为一位高明的政治家。""刘邦在封建时代被历史家称为'豁达大度,从谏如流'的人物,刘邦同项羽打了好几年仗,结果刘邦胜了,项羽败了,不是偶然的。""刘邦能够打败项羽,是因为刘邦和贵族出身的项羽不同,比较熟悉社会生活,了解人民心理。"(《毛泽东读书笔记》)台湾《中国历代战争史》说:"刘邦所以能得如许人杰为之臂助,则不能不归功于其人事政策与领导之得宜。刘邦在入汉中时,萧何已为其策定'致贤人'之用人方针,故能拔韩信于刑余之中,用陈平于逋逃之下。又刘邦用人之特点为唯才是用,不论品德,盖才识为创业之本,至于德与不德,唯在用人者统御之道何如耳。综观历史,用人有如刘邦之魄力者殊不多觏,故历史中人才有如刘邦之盛者亦遂罕见也。"陈梧桐等《中国军事通史》说:"楚汉战争是我国历史上第二次大规模的统一战争。它与秦始皇的统一战争具有显著不同的特点:前者是在一百多年的长期准备、艰苦奋斗、奠定了坚实基础上进行的,是'奋六世之余烈,振长策而御宇内',以强灭弱,水到渠成;后者则完全不同,项羽占有极大的优势,刘邦的势力非常弱小,战争全过程基本上都是以弱胜强,历经艰难曲折的道路,屡战屡败而最后取得胜利。优势的项羽所以失败,劣势的刘邦所以胜利,归根到底是双方对决定战争胜负的诸因素认识不同,对战争全局的指导艺术不同,进而导致优劣易势,成败异变。"

3.关于《孙子吴起列传》所写的马陵之战。

吴如嵩《中国军事通史》说:"孙膑之后退战略与减灶骄敌以及马陵之战,乃为一连串诱敌、骄敌之行动。不直捣大梁不能使庞涓回兵;不后退不能在马陵之隘路地形以设伏;不减灶不能使庞涓乘胜而骄,轻举锐进,三者联合如环,真为千古战略之杰作。魏自桂陵与马陵两役战败后,国力亏损,由此遂一蹶不振;齐自威王两败魏师,其后宣王、湣王均能继承余绪,一时东方称为强国。三晋魏、赵、韩之互斗而俱遭挫败,遂造成西方秦国东出中原之机会。"慕中岳、武国卿说:

"马陵之战是战国初期齐、魏两国争霸中原的决定性战役,也是魏国继桂陵战役后失败最为惨重的战争。经此一役,魏国国力日渐衰退,从而结束了自己盛极一时的历史。由于整个三晋势力元气已伤,无力恢复,因而失去阻止秦军东进,屏蔽中原的可靠力量,为秦国势力侵入中原举行了奠基礼。"按:一般人都能看到孙膑的用兵之巧,而两部军事史都指出了齐之破魏乃为秦军东下扫清道路,的确高人一头。

4.关于孙膑的先人孙武所著的《孙子兵法》。

范文澜《中国通史简编》说:"孙武总结军事经验,著兵法十三篇,成为军事学的经典。十三篇中包含着丰富的唯物辩证法思想的因素,与五千言的《老子》同为研究中国古代哲学思想的重要著作。"杨善群《孙子评传》说:"《孙子兵法》不仅是东方兵学最早最杰出的代表,而且是世界上最先出现的专门论述军事谋略的优秀著作。它是古代军事学的智慧结晶,也是世界古代军事学史上的奇迹。美国当代战略理论家约翰·柯林斯说:'孙子是古代第一个形成战略思想的伟大人物。'"褚良才《军事学概论》说:"法国的拿破仑曾说:'倘若我早见到这部兵书,我是不会失败的。'发动第一次世界大战的德皇威廉二世被废黜之后,在侨居中看到《孙子兵法》,当他读到《孙子兵法·火攻篇》最后一段:'主不可怒以兴师,将不可愠而致战。合于利而动,不合于利而止。怒可以复喜,愠可以复悦,亡国不可以复存,死者不可以复生。故明君慎之,良将警之,此安国全军之道也。'不禁掩书喟然长叹:'早二十年读到此书,则决不至于遭受失败之痛苦了。'"

5.关于《卫将军骠骑列传》所写的卫青与匈奴的漠北之战。

陈梧桐等《中国军事通史》说:"漠北之战是汉军在距离中原最远的战场进行的一次规模最大也最艰巨的战役。汉武帝在取得河南、漠南、河西三大战役胜利的基础上,根据汉军经过实战锻炼积累的运用骑兵集团进行长途奔袭与迂回包抄的作战经验,利用匈奴王廷北徙之后误以为汉军不敢深入漠北的麻痹心理,决定出其不意,攻其不备,大胆地制订了远途奔袭、深入漠北、犁廷扫穴、寻歼匈奴主力的战略方针。与此同时,他又细心进行战前的准备,除集中全国最精锐的骑兵和最优秀的战将投入战斗外,还调集大批马匹与步兵运送粮草辎重,以解决远距离作战的补给问题。而在作战中,汉军统帅又发挥了出色的指挥才能,充分利用骑兵的机动性与冲击力,不仅敢于深入敌境,而且善于迂回包抄。特别是卫青,在遭遇单于主力后,机智地运用了车守骑攻、协同作战的新战术,先借助战车的防御能力使自己立于不败之地,继而发挥骑兵迅速机动的攻击能力,迂回包抄敌军的两翼,一举击溃单于的主力,更显示出其战役指挥方面的优异才能。由于大批有生力量被歼、大批物资丧失,匈奴单于不敢再在大漠北缘立足而向西北方向远遁,因而出现了'幕南无王廷'的局面。如果说漠南之战后匈奴单于移王廷于漠北还可以看作是一种战略转移的话,那么,漠北之战后的'幕南无王廷'则标志着匈奴势力大范围的退缩。经过这次大决战,危害汉朝百余年的匈奴边患已基本上得到解决。从这个意义上说,漠北之战实是汉武帝反击匈奴战争的最高峰。"按:卫、霍与匈奴作战十一年,太史公正面描写,仅此一次。

六、有关《史记》文学性评论资料的收集与引用

《史记》不仅是我国古代最杰出的史学著作,也是我国古代最杰出的文学著作之一。《史记》在文学方面的成就首先在于写故事、写人物,而在写故事、写人物过程中所运用的叙事、抒情手段,其精彩程度更是前无古人,有许多是超前成熟,是在其后九百年内直至唐代传奇出现前尚无人可与伦比的。《史记》对我国后代的传记文学,对我国散文、小说、戏剧的发展有着不可估量的巨大影响。因此扼要地收集引用若干精彩的文学评论资料,不仅必要,而且也是必须的。这可以加深读者对《史记》文学性的理解,并提高其阅读文本的乐趣。试举例如下:

1.《五帝本纪》:"(黄帝)与蚩尤战于涿鹿之野,遂禽杀蚩尤。"

凌稚隆引刘氏《外纪》说:"蚩尤为大雾,军士昏迷,轩辕作指南车以示四方,遂禽蚩尤。"《集解》引《皇览》说:"蚩尤冢在东平郡寿张县阚乡城中,高七丈。"当代神话学家袁珂说:"炎帝兵败,又有炎帝的后裔蚩尤奋起,举兵为炎帝复仇,又在原来黄、炎作战的战场阪泉(或涿鹿)和黄帝开始了一场大战。黄、炎之战和黄帝与蚩尤的战争完全是同一性质、同一营垒的战争,既反映为神国两个系统诸神的大战争,又反映为两大部族之间的战争。这场战争波澜壮阔,此起彼伏,

历时绵长,比起荷马史诗《伊利亚特》诸神在特罗亚城之战,并无逊色。"

2.《项羽本纪》:"于是项王乃悲歌慷慨,自为诗曰:'力拔山兮气盖世,时不利兮骓不逝。骓不逝兮可奈何,虞兮虞兮奈若何!'歌数阕,美人和之。"

朱熹对项羽的这首慷慨悲歌评论说:"慷慨激烈,有千载不平之余愤。"吴见思说:"'可奈何''奈若何',若无意义,乃一腔怒愤,万种低回,地厚天高,托身无所,写英雄失路之悲,至此极矣。"钱锺书《管锥编》引周亮工说:"垓下是何等时?虞姬死而子弟散,匹马逃亡,身迷大泽,亦何暇更作歌诗?即有作,亦谁闻之,而谁记之欤?吾谓此数语者,无论事之有无,应是太史公'笔补造化',代为传神。"按:读书读到周亮工这种地步,可以说是真正读出了滋味。"司马迁笔补造化,代为传神",岂止适用于项羽悲歌,而且可用于《史记》的许多篇章、许多场合。今安徽灵璧县城东十五华里之宿泗公路旁有虞姬墓,墓前有一石碑,横额刻"巾帼千秋"。两旁对联为:"虞兮奈何,自古红颜多薄命;姬耶安在,独留青冢向黄昏。"

3.《乐毅列传》:"臣不佞……唯君王留意焉。"

按:以上即乐毅的《报燕惠王书》,原文见《战国策·燕策二》。楼昉对之评论说:"此书可见燕昭王、乐毅君臣相与之际,略似蜀昭烈、诸葛武侯。书词明白,洞见肺腑。"金圣叹提示说:"善读此文者,必知其为诸葛《出师》之蓝本也。其起首、结尾,比《出师》更自胜无数倍。"姚鼐说:"凡十四引'先王',与诸葛武侯《前出师表》十三引'先帝'相同,皆欲因此以感动嗣主耳。"泷川说:"六国将相有儒生气象者,唯望诸君一人。其答燕王书理义明正,当世第一文字。诸葛孔明以管乐自比,而其《出师表》实得力于此文尤多。乐书曰'恐抵斧质之罪,以伤先帝之明,又害于足下之义';诸葛则云'受命以来,夙夜忧叹,恐付托不效,以伤先帝之明'。乐书曰'先王过举,擢之乎宾客之中,而立之乎群臣之上,使臣为亚卿。臣自以为奉令承教可幸无罪矣,故受命而不辞';诸葛则云'先帝不以臣卑鄙,猥自枉屈,三顾臣于草庐之中,由是感激,遂许先帝以驰驱'。乐书曰'免身全功,以明先王之迹者,臣之上计也';诸葛则云'庶竭驽钝,攘除奸凶,兴复汉室,还于旧都,此臣所以报先帝而忠陛下之职分也'。彼此对看,必知其风貌气骨有相通者。"

4.关于司马迁的《报任安书》。

孙月峰评论说:"直写胸臆,发挥又发挥,惟恐倾吐不尽,读之使人慷慨激烈,唏嘘欲绝,真是大有力量文字。"又曰:"凡文字贵炼贵净,此文全不炼不净。《中庸》称'有余,不敢尽',此则既无余矣,犹哓哓不已。于文字宜不为佳,然风神横溢,读者多服其跌宕不群,翻觉炼净者之为琐小。"又曰:"粗粗卤卤,任意写去,而矫健磊落,笔力真如走蛟龙,挟风雨,且峭句险字,往往不乏,读之但见其奇肆,而不得其构造锻炼处。古圣贤规矩准绳文字,至此一大变,卓为百代伟作。"孙执升曰:"却少卿推贤进士之教,序自己著书垂后之意,回环照应,使人莫可寻其痕迹,而段落自尔井然。原评云:史迁一腔抑郁,发之《史记》;作《史记》一腔抑郁,发之此书。识得此书,便识得一部《史记》。盖一生心事,尽泄于此也。纵横排宕,真是绝代大文章。"(《评注昭明文选》引)

5.关于司马迁与《史记》。

鲁迅说:"(司马迁)发愤著书,意旨自激,恨为弄臣,寄心楮墨,感身世之戮辱,传畸人于千秋,虽背《春秋》之义,固不失为史家之绝唱,无韵之《离骚》矣。"(《汉文学史纲要》)毛泽东主席说:"中国有两部大书,一曰《史记》,一曰《资治通鉴》,都是有才气的人在政治上不得意的境遇中编写的。看来人受点打击,遇点困难,未尝不是好事。当然这是指那些有才气,又有志向的人说的。没有这两条,打击一来,不是消沉,便是胡来,甚至去自杀,那便是另当别论。"(《毛泽东的晚年生活》)李长之说:"常有人说中国没有史诗,这仿佛是中国文学史上一件大憾事似的,但我认为这件大憾事已经由一个人给弥补起来了,这就是两千年前的司马迁。""《史记》在是一部历史书之外,又是一部文艺创作,从来的史书没有像它这样具有作者个人的色彩的。""司马迁的受刑,在他个人当然是一个太大的不幸,然而因此他的文章里仿佛由之而加上浓烈的苦酒,那味道却特别叫人容易沉醉了!又像音乐中由之而加上破折、急骤、悠扬的调子,那节奏便特别酣畅淋漓,而沁人心脾了!"(《司马迁的人格与风格》)

此外还有些零星问题,如古人纪年、纪日都是用今人所不熟悉的干支。如果只是静止地记述一件事实还则罢了,如果是记述一场战争、一场政变,一连串的干支表现一连串的活动流程，这就使今天的人们无法体会那实际过程的紧张或迂徐。又例如，廉颇为表示自己健壮而"一饭斗米、肉十斤"；项羽"身高八尺"；孔子"身高九尺六寸"等等，这些都很难让今天的人们形成准确的概念。为此，我们给古代的干支纪年、纪日都加注了公元纪年与夏历的纪日；对那些古代的度量衡也加注了相当于现今的容量、重量与长度，诸如廉颇当时的一斗约当现在的二升、一斤约当现在的半斤；项羽秦时的八尺约当现在的一米八五；孔子周时的九尺六寸约当现在的一米九六等等。此外还附入了一定数量的地图与文物遗存的图片等等。这些尝试做得究竟成功不成功，存在的问题多不多，这就不是我们自己所能估计的了。我们期待海内外的专家与读者能帮助我们发现更多的问题，也希望能对《史记笺证》提出更多的修改、补充的意见。

【韩兆琦　北京师范大学中文系教授】

原文刊于《中国文化》2006 年 01 期

《旧五代史》重辑的回顾与思考

陈尚君

一、《旧五代史》的多舛命运

记载五代史事的两部史书,都是北宋时期的著作。《旧五代史》由薛居正主持编修,编成于北宋太祖开宝七年(974),历时仅一年半。参与修史的一批史官水平并不高,能如此迅捷完成此书,关键是充分利用五代实录以改写成书。五代虽称乱世,但日常运作的文官体制尚相对稳定,史书编纂也始终没有中辍。几位史官如张昭、尹拙、贾纬等,虽识见、文笔或稍弱,但矢志修史,勤勉不辍,完成了五代实录的编修。所谓五代实录,据台湾学者郭武雄教授考证,是十七部史书的总称,总数达三百六十卷,其中除两种功臣传外,都是编年体史书,详尽记载了梁末帝一朝以外的五代史事。《旧五代史》编写的主要工作,就是把编年体的史书改写成纪传体的史书。具体方法,是据实录本传增删改写成正史传记,将实录正文节写成五代各朝本纪,节录制度变动的记录编为十志。五十三年史事而本纪多达六十一卷,就是据收录节写的缘故。可以说,《旧五代史》本身的创造很有限,最大的价值是比较忠实地保留了大量五代实录的遗文。

欧阳修认为《旧五代史》褒贬失实,叙事烦猥,文格暗弱,乃私撰《新五代史》。他重视史法,叙事简明得当;重视《春秋》笔法,体现道德批判精神;讲究文章,行文流丽明快;又把五代十三帝分为八姓,以明其血缘;将列传分为三类,以区分诸臣的节行。文献增加较多的是十国文献,五代纪传主要依据《旧五代史》整合改写,也据实录略增史实,数量不多。以传统史学的立场来看,《新五代史》不失为去取严谨的史书,适合传统文人研读史事的需要,特别能彰显宋人的道德理想和文化追求。但现代史学不限于对历史人物作出评判,更重要的是要探讨历史发展的具体进程和社会各层面的制度变化,以探索当时社会发展的原生态面貌,就此而言,《新五代史》就远不及《旧五代史》重要了。

《旧五代史》失传的原因,后人常提到金章宗曾下诏废旧史,专用新史。这种说法有一定道理,但并不准确。金代从大定以后,学校一直并用五代新旧二史,金章宗诏书仅在官学中不列为正史,并未禁绝,何况其诏令仅能限制其境内,并不能制约敌对的南宋王朝。事实上,在金人以前,南宋已经专用欧书。南宋后期理学逐渐主导思想界,讲究《春秋》笔法且享有文章盛名的《新五代史》更为学者器重,更适合一般文人阅读口味,《旧五代史》则渐被旁落。尽管如此,很长一段时期内并没有失传。现知明初《大事记续编》和《永乐大典》曾大量引用该书,明末福建连江人陈第《世善堂书目》曾著录此书。清初黄宗羲也藏有此书,吴任臣编撰《十国春秋》有意借阅,借书的信还保留在《南雷文定》之末。但今人朱金龙在分析《十国春秋》引书情况后,认为吴任臣没有用到原本《旧五代史》,所引《薛史》都是据《资治通鉴考异》转引。全祖望《二老阁藏书记》云黄氏藏书毁于火,这部没有出借的《旧五代史》当亦焚身火海。三十年代初张元济辑印百衲本《二十四史》,曾两度征集此书原本,称"愿出重价,搜访原书","或借印,或慨让,全书固极欢迎,零卷散叶,亦所愿觏"。所得线索,重要的有两条,一是据说歙县人汪允宗(字德渊)藏有金承安四年南京路转运司刊本,于民国四年"货于一粤估",二是汪兆镛告此本后归湖州人丁少兰,藏于金陵旧寓,但其地先被军队占据,后为财部借用,其书终至下落不明。从张氏《校史随笔》所引记录来分析,其版本、书名均有可疑,引录内容也没有超过清辑本的范围。在本书出版后,严修先生发表文章,提到当年二十四史整理时得到的线索,一是四十年代有人在山东蒙阴某地主家见过宋版《旧五代史》,一是传溧阳人彭谷孙有此书,五十年代其子曾向上海图书馆写信,但都查无下落。(《文汇报》2006 年 6 月 16 日《笔会》严修《薛居正〈旧五代史〉原本可能尚存》)可以认为,近代此书的存在始终只是一个传闻,并没有得到有力的证实。近年海内外公私藏书的整理和编目已经大端完成,至今没有发现《旧五代史》原本的任何可靠线索,不仅没有全书,连原书任何一卷或一页的线索也没有。

二、清辑本的学术成就和缺憾

清乾隆间编修《四库全书》,其中一项重要工作就是据《永乐大典》采辑逸书,所得 516 种,约占全部四库书的七分之一。《旧五代史》由著名学者邵晋涵辑录,他除参与史馆的日常工作,撰写史部各书的提要外,用了两年时间,辑出这部多达 150 卷的大书,工作效率非常高。梁启超曾在《中国近三百年学术史》中,提出鉴别辑佚书学术质量的四条标准,即逸文注明出处,所录务求全备,逸文甄别真伪,还原原书编次,并在分析清代各家辑佚书后,认为以邵辑《旧五代史》为最优。这一评价,邵晋涵当之无愧。与收入《四库全书》的多数辑佚书比较,邵辑《旧五代史》一是取资范围较宽,除《永乐大典》外,还据《册府元龟》等书补录逸文;二是交代来源,最初奏进本(后由民国初年江西人熊罗宿影印)是逐条注明文献来源的,只是在正式编入《四库全书》并由武英殿聚珍本印行后,将出处都删去了;三是对《旧五代史》所涉纷繁复杂的史事,援据唐末、五代、宋代的大量史乘、文集、笔记、碑碣,作细致的考订;四是援据宋人关于此书编次的点滴记录,分为"纪六十一、志十二、传七十七"(《玉海》卷四六引《中兴书目》),充分利用《永乐大典》保存的原书分卷编次痕迹,尽可能地恢复原书面貌。《四库全书》中的大多数辑佚书,仅据《永乐大典》所存,采用新的体例,如诗文按体分编,姓书按韵目编录之类,考订也较粗疏。就此而言,邵辑本的水平确比其同僚所辑高出很多。

辑本奏进不久,邵晋涵离开四库馆返乡,再经过馆臣的加工修订,先抄入四库七阁,后以武英殿聚珍本(殿本)印行,得以风传天下,也正式取得正史的地位。殿本最后写定，删去了文献出处，内容略有增补，但讳改最为严重。清末到民国初陆续为世所知的版本，有江西熊罗宿据最初奏进本的影印本（影库本），可能源出邵晋涵南归所携本的孔荭谷抄本（今存台北图书馆），以及源出抱经楼卢氏抄本而又据殿本作了比较多改订的刘氏嘉业堂本（刘本，后收入百衲本）。这几本都保存了文献出处，讳改部分也未改尽，行世后引起许多学者的关注，清辑本的缺憾，也逐渐明朗。其大端主要有：

其一，慑于清廷的政治氛围，大量篡改原书中贬斥异族的词语，也就是陈垣《旧五代史辑本发覆》特别揭示的涉及戎虏、夷狄之类字句的任意篡改，如改"虏主"为"契丹主"、改"虏骑"为"敌骑"、"獯戎犯阙"改"契丹入汴"、"北戎盗据中夏"改"契丹据有中夏"之类，在在多有。陈垣的考证，在《永乐大典》原卷影印后得到了证实。如《王权传》：

> 天福中，命权使于契丹。权以前世累为将相，未尝有称臣于戎虏（五字改作"奉使而称陪臣"）者，谓人曰："我虽不才，年今（'今'改'已'）耄矣，岂能稽颡于穹庐之长（八字改'有远使于契丹'）乎？违诏得罪，亦所甘心。"由是停任。先是，宰相冯道使于契丹才回，权亦自凤翔册礼使回，故责词略曰"若以道路迢遥，即鸾台之台臣亦往；若以筋骸衰减，即凤翔之册使才回。既黩宪章，须从殿黜"云。其实权耻拜虏廷（四字改"不欲臣事契丹"），故坚辞之，非避事以违命也。（《永乐大典》卷六八五一引《五代薛史》）

就现在已经公布的四库档案来分析，这些篡改并不一定出于乾隆帝的诏旨，更多的是馆臣畏祸而改。《旧五代史》辑本进呈后，乾隆帝即曾垂询金人禁行此书的原因，邵晋涵惶恐而致病，幸亏大学士于敏中尽力为之周旋，方得无事。辑本后来一再讳改，就因为此。

其二，辑录史文缺漏太多。就当时主要依据的《永乐大典》和《册府元龟》等书来说，漏辑现象就已经非常严重。《永乐大典》现存本只有800多卷，引用《旧五代史》不足100则，清辑本即漏收了安彦威、马希范、王弘贽、安从进、李从昶等传逸文。《册府元龟》存五代文献超过万条，清辑本仅辑入三百则，缺漏极其严重。

其三是采辑未广。就现在所知,宋、元、明三代典籍引有《旧五代史》逸文者,大约超过三十种,当时仅据《永乐大典》《册府元龟》《资治通鉴考异》《资治通鉴注》《太平御览》《容斋随笔》六种书辑录逸文,不少书当时可以见到而没有用,比方《四库全书》收录的《大事记续编》《职官分纪》等,也有不少是后来才通行的,如《通历》《类要》等。

其四是录文多误。邵晋涵以后,许多学者从事校订,中华书局校点本也改正了一千多处,问题仍复不少,试举几例。《晋高祖纪》天福六年七月“辛酉,以前邓州节度使焦方为贝州节度使”。焦方仅此一见,节度使官高,不应别无表见,参前后史文,可以确定是《旧五代史》有传的马萬之误,“馬”字手书与“焦”字相近,“萬”字俗写作“万”,增一点则为“方”。再如《唐明宗纪》长兴二年二月“诏:诸府少尹上任以二十五日为限。诸州刺史、诸道行军司马、副使、两使判官以下宾职,团防军事判官、推官、府县官等,并以三十日为限,幕职随府者不在此例”(中华本第576页)。同年六月“丙子,诏诸道观察使均补苗税,将有力人户出剩田苗,补贫下不逮顷亩,有嗣者排改检括,自今年起为定额”(同上第580页)。前一段似乎是对官员上任期限的规定,但不可理解的是为何少尹官高,独另立程限,而天下之大,各州府道途近远悬隔,又何能统一规定?查《册府元龟》卷六三三,此处“上任”作“上佐”,两处“日”均作“月”,原诏是对官员任职期限的规定,与上任赴职无关。后一段讲均补苗税,“有嗣者排改检括”一句很难理解,一是“排改”不词,二是仅讲检括田苗,何以牵涉到有无嗣子?查《册府元龟》卷四八八,此处作“自肯者即具状征收,有词者即排段检括”,是说有力人户同意者就照此征收,不同意而有词诉者,再分段检括,以作取舍。两段史文,经此校改,文意方得豁然明晓。与前述人为讳改不同,这是流传偶误所致。

特别需要指出的是,影库本书末附有大量粘签,是馆臣校订史文时留下的记录。我在逐一复对,并以今存本《永乐大典》与之比对后,发现有许多《大典》有误而馆臣随意改动的文字并没有留下记录,有许多《大典》不误而粘签声称原卷有误而据他书校改之例,而且多次发现所据改的史文在所举书中并没有对应文字。我最初推测是馆臣所据为胥吏的过录本,因而与《大典》有所不同,但积累既多，又发现粘签所据误字常为显而易见的人名、地名之类，我相信粘签中有相当多的校记是辑录者虚构的，是应对四库馆严格考课制度下的一种特殊伎俩。

近代史学大家陈垣先生最早提出全面校订清辑本，其设想见于1936年所作而身后发表的《以册府校薛史计画》(收入《陈垣史学论文集》第二集，中华书局1981年)一文，认为应先编制四种目录，然后据四种目录将二书互相比读，注出有无，进而逐字校雠，写定文本。这一计划，着眼于以《册府元龟》来校勘《旧五代史》，以纠正清辑本之种种讳改文字，由于方法周密，具有一定的可行性。照此方法，他做了大量比读对校的工作，依靠这些比读所得，他发表了研究《旧五代史》的一系列重要论文。1959年，陈垣为中华书局影印明本《册府元龟》所作序中，提出了新的设想："乾隆中四库馆辑薛《五代史》，大部分本可由《册府》辑出，乃以《册府》习见，外间多有，《永乐大典》孤本，为内府所藏，遂标榜采用《大典》，而《册府》只可为辅。"可能是作序而特别强调其重要的一种说法，实施情况不明。

中华书局校点本《旧五代史》的整理，六十年代初委托陈垣先生和刘乃和先生承担，到"文革"而中辍。据陈智超先生告，陈、刘二位得初点稿后来转交上海校点组，至今下落不明。到1971年二十四史整理重新启动时，陈垣先生已经去世，乃由高层决定，与两《唐书》《新五代史》《宋史》一起，转由上海高校负责，《旧五代史》整理由复旦大学中文、历史两系部分教师承担。作为整套《二十四史》整理中的一部，体例是整理旧本而不是另辑新本，因此，校点本对清辑本系统的文本作了全面的清理和会校，以民初江西熊罗宿影库本为底本，参校了殿本、百衲本、孔荭谷钞本(据章钰过录本，原本在台北图书馆)、彭元瑞校钞本、抱经楼卢氏钞本，可以说是清辑本的集成之著，但没有突破这个基本框架。近年有些学者对此本《出版说明》中"辑本因避讳而改动的文字，除影响文义的外，一般不再改回"一段提出质疑，虽有道理，但似乎超越了当时的整理规范。

三、新辑本的工作回顾

我开始关注《旧五代史》的辑佚工作,是二十世纪八十年代后期。当时做《全唐文补编》,编捡群书,发现一些漏辑的线索。在从《册府元龟》搜寻唐五代人遗文时,深感其中保留五代文献的丰富。在与《旧五代史》作一些比对后,感到邵晋涵于此利用远不充分。最初的设想是作一些考订补遗的工作,因此搜集了一些资料。虽然中华书局本《旧五代史》是在复旦整理的,我的几位熟悉的老师都曾参加校点,但就我的工作来说,与前次整理并没有文献或传承方面的联系。

1994 年,很偶然的原因,因为朋友的推动和复旦大学出版社的约稿,我决定做《旧五代史》重辑的工作。开始确定的体例相对简单,即依据现存文献,全面辑录《旧五代史》的遗文,同时分解清辑本,复制熊罗宿影库本,引文逐条剪开分贴,退回到邵晋涵辑录的原始状态。与邵晋涵时使用的文献条件相比较,现代可以见到的古籍文献更为丰富,检索方便,善本利用也较便捷。如邵晋涵辑录《旧五代史》佚文,仅据《永乐大典》《册府元龟》《太平御览》《资治通鉴考异》《资治通鉴注》《容斋随笔》六种书辑录,新辑本利用二十多种古籍辑录佚文;邵晋涵见到的《册府元龟》基本可以确定是明隆庆刻本,现在可以方便地利用影宋残本与明本对校,当然如果更讲究一些,能够兼校中国大陆、台湾地区和日本存的十来部源出宋监本的明钞本,就更为精确了。但此仅为一个方面,最大的不足则是现在能够见到的《永乐大典》比那时缺少了许多。《永乐大典》全书二万二千八百七十七卷,四库开馆时已经亡失了一千多册,尚存二万零四百七十三卷(《办理四库全书档案》收乾隆五十七年十月十七日军机大臣奏折)。今存《永乐大典》,包括前后三次影印相加,仅存八百二十卷左右。因此,要全面复核清辑本并恢复当时在《永乐大典》中保存时的面貌,仅能做到很小的一部分。

今本《永乐大典》引录《旧五代史》百余则,保存完整的为《周太祖纪》和王、崔两姓传记二十六篇。此外均为零星摘引。《永乐大典》是韵编类书,其引录体例是在姓氏和职官类韵目下多全引纪传，其他事目下则多属节引。称引新旧《五代史》，《旧五代史》称"五代薛史"，《新五代史》称"五代欧史"。此外又有仅称《五代史》者，则新旧都有，甚至有将《册府元龟·外臣部·备御门》引文也称作《五代史》。明了于此，可以大致推定清辑本辑录完整的传记，因为某些卷次亡佚，缺了《梁太祖纪》和孔、冯、安等姓传记，乃据其他事目所引散见引文辑录。由于《永乐大典》引录时常新旧史相混合、以转引自《册府元龟》的文献为《五代史》，清辑本难免存在一些失误。《永乐大典》保存的《旧五代史》遗文对于确定清辑本的辑录过程及其存在问题，具有重要价值，但所存数量毕竟不多，处理相对来说比较简单。

《旧五代史》重新辑录的关键是如何充分利用《册府元龟》。《册府元龟》编成于北宋真宗时，距《旧五代史》成书仅四十年。此书仅录正史、实录，不取笔记杂史，但一律不注出处，清以前学者常忽略其文献辑佚价值。其实此书多达一千卷，是宋代存世最大的著作，在《四库全书》中篇幅居第二（仅次于《佩文韵府》），其中所存唐五代实录为数极其丰富。所存五代文献超过一万则，清辑本仅采用三百则，远未充分发掘。陈垣先生提出用《册府元龟》校《旧五代史》，具有重大的学术意义，他在大量对校的基础上，写成《旧五代史辑本发覆》《旧五代史辑本引书卷数多误例》等文，指出清辑本的不可尽信，有必要重新校录。他在五十年代提出《旧五代史》"大部分本可由《册府》辑出"，则值得斟酌。《永乐大典》引录《旧五代史》时大多注明来源，且大多为整篇引录，故辑佚处理可以得到完整可靠的文本。《册府元龟》不说明文献来源，又采取分类编录史事的方法，多经割裂改写，不可能辑出完整的文本。

《册府元龟》中逾万则没有说明来源的文献，要区分哪些是实录，哪些是《旧五代史》，很难办到，但也不是全无踪迹可循。具体来说，以下几点特别重要：其一，实录是编年体的史书，以某位皇帝在位为起讫，逐年逐月逐日纪事；《旧五代史》是纪传体史书，二者在表达方式上有很大不同，即前者多以某一天为单元作点的纪事，后者本纪可以是前者的节写，而传记则更多叙述发展过程。其二，除《周世宗实录》编成于入宋以后，多数实录修成于五代各个时期，又可进一步区分为本朝所修和易代所修两类，都不可避免地带有修史当时特定的称指、立场和语气,梁、唐对垒时期的几部史书对立尤为明显。《旧五代史》编修时持相对超然于五代纷争的叙述态度,与实录有明显不同,不难发现彼此的轨迹。其三,五代实录在叙述到某人的特殊事迹时,常附有其传记,多数是在重要官员去世以后附传,一般称为实录本传。《旧五代史》列传多根据实录本传增益改写,两者有联系,也有不同,仔细研读可以加以区分。其四,多数情况下,在叙述同一事件时,实录较繁而《旧五代史》稍简。以清辑本与《册府元龟》逐一比读后更可以发现,叙述文字大体相同而仅有细节出入者,可以认为是源出《旧五代史》,叙述文字有较多不同者,则源出实录的可能性更大一些。以上几点,大约可以对《册府元龟》中十之八九五代文献加以区分,再考虑到一些其他因素,如入宋生存的人物一般不列传,官位低且无特殊建树者也不具备立传资格等,又可以解决一些。所剩已经不多,可以从略。经全面比读可以得到结论,《册府元龟》所引源自五代实录文献,远多于源自《旧五代史》者,其中《旧五代史》本纪很少被引用,而人物部分则相反,其中梁代引录《旧五代史》最多,周代则实录要多些,其中凡以时序叙事的内容,几乎全出自实录。因此,据《册府元龟》以校补《旧五代史》,只能依据源出该书的文字加以增补校订,出自实录者,则只能作为校订考异的佐证,不能轻率地据实录以改动史文,增补阙文。

在做出区分《册府元龟》所存五代实录和《旧五代史》的具体判断后,如何处理数量极大的五代实录遗文,成为本书编纂中最难以决断的选择。按照传统古籍整理的原则,不是本书的文献,只能作为他校的参考,不应该收入本书,这也是我始终严格遵循的。但五代实录是《旧五代史》编修的主要依据,记载了大量后者没有的史事,尽管许多属于历史的细节,如皇帝出行、朝会、赐宴、亲征的事迹,各地藩镇的进献,边裔的进贡,朝臣的奏议之类,可以认为是《旧五代史》编修时删弃的史文,其中包含了大量可资研究的信息。对同一史事的叙述,实录一般都比《旧五代史》完整详尽。实录所录奏议、诏敕都相对完整,于史学研究尤具价值。还举前文讲述清辑本文字多误的两个例子来作比较。

《旧五代史》卷四二《明宗纪》长兴二年二月:

> 诏:"诸府少尹、上佐以二十五月为限。诸州刺史、诸道行军司马、副

使、两使判官已下宾职,团防军事判官、推官、府县官等,并以三十月为限。幕职随府者,不在此例。"(《旧五代史新辑会证》卷四二,第1333页)

《册府元龟》卷六三三所存实录原文则为:

> 是月,敕:"少尹、上佐以二十五月为限,其府县官宜准《长定格》,以三十月为限。其行军司马、节度副使、判官等,并元未定月限。"敕旨:"诸道行军节度副使、两使判官已下宾僚,及防御副使、判官、推官、军事判官等,若询前代,固有通规,从知咸自于弓旌,录奏方颁于纶绋,初筵备称,婉画斯陈,朝廷近以旌赏勋劳,均分员阙,稍或便于任使,不免须议敕除,既当委以裨赞,所宜定其考限。前件职员等,宜令并以三十月为限。如是随府,不在此限。"

此段实录原文,比《旧五代史》所述要复杂得多,前段是中书门下的拟敕,后段则解说前段,交代了决定官员考限的原因,官员范围也更为具体明确。

《旧五代史》卷四二《明宗纪》长兴二年二月:

> 丙子,诏:"诸道观察使均补苗税,将有力人户出剩田苗,补贫下不迨顷亩,有词者排段检括,自今年起为定额。"(《旧五代史新辑会证》第1362页)

《册府元龟》卷四八八:

> 宜委诸道观察使,于属县每村定有力户一人充村长,于村人议有力人户出剩田苗,补下贫不迨顷亩,自肯者即具状征收,有词者即排段检括,便自今年起为定额。

也较《旧五代史》为详,交代了观察使均补田苗的具体方法,即每村先定村长,由村长落实到有力人户,并说明有力人户接受与否的处置措施。两段文字虽然可以纠订清辑本的若干误字,但并不能据以认为清辑本有大段的脱落改动,更不能据以完全补入史文。但对研究者来说,上引两段文献的史料价值显然高出于《旧五代史》本文,值得揭示出来。补入正文既有违学术规范,因此而遗弃又不免轻弃珠玉,两全的办法只能是,按照裴松之《三国志注》的体例,将源出实录的文献附注于相关文字之下,以供研究者选择利用。

有鉴于五代实录的重要价值,也考虑到本书编纂中已经完成的巨大而复杂的文献处理,如果仅仅考虑到史例或规范,而将具有重大学术价值的、已经做出处理的五代实录轻易割弃,实在是一种莫大的浪费。在再三权衡后,本书采取了附存实录的体例。

从以上的变例,又带出另一个连带而复杂的问题,即五代实录是宋人编纂五代史书的主要依据,除了《旧五代史》的节写和《册府元龟》的分类编录以外,至少在以下几部书中也曾被大量地征引。

王溥《五代会要》三十卷,主要依据实录所载典章制度方面的内容,作分类的编列,同时也据史馆所藏诏书、条流、奏议等作了较多的补充,其中三分之二内容在《册府元龟》中均有载。

孙光宪《北梦琐言》三十卷(今本二十卷,补遗四卷),其中卷十六以后的内容显然摘录自实录,但因其为轶事类笔记,故仅摘取五代人物的有趣故事。以上二书均成于《旧五代史》以前,属于文献同源的著作。

欧阳修《新五代史》七十四卷,主旨已见前述。与《旧五代史》比较,十国文献增加较多,中朝部分主要据《旧五代史》改写,因为本纪简略,列传稍少,有关内容作了很大程度的调整,但也据五代实录有适当增补,但数量不多。此书完成于他两次外贬期间,文献利用有一定局限。欧阳修认为五代乱世,制度无可称道,因此更关注人物褒贬和人伦名分,注重文章史例和道德批评,所录偶有他书不存的内容,史实错误也特别多。

司马光《资治通鉴》二百九十四卷,致力于描述历史发展的过程。在刘恕协助下,对于当时能够见到的唐末、五代十国文献做过至今最复杂精密的编排,其中唐末、十国部分保存了大量他书不见的记载。但就五代历史来说,基本依据实录。司马光对于与政治变动有关联的人事,有特殊的敏感和眼光,因而保存了很多独有的实录纪事。

以上诸书虽然大多不像《册府元龟》那样照录实录原文,但也保存了不少经过改写的实录内容。既然采取附存实录的体例,这些内容也应作适当表达。更廓而广之,其他来源的文献,虽然或处于敌对立场如《辽史》,源出宋初史臣如《宋史》宋初诸臣传,处于传闻如宋人笔记的纪事,出于私家记录如碑志或文集,也都有一定的史料价值,尽管从完整系统性来说,都不及实录,但也各具意义。

确定五代实录的价值和遗存情况,还有一个选择是如何处置。可以有两种考虑:一是实录部分另成一书,二是尽量附存于《旧五代史》各部分之下。实录另成书,虽然可以使《旧五代史》整理的眉目清楚一些,但问题也很多。如前所述,上述各类引录和源出实录的文献,大多没有具体的出处交代,并作了程度不同的改写,要作为实录辑录,学界难以认可。再加上这些资料很分散,必然还需要《旧五代史》本纪来贯穿。选择附存当然也有问题,一是编年体的实录要收存在纪传体的正史之下,某些内容难以兼容;二是部分内容与正史重叠或差别不大,存则重复,删则不全;三是实录遗文远比本纪丰富,附存使本纪篇幅大增;四是校勘、考证再加上实录附存皆置于注文中,稍显冗繁。但附存最大的好处,是《旧五代史》文本与实录文本的差异,可以充分罗列比较,对于学者来说极其方便。现代学术尤其重视追索史源,这样处理有特殊的价值。这是我最终下决心附存实录的考虑。为使眉目清楚,将本纪改为逐日分节,能够体现实录逐日纪事的特点。

以上即为本书最后形成以保存五代实录为中心的"会证"格局形成的过程。虽然编纂的过程很辛苦,但也因为如此,得以纠订了《旧五代史》中大量复杂的传误漏辑文本,提供了大致完备的五代文献。从出版后的反响来看,差可欣慰。

四、对新辑本的一些反思

本书定稿已经一年,出版也有半年了,有幸听取了一些学者的意见,特别是曾专访陈智超教授,多蒙指正。我也对本书中具体处理,在更可观的立场上予以考虑。近期中华书局启动二十四史修订工作,如何使《旧五代史》有一个多数学者能够认可的新本,是需要冷静考虑的。以下谈本书中有待斟酌的一些问题。

首先是《梁太祖纪》的处置。清辑本因《永乐大典》梁太祖卷已缺,乃据《永乐大典》所引残文和《册府元龟·闰位部》所存事迹拼合的办法,辑为七卷。我在逐条复核原文后发现,辑本所述录自《永乐大典》的佚文,大半也是源自《册府元龟》。《册府元龟·闰位部》的材料,虽有一些可以和《通鉴考异》互证,但邵晋涵采取证明一部分而推衍全部的办法,是不科学的。我在《前言》中列举其刻意隐瞒实录原文的三个例子,录二则于下:

> 晚至都,六军以天兵御仗,分列前导,煌煌焉,济济焉,昔所未睹也。都人士女洎耆老等,欢噪阡陌,太祖御五凤楼,受百辟称贺毕还宫。

> 帝入自含耀门,彩绣连延,照耀阡陌,都人士女,阗咽欢呼。

两则均见《册府元龟》卷二〇五《闰位部·巡幸》,叙述其在任期间巡幸活动非常详细。以上两段叙述梁太祖归京时的欢庆场面,明显表达梁史臣的颂德之情,是《梁太祖实录》的遗文,绝非《旧五代史》史文。由此可以推知《册府元龟》此卷都录自实录,只是这几句特别明显罢了。录自《册府元龟》卷二一六述开平三年六月悬赏刘知俊叛军的赏格,已经不类史文,但其后具体叙述知俊弟刘知浣被捉后,赏赐的具体分配,就绝不会是本纪的文字了:

> 刘知俊弟内直右保胜指挥使知浣自雒奔至潼关,右龙虎军十将张温以上二十二人于潼关擒获刘知浣,送至行在。敕:刘知浣,逆党之中最为头角;龙虎军,亲兵之内实冠爪牙。昨者攻取潼关,率先用命,寻则擒获知浣,最上立功,颇壮军威,将除国难。所悬赏格,便可支分,许赐官阶,固须除授。但昨捉获刘知浣是张温等二十二人一时向前,共立功效,其赏钱一千贯文数内,一百贯文与最先打倒刘知浣衙官李稠,四十三贯文与十将张温,二十人各与钱四十二贯八百五十文。立功敕命便授郡府。亦缘同时立功人数不少,所除刺史,难议偏颇,宜令逐月共支给正刺史料钱二百贯文数内,十将张

温一人每月与十贯文,余二十一人每月每人各分九贯文,仍起七月一日以后支给。人与转官职,仍勘名衔,分析申奏,当与施行。

《旧五代史》本纪再如何琐碎,还不至于具体到记录二十二名将士分配一千贯文的细目,薛居正等处理此类文献的能力还是有的。

面对清辑本中的此类文字,在作新辑本时,则面临两难选择,一是坚持只存《旧五代史》本文,坚守古籍辑佚的基本原则,把清辑本录自实录的文字全部删除,结果是抽却了清辑本构筑起来的《梁太祖纪》的基本框架,难以表达其在位期间的政事始末;二是保留其框架,依循其基本原则,补充其未收,即除少数极其明显的实录原文外,尽量辑录,并交代此部分情况特殊,并不全是《旧五代史》本文,而是混合实录和《旧五代史》遗文的辑本,学者引用时应该区别对待。新辑本选择了后一方案,并加案有较详说明。是否妥当,还可再酌。

其次,对于清辑本增删调整。

本书校订中,删去了清辑本误收的《郑玄素传》,调整了误录《新五代史》的八篇传记,都有确切的证据。增补了六十篇传记,大多有可靠书证,少数仍属推测,如李昭、许仲宣、王著等传,可能还是存疑为好。《孔循传》第一节传文,出自实录的可能性较大。关于清辑本卷次调整,本书仅作了证据比较确凿的一部分,可以追究的问题还很多。

再次,清辑本讳改文字的回改处理。

陈垣先生《旧五代史基本发覆》指出清辑本涉及民族问题任意改动原文的问题,在学界有很大影响。其实,在他以前,熊罗宿、张元济均已经注意及此,但没有作系统深入的分析。处理好此类文字,是新辑本首先应该关注的。由于《永乐大典》尚存一些原本的传文,可以分析出清辑本讳改的体例,参酌陈垣先生的释例,再依据《册府元龟》《五代会要》《新五代史》《资治通鉴》的文本,很大一部分可以回改到被篡改以前的面貌。对此,新辑本的态度非常审慎,除了可以确定的后代出现的文字,如"邱""掳"之类径改外,一般都要求有书证方改动,且一律出校记说明原文和改动依据。持如此慎重的态度,改动后的文本可信度应该值得信任,但连带的问题则是在同一传或同一段中,有书证的部分得到回改,没有书证的部分则仍存清辑本的面貌,必然有许多文意前后不一致的地方。若有机会再作新本,对此还可以稍微变通的办法做出处理。

最后,关于实录文本的处理。

本书最重要的工作,是对于以《册府元龟》为主体所保存的五代实录的系统处理,得以明确了完整记载五代事实的《旧五代史》过半史文的文献来源,为学者研究五代史事提供了最原始的基本文献。这一处理结果是在摸索文献的过程中完成的,因为依托于正史,也易于为学者所重视。在编纂过程中,五代实录遗存的丰富是超过了最初的预期,虽然最后努力装进了《旧五代史》的框架中,但我对此仍始终有一些遗憾。我以为,如果不是以实录来注正史,而是采取以《旧五代史》本纪为骨架,做恢复五代实录的工作,在文本处理上会更清晰一些,既避免了《旧五代史》本纪与源出实录不同程度重叠而带来的处理时全录、节录、出校、不出校等复杂的处理工作,同时也可以尽可能地复原实录原文。我以为,今后若有条件,这一工作仍然值得进行。

五、略谈五代社会变化的一些迹象

我在本书前言中,对于五代历史在中古社会发展中的意义,写了以下一段话:"后人称为五代十国的这一时期,战乱频仍,民不聊生,可以说是中国历史上最黑暗的时期之一,以致宋人修史时,还常常发出'乱斯极矣'的浩叹。同时,也应该看到,中国从汉、魏以来延续存在的超稳定的以士族政治为中心的社会结构,也在近百年的战乱中被完全颠覆,腥风血雨的动乱对原有社会秩序作了彻底的清除,提供了宋人重建新的社会框架和文化理念的可能。"这方面可以研究的问题很多,但我没有作系统深入的研究,只能就阅读所及,略谈对于五代社会变化的一些粗浅的感受。

中国中古社会从汉魏以来,士族社会始终具有超稳定的存在结构。五胡十六国的破坏虽然巨大,但一部分士族退居南方而得到新的成长机缘,留居中原的士族也在与异族统治者的斗争和协调中得到重新发展的机会。每一个时代都有新的军功贵族形成新的家族势力,逐渐成为新的士族阶层,从北朝到唐初这一趋势非常明显,但也逐渐与旧族达成妥协,共同占据社会的主流地位。唐初以来编次《贞观氏族志》《大唐姓族系录》《元和姓纂》等都具有这种意义。从二十世纪出土的大批唐代墓志可以看到,家族墓群世代维系,规模宏大,士族间婚姻关系稳定,家族礼法传承有序。唐代实行科举制、鼓励军功贵族等举措,带动了社会结构的某些变化,但从唐后期牛、杨家族的资料来看,通过科举进入上流社会的下层士人也很快形成新的家族势力。保存在《戒子通录》中的柳玭《柳氏叙训》保存了唐末大乱前旧士族门风的可贵记录。

唐宋社会转型,最根本的变化应该说是汉魏以来士族社会结构的解体所带来的变化。五代是这一转变的关键转折点,近百年的社会动荡完成了对于旧的社会秩序的彻底驱除,尽管新的秩序和理念的建立还需要漫长的过程。

一般所说五代十国乱世,其实从唐末就开始了,大致可以分为三个时期:首先是桂林戍卒暴动及稍后的王仙芝、黄巢变乱颠覆了原有的稳定秩序,平叛过程削弱了朝廷的社会控制力,刺激了各地武装豪杰的割据热情。从中和平巢到庄宗入汴的四十年时间,是第二阶段,也是战乱遍及全国,最为惨烈动荡的时期。唐代的新旧士族在军阀间连续不断的大规模战乱中,遭遇到无数次的血腥屠戮,家族产业沦丧殆尽,具有社会影响力的士族势力也完全被清除了。尽管也有许多士族依附地方军阀,得到新的晋升阶级,但与永嘉末的社会动荡不同,旧士族在此期间并没有获得重新结集复活的契机。第三阶段,各地方割据政权大约在天复(901—904)前后就逐渐实现了地方的稳定,中原则因为梁、晋之间的剧烈争夺而仍继续了二十年的血战。从这时期到五代入宋,虽然局部战争仍然连续不断,朝代更迭之际也总有一些变乱发生,但没有出现全国规模的长时间战争,即使契丹入汴引起的动乱也在不到一年时间内平息。

当新朝建立之际,统治者仍需要旧族名士出来装点门面。唐庄宗挑选韦说、豆卢革等为相,并不是因为他们的能力,而是因为他们旧士族的背景及其在社会上的号召力。但其时士族赖以生存的社会基础已经失去,他们的家族势力和优裕从容的生活环境,都已经完全改变了。一些旧族人物虽然仍得到优礼,但其学问、人品以及进退之间的态度,大都显得猥琐而低下,不复能够重显往日的风范。

经过五代连续的政治变动,士族的残存势力虽仍有一些孑遗,但很有限,不断进入政治核心的下层人物,以及在地方势力整合中形成的新的家族势力,改变了原有的社会结构。到宋代,可以认为旧的士族势力已经消退殆尽。

五代政治运作中一个非常突出的现象,是文武分治,武将决定政权的大势归属,文官则负责朝廷的日常运作。

唐末动乱的根本原因是拥有武力的地方军阀的割据战争。唐后期河北叛镇依靠衙前军保持实力的做法为多数军阀所师法,并逐渐形成了组织严密而具有很强战斗力的禁军体制。禁军的向背决定了五代政权的归属。据张其凡先生《五代禁军初探》研究,五代到宋初共发生十五次政权更迭,其中属于正常继承的仅五次,外族入侵一次,军事战胜一次,而因为禁军哗变之类的政权更变则达八次之多。禁军将领内备宿卫,外领藩镇,权势煊赫。在易代之际,只要弃旧拥新,多数都可以继续带兵。

五代多数帝王出身下层,甚至不识字,缺乏治理国家的能力,他们需要有政治上的有力助手来辅佐霸业。在多数情况下,霸府旧人就充当了这样的角色,即枢密使主政局面的形成。五代各朝都有这样一批权臣,如敬翔、郭崇韬、安重海、桑维翰、景延广、史弘肇、王峻等。这些权臣在权力达到巅峰时,不可避免地与君主发生冲突,少部分选择了退让,如敬翔、桑维翰等,很多人最终成为权力的牺牲品。在改朝换代之际,此类人物很少得以善终。此种格局,在政权更迭过程中,一般对于文官都给以优礼,除了前朝的核心成员外,一般很少成批地屠杀旧臣,即便贬逐也很快起复原职。对于前朝的官牒职状,一般也都予以承认,并确定了官员身份材料的失落的认可办法。即便梁唐之际,在长达二十年的血腥战争后,后唐仅处置了一批梁政权的懿戚佞臣,多数要员则在短暂贬逐后起复,其中的精英人物李琪、崔协、郑珏均被任命为宰相。但是,五代的宰相一般很少过问禁军系统的人事安排,即便君主垂询也尽量躲闪,如冯道任相而拒绝晋高祖征询他对于人事的意见。当然特殊情况也有,如清泰朝李崧对石敬瑭任六军副使的保荐。但在多数情况下,文武分流的情况十分明显。当禁军变乱,拥立新的主人时,文臣可以心安理得地出迎,而不存愧疚之心。五代君臣之谊淡薄,当然更很少死守效忠了。

另一方面,五代时期文官系统始终保存完好,且具有一定的办事效率,可以从许多方面得到证明。五代史馆的修史工作，不仅曾编修《唐书》，编成了一系列的实录，于各职能部门的文档征集也大体能够坚持。除了梁末帝时期没有留下完整的史事记录外，五代时期政事史料保存的完整准确，远远超过了动乱以前的唐代宣、懿二朝。五代时期大赦颁布频繁，虽然常不免朝令夕改，难以完全落实，但如果全面考量，可以发现各朝政令的基本方向具有连续性，且从一系列官员误解赦书而受到渎职处置情况看，相当部分得到了落实。就此方面来说，从后唐开始，五代的经济状况也逐渐有所恢复，与唐末乱局有所不同。其中在唐明宗、晋高祖两朝，国势相对稳定而有所发展。从开运到契丹入汴，复陷于动乱，但到周世宗南征北讨的情况来说，已经具备了相当的实力。

五代各朝为稳定政局，都相当重视恢复经济。经过唐末战乱，中原破坏极其严重，繁华的城市遭到毁灭性的破坏，大量的土地废弃，无人耕种。而要维持庞大军队的存在，物力上的支持非常重要，这从《洛阳缙绅旧闻记》所记张全义在洛阳一带鼓励农商的作为，出土的《孔谦墓志》中关于河东政权在与梁战争中后勤保障的记录，都可以见到。其中最突出的，一是对于废弃的土地和物产，鼓励有力量者耕种继承，并确定了原所有者归还与否的时间上的限定，即使旧主在多年后归来，也不得要求全部归还旧业。二是将招徕逃亡者作为地方官课绩的主要依据，以州县所有人户数来决定官员的俸禄等措施。三是对于盐、酒及铸钱等实行严格的官方控制的同时，也不断鼓励民间铸钱和交易。五代后期在大乱后经济已经逐渐有所恢复，城市规模也达到一定的程度。

杨宽先生在《中国古代都城制度研究》中，特别指出从秦汉以来，皇家宫苑一般都建于都市之北部，有坐北朝南、君临天下的气象，而从周世宗显德四年（957）重建东京宫城，居于都市中心，并成为以后各朝的楷范，或许可以作为社会变迁的一个形象化的标识吧！

2006 年 8 月 18 日于上海武川路寓所

【陈尚君　复旦大学中文系教授】

原文刊于《中国文化》2007 年 02 期

试论史学著述中的时序问题

主要以李焘《续资治通鉴长编》为例

赵冬梅

一、"时序"问题的提出

时序，即事件发生的时间顺序，它客观存在。在三维世界中，时间不可逆转，客观时序无法重现。史家在著述中呈现过去时梳理排比而成的事件顺序，本文称之为"叙述时序"。叙述时序是主观对客观的认识，以合乎客观为最高追求。

在历史叙述中，时序是否合乎客观真实，会直接影响到对事件走向和人物品格的判定。司马迁很早就注意到，只有正确的"时序"才能导向真实的历史叙述。《史记》卷六九《苏秦列传》"太史公曰"："苏秦被反间以死，天下共笑之，讳学其术。然世言苏秦多异，时事有类之者皆附之苏秦。夫苏秦起闾阎，连六国从亲，此其智有过人者。吾故列其行事，次其时序，毋令独蒙恶声焉。"苏秦属于子贡所谓"君子恶居下流，众恶归焉"的历史人物，附着在他身上的恶事很多。司马迁要扫清蒙在苏秦身上的不真实的历史灰尘，则必须"列其行事，次其时序"，按照时间顺序清理出苏秦真实的人生轨迹。

两片完全正确的信息碎片，倘若置于错误的时序中观察，则必然得出错误的结论。举一个简单的例子,宋真宗天禧二年(1018),宰相向敏中与前任宰相寇准之间曾经有诗唱和。向敏中诗云:"九万鹏霄振翼时,与君同折月中枝。试思淳化持衡者,得到如今更有谁?"寇准诗云:"玉殿登科四十年,当时交友尽英贤。岁寒惟有君兼我,头白犹持将相权。"向敏中与寇准均是太宗太平兴国五年(980)进士,淳化末(994)又同在中央担任宰执。天禧二年,向敏中为宰相居高位;寇准为地方官,政治上处于低谷。两位老同年一唱一和,忆往昔峥嵘,叹人物凋零,舍我其谁,究竟是何意思?倘若以寇准吟诗在前,向敏中和诗在后,则可以做出寇准谋求还朝主政,主动向向敏中寻求奥援的结论,从而推论寇准"对相权的眷恋","昭然可见"的"入世之心"。[1] 若以向敏中诗为原作,寇准诗为和作,结论则会完全不同。那么,天禧二年向、寇之间究竟孰唱孰和?今查,国家图书馆藏"岁寒唱和诗"拓片,天禧二年九月十三日刊石,除上引唱和诗外,还有寇准写给向敏中的短信:"准启,近者门下相公远示钧函,兼贻嘉什,追念平昔,慨然感怀,谨书一绝攀和。"[2]有此拓片为证,向敏中、寇准唱和时序可无疑义,寇准即便有"对相权的眷恋",此时此事,却不当做过度解读。

二、叙述时序的主观性

建立合乎客观的正确时序,是古今史家的共同追求。在编年体史书中,时序是最核心的叙述线索,其重要性更是不言而喻的。编年之体,至司马光《资治通鉴》而臻于完善。司马光作书教范祖禹分剖史料,为《通鉴·唐纪》做"丛目",无一语不及时序,举例言之曰:"假如《实录》贞观二十三年李靖薨,其下始有《靖传》,《传》中自锁告变事,须注在隋义宁元年唐公起兵时;破萧铣事,须注在武德四年灭铣时;斩辅公祏,须注在七年平江东时,擒颉利,须注在贞观四年破突厥时。"[3]

---

[1] 张其凡、刘广丰:《寇准的宦历、性格及思想》,北京大学中国古代史研究中心编《邓广铭教授百年诞辰纪念文集》,中华书局,2008 年,第 435 页。

[2] 国家图书馆藏拓片,题柯昌泗旧藏"岁寒唱和诗",编号"各地 10413"。

[3] 司马光:《答范梦得书》,《司马光集·补遗》卷九,李文泽、霞绍晖校点,四川大学出版社,第 1741 页。

然而,叙述时序终究是一种建构,因此不可避免地带有著述者的主观性。首先,就写作本身而言,为防枝蔓,史家必须对所述内容进行有意识(合乎体裁约定、符合阅读习惯)的整理编排。比如司马光教导范祖禹编《唐纪丛目》,云:

> 请且将新旧《唐书》纪、志、传及《统纪》《补录》并诸家传记小说,以至诸人文集,稍干时事者,皆须依年月注所出篇卷于逐事之下。《实录》所无者亦须依年月日添附。无日者,附于其月之下称"是月";无月者,附于其年之下,称"是岁";无年者附于其事之首尾。有无事可附者,则约其时之早晚,附于一年之下。④

"无日""无月""无年""无事可附"云云,是材料的限制;而"附于"何时何处,则是著者的有意安排。

其次,对历史意义的追求会影响史家对时序的判定排比。史家著述,比如南宋人写北宋史,多半属于尘埃落定之后的追记——事件早成过往,意义——当然不是终极的——业已呈现。对意义的认识和追求引领着叙述时序。作为叙述者的史家在很大程度上是"全知"或者自以为是"全知"的,他们按照自己的理解叙述历史,让事件链条呈现一种合乎(道德)逻辑的简单状态,因此难免淡化事件的复杂性和偶然性。最后,我们看到的叙述时序往往是光滑顺畅的,因为对于那些"彼此年月事迹有相违戾不同"的记载,叙述者已经做出了自己的判断取舍。司马光给出的取舍原则是:"选择一证据分明、情理近于得实者修入正文","余者注于其下,仍为叙述所以取此舍彼之意",⑤作为考异。尽管有考异的存在,正文叙述却是唯一而确定的,而此后相关事实的叙述都将围绕此唯一选择展开。周必大说:"前辈云,故事勿语子容(苏颂),今事勿语君实(司马光)。盖二公有所闻,必书之册也。然当时士大夫疑以传疑,未必皆信。后世以二公名德之重,率取法焉。"⑥"疑以传疑,未必皆信"的诸多传闻之一,因为被"书之于册"而成为后世取法的

---

④　司马光:《答范梦得书》,第 1741—1742 页。
⑤　同上,第 1743 页。
⑥　周必大:《文忠集》卷一五《题东坡元祐手录》,《全宋文》卷 5123,第 230 册,第 243—244 页。

"定本",当绝不止于子容、君实所书,而是历史著述中普遍存在的现象。

承认并重视古代史学著述中叙述时序的主观性,是今天的中国古代史研究者接近真实的基础。对于多数断代而言,中国古代史研究是以著述为史料的。我们赖以建构叙述时序的基础,正是古代史家的叙述时序。以笔者所习宋史为例,学者倚为"主干史料"、赖以建立宋代历史时序者,多半是南宋以来的史家著述,比如研习北宋史的第一大书,即南宋李焘的编年体巨著《续资治通鉴长编》(以下简称《长编》)。相较于《资治通鉴》,《长编》的时间尺度更为细微,细节也更为丰富,然而,它的叙述时序并非完全按照客观时序推展。兹举两例加以说明。例一,《长编》卷一七一载:

> (皇祐三年九月)乙卯,武宁节度使、兼侍中夏竦卒,赠太师、中书令,赐谥文献。知制诰王洙当草制,封还其目曰"臣下不当与僖祖同谥"。遂改曰文正。同知礼院司马光言"谥之美者极于文正,竦何人,乃得此谥?!"判考功刘敞言:"谥者,有司之事也。竦奸邪,而陛下谥之以正,不应法,且侵臣官。"光疏再上,敞疏三上,诏为更谥曰文庄。⑦

九月乙卯,是夏竦去世的时间。有关夏竦谥号的争论,从"文献"到"文正"又到"文庄",王洙封还词目,仁宗赐谥"文正",司马光两次上疏,刘敞三次上疏,显然经历了相当长的过程。夏竦谥议启动和结论的具体时间,李焘并未涉及。今考司马光有《论夏令公谥状》二,第一状系于皇祐四年七月十三日,第二状系于十日之后,注云"奉圣旨改谥文庄"。⑧ 按《宋史·礼志》"定谥"之制:"王公及职事官三品以上薨,本家录行状上尚书省,考功移太常礼院议定……敕付所司即考功录牒,以未葬前赐其家。"⑨有关夏竦谥号的讨论必须在竦"未葬以前"完成。那么,夏竦何时下葬的呢? 按王珪所撰《夏竦神道碑》:"五年七月辛酉,葬公于

---

⑦ 《长编》卷一七一,中华书局点校,1992 年 1 版,2004 年 2 印,7 册,第 4108 页。
⑧ 司马光:《论夏令公谥状》《论夏令公谥第二状》,《司马光集》卷一六,第 499—502 页。《宋朝诸臣奏议》下册第 1023 页。
⑨ 《宋史》卷一二四《礼志二十七·凶礼三》,中华书局校点本,9 册第 2913 页。

许州阳翟县三封乡洪长之原。"⑩

综上所述,《长编》皇祐三年九月乙卯条的叙事,实际上可能跨越了皇祐四年、五年两个年头。⑪ 有关夏竦谥号争论的客观时序则应当是:皇祐三年九月,夏竦去世;之后,夏家上行状请谥,初谥文献,不当,仁宗越过"有司"亲改"文正",皇祐四年七月,司马光、刘敞进行了激烈的抗争,最终,仁宗屈服,改夏竦谥为"文庄";五年七月,夏竦下葬,埋铭使用"文庄"谥号。嗣后,王珪奉诏为作《神道碑》。

例二,《长编》卷一八七,交阯贡异兽事:

> (嘉祐三年六月)丁卯,交阯贡异兽二。初,本国称贡麟。……既至,而枢密使田况言:"……今交阯所献……必知非麟,但不能识其名……朝廷本以远夷利朝贡以示绥来,非以获麟为瑞也。请宣谕交阯进奉人,及回降诏书,但云得所进异兽,不言麒麟,足使殊俗不能我欺,又不失朝廷怀远之意。"乃诏止称异兽云。⑫

李焘的记载,自"初"以下,重在讨论"异兽"的定名过程,展示宋朝君臣崇高的儒学修养和持礼守正的精神。交阯贡"异兽",自入境至抵京,交阯以"麒麟"贡,宋朝以"异兽"答,这中间必定经历了相当长的过程,六月丁卯究竟处于哪个时间点? 是"麒麟"入境、抵京,还是"异兽"还南?《长编》阙略不言。

六月丁卯条的记事,径言"交阯贡异兽",似乎"异兽"之名在当时就已经确定。今考司马光有《交阯献奇兽赋》,作于嘉祐三年八月二十七日,又有《进交阯献奇兽赋表》,九月初三上。⑬《表》云:"今月二十五,有诏诣崇政殿观交州所献异兽曰'麒麟'者。臣愚不学,不足以识异物。……臣不胜愤悱,谨述《交阯献奇

---

⑩ 王珪:《华阳集》卷四七《夏文庄公竦神道碑铭》。杜大珪编《名臣碑传琬琰之集上》卷二二亦载此碑,文同。

⑪ 《夏竦神道碑》所载竦薨逝时间,为"九月乙酉",与《长编》不同。未知孰是。《神道碑》载夏竦入葬的时间为"皇祐五年七月辛酉"。

⑫ 《长编》卷一八七,8 册第 4515 页。

⑬ 司马光:《进交阯献奇兽赋表》《交阯献奇兽赋》,俱在《司马光集》卷一,第 1—5 页。上《表》时间,原注"嘉祐八年九月初三日",点校本已经驳正,第 2 页注一。《司马光集》用"交趾"字样,今悉从《长编》,用交阯。

兽赋》一篇,奉表投状以进。"据此,八月二十五日,仁宗在崇政殿召集群臣观赏交阯所贡,当时仍称"麒麟",未正"异兽"之名。六月丁卯条称"交阯贡异兽"则是李焘在事件意义确定之后的追记,"异兽"一词的使用已经蕴含着史家态度。

由此,我们可以将交阯"麒麟"事件的时序复原为:六月丁卯,交阯麒麟入境;大约同时,宋朝方面掀起有关"麒麟"名义的热议;八月二十五日,仁宗在崇政殿举行"麒麟会",反对以交阯贡兽为"麒麟"的理性声音达于顶点,其中,司马光于二十七日作《交阯献奇兽赋》,九月三日上之,而影响最大的是枢密使田况的意见;之后,仁宗接受建议,宣布交阯所贡止称"异兽",不用"麒麟"之名。

上述两个例子,夏竦谥议、交阯异兽的名义讨论都是有过程的事件,而《长编》皆系于一点。对于李焘来说,这种叙述时序符合编年体的写作传统,毫无问题;而后来的研究者却很可能因此误入歧途,对时序做出错误的判断。类此之事,不一而足,对叙述时序的辨析,不可忽视。

三、隐含时序

客观时序既有显然公开者,又有隐藏深含者。隋义宁元年李靖自锁告变,武德四年破萧铣,武德七年斩辅公祏,贞观四年擒颉利,此等皆已构成所谓"事件",其顺序属于"显然时序"。而常识告诉我们,同一事件的当事各方获得事件信息的时间顺序并不同一,或早或晚,甚至永远无法获得部分信息。这种相关信息在一定范围内披露的时序,是一种"隐含时序",它是掺杂了当时当事人主观意愿的客观存在。它影响当事各方对事件性质的判断,进而让他们做出通常是对自己有利的决定,各方利益交织碰撞,最终决定事件的进程,呈现为后人所看到的事件链条。在一定程度上,"显然时序"勾勒历史轮廓,"隐含时序"披露历史真相,就政治史而言尤其如此,洞隐发微,必须及此,著述者的处理方式则可以见其时代与史学思想。笔者近年致力于司马光及其时代的研究和写作,细读《长编》,深服李焘对北宋政治史的洞察力,私以为至今仍为北宋政治史第一书;我以"隐含时序"的视角审视《长编》,把李焘作为"同行前辈"而非简单的"史料提供者"来对待。兹举陈执中罢相、赵抃与范镇结怨事为例,略述李焘《长编》叙事中的"显然"与"隐含"时序。

(一)"显然时序"的叙述

宋仁宗至和二年(1055)陈执中罢相,主要出自御史台的弹劾,殿中侍御史赵抃攻之尤力。当时唯一在院供职的谏官范镇并未协同行动,赵抃等因此攻击范镇袒护陈执中,双方矛盾愈演愈烈。首先,我们按照李焘的叙述复述其事件经过如下。原文较长,不便全抄,谨按时序,略分阶段,摘要叙述:

1.赵抃弹劾陈执中。至和元年十二月癸丑(二十四日),殿中侍御史赵抃弹劾宰臣陈执中家捶挞女奴迎儿致死等事,请求罢免陈执中相位。陈执中随即居家待罪。[14] 至和二年二月庚子(十二日),赵抃言"臣近累次弹劾宰臣陈执中……伏恐陛下犹以臣言为虚,至今多日,未赐省纳",因此再度上疏,"概举一二明白条陈",列举陈执中宜罢免者八事,乞正其罪。[15]

2.赵抃指责范镇维护陈执中,范镇回应。二月甲辰(十六日),即五日之后,赵抃再言陈执中,同时告知谏院范镇"妄行陈奏,营救执中"。范镇闻讯,上疏申辩自己并无奏理陈执中事,同时表明态度,认为陈执中当罢,然不当以私事(即捶挞女奴致死事)罢,"进退大臣当责以职业"。范镇回应赵抃的奏状至少三上,而具体时间不详。[16] 三月辛巳(二十三日),范镇上疏,以天变言小人惑君、政事不决,请求仁宗早下决断,"速定陈执中进退之势,以决中外之惑"[17]。

3.陈执中复出,御史台集体抗议,同时继续批评范镇。四月庚戌(二十二日),陈执中复入中书奏事。[18] 丙辰(二十八日),赵抃上疏,以为是非未决,陈执中遽然趋朝,中外惊骇,请求仁宗明辨是非。[19] 五月戊寅(二十一日),仁宗下诏整顿官僚风气,中有"尸言责者或失于当"之语。御史中丞赵抃上疏弹劾陈执中,并请全台上殿。仁宗拒绝,"阁门以违近制,不许"。壬午(二十五日),诏赵

⑭ 《长编》卷一七七,7 册第 4296 页。
⑮ 同上,7 册第 4308 页。
⑯ 同上,7 册第 4312—4316 页。
⑰ 同上,7 册第 4325 页。
⑱ 同上,7 册第 4330 页。
⑲ 同上,7 册第 4333 页。

抃等轮日入对。范镇反对仁宗的做法，以为"今拒其请，非所以开言路也"。[20] 御史中丞、知杂入对，当面弹劾陈执中。又再上两札，以书面形式抗议陈执中不明不白的复出，并弹劾"臣僚中亦有解救者"，暗指范镇。[21] 乙酉（二十八日），赵抃上言，抗议戊寅诏书所谓"尸言责者或失于当"之语，请仁宗"早赐宸断，正执中之罪，复朝廷礼法"。[22] 六月戊子朔，赵抃入对，再乞正陈执中之罪。[23]

4. 陈执中罢相，赵抃再度攻击范镇。六月戊戌（十一日），陈执中罢相。御史台取得胜利，赵抃得到全体御史台官的助力，对范镇攻击愈力。[24]

5. 范镇被任命为侍御史知杂事，赵抃与范镇矛盾再度爆发，赵抃以宿怨请调。嘉祐元年（1056）八月庚申（十一日），朝廷改命范镇为侍御史知杂事，成为御史台的副长官。范镇、赵抃即将同台为官。甲子（十五日），赵抃上言，旧事重提，要求调离御史台，以避范镇："臣去年春夏间累次弹奏宰相陈执中，乞正其罪而罢免之。是时，范镇不顾公议，一向阴为论列，营救执中，上惑圣听。臣寻与御史范师道抨镇阿党之状。今朝廷除镇知杂，臣见居台职。风宪之地，趣向各异，难为同处。伏望特赐指挥，除臣江浙一州军合入差遣，且以避镇，亦臣之私便也。"[25]

6. 赵抃罢殿中侍御史，范镇不就台职。九月癸卯（二十四日），侍御史范师道知常州，殿中侍御史赵抃知睦州。李焘这样解释赵抃罢台职的原因："宰相刘沆进不以道，深疾言事官……遂举行御史迁次之格，满三岁者与知州。""而抃等又尝乞避范镇，各请补外。沆遽引格出之。"[26] 与范镇的矛盾直接为刘沆罢免赵抃的御史职位提供了借口。范镇一直拒不就任侍御史知杂事，十一月己丑（十一日），改任集贤殿修撰。[27]

以上就是《长编》对陈执中罢相以及赵抃—范镇结怨经过的记载。

---

⑳ 《长编》卷一七九，7 册第 4338—4339 页。

㉑ 同上，7 册第 4340 页。

㉒ 同上，7 册第 4341 页。

㉓ 《长编》卷一八○，7 册第 4346 页。

㉔ 同上，7 册第 4352—4353 页。

㉕ 《长编》卷一八三，8 册第 4437—448 页。

㉖ 《长编》卷一八四，8 册第 4448 页。

㉗ 同上，8 册第 4454 页。

（二）范镇的真实态度

赵抃等攻讦范镇的理由是认为范镇袒护陈执中。那么，范镇究竟有无袒护陈执中的实迹呢？范镇的基本态度是两点：一是陈执中并非合格宰相，应当罢免；二，罢免宰相应当主要看他的施政，而非私德，"人命至重，台谏官不可不言，然不可用此进退大臣"，㉘必"使天下之人知陛下进退大臣，不以其家事而以其职事"。㉙对于御史台以家事攻击宰相的做法，范镇是相当不齿的，他在给同年挚友司马光的信中自誓："必欲伺大臣之细故，发其隐微，以市己直，实不能也。"台谏以隐微细故攻击大臣的做法，当时已成流弊，此前有文彦博、庞籍之罢相，此后有欧阳修之罢政。"簿帷之私"，易污而难明，以之攻击大臣，最能博人眼球，于国事却毫无裨益。范镇有意身体力行，对抗这种恶习，一心以"天下之是非""后世之是非"为是非，脱出"朝廷之是非"。㉚就在御史台集中火力攻击陈执中家事的时候，范镇的关注点却在国计民生。至和二年四月乙卯（二十七日），范镇上疏批评"有司之重敛"，目为"贪政"。"翌日"又请改变三权分立、互不相知的中枢体制，"使中书、枢密院通知兵民财利大计，与三司量其出入，制为国用，则天下民力庶几少宽"。㉛五月乙丑（八日），范镇又上疏批评河北招兵政策，请求朝廷爱惜民力、通盘考虑财政分配问题。㉜就陈执中家殴杀婢子事件本身，范镇的看法也不同于御史台，他引用律文"诸主殴部曲至死者……其有愆犯决罚致死及过失杀者，各勿论"，判定陈执中杀婢无罪当勿论，旨在"明等级而尊天子"。㉝范镇真正的关注点在于整个社会的等级秩序，在于政治风气，在于国计民生，非止于一个宰相的去留。他反对陈执中为相，同时也反对御史台以家事攻击宰相的做法。所以，在弹劾陈执中事件的全部过程中，范镇采取的都是独立行动的姿态，从未与御史台协同进退。用他自己的话说，"臣为谏官，为御史所恐而遂不言，非所谓为谏官也"㉞。

㉘ 《长编》卷一七八，7 册第 4313 页。

㉙ 同上，7 册第 4313 页。

㉚ 司马光《再与范景仁书》，《司马光集》卷五九，第 1235 页。

㉛ 《长编》卷一七九，7 册第 4333 页。

㉜ 同上，7 册第 4335 页。

㉝ 《长编》卷一七八，7 册第 4314—4315 页。

㉞ 同上，7 册第 4315 页。

（三）隐含时序

因此，单就罢免陈执中这一目标而言，范镇与赵抃等并不矛盾。那么，赵抃"范镇妄行陈奏，营救执中"的印象是如何形成和强化，以至于自认不能与范镇同台为官的呢？原因很简单，范镇所言，李焘看得见，《长编》的读者看得见，而赵抃等却无从得见。范镇有关陈执中事件的奏疏信息，从未抵达赵抃等御史台官。而赵抃等弹劾陈执中、攻讦范镇的奏疏信息却是公开的。在以显然时序展开的陈执中罢相、赵抃—范镇结怨事件的背后，还隐藏着有关信息抵达相关各方的隐含时序，根据李焘所提供的材料，可以整理如下：

1.杀婢事件之前，范镇已屡次上疏，批评陈执中非合格宰相。至和元年八月一日、十月九日、十一月八日、十二月九日，范镇四次上疏批评陈执中的施政方针。

2.十二月在责杀奴婢事件发生之后，范镇再次上疏，指出陈执中当罢，然不当以家事罢。其后，范镇承担了接伴契丹使臣的差事，前往河北宋辽边境。十二月二十四日回京，二十五日觐见，仁宗提到了御史台弹劾陈执中一事，范镇表示："人命至重，台谏官不可不言，然不可用此进退大臣。"其后，范镇上疏，论陈执中当罢，而不当以家事罢，并"乞以臣章宣示执中、宣示御史，然后降付学士草诏（明所以罢陈执中之意）"。[35] 此后，范镇又送伴契丹使臣，再度赴河北出差，二月九日回京，发现御史台弹劾陈执中的事件已经愈演愈烈，随即上疏表明态度，"乞以臣章下御史台，榜于朝堂，……颁于天下，……付于史馆"。[36]

3.赵抃弹劾范镇。二月十六（甲辰）日，赵抃开始把范镇纳入弹劾对象，"风闻知谏院范镇妄行陈奏、营救执中"，认为范镇在"奉使河北中路奏理执中"。赵抃使用"风闻"一词，表明范镇之前公开奏疏的要求并未获得仁宗的允准，赵抃从未读过范镇的奏疏，也没有机会跟范镇就陈执中事件当面交流意见。但是，他知道范镇在出使途中曾有章疏奏上，尽管无从得知章疏的具体内容，然而既然范镇并未与御史台协同弹劾陈执中，那么，赵抃认为他有足够的理由相信范镇在袒护陈执中。十六日遭到赵抃弹劾之后，范镇再度上疏"乞以臣章宣示中书、枢密

㉟　《长编》卷一七八，7 册第 4312—4313 页。

㊱　同上，7 册第 4314 页。

大臣,降付御史台,并臣前状,依臣所奏,一处施行".⑰ 十余日后,范镇公开奏疏的请求仍然"未见行下".⑱ 换句话说,到二月底三月初,对于范镇之前的相关言行和真实想法,赵抃仍然基本无知,他对范镇的判断仍然是简单粗暴的。

4.陈执中罢相,罪名恶毒,范镇上疏抗议。六月十一日,在全体御史的坚持抗议下,仁宗被迫罢免陈执中。在弹劾陈执中的最后时刻,为了增加火力,御史甚至给陈执中增加了一桩罪状"私其女子,伤化不道"。与虐杀婢女相比,这一指控简直堪称恶毒。仁宗对此甚不以为然,罢免陈执中之后,曾私下向范镇抱怨。范镇随即上疏,认为"审如御史言,则执中可诛;如其不然,亦当诛御史",再次请求与御史辩论,"卒不报".⑲ "自后三奏乞穷究,仍乞札付御史,亦不蒙施行".⑳ 仍然不获允准。范镇与赵抃的嫌隙只能是越来越深。

5.嘉祐元年八月,范镇被任命为知杂侍御史,赵抃请求回避,被刘沆趁机罢台职。到此为止,赵抃对范镇的真实态度仍然一无所知。范镇感到愤怒,"臣前后五奏留中,赵抃不知本末,至今交结毁臣不已。伏乞检会前奏并今状付中书,明辨施行,仍札示赵抃,免致小人阴相架扇,以中伤臣"㉑。

一言以蔽之,赵抃、范镇之结怨,就是因为赵抃根本不知道范镇说了什么,他对范镇在陈执中案中态度的判断,全凭主观! 范镇与赵抃同朝为臣,一居谏院,一居御史台,竟然隔绝如此,范镇有关陈执中事件的多次上疏,赵抃竟然无一得见。嫌隙由此产生,矛盾由此激化,简直令人唏嘘。

(四)李焘之"无语"

在陈执中罢相事件中,有关范镇态度的真实信息,虽然前前后后有十多篇奏疏,但却只有范镇与仁宗两人知晓,这些信息从未完整公开地抵达赵抃与御史台官。这就是陈执中罢相事件中的隐含时序。这一隐含时序暴露了仁宗后期政治的诸多问题,比如皇帝对信息的独占,范镇的奏疏,仁宗为什么不公开? 是不肯,还是不能? 这是需要综合考虑仁宗后期恶劣的健康状况加以评估的。这种皇帝

㊲ 《长编》卷一七八,7 册第 4315 页。
㊳ 同上,7 册第 4315 页。
㊴ 《长编》卷一八〇,7 册第 4353 页。
㊵ 《长编》卷一八三,8 册第 4438 页。
㊶ 同上,8 册第 4438 页。

的信息独占,放到北宋的政治传统之中,又该怎样解读?宋朝的台谏官有谒禁,不能随意会客,但是,在此之前,台谏官统一行动又是常见现象,范镇为什么没有利用上疏以外的渠道与御史台沟通,而是有意无意地放任了赵抃等对自己的误解?种种疑问,已非本文可以容纳。这里只看李焘的叙事。

对于陈执中罢相事件中所隐含的信息抵达时序,李焘不是没有概念的。他注意到了,"镇累奏乞与御史辨,不报"[42];对于范镇所言不获公开,蒙受御史台误解攻讦的处境,李焘也是同情的。他所引用的范镇章疏有时篇幅极大,远超核心叙事。比如,至和二年二月甲辰"殿中侍御史赵抃言"之下,以"先是,知谏院范镇言""于是,镇又言""镇又言""镇又言"开头,引用了范镇的四篇奏疏,一篇上于赵抃此言之前,三篇上于赵抃此疏之后,李焘自注"范镇累奏不得其时,今附见赵抃劾章后"。[43] 尽管如此,《长编》的叙事并未强调这一隐含线索。李焘的叙事线索明确,遵循自然顺序,以显然时序展开。这种安排,使得《长编》的叙事脉络显得很清楚,但是,有关宋代政治史实质性内容的揭露力度则弱了很多。

李焘的叙述之所以呈现这种状态,既是体裁的需要,也有思想的制约。传统史家承袭孔子"述而不作"的传统,比较强调事实的整理,"古代史学以叙述为主,以解释、评论为辅"。[44] 从宋代起,又有学者开始重视"读史","强调读史者应该如何理解历史","'读史'者已经展现出一个'研究'者的姿态。在他心中,已经有了强烈的'问题意识'"[45]。这种"读史者问题意识"的出现,显然并未改变史学的主流。李焘心中自然有他的问题,不然他不会给我们呈现如此丰富的细节;然而,在叙述中,李焘仍然恪守了传统。

【赵冬梅　北京大学历史学系教授】

原文刊于《中国文化》2015 年 02 期

---

[42] 《长编》卷一八〇,8 册第 4353 页。
[43] 《长编》卷一七八,7 册第 4316 页。
[44] 胡宝国:《史论》,《汉唐间史学的发展》,北京大学出版社,2014 年,第 92 页。
[45] 胡宝国:《〈史记〉的命运与史学的变化》,《汉唐间史学的发展》修订本,北京大学出版社,2014 年,第 240 页。

清朝满族社会的变迁及其史料

王锺翰

　　满洲民族简称满族,是中华民族大家庭中重要的一个成员,有着自己悠久的历史和渊源。作为一个民族共同体和国家形态的满族民族名称,17世纪30年代才出现,虽然较晚,但它与古籍中先秦的肃慎人,汉、晋的挹娄人,隋、唐的勿吉人和靺鞨人,以及宋、元、明的女真人之间的那种既不可分割又不能等同的错综复杂的渊源关系,却是海内外史学界所公认的历史事实。

　　满族入关后统一全中国而建立起来的清王朝,历时近三百年。特别在清朝前期二百年间,满族在巩固祖国统一和加强民族团结中所起的重大作用,是谁也不能否认和低估的。随着清王朝从鼎盛时期走向衰落和崩溃的边缘之际,忧患纷至沓来,已显示出大厦将倾、回天乏术的局势。民族与王朝有区别,后来清王朝的反动统治被推翻后,满族作为一个民族,仍然在继续壮大和发展着。直到1949年全中国解放,满族和五十多个兄弟民族一起,开始走上了社会主义的康庄大道,做出了和正在做出自己应有的贡献。

　　我个人认为,长期以来,满族与各兄弟民族特别是与汉族之间,杂居共处,互通婚姻,生活与共,语言文字早已通用,共同性日见其多,而差异性日见其少了。今从满族本身的历史文化、语言文字和风俗习惯考察其演变过程与汉族相互关系的影响,也是值得我们深入探讨的一个课题。

　　众所周知,满族与世界上其他许多民族一样,也经历过原始氏族制、奴隶制和封建制几个主要的历史发展阶段。明清易代之际，满族社会形态的急剧变迁尤为世人所瞩目。今兹就其从奴隶制向封建制过渡这一巨大转变之中的几个有关问题，简括地列举出一些满汉文文献原始资料来研讨和论证它们的因革嬗变的史实。是否符合当时实际情况，我也不敢完全自信；然而为学之道在实事求是，讨论不厌其详。故敢以求教于当代清史和满族史名家，俾匡不逮，则有厚幸焉。

一、诸申（jušen）与满洲（manju）

诸申（jušen）旧译：一作"满洲"（manju），一作"编氓"，一作"部属"，或作"民间"[①]，虽译名各异，其为明代女真社会中的伊尔根（irgen）即自由民则一。自由民有自己的经济，参加生产劳动，身受上层贵族的统治，当兵服役，并承担贵族不定期摊派的奴役。富有的诸申也占有奴隶[②]。

作为明代东北辽东地区人数众多的自由民阶层的诸申，系从朱理真（jurchen）、朱先或女真（jucen）一名的音变而来。诸申与女真两名互用，由来已久，是没有什么区别的。《满文老档》中天命六年（1621）十一月十二日颁发的谕旨，有云：

> han i bithe, orin juwe de wasim buha, jušen nikan be emu gašan de acan
> 汗　　书　　二十二日　降　　下　诸申尼堪　一　村　　合
>
> te, jeku be acan jefu, ulha de orho liyoo be acan ulebu seme henduhe bihe,
> 住　谷　合　吃　牲口　草料　合　喂　　言
>
> jušen nikan be ume gidašara, nikan i aika jaka be ume durire, ume cuwangara,
> 诸申尼堪　勿　欺凌　尼堪何物　勿　夺　勿　掠

---

① 日本今西春秋著，满和对译《满洲实录》（1938年，日满文化协会刊本）卷七，第284页；卷一，第25页，第36页；卷八，第354页。
② 《满族简史》（1979年，北京中华书局版），第22页。

tuttu durime cuwangname nungnefi nikan habsanjiha manggi , weile arambi ……
    夺   掠   侵犯 尼堪 诉来   后   罪 定

jušen nikan gemu han i irgen ohobi, han i aisin anggai jušen nikan be gemu
诸申 尼堪 均 汗 民 系 汗 金 口 诸申 尼堪   均

emu hebei tondo hanji seme tacibume henduci, ojorakū, gisun be dabame weile
同 议 公正 为生   教   言 不可 言 越 罪

araci weile ujen ombikai ③……
犯 罪 重 定

译汉如下：

    二十二日汗降谕云：诸申、尼堪要在一村同住，粮一起吃，牲口的草料一起喂。诸申不要欺凌尼堪，不要夺取尼堪的任何东西，不许掠夺。如果掠夺或侵犯了［尼堪］的话，尼堪来诉后，就要定罪。……诸申、尼堪均系汗之部民，应依汗之教导。尔等诸申、尼堪一起合议，公正为生。不则越言犯罪，一定要从重治罪。④

    从上引可以看出，尼堪虽多系远东旧汉人降民，其中也包括从关内投奔的汉人，但他们都是努尔哈齐统治下的被保护民。不然的话，怎么能让尼堪与诸申在一起合议，公正为生呢？也就正在明清易代之际，努尔哈齐从旧都老城赫图阿拉（hetu ala）大举进住辽藩地区之后的二三十年期间，满族社会各方面不能不受到汉族高度发达的封建经济和文化的影响而产生了急剧变化。从而不可避免地，诸申自由民阶层的贫富分化，一小部分诸申上升成为奴主贵族，而大部分诸申则下降沦落成为隶农（依附农民）或奴隶⑤。也许与此不无关联，皇太极继位不到十年，于《天聪九年（1635）旧档》同年十月下了一道废除"诸申"名称的命令：

---

③ 日本神田信夫等合译：《满文老档》（1955 年，《东洋文库丛刊》第十二），太祖册一，第 422—423 页。

④ 蔡美彪等编：《中国通史》（1986 年，人民出版社版），第九册，第 82 页。

⑤ 拙著《清史杂考》（1957 年，人民出版社版），第 18—19 页。

juwan ilan de （tere inenggi） han hendume musei gurun i gebu daci
十　三　日　其　日　汗　言　我等　国　名　先

manju：hada， ula， yehe， hoifa kai； tere be ulhirakū niyalma jušen sembi；
满洲　哈达　乌喇　叶赫　辉发　其　无　知　人　诸申　称

jušen serengge sibei coo mergen i huncihin kai； tere muse de ai dalji； ereci
诸申　所　谓　席北　超　墨尔根　同　族　彼　我等与　何　涉　从此

julesi yaya niyalma musei gurun i da manju sere gebu be hūla； jušen seme
昔时　所有　人　我等　国　原　满洲　名　称　诸申

hūlaha de weile；⑥
称　罪

据《清三朝实录采要》所载：

> 冬十月庚寅,谕曰:"我国原有满洲、哈达、吴喇、叶赫、辉发等名。乃无知之人,往往称为诸申。夫诸申之号,乃席北超墨勒根之裔,实与我国无涉。自今以后,一切人等止许(称)我国满洲原名。"⑦

诸申旧名的废除,表明当时满族社会发生了巨变,自由民阶层的身份大量下降,无怪乎后来满文辞书释之为"满洲臣仆"（manju i aha）和"满洲之奴才"（manju i booi）⑧,而代之以"满洲"这个新的民族名称,代代相沿到今,未之或改。

二、农庄（tokso）与包衣（booi）

农庄、农幕或庄园,在满文文献中称为"拖克索"（tokso）,是清朝前期满族贵

---

⑥ 日本神田信夫等译:《旧满洲档》(1972 年,《东洋文库丛刊》第十八),第二册,第 318 页。

⑦ 日本村山芝坞、永根冰斋编,伍石书轩刊本,清太宗,卷五,第 14 页下。按《清太宗文皇帝实录》(伪满景印本,简称《文录》),卷二十五,第 29 页上,谕中多出"我国建号满洲,统绪绵远,相传奕世"三句,显系重纂者所加,唯《采要》本接近《天聪九年档》为可贵。

⑧ 《清文鉴》(清刊本),卷十,第 3 页下及《清文汇书》(清刊本)卷九,第 24 页下。

族把奴隶束缚在土地上的一种剥削形式。在努尔哈齐时代的奴隶制国家里被称之为奴隶庄园。一个拖克索初为 13 人，后来一般不超过 10 人，其中一人为庄头，余称庄丁或壮丁。每庄分牛 7 头，后减至 2 头，在庄头管理下，从事生产劳动，生产品全部归贵族占有。一个在 1619 年萨尔浒战役中被俘入赫图阿拉地区的朝鲜人名叫李民寏的目击者，记载说：

> 奴酋［努尔哈齐］及诸子，下至卒胡［诸申自由民］，皆有奴婢［原注：互相买卖］，农庄［原注：将胡则多至五十余所］，奴婢耕作，以输其主。军卒则但砺刀剑，无事于农亩者，无结卜之役、租税之收。[9]

按"结卜"一词为朝鲜语汇，译汉为历代封建王朝田地的租金之意。既然说："无结卜之役、租税之收"，那么，当时的农庄没有这种封建地租剥削，显然只能是指奴隶庄园制剥削而言无疑的了。

不但这样，而且在努尔哈齐时期，拖克索中的奴隶有时被更大规模地集中起来在一起劳动。1618 年有这样的一个例子：

jakūn biyai juwan emu de jeseni jekube hadubume cooha geli wasike,
八　月　十　一　　边境　粮食　收割　兵　又　西
(jakun biyai) juwan ilan de meihe inenggi meihe erinde na asisaha (tereci)
八　月　十　三　巳　日　巳　时　地　动　从那
jekube hadume wacihiyabi tubuhe, jaseci orin bai dubeci goroki jekube tu
粮食　收割　完　使打　边境 二十 里　外　远　粮食　打
seme beisei tokso booi jakūn tanggū (yafahan) niyalma de narin yendei
贝勒 拖克索 包衣 八　百　步行　人　纳璘 英德
gebungge juwe amban be ejen arabi hendume inenggi oci jeku tu, dobori oci
名　二　大臣　主 为　言　日间　粮食 打 夜晚 若

---

⑨　朝鲜李民寏：《建州闻见录》（北京大学图书馆藏《栅中日录》传抄本），第 2 页下。

mujaku bade genehi akdun alinde（genehi）dedu，……⑩
妥实　处　去　坚固　山　　去　　住宿

译汉如下：

八月十一日又命兵士西去收割沿边的粮食。（八月）十三巳日巳时，地震了。（时）命把收割完的粮食加以晒打。把收割的粮食运到离边境二十里处的场院去晒打。以纳璘、英德二大臣为主被派遣，率领诸贝勒拖克索中的庄丁800人（步行）前往，并告诉他们："白天晒打粮食，晚间必须选择一坚实可靠的山上去住宿。"

上引诸贝勒拖克索中的庄丁800人，后来由纳璘率领的400人在浑河南岸被明军劫杀了70人，其余330人逃掉了。这里提到的"庄丁"（booi niyalma）与"包衣阿哈"（booi aha）性质相同，亦可简称"阿哈"（aha）或"包衣"（booi）。因而得知，《旧档》说的诸贝勒拖克索中的庄丁800人，都是在奴隶庄园中从事农业劳动的奴隶。把"拖克索中的庄丁"直译作"庄屯家的"，似欠妥。

随着满族社会经济形态由奴隶制向封建制过渡的急剧演变，与之相适应地，奴隶庄园制自然发展向农奴庄园制转化。《顺治年间档》中有这样一个很典型的例子：

ula unggirerangge lodori booi iju de tehe husiba booi moohai
乌喇　遣　往　的　洛多里　包衣　义州　住　胡什巴　包衣　莫海

eigen sargan manju, erei booi aha nikan haha juwe, hehe juwe, ……
夫　妇　满洲　此　包衣　阿哈　尼堪　男　二　女　二

---

⑩《满文老档》，太祖，册一，第107—108页。按台湾广禄、李学智合译《清太祖朝老满文原档》（1971年，台北中华书局版），第二册，第77—78页，将booi（包衣）译成"家的"，将yafahan（步行的）译成"步兵"，又将ejen（主人）译成"主将"，似均与原文之本意有间。因booi应与下niyalma连读，意与booiaha（家奴）略同，而booi与aha（阿哈）又可以互用，乃奴隶或奴仆身份，是ejen（主人）阶层的对称。显而易见，以纳璘、英德为主，率领800个壮丁到边境去打场，均系耕田之奴隶，非步兵也。

husiba sinde toodamebarengge lida eigen sargan ，erei ama eniye ，booi aha
胡什巴 你 偿还 李大夫 妇 此父 母 包衣 阿哈

emke，ihan juwe，eihen emke be bumbi ······ giyangnaku booi iju de tehe
各一 牛二 驴 各一 给 张纳古 包衣 义州 住

ajige nikan i booi ，anabu eigen sargan ，manju，erei aha nikan haha eigen
小 尼堪 包衣 阿那布 夫 妇 满洲 此 阿哈 尼堪 男 夫

sargan ，lailu de tehe li mujan i eigen sargan ，erei aha nikan haha emke ，
妇 来禄 住 李木匠 夫 妇 此 阿哈 尼堪 男 各一

katai booi mukden de tehe jang mujan i eigen sargan ，erei aha nikan haha
开泰 包衣 沈阳 住 张 木匠 夫 妇 此 阿哈 尼堪 男

emke，······ duin biyai ice ninggun de，jin faidan janggin nirui biyan u
各一 四 月 初 六 日 金 法旦 章京 牛录 偏 武

eniyetu nirui g'un sansui gajiha⑪
额年图 牛录 郭 三绥 持来

译汉如下：

　　遣往乌喇的：有洛多哩包衣，住于义州的胡什巴包衣莫海夫妇，系满洲
人。此包衣阿哈有尼堪男二、女二。……胡什巴偿还于你的是李大夫妇，其
父母，给包衣阿哈各一，牛二，驴各一。……张纳古包衣住于义州之小尼堪
的包衣阿那布夫妇，系满州人，有阿哈尼堪男的夫妇。住于来禄之李木匠夫
妇，有尼堪阿哈男的各一。住于开泰包衣木匠之张木匠夫妇，有尼堪阿哈男
的各一。……[顺治四年]四月初六日金法旦章京牛录偏武、额年图牛录郭
三绥持来。⑫

从上引档册中满文原文的包衣（booi），包衣阿哈（booiaha）和阿哈（aha）在

---

⑪ 《顺治年间档》全称原为《盛京内务府顺治年间档册》（伪满中央图书馆影印本，内为顺 治四年至八年旧
　　盛京内务府档案房京来、部来的满文原档，凡 80 页），第 8—9 页。

⑫ 季永海、何溥滢合译：《盛京内务府顺治年间档》（载《清史资料》第 2 册，1981 年），第 194—195 页。译
　　文有时将 booi 译作"包衣"，有时译成"家的"，似以译"包衣"为是。

交换使用着，其内涵不无细微差异，但总的说来，他们都已属于农奴身份则是一致的。另一个例子：

uwayan singgeri aniyai aniya biyai ice duin de, dorgi baita be uheri
戊　　子　年　正　月　初　四　日　内　务　总

kadalara yamun i bithe, antamu, botasi de jasiha, oohan i gungju sunja
管　　衙门　书　安他木　布他什　寄信　欧欧哈　公主　五

tokso　janggutai de gurimbi, erei emu　tokso　de, aniya biyai tofohan ci casi,
拖克索　彰武台　迁　此　一　拖克索　正　月　十五　往那

nadan biyai de isibume haha hehe anggala tumen, emu biyade jeku emu
七　月　至　男　女　人口　所有　一　月　粮食　一

anggala de emte sin, jai juwe juse de acan emu sin i bodome bu, erei emu
口　各一金斗 又　二　幼童　合　一　金斗　计　给　此　一

tokso　de tarire ihan udu bici, bisire be tuwame, aniya biyai tofohon ci casi,
拖克索　耕　牛　几　有　所有　看　正　月　十五　往那

duin biyai gusin ci ebsi, emu inenggi emu ihan de liyoo ilata moro bodome bu,
四　月　三十　往这　一　日　一　牛　料　各三　升　计　给

erei emu　tokso　de usin emu tanggū orin cimari emu cimari de　use　ninggute
此　一　拖克索　田　一　百　二十　晌　一　晌　种子　各六

moro bodome bu, ere sunja　tokso　de janggutai de bisire　tokso　fe jeku bu,
升　计　给　此　五　拖克索　彰武台　所有 拖克索 旧　谷　给

jai dasun hoošan buyarame jaka bufi, sube bahara be tuwame udafi unggi,
又　盐　纸　小　家具 给　其　所需　视　买　送

ijishun dasan i sunjaci aniyai aniya biyai orin juwe de,　tokso　bošoku
顺　治　五　年　正　月　二十　二　日　拖克索　拨什库

yonggai gajiha[13]
永介　持来

译汉如下：

戊子年正月初四日总管内务府寄信给安他木和布他什：将欧欧哈公主的五个拖克索迁于彰武台。从正月十五日到七月，每个拖克索所有的男女人口，每月每口各给粮食一金斗，每两名幼童合给一金斗。每个拖克索有几头耕牛，视其所有，从正月十五日到四月三十日，合计每日每头牛各给饲料三升。每一拖克索有田一百二十晌。合计每晌各给种子六升。着将彰武台所有拖克索之陈谷发给这五个拖克索，并视其所需，发给他们盐、纸、小家具，购买送去。顺治五年正月二十二日拖克索拨什库永介持来。⑭

从中不难看出，欧欧哈公主的五个拖克索中所有的男女人口，每月每人的口粮、耕牛、种子、饲料以及盐、纸、小家具等，无一例外地莫不由庄园主供给。庄丁包括庄头在内，都是奴仆（booi 或 aha），本身一无所有，倍受严酷勒索，其生活处境简直连奴隶都不如。但他们毕竟有了人身自由，不能由庄园主任意打杀。因此，拖克索包衣的名称虽然依然如旧，而人身依附关系发生了很大的变化，所以说，入关后的拖克索包衣是农奴而不再是奴隶了。

入关后近 150 年中，不少满族贵族仍然保持着不在少数的昔日王府庄园的躯壳。兹以《红楼梦》第五十三回中荣国府的黑山村乌进孝庄头呈上的一篇账单为例，上面写着：

大鹿三十只，獐子五十只，狍子五十只，暹猪二十只，汤羊二十个，龙猪二十个，野猪二十个，家腊猪二十个，野羊二十个，青羊二十个，家汤羊二十个，风干羊二十个，鲟鳇鱼二十尾，各色杂鱼二百尾，活鸡、鸭、鹅各二百只，风鸡、鸭、鹅各二百只，野鸡、兔子各二百对，熊掌二十对，鹿筋二十斤，海参五十斤，鹿舌五十条，牛舌五十条，蛏干二十斤，榛、杏、桃、松仁各二口袋，大对虾五十对，干虾二百斤，上等选用银霜炭一千斤，中等的二千斤，柴炭三万

---

⑭　参注②，第 203—204 页。

斤,玉田胭脂米二石,碧糯五十斛,白糯一十斛,粉糠五十斛,杂谷各五十斛,下用常米一千石,各色干菜一车。外卖粮食、牲口各项之银,共折银二千五百两外,门下庄头孝敬哥儿、姐儿顽意:活鹿四只,活黑兔四对,白兔四对,活锦鸡两对,洋鸭两对……⑮

上引账单上除了大量鹿、狍、獐、猪、羊、鸡、鸭、鹅等作为实物地租外,还有卖粮食和牲口各项之银两,共折银2500两作为货币地租也出现了。这是一件很值得引人注目的新鲜事儿。

毫不奇怪的是到了清朝末年,几乎所有满族贵族的王府庄园每个庄头每年应交的实物地租都变通折交货币地租了。我收藏有《多罗恂勤郡王府长、次、三、四房各庄园庄头钱粮蛮子人名银数册》,兹只举长房为例:

> 永清县庄头金铎　一年应交银一百两;
>
> 顺义县柳各庄庄头吴和　一年应交租银一百两;
>
> 来水永杨村　一年应交租银三百五十两;
>
> 玉田县下庵庄壮丁头目杨宣　一年应交租银一百两;
>
> 三河县铺户村钱粮蛮子周文炳(李瀛代交)　一年应交租银八两七钱五分;
>
> 遵化州各漏湾钱粮蛮子芦子(清和)　一年应交租银十八两;
>
> 蓟州香水池壮丁头目杨宣　一年应交租银十六两五钱七分;
>
> 三河县张代村钱粮蛮子李林　一年应交租银二十一两二钱八分;
>
> 滦州曲王店钱粮蛮子于景全　一年应交租银十五两五钱五分二厘五毫;
>
> 三河县沟北村钱粮蛮子王瑞林　一年应交租银八两;
>
> 房山县蕉各庄　一年应交租银十二两六钱;
>
> 固安县大义尚村钱粮蛮子王加杞　一年应交租银二十一两一钱二分;
>
> 打铺户消天绪　一年应交租银二十四两五钱;

---

⑮ 《原本红楼梦》(有光纸石印本)卷六,第2页下至第3页上。

固安县荷苞村钱粮蛮子刘文金、何秀　　一年应交租银十两零五钱。⑯

上引《银数册》中租银最多的为350两,一般10—20余两,最少的也有几两,有租银细到两以下的四位数。庄丁人名不云汉人而云"蛮子"⑰,显系从满文原文 nikan 最早的汉译而来,所谓"名存实亡","貌合神离"者此也。

三、买(udambi)与卖(uncambi)

商品交换在清朝前期满族社会中是早已存在的。不错,作为交换活动的 maimašambi(做买卖)这个满语词汇,很显然是从汉语"买卖"二字借用而来的音转;同样,满语 hūdašambi(做生意之意)一字,词根 hūda 或 kuda,在通古斯语和蒙古语中均意指"亲家",与满语的附加词缀 -ša(行为反复之意)和动词词尾 -mbi 相结合而成的外来语,表明交换活动首先是在氏族社会时以走亲戚形式进行的⑱。但不能否认,在满语中还有它自己的买 udambi 与卖 uncambi 两个字,这两个字的词根 uda 与 unca 均属于通古斯语族满语支,与 hūdašambi 的词根 hūda 之属于蒙古语族迥乎不同,在语音学上,一个以元音 u 打头,另一个打头为辅音 h,两者是无法相通的。再者,买卖二字在女真文中,前者作"爱晚都昧"(aiwandumbi),后者作"忽答沙埋"(udacambi)⑲。如果把汉字复原为女真语,或者因汉语读音古今有别,或者因汉字录音有误,否则"爱晚都"uda 与"忽答沙"即 unca 之不同读音耶?

稽诸史实,在努尔哈齐兴起以前,由于长期存在着奴隶制因素,当时女真社

---

⑯　手写本,无页数,全一册。按多罗恂勤郡王为清圣祖玄烨的第十四子胤祯,康熙四十八年(1709)封贝子;雍正元年(1723)更名允禵,晋郡王;四年,革爵;乾隆二年(1737),封辅国公;十三年,复封恂郡王;二十年死;谥曰勤。见《清史稿》册十八,第5128—5129页。

⑰　按"蛮子"系指辽东旧汉人而言,满文应作 nikan,亦是沿袭清朝前期满人对汉人的旧称。参黄彰健,《论满文 nikan 这个字的意义》,载《明清史研究丛稿》(1977年,台北商务印书馆),第588—593页。

⑱　刘小萌:《满族从部落到国家的发展》,手稿打印本,第88页;现正式出版,书名《满族的部落与国家》,吉林文史出版社,1995年11月,第79页。

⑲　《女真馆杂字》,罗氏晒蓝本,卷上,第55页下。

会中流行着大量的奴隶买卖。《朝鲜李朝实录》中记载:"野人(女真人)则掠上国(明朝)边氓,做奴使唤,乃其俗也"[20]。不但明人被女真人掠去的很多,朝鲜人被掠为奴的也不少。奴主以被掠的人"转相买卖,辄得厚利"[21]。当时,一个奴隶的价格,相当棉布30匹或相当15—20头牛[22]。到了努尔哈齐兴起之际,满族社会经济仍然不很发达,手工业生产也很落后,所以畜牧和采猎品在当时商业活动中是占有相当大比重的商品交换。当时满族对外的重要交换品为牲畜(马为大宗)、各种兽皮、人参、东珠、蘑菇和奴隶等;而从汉区输入的商品,有耕牛、铧子、镰、锄、斧、铁锅、布匹、纸张、盐等农具和生活用品。到这时,明末万历年间,满族社会中商品交换已不是个别现象,作为中间剥削的商人即买卖人的大量出现就不足为奇了。

再举《明档》万历年间的新安、广顺、镇北三关为例:

新安关进入买卖夷人伯言儿、王小四等七十二名……

广顺关进入买卖夷人都督三马兔等三百名……

镇北关进入买卖夷人都督逞加奴、仰加奴等一千一百八十名……[23]

上引三关中的"买卖夷人",自然都是指女真(满族)买卖人亦即商人,而每次到关的人数多至成百上千。这一巨大数字是很值得引起重视的。

在努尔哈齐、皇太极两代奴隶制国家统治期间,实行的"计丁授田"制是在土地国有制的基础上进行的。当时虽已出现了财产私有的因素,但作为地主所有制的重要标志之一的土地买卖契约文书,迄今尚未发现。

我个人早年收藏的四张满汉合璧的房地契约,均系入关后康、雍、乾三朝的京旗房地典卖契约:第一张为康熙三十二年三月初二日的残缺满文卖契,无汉字,满文原作 juwe giyan wase boo be……de uncaha,译汉为"将两间瓦房卖与"。满文 uncaha 一字的词尾-ha 是动词过去式。第二张是康熙五十五年正月十八日

---

[20] 《朝鲜李朝实录》(复印本),成宗,卷八十,第54页。

[21] 同上,燕山君,卷十七,第199页。

[22] 参拙著《杂考》,第17页所引。

[23] 《明代辽东档案汇编》(1985年,沈阳辽沈书社版),下,第839—840页。

满汉合璧的房地典契,满文写作 usin diyalaha wensu bithe 中的"diyalaha"一字的词根 diya-,显而易见是汉语"典"字的音转。第三张是雍正十二年十二月二十一日满汉合璧的卖地红契,红契一开头写有满文 dashuwan i galai cifun be kadalara giyantu hese begingguleme dahafi kooli bithe,汉文为"左翼管税监督……为遵旨给发执照事";中间满文有 ere juwebade bisire usin uheri emu king dehi sunja mu……uncaha,汉文为"贰处共地壹顷拾伍亩卖与";末有满文 cifun i menggun jakūn yan nadan jiha,汉文为"纳税银捌两柒钱"。按红契之所以称为红契,就是因为契纸上还盖有红色的官方关防(官印之一种),具有法律约束力。第四张是乾隆二十年四月二十六日的只有汉文而无满文的卖地契约。上述四张契约中有两张均写有满文 uncaha[24],反映了地主土地所有制在清朝初期旗地买卖方面得到了历史文献的实物见证。

四、书房(bithei boo)与巴克什(baksi)、笔帖式(bithesi)

《清史稿·徐乾学王鸿绪高士奇传论》有云:"儒臣入内廷,谓之书房,为未入关旧名也"[25]。清朝入关前的书房,为满族统治者收容被俘或投奔之汉人文士的馆所,满语作 bithei boo,汉译音为笔帖赫包。[26] 努尔哈齐时,书房中汉人文士之有名可考者有龚正陆,浙江会稽县人[27];歪乃,"本上国[明朝]人,来于奴酋[努尔哈齐]处,掌文书云"。[28] 皇太极初年,仍沿其旧。明生员(俗称秀才或相公)多

㉔ 四张契约均刊于《北方民族》,1988 年,创刊号,第 44—52 页。

㉕ 北京中华书局点校本,册三三,第 10017 页。

㉖ 《文录》,卷十,第 35 页上。

㉗ 日本和田清:《清の太祖の顾问龚正陆》,载《东亚史研究·满洲篇》,第 642—644 页。

㉘ 《兴京二道河子旧老城》(1939,伪满建国大学刊本),第 93—94 页。按陈捷先著《旧满洲档·述略》第 45 页引寒字档中满文 wailan 译作外郎为证,良是;但又认为此歪乃,即满文 wailan 之音转,翰不敢苟同。盖《旧老城》明云:"歪乃本上国(指明朝)人,来于奴(努尔哈齐)处,掌文书云,而文理不通,此人之外,更无解文者",乃人名,非官名外郎也。但据著名朝鲜语学专家梅田博之(日本亚非语言文化研究所)、成百仁(韩国汉城大学)、张兴权(北京中央民族大学)诸教授一致认为,"外郎"朝鲜南北均读作"oirang",而"歪乃"韩国读作"uɛnai",朝鲜读作"wɛnɛ",无多大区别,盖地区方言不同耳。1995 年春我撰有《歪乃小考》(刊于《满学朝鲜学论集》,中国城市出版社,1995 年 7 月)第 19—24 页,可供参考。

入其中,有称书房秀才、书房相公者,有只称书房,或秀才、相公者,亦有称书房参将或加喇章京(即参将)书房者,或只称加喇章京者,而宁完我、范文程乃其中之最著者也㉙。

皇太极时,建国规模初具,多采明制,兼参满俗,故书房秀才杨文兴上书有云:"六部皆有贝勒,而书房独无。乞皇上择一老成通达政事的贝勒在书房中总理。……内则查点书房本稿,外则代伸六部事务,凡大小奏章,先与贝勒说过,该进上者进上,该发部者发部。庶书房官生有头领,好用心做事,再各分执掌,总听贝勒约束,方成个大规矩"。㉚ 此书房之所以改名为文馆,供其事者为巴克什(baksi),一作榜式、榜什、榜识或帮实、帮识,或巴克实㉛。史学界认为,巴克什为汉文博士二字的音转,自魏晋以来,由官名引申而有"老师"之意㉜。稍后,改文馆为内秘书院、内弘文院、内国史院,合称内三院。内三院长官初称承政,满语作bithei da,译汉为大学士,即顺康时期内阁的长官称谓。满洲大学士仍谓之榜式,乌金超哈(汉军)之官大学士者亦称榜式,如范文程㉝、宁完我辈即是。这是因为范、宁被简任内院、赞理机务,学问渊博,勤劳懋著而得此美称的缘故。

我们已知道,在皇太极期间,凡通满、蒙、汉文,入值文馆者,俱赐巴克什之号,有达海、刚林、希福等人。但从天聪五年(1630)开始即已下令:"文臣称巴克什者俱停止,称为笔帖式(bithesi);如本赐名巴克什者仍其名。"㉞是知清朝初期大学士仍称巴克什,而职责与前略同,或称笔帖式。笔帖式之名,初虽与巴克什同尊,而实不过皇帝身旁之私人秘书,专供缮写谕旨与文书而已。

清朝入关后,中央各部、院、寺、监各衙门莫不置有笔帖式,人数之多为前代所无,且纯为满人员缺。受封建等级制度的影响,笔帖式品级最高者不过六七

㉙ (清)王士禛:《池北偶谈》(清刊本),卷三,第25页上。

㉚ 《天聪朝臣工奏议》(罗氏《史料丛刊初编》本),卷上,第44下—45页上。

㉛ (清)杨宾:《柳边纪略》(《国学文库》本),卷三,第74页注及第87页注;《元史语解》(刊本),卷二十三,第2页下;《清世祖章皇帝实录》(影印本,简称《章录》),卷四十一,第15页下。

㉜ 周一良:《魏晋南北朝史札记》(1985年,北京中华书局版),第417页。

㉝ 1990年10月我在日本东京亚非语言文化研究所作此文报告后,神田信夫教授邀我至其寓所晚宴。宴后叙谈,神田教授出示30年前所撰《清初の文馆について》一文,并从书架检出《大清太宗文皇帝实录》(顺治初原刊复印本),指示天聪三年十一月十一日原作"书房官范文程",与后来乾隆修改本改作"文馆范文程"两条相异之处,自以前者为是。附记于此,并致谢意。

㉞ 《章录》,卷四十一,第15页下—第16页上。

品，一般多为八九品，最低者为从九品或未入流。然笔帖式品级虽低，而满语则作 bithesi hafan，汉译音为笔帖式哈番。㉟ 综考清朝一代，笔帖式名目繁多，有委署主事笔帖式、掌稿笔贴式、缮折笔帖式、牌子笔帖式等名，乃各衙署之微员，但升迁最快，一名七八品的笔帖式，不数年间即可升至五六品的员外郎、郎中，再迁则外升一、二品的督、抚，内转而为一、二品的尚书、侍郎了。㊱

从而可以看出，笔帖式之所以为满缺（无汉缺，汉军缺亦极少），是因为满族统治者专为满人而设的进身官场之一捷径。乾隆中叶，高宗弘历曾一度"欲尽罢州县吏不职者，而以笔帖式等官代之"，后以汉大学士刘统勋谏阻而未果。㊲然各州县下至各驿站，每站均设有笔帖式一员，站上称之为"相公"；而站官上又设有关防笔帖式二员，又称之为"总老爷"㊳，是皆地方官最下层之有权有势者。设员既多，得之者甚易，故趋之若鹜；及至清季，候补笔帖式者盈千累万，升迁无期，又莫不弃之如敝屣，不特不以得之者为荣，反而视若无足轻重之物了。

五、汗（han）、贝勒（beile）与王（wang）

汗或可汗（han，khan）是我国古代北方与东北各游牧民族对其酋长的最高称号。满族的先世金代女真人，称其酋长为"固伦你王"㊴（gurun i wang），汉译作"国王"；金朝最高统治者从汉制称皇帝，而女真人则作"罕安你"（hani）㊵，疑即"汗"字之汉音异译耳。

贝勒（beile）系清朝初期仅次于汗的爵位称号，再次为贝子（beise）。其实，清代的贝子为贝勒之复数，亦即金代女真人的勃极烈之异译。如女真人的文官

㉟ 吴振棫：《养吉斋丛录》（1983年，北京古籍出版社版），第3页。
㊱ 《清史稿·兆惠传》，册三五，第10669页。
㊲ 同上，《刘统勋传》，第10467页。
㊳ （清）萨英额：《黑龙江外记》（渐西村舍本），卷三，第7页上。
㊴ 《女真馆杂字》，卷上，第37页下。
㊵ 《女真馆杂字》，卷上，第37页上。

作"必忒黑背勒"④（bithei beile），又如设官作"一立受该背勒"④（ilibuhai beile），其中"背勒"译汉皆作"官"，即官员之意。但在努尔哈齐时期，贝勒与贝子译汉均作王，有时或译作"大王"与"小王"。《满洲实录》中有二例为证：其一，满文作：

ninggun niyalma ninggun ba de hoton arafi tehe manggi tereci ninggutai
六　　人　　六　　处　城　筑　住　后　此　宁古塔

beise sehe
贝勒　称

汉文译作：

六子六处，各立城池，称为六王。④

其二，满文作：

terei adali duin amba beile, duin ajige beile, jakūn beile doro be beye
此　如　四　大　贝勒　四　小　贝勒　八　贝勒　政　身

de alifi
受

汉文译作：

尔八固山［原注：四大王、四小王］继我之后亦效彼④。

_____

④　参《满洲实录·注记》，第370—371页。
④　《女真馆杂字》，卷下，第101页下。
④　参《满洲实录》，卷一，第8页，按《清太祖武皇帝努儿哈齐实录》（排印本，简称《武录》），卷一，第1页下同。
④　同上，卷八，第358页。按《武录》，卷四，第11页下："亦效彼"作"亦如之"为稍异。

是知在努尔哈齐时之称王或称贝勒、贝子不过一部之长,犹之金代女真人之称王或称勃极烈、背勒不过一部之长或普通一官耳。不似入关后满族受汉人封建等级制影响之深且广,每以贝子称王或王爷为僭妄,有辱礼教。清世宗胤禛即借此以斥其亲兄弟胤禎之称"抚远大将军王"为擅作威福,为有清一代"从来宗室、公于诸王阿哥并无此例也"⑤。显然,贝子不能称王并非满族旧俗早已如此。前引努尔哈齐兴起之际,其祖先宁古塔贝勒满文作 ninggutai beise,汉译为六王,就是一个很好的证明。即使在入关之初直到康熙末年,贝子仍可称王(俗称王爷)。如清圣祖玄烨的第十四子胤禎(后更名允禵)于康熙四十八年(1709)受封贝子,不十年爵号未改,而于五十七年(1718)拜命为抚远大将军,固为特命,乃上奏汉文自称抚远大将军王,满文作 goroki be dahambure amba jiyang giyan wang,满汉文均称王则一也。兹举当时胤禎上给乃父圣祖玄烨的一个奏折为证:

goroki be dahambure amba jiyanggiyun wang amban ni gingkuleme
远　　抚　大　将军　王　臣　　　跪

wesimburengge, baicaci, hebe gisurehe bade, ere mudan cooha de tucibuhe
奏　　　　查　会　议　处　此　次　兵　　出

hafasa de sunja aniya funlu, cooha urse de juwe aniyai ciyanliyang buki, gemu
官员们　五　年　俸禄　兵　丁　　二　年　钱粮　给　均

juwan biyai bigan i ciyanliyang buki sehebi, ere juwen buhe funlu ciyanliyang
十　月　行营　钱粮　给　云　此　借　给　俸禄　钱粮

dasitara de isire be dahame, bigan i ciyanliyang be ging hecen ci ilan biyangge
装　治　既　　行营　钱粮　京　城　三　个月

be goroki morin ulebure bade isinaha manggi, wajiha inenggi ci sirame, jai
远　马　喂　场　到　后　完　日　自　陆续　又

biyadara bigan i ciyanliyang gaiki jase tucime teileme dosire erinde, acara be
按月　行营　钱粮　领　边　出　直　至　时　酌

tuwame gaifi buki sembi, erei jalin gingkuleme wesimbuhe hese be baimbi elhe
量　领给　此　特　跪　奏　旨　请　康

---

⑤ 《清世宗宪皇帝实录》(伪满影印本,简称《宪录》),卷十九,第12页下至第14页上。

taifin i susai nadaci aniya juwan biyai orin jakūn amba jiyanggiyun
熙   五十   七   年   十   月   二十   八   臣   大将军

wang ......⑯
王

汉文译作：

　　抚远大将军王臣谨奏：查会议处拟请在军此次官员着给五年俸银、兵丁二年钱粮，均给十个月行营钱粮等语。此次支借俸饷，既便治装，行营钱粮，自京师先领三个月，俟到喂马场后自用竣之日，陆续再行按月请领，至出口临阵时，拟请酌量领给。为此谨奏请旨。康熙五十七年十月二十八日大将军王......⑰

　　似此官文书档册上所载贝子称王，出之当时当事人之口，行之君臣父子之间，名正言顺，千真万确，自是满族世代相传的旧制如此，何得云僭称？即在康、雍之际，《年羹尧奏折》中，年羹尧亦每以"抚远大将军王"称皇十四子胤祯⑱。后来，祯败而年代之为"抚远大将军"，始不称王。从雍正二年二月二十九日至同年六月二十一日的满文奏折，每一奏折无一日不自署"抚远大将军"：

goroki be dahambure amba jiyanggiyun,taiboo gung sycuwan sansi dzungdu
远   抚   大   将军 太保 公 四川 陕西 总督

amban niyan geng yoo
臣   年   羹尧

---

⑯ 《抚远大将军王奏疏》（满文作 goroki be dahambure amba jiyanggiyun wang ni wesimbuhc bithe dangse，清康熙五十七年至六十一年底档本，20 册，北京大学图书馆藏），第 1 册，第 1 页上—第 2 页上。

⑰ 《抚远大将军奏疏》（清康熙五十七年至六十一年，蒙藏院抄本，20 册，北京大学图书馆藏），卷一，第 1 页上—第 2 页上，又按朝鲜史料《燕行录》第 682—686 页云："十四王［胤祯］......拥兵在外，屡建大功，众心咸属"。《同文汇考》补编卷四第 31 页又云："十四王西征时，手握饷柄，广布恩惠，至今西土人（今甘肃省人民）皆香火追思之。"又《备边司誊录》册七三第 252 页云："所谓十四王者与新君（指雍正皇帝）同腹兄弟，而康熙爱子，且有民誉"。均足互为佐证。

⑱ 《年羹尧奏折》专辑（台北故宫博物院影印本，3 册，此书系中见立夫教授相贻）下册，第 829、834、839 等页。又金承艺撰有《一个帝梦成空的王子》（台湾"中研院"《近代史研究所集刊》第六辑）一文，可供参考。

但在上述所有满文奏折中又无一处提及"恭缴抚远大将军之印"的事④,而在汉文奏折中却言之甚明:

> 至抚远大将军印信,原可恭缴,然当日因贼亡[策妄]阿喇布坦狂逞,扰乱西藏。臣闻圣祖仁皇帝告之太庙,然后令贝子允禵赍印而行,重此印也。今贼亡阿喇布坦已经遣使谢罪,应俟秋冬之间彼使复来,圣主宥其已往,许其归诚,各路将军振旅而还,然后恭缴抚远大将军之印,仍告庙而藏之太府,方为合宜。⑤

所堪注意者有两点:年羹尧的汉文奏折中提及"恭缴抚远大将军之印"在雍正二年五月十一日,而年羹尧的满文奏折沿用抚远大将军称号直至同年六月二十一日。可见上缴抚远大将军这一印信,实际上是在六月二十一日或稍后,此其一。又,年羹尧之所以只称抚远大将军而不称王者,盖因年只封公,而不似胤禵之封贝子,满族旧俗贝子可称王而公则不可称王也,此其二。⑤

作者于 1990 年 10 月 2 日至同年 11 月 30 日应日本学术振兴会的邀请,赴东京、京都各高校和研究机关作短期的访问、讲学和研讨。此文为当时所作专题报告之一篇,未及发表,弃置箧中又五六载,今偶检出,略加修订,送交刘梦溪兄,惠允刊出,以就教于世之方家。我固敝帚自珍,乃竟不见弃于博雅君子之为尤可感也。1996 年 2 月锺翰补识。

【王锺翰　中央民族大学历史系教授】
原文刊于《中国文化》1996 年 01 期

---

④ 《年羹尧奏折》专辑,中册,第 399—620 页。

⑤ 同上,下册,第 869 页。

⑤ 1991 年春,我撰有《满族贝子称王考》一文,刊于《中央民族学院建校四十周年学术论文集》(中央民族学院出版社,1991 年 5 月)第 124—132 页,亦可供参考。

张之洞与谭继洵父子、于荫霖的关系

订正罗惇曧对《抱冰弟子记》的一则误读

茅海建

一

由中国史学会主编、翦伯赞等人编辑的《中国近代史资料丛刊·戊戌变法》，是一套影响力很大的资料书。其第 4 册节录了张之洞的《抱冰弟子记》：

> 某中丞素与龃龉，及罢官归，语人曰："为我致谢张公，吾父子惟有感激而已。"盖力劝其勿附康党，言之四次也。（按某中丞指义宁陈宝箴，其子陈三立也）某中丞自负而偏执，论事多不惬，及去官里居，始悟在鄂之多误。（按某中丞指浏阳谭继洵，谭嗣同之父也）（《张文襄公全集》卷二二八及罗惇曧《宾退随笔》）①

这是将《抱冰弟子记》与《宾退随笔》合编而一。就编者的用意而言，是恐读者不明白张之洞之所指，特将罗惇曧的按语作为提示附上，以方便读者。

---

① 中国史学会主编，翦伯赞等编：《中国近代史资料丛刊·戊戌变法》，神州国光社，1953 年，第 4 册，第 231 页。

然而,我以为,罗惇曧的这一说法是错误的。而这一错误的说法又因《中国近代史资料丛刊·戊戌变法》的流行而广为传播,也有一些学者未加分辨而采信之。由此须得细加说明,以期予以纠正。

罗惇曧(1872—1924),广东顺德人,名士。曾入广雅书院,亦入万木草堂,在晚清任邮传部郎中,至民国又任袁世凯总统府秘书等职。② 所著《宾退随笔》,多述晚清掌故。然他与张之洞并无直接的交往,对张之洞及其幕中情况也不知情。他指某中丞为陈宝箴、陈三立父子、某中丞为谭继洵,只是其阅读《抱冰弟子记》之后的推测,并没有相关的根据。

从中国社会科学院近代史所图书馆所藏"张之洞档案"来看,从陈宝箴所留下的文献来看,陈宝箴、陈三立与张之洞关系甚好,并无龃龉之事;从陈宝箴、陈三立的个人经历来看,也绝无"附康党"之事,并与康有为及其学说有着直接或间接的交锋,张之洞又何来"力劝"之事,又何来"言之四次"之情节?对此我已作长文,大体可以说明以上两点。③

我个人认为,张之洞在《抱冰弟子记》中所言第一个中丞指谭继洵、谭嗣同父子,第二个中丞指于荫霖。他所说的"中丞"应指湖北巡抚,同城办事,职守上多有重叠,不免也多有冲突。陈宝箴身为湖南巡抚,职守大不相同,张之洞没有理由到了晚年还与之计较。

二

谭继洵(1832—1901),字子实,号敬甫,湖南浏阳人。咸丰十年(1860)进士,光绪十五年(1889)任湖北巡抚,与张之洞同城为官九年。戊戌变法高潮期间,光绪帝于光绪二十四年七月十四日(1898 年 8 月 30 日)下令裁撤督抚同城

---

② 陈汉才:《康门弟子述略》,广东高等教育出版社,1991 年,第 67—69 页。
③ 参见拙文《张之洞档案阅读笔记之五:张之洞与陈宝箴及湖南变法运动》,《中华文史论丛》,2011 年第 3 期。又,中国社会科学院近代史研究所图书馆所藏"张之洞档案"是一大宗的档案,可资利用的史料甚多,而陈宝箴留世的文献,我所看到的不多,大多现藏于上海图书馆。

的湖北、云南、广东三巡抚。七月二十三日（9月8日）发电旨："湖北巡抚关防着交张之洞收缴。谭继洵来京听候简用。"④戊戌政变后，谭嗣同等六君子于八月十三日就义，八月十七日（10月2日）清廷再下谕旨，"裁缺湖北巡抚谭继洵着无庸来京，即行回籍"⑤，并没有因其子谭嗣同获罪而进一步追究其责。

张之洞任湖广总督期间，与谭继洵同城为官的时间最长。谭为人虽十分谨慎，而张办事十分专断，两人的关系经常有"龃龉"。⑥这在张之洞幕中也是众人周知的，时任湖北按察使陈宝箴也经常调解两人关系。就政治思想而言，谭继洵较张之洞更保守，对张的改革主张多不附和，也经常不在张力主改革的奏折上联衔；张之洞反而经常与湖南巡抚陈宝箴联衔。最为明显的一例是关于改科举，张

---

④ 军机处《电寄档》，光绪二十四年七月二十三日，中国第一历史档案馆藏。

⑤ 中国第一历史档案馆编：《清代官员履历档案全编》，华东师范大学出版社，1997年，第24册，第437页。

⑥ "张之洞档案"中有许多资料可证之。此处举两例：光绪二十年十月至二十二年正月，张之洞署理两江总督，谭继洵署理湖广总督，然张之洞对湖北事务多有干预。在此举湖北各书院山长、分教习人事安排一例。十月二十九日，张之洞发电谭继洵："武昌谭制台：两湖书院明年经、史分校，拟（请）仍请杨惇甫、汪穰卿两君。两君于经、史各有专长，品行尤粹。尊意当以为然。特此奉商，祈示复。洞。艳。"（十月二十九日戌刻发，《张文襄公电稿墨迹》，第2函第9册，所藏档号：甲182—219，中国社会科学院近代史研究所图书馆所藏；原件无年份，根据内容，当发于光绪二十一年。括号内为衍字。又，本文所引"张之洞档案"皆藏于该馆，以下不再注明，仅开列档号）这是他对两湖书院的人选做出安排。"奉商"一语，仅是面子上的话。十一月二十七日，张之洞再次发电谭继洵："武昌谭制台：尊函及鄂省京绅函均悉。鄂省各书院，从前如左笏卿、胡乔年、张术城，又主襄阳之张太史，皆鄂人，皆弟所请也。此外，周伯晋遥领黄州，余士彬现主晴川，亦皆鄂人也。周福陔先生出赴浙而弟挽留之也，张廉卿坚留而不得，关棠、杨守敬屡请分教而不愿，钱桂笙暂充分教而力辞。现在鄂绅在籍者实罕矣。两湖书院分教现一湖南之邓、一湖北之杨，已得其半，似不能借口，自强学堂系洋务，与书院无涉，惟江汉、经心向多本省人。窃拟请黄翔云观察还鄂，主江汉，而移李太史映芳主荆门，请吴星阶侍御回省，主经心。如此则鄂绅似已无辞。如黄翔云因喜古学，自愿主经心，则吴主江汉。总之，先问黄所愿可也。两湖分教，文学应仍请杨太史承禧，经学应仍请杨敦甫户部裕芬，弟当电促其来。理学拟请湘潭孝廉罗顺循名正钧，其人品高学博，最为相宜。如罗不来，则益阳传胪、今改某部主事萧大猷，品学均好，亦可任理学一席。史学拟请删履卿太史光典，博雅知名，似甚相宜，现在金陵。四分教仍是两湖及外省各平。谭仲修、汪穰卿已有书来，辞明年馆，缪小山早已言定离鄂，邓葆之老病甚笃，必不能来。如梁星海本不愿看卷，锺山尚不肯就，九月内已辞，何论其他。特此奉商，如以为然，即请裁酌示复，以便速订。再，黄翔云掌教于江南尊经，张廉卿掌教直隶莲池，屠梅君掌教山西令德堂，鄂人主讲外省，外省不以为非，何鄂中不可请外省人耶？向来无此章程。此函京绅并未全列名，似非公论。祈鉴察。洞。宥。"（十一月二十七日寅刻发，《张之洞存来往电稿原件》，第11函，所藏档号：甲182—382。原件无年份，根据张之洞电邀吴星阶主持经心书院的电报，该电发于光绪二十一年，见赵德馨主编：《张之洞全集》，武汉出版社，2008年，第9册，第74、81页。以下引用《张之洞全集》未注明者，皆为该版本）谭继洵、鄂省京绅的原信虽未见，很可能是对张十月二十九日电报的回复，但从张之洞的电文可见，已将两者的意见全驳。张由此定下明年聘请湖北各书院山长、分教的盘子。电文中虽有"特此奉商，如以为然，即请裁酌示复"之句，但实际上是不容谭稍置疑词的。

之洞与陈宝箴联衔上奏，而谭继洵则另外单独上奏。⑦ 关于谭继洵父子之间的政治差异，我虽然没有找到更多的具体资料，但从一般性的观察来看，谭继洵对其子谭嗣同的激进主义并不欣赏；谭嗣同遇难后，他也没有留下任何资料，认可谭嗣同的政治主张。因此，从他的政治立场来观察，他很有可能对张之洞心存感激，尽管其子已遇难。

谭嗣同（1865—1898），字复生，号壮飞。他的政治思想与其父有着很大的不同，也因家庭内部的诸多关系与其父并不亲近。他很早就与梁启超等人有交往，亦服膺康有为的学说。在康有为及其党人的运作下，谭嗣同因徐致靖、李端棻的保举，而奉旨进京引见。⑧ 谭嗣同于光绪二十四年七月初五日（1898 年 8 月21 日）到达北京，七月二十日召见，光绪帝当日下旨："着赏给四品卿衔，在军机章京上行走，参预新政事宜。"⑨当谭嗣同听说其父奉旨入京时，也采取了阻止的手段。七月二十七日（9 月 12 日），由康有为起草由御史杨深秀上奏"新旧人员宜慎重选用折"，明言指责谭继洵："守旧迂拘，虽人尚无他，要非能奉行新政者。"该折还建议：谭继洵与裁缺广东巡抚许振祎、裁撤河道总督任道镕"此等即不逢裁缺，亦当分别罢斥，或优之听其告休。兹既被裁，即请任其归去，勿汲汲别议擢用，庶免阻挠新政"。⑩

此时谭嗣同与康有为等人在京中交往甚密，康如此行文，似应与谭商议过。时在张之洞幕中的陈庆年在八月初五日（9 月 20 日）日记中称：

> 晚间，至王息存谈宴。同座者为姚石荃、梁节庵、陈叔伊诸君。席上得

⑦ 张之洞与陈宝箴改革科举的奏折于光绪二十四年五月十六日上奏，光绪帝于六月初一日收到（该奏折见《张之洞全集》，第 3 册，第 490—493 页；收到时间见军机处《随手档》光绪二十四年六月初一日，中国第一历史档案馆藏；并参见拙文：《张之洞档案阅读笔记之五：张之洞与陈宝箴及湖南变法运动》，《中华文史论丛》，2011 年第 3 期）。谭继洵"变通学校科举折"于光绪二十四年六月十八日到达（该日军机处《随手档》），光绪帝当日下旨："谭继洵奏请变通学校科举、陈宝箴奏请厘正学术各一折，着孙家鼐于明日寅刻赴军机处，详细阅看，拟具说帖呈进。"（《光绪宣统两朝上谕档》，第 24 册，第 280 页）由此可见，谭继洵的奏折上奏时间晚于张、陈联衔之折。又，谭继洵奏折见国家档案局明清档案部编：《戊戌变法档案史料》，中华书局，1958 年，第 231—234 页。
⑧ 参见拙文《戊戌变法期间的保举》，《戊戌变法史事考二集》，生活·读书·新知三联书店，2011 年，第 152—159、170—171 页。
⑨ 《光绪宣统两朝上谕档》，第 24 册，第 350—351 页。
⑩ 孔祥吉编著：《康有为变法奏章辑考》，北京图书馆出版社，2008 年，第 396—397 页。

> 王芍棠方伯抄示谭复生自京来电与其尊人敬甫抚帅,云:英俄已开战。各国兵船布满北洋,恐有奇变,缓行为妙。此昨日辰刻电也。

八日初六日恰是戊戌政变。八月初七日,陈庆年日记又称:

> 梁节庵来书云:初六日逆贼康有为革职,天下快心。英、俄并未开战,此贼党嗣同欺其父之词也。[11]

可见谭嗣同确有电报阻其父北上进京。从私家记载来看,谭嗣同被捕前,曾害怕牵累其父,写了一些假信,以期被抄走,由此可证明父子间的决裂而减轻其父的罪名。[12]

谭嗣同与张之洞之间确实有思想上的冲突。从现有的材料来看,比较明显的有两次。

其一是在光绪二十三年底,张之洞为防粤汉铁路之权落于外人之手,授意湖北布政使王之春发电湖南暗中操作,以湖南民意的名义成立湘粤铁路公司。[13]

---

⑪ 明光整理,陈庆年:《戊戌己亥见闻录》,《近代史资料》,第 81 号,中国社会科学出版社,1992 年,第120—121 页。"王息存",王秉恩;"姚石荃",姚锡光,"石荃"又作"石泉";"梁节庵",梁鼎芬;"陈叔伊",陈衍;皆是张之洞的幕僚。"王芍棠方伯",湖北布政使王之春。

⑫ 胡思敬在《谭嗣同传》中称:"其父继洵,方巡抚湖北,年七十矣,知嗣同必以躁进贾祸,一月三致书,促之归省,嗣同报父书,言老夫昏耄,不足与谋天下事。闻者无不怪骇。"(《戊戌履霜记》卷四,《中国近代史资料丛刊·戊戌变法》,第 4 册,第 55 页)陈叔通又称:"戊戌政变六君子中,谭嗣同为湖北巡抚谭继洵之子。政变时……嗣同恐其父连坐,代正父写家书,信中无非痛戒其子如何如何,以见其父教子之严。信甫写完,缇骑已至,遂被捕弃市,家亦查抄……但继洵并无处分,或即因查抄时发见家信,有人为之解释,故获免。于此可见嗣同之从容就义,而仍不忘其父……此段轶闻为江阴夏孙桐(闰枝)告余者。夏为光绪壬辰翰林,时在京供职。"(《谭嗣同就义与梁启超出亡》,同上书,第 329 页)

⑬ 参见苑书义等主编《张之洞全集》,河北人民出版社,1998 年,第 9 册,第 7424—7428、7433—7434 页。张之洞亦于十一月十八日发电陈宝箴,摊其底牌:"目前固为立案抵制起见,然就此即可筹办实事,事机甚急,一议定即可布置矣……总之,只定大概主意,无须现有巨款也。熊、蒋似仍来鄂一商为佳。请酌。""熊",翰林院庶吉士熊希龄,"蒋",江苏候补道蒋德钧。两人在后来王文韶、张之洞、盛宣怀联衔上奏中,被称为湖南绅士的代表。又,熊希龄致陈宝箴信中亦称:"……惟有铁路奏稿系王爵堂方伯寄龄者,兹并送呈……"[柳岳梅整理:《陈宝箴友朋书札》(二),上海图书馆历史文献研究所编:《历史文献》,第 4 辑,上海科学技术文献出版社,2001 年,第 137 页]

谭嗣同此时从南京至武昌回长沙,也负有使命。[14] 根据张之洞、陈宝箴等人的安排,熊希龄、谭嗣同皆为此事到武昌,与张之洞面议。谭嗣同此期写给陈宝箴的信中,十分明显地说明了他在武昌与张之洞之间的思想冲突:

> 善亡之策有二:曰国会,曰公司。国会者,群其才力,以抗压制也。湘省请立南学会,既蒙公优许矣,国会即于是植基,而议院亦且隐寓也……钟簴无固,度力不能争,即可由国会遣使,往所欲分之国,卑词厚币,陈说民情,问其何以待之,语合则订约以归;不合,然后言战,亦未为晚。无论如何天翻地覆,惟力保国会,则民权终无能尽失。于有民权之地,而敢以待非、澳棕黑诸种者待之,穷古今,亘日月,可以断无是事矣。公司者,群其资产,以防吞夺也……若夫善亡之策,如所陈二事,与凡兴民权之类,公力已多优为之,且无俟嗣同哓渎矣……而动辄与言民权者为敌,南皮督部于此为大不仁矣。且南皮抑又暗于自计矣。夫民何为而乐有权乎哉? 良以绝续存亡之交,其任至重,腼而累人,不忍使一二人独任,以召绝脰折脰之惨祸。乃群出而各任其任,厥祸乃息耳。南皮则悍然不顾,负万钧,走千里,骨散气尽,敝敝然立槁矣,而犹不得休止。或哀而拥助之,方且大怒曰:是争吾权也。呜呼! 是能保中国之必无割灭也,是能保生民之必无遭杀虏也,是能保四万万人之身家性命而代尸其饔飧也。夫如是,民复何为不乐而忧? 呜呼! 是蚊负山而蝤当车也,是大愚至顽而不可瘳也,是丧天下而身先及祸,怨毒且百世随之也。嗣同诚无如南皮何,又况其烈于南皮者。悲愤之机括,一触即跃如故,不觉其词之汹汹也。方今海内能兴民权者,綦惟一我公,又恃垂爱之久而弥

---

[14] 皮锡瑞光绪二十三年十一月初七日日记称:"……到右申帅处。萧希鲁、谭朴吾、谭复生已先到。复生乃香帅遣来促办铁路、轮船者……香帅恐德人更窥南边铁路,复生云:德人已向香帅开口,法人亦有由龙州开铁路过湘潭到汉之议,故宜赶急自办。倭有十轮到内江开行之说,小轮亦宜赶办,今小轮初九借官轮先行,铁路亦即挂牌开局,徐议章程筹款,请黄公度总办。未终席,电报又至,复生即起身……"(《师伏堂未刊日记》,《湖南历史资料》,1958年第4期,湖南人民出版社,第74页)由此可见,张之洞对谭嗣同还是有所倚重。

厚，故敢蠲除忌讳，陷触文网。⑮

谭嗣同的这封信，十分清楚地表白了他与张之洞之间关于兴民权的争论。谭认为列强瓜分即至，为抗其"压制"而兴民权、办公司。以民权的"国会"对付列强的强权，以私营的公司对抗列强的霸占。从信中可以看出，他向张之洞面陈其意见，遭到了"与言民权者为敌"的张之洞的严厉驳斥，两人言论"汹汹"，谭故在信中泄露其悲愤之情。⑯

其二是在光绪二十四年六月，谭嗣同北上进京觐见，路过武昌，见张之洞。康有为后来致赵必振（曰生）信中称：

> 复生之过鄂，见洞逆，语之曰："君非倡自立民权乎？今何赴征？"复生曰："民权以救国耳。若上有权能变法，岂不更胜？"⑰

由此可见，张之洞与谭嗣同之间再次为"民权"而发生争论，而此时张之洞已视谭为康党的重要成员。⑱

---

⑮ 蔡尚思、方行编：《谭嗣同全集》增订本，中华书局，1981 年，上册，第 278—279 页。又，该信称："抵鄂后，一切详细情形，除忆电达外，余由熊庶常面陈，今不具述"，可知该信写于武昌，且是熊希龄返湘之后，时间似光绪二十三年十二月间。

⑯ 谭嗣同于光绪二十四年正月二十一日致信其友刘世珩称："别后风水俱逆，直至十九始行抵鄂渚……然因此迟误，又误却一大事。南皮、义宁会派姚石泉及兄密赴日本（此事乞密之），定今日行，兄到迟检点不及，家严遂不允许，饬令即速还湘。失此大事因缘，明日即急装返里。"（《谭嗣同全集》增订本，下册，第 526 页）谭嗣同此期的行踪，尚难以确定。似为光绪二十三年十二月由武昌返回家乡过年，然后又赶往武昌。"义宁"，陈宝箴。若派谭赴日本，很可能是陈宝箴的意见。张之洞不同意，很可能不仅是谭到达已晚，因为从武昌到上海，再从上海赴日本，晚几天也不算大事，而是谭的"民权"思想让张不放心。正月二十四日，张之洞还加派枪炮厂委员徐钧溥去日本。（《张之洞全集》，第 9 册，第 294 页）"家严遂不允许"一语，又牵涉到谭继洵的态度，其父让他速回家乡，很可能也听到了张之洞的意见。至该年闰三月，张之洞委派谭嗣同总办湖南制茶公司。（《湘报》，中华书局影印本，2006 年，上册，第 561 页，下册，第 1084 页）又，姚锡光一行赴日的主要任务是考察教育并与日本方面建立联系，可参见《张之洞全集》，第 6 册，第 108—109 页；第 9 册，第 294、297、299、302、306—307、309 页。

⑰ 蒋贵麟编：《万木草堂遗稿外编》，（台北）成文出版社，1978 年，下册，第 601 页；又可参见黄彰健：《戊戌变法史研究》，（台北）"中研院"历史语言研究所专刊之五十四，1970 年，第 2 页。

⑱ 光绪二十四年六月十三日，即张之洞与谭嗣同相见之前，发电正在北京的其子张权，并转给黄绍箕、杨锐，电称："京，张君立转韬、峤：急。……昨有电旨催黄遵宪、谭嗣同迅速来京，系办何事？必康密谋。速复。钝。元。"（六月十三日戌刻发，《张之洞电稿》光绪二十五年五月至七月份，所藏档号：甲 182—456。原整理者有误，根据内容，该电发于光绪二十四年）张之洞让黄绍箕、杨锐去查黄遵宪、谭嗣同来京的背景，并认定此中必有康有为的密谋。

以上两例,似可为《抱冰弟子记》中"力劝其勿附康党,言之四次"作一注脚。

三

于荫霖(1838—1904),字次棠,吉林伯都讷厅(今榆树)人。咸丰九年(1859)进士,入翰林院,散馆后授编修。光绪六年(1880)补詹事府右赞善、左中允等职。光绪八年升湖北荆宜施道,十一年升广东按察使,十三年丁忧。光绪十六年四月补台湾布政使,五月因病告退,十月因家族在当地包办货捐等事被查办革职。⑲ 甲午战争期间,他奉旨到奉天将军伊克唐阿军营帮办事务。⑳ 光绪二十一年七月署理安徽布政使,二十四年五月改任云南布政使。戊戌政变后,慈禧太后复设湖北巡抚,先以甘肃布政使曾鉌任之。未久,曾鉌因同情变法的言论受到翰林院侍讲学士贻谷、光禄寺少卿张仲炘的攻击,是年十二月,朝廷罢免曾鉌,以于荫霖为湖北巡抚。

于荫霖与张之洞的交往,可追溯到翰林院同官时期,且同属于清流一党。光绪四年崇厚与俄国擅订《里瓦几亚条约》,消息传出,他与张之洞等人交章弹劾,请诛崇厚,弹劾李鸿章,名重一时。㉑ 民国年间,柯劭忞为《于中丞奏议》作序,称言:

> 光绪之初,公在春坊,与南皮张文襄公、翰林侍讲学士丰润张公、詹事府

⑲ 先是御史德荫参伯都讷厅绅董于岱霖(于荫霖的堂兄)等侵吞公款等事,朝廷命吉林将军长顺确查。根据长顺的报告,朝廷于光绪十六年五月初六日下旨将涉案的翰林院编修于锺霖(于荫霖的弟弟)革职。四月初七日方授台湾布政使的于荫霖为此呈请都察院代奏呈诉,并以病告辞。朝廷五月二十六日派左都御史贵恒(后改吏部尚书麟书,再改吏部侍郎敬信)、工部侍郎汪鸣銮前往吉林查办。十月初二日,根据敬信、汪鸣銮的奏折,朝廷将已告病辞官的于荫霖革职。参见《清实录》,中华书局,1987 年,第 55 册,第 793、801、802、805、858 页;亦可参见《清史稿》,中华书局,1977 年,第 41 册,第 12523 页;于荫霖的奏折见《悚斋奏议》卷一,沈云龙主编:《近代中国史料丛刊》,第 1 辑,(台北)文海出版社,1972 年,第 223 册,第 61—80 页。根据以上的经历,于荫霖未到台湾任职。

⑳ 于荫霖在伊克唐阿军营时,曾拟片上奏将梁鼎芬调往该军营。其评语称:"降调翰林院编修梁鼎芬,夙昔以气节忠义自期,淹贯经史,罢官后弥复砥砺行名,关心时局。寄居湖北、江南两省间,为督臣张之洞所礼敬……"(《悚斋奏议》卷三,《近代中国史料丛刊》,第 1 辑,第 223 册,第 111—112 页)

㉑ 《悚斋奏议》卷一,《近代中国史料丛刊》,第 1 辑,第 223 册,第 27—39、54—62 页。

少詹瑞安黄公并以直言敢谏闻名天下,凡朝廷用人行政,一不惬于舆论,必抗疏办争,不避怨嫌。而两张公与黄公皆公馆阁后进,一切建白,必与公熟筹审计,公亦侃然以匡君之责自任,故当世称为翰林四谏。㉒

柯劭忞的说法,细部似有误,但称于荫霖为清流干将,与张之洞、张佩纶、黄体芳交善,是不错的。按照柯劭忞的说法,当他风头正健,朝中"用事大臣终以其不便宜所为",将之调出京城出任外官。于荫霖出任广东按察使时,是两广总督张之洞的下属,与翰林院的旧友梁鼎芬再度相交,并结交陈宝箴。此后于荫霖丁忧、出任台湾布政使后被革,张之洞都为之牵挂。甲午战败后,光绪帝先是下令命张之洞保举铁路人才,后又下令命各地大员保举人才。张之洞奉前旨时于光绪二十一年六月初九日(1895 年 7 月 30 日)电奏,保举于荫霖、陈宝琛为铁路人才,对于的评语称:"品行端方,才识明决,事必核实,应变有方。"㉓九天后,六月十八日,张之洞奉后旨而上奏保举人才 16 人,第一人即是于荫霖,其评语为:"该员品行端重,器识闳深,不畏强御,而才具甚长,复能理烦应变。历任湖北、广东司道,所到之处,政声卓然,吏民翕服,实堪大受。"㉔光绪二十三年七月二十九日(1897 年 8 月 26 日),张之洞又一次上奏保举人才 6 人,其中仍有于荫霖。㉕在不长的时间里,张之洞三次保举,这是很罕见的,而张在其评语中特别强调了于的"品行"。值得注意的是,张之洞前两次保举时,于荫霖正是革职休闲在家,一个月后,七月二十六日,他奉旨署理安徽布政使,二十七日,赏给三品顶戴。这

㉒ 《悚斋奏议》序,《近代中国史料丛刊》,第 1 辑,第 223 册,第 3 页。称张之洞、张佩纶、黄体芳为"馆阁后进",似为误。

㉓ 《张之洞全集》,第 4 册,第 444 页。

㉔ 《张之洞全集》,第 3 册,第 269—270 页。其余的 15 人是黄体芳、陈宝琛、李用清、林寿图、梁鼎芬、孙葆田、赵尔巽、程仪洛、陆元鼎、恽祖翼、黎庶昌、袁世凯、王秉恩、联元、江毓昌。从这个名单可以看出张之洞对于荫霖的赏识程度。

㉕ 《张之洞全集》,第 3 册,第 435—436 页。此次张之洞保举 6 人的顺序为:廷杰、于荫霖、瞿廷韶、余肇康、郑孝胥、黄忠浩。于荫霖为第二位,评语为:"该员学有本原,体用兼备,品望素优。前任湖北荆宜施道,节省堤工土费。任广东按察使,察吏戢匪,两处官声均好。今官皖省,与湖北邻境,吏民称颂,敬其方严而感其诚恕,实为两司中不可多得之员。论其公正廉明而不避嫌怨,素与山东巡抚李秉衡齐名。而思能综合,才能应变,似尚胜之。"

些旨命很可能与张之洞的保举有关。㉖"张之洞档案"中涉及于荫霖的文电也有一些。㉗ 这里可举其中一例,以说明他们关系。光绪二十三年二月十三日(1897年3月15日),张之洞发电:

> 安庆于藩台:黄漱翁已于初六日到沪,此时想已抵皖,祈询明速示。仲韬有家信一函,前五日由敝处加封交邮政局寄尊处转交,已收到否?并祈电复。洞。元。㉘

一个月后,三月二十三日,张之洞再次发电:

> 安庆于藩台转交黄漱翁:请与同节庵来鄂,盘桓兼旬。至盼。洞。箇。㉙

黄体芳、梁鼎芬此时皆住在于荫霖处,由此可见清流党人之间的交往与关联。而于荫霖改任云南布政使时,亦在上任途中住在武昌养病,盘桓多时。㉚ 至于以于荫霖出任湖北巡抚,朝中似有人予以特别关照。他们知道张、于关系甚好,本是一条船上的人,相互欣赏,自然可以同舟共济。

于荫霖到武昌任官后,与张之洞在政治观念上有着较大的差异,两人之间也有着一些争议。《清史稿·于荫霖传》称:

㉖ 于荫霖于光绪二十年八月奉旨到伊克唐阿军营差遣委用,二十一年四月因病请离营。五月初五日,根据山东巡抚李秉衡的保举,奉旨交吏部带领引见。(《清实录》,第56册,第799页;《清代官员履历档案全编》,第6册,第130—131页)《清史稿·于荫霖传》称:"总督张之洞、山东巡抚李秉衡交章论荐,诏赏三品顶戴,署安徽布政使",当有所本。(《清史稿》,第41册,第12523页)

㉗ 光绪二十二年,张之洞为李鸿藻治病,曾与于荫霖有着较多的文电往来,参见拙文:《张之洞档案阅读笔记之六:戊戌前后诸政事(上)》,《中华文史论丛》,2011年第4期。

㉘ 《张之洞存来往电稿原件》,第14函,所藏档号:甲182—385;抄件又见《张之洞电稿》光绪三十四年,所藏档号:甲182—484,该整理者有误,将"丁酉"误为"光绪三十四年"。"黄漱翁",黄体芳。"仲韬",黄绍箕。

㉙ 子刻发,《张文襄公电稿墨迹》,第2函第9册,所藏档号:甲182—219。"节庵",梁鼎芬。

㉚ 参见拙文《张之洞档案阅读笔记之六:戊戌前后诸政事(下)》,《中华文史论丛》,2012年第1期。

之洞为总督,颇主泰西新法。荫霖断断争议,以为:"救时之计,在正人心、辨学术,若用夷变夏,恐异日之忧愈大。"之洞意迂之,然仗其清正,使治吏事。湖北财赋倚厘金,荫霖精心综核,以举劾为激扬,岁入骤增数十万。㉛

尽管两人政见不同,两人的工作关系也一直处理得很好。光绪二十六年正月十一日(1900年2月10日),张之洞发电许景澄、樊增祥,其中涉及于荫霖:

> 再,闻王爵堂恐因军务调浙,刘树堂系皖籍,或令刘来鄂,而于调皖。此本外间拟议,惟于在湖北励精图治,舆论歌颂,皖人却不称赞。若于调皖,似非楚民之福。此情望速与贵同乡商之为祷。㉜

许景澄为浙江人,"贵同乡"似指军机大臣、总理衙门大臣王文韶及同为总理衙门大臣的袁昶;而樊增祥为湖北人,朝中权贵中并无其同乡,但他此时在军机大臣荣禄的幕中,张之洞此处似暗示樊与荣禄"商之"。从这份电报可以看出,张之洞此时对于荫霖的评价很高:"励精图治,舆论歌颂"。为了不让于荫霖调安徽或不让刘树堂任职湖北,张还不惜放走了荣禄的门子。

未过多久,义和团兴起于北方,张之洞与于荫霖的矛盾一下子爆发出来了。于荫霖的学术门径是理学,曾师事于当时的大儒倭仁,政治思想上趋于保守。这也是清流党人的底色。光绪二十三年秋,德国借口"曹州教案"强占青岛,清廷亦在德国的压力下,将当时著名的"清官"与"能吏"前任山东巡抚、新任四川总督李秉衡解职。时任安徽布政使的于荫霖,对朝廷对外软弱的政策极为不满,于光绪二十四年三月十五日(1898年4月5日)上奏弹劾李鸿章、翁同龢、张荫桓,要求将其解职,并称:

> 如蒙皇上采纳臣言,即请明颁谕旨,召见徐桐、崇绮,并速发电旨召张之

㉛ 《清史稿》,第41册,第12523页。

㉜ 正月十一日里未刻发,《张之洞电稿》光绪二十五年正月,所藏档号:甲182—456。原整理者有误,根据内容,该电当发于光绪二十六年。"王爵堂",安徽巡抚王之春。"军务调浙",指此时意大利强索浙江三门湾事件,清廷决意力争,不惜于开战。

洞、边宝泉、陶模、陈宝箴诸臣入都，任以事权，询以今日应补救者何事，应筹
办者何事，迅速整理，大局必有转机。㉝

　　徐桐与崇绮，皆是思想极其保守者，也是于荫霖在思想上所推崇的理学大
师。"己亥立储"后，徐桐、崇绮、"大阿哥"的本生父端郡王载漪走向前台，朝廷
的政治方向也越来越趋于极端保守，他们为了与列强对抗，开始利用义和团，北
京的局势大变。湖广总督张之洞与两江总督刘坤一对朝政不满，更不同意对外
开战，私下派员与英国等国驻上海领事商议，在长江流域达成互不侵犯的默契，
即"东南互保"。湖北巡抚于荫霖却在忠君保国的思想激励下，主张对外强硬。
光绪二十六年五月十九日（1900 年 6 月 15 日），于荫霖电奏："速召李秉衡入都，
界以帮办武卫军事权。"二十二日，他又恐电报中断，另发奏折两件，分别由陆路
与海路上呈。㉞ 六月初五日，张之洞、于荫霖根据朝廷的命令，派两湖兵勇十营
由湖南布政使锡良统领北上；而于荫霖又自行派募两营，制造抬枪，准备亲自率
领入京。㉟ 六月二十日，于荫霖再次上奏保举李秉衡，总统京畿各军。㊱ 然张之
洞对北方的政情与军情并不看好，两湖援军迟迟不北上，于荫霖一再催促。从此
期于荫霖的日记，可以看出其心思之所系：

　　　　光绪二十六年五月二十二日："见十九日上谕，此人（指李鸿章）内召，
　　事愈不可为矣。"
　　　　二十四日："失大沽炮台信确，晤商南皮，拟会奏请速剿拳，以纾急祸。

㉝　中国第一历史档案馆编：《光绪朝朱批奏折》，第 120 辑，中华书局，1995 年，第 664—671 页。是年闰三
　　月初八日，光绪帝收到该折，朱批："留中"，且未将该折上呈慈禧太后。（军机处《随手档》，光绪二十四
　　年闰三月初八日，并参见该日《上谕档》《洋务档》，中国第一历史档案馆藏）
㉞　故宫博物院明清档案部编：《义和团档案史料》，中华书局，1979 年，上册，第 151—152 页。又据于荫霖
　　光绪二十六年五月十八日日记："……星海来商，请内召鉴翁，所见甚是。电鉴翁告知之。"十九日日记：
　　"鉴复电，有闻召即登程之语，真公忠可钦。即日入奏。"（《悚斋日记》卷五，《近代中国史料丛刊》，第 1
　　辑，第 224 册，第 1096—1097 页）"鉴翁"，李秉衡，字鉴堂。据此，请电召李秉衡为梁鼎芬与于荫霖商议
　　的结果。五月二十八日，清廷召李秉衡进京陛见；次日，于荫霖的奏折到京。（见该日军机处《随手档》）
　　而于荫霖的电奏是否到达，尚未查出。
㉟　《张之洞全集》，第 4 册，第 482 页；《义和团档案史料》，上册，第 638 页。
㊱　军机处《随手档》光绪二十六年六月二十八日；《悚斋奏议》卷五，《近代中国史料丛刊》，第 1 辑，第 223
　　册，第 198—201 页。

两宫忧危，日间竟不知何若，忧迫无以自安。"

二十九日："鉴帅(李秉衡)电来，北行事定，颇心慰。移晤南皮，商遣兵事。"

六月初三日："鉴电来云：是日接廷寄，令陛见，明日午即起程……鹿滋帅(鹿传霖)电来，亦奉旨入卫，乃滋帅自请也。二公皆令人起敬。"

初五日："制军挈衔电奏，遣方总兵友升统五营，并湖南五营，统归锡清弼(锡良)方伯总统北上。余既不能行吾初志，亲身入卫，而南北两军成行尚未有日，此事真令人愧憾。"

初七日："函催南皮云：若再迟迟其行，不但于心不安，吾等将受天下之责矣。"

初九日："定意招营北上。"

十一日："定令候补副将吴清泰赴河南招军。"

十六日："锡方伯到，见其五营官崧、周、张、傅、张。吴清泰、李连元、青林往信阳招勇。初七日谕旨，因京师情形紧急，寄英俄日三国之书，复召李某(指李鸿章)。"

十七日："'宗社必灭裂'，此何语而行诸公牍，真无人理者矣。可骇可骇！斯人也，真无所不至、无忌惮之极矣。"

二十七日："清弼方伯六钟启行，未得送此行。可敬也。"

七月十六日："连日闻十二日北仓失，裕制军(裕禄)死之(或云阵亡，或云自尽)，总之，无亏大节……山东电，旋传十五日河西务官军被洋兵冲散，鉴帅受重伤。惊极！但盼其不死。"

二十一日："……鉴公十六日已陨矣。公之忠烈，炳如日星，志决身歼，于兹无愧。惟人之云亡，大事去矣！环顾诸烈，无复能似此者矣。悔不当请公统援军，为国家留此支木也。痛何如之。"

八月初九日："前两日接初三保电，有崇公(崇绮)前宵自经之语，悼惋实深……"

十五日："南皮付阅京沪各电四纸，时局万难措置。敌以请回銮而后开议要我，此最虎狼毒计。闻某相(指李鸿章)已以此请。"

十八日:"接文叔瀛(文治)初八日来函,并寄南皮函,大声疾呼,忠愤恻人。事虽未行,足以药我矣。"

二十日:"……又保电:徐相国(徐桐)与公子、眷属,王祭酒(王懿荣)与妾、媳同殉节,真堪敬痛。"㉜

于荫霖作日记时,已是准备刊行的,而刊刻者又有选录,许多真情会有隐匿。然从以上摘录中已经可以看出,于荫霖与张之洞之间已经矛盾激化。他反对李鸿章,推崇李秉衡、鹿传霖、崇绮、徐桐,这虽是他一贯的政治态度,但到了这个关键时刻,又有着特别的意义——张之洞、刘坤一、李鸿章、袁世凯此时已经结成了新的政治同盟,反对主持朝政的极端保守派,主张对外和议。他又以忠臣烈子之心,请求亲自率兵入京勤王,指责张之洞缓以发兵。㉝ 需要说明的是,他此期的身体极差,不久后出任河南巡抚,从武昌到开封就走了一个月另八天,若真统兵北上,或将数月之后方到北京或将病死于途中。这也是"明知不可为而为之"的儒生本性。

光绪二十六年闰八月十七日(1900年10月10日),已经逃到西安的慈禧太后,因河南地位的突显,调于荫霖改任河南巡抚。二十一日,又下旨催其迅速赴任筹办。张之洞闻讯即向其姐夫、军机大臣鹿传霖打听消息。㉞ 于荫霖奉到电旨后,于九月初七日离开武昌,张之洞似乎大大地松了一口气。十多天后,山东巡抚袁世凯向他打听消息时,一肚子的怨气一下子发了出来,他在给袁世凯的电

㉜ 《悚斋日记》卷五,《近代中国史料丛刊》,第1辑,第224册,第1097—1127页。"定意招营北上","定令候补副将吴清泰赴河南招军","吴清泰、李连元、青林往信阳招勇"等语,皆是于荫霖自行招军入京勤王之举。

㉝ 于荫霖后于光绪二十六年闰八月初四日日记称:"文叔瀛前此致南皮信云:'窃闻于不可已而已者,无所不已。'又云:'率天下勤王,非人人微望轻者所能为,固知此举非阁下不能。既非阁下不能,便是责无旁贷。'又曰:'君父之大难,朝廷之大辱,天下之大变,中国之大耻,夷狄之祸,至于此极。臣子何以为生?而今南北判若两家,从古所未有也。'又曰:'不患者众之不从,只恐我之不断。'词无激烈而意却咄咄逼人,事虽未能行,此意可一日忘哉?!"(《悚斋日记》卷五,《近代中国史料丛刊》,第1辑,第224册,第1137—1138页)此信即是八月十八日日记中所谈到的文治来信。然于此时八国联军已占领北京,慈禧太后和光绪帝已逃到西安,在政治上已是尘埃落定,然于荫霖一个月后仍在日记中如此抒发心中的悲愤,可见其用情已极。

㉞ 张之洞电称:"潼关,军机大臣鹿尚书:秦密……于、裕互调,因豫紧要耶?抑因鄂无旗员耶?裕在豫招拳未妥,朝廷知之否?须陛见否?闻浙臬荣铨疏诋东南督抚,内意如何?……"(光绪二十六年闰八月二十四日午刻发,《张文襄公电稿墨迹》,第3函第13册,所藏档号:甲182—219)

报中称：

> 济南袁抚台：某公敬徐、尊崇、师李、护端、助刚、爱毓、赞董、奖拳、亲文。文者，劾沿江沿海督抚之文治也。恶铁路、恶学堂、恶洋操、恶探员电报、恶闻惩首祸。调豫抚后，宗旨忽变。名叩。啸、卯。[40]

"徐"为大学士徐桐，"崇"为前礼部尚书、同治帝的岳父、"大阿哥"的师傅崇绮，"李"为前山东巡抚李秉衡，"端"为"大阿哥"的父亲端郡王载漪，"刚"为军机大臣刚毅，"毓"为前任山东巡抚、时任山西巡抚的毓贤，"董"为武卫后军（甘军）首领、参与攻打北京使馆区的董福祥，皆是极端保守的高官。文治，字叔瀛、叔平，满洲镶红旗人，同治四年（1865）进士，入翰林院。时任兵部侍郎，出为浙江学政。他曾写信给张之洞、于荫霖，指责他们违反儒家的教义，未能领兵勤王；亦曾于光绪二十六年八月十六日上奏，弹劾浙江巡抚刘树堂，并要求朝廷下令各省派精兵强将，先行攻占已被八国联军占领的通州、天津。[41] 对于这一位多年的好友，张之洞在给新交的电报中竟然使用如此恶毒的语言，可见交恶之深。而张不利于的言论，我在"张之洞档案"中仅见到此件，很可能也是他一生中对于荫霖唯一的恶评，他本人也未在该电上署真名。至于张之洞称于荫霖调任河南后"宗旨忽变"，并非是那种"识时务"的机变，而是于荫霖的政治取向有了变化。

光绪二十七年正月十三日（1901 年 3 月 3 日），清廷进行官员的调整，命于荫霖回任湖北巡抚。然正在北京与各国进行谈判的全权大臣庆亲王奕劻、李鸿章，于正月二十四日发来电报，称接到英国新任驻华公使萨道义（Ernest Mason

---

40　光绪二十六年九月十八日卯刻发，《张之洞电稿乙编》，第 68 册，所藏档号：甲 182—74。

41　《义和团档案史料》，上册，第 570—572 页。值得注意的是，文治在附片中称："主辱臣死，古今通义，时事至此，实君父之大难，国家之大耻，为臣子者断无坐视不动之理……拟将学政印信移交巡抚兼管。奴才当前往湖北与湖广总督、湖北巡抚面议，随同北行。奴才迂疏庸懦，素不知兵，并不干预军事。只欲借资练习，亲历行阵，观行军用兵之法，期后日报忠朝廷，效死行间。倘必不遇勤王之师，便当奔赴行在，一觑天颜，稍纾瞻恋之忱。"由此可见，文治还打算亲去武昌，以说服张之洞、于荫霖起兵勤王。又，文治的折片来看，并无"劾沿江沿海督抚"之举，当时上奏弹劾"东南各省督抚"的，是文治的同官浙江按察使荣铨。（见同上书，第 572—574 页）

Satow）的照会，"于荫霖不得再回原任"。㊷ 当时各国正提出惩办"首祸"，清廷对于英国的要求也不敢掉以轻心，而英使萨道义的要求实在理由不足：不反对于荫霖继续出任河南巡抚却反对其回任湖北，似乎回任湖北将对英国不利而留在河南将利于英国？军机处对此于正月二十六日回电，小心翼翼地反驳萨道义的理由，"何得以未经查明之事干预我用人之权？"㊸全权大臣奕劻、李鸿章收到此电后，立即照复萨道义，而萨道义却提出了言词更为激烈的照会。奕劻、李鸿章于二月初五日咨复军机处，引用该新照会，其中的一段话很有意思：

> 总之，于荫霖复任鄂抚，系属不宜之举。鄂督果有办理交涉专职，而调一相左之员襄助，致掣其肘，亦非公允。且彼此意见既殊，难期和衷为理。

萨道义竟然为张之洞、于荫霖是否能合作而担心，为此要求"合即再请贵王、大臣将本大臣力驳于荫霖调任鄂抚之处明晰奏闻"。对于萨道义的要求，奕劻、李鸿章称："查更调督抚，关系朝廷用人之权，本未便任其干预。该使函内亦自以越俎为嫌，而其用意似盼我疆寄得人。就目前时势而论，似不能不兼筹并顾，以固和局。究应如何办理之处，自应请旨裁夺。"㊹自"东南互保"后，张之洞与英国外交官多有交往，此时更因俄国拒还东三省而与英国外交官联系密切；萨道义此次交涉是否有张之洞的暗中活动，我在"张之洞档案"中还没有看到相关的资料，但我仍隐隐地感到，张很可能不愿意于的回任，而向英方透露了什么，否则萨道义又何从知道于荫霖任鄂抚时"疾视西人"的态度呢？

全权大臣奕劻、李鸿章将萨道义与他们之间的全部照会文件抄送军机处，用

㊷ 《义和团档案史料》，下册，第990页。该照会称："该员嫉视西人，众所共知，任鄂抚时办理甚不妥善，设非调豫，早经照请他调，今回本任，碍难允从。前此晋省避难教士，道经晋豫，地方官于优待之意相去径庭，抵楚之后，方获合宜之款，足昭前言非谬。本大臣越俎内政，本非所愿，但事关重要，不得不尽忠告。"从照会内容来看，并没有提出对于荫霖不利的事件。

㊸ 《义和团档案史料》，下册，第994页。军机处电称："英使照称，于荫霖嫉视西人，在鄂抚时办理不善。前此晋省教士避难，道经晋豫，地方官于优待之意相去径庭，抵楚后方合宜，等语。彼时晋抚系毓贤，豫抚系裕长，教士抵楚后款待合宜，正于荫霖任鄂抚之时。且交涉皆鄂督主政，鄂抚何从办理不善？是英使照会系错误，何得以未经查明之事干预我用人之权？应请详细辨明，勿任狡执侵越为要。"该电报从事实层面上全面驳斥了萨道义提出的理由。

㊹ 《义和团档案史料》，下册，第1004—1005页。

"六百里加急"的速度从北京送往西安。十多天后,光绪二十七年二月十六日(1901年4月14日),清廷根据奕劻、李鸿章的呈文,下令于荫霖调补广西巡抚[45];再过十多天后,三月初三日,清廷下令将于荫霖免职,"另候简用"。[46]

据于荫霖的日记,他于光绪二十七年正月十五日得知回任湖北,二月十六日接电旨得知改任广西,三月初六日得知已开缺。他在与新任豫抚松寿交卸后,上了一道奏折,要求觐见并休假三个月:

> 惟臣自上年九月由鄂省渡江,感受风寒,未及医治……因此数月已来,旧疾尚未就痊,转觉痰涎凝滞……据医者云:症由肝火郁结,侵扰中焦,上冲心营,遂见怔忡之症,必须静养多时,治疗方能见效各等语。合无吁恳天恩,赏假三个月,俾得从容医治。北方素乏良医,并拟寄居豫楚间水土清润之区,息心调理。[47]

他所选择的"豫楚间水土清润之区",即是河南西南部的南阳(诸葛亮当年"卧龙"之处)。四月初二日,他离开省城,十一日到达,在此读书与休养。[48]

南阳休养的生活,使于荫霖的思想又有了较大的变化。他在光绪二十七年五月十三日(1901年7月2日)日记中记:

> 变法事,极宜慎重,思今日凡百,全坏在欺蔽二字,似莫若自内及外,自上及下,一切事全行揭开敞明。某事有几多层折费,几多花用(凡干系利者尤要),不但不作罪过,可留者留,当去者去,先成一个光明白地,无所用其

---

[45] 军机处《随手档》光绪二十七年二月十六日记:"递庆、李咨文一件(附照会二件)"。由此可见两者之间的关系。

[46] 《光绪宣统两朝上谕档》,第27册,第26、50页。《清史稿·于荫霖传》称:"廷议荫霖不善外交,复降旨开缺"。(该书中华书局版,第41册,第12524页)然查三月初一日至初三的军机处《随手档》《上谕档》,未能找到任何线索。而三月初三日清廷设立督办政务处,派奕劻、李鸿章、昆冈、荣禄、王文韶、鹿传霖为督办政务大臣,刘坤一、张之洞"遥为参预",是清末新政开始的标志性事件,不知此事与于的开缺是否有关。

[47] 《悚斋奏议》卷十,《近代中国史料丛刊》,第1辑,第223册,第425—426页。又据军机处《随手档》该折于四月十一日收到,朱批"著赏假三个月"。

[48] 据于荫霖日记,光绪二十七年四月二十六日,他"接豫抚松公来牍,奉旨赏假三个月。"(《悚斋日记》卷六,《近代中国史料丛刊》,第1辑,第224册,第1186页)

掩盖敷饰,然后再讲办法……

次日,十四日又记:

> 闻传来谕旨,屠梅君以五品京堂起用,甚喜! 用在政务处,尤当。前此诸人不如也。今日变法事,非用第一等人不可,能持之得当者,即能了今日之事。[49]

此时他离开职位仅一个多月,竟然已经提到了"变法"! 他虽然强调了变法的条件,但毕竟是方向性的转折。而于此时发生的另一事件,既可说明他的政治态度,似又说明对张之洞的态度。五月二十三日(7月8日),他在日记称:

> 昨夜心中劳扰,不眠,愈见以前错处。湖北抚端午樵中丞方来拜,闻端言:两官意见又如前;和局赔款三十年,年二千六百万;回銮后,诸事全无把

---

[49]《悚斋日记》卷六,《近代中国史料丛刊》,第1辑,第224册,第1194—1195页。"屠梅君",屠仁守,曾任御史,以直谏而闻名。需要说明的是,"庚子事变"后,清廷于光绪二十六年十二月初十日下达的改革谕旨,对于荫霖也是一个触动。该谕旨要求各省督抚"各就现在情形,参酌中西政要……各举所知,各抒己见,通限两个月,详悉条议以闻"。(《光绪宣统两朝上谕档》,第26册,第460—462页)由此于荫霖于光绪二十七年三月上奏,要求:一、改兵制(设民兵);二、求将领(文官将兵);三、改军械(兼用抬炮);四、变学校(多设义塾);五、改科举(徐改,勿废制艺,兼试时务);六、变通条例文牍(删繁就简以实);七、课吏以实政;八、京官加俸。(《悚斋奏议》卷九,《近代中国史料丛刊》,第1辑,第223册,第373—396页)从该折的内容来看,还是按照传统的经义来办理实政,援引西方政要极少。又据军机处《随手档》,该折于光绪二十七年三月二十九日到达。还需注意的是,于荫霖的门人胡元吉亦录其言:"今日变法事,非用第一等人不可,能持之得当,即能了今日之事(先生屡言变法必得屠仁守、夏震武二人在政务处,以二人尚知政体而敢言也)。"(《南阳商学偶存》,《近代中国史料丛刊》,第1辑,第223册,第634页)再又,于荫霖此时对变法与政治的看法,又可见其于光绪二十七年九月十七日在河南开封觐见慈禧太后与光绪帝时的进言,更为详细,但主旨仍同。(《悚斋日记》卷六,《近代中国史料丛刊》,第1辑,第224册,第1254—1264页)

握;全权李(鸿章)仍主联俄,亦无把握。甚为可忧⑤。

端方是新任湖北巡抚,上任途中在南阳与于荫霖相见。端方告诉了京师的政情,使于担忧;于在自我反省中的"愈见以前错处",也应向端方表白过;这与张之洞所言"及去官里居,始悟在鄂之多误",是大体一致的。由此似可以推论,于荫霖向端方表白自己过去的错误,端方按自己的理解将之报告给张之洞,张之洞又按自己的理解来看待荫霖的表白。传话与理解之间,自然会有一些走形。

于荫霖在南阳住了下来,除了慈禧太后、光绪帝回銮时赴洛阳觐见外,一直没有离开。清廷后来没有"简用",张之洞也没有保举。在读书与修行的平静之中,于荫霖度过了他的晚年。光绪三十年(1904),他去世了。从于荫霖日记与"张之洞档案"来看,两人此后似无交往。

《抱冰弟子记》是张之洞晚年对其一生的总结,用词极为谨慎。他与陈宝箴父子关系很好,不可能突加指责。罗惇曧作为康有为的弟子,对陈宝箴父子的评判很可能受到了康有为的影响——康、梁并不完全了解陈宝箴父子对他们的评价,甚至将之当作他们可资利用的对象。⑤ 然要说明这一点,又须另作他文了。

【茅海建　华东师范大学历史学系教授】
原文刊于《中国文化》2013 年 01 期

---

⑤ 《悚斋日记》卷六,《近代中国史料丛刊》,第 1 辑,第 224 册,第 1204 页。端方,字午桥。又,于荫霖的门人胡元吉曾录其言:"去年崇文节公(绮)洋兵入城一家尽节,先令家人死,然后自尽,如此从容就义……虽开衅之时,轻信邪教,公亦不免,然此节断不能磨灭。"(《南阳商学偶存》,《近代中国史料丛刊》,第 1辑,第 223 册,第 636 页)他肯定了崇绮的节气,也指出"轻信邪教"之误,此亦可为"以前错处"作一注脚。再又,慈禧太后从西安回銮,于荫霖在开封觐见时有一段对话:"(太后)问:张之洞办事还好? 对:办事尽心。问:他办洋务还好? 对:他留心外国情形,通达洋务。问:湖北省交涉教案事多,州县中能办教案者尚有人? 对:也还有。"(《悚斋日记》卷六,《近代中国史料丛刊》,第 1 辑,第 224 册,第 1257 页)于荫霖的口气似有勉强,但毕竟给了肯定的回答。

⑤ 蒋贵麟编《万木草堂遗编外编》,录罗惇曧致康有为三信,见该书下册,第 874—875 页,可作参考。

道史之间:为中国寻找现代认同的两位中国史家

[德] 施耐德

如同史华慈在其文①中说明,中国人对历史的态度具有两个特征,一是没有一个超越的上帝的观念,一是主张有一种宇宙遍在而且均一不变的规范性秩序之存在。这种秩序即所谓"道",据信它在历史上的黄金时期"三代"时曾具体实现。虽然,在中国历史发展的过程中对人力于实现这种规范秩序的重要性有着不同类型的解释,但很明确的一点是,从很具意义的一面上来看,中国史学立场的此一特征与西方背景中的史学大不相同。如同 Yves Chevrier 所主张,因为通过写历史(的方式)而使道得以显见于世②,故这种道与史的紧密关系赋予了史学在中国的显著地位。由于指导史家工作的规范性原则被视为内在于历史中,故传统中国史学主流的特色即笔者所谓的一种介于理论(规范,norm)和史料(事实,fact)间的必然关系③,也就是说,史家必须同时完成彼此有密切关系的写史与论史两种功能。因此之故,我们常常可在同一篇文章中找到一种产生在这

---

① Benjamin Schwartz. "History in Chinese Culture: Some Comparative Reflections", in *History and Theory*, *Studies in the Philosophy of History*, Vol. 35, No. 4, December 1996, pp. 23-33.

② 本文是笔者完成于 1994 年 5 月的博士论文《真理与历史:为中国寻找现代认同的两位中国史家》(*Wahrheit und Geschichte, Zwei chinesische Historiker auf der Suche nach einer modernen Identitat fur China*, Wiesbaden, Harrassowitz Verlag, 1997)摘要。

③ 请参照章学诚的立场。章主张的"六经皆史",也就是说六经都是借对过去事件的记录而将道体现出来的文章。有关对"六经皆史"各种不同解释之讨论,请参看 Michael Quirin, "Scholarship, Value, Method, and Hermeneutics in *Kaozheng*: Some Reflections on Cui Shu (1740—1816) and the Confucian Classics", in *History and Theory*, *Studies in the Philosophyof History*, Vol. 35, No. 4, December 1996, pp.34-53.

两个功能④间的不可忽略的紧张。由于正是史家借由记录历史事实来例证道，而道则正是统治者的正统性之基础，故史家在中国社会中占有非常重要的政治性与类似于宗教性的地位。其结果是，学术与政治和道德被紧密地缠绕在一起⑤。

在晚清中国思想史研究上最主要的论战问题之一是，是否中国史学的这些特征随着乾嘉时期（1736—1821）考据学的发展而有了改变，并导致史学自经学中的解放。Benjamin Elman 认为，考据学之特征乃是将自身从政治或道德目的中分离出去，故可说是讨论（discourse）上的一种革命，而且在现代意味上说是迈向非宗教性的（或世俗的）、科学的研究的第一步。而 Michael Quirin 的看法则正好相反，他强调表面上看来不具政治性的考证学其实依旧追求政治与道德目的⑥。

在本文中，笔者要提出的问题并非考据学是否应被理解为史学世俗化的一个例子，而是要考察一下上述的中国史学于 20 世纪 20 年代到 30 年代之间在西方政治与文化的入侵下如何改变。因为对中国反应的彻底考察，将有助于我们理解中国史学中的改变和获得有关中国社会变迁之见解，尤其是发生于 20 世纪上半叶的史家的社会角色变迁方面。为此目的，笔者将针对此一时期两位具有领导性地位的史家陈寅恪与傅斯年的史学作一探讨。他们二人都是中国仿效西例而建立的第一个史家专业化研究组织——"中研院"历史语言研究所——的

---

④ Hayden White, *Metahistory. The Historical Imagination in Nineteenth Century Europe* (Baltimore, 1973).有关对 White 和 Rüsen 非西方史学理论的进一步详细探讨，请参见 Susanne Weigelin-Schwiedrzik, "On *shi* and *lun*: Toward a Typology of Historiography in the PRC, in *History and Theory*, *Studies in the Philosophy of History*, Vol. 35, No. 4 December 1996, pp.74-95.

⑤ Yves Chevier, "La Servante-maîtresse: condition de la référence à I'histoiredansl'espace intellectuel chinois", in Extrême-Orient, extrême-occident, Cahiers de recherches comparatives IX, La référenceà l 'histoire, 1987, pp.117-144.
最近显示这种传统的中国史学特色和由此而造成的学术与政治间之关系，到今天仍是中国大陆史学的特征，这样的关系使史家处于一种很突出的政治地位上。请参见注④中的 Susanne Weigelin—Schwiedzik 之文章。

⑥ 请参照 Benjamin Elman, *From Philosophy to Philology*, *Intellectual and Social Aspects of Change in Late Imperial China* (Cambridge/Mass., London), 1984. Benjamin Elman, *Classicism*, *Politics and Kinship. The Chang-chou School of New Text Confucianism in Late Imperial China*(Berkeley), 1990. Michael Quirin, "Kein Weg ausserhalb der sechs Klassikeroder doch? Bemerkungen zum Verhältnis von gelehrter Tätigkeit und persönlicher Wertpraxis bei Cui Shu(1740—1816)" ("Really no way outsidethe Six Classics? Remarks on the relationship between scholarship and valuein the work of Cui Shu"), in *Monumenta Serica* 42(1994), pp.361-395.

成员。笔者的首要目的在于理清中国史学的特色是否有改变与其如何改变，以及这样的改变与他们两位研究历史所使用的特殊方法论有何关联。其次，是要探讨与上述分析结果有关的现代中国思想史广泛论争，尤其是能否在这两位史家的著作中找到新的历史认同及与其有关的对中西文化接触的新观念。

要求一种新史学

在分析中国史学于 20 世纪的发展之前，首先必须指出一点，即为了创造一个新的历史意识和历史认同，居于领导地位的中国知识分子带着急迫性展开工作，即将他们自己由史学的传统见解中解放出来和改变写作历史的方式。

维新运动于 1898 年⑦失败后不久，晚清今文经派儒学⑧主要代表人物康有为的学生梁启超即于 1902 年发表了《新史学》，该文可以视为是探求一种新的史学理论的出发点⑨。梁要求一种不再如传统中国情况一样只是为统治王朝和少数个人服务的新史学。他以为史家应该根据现今的理想和使命来写国史，并因此专注于中华民族的未来命运。对梁而言，中国是世界万国中的一个平等的成员，就像任何其他一个被卷入达尔文主义为求生存而竞争的民族一样，必须服从历史因果律的公理。

最后一个古文经派儒学的主要代表人物章炳麟亦专注于拯救中国，他反对今文经派的学说，坚决主张孔子真诚地借修《春秋》记录下春秋时期的事件，故孔子是一位史家而非一名先知。虽然章炳麟鼓吹章学诚的名言"六经皆史"，不过，不同于章学诚，他对此一格言的新解是"六经只是历史"，即六经的价值不再

---

⑦ 请参照 Chang Hao, "Intellectual change and the Reform Movement, 1890—1898", in *The Cambridge History of China* (*CHOC*). *vol.* 11, *part II, Late Ch' ing 1800—1911* , ed. by Denis Twitchett and John K. Fairbank (Cambridge, MA), 1980, pp.274-338.

⑧ Benjamin Eiman 在两本书中对今古文派儒学的发展有详细之叙述：*From Philosophy to Philology, Intellectual and Social Aspects of Change in Late Imperial China* 和 *Classicism, Politics and Kinship. The Ch' ang-chou School of New Test Confucianism in Late Imperial China.*

⑨ 梁启超：《新史学》，载于《新民丛报》第 1、3、11、14、16、20 期（东京，1902），又收于《饮冰室文集》（台北，1983 年第三版）IV/9，第 1—11 页。

出自其为道的宝库,而是来自埋头于客观研究的考据学将其视为历史资料。因此,他鼓吹学政分离,提倡"为科学而科学",并对任何一种意图根据自以为是的普遍性历史法则来描写与解释历史发展过程的史学提出警告。相反于梁启超宣告的历史模式之普遍性,章炳麟相信独特而唯一的"国粹"⑩,标志的正是每一个民族的特征。

上述这两个冲突的立场并未呈现在梁启超和章炳麟的史学著作中,而且他二人的主要影响分别在政治和新闻界(梁)与政治和教学(章)方面。史学的工作好像是留给下一代了。然而,对下一代而言,我们已不能再如对待梁、章一样,只将下一代简单地视为今古文经派儒学的代表。笔者这里所指的下一代,是那些在清末大部分未参加科举考试但在中国、日本或西方至少部分地接受了西式教育的一批人,其中包括知识分子如顾颉刚、傅斯年、陈寅恪、陈垣、钱穆等。他们一直到20世纪30年代都主宰着史学界,而且在接受西方史学理论的初期阶段扮演着支配性的角色。此外,在为数众多的历史系外,更有1928年"中研院"历史语言研究所的成立,这大概可说是在西方模式影响下历史研究趋向机关化和专业化的最佳表现。当时,正是由傅斯年任所长,陈寅恪担任历史部门的主任。

陈寅恪和傅斯年的传记背景

在笔者分析陈与傅二人的历史著作之前,为了提供一些解释他们的史学思想时所需的背景,让笔者先概括说明他们的背景及其在历史研究方面的影响。

陈寅恪⑪于1890年出生于一士绅之家。祖父陈宝箴与张之洞相交匪浅,甲午战后出任湖南巡抚,在所谓的湖南新政中扮演着重要角色。陈寅恪幼年时即

---

⑩　王汎森:《章太炎的思想(1868—1918)及其对学术传统的冲击》(台北,1985),第189—199页。
Wang Young-tsu," Universalistic and pluralistic views of human K' culture: ang Yu-wei and Chang Ping-lin" in *Papers of Far Eastern History* (Australia), No. 41 (1990), pp.97-108.
⑪　汪容祖:《史家陈寅恪传》(台北,1988)。

在中西课程混合的学校中读书。就像他后来一再叙述⑫的一样，他因深受家庭和教育的影响，故一生致力于中体西用的理想。陈十二岁时首途日本，这是他第一次出国。结果，他一共前后在七个西方国家停留了十四年，分别在苏黎世、柏林、巴黎和哈佛大学读书与修习梵文、巴利文和藏文。不过，他从来没有拿到学位。1926 年陈寅恪回到中国，并在清华大学国学院担任导师。1929 年清华国学院关闭之后，他应傅斯年之邀出任"中研院"历史语言研究所历史组的主任。同年，他亦在清华大学历史系担任教授。此后一直到 1937 年中日战争爆发之间的多年，是陈寅恪学术研究最多产的时期，有关 3 至 10 世纪时期⑬的历史研究著作的出版乃其成就之巅峰。战争爆发之后，他随西南联合大学举家逃往昆明，其间一度落难香港。1949 年新中国成立之后，他决定留在大陆，但从未臣服于中共之要求。例如，1950 年学界掀起用马列主义的立场、观点和方法做研究的风潮，同时学者亦必须积极参加政治学习。1953 年中国科学院决定聘请陈寅恪出任新将成立的中古史研究所所长，科学院院长郭沫若派陈寅恪之学生汪籛带其亲笔函南下劝陈北上赴职，陈提出两个赴职条件：一为允许研究所不宗奉马列主义，并不学习政治。二为请毛公或刘公给一允许证明书，以做挡箭牌。其结果如何可想而知⑭。从 1949 年直到 1969 年去世，他都在广州岭南大学（后整编入中山大学）历史系担任教授。在 1958 年之前，陈还能不甚受政治束缚之苦地教书和做研究。但到了"好今薄古"论战期间，他被批评为资本主义史学的代言人，而这个批评在"文化大革命"期间于对他个人展开的人身攻击中达到了顶点。陈就是在这个被批斗的过程中去世的，时为 1969 年 10 月。

傅斯年于 1896 年出生于一个在清初具有相当地位而当时家道已中落的士绅家庭。他在童年受了传统教育之后，于 1908 年进入一所西式中学就读，而于 1913 年考入北京大学国文系预科。虽然他首先跟着当时以北大"保守派"闻名

---

⑫ 陈寅恪：《冯友兰中国哲学史下册审查报告》，收于《陈寅恪先生文集》（台北，1981），第二册，文集之三，第 247—252 页。

⑬ 例如陈寅恪：《隋唐制度渊源略论稿》（重庆，1944），亦收于《陈寅恪先生文集》第二册，文集之四，第 1—158 页。陈寅恪，《唐代政治史述论稿》（重庆，1943），亦收于《陈寅恪先生文集》第三册，文集之五，第 1—159 页。

⑭ 陆健东：《陈寅恪的最后二十年》（北京，1995），第 111—113 页。

的学者章炳麟和刘师培学习,但在 1917 年至 1918 年间他转换了路线,而且变成了 1919 年攻击中国传统和鼓吹中国接受西方科学的五四运动领导人物之一。毕业之后,他前往欧洲,首先在伦敦读书,后来转往柏林。他虽然在实用心理学系注册,但他所修习的课程范围很广,其中包括数学、医学、物理学、语言学、梵文和藏文⑮。像陈寅恪一样,他也从未拿到学位。傅斯年在中国时即为实证主义所吸引,在国外时又接触了 Ernst Mach、Karl Pearson 和 Hans Vaihinger 等人的作品,使得他对实证主义有了更深一层的认识。同时,他亦受到当时在德国印度学和中国学研究中十分流行的语言方法论之影响。不过,像陈寅恪一样,他好像也从未有系统地研究过历史理论和历史方法论。傅斯年 1926 年回到中国之后,即积极从事几个研究中心的建立工作,其中最著名的是"中研院"历史语言研究所。从 1928 年至 1950 年去世为止,他始终领导着该研究所,并透过刊载于《历史语言研究所集刊》的发刊词《历史语言研究所工作之旨趣》⑯一文中的方法论而占有支配性地位。他多产的时期亦在 20 世纪 30 年代,在他尚未公开积极的表现其民族主义感情而愈来愈涉足政治之前。1928 年,傅斯年在安阳组织了一个相当具有开创性的考古工作。根据挖掘出来的成果,证明商代的史实性成为可能。他也根据挖掘成果出版了其最具有影响性关于早期中国历史地理与种族史方面的著作⑰。第二次世界大战期间,他继续对新儒家哲学⑱中心术语进行历史的语言分析研究。同时,他还从事多项不同的政治活动。其政治活动的顶点为当选立法委员。战后,他在出任北京大学代理校长时期,将所有他认为有与日本人合作之过失的教育人员清除出北大。随着国民党在内战中的失败,他逃亡到台湾,并且出任第一任台湾大学校长,直到 1950 年 12 月去世为止。

　　陈、傅二人至今仍是很有影响力的史家。即使至今,我们仍可将陈寅恪视为

---

⑮ 笔者于 1991 年在柏林的鸿堡大学档案室中查到了有关当年傅斯年在该大学注册和选课的一些记录,请参见"中研院"历史语言研究所编,《傅斯年文物资料选集》,(台北,1995),第 53 页。

⑯ 傅斯年:《历史语言研究所工作之旨趣》,载于《历史语言研究所集刊》1:1(1928 年 10 月),亦收于《傅斯年全集》第四册,第 1301—1314 页。

⑰ 傅斯年:《夷夏东西说》,载于《"中研院"庆祝蔡元培先生六十五岁论文集,历史语言研究所集刊外编》1:1(1933 年 1 月),第 1093—1134 页。亦收于《傅斯年全集》,第三册,第 822—894 页。

⑱ 傅斯年:《性命古训辨证》第二册(上海,1940,1947 第二版),亦收于《傅斯年全集》第三册,第 491—736 页。

学术权威,这不仅是因为他那些为隋唐研究奠基的历史著作,也是因为许多他的学生始终在学界占有重要地位。傅斯年在相当一段时期是史学界最有影响力的学术行政人员,他另一方面也同时以其特有的研究方法创立了一种对历史学和考古学均具有甚大影响的学派,而此学派对中华人民共和国成立后的考古学的形成和 1970 年以前在台湾的历史学都有很大的影响。

陈寅恪与傅斯年的史学

为了考察陈与傅的史学思想,笔者将从以下四个方面分析和区别他们理论性和史学性的文章:①研究的主题;②史料的应用;③方法的应用;④基本的史观。在处理他们的理论性文章时,笔者主要集注于"世界观"(Weltanschauung)之差别以及借由历史解释而隐藏在文章背后的有关政治参与和历史变迁概念。笔者进一步关心的是文章写作方式与论证模式。对照 Hayden White 针对西方史学提出的文体模式 (the mode of emplotment)[19] 来看,很明显陈与傅都不采用故事体(narrative)的架构。姑且不论陈与傅二人史学的明显差异,笔者发现他二人使用的文章表现形式几乎相同,亦即他们在充分地陈列史料之后,总加上一大段直接针对材料的语言学解释和历史背景的重构所作的简短论述。因此,为了显示他们在论证上的差异,笔者将从说明性与认识论性用词两方面来对文章中采用的专门措词进行分类,并根据此分类来做统计分析。总而言之,与 Hayden White 的理论大不相同的是,笔者的这个分类属于"世界观"(Weltanschauung)和方法论领域,而不属于文章写作方式领域。史家为了解释(亦即笔者所谓"说明性的"explanatory)其研究主题而应用的一种措词,即笔者所谓"说明式的"措词,乃属于概念范畴,例如进化、民族精神、(阶级的)意识形态、种族、文化、地理、因果等。为显示方法论或认识论性的假说而采用的一种措词,即笔者所谓"认识论性的"措词,例如叙述、证明、统计、归纳法、了解、解释、论和结论、推论,等等。

---

⑲ Hayden White, *Metahistory. The Historical Imagination in Nineteenth Century Europe* (Baltimore, 1973),有关对 White 和 Rüsen 非西方史学理论的进一步详细探讨,请参见注④中的 Weigelin-Schwiedrzik 之文章。

这种认识论性措词本身又可分为实证性(如叙述、证明等)和解释性措词(如了解、解释、结论等)两类。

以陈寅恪为例,他研究的主题是 3 至 10 世纪间汉族与北方外族间之文化和种族之接触与变迁史。他在这方面最有影响力的著作是有关隋唐时代的政治制度和政治史等作品[20]。他在《隋唐制度渊源略论稿》中详细地分析了礼仪[21]的发展,以勾勒南北朝时期各国间相互的政治与文化关系。他不仅分析汉族礼仪的延续过程,并借此来说明外来文化对汉族的影响。在描述汉族文化和外来文化间的相互影响的同时,他一再强调一个事实,即外来习惯对汉族传统影响深刻。他说汉民族本身很快就遗忘了这种影响,结果是汉文化与外来文化结合所产生的混合物反而被认作是中国的国粹。在此,陈乃借用此例来揶揄当时的国粹运动,该运动把国粹视为一种非历史而且不会改变的中国民族特征。而陈本身则将上述这种相互影响的存在视为中西接触成果丰硕的典范(model),并用以论证张之洞的陈述"中学为体,西学为用"[22]之妥当性。在另一部有关此一时期的重要著作《唐代政治史述论稿》中,陈寅恪借由描述依据文化、种族和政治关系而形成的各种集团(团体)之间的斗争来建构政治史之架构。他这种以集团或团体为取向来说明唐代政治史的基础,所强调的是被视为集团凝聚力的要素,如文化观、家庭传统及地理与种族因素,等等,而非与政治势力特殊而短暂的纷争有关之派系之争[23]。以此角度,政治史变成了不同文化团体的历史。而这些团体之所以进行争斗,基本上是为了实践其文化理想而不是为了政治权利。

在陈寅恪有关隋唐史的研究中,他采用的史料主要以正史中的传记部分为

---

[20]　陈寅恪:《隋唐制度渊源略论稿》和《唐代政治史述论稿》。

[21]　其他题目为首都的建筑、官衔、法律、音乐、军事和财政制度。

[22]　陈寅恪:《隋唐制度渊源略论稿》,第 65—81 页。陈寅恪积极评价中外交流的另一个例子是他对所谓的"国医"(传统中国医学)提出的评论。他将"国医"视为一个经过数百年中外交流而产生的混合物,因此不能将它归为静止的"国粹"。见上引书,第 120 页。在陈寅恪心中有一个精确的中外相互影响的模式,而这个模式在以下分析他的史观和文化接触概念时将再讨论。

[23]　Denid Twitchett 和 Howard J. Wechsler 对此论点有所批评,请见 Denis Twitchett, "The Composition of the T'ang Ruling class: New Evidence from Tun-huang", 收于 Arthur F. Wright 和 Denis Twitchett 所编 *Perspectives on the T'ang* (New Haven, London, 1973), 第 47— 86 页. Arthur J. Wechsler, "Factionalism in Early T'ang Government", 前引书,第 87—120 页。另见 Denis Twitchett, "Introduction", in *The Cambridge History of China*, *Volume 3*, *Sui and T'ang China*, 589—906, ed. by Denis Twitchett and John K. Fairbank (Cambridge, 1979). pp.8-12.

主,然后以其他专论性论文中的资料和正史以外的材料㉔为辅。在笔者对陈寅恪应用资料时采用的方法论分析中有一要点必须指出,即陈寅恪应用传记资料并非如19世纪的诠释学般乃为探究历史人物的个人动机,也不是为历史事件而描述历史事件。相反地,他乃透过考据将对资料的考证与一种诠释学式的解释结合在一起,而其诠释学式的解释焦点乃放在对上述被视为中国文化承载者和中国民族精神代表的集团或团体的历史意义上。在阐释的过程中,陈寅恪一方面既清楚知道,以客观主义式的方式了解诠解学——亦即相信过去的意义和动机能再建构"Wie es eigentlich gewesen"(如它原来真正的情况)——乃是一个陷阱。同时,他也清楚知道,以主观主义式的方法了解诠释学,其所强调的无非是一个无法避免的解释循环(Hermeneutic circle)的圈套。因此,他主张"同情之了解"必须以正确的历史知识为基础。他认为以现代立场考察过去,就像与他同时的人在对周代哲学家的研究中所固持的立场一样,常会造成错误。但他同时也承认,除非研究者能将其解释建立在与其研究主题相类似的个人经验上,否则不可能做到"同情之了解"㉕。虽然,陈寅恪有时进一步要求应该做一种在某方面与史家的现代信念及其所处的时代需要有所关联的批评。不过,从他的理论性文章中我们仍可清楚看到,陈将对"民族精神"㉖的同情之"了解"放在第一位。这些包含着将史料与史事的查证及史家解释结合在一起的方法论指导方针,通过笔者对其主要作品中认识论措词进行的统计分析㉗得到了更进一步的证实。

上述考察显示,在陈寅恪的案例中,规范与事实之间及理论与史料之间的关系是多元的,它们彼此既不相从属,彼此间也不存在必然与不变的当然关系。史家对往事的解释,几乎可说就是他们以重构历史和对民族精神的同情之了解为

㉔ 笔者分析陈寅恪《隋唐制度渊源略论稿》和《唐代政治史述论稿》二书所使用的史料来源之结果显示,陈的资料来源有73.14%出自正史,而其中的73.43%来自传记部分。

㉕ 陈寅恪:《陈述辽史补注序》(1942年11月19日),收于《陈寅恪先生文集》第二册,文集之三,第234—235页。陈寅恪:《读哀江南赋》,载于《清华学报·清华三十周年纪念刊》(1939年7月),亦收入《陈寅恪先生文集》,第二册,文集之三,第209—217页。

㉖ 陈寅恪对此一方法论最突出的陈述和他对周代哲学研究的批评见于其以下著作:《冯友兰中国哲学史审查报告二篇》(1930年、1933年),亦收于《陈寅恪先生文集》,第二册,文集之三,第247—252页;陈寅恪:《读哀江南赋》和《陈垣西域人华化考序》(1935年2月),亦收于《陈寅恪先生文集》第二册,文集之三,第238—239页。

㉗ 根据笔者的分析结果显示,陈寅恪解释性措词对实证性措词的比率是1∶1.28。

目标的所从事的严密研究之结果。同时,它也受到史家的个人信念及其生存环境之影响。不过,陈寅恪从此导出的结论既非放弃尽可能可靠地确证史实此一研究历史的目的,也非提倡一种在方向上服从于现代需要的史学。相反地,他要求对史实作基于考据的确证陈述,然后由此导向受到现代经验影响或由现代经验造成而产生的"同情之了解"。只有在这种"同情之了解"的基础上,才有可能尝试以现代立场为出发点来下价值判断。

考察呈现在陈寅恪史学中的古今间和中西间之关系,最能帮助我们理解文化认同问题。根据这个考察,陈的史观与文化接触和变迁概念是一种文化和种族因素所决定的中国民族精神发展过程,而这个民族精神存在于儒家的"三纲五常"㉘道德伦理体系中。陈寅恪对中国民族精神发展过程的描述是,民族精神虽因接纳外来的影响而逐渐有所改变但始终保有其基本特征。这个在变迁中始终延续的基本原则就是有选择性的接受那些符合"民族精神"特征与时代需要的外来制度和思想。因此之故,陈激烈地反对直接与无条件地接受外来概念。因为,它将导致中国文化的衰微。

除了上述研究之外,陈寅恪还以佛教术语早期翻译中所采用的"格义"方式为此一原则提供历史的例证。他描述到用本有的中文词汇翻译外来观念的错误习惯。这种习惯将外来观念的真正含义变了样而导致许多对外来思想的曲解和误解㉙。在一篇讨论于《马氏文通》中应用外来语法观念的文章中,他明确地将此错误习惯与时代相连。他非但不加区别的使用西方文法方式,并且指出像"格义"概念也好或1898年维新运动以来的接受西方思想也好,都是侵犯中国语言及民族精神所具有的"特殊现象"与"独立个性"㉚的历史例证。

与世界史和普遍性准则相对照,"民族精神"的地位被陈寅恪在挽王国维词㉛的序言中更进一步地叙述成是中国特殊历史与文化的代表。在此,他将"三

㉘ 这个陈述清楚见于陈寅恪《王观堂先生挽词并序》(北京,1927年),收于《陈寅恪先生文集》,第一册,文集之一,第6—12页。

㉙ 陈寅恪:《支愍度学说考》,载于《历史语言研究所集刊外编》,1:1,(1933年1月),第1—18页,亦收于《陈寅恪先生文集》,第一册,文集之二,第141—168页。

㉚ 陈寅恪:《与刘叔雅教授论国文试题书》,载于《学衡》第79期(1933年),亦收于《陈寅恪先生文集》,第二册,文集之三,第221—228页。

㉛ 陈寅恪:《王观堂先生挽词并序》。

纲五常"与柏拉图的"理想"相比,认为像王国维那样的人正是为了"抽象理想之通性"而牺牲自己。总之,他积极地解释这种抽象理想必须借由某种媒介来显现。在他看来,这种媒介就是每一个民族自己的特殊文化。

尽管这些陈述显示,陈寅恪乃有条件地一再强调抽象理想的特殊显现,但我们最好将陈的历史观看作是一种客观的唯心主义。根据陈的说法,这些理想的特殊内容会因文化而异,并以不同的形式表现于每一个文化的历史中。因此,理想及与其相符应的文化是无法借由进化论的大原则或借由绝对而普遍性的准则来整合入世界史或世界文化中的。以是之故,历史成了逐渐实践和发展抽象理想的过程,而其唯一的普遍性即此一事实:每一个文化都包含这样的理想。

现在让我们来谈谈傅斯年的史学。乍看之下,傅斯年之史学与陈寅恪之史学之最明显的不同处在于傅研究的主题是先秦中国和该时期中华民族之形成[32],以及前科学的(Proto-scientific)理性思考模式之发展与传播史。关于后者,他用儒学和新儒学有关"性"与"命"概念[33]的考虑(speculation)来例证。他的主要假设是中华文明并非如三代神话所暗示的那样乃源于一个在文化上与种族上均同质的部落,而是源于各式各样的部落,这些部落经过数世纪的相互影响才逐渐形成一个后来可以称作中华民族的统一文明。在他有关此主题的著作中[34],他企图证明在三代时期存在一个东方系统与一个西方系统。在他看来,历史是地理、地形和气候等因素的产物[35]。这些因素在两地的特殊分布状态决定了两

---

[32] 傅斯年企图将他有关这方面的作品以《古代中国与民族》为书名出版,但此一计划始终未能实现。原拟收入该书中的文章可说是他研究古代中国史之代表作,这些文章是:《周颂说》,发表于《历史语言研究所集刊》1:1(1928年10月),亦收于《傅斯年全集》第一册,第205—233页。《大东小东说》,发表于《历史语言研究所集刊》2:1(1930年5月),亦收于《傅斯年全集》,第三册,第745—758页。《姜原》,发表于《历史语言研究所集刊》2:1,亦收于《傅斯年全集》,第三册,第759—769页。《周东封与殷遗民》,发表于《历史语言研究所集刊》4:3(1934年),亦收于《傅斯年全集》,第三册,第894—903页。《夷夏东西说》,发表于《"中研院"庆祝蔡元培先生六十五岁论文集,历史语言研究所集刊外编》1:1(1933年1月)第1093—1134页,亦收于《傅斯年全集》,第三册,第822—894页。关于上述资料请参见劳干《傅孟真先生与近二三十年来中国史学的发展》,载于《大陆杂志》2:1,(1951年1月),第6—8页。

[33] 傅斯年:《性命古训辩证》,第二卷(1940年,1947年2版),亦收于《傅斯年全集》,第二册,第491—736页。

[34] 傅斯年:《夷夏东西说》。

[35] 在这方面他参考了 Henry Thomas Buckle 的著作"History of Civilization in England",傅斯年将 Buckle 的史观视为"地理史观"。参见傅斯年《中西史学观点之变迁》,约写于1928年,首次发表于《当代》第116期(台北,1995年12月),第64—71页。Buckle 主要欲借由天气、食物供给、土壤等外部因素来解释人类历史,他认为借自然科学之助,一种历史科学很快就能解决在历史解释方面的所有问题。

个系统及生活于其中之居民所拥有的文化、经济和政治水准。东方系统有河流不断改变河道的大平原,北方以山脉为限,南方以淮河为界。该地区丰饶多产,政治上适于扩张但防御困难。西方系统是个包含许多河流和高原的山脉绵亘地区,在经济上不如东方系统多产,但易于防守,适于作为军事扩张的基地。因此,傅斯年有此一结论:因这样的环境,住在西方的人变成了文化水准较低的战士。反之,住在东方的人变成了文化和政治水准较高的农民。根据傅的看法,不同部落间的相互影响的整个过程是在古代中国地理和地形条件下的必然结果。他运用大量他认为未受后代儒学思想家篡改的真实史料与当时考古出土物中的古器物,来描述居住在两个地理系统中各种不同部落之间相互影响的历史。通过对这些材料中出现的地名及这些地名可能的实际位置之分析,他得出这样的结论:中华文明的发祥地并不像许多 20 世纪 30 年代的中西科学家所推测的那样不是在西方,而是在东方,在渤海地区㊱。

傅斯年将对"性"与"命"术语和概念发展方面的研究焦点放在它们的哲学地位与内含问题上。向来反对玄想和空谈的傅斯年亦激烈反对任何形式的哲学㊲,他将他所应用的研究方法称为历史语言学方法。他用统计方式分析所有出现在先秦文献中的"性"与"命"字,并追溯它们的起源。他导出的结论是这两个字在最初根本不具有形而上的意义,并且都被写成"生"与"令"字,直到战国时代晚期它们才被附加上后来拥有的部首。在此,他借助归纳法和统计法证明在新儒家理论中极具重要性的这两个概念和形而上意义是后来加上去的,故应将其视为已脱离了其原本的用法。他以此结论为基础更进一步主张孟子所代表的儒家——后来影响到王阳明的新儒家——是对历史上的孔子的一个错误解释。他以为荀子和后来的朱熹反对内省和玄想,故他们更能理解孔子,因此遂能

㊱　傅斯年:《夷夏东西说》,第 884—888 页。于此有一点必须指出,即傅斯年在此文中似乎对于人类学问题或个别文化所含有的具体层次毫不感兴趣。实际上,如果他利用那些他应用于解释地理和气候对扩张与部落关系的影响的资料,一样可以说明上述问题。

㊲　傅斯年:《刘复〈四声实验录〉序》,(1923 年 11 月),收于《傅斯年全集》,第三册,第 935—941 页。傅斯年,《与顾颉刚论古史书》,发表于《中山大学语言历史学周刊》2:13—14(1928 年 1 月 23 日、31 日),亦收于《傅斯年全集》,第四册,第 1521—1522 页。傅斯年,《战国子家叙论》(1927—1928 年),收于《傅斯年全集》,第二册,第 417—422 页。

传授真正的理性主义儒学[38]。

傅斯年的方法论[39]可以叙述作是将经过考证而做出的一种非常详细的史料评价和史料重构与以实证和统计法处理文本的方式之结合。傅声称前者乃继承自清代乾嘉学派之考据学，后者乃借自西方的自然科学和德国的兰克派史学。他因反对任何的解释，故主张史家唯一能做和应该做的事是收集、证明与组织史料。在这样的过程中，包含在史料中的史实自会显现出来。他并将此视为学术研究的顶点。因此，傅斯年反对运用任何的理论或史观，而且也激烈反对史家涉足政治。为科学而科学是他的理想，这个理想之根植于历史上的考据传统，并以实证主义和自然科学为榜样，拒绝任何哲学的或主观的影响[40]。笔者对傅斯年著作中解释性和实证性术语的分析结果，进一步证实了其上述的主张。我们也可以清楚看出，实证性术语[41]在傅斯年的著作中确实占有优势。

直到最近，傅斯年的史学仍被称作为"史料学派"[42]。在20世纪30年代，尤其是在1931年9月"九一八"事变发生之后中国面临日益加深的危机时，傅斯年曾对自己的方法论产生怀疑。不过，他只在一篇陈述如何编写学校用历史教科书的非学术性文章[43]中表现出对其本身有关非政治的与实证主义的历史研究之怀疑。他在这篇文章中质疑自己早期的命题，即历史研究必须避免任何的理论或解释。同时，他还承认有意义的历史必须根据现实的标准来组织。他虽然第一步依旧要求对史实要小心的求证，（因为若不如此，人们会以为他们被欺骗

[38] 傅斯年：《性命古训辩证》。另请参照 Wang Fan-shen, *Fu Sinian: History and Politics in Modern China* (unpublished dissertation thesis, Princeton University, June 1993)。

[39] 此处最主要的文章是：傅斯年，《历史语言研究所工作之旨趣》，载于《历史语言研究所集刊》1:1（1928年10月），亦收于《傅斯年全集》，第四册，第1301—1314页。其余的理论作品有：傅斯年：《中山大学语言历史学研究所周刊发刊词》，载于《中山大学语言历史学周刊》1:1（1927年1月）；傅斯年：《史学方法导论》，（约1928年），收于《傅斯年全集》，第二册，第335—392页；傅斯年：《中西史学观点之变迁》《考古学的新方法》，载于《史学》1（1930年12月），亦收于《傅斯年全集》第四册，第1337—1347页；傅斯年：《〈史料与史学〉发刊词》，载于《历史语言研究所集刊外编2，史料与史学》（1945年11月），亦收于《傅斯年全集》，第四册，第1402—1404页。

[40] 最明显的是傅斯年《历史语言研究所工作之旨趣》。另请参见 Wang Fan Shen, *Fu Sinian: History and Politics in Modern China*, pp.116-117.

[41] 与陈寅恪之1∶1.28相较，解释性措辞对实证性措辞的比率在傅斯年是1∶3.7。

[42] 关于傅斯年史学此一特性的近例是：许冠三，《新史学九十年，1990》，第二册（香港，1988）。

[43] 傅斯年：《闲谈历史教科书》，载于《教育学》1:4（1935年10月），亦收于《傅斯年全集》第四册，第1357—1372页。

了），但现在又加上了第二步，即对专题的选择与应用符合的解释将有助于达到在大众之间激发民族感情的总目标⑭。

虽然傅斯年在他的学术性著作中仍继续主张不涉及政治的实证主义方法论，但在20世纪30年和40年代他投入政治愈来愈深。他在20世纪30年代参与了多项政治活动，例如参与批评政府的杂志《独立评论》之出版、严厉抨击"国医"⑮的不科学等，其中最突出的是出版《东北史纲》⑯。在这本于"九一八"事变后一年出版的著作中，傅斯年尝试证明东北始终是属于中国不可分离的一部分，而日本之要求满蒙自中国独立出去，是基于政治动机的故意曲解事实，于历史上站不住脚。傅斯年的这个研究引起了许多学者的注意，原因不仅在于傅斯年明显地表现出政治与民族主义的议题（agenda），而且也因傅斯年仓促出书造成不少错误而引发许多历史学者严厉批评。⑰ 傅斯年的这些政治活动在攻击那些战争时期拒绝将其研究为救国运动服务的学者、猛烈责难那些未离开日本占领区的大学教师并要求将他们赶出校园，以及以立法院民意代表的身份直接参与国家政治中达到了最高潮。

与前述之陈寅恪史学特色相对照，傅斯年的研究乃以这样的一种史观为基础：历史是由与自然科学中的规律⑱相当的地理—气候因素所决定，以及历史的特色就如中国早期历史中荀子学说⑲所表现的那般，即人类文明的普遍发展日益趋向于理性的思考模式。傅斯年并断言，这种思考模式可以视为是现代科学思想和以中国历史上的乾嘉学派考证研究技术为最佳代表的方法论的前驱。由

---

⑭ 傅斯年的怀疑在第二次世界大战和内战期间又有所增加，他在几封给赵元任的信中自白，打算放弃以前的方法论观点。不过，他从未将此看法公开，从20世纪50年代他在台湾写的一些文章看来，他显然又回到以前实证主义的立场。有关傅斯年的怀疑，请参见《致赵元任书1》《致赵元任书2》（1948年4月16日及1948年4月28日），收于"中研院"历史语言研究所藏之《傅斯年档案》（未出版）。有关他回到以前论点的文章见傅斯年《"国立"台湾大学〈社会科学论丛〉发刊词》，载于《社会科学论丛》1（1950年4月15日），亦收于《傅斯年全集》，第四册，第1410—1413页。

⑮ 傅斯年：《关于"国医"问题的讨论》，收于《傅斯年全集》，第六册，第2322—2329页。傅斯年：《所谓"国医"》，载于《大公报》（1935年8月5日），亦收于《傅斯年全集》，第六册，第2299—2304页。

⑯ 傅斯年等编著：《东北史纲》，第一册（北京，中研院历史语言研究所，1932）。

⑰ 见缪凤林《评傅斯年君东北史纲卷首》，载于《中央大学文艺丛刊》1：2（1934年10月），第131—163页。郑鹤声：《傅斯年等编著东北史纲初稿》，载于《读书评论》1：11（1932年），第7—18页。

⑱ 这明显表现在傅斯年的《夷夏东西说》中和他在该文中所使用的历史解释模式。

⑲ 可见于傅斯年：《性命古训辩证》，另请参见 Wang Fan-shen, *Fu Sinian: History and Politics in Modern China*。

于傅斯年的这种解释,趋向理性的思考模式遂失去了其(原有的)西方色彩的特色,而被提升到具有一种普遍性的地位。因此在傅斯年看来,除了受客观因素的决定外,历史是具有普遍性、正确性的科学思考模式逐渐具现(realization)的过程。

结 论

陈寅恪的史学是在道与史、标准(模范)与事实间的关系显现出二元化的初例之一。这不仅是因为他知道主观因素会影响史家的研究,他似乎也认知到这些因素亦具有正面作用。这样的认识并未将陈导向相对主义史学之路,反而将他与其诠释学的方法论结合得更紧密。陈的诠释学方法论之基础建立在根据证据地重构历史事实,以及规范和事实在某种情况下趋同(converge)的假设上。这种趋同借民族精神的体现而表现在历史中,它必须靠那些体会到民族精神在中国文化中之重要性的历史人物来实现。因认为在"民族精神"中同时有持续性和渐变的存在,故陈寅恪不需变成一名反对任何改变的反开化主义者,即能保存某些在当时已被特殊化的中国文化立场。

陈寅恪对历史的看法是历史乃是实践理想的过程。因此,根据陈寅恪的方法论和史观所具有的上述特色,而将其史学归类为历史主义⑩是相当正确的。他尝试在特殊的文化间找出具有普遍性的性质,并努力借由将今昔与未来联结在一个发展的过程内的方式来建立历史认同。为此,陈寅恪同样面临19世纪末至20世纪初的西方历史主义者所面临的苦恼问题。因为历史主义者假设历史有持续性和运转在历史中的理想始终前进发展,故任何种类的基本变迁都会威胁到历史主义者借参照过去以建立历史与文化认同的努力,甚至有可能导致其

---

⑩ 笔者对历史主义的了解乃本自 Jörn Rüsen, *Konfigurationen des Historistaus*, *Studien zur deutschen Wissenschaftskultur* (*Configurations of Historism*, *Studies of the History of the German Culture of Science*) (Frankfurtam Main, 1993)。

计划的完全失败，并让其声音变成荒野中的哭嚎，更有甚者则使其与社会疏离[51]。

与陈寅恪相较，傅斯年的史学则是重新整合道与史及标准与事实的例子。傅明白地反对在研究上应用任何理论和解释或者任何其他主观因素。不过，在笔者看来，傅斯年实际上是重新加入理论性的解释（例如上述般的地理气候观等），只是他没有为它们验明正身而已。傅甚至明显但又不承认地将其科学主义的世界观（Weltanschauung）穿插在其有关"性"与"命"概念的研究中。他将其结论说成是客观统计与实证研究的结果，而他对儒家历史所做的解释乃直接取自其个人之信念。虽然如此，他似乎并未真正知觉到这个矛盾。因此，他的方法论可以描述为是道与史及标准与事实的一个隐藏式的再整合，而这种整合只能用他的实证主义[52]信仰来解释，即将形而上学自人类的经验和研究中排除是可能的。这样的信仰其实就像任何一种认识论一样，必然也是形而上的。

陈、傅这两种不同的史观和方法论所包含的进一步深义暗示是，对中西文化关系之性质和史家在现代中国社会中之角色存在两种分歧的态度。

陈寅恪很明显地认识到中西方之间的根本差异，因而主张不同事物（如文化）之价值应相等看待的原则，也就是说在比较不同文化时，不存在有可作为标准的绝对价值。因为道与史之间关系的二元化，故史家无法再在意识形态上和哲学上占有指导社会的地位，也因此史家得以自参与政治的束缚中解脱出来，影响力的丧失和社会地位的边缘化则是史家要付出的代价。

至于傅斯年，他对中西互动的观点与陈寅恪正好相反。他主张一个以适于累积知识的普遍性方法论（西方的自然科学）和普遍的政治组织形式（西方民

---

[51] 陈寅恪认为，由于社会、经济和政治整体性的改变，而使王国维保护和延续传统中国文化的目的变成幻影。这个因素正是王国维自杀的原因。陈寅恪的这个观点亦证明他本人相当清楚历史主义的这个苦闷。从陈寅恪一再肯定王国维为之战斗的价值这一点明显表示，这种情况也正符合陈寅恪自己的处境。见陈寅恪《王观堂先生挽词并序》。

[52] 关于此处对"实证主义"的定义，请参见 Leszek Kolakowski, *Die Philosophie des Positivismus* (*The Philosophy of Positivism*) (Müinchen，1971)，pp.11-20.

主)⑤³为基础的单一世界文明。因此,他无法在中国的过去与现在之间建立一个超过名义上的连续性,而不得不主张中国和西方相同。于是,在有关史家的角色方面傅斯年抱持着不同于陈寅恪的立场。他主张完全脱离政治,但不论是在史学的实践(历史有一定的法则、让史实自己说话)或者在政治的实践(致力于推动民族的进步)上,他选择扮演的角色是观念上的领导者和对当权者的道德批评者。

在陈寅恪看来,现代中国的历史认同之奠定,依据的是如体现在"三纲五常"中的一种具体而独特的中国文化,而傅斯年则对中国的特殊文化保持沉默。根据傅的看法,科学研究中的普遍性方法论和认识论不管在中国或者在西方都能找到,因此,可借此建立一种抽象的普遍性认同。

概括而言,因为陈寅恪反映出他想继承和传递到将来的一些中国文化传统面貌,故笔者以为在"思想内容"方面可将他视为一个保守主义者⑤⁴。不过,他在"思考模式"方面(方法论和认识论)因改变了道与史之间的关系而背离了传统。陈寅恪之所以这样做,是为了要保存传统中国文化的某些面貌,即那些以前被视为是普遍性规范原则的一部分,以及那些到目前只有靠将它们变成中国及其历史特有的文化特性才能将之自遗忘中拯救的部分⑤⁵。

相对而言,傅斯年在提倡西方式的科学与民主方面激进地采纳了全新的思想内容,但另一方面却保存了传统思考模式的基本特征,也就是说保存了道与史之间不可分离的相互关系。不过,因为他把道减低成一种普遍性的研究方法,所以他无法建立一种既新而又中国式的认同。

---

⑤³ 傅斯年:《"五四"偶谈》,载于《中央日报》(1943年5月4日),亦收于《傅斯年全集》,第五册,第1805—1808页。傅斯年:《"五四"二十五年》,载于《大公报》(1944年5月4日),亦收于《傅斯年全集》,第五册,第1828—1833页。

⑤⁴ 在此,保守主义未必指一种政治立场。它是说明过去与现在、现在与未来之间的关系的一种概念模式,所强调的是渐变和传统文化根本特点的延续。保守主义的反对者是"五四"一代的"反传统主义",它鼓吹大规模地放弃传统。关于笔者对"保守主义"一词的使用,请参见 Benjamin Schwartz, "Notes on Conservatism in General and China in Particular", *in The Limits of Change: Essays on Conservative alternatives in Republican China*, ed. by Charlotte Furth (Cambridge/Mass., 1976), pp.3-21.

⑤⁵ "思想内容"与"思想模式"的分歧一说法,乃借自 Karl Mannheim, *Konservatismus, Ein Beitrag zur Soziologie des Wissens (Conservatism, A Contribution to the Sociology of Knowledge)* (Frankfurt/Main), 1984. Lin Yüsheng *The Crisis of Chinese consciousness, Radical Antitraditionalism in the May Fourth Era*, Madison, 1979, p.156) 也应用过"思想内容"与"思想模式"的区别来解释五四时期的思想史。

　　笔者相信,除了在陈寅恪和傅斯年的史学中外,在其他史家的著作中⑤⑥也都有一种紧密关系存在于他们的学术架构(constutytion)(主题、史料、方法论)、他们的政治观(史家的政治角色)和他们的"世界观"(Weltanschauung)(史观、古今与未来之关系、关于文化相互影响概念与文化认同概念)三者之间。有两个因素决定了陈寅恪与傅斯年的史学构成(constitution):道与史之间的关系以及他们对中国与世界其他部分之间关系的概念。道与史之间的一种必然关系包含着的是一个主张普遍性的"世界观",而这种"世界观"不管想象中的世界文化之特殊内容为何(不论其本源为中为西,用普遍性原则来看,中西乃相同)。道与史之间的一种多元关系包含着的是一种主张特殊性的"世界观",这种"世界观"接受不同文化的共存⑤⑦,但同时仍考虑到它们的共同特征(如陈寅恪以为信仰抽象理想是一个普遍的人类特征)。陈、傅二人的史学观中所暗含的政治观,即一个必然的关系将导致作为社会领袖的史家之直接介入政治⑤⑧,反而言之,一个多元的关系则暗示着史家的保持远离政治活动和以文化捍卫者之姿贡献心力。

【[德]施耐德　荷兰莱顿大学现代中国学教授】
原文刊于《中国文化》2001 年 Z1 期

㊌　有关中国史学在民国时期的反映,笔者所根据的是笔者对许多史家,其中包括梁启超、章炳麟、王国维、学衡派史家、胡适、顾颉刚、郭沫若、陶希圣和钱穆等人史学所做的分析。请参见笔者的博士论文。

㊍　道与史的完全分离——意味着应用于历史解释中的标准完全是任意的——将导致一种相对主义式的、把不同文化看作全无共同处的"世界观"。由于在笔者有关民国时期的史学研究中没有碰触到这样的一种概念,故这种情况在此不作讨论。

㊎　这个特征不仅显示在傅斯年实证主义的研究方针中,它同样也可以在大多数马克思主义史家的作品中以及那些认为中国会成为全世界文明之领导者的保守主义者处找到。

关于《北京历史地图集》的一封信

谭其骧

仁之同志：

承惠赠《北京历史地图集》一册，内附大札一封，于 10 月 29 日转辗递到。（弟未去安阳，此册乃由苏天钧同志交由上海唯一到会的上海历史研究所吕静同志带沪，亲自送到舍间。）连日翻阅一过，深感研订之精确，编制之得体，印刷之精美，皆属上上乘，诚足为历史地图之表率。唯实地考察至五十余次之多，行程达五千公里，其他省市恐无力效法耳。但愿首善之区有此首善之作，则他省市可取以为则，取法乎上，庶几可得乎其中，是此册之出版，不仅对研究北京之历史地理有重大价值，还可为全国编制省级历史地图之模楷也。后记提出存疑之处若干点尤可征编者之严肃谨慎，虚怀若谷。弟于《中国历史地图集》第八册后记中曾指出缺点几处，自以为此乃治学者应有之态度，不意竟遭人反对，主张删除，盖三十年之"左"风深入此辈头脑，迄未能改变也。

翻阅时发现几点可能是由于我不了解编例因而置疑处，可能是编制时的疏略，兹录出供参考：

1.辽图州治旁例注军名，独奉圣州旁未注武定军。

2.金图遂州旁未注县名遂城，安肃州旁未注安肃。

3.明图天津三卫四字注记应移至卫河南，今在卫河北，可能引起读者误会，以为三卫在顺天府境内。

又图例只有省府州县村镇治所符号,无都司卫所符号。天津三卫符号用〇,乃村镇符号,嫌太小。

又,战国图可否据《史记·孟子荀卿列传》补碣石宫,据正义可定之于蓟西三十里宁台之东,如觉难以确定位置,可否再来一次实地踏勘!

…………

专此,敬颂

撰祺

弟谭其骧

1988 年 11 月 5 日

【谭其骧　复旦大学历史系教授】

原文刊于《中国文化》1990 年 01 期